Otto Meissner

Isis der Mensch und die Welt

Otto Meissner

Isis der Mensch und die Welt

ISBN/EAN: 9783741167379

Hergestellt in Europa, USA, Kanada, Australien, Japan

Cover: Foto ©Andreas Hilbeck / pixelio.de

Manufactured and distributed by brebook publishing software (www.brebook.com)

Otto Meissner

Isis der Mensch und die Welt

ISIS.

DER MENSCH UND DIE WELT.

ERSTER BAND.

HAMBURG.
OTTO MEISSNER.
1863.

Inhalt des ersten Bandes.

Entstehung der Vorstellungen und Begriffe.

		Seite
§. 1.	Nerven	3
§. 2.	Sinne	5
§. 3.	Sehen	7
§. 4.	Mängel der Sinne	11
§. 5.	Gedächtniss	12
§. 6.	Doppelte Gefaren	14
§. 7.	Verstand	16
§. 8.	Messen und Wägen	17
§. 9.	Bewegung	22
§. 10.	Stoffe	26
§. 11.	Gesetze	30
§. 12.	Begriffe	32
§. 13.	Begriff, menschliche Eigenthümlichkeit	35
§. 14.	Mängel des Verstandes	38
§. 15.	Innenwelt und Aussenwelt	39
§. 16.	Ursach-Verhältniss	41
§. 17.	Aussersinnliche Welt	45
§. 18.	Mängel des Daseins	50
§. 19.	Aussammeln der Bildungschätze	54
§. 20.	Vererbung der Erkenntniss	57
§. 21.	Mängel der Überlieferung	59
§. 22.	Denkmäler und Schriften	61
§. 23.	Mängel der schriftlichen Überlieferung	63
§. 24.	Anhäufung der Mängel	66
§. 25.	Einheit des Wesens der Einzelnen	70

		Seite
§. 26.	Übermächtige Verhältnisse	75
§. 27.	Gedächtnisswissen und Denkwissen	80
§. 28.	Verlauf der Entwicklung	84
§. 29.	Schwierigkeiten der Heranbildung	88
§. 30.	Ungünstige Umstände	92
§. 31.	Günstige Umstände	97

Gott in der Geschichte.

§. 32.	Anfängliche Hülflosigkeit des Menschen	105
§. 33.	Thierdienst	106
§. 34.	Fetischdienst	112
§. 35.	Verehrung übermächtiger Erscheinungen	116
§. 36.	Meerherrscher und Flussherr	118
§. 37.	Wüstenherrscher	120
§. 38.	Feuerherr	127
§. 39.	Sonnenherr	135
§. 40.	Himmelsherr	139
§. 41.	Kinder Israels als Götzendiener	145
§. 42.	Himmelsherr der Arier	155
§. 43.	Gebiete der grossen Verehrungsweisen	160
§. 44.	Götterehen	166
§. 45.	Götterkämpfe	168
§. 46.	Wanderungen einzelner	178
§. 47.	Götternamen als Eigenschaftswörter	182
§. 48.	Eingottglaube	186
§. 49.	Gottesvorstellung Jesu	190
§. 50.	Wesen Gottes	200
§. 51.	Gottesvorstellung in der Rückbildung	205
§. 52.	Verehrung der Bilder und Reliquien	207
§. 53.	Evangelische Gottesvorstellung	209
§. 54.	Klimatische Verschiedenheit der Gottesvorstellungen	213
§. 55.	Gottesvorstellungen und Gottesbegriffe	215
§. 56.	Gottesbegriffe im Heidenthume	218
§. 57.	Wiedererweckung im Christenthume	222
§. 58.	Gemeinsamer Ursprung und Endverlauf	229

		Seite
§. 59.	Bekenntnisse der Europäer	231
§. 60.	Ungleichmässige Fortbildung	233
§. 61.	Stufenfolge der Entwicklung	235

Der Mensch und die aussersinnliche Welt.

§. 62.	Bereich der aussersinnlichen Welt	241
§. 63.	Verbindung durch Träume, Fasten, Betäubung . . .	244
§. 64.	Edles Streben nach Begeisterung	250
§. 65.	Geschlechtliche Enthaltsamkeit	256
§. 66.	Aufregung, Betäubung	258
§. 67.	Entrückung oder Herbeiziehung	261
§. 68.	Willkürlichkeit der Erscheinungen	263
§. 69.	Loswerfen	264
§. 70.	Besessensein durch Geister	268
§. 71.	Teufelsbündnisse und Zauberei	272
§. 72.	Opfer, Lobgesänge und Gebete	280
§. 73.	Bund mit Verehrungswesen	284
§. 74.	Gebet im arischen Stamme	287
§. 75.	Fortbildung und Rückbildung des Gebetes . .	288
§. 76.	Eidschwur	295
§. 77.	Gottesurtheile	300
§. 78.	Beschwörungen	301
§. 79.	Beschwörung der Teufels	305
§. 80.	Dämonen	309
§. 81.	Beschwörungen im Christenthume	316
§. 82.	Entstehung der Vorstellungen über die aussersinnliche Welt	325
§. 83.	Aussersinnliche Welt der Europäer	327
§. 84.	Schichtenfolge der aussersinnlichen Welt . . .	331

Geist und Unsterblichkeit.

§. 85.	Mängel des Menschenwesens	335
§. 86.	Vorstellungen über das Lebenswesen	339
§. 87.	Geringschätzung des Leibes	344
§. 88.	Fortleben der Seele	347
§. 89.	Genüsse und Qualen	358

			Seite
§. 90.	Steigerung des Erdenlebens		361
§. 91.	Art des Einzelnlebens. Ewigkeit der Seele		366
§. 92.	Unsterblichkeit der Seele		370
§. 93.	Endlichkeit der Seele		380
§. 94.	Wesen der Seele		386
§. 95.	Entstehung und Entwicklung der Seelen-Vorstellungen .		393
§. 96.	Schichtenfolge der Seelen-Vorstellungen		397
§. 97.	Seelenvorstellungen und Seelenbegriffe		399
§. 98.	Folgenreihe der Entwicklungen		402

Böse und gut.

§. 99.	Ursprünglichste Vorstellungen		407
§. 100.	Wandelbarkeit der Begriffe		409
§. 101.	Böse und gute Übermächte		411
§. 102.	Ursprünglichkeit der bösen Wesen		413
§. 103.	Selbstaufopferung		416
§. 104.	Übergänge zu den guten Wesen		426
§. 105.	Semitenthum bei den Europäern		435
§. 106.	Böser Wille als Verführer		438
§. 107.	Blinder Glaube		440
§. 108.	Feuer, Urquell des Bösen		444
§. 109.	Schwierigkeit des Einklanges		446
§. 110.	Gute und böse Handlungen		451
§. 111.	Menschenwesen als Grundlage		454
§. 112.	Gemeinwohl höchstes Gesetz		458
§. 113.	Mord, Raub, Blutrache		463
§. 114.	Kindermord		467
§. 115.	Umwandlungen der Deutung		468
§. 116.	Schwankungen der Beurtheilung		470
§. 117.	Gleichbleibende Grundlage		472
§. 118.	Thierrecht, Verbandesrecht, Völkerrecht, Menschenrecht	.	473
§. 119.	Gleichartigkeit der Unterscheidungen		475
§. 120.	Weltspaltung		478

Entstehung

der

Vorstellungen und Begriffe.

§. 1.

Ermitteln wir an uns selbst die Wege, auf denen wir zu unserem Wissen gelangten, so findet sich, dass Jeder nur einen geringen Theil selbst schuf, alles Übrige dagegen von anderen Menschen empfing. Diejenigen, welche uns ihr Wissen mittheilten, sind dazu auf gleichem Wege gelangt und wenn es möglich wäre, das gesammte Wissen der gleichzeitig Lebenden zu zerlegen und jeden Theil bis zu seinem Ursprunge zurück zu verfolgen, so würde sich erweisen, dass solcher zu irgend einer vergangenen Zeit in einem Menschen zur Erscheinung kam und von ihm Anderen mitgetheilt ward: dass also das Gesammtwissen der gegenwärtigen Menschheit angesammelt worden sei, aus den zahllosen einzelnen Theilen, welche im Laufe der Jahrtausende entstanden und von den aufeinander folgenden Geschlechtern durch Vererbung aufgehäuft worden sind. Das Wissen der gleichzeitig Lebenden, so verschieden in seiner Gestaltung, ist demnach menschliche Schöpfung, muss also auch in und aus dem menschlichen Wesen mit seinen Fähigkeiten und Mängeln sich erklären und herleiten lassen.

Das menschliche Wesen vermag Jeder zunächst an sich selbst zu erkennen, denn das eigene Leben gestattet den Einblick am leichtesten und jederzeit, bietet auch die geeignetste Gelegenheit zu Vergleichen mit dem Wesen Anderer. Die Selbstbetrachtung ergiebt, dass unser selbstgeschaffenes Wissen entstand, indem wir in unmittelbare Beziehung zu Gegenständen traten, die ausser uns vorhanden waren und auf uns wirkten, von denen wir Eindrücke empfingen. Zum Empfange solcher Eindrücke sind wir befähigt durch die Nerven, welche in unzähligen Röhren durch unseren Körper sich verzweigen und, im Rückenmarke und Gehirne zusammenlaufend, in zweierlei Weise wirken: einführend und ausführend; jene die Eindrücke von aussen her empfangend und nach den zugehörigen Sammelplätzen fortpflanzend, diese den Eindruck aus dem Inneren nach den Bewegungstheilen des Leibes übertragend. Die Vorgänge geschehen theils willkürlich, theils unwillkürlich oder in anderer Fassung, theils bewusst, theils unbewusst: zu letzteren gehört die Lebensthätigkeit in den Bewegungen zum Aufbau wie zur Auflösung unseres Wesens; zu ersteren haben wir alle Bewegungen zu rechnen, zu deren Vollbringung es unseres jedesmaligen Beschlusses bedarf. Denken wir uns z. B. Jemand verjage aus seinem Gesichte eine Mücke, so zerlegt sich der einfache Vorgang wie folgt: die (einführenden) Empfindungsnerven des Gesichtes an der gestochenen Stelle pflanzen den Eindruck des Stiches fort nach dem Gehirne; das Gehirn denkt dass es eine Mücke sei und fasst den Entschluss, die Mücke zu verjagen, sendet durch die (ausführenden) Bewegungsnerven dem Arme den Befehl, mittelst des Zeigefingers die Vertreibung zu vollziehen; jene Nerven erregen die bezüglichen Muskel, der Arm wird gehoben, der Zeigefinger krümmt sich, erdrückt die Mücke und auf neuem Befehle kehrt er in seine frühere Lage zurück. Im Falle dieselben Empfindungsnerven fortfahren, zum Gehirne den Eindruck des Juckens fortzupflanzen, fasst das Gehirn auf's Neue den Entschluss reiben zu lassen, sendet den Bewegungsnerven des Armes den Befehl, dieser hebt sich zum zweiten Male, krümmt sich und reibt mittelst des Zeigefingers. Diese Vorgänge geschehen gleich, im wachenden, wie im schlafenden Zustande, und erfordern jedesmal die Fassung eines Entschlusses zur Ausführung. Wesentlich verschieden davon erscheinen uns die fortgehenden Lebensthätigkeiten der Athmung, Verdauung u. A. denn wir fassen nicht bei jedem Athemzuge den Entschluss, die Brust erweitern, den Mund öffnen und die Luft einsaugen oder eindringen lassen zu wollen, und ebenso wenig beschliessen wir nach dem Genusse der Speisen, sie verdauen zu wollen; wir setzen nicht bewusst die Lunge oder den Magen in Bewegung wie unseren Arm, sondern das Athmen wie das Verdauen geht ohnedies vor sich. Die Empfindungsnerven der Lunge und des Magens pflanzen ihre Eindrücke fort und die Bewegungsnerven setzen und halten beide in Thätigkeit durch Wiederholung derselben Handlungen, ohne dass das Gehirn ebenso oft Entschlüsse zu fassen brauchte; diese Bewegungen gehen selbst vor sich, wann der Mensch völlig unfähig ist, Entschlüsse zu fassen. Beide Arten der Nerventhätigkeit sind aber keineswegs so sehr geschieden, dass sie getrennt neben einander wirkten und unzweifelhaft in jedem Falle besonders erkannt werden könnten, sondern wie in allem Übrigen ist der Mensch auch in dieser Beziehung ein Wesen, dessen Thätigkeiten bei aller Verschiedenheit der Äusserungen, im engsten Zusammenhange mit einander stehen, so dass sie nur in Gedanken, nicht aber im Wesen von einander getrennt werden können.

§. 2.

Alle Nerven, die einführenden wie die ausführenden, sind dünne, häutige Schläuche mit einer markartigen Masse gefüllt; sie verbreiten sich, vom Gehirne und Rückenmarke aus, wie Äste, Zweige und Sprossen eines Baumes, in unzählige Fäden auslaufend durch den ganzen Körper und richten unter allen inneren wie äusseren Hautflächen ihre geschlungenen Enden nach aussen. An verschiedenen Stellen der äusseren Hautflächen, sind besondere Vorrichtungen, um den dort ausgebreiteten Nerven in eigenthümlicher Art Eindrücke zuzuführen, nämlich

- in beiden Augen ist die äussere Haut durchsichtig, so dass auf die im Inneren ausgebreiteten Nervenenden Lichtwellen von aussen her einwirken können und wir sehen;
- in beiden Ohren ist die äussere Haut dünn und freischwebend gespannt, so dass auf die dahinter ausgebreiteten Nervenenden, Schallwellen von aussen her einwirken, wir hören;
- in den Nasenhöhlen ist die äussere Haut dünn und stetig feucht, so dass auf die darunter ausgebreiteten Nervenenden Duftströmungen einwirken können, wir riechen;
- in der Mundhöhle desgleichen um die Lösungen fester Körper empfinden zu können, wir schmecken;
- unter den übrigen Hautflächen empfangen die Nervenenden ohne besondere Vorrichtungen nur Berührungseindrücke der Härte, Wärmeverhältnisse u. dergl. von fremden Körperflächen, wir empfinden.

Diese verschiedenen Einrichtungen zur Aufnahme äusserer Eindrücke nennen wir unsere Sinne und unterscheiden sie als Seh-, Gehör-, Geruch-, Schmeck- und Tast-Sinn. Sie unterscheiden sich wie beschrieben, aber vielen Eindrücken gegenüber verhalten sich oftmals alle oder mehrere gleichartig, wie z. B. Mehrung oder Minderung der Wärme, Stoss und Druck auf die deckende Hautfläche von allen gleichartig empfunden wird u. s. w. so dass man sagen darf, jeder der vier erst genannten besitze dieselbe Fähigkeit wie der fünfte, aber ausserdem eine besondere, die ihn von den anderen unterscheide. Sehen und Hören, welche man die höheren Sinne nennt, sind darin ähnlich, dass Augen und Ohren nicht durch unmittelbare Berührung der veranlassenden Gegenstände ihre Eindrücke empfangen, sondern durch Lufterzitterungen (Lichtwellen oder Schallwellen), welche von den Gegenständen ausgehend, den bezüglichen dieser beiden Sinne treffend, im ersteren Falle Lichteindrücke, im anderen Toneindrücke hervorbringen. Dieselben Wellen treffen auch die übrigen Hautflächen, allein diese vermögen nicht die Eindrücke aufzufassen: es fallen Lichtstrahlen in die Ohren, aber sie werden nicht gesehen; es treffen Tonwellen unsere Augen, aber sie werden nicht gehört. Die drei unteren Sinne sind darin ähnlich, dass sie nur durch unmittelbare Berührung der veranlassenden Körper den Eindruck empfangen können, nichts Anderes empfinden, als was die Oberhaut selbst berührt; blind und taub, vermag der Mensch, riechend, schmeckend und fühlend, keinen Eindruck aus der Entfernung zu empfangen.

Die Nervenenden sind an den verschiedenen Stellen des Körpers ungleichmässig vertheilt: die Tastnerven sind an der Zungenspitze am dichtesten neben einander und am empfindlichsten; wenn man die Empfindlichkeit der Zungenspitze bezeichnet mit 100, ist die der Zeigefingerspitze gleich 80, der anderen Fingerspitzen 66 bis 68, der Lippen 32, Spitze des grossen Zeh 15, Kniescheibe 5, Oberarm und Oberschenkel 3, Mitte des Rückens 2; also ist die Zungenspitze 50 mal empfindlicher als die Mitte des Rückens. Die Nerven der höheren Sinne liegen dichter und sind empfindlicher: es ist durch Messungen ermittelt, dass wenn die Zungenspitze zwei räumlich getrennte Eindrücke als gesonderte empfinden soll, die veranlassenden Gegenstände mindestens $1/_{24}$ Zoll (einen millimetre) von einander die Haut berühren müssen, wogegen in unseren Augen etwa $1/_{20000}$ Zoll, nämlich eine halbe Bogenminute unseres Sehkreises genügt. Je nach der Einrichtung des Sinnes muss also der Eindruck eine bestimmte **Ausdehnung** besitzen, bevor er empfunden und zum Gehirne fortgepflanzt werden kann. Ausserdem muss er in einer mindesten **Stärke** erfolgen, um Eindruck zu machen: unsere Haut empfindet nicht den Druck des darauf ruhenden

Staubes; unsere Zunge findet Quellwasser geschmacklos, wenn auch Säuren und Salze darin sich befinden, die sie in stärkerer Auflösung scharf schmecken würde; unser Geruch empfindet die mit Pflanzendüften und Düngergerüchen vermischte Landluft als rein und geruchlos; unser Ohr vermag Schallwellen nur dann zu empfinden, wenn sie weniger als 75,000 Schwingungen in der Sekunde machen und das Auge ist im Stande Lichtwellen zu empfinden von 458 Billionen bis zu 727 Billionen (727,000,000,000,000) Schwingungen in der Sekunde; was darunter ist oder darüber hinaus geht, trifft wol unsere Sinne, kann aber nicht als Eindruck zum Gehirn fortgepflanzt werden. Ausserdem muss auch jeder Eindruck eine bestimmte Zeitdauer anhalten und unterbrechen, um als solcher empfunden werden zu können; unsere Fingerspitzen unterscheiden die Eindrücke der einzelnen Zähne eines gedrehten Zahnrades nur dann, wenn zwischen jeder einzelnen Berührung mindestens $^1/_4$ Sekunde Zeit vergeht, sonst fliessen sie in einen Gesammteindruck zusammen; auf der Zunge wie in der Nase fliessen rasch auf einander folgende Eindrücke leicht in einander; das Ohr vermag gleiche Töne nur dann einzeln zu hören, wenn sie nicht zu rasch einander folgen und dem Auge erscheint ein Lichteindruck nur dann gesondert, wenn er mindestens $^1/_{10}$ Sekunde anhielt, was z. B. beim Blitzfunken nicht der Fall ist, den wir deshalb nicht als Funken, sondern als Stral sehen oder bei der geschwungenen glühenden Kohle, die uns als Feuerreif erscheint, wenn der Umschwung so sehr beschleunigt wird, dass die einzelnen Eindrücke des Auges nicht als solche empfunden werden, sondern in einander fliessen.

§. 3.

Der einflussreichste Sinn ist der des Sehens: an dem, was dem Blinden zum Wissen mangelt, lässt sich am deutlichsten ermessen, was uns die Augen zuzuführen vermögen. Dieser Sinn wirkt am meisten zu unserem Wissen, weil er

    den weitesten Bereich hat: die Lichtwellen der Sterne kommen aus Entfernungen, die für uns unermesslich sind;

    am empfänglichsten ist: er kann die grösste Zahl der Eindrücke in gleicher Zeit empfangen, wobei viel mindere Ausdehnung, Stärke und Zeitdauer der einzelnen Eindrücke zur Aufnahme ausreicht;

    nicht allein die Zustände der wellenförmig bewegten Luft als Farbe auffasst, sondern auch als Form und Bewegung die Zustände des entfernten Körpers, der die Art der Wellenbewegungen veranlasste.

Neben diesen Vorzügen leidet das Sehen unter wesentlichen Mängeln, nämlich:

die Lichteindrücke müssen, wie erläutert, eine mindeste Ausdehnung, Stärke und Zeitdauer halten, um empfunden werden zu können. Die Milchstrasse am Himmel sehen wir nur als Dunststreifen, weil die Lichteindrücke der einzelnen Sterne, aus denen sie besteht, nicht genügende Ausdehnung haben, um jeder für sich einen Eindruck zu machen, der getrennt fortgepflanzt werden könnte; Gasarten, in Glasgefässe eingeschlossen, sehen wir nicht, weil die von ihnen zurückgeworfenen Lichtwellen nicht in genügender Stärke den Eindruck erzeugen können; die fliegende Kanonenkugel sehen wir nicht, sobald die zum Einzeleindrucke erforderliche Zeitdauer fehlt;

die Lichtwellen vermögen nur wenige Körper zu durchdringen, die wir durchsichtig nennen; die übrigen undurchsichtigen verdecken andere, in derselben Gesichtsrichtung entfernter befindliche, wie wir z. B. in einem Raume mit hohen Mauern umschlossen, nur Lichtwellen von den Binnenflächen der Mauern und dem Weltraume über uns empfangen, während die übrige Welt durch die Mauern verdeckt wird;

die Lichtwellen treffen unsere Augen nur von der uns zugekehrten Seite des Gegenstandes, gewähren uns also jedesmal eine einseitige Ansicht, auch nur eine Ansicht der Oberfläche, wenn der Gegenstand, wie meistens der Fall, undurchsichtig ist;

die Lichtwellen gelangen nicht in gerader Richtung vom Gegenstande zu unseren Augen, auch nicht in unverminderter Geschwindigkeit, werden je nach der augenblicklichen Beschaffenheit des zwischen ihm und dem Auge befindlichen Körpers (Luft, Wasser, Glas o. a.) gebogen, abgelenkt oder gebrochen, wie z. B. ferne Gegenstände durch Luftspiegelung (Fata Morgana) in unsere Sehrichtung erhoben werden, wenngleich sie unterhalb derselben liegen oder die Sonne, stets gleiches Licht aussendend, uns erscheint weiss, gelb oder kupferroth, je nach Beschaffenheit der Luft; wie der zur Hälfte ins Wasser gesteckte gerade Stock erscheint, als sei er am Wasserspiegel geknickt;

die Lichtwellen bedürfen der Zeit, bevor sie vom Gegenstande zu uns gelangen können; sie bewegen sich allerdings 42,000 Meilen in der Sekunde, sind aber doch von der Sonne 8 Minuten unterwegs, so dass wir niemals die Sonne sehen, wo und wie sie in demselben Augenblick, sondern 8 Minuten vorher sich befand. Es giebt Sterne, deren Lichtwellen Tausende von Jahren unterwegs sind und man schätzt, dass die fernsten Sterne (Nebelhaufen) Millionen Lichtjahre von uns entfernt sind d. h. die Lichtwellen Millionen Jahre unterwegs sind, bevor sie in unsere Augen gelangen, so dass, wenn der ganze Haufen zerstört würde, die Menschen ihn noch Millionen Jahre hindurch an seiner Stelle sähen, bis die letzten unterwegs befindlichen Lichtwellen zur Erde gelangt wären;

die Augen sind mangelhaft in ihren Bewegungen, können weder senkrecht noch wagerecht gerade Richtungen anfassen, sodass z. B. in der Baukunst lange wagerechte Kanten in der Mitte überhöht werden müssen, um nicht durchgebogen zu erscheinen und Säulen in der Mitte bauchig hergestellt werden, weil sie sonst eingeschnürt erscheinen;

die Augen vermögen nur dann runde Gegenstände als solche zu erkennen, wenn sie nahe genug oder gross genug sind, um jedem der beiden Augen ein genugsam verschiedenes Bild zu geben, was z. B. beim Monde nicht der Fall ist, der uns in Folge dessen als flache Scheibe erscheint, obgleich er uns seine Halbkugel zukehrt;

die Augen der einzelnen Menschen sind nicht völlig gleich: das Sehgebiet ist in jedem Falle verschieden, wie auch die Lichtempfänglichkeit u. s. w., sodass niemals zwei Menschen ganz gleiche Eindrücke empfangen; ebenso verschieden ist die Fähigkeit in demselben Menschen, je nach seinem Alter und seinen Gesundheitszuständen, sie ändert sich das ganze Leben hindurch, in mehr oder minderem Masse.

Aus diesen Mängeln entstehen eine Menge Täuschungen, die uns um so stärker irre leiten, als wir daran gewöhnt sind, diesen wichtigsten Sinn zu benutzen, um die Mängel der übrigen zu erkennen und zu ergänzen. Hören wir Töne und wollen erkennen, woher sie kommen, so richten wir unsere Augen nach dem muthmaslichen Ursprungsorte, um zu erkennen, wo und wie sie entstehen; wir beriechen oder schmecken keinen Gegenstand, ohne ihn vorher zu besichtigen oder, wenn unwillkürlich empfunden, forscht das Auge hinterher danach; jeden örtlichen Reiz unserer Hautnerven besichtigen wir, um ihn demgemäss zu beurtheilen und nachdem wir in der Jugend darauf eingeübt worden sind, benutzen wir unser Sehvermögen, als sogenanntes Augenmaas, um Entfernungen und Formen abzuschützen. In Folge dessen wirken die Mängel unserer Augen auch auf die Thätigkeiten der übrigen Sinne irreleitend und die Zuverlässigkeit, welche wir gewohnt sind, den Eindrücken dessen beizumessen, was wir mit eigenen Augen gesehen haben, ist keineswegs vorhanden, denn wir sehen, wir empfinden nur den Eindruck, der durch unsere Augen nach dem Gehirne gelangte, wobei die Mängel des Sehens den Eindruck gestalteten, ihn mehr oder weniger veränderten, bevor er zu unserem Bewusstsein gelangte.

Eine der grössten Täuschungen, denen unser Sehvermögen ausgesetzt ist, liegt in der Lichtbrechung der Farben. Das Sonnenlicht, die grosse Quelle der Erleuchtung der Erde, erscheint uns bei klarer Luft farblos. Wenn Sonnenlicht durch eine kleine Oeffnung in einen dunklen Raum fällt und durch ein vorgehaltenes, dreikantiges Glasstück geleitet wird, zeigt sich an der gegenüber stehenden Wand das farblose Sonnenlicht aufgelöst oder gespalten in die Farben des Regenbogens, unter denen die drei sogenannten Grundfarben Roth, Gelb und Blau erscheinen und dazwischen die Mischfarben Orange, Grün und Violet, sammt einer Anzahl Streifen verschiedener Art. Ähnlich ist der Vorgang, wenn das Sonnenlicht die Oberfläche der Gegenstände trifft: es wird aufgelöst in Farben; je nach der Beschaffenheit der Oberfläche geht ein Theil derselben verloren, wird unempfindlich für unsere Augen und die übrigen wirken auf unser Gehirn als vermeintliche Farben jenes Gegenstandes. Die meisten Pflanzenblätter erscheinen uns grün, weil das darauf fallende Licht, in seine Farben aufgelöst, das Rothe verlor und nur die gelben und blauen Stralen zusammen als Grün auf unsere Augen wirken; im Herbste verändert sich die Oberfläche derselben Blätter in der Art, dass dasselbe darauf fallende, aufgelöste Licht die Stralen des Blau allein oder Blau und Roth verliert, im ersteren Falle die gelben und rothen in unsere Augen gelangen, im letzteren die gelben allein, so dass die Blätter uns gelbroth oder gelb erscheinen. Was wir Farben nennen, sind nur Lichteindrücke, welche unsere Augen empfangen; sie haften aber nicht an den Gegenständen selbst, die wir sehen, und die Baumblätter sind nicht grün, sondern ihre Oberflächen nur der Art, dass aus dem darauf fallenden und gespaltenen Sonnenlichte nur diejenigen Stralen auf unsere Augen wirken, deren Eindruck auf unser Gehirn wir als Grün empfinden und benennen. Die Gegenstände selbst sind farblos und was wir Farbe nennen, ist nur in unseren Augen, in unserem

Gehirne vorhanden. Schauen wir z. B. durch gefärbtes Glas, so wird Alles in anderen Farben erscheinen als vorher, obgleich die Gegenstände ihre vermeintliche Farbe nicht verändert haben; betrachten wir die Sonne durch eine dicke Nebelschicht, so erscheint sie kupferroth, obwohl weder sie selbst noch der Nebel kupferroth sind; es ist nur die eingetretene Änderung der Lichtwellen, welche in uns den Eindruck erzeugt, den wir kupferroth nennen.

§. 4.

Die Mängel unserer Sinne sind in zweien Beziehungen aufzufassen: dem Umfange nach und der Zuverlässigkeit. In ersterer haben wir die Welt einzutheilen in eine sinnliche d. h. deren Eindrücke innerhalb der Grenzen unserer Sinne liegen und eine aussersinnliche; in der anderen haben wir die Welt zu betrachten als eine Fülle von Erscheinungen, deren Eindrücke wir empfangen unter der jedesmaligen Mitwirkung von Mängeln unserer Sinne. Unter diesen Mängeln ist ersichtlich derjenige der grösste, dass wir nur Eindrücke empfinden können, zu deren Empfangnahme wir mit Sinnen ausgerüstet sind, denn höchstwahrscheinlich giebt es andere Eindrücke, die wir nur deshalb nicht empfinden, weil uns die dazu erforderlichen Sinne mangeln; sie prallen spurlos d. h. ohne empfunden zu werden, an uns ab, gleich den Lichtstralen, die unsere Haut treffen oder die Töne, welche an unsere Augen schlagen. Andere Mängel sind wir gewohnt, innerhalb unserer Sinne auszugleichen, so weit diese dazu ausreichen: wir gewöhnen uns daran, durch Betasten zu erkennen, dass die Gegenstände in ungleicher Entfernung von uns stehen, während sie durch unsere Augen nur den Eindruck neben einander stehender Bilder erzeugen; wir vervollständigen die Auffassung von Tönen, Gerüchen u. s. durch Besichtigung oder von Gesehenem durch Behorchen, Riechen oder Schmecken und bringen in einzelnen Fällen alle fünf Sinne zur Anwendung, um etwas möglichst sicher zu erkennen. Wir gewöhnen uns überdies daran, zur Abhülfe der Einseitigkeit jeder einzelnen Ansicht, von demselben Gegenstande mehrere Bilder in uns aufzunehmen und daraus eine Vorstellung zusammen zu setzen. Wenn wir z. B. eine Birne hängen sehen, fällt in unsere Augen ein länglicht rundes Bild, oben schmal zulaufend, in der Mitte eingebaucht und unten erweiternd sich abrundend; am obern Ende ein schmaler Anhang

(Stiel) und unten hervorragende Zacken (Blüthenreste): ein völlig einseitiges Bild. Betrachten wir dieselbe Birne von der anderen Seite, so empfangen wir den Eindruck eines ähnlichen Bildes, gleich im Umriss, aber verschieden in Farben, denn jenes war grüngelb durchaus, dieses dagegen hat am breiten Theile eine rothe Fläche. Wir nehmen die Birne herab und betrachten ihre Endansichten: vom breiten Ende empfangen wir das Bild einer Kreisfläche, in deren Mitte eine Grube, aus der ein dunkler Zackenkreis hervorragt; vom schmalen Ende dagegen empfangen wir das Bild einer Kreisfläche, aus der ein runder Stiel uns zugekehrt hervorsteht. Jede Seite der Birne, die wir betrachten, giebt ein anderes Bild und erst nachdem wir diese Bilder zusammen setzten, gewannen wir eine Vorstellung vom Äusseren einer Birne. Verführen wir weiter und zerschnitten die Birne, so empfing unser Gehirn andere, neue Bilder: die Flächen zeigten sich feucht glänzend, weiss und gelblich gekörnt; es fanden sich Fächer mit schwarzbraunen, losen Körpern (Samen) darin u. s. w.; wir nahmen den Geruch zu Hülfe, auch den Schmecksinn, fanden angenehmen Duft und labenden Saft, der Tastsinn fand die Birne weich; so empfingen wir durch diese verschiedenen Sinne eine Anzahl unterschiedlicher Eindrücke, aus denen wir eine Vorstellung von dieser Birne zusammen setzen. Je mehr wir in solchen Fällen unsere Sinne anstrengen und verschiedenartig anwenden, desto zahlreicher sind die Eindrücke, die wir empfangen und desto deutlicher und zutreffender wird die Vorstellung; je mehr es daran mangelt, desto grösser die Wahrscheinlichkeit des Irrthums. Wer z. B. mit dem Ansehen der Birne sich begnügen wollte, würde leicht durch wächserne oder porzellanene Nachahmungen getäuscht werden; wer mit dem Schmecken sich begnügen wollte, würde einzelne Sorten mit Äpfeln verwechseln und wer auf den Geruch sich beschränkte, würde einen Schwamm mit Birnenäther als Birne empfinden. Unterlassungen dieser Art, wenn auch selten so stark wie in diesem Beispiele, wirken aber bei allen Menschen und fast bei jeder Vorstellung, die der Mensch sich bildet.

§. 5.

Die aus empfangenen Bildern zusammen gesetzten Vorstellungen mit ihren Mängeln, kann der Mensch nicht allein in sich aufnehmen, sondern auch bewahren und späterhin willkürlich wachrufen; diese Fähigkeit nennt man Gedächtniss. Durch dasselbe sind wir in den Stand gesetzt, einzelne Bilder, wie auch daraus gebildete Vorstellungen, in täglich sich mehrender Zahl aufzunehmen, einzuprägen und für den Augenblick soweit zurück zu drängen, dass sie in unserem Bewusstsein gänzlich ruhen, bis es uns gefällt, sie wieder hervor zu rufen, uns ihrer zu erinnern. In solchem Falle tritt das ehemalige Bild, die ehemalige Vorstellung hervor; unser Gehirn empfindet denselben Eindruck, wie damals, als der veranlassende Gegenstand auf unsere Sinne wirkte. In dieser Weise vermögen wir ehemals empfundene Eindrücke jeder Art wachzurufen, so lebhaft, dass z. B. dem Feinschmecker das Wasser im Munde zusammenläuft, wenn er ausgezeichneter Mahlzeiten früherer Jahre sich erinnert.

Das Gedächtniss ist jedoch sehr mangelhaft; jeder Einzelne nimmt nur einen geringen Theil der empfangenen Eindrücke in sein Gedächtniss auf und aus diesen bleiben meistens nur diejenigen haften, welche entweder bei ihrer Aufnahme einen besonders starken Eindruck machten oder an andere Bilder und Vorstellungen dieser Art sich anschlossen, so dass sie mit diesen wachgerufen werden; ebenso haften leichter diejenigen Eindrücke, welche von gewohnten am stärksten sich unterscheiden oder der augenblicklichen Stimmung am meisten entsprachen und die meisten derjenigen, welche diese Erleichterungen nicht bieten, wirken nur für den Augenblick und gehen dann im Meere der Vergessenheit unter. Ausserdem ist das Gedächtniss sehr abhängig von dem wechselnden Befinden des Menschen: Blutfülle wie Blutmangel, Verletzung, Alter, Gehirnschwächen u. a. verändern die Fähigkeit, verdunkeln das Gedächtniss; die Einseitigkeit der Bildung erfüllt in jedem Menschen das Gedächtniss vorwaltend mit Bildern und Vorstellungen eines beschränkten Bildungsgebietes, ausserhalb dessen seine Erinnerung auffällig mangelhaft ist; bei Veränderung der Bildungsrichtungen eines Menschen entschwinden allmälig die früheren Bilder und Vorstellungen, um den neu aufzunehmenden Raum zu schaffen. Je höher die Bildung sich entwickelt, desto öfterer wirken jene Mängel; wer genöthigt ist, oft und vielfach sein Gedächtniss in Anspruch zu nehmen, fühlt am besten, wie stark diese Fähigkeit täglich, ja stündlich wechselt, wie oft auf Augenblicke die nächstliegenden Erinnerungen dem Gedächtnisse entschwunden sind, während in anderen Augenblicken unaufhörliche Reihen von Bildern und Vorstellungen aus dem Gedächtnisse emportauchen und vorüberziehen, wie vom Winde getriebene Wolkenschaaren.

§. 6.

Das Gedächtniss, mit den Mängeln der Sinne vereint, setzt den Menschen doppelten Gefahren aus. Wir sind nämlich gezwungen, die in unserem Gehirne erzeugten Bilder und Vorstellungen ausser uns zu versetzen, um eine Erkenntniss des ausser uns Vorhandenen zu erlangen. Wir kennen also nicht die Gegenstände, wie sie da sind, sondern nur die Bilder, welche wir empfingen und aus uns versetzt haben nach grösseren oder geringeren Entfernungen, um sie unserem Gedächtnisse einzuprägen. Wir empfinden z. B. durch unsere Augen den Eindruck eines freistehenden Baumes, in einseitiger Ansicht; nach der Grösse und Färbung schätzen wir die Entfernung, versetzen nun dieses Bild ausser uns und nehmen an, behaupten auch, da oder dort stehe ein Baum von solcher Grösse, Gestalt und Farbe. Wir wissen aber bereits, dass der Baum keine Farbe hat, dass es also nur ein farbig empfundenes Bild sei, welches wir dorthin versetzten und daraufhin behaupten, jener Baum sei grün. Wir haben auch das durch die Augen empfangene Bild dorthin versetzt, ohne mehrere Ansichten genommen, oder den Baum betastet zu haben; es wäre also möglich, dass an der Stelle nur eine Nachahmung, eine täuschende Malerei stünde und der Gegenstand überdies viel näher oder ferner als wir vermutheten, denn wir haben die Entfernung nur nach der Trübung der Farben geschätzt, welche in der Malerei nachgeahmt sein kann; es könnte auch durch die Brechung der Lichtstralen das Bild eines vorhandenen Baumes uns anscheinend genähert worden sein. So viel ist gewiss, wir sehen nicht die Gegenstände ausser uns wie sie sind, nicht die Gegenstände selbst, sondern nur die an ihro muthmassliche Stelle versetzten Bilder oder Vorstellungen, welche wir auf Grund der empfangenen Eindrücke schufen und unserem Gedächtnisse einprägten. Wer z. B. den Vollmond am wolkenlosen Himmel mit seinen Blicken verfolgt und dabei für den Augenblick das über seine Grösse und Entfernung Erlernte zu vergessen vermag, wird aus dem Bilde nur die Ueberzeugung gewinnen, dass er eine leuchtende Scheibe von mässiger Grösse betrachte, welche so hoch oder wenig höher als die Wolken in der Luft schwebe; ähnlich wie es dem für seine Zeit weit vorgeschrittenen Herodot (5. Jahrh. vor C. G.) erging, welcher der Ansicht war, dass die Sonne gleich den Wolken in der Luft schwebe und durch die herrschenden Winde der Jahreszeiten nach Norden getrieben werde, um den Sommer zu bringen, nachher aber durch den Nordwind wieder nach Süden getrieben werde, wie es im höheren Sommerstande und niedrigeren Winterstande augenscheinlich sich erweise. Der Grund solcher Täuschungen liegt eben darin, dass wir als Sonne und Mond ansehen nicht die Körper selbst, sondern die in unserem Gehirne gestalteten Abbilder derselben; diese sind flach durch Mängel unserer Augen und wir, getäuscht durch ihre starke Beleuchtung, ihr deutliches Hervortreten, versetzen ihre Entfernung nicht weit von uns, so lange nur jene Bilder uns leiten.

Diese Verwechselung des Bildes in uns mit dem Gegenstande ausser uns, entsprang aus der Nothwendigkeit, jedes Bild unseres Gehirnes ausser uns zu versetzen, ihm seinen Platz in der Aussenwelt anzuweisen, um eine Vorstellung gewinnen zu können und wird doppelt irreleitend, sobald die Thätigkeit des Gedächtnisses mitwirken muss, um Vorstellungen zu erlangen. Es tauchen häufig aus unserem Gedächtnisse Bilder empor in solcher Lebhaftigkeit, dass wir, sie ausser uns versetzend, glauben wirkliche Wesen ausser uns daseiend zu erkennen. Zu Zeiten, wann das Selbstbewusstsein zurücktritt, wie im Schlafe, oder bei heftigen Nervenaufregungen, Betäubungen u. a. treten diese Zustände am öftersten ein; das Gedächtniss lässt früher empfangene Bilder auftauchen in solcher Deutlichkeit, dass der Schlafende oder Erregte, sie ausser sich versetzend, wirkliche Wesen vor sich zu haben glaubt, mit denen er redet, sie fragt und Antworten empfängt, sie kommen und gehen sieht u. s. w. Dieser Traum prägt sich seinem Gedächtnisse ein, ebenso stark wie die wachend durch seine Sinne empfangenen Vorstellungen, er weiss für den Augenblick und oft auch später noch nicht, beide von einander zu unterscheiden. Der heftig Erregte oder Betäubte glaubt sich umgeben von Schreckgestalten; dem Betrunkenen tanzen alle Gegenstände vor Augen und er selbst taumelt hin und her, weil seine Sehnerven in dem Grade erregt sind, dass sie kein Bild fest aufzufassen und zu halten vermögen und wie jene Schreckgestalten, sind diese tanzenden Gegenstände nur Bilder des Gehirnes, die jeder ausser sich versetzt und zu sehen glaubt. Irrthümer dieser Art sind allgemein menschliche, in unzähligen Anwendungen aus dem Zusammenwirken der Sinne und des Gedächtnisses entstehend; ihnen haben wir meistens die vielgestaltige Bevölkerung der aussersinnlichen Welt zuzuschreiben, ja selbst die meisten Gestaltungen, die der Mensch als Beherrscher der Welt sich dachte und in Nachbildungen körperlich darstellte.

§. 7.

Die im Gedächtnisse angesammelten Bilder und Vorstellungen begann der Mensch zu ordnen durch Vergleichung mit einander: er entwickelte seinen Verstand. Er stellt in seinen Gedanken einzelne Vorstellungen neben einander und ermittelt, welche der Eindrücke ähnlich seien oder nicht, bringt sie demgemäss in Verbindung oder hält sie auseinander. Er hat verschiedene Gegenstände betastet und je nachdem die Nervenenden seiner Finger berührt wurden, den Eindruck empfangen der Ausdehnung, der Härte, des Runden oder Kantigen, Rauhen, Trockenen u. s. w. Indem er seine Arme in Thätigkeit setzte, um die Gegenstände zu heben, empfing er je nach der erforderlichen Anstrengung den Eindruck der Schwere und mit diesem Erlernten brachte er in seinen Vorstellungen dasjenige zusammen, was er aus anderen Eindrücken gebildet hatte. Zunächst wird er jene einfachsten Eindrücke mit einander verglichen haben und unterschied zwischen gross oder klein, schwer oder leicht, hart oder weich, rauh oder glatt, trocken oder feucht, warm oder kalt u. s. w. Dabei machte ein neuer Mangel seines Wesens sich geltend: er hatte zu den Vergleichen und Unterscheidungen keinen anderen Maasstab anzuwenden als sich selbst; er nannte gross was seine eigene Ausdehnung übertraf, klein je nachdem es geringere Ausdehnung hatte als er selbst; schwer war ihm was seine Muskelkraft stark in Anspruch nahm oder über deren Fähigkeit hinaus ging, dagegen leicht was er ohne erhebliche Anstrengung heben konnte; hart oder rauh oder trocken nannte er Gegenstände, wenn sie dem Druck seiner Finger nicht nachgaben oder im Betasten nur an einzelnen, leicht unterscheidbaren Stellen seine Tastnerven reizten oder im Berühren die Ausdünstung seiner Hautflächen einsogen: in jeder Form seines Urtheiles waren es seine Kräfte, seine Zustände, nach denen er die Vorstellungen zusammen fasste oder unterschied. Dadurch mussten die Urtheile der Einzelnen ebenso verschieden werden, wie ihre Kräfte und Zustände verschieden sind: dem Manne ist leicht, was dem Weibe schwer, dem Kinde gross was dem Erwachsenen klein; auch derselbe Mensch urtheilt ganz verschieden über demselben Gegenstand, je nach den Stufen seiner Entwicklung, seines Alters. Je nach den wechselnden Zuständen, in denen er sich befindet. Am fühlbarsten tritt dieses hervor in den Eindrücken, welche der Wärmeaustausch zwischen dem Menschen und der ihn umgebenden Luft hervor bringt. Der Nordländer nach Italien kommend, klagt über Hitze, während der Italiener nur behagliche Wärme fühlt und jener geht dort an minder warmen Tagen noch im Sommeranzuge, während dieser schon einen Mantel umhängt. Die Körperwärme der Italiener ist aber dieselbe wie die der Nordländer, nur die Empfindlichkeit der Hautnerven und die Wärmeleitung der Haut ist verschieden und je nachdem bilden sich in den verschiedenen Gehirnen die Eindrücke des Ermattens oder des Behagens oder des Schauderns und je nachdem fasst Jeder ein verschiedenes Urtheil über Hitze oder Kälte. Das Gleiche findet statt je nach dem Fortschreiten der Entwickelung eines Menschen: als Greis klagt er über Kälte und schaudert bei Wärmezuständen, die er in früheren Jahren mit Behagen ertrug; er urtheilt demgemäss, dass die Sommer jetzt nicht so warm seien wie in seiner Jugend, dass die Winter viel länger dauerten als früher, dass deutlich zu spüren sei, wie die Erde altere und abkühle u. s. w. Wir lachen des Alten und vergessen, dass wir selbst mit unseren Urtheilen täglich in denselben Fehler verfallen, unsere eigenen Zustände, unser Wesen zur Grundlage unseres Urtheiles machen, subjectiv urtheilen statt objectiv den Gegenstand nach seinen Zuständen, seinem Wesen aufzufassen. Eben so tritt die Subjectivität hervor in der allgemein gangbaren Behauptung: „Das ist unmöglich" sobald Jemand sein Urtheil dahin aussprechen will, dass etwas s e i n e Kräfte übersteige. Wenn er sagte: „Das ist mir unmöglich" würde er wahrscheinlich das Richtige treffen, jedenfalls würde er sein Urtheil ausdrücken, wie er es im Grunde fassen wollte; indem er es aber in der erstgenannten Fassung ausspricht, begeht er, meistens unbewusst, eine Unverschämtheit, weil er den wirklichen oder nur eingebildeten Mangel seines Eigenwesens, seine Schwäche als allgemeinen Maasstab aufstellt, allen anderen Menschen ohne Weiteres dieselbe Schwäche zuschreibt, ohne auf ihre Besonderheit, ihre etwaige Ueberlegenheit Rücksicht zu nehmen, die das i h m Unmögliche vielleicht möglich machen kann.

§. 8.

Bei weiterer Entwickelung des Verstandes begann der Mensch aus dem Gebiete des subjectiven Urtheils in das des objectiven hinüber zu gehen: er begann zu messen und zu wägen. Die Ausdehnung der Körper verglich er mit seiner Fusslänge, seiner Handbreite, Fingerdicke, Unterarmlänge, der Erstreckung seiner ausgebreiteten Arme und statt sie gross oder klein zu nennen, bezeichnete er sie in Massen: Fuss, Hand, Zoll, Ellen oder Faden. Auch an diesem Fortschritte hafteten Mängel des Menschenwesens in der Verschiedenheit der Leibesgrössen der Urtheilenden, denn je nachdem waren die Masslängen verschieden. Er begann zu wägen: es genügte ihm nicht mehr zu wissen, ob etwas schwer oder leicht sei, sondern er suchte sich einen Gegenstand, mit dessen Schwere er alles verglich. Am nächstliegenden und handlichsten mögen ihm Steine gewesen sein, jedenfalls findet sich das Wort noch vielerwärts als gangbare Gewichtsbezeichnung und ebenso wird er im Laufe der Zeit kleinere Körper, bis zu Getraidekörnern hinunter, zum Vergleiche genommen haben. Auch hieran haftete als Mangel seines Eigenwesens das Uebersehen der Verschiedenheit der nach Augenmass oder Armschätzung gewählten Steine und Körner. Die Mängel des Messens und Wägens gelang es im Laufe der Zeit zu mindern: der Mensch schuf gleiche Mass und Gewichte, die er noch mit dem ehemaligen Namen belegte, aber nicht mehr nach seinem Körper oder zufällig vorhandenen Gegenständen bestimmte, sondern nach eigens dazu angefertigten Massstäben und Gewichtstücken, über deren Gleichheit die Mitglieder grösserer oder geringerer Kreise sich vereinbarten. In ähnlicher Weise streifte der Mensch seine Eigenheit ab, als er einen Wärmemesser (Thermometer) erfand, welcher die Schwankungen der Wärmezustände nach den Veränderungen der Ausdehnung eines flüssigen Körpers (Quecksilber, Weingeist u. s.) abmass, der nicht aus verschiedenen Einzelnstoffen besteht, wie die Menschheit, sondern aus Theilen, die allenthalben und jederzeit gleichmässig sich verhalten unter den Einflüssen der Wärmeschwankungen.

Diese Fortschritte waren ausserordentlich gross, hatten aber noch bei weitem das Äusserste nicht erreicht. Nicht allein, dass Masse, Gewichte und Wärmemesser in den verschiedenen Kreisen der Vereinbarungen (Völker, Städte, Geschäfte) nicht gleich sind, dass es in Europa mehr als 30 verschiedene Landesmasse oder Gewichte giebt, dass im Waarenhandel andere Gewichte gebraucht werden als in Apotheken oder von den Edelsteinhändlern, dass dreierlei eingetheilte Wärmemesser (Fahrenheit, Reaumur und Celsius) im Gebrauche sind, sondern auch innerhalb der verschiedenen

Vereinbarungskreise sind die einzelnen Messgeräthe verschieden; ja selbst die Stammgeräthe, die Ur- oder Normal-Masse und Gewichte bieten Verschiedenheiten dar, die in Fehlern der Anfertigung, in den äusseren Einwirkungen oder in Mängeln des beobachtenden Menschen ihren Grund haben. Der Mensch hat also auch auf diesem Gebiete sein Eigenwesen, seine Mängel nicht ausschliessen können, er hat von ihrer gröbsten Einwirkung sich befreit, ist objectiv geworden, aber nur so weit, wie es ihm zur Zeit möglich war.

Für die Verhältnisse des täglichen Lebens können allerdings die gebräuchlichen Angaben in Massen und Gewichten genügen, denn die Einwirkungen des Eigenwesens sind für die vorhabenden Zwecke von keiner Bedeutung, dürfen also ausser Acht gelassen werden. Sobald jedoch weitergehende, allgemeine oder umfassende Zwecke erreicht werden sollen, treten jene Einwirkungen einflussreich hervor und lassen sich selbst durch die sorgfältigsten Bemühungen nur mindern, aber nicht vertilgen. Der Fusswanderer beantwortet die Frage nach Entfernungen gewöhnlich durch Angabe der Zeit, deren er, nach seiner Schätzung bedurfte, um die Strecke zurück zu legen, er nennt ganze oder halbe Stunden; in Süd-Europa erhält man solche Angaben in Vaterunser d. h. wie viele Gebete man unterwegs hersagen könne; in Nord-Europa hie und da Angaben in Pfeifen Taback d. h. wie viele Thonpfeifenfüllungen Taback man in der gefragten Strecke rauchen könne. Die Unsicherheiten solcher Massangaben sind für den Spaziergänger meistens von keiner Erheblichkeit, aber in wichtigeren Fällen irreleitend. Sobald es sich handelt um möglichst genaue Ermittelung der Entfernungen, bedarf es mühsamer und sorgfältiger Messungen, um das Richtige zu treffen und auch nachdem alle Mittel erschöpft sind, wird der Kundige seine Behauptung nicht weiter erstrecken, als zu sagen, er habe annähernd das Richtige gefunden und vermöge nur mit ziemlicher Sicherheit die Grenzen anzugeben, innerhalb welcher das Richtige liegen müsse. Sollen z. B. Messungen möglichst genau ausgeführt werden, so ist zunächst das Grundmass (Meter, Fuss u. a.) zu untersuchen, nach welchem alle Längen bestimmt werden sollen. Dasselbe ist gewöhnlich an einem Orte auf einem sorgfältig angefertigten Massstabe bezeichnet; mit dem überein sollen alle Massstäbe des Bereiches der Vereinbarung angefertigt sein. Dieser Urmassstab ist aber oftmals nicht genau genug angefertigt, um grösstmöglichste Sicherheit zu bieten, wie z. B. das Urmas der Franzosen (Toise de Pérou) nach dem sie ihre Meterlänge festgesetzt haben, obwol dessen Endflächen nicht rechtwinklicht abgeschnitten sind. Selbst wenn das Urmass richtig, darf dieses nicht zum Messen hergegeben werden, sondern nur benutzt werden als Muster für möglichst genaue Nachahmungen. Im Nachmachen und Vergleichen wirken aber die Mängel der menschlichen Sinne und erschweren die Genauigkeit, so dass man mit völliger Sicherheit behaupten darf, dem Urmase sei kein einziger der nachgebildeten Maasstäbe völlig gleich. Hiezu kommt, dass die meisten Maasstäbe nicht nach dem Urmase, sondern im Vergleiche zu Nachahmungen angefertigt werden, auch nicht aus denselben Stoffen, sondern anderen, die handlicher sind, wobei Abweichungen um so leichter sich einschleichen. Selbst dann, wenn der Maasstab thunlichst genau wäre und mit dem Urmase verglichen keinen erkennbaren Unterschied gezeigt hätte, wird er schon im nächsten Augenblicke ein anderer sein, durch Erwärmung gedehnt oder Abkühlung verkürzt; er wird sich krümmen, wenn er nicht beständig in ganzer Länge unterstützt liegt; er wird im Gebrauche an seinen Endflächen verschlissen, also kürzer. Bei der Anwendung kommen die Mängel dessen hinzu, der ihn gebraucht: die Schärfe seiner Sinne, die augenblickliche Stimmung, sein Verhalten der Witterung, der Luftbeschaffenheit gegenüber und dabei hängt es lediglich von der Art des Zusammentreffens ab, ob die Fehler überwiegend nach einer Seite fallen oder nach entgegengesetzten fallend, nahezu sich ausgleichen. Messungen mit Fernröhren an oder auf eingetheilten Gradbögen sich bewegend, wie bei grossen Entfernungen auf der Erde (in der Geometrie) oder bei Sternmessungen (in der Astronomie) angewendet, unterliegen ebensowol den Mängeln der menschlichen Fähigkeiten; denn in der Anfertigung der Fernröhre, im Schliffe der Gläser, dem Einsetzen derselben sind Ungenauigkeiten unvermeidlich; die Gradbögen sind niemals genau getheilt, das gleiche Mas ist an den verschiedenen Stellen nicht übereinstimmend bezeichnet. Ueberdies wird im Gebrauche das metallene Rohr stetig verändert durch die Schwankungen der Luftwärme, verändert in Länge und Weite, gebogen durch eigene Last; auch die Fassung der Gläser erleidet Veränderungen, welche die Mittelpunkte derselben verschieben; selbst die Hügel, auf denen die Tragmauern grosser Fernröhre stehen, verändern ihre Lage je nach der Witterung. Dazu kommt noch, dass die Lufthülle der Erde, durch welche die Lichtwellen von den Sternen zum Auge gelangen, nicht ganz durchsichtig ist, auch nicht in

Ruhe sich befindet, dass also die Lichtwellen indem sie unsere Luft durchdringen, Veränderungen erleiden, gebrochen und abgelenkt werden u. s. w. Auch trifft das Auge des Naturforschers nicht die Lichtwelle, welche in demselben Augenblicke dem Sterne entströmt, sondern die vor Tagen, Monaten, Jahren entflossene; der Stern schwebt nicht da, wo er ihn sieht, sondern jedenfalls an einer anderen Stelle. Ebenfalls ist die Erde nicht stätig unter seinen Füssen, denn während er forscht, zieht sie in ihrer Bahn weiter über 4 Meilen in der Sekunde und wird überdies von der Sonne mitgeschleppt in deren Lauf nach unbekannten Fernen; der Forscher befindet sich also in jedem nächsten Augenblicke an anderer Stelle im Weltenraume und niemals wieder an derselben Stelle. Dazu kömmt, dass die besten Geräthe und die schärfsten Menschenaugen ihre Grenzen haben, alles darüber Hinausliegende bleibt unbekannt. So sehen wir den Menschen von den Mängeln seiner Sinne begleitet in allen Bestrebungen nach reiner Objektivität; er will sich davon befreien, kann aber nur ihren Einfluss schrittweise mindern, nicht aufheben.

Das Gleiche ist mit dem Wägen der Fall. Man denkt gewöhnlich, es sei rein sachlich, das Gewicht eines Gegenstandes zu ermitteln: man lege ihn in eine der Wagschalen, genaue Gewichte zur Genüge in die andere und finde das Ergebniss, sobald die Zunge des Wagebalkens senkrecht stehe. Für die Bedürfnisse des täglichen Lebens genügt diese Ermittelung, man darf die zahlreichen Fehler ausser Acht lassen; allein vorhanden sind sie und, abgesehen von Betrügerei, verhältnissmässig bedeutend. In der Anfertigung der Wage und Gewichte liegen Ungenauigkeiten, beide verändern sich im Gebrauche, verschleissen, werden von der Witterung, dem Staube, der Zugluft, Feuchtigkeit u. s. betroffen. Dazu die Stimmung des Wägenden in Ruhe oder Erregtsein, grösserer oder geringerer Sorgfalt, die Lage des Gegenstandes in der Schale u. s. w., so dass es vom Zufalle abhängt, ob die Fehler alle auf eine Seite fallen und das Ergebniss um so unrichtiger machen oder ob sie, nach beiden Seiten fallend, sich nahezu ausgleichen, also das Ergebniss annähernd richtig werde. Der Einfluss, den die menschlichen Sinne, das Menschenwesen ausübt, ist so eingreifend, dass im Messen oder Wägen durch zwei verschiedene Menschen, mit denselben Gegenständen und Geräthen, niemals die gleichen Ergebnisse erlangt werden, dass sogar derselbe Mensch, wenn er dieselbe Ermittelung wiederholt, eine Verschiedenheit zwischen den beiden Ergebnissen findet, so dass in allen Fällen die Unrichtigkeit um so grösser wird oder werden kann, je mehr und öfterer der Mensch mit seinen Mängeln zu den Ermittelungen mitwirken muss. In solchen Fällen greift man zu der Aushülfe, die Ermittelungen unter thunlichst gleichen Verhältnissen oftmals zu wiederholen und aus den Ergebnissen das Durchschnittliche als annähernd richtig gelten zu lassen. Bei alledem kann der Mensch seine Mängel nicht wirkungslos machen, sondern nur die Fehler verkleinern, um so mehr, je höher seine Erkenntniss sich steigert und Sorgfalt darauf verwendet wird.

§. 9.

Die Eindrücke, welche der Mensch durch seine Sinne empfängt, betreffen nicht allein die Ausdehnung, Gestalt, Farbe, Härte, Wärme der Gegenstände, sondern auch ihre Bewegung oder Veränderung u. s. w. Die Bilder müssen in jedem Augenblicke andere Stellen der Nervenenden treffen, mit denen das Innere des Auges wie gepflastert erscheint, weil das senkrecht wie wagrecht bewegliche Auge in keiner Stellung dauernd verharren kann, sich stets bewegt; gleichzeitig kann aber auch der Gegenstand, von dem das Bild herrührt, sich fortbewegt haben und daraus die Verrückung des Bildes im Auge entstanden sein oder auch beide Bewegungen können gleichzeitig stattgefunden haben, sei es zusammen gehend oder wider einander wirkend. Das Einzige was der Mensch in solchem Falle weiss, ist die veränderte Stellung des Bildes in seinem Inneren; woher aber diese Veränderung stamme, hat er erst zu ermitteln durch Vergleiche, die er anstellt. Es kann sein, dass der Gegenstand sich bewegte, gewiss ist es, dass seine Augen sich bewegten in ihren Höhlen, vielleicht aber auch ist der beobachtende Mensch von seiner Stelle bewegt worden und der Gegenstand blieb unbewegt. Wer auf einem Kahne den Fluss hinabtreibt, empfängt den Eindruck, als ob die Uferlandschaften vorüber ziehen und gelangt erst durch Vergleich mit dem Flussgrunde oder anderen Gegenständen zur Ueberzeugung, dass er selbst fortbewegt werde, nicht die Ufer. Im schnellen Umdrehen erlangt der Mensch den Eindruck, als ob die ganze Umgebung um ihn sich drehe; selbst nach Aufhören des Umdrehens hält der Eindruck im Gehirne an und die Welt der Erscheinungen schwankt noch eine Zeit lang bis der Schwindel sich legt. Indem der Mensch seine Stellung zu den Sternen betrachtete, erlangte er die Vorstellung einer allmäligen nächtlichen Fortbewegung der ganzen Sternenwelt von Ost nach West und so lange ihm die Gelegenheiten zur Vergleichung unbekannt blieben, hielt er Jahrtausende lang an der Ueberzeugung fest, dass Sonne, Mond und alle Sterne im Verlaufe von jeden 24 Stunden einen Rundlauf um die Erde vollbrächten. Durch Vergleichung ihrer Stellung mit den auf der Erde feststehenden Gegenständen (Felsen, Dämmen u. s.) gewann er das Bild ihres Fortschreitens; die Gegenstände standen für ihn fest, folglich, so schloss er, müssten die Sterne sich bewegen.

Ebenso stark wirken die Mängel der Sinne bei Erkenntniss der Bewegungen, welche sich zeigen in Veränderung der Gegenstände selbst. Dass der aufwachsende Baum nach allen Seiten sich bewege, indem er Äste, Zweige, Sprossen und Blätter entwickelt, erkennt der beobachtende Mensch aus den täglich grösseren Bildern, die er empfängt, im Gedächtnisse aufbewahrt und durch deren Vergleichung mit einander, die Vorstellung des Wachsthumes bildet, in dem der Baum sich bewegt. Dass die Theilchen eines jeden Baumblattes sich bewegen, indem es aus der Blattknospe hervorsprosst, dass die Theilchen (Zellen) an Zahl zunehmend, das Blatt zur vollen Grösse entwickeln, darauf zusammen schrumpfen und nach Herabfallen des Blattes sich trennen und verschwinden, das Alles erkennt der Mensch aus der Verschiedenheit der Bilder und Vorstellungen, die er in sich aufnahm und mit einander verglich; er hatte das Blatt von der Entstehung bis zur Auflösung beobachtet und konnte daraus durch seinen Verstand die Vergleichungen anstellen, welche ihn zur Erkenntniss der Bewegungen des Entstehens und Vergehens des Blattes führten. Von dem Granitfelsen dagegen, den er täglich vor Augen hat, gewann er nicht dieselbe Vorstellung. Wäre es ein Eisblock, so würde er im Sommer sehen, wie er durch Abschmelzen kleiner wird und im Winter durch Gefrieren der darauf fallenden Feuchtigkeit sich vergrössert; wäre es lockerer Kalkstein oder Sandstein, so würde er Bewegungen entdecken, wenn der Frost ihn spaltet, die Oberfläche verwittert und am Fusse des Felsens Steinbrocken, Kalkschlamm oder Sand sich anhäufen und die verschiedenen Bilder welche er vom Eisblocke, dem Sandstein oder Kalkfels empfinge, würden seinem Verstande dienen, um die Vorstellung von den Veränderungen des Felsens, der Bewegung desselben zusammen zu setzen. Allein vom Granitfels erlangt er stets dasselbe Bild, der Vergleich schafft ihm keine Vorstellung von merkbaren Veränderungen und deshalb nennt er ihn unveränderlich, starr und unbewegt. Diese Annahme war aber irrig, sie entstand daraus, dass die Veränderungen, die Bewegungen des Granitfelsens von den Sinnen nicht erkannt wurden, dass allerdings täglich verschiedene Bilder in die Augen des Beobachters fielen, deren Verschiedenheiten aber zu fein waren, um auf sein Gehirn Eindruck zu machen. Der Fels änderte nichts desto weniger seine Lage je nachdem die unterliegenden Schichten sich hoben oder senkten; er athmete in seiner Weise indem er je nach dem Wärmewechsel, die Zwischenräume seiner Theile, ähnlich den Poren der Menschenhaut, öffnete oder schloss, dadurch Luft und Wasser in sich aufnahm, welche ihm sowohl fremde Stoffe zuführten, wie auch seine Stoffe lösten, umsetzten und mit sich fortnahmen; er hatte seinen Stoffwechsel, Aufnahme und Ausscheidung in seiner Art, allerdings ein viel langsameres und minder entwickeltes Leben als Pflanzen und Thiere, aber er lebt, verändert und bewegt sich wie alles andere Dasein. Die Unfähigkeit der Sinne, Aenderungen und Leben dieser Art zu erkennen, verleitete den Menschen zu dem folgenschweren Irrthume, dass es in der Welt ein Todtes, Erstarrtes oder Ruhendes gebe; er theilte alles Vorhandene ein in Bewegtes und Unbewegtes, Lebendes und Todtes, stellte diese Bezeichnungen einander gegenüber, während die Gegensätze in Wirklichkeit nicht vorhanden sind, vielmehr alles lebt und sich bewegt, in den Stufenfolgen der Entwicklung, welche die jedesmaligen Verhältnisse bedingen. — Dieselben Mängel wirkten auch ein auf seine Vorstellungen von Veränderungen, deren Verlauf er verfolgen konnte. Er sah das Blatt am Baume aus der Knospe sich entfalten, wachsen, einschrumpfen, herabfallen und vergehen; er sah eine Folge von Gestaltungen mit deutlichem Anfange und Ende, denn das Blatt kam, er wusste nicht woher, es zerfiel und verschwand, er wusste nicht wohin; vor dem Anfange und nach dem Ende lag alles im Dunkel und er gewann die Vorstellung, dass es aus nichts entstanden sei und in nichts sich aufgelöst habe. Hätte er mit seinen Augen die einzelnen Stoffe verfolgen können, in die das herabgefallene Blatt sich löste, so würde er nicht jene Vorstellung gewonnen, sondern erkannt haben, dass es dieselben Stoffe seien, welche dem Blatte zu seinem Aufbaue zugeführt worden seien, dass auch kein Ende, kein Auflösen in nichts stattfinde, sondern die Bestandtheile in anderen Formen fortbestehen. Hätte er den Saftlauf im Baume zurückforschend verfolgen können, so würde er gesehen haben, wie Blattstoffe aus der Erde empor stiegen, um das Blatt zu bilden; könnte er Gase sehen, so würde er bemerkt haben, wie das Blatt aus der Luft Kohlensäure einathmete, die Kohle behielt und den Sauerstoff wieder aushiem; er würde aus den täglich verschiedenen Bildern die Vorstellung zusammen setzen, dass das Blatt nur eine der Erscheinungsformen sei, welche Stoffe in ihrem Lebenslaufe annehmen, sobald sie unter bestimmten Verhältnissen zusammen treffen, dass auch das Blatt nur aus bereits vorhandenen Stoffen sich aufbaue und wiederum in Stoffe sich auflöse, deren vorheriges und nachheriges Dasein er kenne. Statt dessen hat die Menschheit Jahrtausende hindurch den Irrthum gehegt, es gebe eine fortgehende Vernichtung: alles Lebende führe ein kurzes Dasein, entstanden aus nichts und vergehend in nichts, denn was am Lebensende in nichts sich auflöse, müsse auch im Anfange aus nichts entstanden sein. Die Folge war, dass die Völker zu verschiedenen Zeiten, auf dieser Grundlage eine Fülle von Vorstellungen schufen, welche erklären sollen die Schöpfung der Welt aus nichts, das fortwährende Entstehen neuer Wesen aus nichts und die dereinstige Auflösung der Welt in nichts, Vorstellungen, welche dem Menschen die willkommene Gelegenheit boten, die Fülle seiner Fähigkeiten als Dichter und Profet zu offenbaren.

Bei Beobachtung, der in demselben Wesen vorgehenden Veränderungen war es auffällig, dass die Veränderungen nicht endlos sich wiederholten, sondern die Bewegungen selbst neue Formen und Verhältnisse annahmen. Das Leben eines Baumes war nicht der Art, dass er im Frühlinge aufwuchs, Blätter, Blüthen und Früchte entwickelte und mit diesen im Herbste sich auflöste, sondern er schüttelte jene ab und begann im nächsten Frühlinge denselben Fortbildungsgang, den er fortsetzte, bis am Ende der Mensch den Baum umgestürzt, morsch und verdorrt vorfand, unfähig Blätter und Früchte zu treiben. Er fand sich veranlasst diese unterschiedlichen Zustände neben einander zu stellen als Jahreslauf und Lebenslauf; er dachte sich, es müsse ein Anstoss da gewesen sein, der den Baum in das Leben rief und ein anderer der ihn aus dem Leben hinaus stiess, ihn dem Tode, der Vernichtung übergab. Noch weiter führte ihn die Beobachtung des Menschenlebens, denn er sah, wie dem Gestorbenen die Selbständigkeit, die Beweglichkeit und andere Fähigkeiten mangelten, die er im Leben an ihm gekannt hatte und die er auch mehr oder minder noch im letzten Augenblicke besass, bis sie mit dem Athemzuge schwanden. Diese grosse Veränderung war auffallend; der Beobachter hatte den Uebergang plötzlich eintreten sehen, er fand auch die Leiche nicht so verändert, um darin eine augenscheinliche Erklärung finden zu können. Wenn den Greisen die Beine einschrumpften oder abfielen, würde der Mensch Vergleichsbilder erlangen, welche Erklärung bieten, warum die Leiche nicht gehen könne; wüchse ihnen der Mund zu, verschwänden die Augen u. s. w., so würde ihm das Fehlen der Sprache, des Sehens u. s. w. nicht auffallen. Nun aber die Veränderungen seinen Sinnen nicht erkennbar vorgegangen sind, er auch das fernere Leben der Bestandtheile nicht verfolgen kann, fühlt er sich einem Räthsel gegenüber und denkt sich, es müsse etwas in dem Leibe vorhanden gewesen sein, welches im Tode entfloh und dadurch diese plötzliche, grosse Veränderung hervor brachte: er schuf sich seine Vorstellungen von der menschlichen Seele, dem Geiste und seiner Unsterblichkeit.

§. 10.

Den Einflüssen, welche die Mängel seiner Sinne auf die Vorstellungen des Menschen äussern, hat er mächtig vorgebeugt, seitdem er die Stoffe erforschte, es erlernte, die vorhandenen Gegenstände und Wesen in ihre Bestandtheile zu zerlegen, aus diesen willkürlich neue Verbindungen herzustellen, das Verhalten der Bestandtheile gegeneinander zu ermitteln; auch die unsichtbaren aufzufangen, zu messen und zu wägen, sichtbare in unsichtbare umzusetzen oder aus Unsichtbarem Sichtbares zu gestalten; auch denselben Stoff durch eine Anzahl von Wandlungen und Verbindungen zu verfolgen und ihn beliebig im Verlaufe oder am Ende derselben in seiner ursprünglichen Gestalt wieder herstellig zu machen. Es ist gelungen, alles Vorhandene zu zerlegen, bis im Ganzen über 60 unterschiedliche, einfache Stoffe sich ergaben, aus denen alles in verschiedenen Mengen und Verhältnissen zusammen gesetzt ist, meistens aus zwei Stoffen, weniger aus dreien und viel weniger aus mehreren. Für jetzt nennt man jene Stoffe einfach, weil man nicht weiss, sie weiter zu zerlegen; es wird nur hie und da als Muthmaassung ausgesprochen, dass sie vielleicht alle auf die vier Grundstoffe: Sauerstoff, Wasserstoff, Stickstoff und Kohle zurückgeführt werden könnten. Jedenfalls wäre diese weitere Vereinfachung von minderem Gewichte als das bisher Erreichte, denn die Ermittelung der jetzigen einfachen Stoffe hat völlig genügt, um die einflussreichsten der früheren Annahmen zu berichtigen und als rückständig geworden zu verdrängen. Die Ermittelung und Verfolgung der Stoffe hat dahin geführt, durch Wägungen zu erkennen, dass Stoffe, die bei Lösung ihrer Verbindung mit anderen unsichtbar werden, damit nicht der Vernichtung anheim fallen, wie man früher annahm, sondern andere Verbindungen eingehen, aus denen wir sie wieder sichtbarlich verdrängen können, wenn wir wollen; man hat ferner erkannt, dass wenn ein Gegenstand in seine einfachen Stoffe zerlegt werde, diese durch Zusammenrechnung ihrer Gewichte das Gesammtgewicht des Gegenstandes ergeben oder wenn man in geeigneter Weise, einfache Stoffe, genau abgewogen, zusammenbringe, sie eine Verbindung eingehen und einen neuen Körper bilden, welcher ebenso viel wiegt, wie jene Stoffe zusammen genommen; dass also in keiner Weise eine Vernichtung zu erkennen sei, vielmehr sich ergebe, dass die Stoffe lediglich ihre Gestaltungen, ihre Erscheinungen und ihr Verhalten ändern, sobald sie sich mit anderen verbinden. Es ward ferner erkannt, dass die Gestaltungen, in denen die Körper uns erscheinen, als fest, flüssig oder gasig, jeden Augenblick verändert werden können, also nur vorübergehend sind. Wir können bekanntlich durch die Anwendung von Wärme das feste Eis in flüssiges Wasser umgestalten und das flüssige Wasser wiederum in gasigen Dampf, auch auf jeder Stufe durch Wägung uns überzeugen, dass in diesen Umwandlungen kein Stoff verloren ging, kein Theil vernichtet ward. In derselben Weise ermitteln wir, dass die festesten Körper, selbst Gold und Platina nicht allein flüssig, sondern auch gasig gemacht werden können, wenn man nur das erforderliche Wärmemass anwendet; dass ebenfalls das flüssige Quecksilber, indem man ihm seine Schmelzwärme entzieht, zu einem festen, hämmerbaren Körper werde oder indem man ihm mehr Wärme zuführt, verdampft oder in Gasform entweicht. Nicht minder kann man die gasige Kohlensäure durch Druck und Wärmeentziehung je nachdem in eine Flüssigkeit umwandeln und diese im weiteren Verfolge zu einem festen schneeartigen Körper. Der Mensch zwingt die einfachen Stoffe mit wenigen Ausnahmen zur beliebigen Änderung ihrer Gestaltung aus jeder der drei Formen in eine der anderen und wenn er dabei der Mitwirkung anderer Stoffe sich bedient, vermag er durch Wägung alle Stoffe nachzuweisen, sei die Reihenfolge der Wandlungen auch noch so lang. Er fand weiter, dass die Stoffe, bei ihrer Verbindung mit einander, Eigenschaften und Fähigkeiten offenbarten, die sie einzeln nicht gezeigt hatten und vermochte durch stufenweises Forschen zu ermitteln, dass es eine Reihenfolge gebe, in der die Stoffverbindungen fortschreitend höher stehende Kräfte und Lebensäusserungen offenbaren. Von grösstem Einflusse auf die Berichtigung vorheriger Vorstellungen waren derartige Untersuchungen über die Entstehung, das Wachsthum und die Auflösung der Pflanzen, Thiere und Menschen. Hatte man früher durch den Augenschein, die Mängel der Sinne verleitet, die Vorstellung gehegt, jene könnten aus nichts entstehen und wiederum in nichts zerfallen, so lehrte jetzt die Forschung (Chemie und Physiologie), dass solches keineswegs der Fall sei, dass jedes dieser Wesen aus bekannten Stoffen sich aufbaue und in dieselben Stoffe wiederum zerfalle. Sie begleitete, mit der Wage in der Hand, die Pflanze vom Samenkorne bis zur höchsten Entwicklung, wog ihr die zum Aufbau nöthigen Stoffe zu, wog dagegen in Abzug, was die Pflanze ausschied und verlor und fand am Ende des Lebens der Pflanze nicht allein das zum Abschlusse der Rechnung erforderliche Gewicht in der Pflanze, sondern zeigte auch durch beschleunigte Auflösung (Verbrennung), in welche der empfangenen Stoffe die Pflanze zerfalle und zu welchen neuen Verbindungen diese wiederum eingehen können. Dasselbe fand sich bei Thieren und Menschen: man verfolgte die Entstehung vom ersten Keime, dem kaum sichtbaren Ei durch alle Wandlungen der Frucht, bis das Wesen athmend ein selbständiges Leben beginnt, wog ihm seine Stoffe zum Aufbaue zu, rechnete ab, was er ausschied und verlor und gelangte zu demselben Ergebnisse wie bei der Pflanze, dass nämlich jeder der Stoffe, durch seine Verbindung mit anderen nur Wandlungen erfahre, dass er bei der Aufnahme zu einem Bestandtheile des Wesens werde, als solcher eine Zeit lang besondere Fähigkeiten äussere und am Ende seines Wirkens wieder austrete, um unter anderen Verhältnissen der Welt zu dienen. Es fand sich, bei Vergleichung dieser Wirthschaftsverhältnisse, dass Pflanzenleben und Thierleben gegenseitig sich ergänzen, dass die Pflanzen ausscheiden, was dem Menschen zur Nahrung diene (Sauerstoff u. a.) und dagegen die Menschen Kohlensäure, Ammoniak u. a. ausscheiden, dessen die Pflanzen bedürfen, dass beide, aus demselben Luftmeere ihre Luftnahrung entnehmend, gegenseitig sich zum Vortheile leben. Es zeigte sich ferner, dass nicht allein zwischen Pflanzen und Thieren ein Kreislauf stattfinde, sondern auch dass dieser durch alle Gestaltungen hindurch gehe, dass nicht Mensch und Pflanze gegenseitig ihre Gase sich zubuchen, sondern ersterer seine Kohlensäure, letztere ihren Sauerstoff dem grossen Luftmeere übergehen, aus dem jedes Wesen das ihm Dienliche wieder aufsaugt; dass ebenso wenig die Asche eines zerfallenden Menschen oder Thieres, in kürzester Frist in Pflanzen übergehe, um Blumen oder Früchte zu bilden, sondern dass sie in derselben Erdrinde sich verbirgt, aus der die wachsenden Pflanzen ihre Stoffe aufnehmen; dass also in jedem Augenblicke der Kreislauf alles Daseiende, alle Reiche desselben durchzieht, jedes Leben aus dem Gesammtstoffe der Erde sich aufbaut und in denselben wieder sich auflöst, aus dem alles durchwebenden Lebensmeere emportaucht und in demselben wieder untergeht.

Wie die frühere Vorstellung des Entstehens aus nichts und Vergehens in nichts schwinden musste, sobald man erkannte, dass Leben und Tod nur Wandlungen der einfachen Stoffe seien, welche weder entstehen noch vergehen, ebenso musste auch die frühere Vorstellung der Ruhe aufgegeben werden, als sich herausstellte, dass nirgends Ruhe vorhanden sei, dass kein einziger Bestandtheil, sei er zur Zeit im Menschen oder Thiere, der Pflanze, dem Felsen, Wasser oder Luft vorhanden, irgendwie ruhend sein könne, dass alles und jedes in steter Bewegung sich befinde, freilich in so grossen Abstufungen der Geschwindigkeit, dass vordem die langsamsten Bewegungen unseren mangelhaften Sinnen als Ruhe erscheinen konnten. Die frühere Vorstellung der Ruhe lag also nicht in der Sache selbst, sondern war aus den Mängeln unserer Sinne entstanden, welche es verhindert hatten, das Mas der geringsten Bewegungen zu erkennen. Aber auch bei dieser tiefeingreifenden Berichtigung früherer Vorstellungen, welche in der Gegenwart von übermächtiger Bedeutung wird, bleibt der Mensch von den Mängeln seiner Sinne begleitet; er sucht sich ihrer zu erwehren, kennt weit mehr als früher die Mittel zur Minderung oder Ausgleichung derselben, allein ihren Einfluss völlig zu beseitigen, vermag er nicht. Er erweitert die Grenzen seiner Sinne im überraschenden Mase, sie bleiben immer begrenzt; die Zerlegung wie die Verbindung der Körper kann er nicht so genau durchführen, dass nicht fremde Körper Einfluss gewinnen, sich einschleichen und ungehöriger Weise mit in Anrechnung kommen; es ist keine Sicherstellung gegeben, dass nicht etwa Bestandtheile ungewogen, also unentdeckt bleiben, weil die Feinheit und Dichtigkeit der Geräthe nicht ausreicht, um jedes festzuhalten und zu wägen. Bei allen Forschungen bleibt etwas ungewogen, gewöhnlich sehr wenig, aber doch genügend, um den Einfluss der Mängel des Menschenwesens daran messen zu können.

§. 11.

In Weiterführung der Forschungen ist es dem Menschen gelungen, seine Abhängigkeit von den Sinnen dadurch zu mindern, dass er die Gesetze der vorgehenden Wandlungen erkannte. Er fand, dass die einfachen Stoffe, soweit sie Verbindungen mit einander eingehen, nur in bestimmten Gewichtsverhältnissen mit einander sich verbinden, dass unwandelbare Gesetze vorhanden seien, nach denen diese Vorgänge sich gestalten, sodass jeder Körper nur in einem festen Mischverhältnisse seiner einfachen Stoffe da sei. Es zeigte sich ferner, dass alle Bewegungserscheinungen, vom einfachsten Drucke oder Stosse an, bis zu den Lichterscheinungen hinauf, auf festen Verhältnissen zu einander beruhen, d. h. in solcher Weise vor sich gehen, dass wenn man das Verhältniss der Bewegung ermittelt und auf eine angenommene Einheit zurückführt, die Berechnung jedesmal dasselbe Massverhältniss herausstelle. Wenn man einen mit Wasser gesättigten Stein von einem Cubikfuss Inhalt in ein Gefäss legt, welches einen Cubikfuss Wasser enthält, wird der Wasserspiegel um so viel sich heben, dass der Rauminhalt zwischen dem jetzigen und dem früheren Spiegel einen Cubikfuss misst: der Stein hat so viel Wasser verdrängt, wie das Mas seines eigenen Körperinhaltes. Ob dieser Versuch mit einzelnen oder Millionen Cubikfuss angestellt werde, bleibt sich gleich: der hineingelegte Körper wird jedesmal so viel Wasser verdrängen, wie sein Körperinhalt misst und der Wasserspiegel wird sich um so viel heben, dass das Mas der Hebung, vermehrt mit dem Querschnittsmase des Gefässes an der Hebungsstelle, gleich sein wird dem Körpermase des verdrängenden Gegenstandes. Wir sind berechtigt, daraus zu schliessen, dass ein kleiner Stein, selbst ein Sandkorn in einen Landsee geworfen, dessen Wasserspiegel hebe, wiewohl diese Hebung nicht sichtbar wird, nicht mit dem Massstabe gemessen werden kann, weil unsere Sinne nicht fein genug sind. Wir können weitergehend, sogar ohne Verlass auf unsere Sinne annähernd ermitteln, wie hoch der Spiegel dadurch gehoben sein müsse, wenn wir den Körperinhalt des Steines oder Sandkornes berechnen und durch das Flächenmass des Landseespiegels theilen: so dass, wenn etwa das Sandkorn ein hundert tausendstel Cubikfuss misse und der Landseespiegel eine Million Quadratfuss: so würden wir sicher annehmen dürfen, der Spiegel des Landsees habe sich um etwa einen hundert tausend milliontel Theil eines Fusses gehoben als wir das Sandkorn hinein warfen. Gleichfalls haben die Forschungen in zahlreichen Versuchen erwiesen, dass die Körper gegenseitig sich anziehen und hat sich als Grundverhältniss, als Gesetz herausgestellt, dass unter allen Umständen und den verschiedensten Abmessungen, welche man anwenden konnte, die Anziehung stattfinde im einfachen Verhältnisse der Gewichte (Masse) und umgekehrten Verhältnisse des Quadrates der Entfernung. Dasselbe Verhältniss, das gleiche Gesetz liegt in den Bewegungen des Mondes um die Erde, der Erde um die Sonne, der Sonne um einen unbekannten Stern, wie in den Bewegungen der kleinsten Körper auf der Erde; man misst, wie weit ein aufgehängtes Gewicht, ein Pendel, durch ein nahestehendes Gebirge angezogen (aus seiner senkrechten Richtung abgezogen) wird und wägt danach die Dichtigkeit, die Schwere und das Gesammtgewicht der ganzen Erde, bestimmt die Abplattung der Erde an beiden Polen und prüft an den Schwankungen des Mondes die Richtigkeit der irdischen Berechnungen; man misst sogar an den Abweichungen des fernsten Planeten Saturn, dass und wo ein noch fernerer Planet (der gefundene Neptun) vorhanden sein müsse, der ihn störe. Das Gesetz ging voran und das Auge folgte; es ist nicht mehr Leiter, sondern Diener, den man in Zweifelfällen unbekümmert bei Seite schiebt. Mit gleicher Sicherheit darf das Walten desselben Gesetzes im kleinsten angenommen werden: wir vermögen nicht die Längen zu messen, um welche Sandkörner sich anziehen würden, wenn sie frei schwebten, allein wir dürfen sicher folgern, dass es im einfachen Verhältnisse ihrer Gewichte und im umgekehrten Verhältnisse des Quadrates ihrer Entfernungen geschehen würde. Dabei begleiten nun allerdings den Menschen neue Äusserungen seiner Mängel und trüben die Ergebnisse: er forscht, vergleicht und ermittelt aus den geprüften Thatsachen die Gesetze, läuft aber Gefahr, die Gesetze voreilig zu gestalten oder ihnen ein weiteres Gebiet anzuweisen, als ihnen zukömmt. Es wurde z. B. aus zahlreichen Versuchen ermittelt, dass Wärmezunahme die Körper vergrössere, Wärmeabnahme sie verkleinere: an der gasigen Luft, wie am flüssigen Quecksilber und am festen Eisen misst man genau, um wie viel ihr Mas zunimmt oder sich mindert bei jeder Abstufung der Wärme. Unsere gebräuchlichen Wärmemesser (Quecksilber in einer Glasröhre) verdeutlichen bekanntlich durch Steigen oder Sinken der Oberfläche des Quecksilbers, um wie viel die Wärme desselben mehr oder minder geworden sei.

Das Gesetz wirkt aber nicht so weit, wie man ursprünglich dachte, denn es giebt Metalle, die unter Wärmeabnahme sich ausdehnen, sobald sie aus dem geschmolzenen Zustande abkühlend, erstarren: auch das Wasser im Gefrieren, also bei starkem Wärmeverlust, nimmt einen viel grösseren Raum ein als zuvor; später fand sich, dass abkühlendes Wasser auch nicht bis zum Gefrierpunkte hinab sich zusammenziehe und dann erst sich ausdehne, sondern schon früher (drei Grad R. über dem Gefrierpunkte) die Grenze seines geringsten Mases oder grössten Dichtigkeit erreiche und bei weiterer Abkühlung allmälig sich ausdehne, bis es im Gefrieren mit einem Male einen viel grösseren Raum einnimmt. Jedes Gesetz, welches der Mensch ermittelt und herausstellt, ist ein Erzeugniss seines Verstandes, ist also auch den Mängeln seines Verstandes ausgesetzt; die Grenzen derselben bestimmt er, auf Grund seiner Versuche, aus mehr oder minder zutreffenden Gründen der Wahrscheinlichkeit, die er in sich bildet, also den Mängeln seiner Fähigkeiten ausgesetzt sind.

Die Erkenntniss des Gesetzmässigen in den Weltvorgängen hat tiefen Einfluss geübt auf die Vorstellungen, welche der Mensch von dem Höchsten der Welt, der Weltregierung gebildet hatte. So lange seine Erkenntniss weit im Rückstande war, erschienen ihm alle Vorgänge unerklärlich: er sah ein endloses Schwanken, welches keinerlei Voraussicht zuliess; es erschien ihm alles als Ausfluss der Willkür, Laune und schwankender Leidenschaften; die Weltregierung war in seinen Vorstellungen eine, theils schädliche, theils nützliche Gewalt, der er hülflos preisgegeben sei. Je mehr der Mensch das Gesetzmässige erkannte, den Zusammenhang der Vorgänge mit einander, desto freundlicher ward ihm die Weltordnung, desto mehr nahm er Antheil daran, indem er suchte, die Vorgänge zu lenken: er erhob sich und damit seine Vorstellungen, deren Gestalten sich erweiterten und lichter wurden. Der Gott in der Geschichte schritt fort mit der Erkenntniss des Menschen.

§. 12.

Der Verstand leitete den Menschen nicht allein im Vergleichen der Gegenstände und ihrer Bewegungen, sondern befähigte ihn auch zur Schaffung von Begriffen. Er fand, dass eine Anzahl von Gegenständen gleiche oder ähnliche Eindrücke auf seine Sinne, sein Gehirn machten und faßte dieses Gemeinsame in eine .... ung zusammen, welche, abgesehen von allen Übrigen, nur d.. ..ge in sich fasst, was die Gegenstände an Ähnlichkeiten darbieten. Dieses in Gedanken, einer Anzahl von Gegenständen, Abgezogene, (Abstrahirte) in eine Bezeichnung begriffen, nennt man einen Begriff, ein Abstraktes, bei dessen Bildung die Besonderheiten (das Concrete) der Gegenstände ausser Acht bleiben. Er untersucht z. B. sehr grosse, harte Körper, anscheinend unbewegt und unverändert stehend oder liegend und fasst ihre Ähnlichkeiten, ihr Gemei.. .mes zusammen in den Begriff „Fels". Damit bezeichnet er nicht einen bes... .. Körper, den er irgendwo gesehen, sondern alle an verschiedenen Orten befindlichen, denen jenes Gemeinsame innewohnt; sobald er andere sieht, welche den gleichen Eindruck auf ihn machen, fasst er sie in .... Begriff, der in Folge des Verkehres der Menschen sich ... . er alle .. nen Felsen, die es auf der Erde giebt. Der Mensch findet Felsen-stücke umherliegend, erkennt sie durch Vergleiche als ebenso hart und unveränderlich geartet wie die Felsen, nur dass sie kleiner sind und be..... werden können; sie machen nicht völlig gleichen Eindruck auf ihn, wie der Fels, er findet aber doch ein Gemeinsames und fasst es mit dem Fels zusammen in den Begriff „Gestein". Er findet ausserdem harte Körper, in kleinen und grossen Stücken, glänzender als das Gestein, deren Gemeinsames er in den Begriff „Metall" zusammenfasst und da er findet, dass diese Metalle Ähnlichkeiten mit dem Gesteine darbieten, fasst er dieses Gemeinsame in den Begriff „Mineral". Je umfassender er einen Begriff gestaltet, desto mehr .... lässt er ausser Acht; er beschränkt immer weiter seine Forderungen, um nur im Stande zu sein, aus allen etwas Gemeinsames zusammen zu fassen. — Ausser den Mineralien findet er Gegenstände, die an besonderen Stellen allmälig aus der Erde hervor dringen, sich ausbreiten und verändern an Gestalt und Farbe, bis sie endlich im Laufe der Zeit auseinander fallen und vergehen. Er findet, dass viele darunter einen harten, dicken Stamm haben mit zahlreichen Verästungen und fasst dieses Gemeinsame zusammen in den Begriff „Baum"; andere haben mehrere harte, aber dünne Stämme, er nennt sie „Sträucher"; die mit weichen Stielen nennt er „Kräuter"; die mit Halmen aus der Erde sprossend „Gräser" und die anscheinend blattlosen bezeichnet er als „Schwämme" oder „Moose". Das Gemeinsame aller dieser Begriffe fasste er zusammen in den umfassenden Begriff „Pflanze". — Ausserdem fand er Wesen, die selbstständig sich bewegen, nicht aus der Erde sprossen, sondern aus ihresgleichen hervorgehen und fasste ihr Gemeinsames zusammen unter den Begriff „Thier" und Seinesgleichen, die darunter waren, bildeten den Begriff „Mensch". Unter den Thieren fasste er diejenigen, welche lebendige Junge gebären und durch Milchabsonderung ernären, zusammen als „Säugethiere"; andere welche befiedert und beflügelt sind, auch mit wenigen Ausnahmen fliegen können, begriff er als „Vögel" und durch Zusammenfassung anderer Gemeinsamkeiten schuf er für die übrigen Thiere die Begriffe Lurche (Amphibien), Fische, Insekten und Würmer.

Es fand sich im nüheren Forschen, dass unter den Gegenständen oder Wesen, die zu einem der mindest umfassenden Begriffe gehörten, verschiedene seien, die auch sonstige Ähnlichkeiten mit einander gemein haben, dass z. B. manche Felsen aus verschiedenen kleinen Körnern und Blättern bestanden, die geradflächig an einander gekittet schienen, wogegen bei anderen die einzelnen Theile entweder gar nicht erkannt werden konnten, in dünnen Blättern auf einander lagen oder aus einzelnen zusammengefügten Sandkörnern zu bestehen schienen; je nachdem wurden die Begriffe Granit, Marmor, Schiefer, Sandstein u. s. w. gebildet. Als der Mensch die Entstehungsweisen der Gesteine zu erklären suchte, bildete er aus den Ähnlichkeiten der verschiedenen Arten, die Begriffe „Kristallgestein" und „Niederschlags- oder Schichtgestein". — Unter den Bäumen fasste er einen Theil zusammen als Obstbäume, andere als Waldbäume; aus den Obstbäumen begriff er einen Theil als Kernobst- andere als Steinobstbäume. — Unter den Thieren unterschied er Luftthiere, Landthiere und Wasserthiere, indem er das Gemeinsame in Bezug auf den allgemeinen Aufenthaltsort zusammenfasste, obgleich er sie in sonstiger Beziehung unter andere Begriffe gestellt hatte, ähnlich wie es mit den Begriffen „fliegende", „laufende", „kriechende" und „schwimmende Thiere" der Fall ist, von denen ersterer nicht allein Vögel, sondern auch Insekten begreift, der zweite Säugethiere, Lurche und Insekten umfasst u. s. w.

Diese Denkthätigkeit setzte er aufsteigend fort, bis er dazu gelangte, das Gemeinsame aller Gegenstände und Wesen in den Begriff „Sein" zu fassen; er führte sie absteigend dahin bis er zum Gemeinsamen von nur zwei Wesen oder Gegenständen gelangte oder nur das Gemeinsame von Theilchen oder Bewegungen zusammengefasst hatte. Er fand z. B. dass das Licht, von Wesen mancherlei Art zurückgeworfen, in gleicher Weise durch die Augen auf sein Gehirn wirkte und fasste dieses Gemeinsame in den Begriff „Roth". Es blieb dabei ganz unberücksichtigt, ob die Lichtwellen in der demgemässen Geschwindigkeit von einem Granit-, Marmor- oder Sandsteinfels, einem Moos oder Grase, einer Blume oder Frucht, einem Insekte oder gesottenem Krebse u. s. w. zurückgeworfen wurden; es war aus dem Verschiedensten nur dasjenige ausgezogen, was als Gemeinsames den Begriff „Roth" ergab. Wie solche Gegenstände und Wesen im Uebrigen beschaffen, ähnlich oder unähnlich seien, hat mit dem Begriffe „Roth" nichts zu thun, eben so wenig wie bei Bildung anderer Begriffe (z. B. Mensch, Marmor u. a.) Rücksicht darauf genommen wird, ob die darin begriffenen Gegenstände oder Wesen roth, weiss oder schwarz seien.

§. 13.

Die Schaffung von Begriffen ist eine Verstandesthätigkeit, die nur dem Menschen eigenthümlich ist. Die Fähigkeit dazu ist ihm nicht fertig gegeben wie seine Sinne, seine Nerven- und Gehirnreize, sondern er hat seinen Verstand dazu allmälig und mühsam entwickeln, fortbilden müssen. Das Thier hat Vorstellungen, denn es träumt; es hat Gedächtniss, denn es kennt Freund und Feind, weiss was ihm erlaubt oder verboten sei; es hat Verstand, denn es kann zählen, kann messen wie Katze, Löwe und Tiger ihre Sprünge, die Bienen und Ameisen ihre Zellen und Gänge; dass es aber aus einer Menge von Gegenständen das Gemeinsame in einen Begriff zu fassen vermöge, davon zeigt sich keine Spur. Es erklärt sich dieses um so leichter, wenn erwogen wird, dass auch der Mensch auf rückständiger Stufe, als Kind, rückständiger Mensch oder rückständiges Volk (Wilde) diese Fähigkeit nicht besitze, dass er erst, weit in Bildung vorgeschritten, dazu gelangt, in seinen Gedanken aus verschiedenen Gegenständen das Gemeinsame zu lösen und in eine Bezeichnung zu fassen, als Begriff, welcher die bei seiner Schaffung berücksichtigten Gegenstände überlebt, so lange das Gemeinsame gleichbleibt und ebenso erkannt wird. Diese Verstandesthätigkeit ergiebt wesentlich verschiedene Begriffe, je nachdem es vorwaltende Ähnlichkeiten waren, die zusammengefasst wurden, denn die für den Menschen wichtigsten Begriffe sind nur aus vorwaltendem Gemeinsamen geschaffen d. h. dem, was der Mensch zur Zeit als vorwaltend erkennt. Wir sehen z. B. an zweien, neben einander stehenden Kindern, manche Unterschiede der Grösse, Haut- oder Haarfarbe, dagegen auch eine Anzahl von Ähnlichkeiten, denen wir grössere Geltung beilegen, nämlich: aufrechte Stellung und Gangweise, vortretende Stirn, Hände und Füsse, jugendliches Alter u. s. w. und indem wir diese als vorwaltend in Gedanken heranziehen, dagegen die Unterschiede unberücksichtigt lassen, setzen wir den Begriff „Kind" zusammen. Sobald dieser Begriff gebildet, ist er nicht länger beschränkt auf die beiden vor uns stehenden Kinder, sondern umfasst alle, die jemals gelebt haben und leben werden; er ist gelöst von jedem einzelnen Kinde aller Zeiten und wenn die Menschheit ausstürbe, zuletzt keine Kinder mehr auf Erden wären, würde der Begriff noch leben im Gedächtnisse des letzten Menschen.

Indem der Mensch die Schaffung von Begriffen fortsetzte, verglich er mehr und mehr die bereits gebildeten mit einander, um das ihnen Gemeinsame in einen höheren Begriff zu vereinen. Er schloss an das Thierreich das Pflanzenreich, indem er als Gemeinsames erkannte, dass sie durch eigene Gestaltungen (Organe) aus Keimen wachsend sich entwickeln und darauf absterbend zerfallen; er vereinte dieses Gemeinsame in den Begriff des „Organischen." Wird an dieses das Unorganische der Mineralien, des Wassers und der Luft angeschlossen, weil zwischen diesem und dem Organischen ein Gemeinsames liegt, in der gleichartigen Zurückführung auf dieselben einfachen Stoffe und ihrem Zusammenleben in einer kugelartigen Gestalt: so entsteht der Begriff „Erdkörper", in welchem von allen Verschiedenheiten der Wesen und Stoffe abgesehen wird. Fassen wir das vorwaltend Gemeinsame des Erdkörpers mit den übrigen kugelartigen Körpern, die gleichfalls um die Sonne kreisen, nebst der Sonne zusammen: so entsteht der Begriff „unser Sonnensystem"; schliessen wir daran die übrigen Körper dieser Art, so entsteht der Begriff „Sternenwelt" und fügen wir die grossen Zwischenräume mit ihren Stoffen hinzu, so haben wir den umfassendsten aller Begriffe, den der „Welt" oder des „All," in welchem gänzlich unberücksichtigt bleibt, wie sehr die Zwischenräume sich unterscheiden von den Sternen, die übrigen Sterne von unserem Sonnensysteme, die übrigen Körper dieses Systemes von der Erde und wie die Bestandtheile unserer Erde von einander verschieden sind. Der Begriff des All umfasst aber noch mehr, er begreift alle Zeiten, lässt also unberücksichtigt alle Wandlungen, die im Einzelnen beständig fortgehen, er begreift in sich alles was war, ist und sein wird. Dieses Allumfassende lässt sich auch in den Begriff „Sein" einschliessen, denn in dem Begriffe liegt als Gemeinsames, als vorwaltende Ähnlichkeit der Welt ausgesprochen, dass sie auf den Menschen einen Eindruck mache. Dieser Begriff gleich allen übrigen, kann aber nur so lange da sein, wie es Menschen giebt, die aus dem Allsein Eindrücke empfangen können; das Seiende welches von aussen her Eindrücke auf uns macht, könnte vorhanden sein ohne den Menschen; aber die Begriffe, also auch der des Seins, können nur so lange da sein, wie es Menschen giebt, welche die Eindrücke empfangen und daraus Begriffe bilden. Fassen wir als Gemeinsames, als vorwaltende Ähnlichkeit zusammen, dass jeder Eindruck auf uns Machende, jedes Erkennbare in steter Umgestaltung sich befinde, so bildet sich der Begriff „Bewegung," wobei ebenso von allen übrigen Beschaffenheiten abgesehen wird. Denkt man sich diese Bewegung hervorgehend aus dem Sein, als Gestaltung des Seins, so entsteht der Begriff „Wille," bei dessen Bildung gänzlich abgesehen wird davon, ob die Bewegung in den fernsten Sternenkreisen oder auf der Erde, im Menschen und den übrigen organischen Wesen oder im Sandkorne und Wassertropfen vor sich gehe, ob sie vor Millionen Jahren stattfand oder erst nach Millionen Jahren geschehen könne, denn der Begriff Wille, gleich dem der Bewegung oder des Seins, schliesst alle die zahllosen Verschiedenheiten aus, welche im Einzelnen von den übrigen untergeordneten Begriffen ausgeschlossen waren. Dieselbe Thätigkeit der Begriffsbildung erstreckt der Mensch auch auf seine sonstigen Verhältnisse zur Aussenwelt: er empfängt Eindrücke, deren Wiederholung er wünscht und erstrebt, andere, deren Wiederholung er verwünscht und vermeidet und bildet demgemäss seine Begriffe „angenehm" und „unangenehm"; er empfängt Eindrücke die seinem Leben günstig, andere die ihm ungünstig sind, das Gemeinsame jeder Seite bildet in seinem Denken die Begriffe „nützlich" oder „schädlich"; er empfängt Eindrücke von Vorgängen, die der Gesammtheit, zu welcher er sich zählt, günstig oder ungünstig sind und schafft daraus seine Begriffe „gut" oder „böse". Die Vorgänge, sobald sie von Menschen veranlasst wurden, begreift er je nachdem als „Verdienst" oder „Vergehen", so wie er die Folgen, welche für die Veranlasser entstehen, den Begriffen „Lohn" oder „Strafe" zutheilt.

§. 14.

Bei den unausgesetzten Denkthätigkeiten, zur Bildung seiner Begriffe, ist der Mensch den Mängeln seines Verstandes unterworfen, und mehren sich die Gefahren, denen seine Erkenntniss ausgesetzt ist. Er fasst die Ähnlichkeiten oder Unähnlichkeiten auf nach den Eindrücken, welche die einzelnen Gegenstände auf ihn machen; er stellt sein Ich gegenüber der Aussenwelt (dem Nicht-Ich), lässt letztere durch seine Sinne auf sich wirken, prägt die Eindrücke seinem Gedächtnisse ein, ruft sie nach Zeit und Gelegenheit wieder wach, vergleicht sie mit einander, so wie mit neu empfangenen, zieht das erkennbare Gemeinsame heraus und setzt aus dem erkannten Gemeinsamen seine Begriffe zusammen. In dieser langen Reihe von Thätigkeiten muss er zunächst alle Eindrücke ausser Acht lassen, die nicht zu seinem Gehirne gelangen, sei es, dass ihm die Sinne dazu fehlen oder dass sie nicht die Ausdehnung, Stärke oder Dauer besitzen, deren es bedarf, um durch die Sinne den Eindruck nach dem Gehirne fortzupflanzen. Was er zunächst erfasst ist das Äussere, Gröbere, weil es den stärksten Eindruck auf ihn macht, wogegen das Tieferliegende, Feinere ihm entgeht, in welchem oftmals das Vorwaltende liegt, dessen er bedarf, um die für ihn wichtigsten Begriffe zu bilden. Hatte er nun auf Grund des Äusserlichen eine Folge von Vorstellungen und Begriffen gebildet und gelangte bei zunehmender Erkenntniss dahin, den Bereich seiner Sinne durch Hülfsmittel zu erweitern und durch Schärfung seines Verstandes tiefer in die Verhältnisse der Dinge einzudringen, Merkmale zu entdecken, welche vorwaltender sind, so fühlte er sich gedrungen, seine bisherigen Vorstellungen und Begriffe demgemäss umzuändern oder durch neue zu ersetzen. Dasselbe war der Fall, wenn sein Gedächtniss ihn irre geleitet hatte, wenn sein Verstand unrichtig verglichen, gemessen, gewogen oder geschätzt hatte und auf jeder Stufe lag die Möglichkeit vor, dass ein Mangel seines Eigenwesens die Richtigkeit der ganzen Folgereihe zerstöre. Man musste z. B. die vorhin benannte Eintheilung der Pflanzen, die Begriffe „Baum", „Strauch" u. s. w. zurücksetzen, als Linné (1735) erwies, dass die Blüthengestaltungen vorwaltendere Ähnlichkeiten und Merkmale darböten als die bis dahin beachteten Formen. Ebenso wurden die obenerwähnten Begriffe „Säugethiere", „Vögel" u. s. w. zurückgesetzt, als der Mensch das Vorwaltende des gesammten Aufbaues der Thiere erkannte und sie demgemäss in Wirbelthiere und Wirbellose, Gliederthiere und Weichthiere eintheilte, also neue Begriffe bildete, durch welche die früheren gänzlich zerrüttet wurden. Damit ist aber keineswegs die Bildung neuer Begriffe abgeschlossen; es würden andere Begriffe entstehen, wenn man z. B. bei den Pflanzen die Entwicklungsweisen aus ihrer Urform (der Zelle) als vorwaltend betrachtete oder bei den Thieren die Entwicklung des Nervensystemes, des Gehirns u. s. w. Jede Änderung wirft aber nicht nur die vorherigen Vorstellungen und Begriffe zusammen, um neue zu bilden, eine neue Anordnung zu treffen, sondern verschiebt auch die bisherigen Vergleichswerthe: was früher voranstand und als vorwaltende Hauptsache galt, wird zurückgedrängt als Nebensache und was früher nur nebenher oder gar nicht beachtet ward, wird aus der Verborgenheit hervorgezogen, mit besonderer Emsigkeit durchforscht und bietet ganz neue Gesichtspunkte dar; so dass eine völlige Umgestaltung der Begriffe und alles dessen was damit im Zusammenhange stand, vorgenommen werden muss, in Folge dessen die bisherigen nur noch als irreleitend wirken und der Rückbildung verfallen.

§. 15.

Bezüglich seiner Erkenntniss giebt es für den Menschen zwei Welten: eine Innenwelt, zusammengetragen aus den Vorstellungen und Begriffen, die er als Bewusstsein in sich trägt und eine Aussenwelt, bestehend aus den Wesen und Vorgängen, die er nach Maasgabe der empfangenen Eindrücke ausser sich setzt, mit mehr oder minderer Wahrscheinlichkeit sich denkt als ausser ihm daseiend. Beide Welten sind in beständiger Wandlung: seine Innenwelt ändert ihren Inhalt, sobald und so oft der Mensch andere Eindrücke empfängt, andere Vorstellungen erlangt, neue Begriffe bildet; die Aussenwelt verändert beständig ihre Gestaltungen, sei es dass neue Vorgänge oder tiefere Einsicht den Menschen anregen, neue Eindrücke ausser sich zu setzen. Gewiss ist es, dass der Mensch in jedem Augenblicke von allen Seiten andere Eindrücke empfängt, dass er daraus folgert, um ihn her walte das Leben, Unzähliges wachse und vergehe, eine Flucht endlos wechselnder Erscheinungen ziehe vor seinem Blicke vorüber und sei nirgends ein Stillstand, ein unveränderlich Bleiben vorhanden. Er ändert seine Innenwelt, nicht allein weil die Aussenwelt andere Eindrücke auf ihn macht, neue Bilder in seinem Gehirne erzeugt, sondern auch weil seine Fähigkeiten der Erkenntniss wachsen, ihn treiben tiefer einzudringen, neue Eindrücke zu erlangen, die Welt, so zu sagen, mit anderen Augen anzusehen. Die Änderungen, welche in seinem Inneren vor sich gehen, setzt er aus sich hinaus in seine Aussenwelt und gestaltet diese demgemäs um; sie wirkt in der neuen Gestalt wiederum auf ihn zurück und so gehen die gegenseitigen Einwirkungen und Umgestaltungen fort, bis die Innenwelt mit dem Leben ihres Besitzers aufhört. Mit seiner Innenwelt schwindet auch seine Aussenwelt, denn sie war nichts weiter als die Gestaltung seiner Innenwelt aus sich hinaus versetzt, sie war nicht die Welt wie sie ist, sondern wie sie dem Einzelnen erscheint. Jeder Einzelne hat nicht allein seine eigenthümliche Innenwelt, sondern auch seine besondere Aussenwelt, welche so verschieden ist von der Aussenwelt jedes anderen Menschen, wie seine gestaltenden Fähigkeiten, Sinne, Gedächtniss und Verstand von denen der anderen. Es erscheint schwierig sich zu überzeugen, dass jeder Mensch auch seine besondere Aussenwelt habe; man denkt sich, die Aussenwelt könne für Jeden nur dieselbe sein, zeige sich allen Menschen gleich und wenn auch die Menschen stürben zu Millionen, werde doch den Nachkommen das Gras grün und das Wasser nass sein wie ihren Vorgängern; die Aussenwelt sei ein Anderes als der einzelne Mensch, sie sei vor ihm gewesen und bleibe auch, wenn er sterbe. Diese Annahme liegt nahe, ist die gewöhnliche und doch irrig, wie Jeder erfahren kann, sobald er seine Aussenwelt mit derjenigen anderer vergleicht: er wird finden, dass beide wesentlich verschieden seien, dass jeder Mensch seine besondere Aussenwelt habe, lediglich zusammengesetzt aus den Eindrücken, die er in sich aufgenommen und aus sich hinaus versetzt hat. Die Aussenwelt des Ackermanns ist wesentlich verschieden von der des Jägers, des Hirten, des Seefahrers; dem Förster ist der Wald anders als dem Maler, denn beide, aufgefordert denselben Wald zu beschreiben, werden zeigen, dass ihre Wälder ganz verschieden sind, selbst wenn beide, neben einander stehend und in gleicher Richtung sehend, keinen Zweifel lassen, dass es derselbe Wald sei, den sie in Worten darstellen wollen. Da nämlich kein Mensch in so umfassender Weise befähigt ist, dass er alle Eindrücke in sich aufnehmen könne, welche der Wald oder ein anderer Gegenstand machen kann: so muss er sich beschränken auf diejenigen, zu deren Aufnahme er besonders befähigt ist und da in Bezug auf Fähigkeiten Maler und Förster, wie alle Menschen von einander verschieden sind: so wird auch Jeder der beiden seine daraus zusammen gesetzte Aussenwelt verschieden gestalten. Eine andere Aussenwelt als die selbst geschaffene giebt es nicht für den Menschen; er empfindet nicht ihre Eindrücke, sie ist also auch nicht für ihn vorhanden.

§. 16.

Die Aufnahme der Eindrücke ist nur zum geringsten Theile eine freiwillige; die meisten dringen auf den Menschen ein, er kann ihrer sich nicht erwehren und muss sie auf seine Vorstellungen und Begriffe wirken lassen. Er erkennt, dass er in Verbindung stehe mit seiner Aussenwelt, dass ausser ihm Bewegungen stattfinden, die ihn in ihren Kreis ziehen, wie auch dass er selbst freiwillig oder gezwungen es vermöge, Bewegungen zu veranlassen, die andere in seinen Kreis ziehen. Da er wünscht, dass derartige Bewegungen entweder sich wiederholen oder dass sie ausbleiben: so sucht er zu erforschen, woher sie kommen, wie sie veranlasst werden, damit er je nachdem sie herbeiführe oder ihrer sich entziehe; er will erkennen, welche Vorgänge vorhergehen oder von ihm veranlasst werden müssen, damit die ihm erwünschten Bewegungen erfolgen oder die ihm unerwünschten entweder ausbleiben oder wenn erfolgend, nicht auf ihn wirken. Sobald er entdeckt, dass wiederholt einer erkannten Bewegung eine andere ebenfalls erkannte folge, setzt er in seinem Gedächtnisse beide Vorgänge neben einander, vergleicht sie mit einander durch seinen Verstand, nennt die vorhergehende die Ursache, die nachfolgende die Wirkung und bezeichnet das Verhalten beider zu einander als das (Causalitäts-) Ursach-Verhältniss. Von den alten Egyptern berichtet Herodot, dass „wenn ein Zeichen geschieht, schreiben sie auf was folgt, und wenn späterhin etwas Ähnliches geschieht, glauben sie es müsse wiederum dasselbe folgen". In dieser Art sind überhaupt und von jeher die Menschen verfahren: sie haben die wiederholten Aufeinanderfolgen beobachtet, daraufhin eine stets wachsende Anzahl von Ursachverhältnissen sich gedacht und ihrem Gedächtnisse eingeprägt. Dazu hatte der Mensch keinen anderen Leitfaden, als die Beobachtung der wiederholten Aufeinanderfolge; er wusste, dass sie bisher einander folgten und schloss daraus, dass es auch fernerhin so geschehen werde; es sind nur Wahrscheinlichkeitsgründe, die ihn leiten, ihr Zutreffen hängt ab von der Richtigkeit der bisherigen, veranlassenden Beobachtungen und der Gestaltung seiner Schlussfolgerungen.

Dasselbe Verfahren wendet er an bei den Vorgängen, die er freiwillig veranlasst: er findet, dass einer besonderen Bewegung, die er veranlasst, jedesmal gleich, eine andere Bewegung folge und prägt erstere als Ursache, letztere als Wirkung seinem Gedächtnisse ein. Er hat wiederholt gefunden, dass wenn er Wein geniesse, folge dieser Bewegung eine andere in ihm, die ihn erheitert und folgert daraus, dass Weingenuss und Erheiterung im Ursachverhältnisse zu einander stehen. Er hat in einer Reihe von Jahren gesehen, dass wenn er Weizenkörner in den Boden legte, wuchsen mehrere Monate später an denselben Stellen Halme empor, die ähnliche Weizenkörner in vermehrter Zahl zurückgaben; er setzt Aussaat und Ernte in Ursachverhältniss zu einander und erwartet, dass jedesmal, wann er die Aussaat in die Erde lege, werde eine Ernte von Körnern gleicher Art die Wirkung sein. Es ist ein Schluss aus Wahrscheinlichkeitsgründen, die er aus der vorhergegangenen Erfahrung folgerte.

Der Mensch war, wie vorhin erläutert, in der Bildung seiner Vorstellungen und Begriffe, vielfach ausgesetzt den Mängeln seiner Sinne, seines Gedächtnisses und seines Verstandes. In der Erkenntniss der Ursachverhältnisse machen diese Mängel in weit grösserem Masse sich geltend. Indem ihm lediglich seine Erfahrung zum Leitfaden diente, konnte es geschehen, dass die Beobachtungen irrig waren, dass sie seinem Gedächtnisse mangelhaft eingeprägt wurden, oder nur zum Theile darin verblieben, so dass späterhin die Erinnerung etwas anderes wach rief: dass ferner zwei Vorgänge mit einander in Ursachverhältniss gesetzt wurden, die nur zufällig sich wiederholt gefolgt waren, oder dass sie Wirkungen derselben Ursache waren, die nahezu gleichzeitig einander folgten oder Vorgänge, die zufällig nur während der Lebenszeit des Beobachters einander wiederholt folgten, vorher und nachher aber nicht mehr. Aus diesen Mängeln entspringt meistens dasjenige, was Aberglaube genannt wird. Es haben z. B. Jäger wiederholt erfahren, dass, wenn ihnen am Morgen beim Ausgehen ein altes Weib begegnet war, die Jagd erfolglos blieb: sie zogen daraus die abergläubische Folgerung, dass alte Weiber und Jagdunglück im Ursachverhältnisse zu einander ständen. Beide Vorgänge können einander oft gefolgt sein, aber noch öfterer nicht; letztere haben jedoch minderen Eindruck gemacht, seinem Gedächtnisse sich nicht eingeprägt, weil er über sein

Jagdglück das Begegnen eines alten Weibes vergass; er zog also seinen abergläubischen Schluss aus der Minderheit der Fälle, die er seinem Gedächtnisse eingeprägt hatte. Beide Vorgänge können aber auch deshalb einander wiederholt gefolgt sein, weil sie Wirkungen derselben Ursache sind: beide haben die Morgenfrühe verschlafen und deshalb begegnen sie sich, mit verschiedener Wirkung, denn dem alten Weibe diente die Ruhe, welche dem Jäger schadete, indem er die seiner Jagd günstige Morgendämmerung versäumte; wäre er früher ausgegangen als die alten Weiber, dann hätte er mit Erfolg gejagt, Jagdglück gehabt, wie er es nennt. Von Zeit zu Zeit erscheinen Kometen, auch in wechselnder Folge fruchtbare und unfruchtbare Jahre, Misswachs, Seuchen, Krieg und andere auffällig gemeinschädliche Vorgänge: wiederholt wird dem Erscheinen eines Kometen ein besonders günstiger oder ungünstiger Vorgang gefolgt sein, woraus der Mensch sich berechtigt hielt zu folgern, Kometen seien die Vorboten ungewöhnlicher Begebenheiten, ständen im Ursachverhältnisse zu solchen und der Erscheinung von Kometen müssten Misswachs, Seuchen, Kriege oder derartige Übel folgen, wie man im Mittelalter glaubte; oder der Komet bereite ausgezeichneten Wein, wie in der Neuzeit geglaubt wird. Der Mensch hat eben, aus den vielen Fällen nur diejenigen seinem Gedächtnisse eingeprägt, in denen das auffällige Zusammentreffen stattfand und aus diesen Wiederholungen ein Ursachverhältniss gefolgert. Die Congoneger und andere Afrikaner haben Regenpriester und die Indianer Amerikas sogenannte Medizinmänner, welche zur Zeit der Dürre durch Beschwörungen den Regen herbei rufen; die alten Griechen und Römer, wie auch späterhin die Christen hielten Umzüge mit Götter- und Heiligen-Bildern, um den mangelnden Regen durch Gebete herbei zu ziehen. Ohne allen Grund geschieht es nicht: der Mensch wird oftmals beobachtet haben, dass den Beschwörungen oder Bittgängen innerhalb der erwünschten Frist ein benöthigter Regen folgte; er hatte die anderen Fälle, in denen günstiger Regen ohnedies eingetreten oder ungeachtet derselben nicht eingetreten war, seinem Gedächtnisse nicht eingeprägt und folgerte aus jenen wenigen Fällen ein Ursachverhältniss zwischen Beschwörungen oder Gebeten und eintretendem Regen. Die Chaldäer beobachteten vor Jahrtausenden, dass der Sirius (Hundsstern) beim Beginne der heissen Jahreszeit in der Morgendämmerung am Himmel erscheine und da dieses alljährlich sich wiederholte, jedesmal die drückende ausdörrende Jahreszeit folgte; so brachten sie beides in Ursachverhältniss und der unschuldige Stern ward als Verwüster, Grimmiger, Urfeind, das grosse Unglück u. dgl. bezeichnet; noch jetzt sind die verwandten Namen (Hundsstern und Hundstage) gebräuchlich. So giebt es eine Unzahl Wetterregeln, die der Landmann oder Seefahrer u. A. als zuverlässige betrachten, weil sie gefunden haben, dass die darin ausgesprochene Folge zweier Witterungszustände wiederholt eingetroffen sei. Die meisten werden dem Aberglauben zugezählt und dennoch lässt sich nicht verkennen, dass manches beim tieferen Forschen richtig befunden worden ist, wie z. B. die den Seefahrern seit Jahrhunderten bekannten Wirkungen der Winddrehung, des Aufhörens der Stürme, sobald der Himmel aufklärt u. s. w. Ähnlich war es mit dem Ursachvorhältnisse, in welches die Israeliten den Rauchzug ihrer Stiftshütte mit der vorhabenden Weiterreise brachten: sie unterhielten in dem Zelte Räucherungen und je nachdem der Rauch aufstieg oder an der Erde verblieb, setzten sie ihre Reise fort oder nicht. Sie oder andere werden wiederholt beobachtet haben, dass wenn der Rauch emporsteige, klares Wetter erfolge, günstig zur Reise; wenn er dagegen auf den Boden falle, trete Regen, Sturm oder Gewitter ein, während dem es rathsam sei, im Lager zu verbleiben. Dieselben Beobachtungen treffen noch jetzt zu: das Aufsteigen oder Fallen des Rauches deuten Mehrung oder Minderung des Luftdruckes an, eben so sicher, wie die Hebung oder Senkung der Quecksilbersäule im Luftdruckmesser (Barometer), denn je nachdem die Luft schwerer oder leichter wird als der Rauch, steigt dieser empor oder sinkt zu Boden; der Reisebarometer der Israeliten war in Ordnung und ihre Schlussfolgerungen enthielten nicht mehr Aberglauben als unsere Wetterbeobachtungen am Barometer. In beiden Fällen sind es die oberen Luftströmungen, welche den unteren voraneilend, den Luftdruck um so viel mindern wie ihr Reibungsverlust beträgt, wie sie zur Erzeugung ihrer Geschwindigkeit an Druck verbrauchten; der verminderte Druck erweist, dass obere Luftströmungen mehr oder minder rasch dahineilen, denen die, durch grössere Reibung an der Erdoberfläche, verzögerten unteren bald folgen werden, mit dem Regen u. s. w. den sie mit sich führen. Es sind dieselben voraneilenden oberen Luftströmungen, welche, beiläufig gesagt, die Messung der Bergeshöhen mittelst Barometer unsicher machen, wenn nicht gleichzeitig der Beobachtungsort am Meere gleichmässig davon betroffen wird.

§. 17.

Es zeigt sich, wie in der Schaffung von Ursachverhältnissen der Glaube und Aberglaube in einander hängen und selbst richtig erkannte Verhältnisse Gefahr laufen, einen unrichtigen Ausdruck zu erhalten; dieses liegt um so näher, wenn die aussersinnliche Welt damit in Verbindung gebracht wird, wie bei den Israeliten, welche die Andeutungen ihres Rauch-Barometers ihrem höchsten Wesen zuschrieben. Die Verbindung mit der aussersinnlichen Welt ist aber schwer zu vermeiden, denn die Vorgänge um uns her bewegen sich nur zum Theile innerhalb der Grenzen unserer Sinne, zum anderen Theile ausserhalb derselben; wir sehen Vorgänge innerhalb der Grenzen zur Erscheinung kommen, aber keinen vorhergegangenen, der die Ursache sein könnte und ebenso häufig sehen wir, nach einem sinnlich wahrnehmbaren Vorgange keinen anderen folgen, der seine Wirkung sein könnte: beide Male liegt das Vermisste in der aussersinnlichen Welt. So stehen wir in solchen Fällen vor einer Schranke, die uns entweder die Ursache oder die Wirkung verbirgt, vor einer Grenze, die aber nicht zwischen den Gegenständen sich befindet, wie eine Wand, sondern nur die Begrenzung unserer Fähigkeiten bezeichnet, den Bereich umschreibt, innerhalb dessen die Eindrücke von unseren Fähigkeiten erfasst werden; wogegen dasjenige, was ausserhalb liegt und vorgeht, wol Eindrücke machen kann und macht, die aber der Mensch zur Zeit nicht im Stande ist, zu fassen und zu verarbeiten. In solchen Fällen unterliess der Mensch nicht, die Verbindung über jene Schranke hinaus zu versuchen: er forschte nach ähnlichen Verhältnissen, die innerhalb des Bereiches vorgehen und erweiterte oder vergrösserte diese in dem Mase, wie bei solchen unterbrochenen Ursachverhältnissen der sichtbare Vorgang es zu erfordern schien. Die Nordländer vor 1000 Jahren suchten sich den scharfen Nordwind zu erklären; die kalte Strömung aus dem Norden war sinnlich wahrnehmbar, denn die Nervenenden unter der Hautoberfläche verpflanzten die Eindrücke der Luftbewegung und Hautabkühlung nach ihrem Gehirne und sie gewannen die Vorstellung. Dagegen war ihnen die Ursache, der vorhergehende Vorgang, verborgen, denn er lag nicht innerhalb des Bereiches ihrer Sinne, gehörte ihrer aussersinnlichen Welt an. Sie ermittelten als ähnlichen Vorgang innerhalb ihres Sinnenbereiches den Luftzug, den der Flügelschlag grosser Vögel errege; sie kannten das Ursachverhältniss zwischen den Flügelschwingungen und dem Luftzuge, weil sie wiederholt die Aufeinanderfolge beider Bewegungen erfahren hatten; sie benutzten dieses, um durch Vergleichung das Ursachverhältniss des Nordwindes zu erklären, nahmen an, im Norden sitze ein Vogel, der mit seinen Flügelschlägen die Luft nach Süden treibe, um so viel grösser als ein gewöhnlicher Adler, wie der Nordwind den Luftzug von Adlerflügeln übertreffe, also ein riesiger Adler, der abwechselnd wehe oder sich ausruhe. Ähnlich die Südländer dem Wüstenwinde gegenüber: sie fühlten die heisse und trockene, ausdörrende Wirkung des aus der Wüste kommenden Windes, suchten nach der, ausserhalb des Bereiches ihrer Sinne liegenden Ursache und fanden zum geeigneten Vergleich den eigenen Athem, der auf die Handfläche gehaucht, einen ähnlichen Eindruck der Erwärmung erzeugt. Sie folgerten, in der Wüste müssten Wesen sein, deren glühender Hauch den heissen Wind forttreibe, an Zahl, Grösse und Hitze dem Menschen so sehr überlegen, wie der Wüstenwind dem Hauche eines Einzelnen. Die Israeliten u. A. sahen ihr Verehrungswesen in der Luft sich fortbewegen, vorüberziehen, aufsteigen oder sich niederlassen innerhalb des Bereiches ihrer Sinne; nur die Ursache des Fliegens konnten sie nicht erkennen, sie lag jenseit des Bereiches. Sie fanden innerhalb desselben ein ähnliches Ursachverhältniss zwischen den Flügelbewegungen der Vögel und deren Durchfliegen der Luft; diese Vorgänge hatten sie wiederholt in derselben Folge beobachtet: der sitzende Vogel begann damit, seine Flügel zu schwingen und ward fortbewegt, er fuhr fort, mit seinen Schwingen zu schlagen und darauf erhob er sich, flog umher so lange er seine Flügel bewegte; sobald er seine Bewegungen mässigte, senkte er sich, hörte damit auf und kam zum Niedersitzen. Dasselbe Ursachverhältniss ward auf die Verehrungswesen ausgedehnt: man nahm an, sie seien geflügelt wie die Vögel; da sie aber mit dem Menschen (im Traume) redeten, was die bekannten Vögel nicht vermögen, so seien sie geflügelte Menschengestalten. Als die Israeliten in den ältesten Zeiten mehrere derselben verehrten (Elohim) dachten sie sich solche als Engel, ähnlich wie deren Gestalten noch jetzt bekannt sind; als sie späterhin ein Hauptwesen an die Spitze stellten, welches gleichfalls durch die Luft fuhr, dachten sie solches von geflügelten Wesen (Seraphim) getragen, stellten auch die Bilder dieser geflügelten Menschengestalten auf oder an ihre Bundeslade (ihr Orakel) an den Ort wo ihr Verehrungswesen erschien, um Befehle und Aufschlüsse zu ertheilen. — Der Weltenraum über uns spannt sich aus, ohne dass man sieht, wie er gehalten oder getragen wird: die in Ostafrika, Arabien und Mittelasien wandernden Hirtenvölker sahen den Vorgang als Wirkung, aber nicht die Ursache, nicht die Aufstellung der Stützen, welche das luftige Dach hielten. Sie durchsuchten ähnliche Ursachverhältnisse und fanden zum naheliegenden Vergleiche die zwischen Stangen aufgespannten und zwischen Stangen gehaltenen Zelttücher; der Himmel ward damit verglichen und das Ursachverhältniss erschien ihnen klar: ausserhalb des Bereiches ihrer Sinne seien Stangen u. s. w., welche das grosse Zelttuch gespannt erhielten, bis der Himmel dereinst, wie vom jüngsten Tage geweissagt ward, sich zusammenrollen werde wie ein Tuch, um mit grossem Gekrach auf die Erde zu fallen. Bei den Ariern (Persern u. A.) hatte man das Tragen des Himmels mit dem Tragen eines umgekehrten Kessels auf Stützen verglichen: es war ihnen ein grosses chernes Gewölbe, auf vier tragenden Stützen (Himmelsgegenden) ruhend, deren Verkörperung als vier Zwerge in den nordischen Sagen erscheint. — Man sah, wie Seuchen die Menschen zu Tausenden hinwarfen und tödteten, sah aber nicht die vorhergehende Bewegung, die Ursache. Innerhalb des Bereiches der Sinnenwelt fand man ein ähnliches Niederwerfen und Tödten solcher Menschenmengen in den Schlachten: der Sieger rannte hinter den Fliehenden, schlug sie mit der Schärfe des Schwertes, sie stürzten hin und starben. Diese sichtbaren Vorgänge, deren Aufeinanderfolge der Mensch wiederholt beobachtet hatte, verglich er mit den Wirkungen der Seuche und vergrösserte die vermeintliche Ursache in dem Verhältnisse, wie die Seuche im Tödten vieler die Wirkungen der Kräfte eines tödtenden Menschen übertraf: die Seuche ward zu einem übermenschlich grossen, geflügelten Würgengel, der, schwertbewaffnet das Land durchzog und wenn er wollte, sichtbar erscheinen konnte (2. Sam. 24). Dasselbe Streben nach Erklärung des Aussersinnlichen durch Sinnliches geht durch alle Zeiten und alle Völker; seine Bethätigung äussert sich in verschiedenartigen Gestaltungen, je nachdem der Bereich der Sinnenwelt sich ausdehnt, also die aussersinnliche Welt zurücktritt; sie äussert sich aber auch zugleich durch Vermehrung der Gestaltungen, in dem Verhältnisse, wie der Mensch die Zahl seiner Bewegungen vergrössert, also bisher unbekannte Vorgänge entdeckt. Wie bei Ausdehnung der Sinnenwelt (durch Hülfsgeräthe) neue Ursachverhältnisse klar wurden, von denen man bisher entweder die Ursache oder Wirkung nicht gekannt hatte, so tauchten andrerseits neue Vorgänge auf, deren Erkenntniss wiederum unter demselben Mangel litt, dass entweder der vorhergehende (die Ursache) oder der nachfolgende (die Wirkung) nicht von den Sinnen erkannt werden konnte. Je mehr der Mensch den Bereich seiner Sinne erweiterte, desto mehr traf er an den Grenzen Vorgänge, die mit anderen jenseit der Grenze im Ursachverhältnisse standen, denn mit der Erweiterung des Gebietes ward die Erstreckung der Grenzen immer länger, mehrten sich also die Berührungspunkte der sinnlichen und aussersinnlichen Welt. Dieses Fortschreiten lässt sich zutreffend erweisen an den bildlichen Vergleichen der Dichter der verschiedenen Zeiten und Bildungsstufen, da sie fast alle in der Darstellung von Ursachverhältnissen zwischen der sinnlichen und aussersinnlichen Welt bestehen und nach dem jedesmaligen Bereiche der Erkenntniss gestaltet, sich verändern, sobald dieser sich erweitert. Je höher ein Dichter steht, desto vorgeschrittener sind seine Bilder gestaltet und Bilder, welche grosse Dichter früherer Jahrtausende gebrauchten, wie Homers Göttereinmischungen in den trojanischen Krieg, würde ein Dichter der Jetztzeit nicht mehr verwenden mögen. Ähnliches geschieht in den Erklärungen bekannter Vorgänge, wie z. B. des Meerleuchtens: indem man erkannte, dass Reibung (Stahl und Stein) Funken erzeugen könne, dachte man sich, die Reibung der Salztheilchen an einander erzeuge das Leuchten; späterhin als man das Leuchten des Phosphors entdeckte, sollte das Meer phosphoresciren durch Verwesungsstoffe; als die Electricität entdeckt war, deutete man das Reiben des harzigen Schiffsbodens am Wasser als Ursache; zuletzt fand man, dass schwimmende Thierchen das Licht in ihrem Körper erregen und ausstralen.

Die Anwendung des Verstandes zur Schaffung von Verbindungen und Ursachverhältnissen zwischen der sinnlichen und aussersinnlichen Welt, bezeichnet man als Einbildung oder Phantasie, deren der Mensch als Dichter, Profet oder Künstler überhaupt sich bedient, um Wesen oder Vorgänge, deren Eindrücke fasslich waren, aber nicht in der Sinnenwelt vorhanden sind, aus Ähnlichkeiten bildlich darzustellen. Die Anwendungsweisen sind um so unsicherer und irreleitender, je mehr dabei die aussersinnliche Welt den Stoff hergeben soll, je mehr einerseits in der entlegenen Vergangenheit, andererseits in der fernen Zukunft die Verbindungsglieder liegen. Der Mensch kann allerdings sich nichts einbilden, zu dem nicht im Vorhandenen die Grundlagen gegeben sind; er ist gezwungen alle Gestaltungen seiner Einbildung zusammen zu setzen aus wirklich vorhandenen

Formen, d. h. solchen, die auf ihn gewirkt haben; auch zu den Vorgängen, die er mittelst der Einbildung sinnlich darstellen will, muss er aus dem Vorhandenen die Ähnlichkeiten wählen; er ist an das sinnlich Wirkende gebunden, muss von diesem seinen Ausgang nehmen. Allein in der Verwendung ist er wenig begrenzt: er darf Menschenformen mit Pflanzen verbinden (Daphne, Arabesken u. a.), darf Menschen- und Thierglieder in Gestalten vereinen (Engel, Sphinxe, Teufel u. a.), oder sinnliche wie aussersinnliche Gestaltungen oder Vorgänge in Menschenformen und Bewegungen darstellen (Meer, Flüsse und Quellen wie Jahreszeiten, Krieg und Frieden u. a.), darf sogar Begriffe in Formen und Gestalten ausprägen (Liebe, Güte u. a.); auch steht es ihm frei, die Erscheinungen oder Begebenheiten der entlegensten Zeiten oder Orte mit einander in Verbindung zu setzen und Sinnliches wie Aussersinnliches als Zwischenglieder einzufügen, wie die Dichter Homer, Virgil, Dante, Milton und Klopstock in ihren Heldengedichten die Vorgänge auf der Erde, in der Höhe wie in den Tiefen, durch Lebende wie durch Gestorbene, sinnliche Menschen und aussersinnliche Helden und Götter in buntester Abwechslung geschehen lassen; er darf aus der rückstständigsten Vergangenheit auf die fernste Zukunft schliessen, denn in der Anwendung des Verstandes als Einbildung fesseln weder Zeit noch Ort. Es bindet keine andere Beschränkung als dass der Stoff zu den Gestaltungen, die Bestandtheile der Formen aus der Sinnenwelt entnommen werden müssen, indem die Eindrücke, welche er erregen will, nur durch Bilder oder Bewegungen geschehen können, die durch Vergleichung mit dem Vorhandenen geeignet sind, Ähnliches hervorzurufen. Der Mensch ist auch im Stande als höchste Anwendung seiner Einbildung in jeder Richtung Ideale zu bilden, Vorausbilder von Gegenständen, Vorgängen oder Zuständen, deren künftiges Dasein er aus den vorhandenen oder vorhanden gewesenen Formen und Zuständen schliesst; es sind nicht Urbilder, welche dem Daseienden zum Grunde liegen, sondern Zukunftsbilder, die er als ferne Zielpunkte der Fortbildung sich denkt, indem er deren bisherige, stufenweise Entwicklung beifolgt weit in die Zukunft hinausführt; ein Verfahren, welches er auch unter Umständen rückwärts folgernd bis zu eingebildeten Urzuständen fortsetzt; Fernbilder rückwärts gewendet. Alle Gestaltungen der Einbildung sind demnach Schöpfungen des Menschen, nicht ohne ihn, sondern in ihm vorhanden, geformt nach der augenblicklichen Erkenntniss und Stimmung, stehend oder fallend, je nachdem die

Grundlagen unverändert bleiben oder nicht, und um so schwankender, je grösser der Willkür Raum gegeben ward bei ihrer Schaffung, je zügelloser der Flug der Einbildung Zeit und Ort wie bestehende Ursachverhältnisse unberücksichtigt liess.

Die Gefahren, denen der Mensch seine Erkenntniss aussetzt, indem er den Verstand als Einbildung anwendet, sind, wie das Gebiet des Treibens, unbeschränkt. Die Einbildung darf mit geringer Mühe die weitestgreifenden Bilder schaffen, unbehindert das Aussersinnliche und Unermessliche zum Tummelplatze wählen. Die Gefahren liegen überaus nahe, denn Zeit und Raum sind dasselbe, Vergangenheit, Gegenwart und Zukunft, wie Nähe und Ferne fliessen in einander, Sinnliches und Aussersinnliches bilden ein Ganzes, alle Vorgänge sind eine ununterbrochene Kette und alle Sprachen in ihren Ausdrücken, alle Darstellungen in Wort, Bild oder Ton nehmen die Einbildung in Anspruch, um sich verständlich zu machen. Die Gefahren umringen den Menschen jederzeit und allerorts; sie sind um so grösser, als die Einbildung fast mühelos die umfangreichsten Schöpfungen vollbringt; einen Vorgang, ein Wesen zu erforschen ist mühsam, zeitraubend und mit Unannehmlichkeiten verbunden, dagegen ist es sehr leicht, einer Ähnlichkeit derselben mit Vorhandenem sich zu erinnern, ihr danach eine Form, eine Bewegung zuzuschreiben und dieses um so leichter, je genügsamer dabei verfahren wird. Es erklärt sich hieraus, weshalb Menschen wie Völker auf rückständiger Stufe, der Einbildung eine so grosse Geltung einräumen, warum der Mensch im Ruhestande, sei sie durch die Üppigkeit der heissen Länder oder durch die Unwirthlichkeit des Nordens veranlasst, fortwillend die fliegende Einbildung der langsam vordringenden Erkenntniss voraneilen lässt, warum ihre reizenden Bilder so leicht das Gehirn gefangen nehmen und der reizlosen Forschung den Zugang erschweren. Die Einbildung ersetzt dem Menschen die fehlenden Flügel, die er sich sehnlich wünscht, wenn er den Vogel eilend dahin schweben oder kreisen sieht. Wer flöge nicht lieber, als dass er ginge?

§. 18.

Bei Aufsuchung der Ursachverhältnisse leidet der Mensch nicht allein unter der Begrenztheit, den Mängeln seiner Fähigkeiten, sondern auch unter den Mängeln seines Daseins überhaupt. Seine Aussenwelt ist örtlich verschieden und beengt, wie schon die vorhin angeführten verschiedenen Vorstellungen der Nordländer und Südländer über das Ursachverhältniss des herrschenden Windes erwiesen oder diejenigen über den Himmelsraum. Noch weiter erstreckt sich der Einfluss, sobald der Mensch aus den Ursachverhältnissen Begriffe formt, die Ähnlichkeiten oder das Gemeinsame einer Anzahl derselben in eine Bezeichnung zusammen fassen will und dabei wiederum sein Eigenwesen als Maasstab anwenden muss. In Folge dessen schafft er sich eine ganze Fülle von Gegensätzen, die er in ihrer Fortbildung bis zur Spaltung der ganzen Welt in zwei einander bekämpfende Reiche durchführt. — Er bildet aus einer Anzahl von Ursachverhältnissen, durch Zusammenfassen ihres Gemeinsamen, z. B. den gangbaren Begriff der Wärme, misst denselben aber als an seinem Eigenwesen und stellt sich in die Mitte, einerseits Wärme, andrerseits Kälte, steigert seine Bezeichnungen einerseits zu Hitze und Gluth, andrerseits zum Frost. In der Wärme selbst sind diese Gegensätze gar nicht vorhanden, alle Ausdrücke sollen nur mehr oder mindere Wärme bezeichnen, dürfen also einander nicht gegenüber gestellt werden, sondern unter und über einander, da sie Stufen, nicht Gegensätze sind. Die Gegensätze sind nicht in den Wärmeabstufungen von der Gluth bis zum Froste hinab vorhanden, sondern lediglich im Menschen selbst, der die Eindrücke welche er von den verschiedenen Stufen empfängt, durch Bezeichnungen unterscheidet und zu gegenüber stehenden Begriffen formt, weil die Eindrücke ihn in entgegengesetzter Weise anregen. Er bildet aus allem was durch seine Augen auf sein Gehirn wirkt, den Begriff „sichtbar" und bezeichnet alles Uebrige als „unsichtbar", stellt aber beide einander gegenüber, obgleich sie in Wirklichkeit neben und in einander liegen; das Sichtbare ist ein Bereich, ein Gebiet, welches von dem Unsichtbaren durchwebt wird; beide machen zusammen eine Welt aus, von der jeder Mensch einen Theil nach Maasgabe seiner Fähigkeiten auf sich wirken lässt. Das Uebrige der Welt steht ihm ebenso wol zur Verfügung und er vermag durch Erweiterung seiner Fähigkeiten Unsichtbares sichtbar zu machen; es steht also bei ihm und er braucht es nur zu erfassen, sobald seine Fähigkeiten hinan reichen. Die Anwendung seines Eigenwesens als Maasstab auf die, aus Ursachverhältnissen gebildeten Begriffe, verleitet ihn auch, die Gegensätze angenehm und unangenehm, nützlich oder schädlich, gut oder böse in die Aussenwelt hinein zu tragen, als ob diese gut oder böse u. s. w. sei. Die Verschiedenheit der Eindrücke welche er empfängt, der Begriffe und Ursachverhältnisse welche er bildet, trägt er in die Aussenwelt hinaus und statt zu sagen, jene seien ihm angenehm oder unangenehm, nützlich oder schädlich, seinen Absichten gegenüber gut oder böse, benannte er so die Vorgänge, spaltete demgemäss seine ganze Aussenwelt in zwei Reiche oder Begriffe des Guten oder Bösen und überweist dem Einen alle Eindrücke, welche er gut benennt, dem Andern die bösen. Dazu kömmt die Gefahr, welcher er bei der Bildung aller seiner Begriffe ausgesetzt ist, dass er das Gemeinsame, welches herausgenommen (abstrahirt) ward, als Inhalt des Ganzen auffasst und den übrigen Inhalt der einzelnen Wesen oder Vorgänge ausser Acht lässt, als ob sie gar nicht da seien. Der Mensch rechnet z. B. die Gifte zum Schädlichen, weil sie im Ursachverhältnisse zum beschleunigten Sterben der Menschen stehen, weil ein rascher Tod erfolgt, wenn der Mensch Gifte in einiger Menge geniesst. Dieses Gemeinsame, welches der Mensch auszog, um mit Anderem, den Begriff „schädlich" zu bilden, füllt aber nicht das ganze Wesen der Gifte aus, fasst vielmehr nur in sich eines der Ursachverhältnisse, in denen die Gifte stehen, denn manche darunter (Quecksilber, Opium, Strychnin u. a.) stehen auch im Ursachverhältnisse zum Gedeihen des Menschen, dienen als Arznei; andere stehen im gleichen Verhältnisse zu seinen Genüssen, Anfertigung seiner Geräthe und Genussmittel, wie Arsenik, Antimon, Nicotin im Taback u. a. Die Gifte gehören also nicht allein zum Schädlichen, sondern auch zum Nützlichen d. h. ein Theil ihrer Eindrücke wirkt schädlich ein auf den Menschen, ein anderer nützlich. Der Mensch rechnet ferner den Mord zum Bösen, weil er die Wirkung hat, das Leben des Menschen, sein ganzes Dasein zu zerstören; dennoch gilt er gleichzeitig als Mittel zur Reinigung der Ehre (im Duelle), auch als Mittel um Streitfragen zwischen Völkern oder deren Beherrschern zu entscheiden und, in Hinrichtung von Mördern, um neue Morde zu verhüten. Im Begriffe des Bösen lag also nur ein Theil der Bezüge des Mordes, nur dasjenige was der Mord mit anderen Vorgängen gemeinschaftlich zum Nachtheile der Menschen enthält: im Uebrigen steht er auch in Ursachverhältnissen zu Vortheilen der Menschen, gehört in sofern zum Gebiete des Guten und der Begriff des Guten umfasst demnach auch den Mord in seinen wichtigsten Bezügen. Sonach liegen die Scheidungen und Gegenüberstellungen nicht in den Gegenständen und Vorgängen ausser uns, sondern lediglich in uns, in den Eindrücken, welche sie auf uns machen, in den Vorstellungen welche wir daraus bilden, in den Begriffen, welche wir für uns selbst schaffen.

Die Gefahren, welche die Mängel des Menschenwesens bereiten, werden um so zahlreicher und einflussreicher, je weiter der Mensch seine Thätigkeit steigert, sei es, indem er das Gemeinsame weiter verbindend, Begriffe von umfassenderer Bedeutung, höherer Art bildet oder indem er sie in ihrer Aufeinanderfolge verbindet, Kettenreihen herstellt, deren Glieder entweder in die Vergangenheit zurück reichen oder in die Zukunft voraus geführt werden. Es können dabei alle Mängel sich häufen, welche in der ganzen Reihe seiner Thätigkeiten Einfluss hatten, bevor er aus Bildern Vorstellungen zusammen setzte, aus dem Gemeinsamen von Vorstellungen Begriffe schuf, aus der Aufeinanderfolge von Vorgängen Ursachverhältnisse ableitete und aus deren Gemeinsamen wiederum Begriffe (Kräfte, Naturgesetze) zu ziehen vermochte. Auf jeder Stufe konnte er irre geleitet werden und damit ward jede Weiterführung, alles Nachfolgende unrichtig und einmal auf falsche Bahn gerathen, musste er im Vordringen immer weiter vom Richtigen abirren. Führt er die Kettenreihe seiner erkannten und verbundenen Ursachverhältnisse rückwärts in die Vergangenheit, so wirkt er als Geschichtschreiber, führt er sie vorwärts in die Zukunft hinaus, so ist er Profet; verbindet er das Gemeinsame zu Begriffen höherer Art und steigert diese Begriffsbildungen bis zur Einheit, so bethätigt er sich als Denkweiser, als Philosoph. Im Geschichtschreiber, Dichter, Profeten und Weisen entwickelt sich der Verstand des Menschen zur reichsten Gestaltung; alle Stufen der Fortbildung des Menschen leiten in diese Bahnen, welche mit einander in Einem zusammen laufen, zur Erkenntniss der Menschheit und des All.

Indem der Mensch seine Begriffe umfassender gestaltete, gerieth er in Gefahr, die Grenzen zu überschreiten, welche seinen Begriffsbildungen gesetzt sind; seine Vorstellungen müssen nämlich in Zeit und Raum beschränkt sein, um erfasst werden zu können. Es folgt daraus, dass seine Begriffe, indem sie lediglich das Gemeinsame beschränkter Vorstellungen enthalten, über die Grenzen derselben nicht hinaus können, denn ausserhalb der Grenzen liegt nur Unerkanntes, was zum Gemeinsamen des Erkannten nicht gehört. Wir mögen die Begriffe noch so sehr steigern, sie zuletzt zu einer alles umfassenden Spitze treiben, sie werden auch dann nur das Gesammte dessen umfassen können, von dem der Mensch in Zeit und Raum

Eindrücke empfing, was er erkannte und in seinen Vorstellungen ausprägte; darüber hinaus erkennt er nichts, kann es also auch nicht in seine Begriffe einschliessen. Es ist demnach ganz unmöglich, ein Unbegrenztes in seine Vorstellungen und Begriffe zu fassen und wenn wir demungeachtet reden von der Unbegrenztheit des Raumes und der Zeit, der Unermesslichkeit oder Ewigkeit, so nennen wir nur Namen, Bezeichnungen, deren Inhalt wir nicht kennen können, weil er unfassbar ist. Wir blicken nach allen Seiten in die Welt, in den Raum hinaus und weil wir keine Grenze sehen, die Reihenfolge nicht absehen können, so bezeichnen wir den Raum als Unermesslichkeit; wir forschen rückwärts in die Vergangenheit, in die Tiefe der Zeit, versuchen auch in die Zukunft zu blicken und weil wir nirgends Anfang oder Ende absehen können, bezeichnen wir die Zeit als Ewigkeit; beides vergleichbar mit der früher gangbaren Behauptung der Unergründlichkeit des Meeres, welches Wort man lediglich deshalb anwendete, weil unter Anwendung der längsten vorhandenen Senkleinen das Loth nicht auf den Grund stiess. Unermesslichkeit und Ewigkeit sind nicht Begriffe, sondern Namen, welche lediglich das unbegreifliche Gegentheil unserer Begriffe „Raum" und „Zeit" bezeichnen sollen.

§. 19.

Im Vorstehenden ist die Entwicklung der Erkenntniss betrachtet worden, als ob sie in einem einzelnen Menschen vor sich gegangen sei, als ob ein Einzelner während der Jahrtausende den Bildungsgang in sich vollzogen hätte, der von den ersten Anfängen der rückständigsten Zeit, der Kindheit des Menschengeschlechtes, zu den höchsten Stufen der Jetztzeit führte. In Wirklichkeit verhält es sich nicht so, denn wenn auch die Menschheit, vermöge der Gleichartigkeit der Ausrüstung und Fähigkeiten jedes Einzelnen, in Bezug auf Fortbildung sich verhält, sich entwickelt wie ein Einzelner und die höchsten Stufen der Jetztzeit nur durch A n s a m m e l n d e r B i l d u n g s s c h ä t z e erreicht wurden: so ist doch dieses Anhäufen weder in der Zeit noch in den Menschen ein ununterbrochenes gewesen; es hat vielmehr aus dem Leben der tausende von millionen Menschen, welche die Bildungsschätze schufen, neben dem Gleichartigen aller auch das Ungleichartige der Einzelnen aufnehmen müssen. Allerdings lässt sich die Menschheit wiederfinden selbst in dem Ungleichartigen des Einzelnen, da dessen

Entwicklung die gleichen Unterbrechungen und Schwankungen aufweist und in vielen Beziehungen als ein kurzlebiges Abbild der Menschheit gelten darf. Es bietet jedoch das Bestehen der Menschheit aus millionen Einzelner, die im Laufe von Jahrtausenden einander folgten, nicht allein dasselbe ausgeprägter dar, sondern hat auch den Fortschritten der Erkenntniss eigenthümliche Hindernisse bereitet, indem es den Mängeln des Menschenwesens und den Einflüssen der übrigen Welt um so öfterer Gelegenheit zur Beeinflussung darbot.

Wie im Anfange erwähnt, erlangt der Mensch nur den geringsten Theil seiner Vorstellungen und Begriffe durch eigene Schaffung; der weitaus grössere wird ihm von anderen mitgetheilt. Da aber letztere auf demselben menschlichen Grunde erwachsen waren und Jeder gleichartige Fähigkeiten besitzt, so gestaltet sich in jedem Einzelnen eine so enge Verbindung zwischen beiden Arten, dass es ihm schwer wird, das Eigene vom fremden Angeeigneten zu unterscheiden. Jeder Einzelne wird von frühester Jugend her, von der rückständigsten Stufe der Bildung an, durch seine Umgebung erzogen, so vielfältig und umfassend, dass er ohnedem auf der Stufe der Thierheit verbleiben würde. Es werden seinem Gedächtnisse, ausser den wenigen Eindrücken, die er unmittelbar von den Gegenständen erlangt, in viel grösserer Zahl fremde Eindrücke eingeprägt; statt mit eigenen Augen zu sehen, mit eigenem Maße zu messen, mit eigenem Verstande zu vergleichen, empfängt er in der Sprache anderer, mittelst seines Gehöres, die Eindrücke anderer, von dem was diese theils selbst gesehen oder empfinden, gemessen und verglichen haben, grösstentheils aber von anderen empfangen. Diejenigen, welche uns ihre Erkenntniss mittheilen, haben, gleich uns, nur einen geringen Theil derselben selbst erschaffen, der grösste Theil ward ihnen durch Sprache oder Bild von Mitlebenden oder Vorgängern eingeprägt, denen es wiederum ebenso ergangen war. In dieser Weise hat eine lange Reihe von Vererbungen stattgefunden, vergleichbar der Verwaltung eines Familiengutes, in der Jeder, was er von seinem Vorgänger ererbt hatte, unter Hinzufügung des Selbsterworbenen, den Nachkommen übergab. Wenn es möglich wäre, jede der gegenwärtig herrschenden Vorstellungen auf der Bahn ihrer Entwicklung, ihres Wachsthumes rückwärts bis zum Ursprunge zu verfolgen, so würde sich finden, dass zu irgend einer Zeit, liege sie Jahre, Jahrhunderte oder Jahrtausende hinter uns, im Gehirne eines Menschen die erste Anregung dazu durch

Selbstschaffung entstand, dass diese Vorstellung in ihrer anfänglichsten Gestalt durch Mittheilung an andere erhalten ward, darauf, durch dasjenige, was andere hinzu schufen, sich entwickelte, bis sie durch die aufeinander folgenden Geschlechter allmälig erweitert oder verengt, jedenfalls aber verändert zu uns gelangt ist. Wir würden, wie in einer Familien-Erbschaft von Silberthalern, alle gleichartig aber doch von verschiedenem Gepräge und mit einer Reihe von Jahreszahlen bezeichnet, die allmälige Anhäufung des Schatzes durch alle Jahrgänge bis zum ersten Beginne zurück verfolgen können. Viele Vorstellungen und Begriffe sind so neuen Ursprunges, dass sie bis zur Quelle verfolgt werden können, dass deren Bildungslauf in ganzer Länge bis zur Gegenwart erforscht und beschrieben werden kann, gleich dem Lebenslaufe eines Menschen; andere sind Jahrhunderte alt, gestatten ebenso die Aufspürung ihrer Bildung bis zum Ursprunge, weil sie (wie z. B. die Entdeckung des Kopernikus von der Bewegung unseres Sonnensystemes) im Ursprunge durch Schriften festgelegt wurden, die unverändert auf uns gekommen sind. Dagegen gehören die meisten Vorstellungen und Begriffe der Gegenwart, darunter diejenigen, welche als Grundlagen unseres Wissens gelten, früheren Jahrtausenden an; wir wissen sehr wenig darüber, wo und wie sie erwuchsen, in welchem Gehirne ihre ursprünglichste Form entstand und auf welchem Wege, so wie durch welche Wandlungen sie auf die Jetztzeit gelangt sind. Wenn wir nun auch den weitaus grössten Theil der Erkenntniss nicht der Zeit nach bis zur Quelle zurückverfolgen können, so bietet uns dagegen auf anderen Wegen die Gleichartigkeit des Menschenwesens einen nutzbaren Anhalt zur Leitung dieser Forschungen, denn wir dürfen auf Grund derselben schliessen, dass die Eindrücke welche zu irgend einer Zeit den Grund legten, auch jetzt noch unter denselben Verhältnissen denselben Vorgang wiederholen, dass z. B. die rückständigen Völker der Gegenwart, die rückständigen Menschen in unserer Mitte, wie auch das rückständige Menschenleben im heranwachsenden Kinde passliche Vergleiche mit den Bildungsanfängen der Völker des Alterthumes bieten. Wir dürfen ferner schliessen, dass Vorstellungen, die ein besonderes Gepräge tragen, mit ziemlicher Sicherheit entweder auf Örtlichkeiten zurückgeführt werden dürfen, wo solche Eindrücke noch jetzt entstehen oder auf Verhältnisse, die noch jetzt so wirken würden, dass es also unerheblich sei zu wissen, in welchem Menschen sie entstanden, auch minder wichtig das Jahr zu kennen, in welchem ihre ursprünglichste

Form entstand. Wir dürfen ferner mit Sicherheit folgern, dass bei der Entwicklung jeder einzelnen Vorstellung im Laufe der Jahrtausende, die dem Menschenwesen innewohnenden Fähigkeiten und Mängel ihren Einfluss in gleichartiger Weise geäussert haben und dass die Wandlungen, welche rückständige Vorstellungen der Gegenwart erleben, in gleicher Weise den vorgeschrittenen Vorstellungen der Jetztzeit widerfuhren, als sie vor Jahrhunderten oder Jahrtausenden auf der gleichen Stufe standen. Die Gegenwart bietet nämlich nicht einen Schatz von Vorstellungen und Begriffen, alle auf gleicher Stufe der Fortbildung stehend, sondern in grösster Mannigfaltigkeit alle Stufen neben einander, so dass nicht allein die verschiedenen Völker, sondern auch die Einzelnen in jedem Volke, die Bewohner desselben Ortes, gar die Mitglieder derselben Familie, die verschiedensten Stufen der menschlichen Bildung schauen lassen, vom beschränkten Traumleben des Kindes oder der Erwachsenen auf Kindesstufe bis zu den höheren Stufen des Einzelnen oder der entwickelten Völker. Alle Stufen der Menschenbildung beruhen auf gleichen Grundlagen, gleichartigen Fähigkeiten und Mängeln des Menschenwesens, durch alle Zeiten der Völker, durch das Leben des Einzelnen, wie jeder Gruppe, jedes Volkes, ja der ganzen Menschheit: die Fortbildung schritt und schreitet vor in verschiedener Beschleunigung und zeigt deshalb in den gleichzeitig Lebenden die verschiedenen Stufen neben einander. Wir dürfen aber bei aller Verschiedenheit des Ortes wie der Zeit aus Vergleichen schliessen, die von der Gleichartigkeit des Menschenwesens ausgehen.

§. 20.

Demgemäss folgern wir, dass in der Vererbung der Erkenntniss, durch welche diese vom Einzelnbesitze zum Gemeingute anwuchs, noch folgende besondere Mängel denen hinzukommen, welche, wie im Früheren erläutert, aus den Mängeln der Sinne, des Gedächtnisses und des Verstandes des Menschenwesens überhaupt entstehen.

a. Jeder Einzelne theilte nicht alles mit was er besass, vererbte nicht sein ganzes Besitzthum, sondern nahm einen Theil, oft das Ganze mit in das Grab, starb vor der Mittheilung, konnte oder wollte nicht alles vererben; auch im günstigsten Falle theilte er nicht mit was er vererbt hatte, unter Zufügung dessen was er selbst erschaffen, sondern er hatte das Ererbte vielfach bearbeitet und verändert, sei es aus Gedächtnissschwäche, unrichtiger Anwendung des Verstandes, dichterischer Gestaltung u. s. w.

b. Der Empfangende nahm nicht den Besitz unmittelbar hin wie eine Erbschaft, sondern empfing ihn durch den sprachlichen oder bildlichen Ausdruck des Mittheilenden, so dass sehr oft in dem Empfänger andere Vorstellungen erregt wurden, als der Mittheilende besass oder erregen wollte.

c. Die meisten Vorstellungen und Begriffe sind bildlich überliefert worden, in Denkmälern oder Schriften, von denen ein grosser Theil verloren ging, ein anderer steten Veränderungen unterlag, so dass der Zusammenhang unterbrochen ward und das Verbliebene vielfach seine Deutung verlor.

Es ist nicht vergönnt, die Einwirkung dieser Mängel in jedem einzelnen Falle nach Zeit und Ort genau anzugeben; es bedarf dessen aber auch nicht, wie mehrfach erläutert, denn wir dürfen ausserdem das Menschenwesen selbst zur Grundlage der Betrachtungen nehmen und daraus, mit Hülfe der verfügbaren, äusseren Mittel den Zusammenhang herzustellen suchen. Der Gesammtschatz der Erkenntniss der Gegenwart lässt in dieser Beziehung sich abtheilen in Vorstellungen und Begriffe:

die zu unbekannten Zeiten, an unbekannten Orten entstanden und nur in den überlieferten Handlungen der Menschen ausgeprägt liegen;

deren Ursprung in Zeit und Ort annähernd nachgewiesen werden kann; sei es, dass sie ein örtliches Gepräge tragen oder durch Sagen, Schriften und andere Denkmäler bestimmter Zeiten oder Völker überliefert worden sind;

die in neuerer Zeit an nachweisbaren Orten, in bekannten Menschen entstanden und in erhaltenen Schriften mitgetheilt wurden;

die in der Gegenwart entstehen, zu unserer Kenntniss durch einfache Vermittlung gelangen;

die in uns selbst ihren Ursprung haben.

Die Vergleichswerthe sind demgemäss sehr verschieden und hängen wesentlich ab von den Vorfragen

ob und wie weit die ursprünglichen Beobachtungen, aus denen sie im Gehirne ihres Entdeckers entstanden, durch die Mängel der Sinne beeinträchtigt wurden;

ob die Eindrücke im Gedächtnisse des Entdeckers unverändert aufbewahrt und wieder erinnert worden sind;

ob die Vergleichung älterer und neuerer Eindrücke, die zur Herstellung der Vorstellungen nöthig war, in richtiger Weise geschah;

ob die Abziehung und Verbindung des Gemeinsamen einer Reihe von Vorstellungen, zur Schaffung von Begriffen, richtig ausgeführt ward;

ob und wie weit die Ermittlung der Ursachverhältnisse durch die Begrenzung der Fähigkeiten des Menschenwesens gestört ward;

ob die Verbindung des Gemeinsamen einer Reihe von Ursachverhältnissen, zu Begriffen (sogen. Kräften, Naturgesetzen) voreilig oder lückenhaft geschah;

ob und wie weit die Ueberlieferung von Geschlecht zu Geschlechte durch die Mängel der Verbindungsglieder oder aussermenschliche Verhältnisse gestört, verändert oder zerrissen ward.

Es kann hier nicht die Frage sein, ob benannte Nachtheile wirkten, es ist vielmehr sicher und nachweisbar, dass sie gewirkt haben und noch fortwährend ihren Einfluss äussern. Wir wissen, dass unser gegenwärtiger Erkenntnissschatz das Ergebniss zahlloser Beobachtungen und Vergleichungen sei, welche tausende von millionen Menschen, im Laufe vieler Jahrtausende, an den verschiedensten Orten der Erde machten, im unablässigen Bemühen und Zusammenwirken angesammelt und vererbt haben, stets geleitet und gefördert von den fortbildenden Fähigkeiten des Menschenwesens, die den Schatz mehrten durch ihre bewunderungswürdige Fülle, aber auch beständig geschmälert durch ihre unabwendbaren Mängel.

§. 21.

Die thatsächlichen Mängel der Ueberlieferung, der Vererbung von Geschlecht zu Geschlechte lassen sich folgern, theils aus den Mängeln des Menschenwesens überhaupt, theils aus der Beschaffenheit des Ueberlieferten, theils aus den Erfahrungen, welche noch jetzt bei Ueberlieferungen gemacht werden. Dass die Kette der Vererbungen vielfach durch den Tod der Besitzer zerrissen ward, darf mit Zuversicht gefolgert werden aus den zahlreichen Lücken, die in den Reihenfolgen der Entwicklungen sich befinden. Die Urgeschichte der meisten lebenden Völker ist dunkel und unbekannt, nicht etwa weil die Vorfahren keine Beobachtungen machten, keine Vorstellungen und Begriffe schufen, sondern weil der Tod der Besitzer die Mittheilungen zerriss und die Nachlebenden nur dasjenige vererbten, was sich in ihren Gewohnheiten, ihren Handlungen erhalten hatte. Aus gleicher Ursache sind viele Entdeckungen verloren gegangen oder lange Zeit verloren gewesen, wie z. B. das biegsame Glas, die Purpurfärberei, das Email, die Entdeckung Amerikas durch die Nordländer vier Jahrhunderte vor Colon und so manches andere, was geschehen aber nicht ununterbrochen vererbt worden war. Dass die Mittheilungen durchgehends unvollständig erfolgen, sei es durch Mängel des sprachlichen Ausdruckes einerseits oder Mängel der Auffassungs- und Vorstellungsgabe andrerseits, lehrt schon die tägliche Erfahrung. Jedermann weiss, wie überaus schwer es hält, seine eigenen Vorstellungen einem anderen deutlich zu machen: entweder kennt der Empfänger die gewählten Ausdrücke nur in anderer Bedeutung, besitzt nicht die Vorkenntnisse, welche wir voraussetzen, oder erfasst nur einen Theil des Gehörten und verbindet dieses in ungehöriger Weise mit seinem anderweitigen Wissen u. s. w. und wie wir oft genug Gelegenheit haben an Jetztlebenden zu beobachten, wird es zu allen Zeiten den Mittheilenden ergangen sein, dass sie sehr oft gar nicht, noch öfter aber missverstanden wurden. Dass auch Menschen ihre eigenen Vorstellungen und Begriffe nicht mittheilen wollten, sondern absichtlich andere verbreiteten, zeigt sich an den Priesterschaften der verschiedensten Glaubensbekenntnisse, aus denen viele Mitglieder hieher zu rechnen sind, theils in dem Sinne, dass sie wissentlich unrichtige Mittheilungen machen, weil es ihr Vortheil erheischt oder weil sie glauben, die Zuhörer seien nicht reif genug an Verständnis, um die richtigen Mittheilungen auffassen zu können; theils in dem anderen Sinne, dass sie zum Verständnisse richtiger Mittheilungen Bilder und dichterische Vergleiche anwenden, welche wie sie wissen, die Zuhörer im anderen Sinne wörtlich auffassen und verkörpern. Die alten Götterlehren der Inder, Griechen, Römer und Nordländer enthalten vielfache Beispiele dieser Art, sowohl in den Verkörperungen einzelner Vorgänge, den Göttergestalten, zu deren Verdeutlichung die Priester jener Bilder sich bedienten, als auch in den Anstössigkeiten und ekelhaften Erzählungen, durch welche das Wirken der Kräfte bei Entstehung der Welt oder im Wechsel der Jahreszeiten u. a. verdeutlicht werden sollten, welche aber die Hörenden wörtlich nahmen, und in ihren Sagen als wirkliche Begebenheiten überlieferten. Die Trübung des Ererbten wie des Selbstgeschaffenen durch Gedächtnisschwäche, oder dichterische Anlage erfährt jeder an sich selbst: es ist schon schwierig, selbsterlebte Begebenheiten zu verschiedenen Zeiten gleichmässig zu erinnern und wieder zu erzählen; ungleich schwerer wird es aber, nach Wochen oder Monaten etwas mitzutheilen, was ein anderer erlebt und uns erzählt hatte; je nach den Eindrücken, welche die Erzählung im Augenblicke des Hörens auf uns machte, haben wir Wesentliches oder Unwesentliches in unser Gedächtniss aufgenommen; je nach der dichterischen Anlage haben wir das Empfangene mit anderen, eigenen Vorstellungen verbunden, so innig, dass eine Trennung nicht mehr möglich ist und im Weitergeben eine ganz andere Mittheilung erfolgt als wir empfangen hatten; lebhafte Einbildung und dichterische Übertreibung schmückten die Erzählung aus, bis sie eine ganz verschiedene Gestalt annahm. Unseren Vorfahren und allen Früherlebenden wird es ebenso ergangen sein; nicht allein die Heldengesänge der verschiedenen Völker, sondern auch ihre Geschichtbücher haben durch die dichterische Anlage ihrer Verfasser eine von der Wirklichkeit abweichende Gestaltung empfangen. Nehmen wir z. B. die im Alten Testamente enthaltenen Zahlenangaben über das jüdische Volk, die gelieferten Schlachten und daraus erfolgten Menschenverluste, Altersangaben u. a. so lässt sich schwerlich verkennen, dass viel Dichterisches darin liege; betrachtet man ausserdem die zahlreichen Widersprüche zwischen den Erzählungen derselben Begebenheit oder Sage, wie z. B. der Schöpfungsgeschichte (1. Mose 1 und 2), der Tötung des Goliath (1. Sam. 17 und 2. Chron. 21) so wird erklärlich, dass Gedächtnissschwäche und dichterische Anlage zu wesentlichen Abweichungen führen konnten.

§. 22.

Manche Gefahren sind gemindert worden, als man begann, die mündlichen Überlieferungen bildlich festzuhalten durch Denkmäler oder Schriften. Dazu gelangte aber die Menschheit sehr spät, benutzte sie anfänglich auch nicht dazu, die vorhandenen Vorstellungen und Begriffe festzulegen, sondern vorerst gegenwärtige Ergebnisse der Gegenwart und Zukunft mitzutheilen. Als einfachste Form möchte gelten die Bezeichnung von Denksteinen oder Bäumen als Zeugen stattgehabter Vorgänge, wie sie in den Sagen fast aller Völker vorkommt; die Sagen sind dadurch nicht allein an bestimmte Örtlichkeiten gebunden, sondern auch an besondere Wahrzeichen und erhalten sich um so leichter. In Wüstengegenden waren es Denksteine, wie z. B. derjenige den Jakob aufrichtete zu Beth-El, als er im Traume mit dem Verehrungswesen seines Volkes, dem El, verkehrt hatte (1. Mose 28); den Stein salbte er mit dem Fette des Opferthieres und weihete ihn dadurch kenntlich zur Opferstätte, welche durch alle Zeiten bis zur Gefangenschaft sich erhielt. In gemässigten baumreichen Ländern wählte man Bäume und Baumstämme zum Anhalte der Überlieferungen und lernte erst viel später zu demselben Zwecke Steine zu bezeichnen. Der nächste Schritt war, als Darstellungen oder Denkzeichen bekannter Verehrungswesen, Baumstämme oder Steine menschenähnlich zu bezeichnen, deren Bedeutung durch Überlieferung fortgepflanzt ward und bei Ansicht des Gedenkzeichens in jedem der sie kannte, wachgerufen werden sollte. Einfache Steine, wie jener zu Beth-El erhielten sich bei den Semiten sehr lange, denn noch im 7. Jahrh. nach Ch. G. fand Muhammad den Tempel der Araber zu Mekka mit aufgestellten rohen Steinen umgeben, welche deren Verehrungswesen Hobal, Lat, Isaf u. a. bezeichneten. Die stammverwandten Kinder Israels waren dagegen durch egyptische Einflüsse viel früher fortgeschritten, denn zur Zeit Moses (1800 vor Ch. G.) waren sie bereits soweit, eine eherne Schlange und goldene (goldüberzogene) Kälber anzufertigen zur Verehrung. Bevor sie zur Zeit des David oder Salomo die Buchstabenschrift kennen lernten, werden sie ihre Gesetze und Denkwürdigkeiten durch mündliche Überlieferungen fortgepflanzt haben, jedoch in der bei den Semiten u. a. üblichen Weise, dass jeder Priester einen besonderen Theil seinem Gedächtnisse einprägen und auf seinen Nachfolger vererben musste, so dass er, sobald die Reihe an ihn kam, seine Abtheilung dem Volke vortrug, wie ein Vorleser der Jetztzeit. In späteren Zeiten ward das Überlieferte aufgeschrieben; bei den Semiten (Föniker, Israeliten, Arabern u. A.) meistens auf Thierfelle und konnte es nicht fehlen, dass dabei veraltete Ausdrücke übersetzt und erläutert werden mussten; dass, um des Zusammenhanges willen, ganze Sätze zwischen geschoben und Anstössiges verändert ward, um Ärgerniss zu vermeiden; dass überhaupt von Zeit zu Zeit das Ganze überarbeitet ward, um für die jedesmalige Zeit passlich zu werden. Die Geschichtbücher der Israeliten tragen unverkennbare Spuren solcher Bearbeitungen in sich, wie sie bei dem unausbleiblichen Fortschreiten eines Volkes in Sprache und Sitten unvermeidlich sind und um so eher und weitergreifend vorgenommen werden, je gebildeter und wohlmeinender die Männer sind, deren Pflege die Schriften anvertraut wurden.

Wie bei den Israeliten wird bei allen Völkern, sobald sie das Schreiben erlernten, gesucht worden sein, die bisher mündlichen Überlieferungen in Schrift festzulegen, so weit solche Überlieferungen den Schriftkundigen zugänglich waren; die übrigen pflanzten sich nach wie vor mündlich fort und gelangten als Sagen theilweise bis auf die Gegenwart. Dieser Verlauf, wie auch vieles andere was nachfolgen wird, ist bei den Israeliten deutlicher nachzuweisen als bei anderen Völkern, weil glücklicher Weise ihre Geschichtsbücher vollständiger erhalten wurden und auch deshalb um so geeigneter zu Belegführungen sind, als sie, in der christlichen Bibel enthalten und verbreitet, in den Händen oder zur Verfügung eines jeden sich befinden.

§. 23.

Die ältesten Kunden sind Jahrtausende hindurch mündlich fortgepflanzt und als sie darauf schriftlich festgelegt wurden in der veränderten Gestalt, die sie im Gedächtnisse der auf einander folgenden Geschlechter erhalten hatten, kamen die Mängel der schriftlichen Überlieferung hinzu. Weder vor noch nach der Entdeckung der Schriftzeichen haben die berühmten Männer, deren Reden und Lehren von Einfluss gewesen sind, Schnellschreiber zur Seite gehabt, welche wörtlich das Gesagte wiedergaben. Was wir demnach von den Reden Moses, Sokrates, Jesus u. A. kennen, die selbst nichts niedergeschrieben haben, ist erst durch dritte Personen nach kürzerer oder längerer Zeit festgelegt worden, in einer Weise, deren Mängel augenscheinlich sind, da das Mitgetheilte unzweifelhaft nur als dürftiger Theil des Lebensinhaltes so hoch begabter Männer gelten darf. Dass bei Moses und Jesus die unbekannten Aufzeichner nach bester Erkenntniss verfuhren, möchte keinem Zweifel unterliegen, dass sie aber vorwaltend nach der Denkweise ihrer Zeitgenossen aufzeichneten, ist ebenso unverkennbar. Vom Sokrates sind allerdings Überlieferungen durch seine hochbegabten Schüler aufgezeichnet worden, allein in der Gestalt, welche sie in den Schülern angenommen hatten, jedenfalls nicht so ursprünglich wie er sie in eigener Aufzeichnung gegeben hätte. Muhammad sicherte die Überlieferung ausreichender, indem er die Abtheilungen (Suren) seines Korans nicht allein einem Schreiber vorsagte (der sie allerdings nur auf Felle, Knochen, Steine u. A. niederschrieb) sondern auch gleichzeitig jede Sure von einem seiner Schüler auswendig lernen liess. Demungeachtet ergaben sich schon bei Lebzeiten merkliche Unterschiede: was er aus seinem Gedächtnisse wiederholte, stimmte nicht mit dem, was seine Schüler wörtlich ihrem Gedächtnisse eingeprägt hatten und als er in einem streitigen Falle das Schulterblatt herbeischleppte, auf welches die fragliche Sure geschrieben stand, fand sich, dass deren Wortlaut von beiden abwich. Die noch bei Lebzeiten Muhammads für auswärtige Gemeinden angefertigten Abschriften zeigten schon so starke Abweichungen, dass sein Nachfolger sie von allen Orten zurückforderte und vernichtete, um sie durch gleichlautende, unter seiner Aufsicht angefertigte Abschriften zu ersetzen, in denen wiederum den Gläubigen Anführungen auffielen, die man sich nicht entsann, vom Profeten selbst vernommen zu haben. Wenn dergleichen in Fällen geschieht, wo der begabte Lehrer selbst für die richtige Aufzeichnung sorgt, sogar noch bei Lebzeiten eintritt, wie viel mehr lässt es sich erwarten in Fällen, wenn, wie bei der Bibel, die Mittheilungen der begabten Männer weder von ihnen selbst, noch unter ihrer Aufsicht niedergeschrieben wurden, sondern erst nach ihrem Ableben durch unbekannte Männer, von denen es nicht allein fraglich ist, ob sie Zeitgenossen waren, sondern durch triftige Gründe erwiesen werden kann, dass sie viel später lebten, also nur aufzeichneten, was ihnen durch Sagen überliefert worden war. Es kommt in allen Fällen hinzu, dass die Aufzeichnungen durch Abschreiber vervielfältigt wurden, also die Mängel eines jeden Abschreibers einwirken konnten, und wenn auch die Priester der Israeliten, nach egyptischem Vorbilde, nur in ihrem Kreise die Anfertigung der Abschriften beschaffen liessen und überwachten, so war dieses ganz sicher bei den ersten Christen nicht der Fall, welche weder einen Priesterstand besassen, noch überhaupt die Anfertigung der Schriften an bestimmte Vorkommnisse binden konnten, so dass Jedermann sie anfertigen und vervielfältigen durfte. Unter solchen Umständen darf es nicht Wunder nehmen, dass das Neue Testament, wie es die Christen der zahlreichen Glaubensbekenntnisse besitzen, in seinen verschiedenen Ausgaben mehr als 50,000 Abweichungen von einander aufweist, darunter so bedeutsame, dass dieselben Bibelstellen ganz verschiedene Bedeutungen dadurch erhalten. Im Morgenlande und Ostafrika sind überdies zu Zeiten Evangelien entdeckt worden, so abweichend von den unsrigen, dass um des Friedens willen die Veröffentlichung unterlassen ward. Die meisten Christen stellen allerdings als entgegenstehenden Glaubenssatz auf, die Annahme einer höheren Eingebung der einzelnen

Bücher der Bibel; allein zunächst sagt der glaubwürdigste Zeuge, die Bibel selbst, nichts davon, nirgends führt sich der heilige Geist selbst redend ein, nirgends sagt einer der Verfasser, dass der heilige Geist ihm folgendes eingebe. Noch weniger liegt die Vermuthung nahe, der heilige Geist werde alle nachfolgenden Abschreiber überwacht und gegen Schreibfehler, Auslassungen, Zusätze u. dgl. geschützt haben, wie es um so mehr nöthig gewesen wäre, als die älteste Handschrift, deren es von Theilen des neuen Testamentes giebt, aus dem 4. oder 5. Jahrhundert nach Ch. G. herstammt, also alle möglichen Fehler enthalten kann, die sich bei der Vervielfältigung durch Abschreiben im Laufe mehrerer Jahrhunderte unvermeidlich einschleichen. Es kann keinem Zweifel unterliegen, dass, wenn Jesus selbst geschrieben hätte oder allenthalben von Schnellschreibern begleitet gewesen wäre, selbst in der kurzen Frist von drei Jahren seines öffentlichen Auftretens ein Werk entstanden sein würde, welches, bei seiner reichen Begabung und rücksichtslosen Lehrbegierde, das ganze Testament an Bedeutung hundertfach überwöge, ein Werk aus einem Gusse, in dem Zusammenhange und der reichen Fülle, die das erleuchtete Denken und die umfassende Menschenliebe eines solchen Mannes ergeben hätte und die kein Anderer darstellen konnte. Die dürftigen Überreste, welche die vier Evangelien bieten, vermögen nicht den hundertsten Theil eines so reichen Lebens auszufüllen; noch weniger geben sie durch Form und Gehalt die Überzeugung, dass sie das Wichtigste seiner Lehren und seines Lebens überliefern, denn sehr vieles darin ist so unbedeutend, so wenig seiner hohen Gesinnung angemessen (z. B. das Feigenbaum-Wunder), dass die Mängel der Überlieferung und Aufzeichnung sichtbar hervortreten. Überdies sind die 27 Schriften des neuen Testamentes keineswegs die einzigen oder ältesten Stammschriften der Christen, sondern nur, im Verlaufe von mehreren Jahrhunderten, durch langen und heftigen Streit, aus einer Menge von Schriften durch die Priester ausgewählt und für alleinig echt erklärt worden. Es gab gleichzeitig an Stammschriften unter den Christen noch folgende: der Hirte des Hermas, die Thaten Pauli, Offenbarung Petri, Brief des Barnabas, Lehren der Apostel, Evangelium der Hebräer, des Petrus, des Thomas, des Matthias und anderer Apostel, welche Schriften in der ersten Zeit sämmtlich als echt anerkannt und erst späterhin ausgeschlossen wurden. Ferner gab es: Brief Petrus an Jakobus, Brief Clemens, Thaten Petri, Geschichte Paulus und der Thekla, Kindheit-Evangelium Jakobi, Akten des Pilatus, Briefwechsel zwischen Jesus und Abgarus, Testamente der 12 Patriarchen; späterhin fanden sich noch an: Offenbarungen Adams, Abrahams, Moses, Elias, Stephanus, Thomas, Paulus, Evangelium der Eva, des Philippus, Judas von Karioth, der Vollkommenheit, Kindheit-Evangelium des Thomas, das arabische Kindheit-Evangelium, Geschichte des Zimmermannes Joseph, der Maria, der Hebamme des Zacharias, der Geburt Mariä, Bericht des Johannis über den Tod der Maria, Brief der Maria an Ignatius, Brief Jesu über die Sonntagsfeier, Thaten des Johannes, Thomas, Philippus, Andreas; endlich sogar Zauberbücher Jesu. Dabei waren die Schriften grösstentheils nicht der Art, dass ihnen das Gepräge der Unechtheit so deutlich innewohnte, um unsere 27 als augenscheinlich echt hervorleuchten zu lassen; vielmehr fand man sich genöthigt zur Auswahl der echten Evangelien, im Geiste der Zeit, ein Gottesurtheil anzuwenden, zu dem Behufe alle verschiedenen Evangelien auf den Altar eines Bethauses nieder zu legen und zum Höchsten zu flehen, dass Er zeigen möge, welches die rechten seien; man verschloss das Haus, liess aber dem Winde freien Durchzug über Nacht und fand am nächsten Morgen alle hinab geweht bis auf die vier, welche unser neues Testament enthält; die übrigen wurden als unecht verworfen.

§. 24.

Je weiter zurück in das Alterthum die Spuren führen, desto stärker ist die Anhäufung der Mängel der Überlieferung, welche eintreten konnten, bevor die Kunde zu uns gelangte. Von den wichtigsten Schriften des alten Testamentes kennt man weder die Verfasser, noch die Zeit der Abfassung. Die Schöpfungsgeschichte und nachfolgenden Erzählungen bis Abraham, scheinen, der Völkertafel nach zu urtheilen (1. Mose 10 u. 11) etwa 400 Jahre nach der Ankunft in Palästina geschrieben zu sein, denn sie enthält die Völkernamen der damals bekannten Welt, so weit nämlich die den Israeliten stammverwandten Keniter (Föniker) auf ihren Handelsreisen sie kennen gelernt haben mochten. Die Erzählungen vom Paradiese wie von der Sündfluth weisen auf ihren Ursprung bei Kaukasus-Völkern hin, erstere in der Lage Edens, letztere in der Anlehnung an den Berg Ararat. Die Erzählungen von Jakob, Isaak und Abraham zeigen sich theils als urisraelitische Überlieferungen, theils als Bearbeitung des Geschichtschreibers, der sie zu einer Geschichte aller verwandten Stämme erweiterte, indem er gewaltsam Jakob in Verbindung brachte mit dem sagenhaften Stammherrn Israel (1. Mose 35. 10) und den Abraham (1. Mose 17. 5) mit dem sagenhaften Urvater aller Semiten, dem Abram (grosser Vater), der noch im 7. Jahrhunderte nach Ch. G. in Mekka angebetet ward. Dabei hat den Verfasser augenscheinlich die Absicht geleitet, die Semiten unter allen Völkern und die Kinder Israels als die besten aller Semiten hervor zu heben, aus diesen wiederum den Stamm Ephraim, dem er wahrscheinlich angehörte und der, nach semitischen Anschauungen, jedenfalls hatte zurückstehen müssen, weil sein Stammherr (Ephraim) wie auch dessen Vorfahren (Joseph, Jakob, Isaak) jedesmal die jüngeren Söhne waren, denen, im Vergleiche zu den erstgeborenen die untergeordnete Stellung zukam. Zur Ausgleichung dieser ungünstigen Geburtsstellungen erzählt der Verfasser, wie durch Ränke und Betrug der Mütter (Sara und Rebekka), das Versehen oder den Willen eines erblindeten Vaters oder sterbenden Grossvaters die jüngeren Söhne den Vorrang erhielten, bis sein Stammvater Ephraim (1. Mose 48. 19) als Gipfel hervorleuchtet. Hätten die Ismaeliten, Edomiter und andere verwandten Völker Stammschriften besessen und hinterlassen und diese wären zu uns gelangt: so würde sich wahrscheinlich zeigen, wie sie, dem Ephraimiten-Geschichtschreiber Gleiches vergeltend, seine Vorfahren zurücksetzten, um diejenigen voran zu stellen, denen solches nach dem Rechte der Erstgeburt zukam. Die Geschichte des Zuges aus Egypten und der Eroberungen in Kanaan ist nicht von Moses niedergeschrieben, auch nicht zu seiner Zeit, weil das Schreiben damals noch unbekannt war; sie hat sich durch Überlieferungen und spätere Aufzeichnungen erhalten, bis sie kurz vor oder nach der babylonischen Gefangenschaft in der Gestalt abgefasst ward, welche uns bekannt ist. Der Mangel an Ordnung mögte sich erklären lassen aus der damals gebräuchlichen Aufzeichnung auf Thierfelle, die beschrieben wurden, so weit die Fläche es gestattete, dann aufeinander gelegt und nach Erfordern hervor gesucht wurden, so dass sie je nach der Ordnungsliebe des Suchers durch einander geriethen. Die sogenannten 5 Bücher Mosis geben deshalb keine fortlaufende Erzählung, sondern ein Gemenge verschiedener Erzählungen, die in verschiedener Abfassung und abweichender Folge wiederholt werden; Veränderungen, Zusätze und Einschaltungen sind auffällig und zahlreich vorhanden; Theile sind verloren gegangen, wie das „Buch der Streiter des Herrn" (4. Mose 21. 14);

andere wurden später neu aufgefunden, wie das vom Hohenpriester Hilkia neu entdeckte, (2. Könige 22) bis dahin gänzlich unbekannt gebliebene Gesetz, als welches man das sogenannte fünfte Buch Moses vermuthet. Alles dieses konnte um so eher geschehen, als die Israeliten niemals ihren Geschichtbüchern die Heiligkeit beigemessen haben, welche die Christen ihnen zuschreiben; für Jene war nur das Gesetz göttlich, alles übrige aber rein menschlich. Wie viel überhaupt die spätere Geltung der fünf Bücher geringer war bei den Israeliten, als diejenige welche man ihnen im Christenthume beilegt, erweist sich daraus, dass die Person des Moses, welche in den Geschichtbüchern der älteren Zeit den Mittelpunkt bildet, als Profet und Freund des Höchsten hervorleuchtet, in den späteren Schriften gänzlich zurücktritt. In den 150 Psalmen und den Schriften der 16 Profeten wird Moses überaus selten erwähnt, selbst bei Bezugnahme auf Begebenheiten und Gebote, wo sein Name gar nicht unabsichtlich ausgelassen werden konnte oder wo die Erwähnung seiner von selbst sich ergeben hätte, wenn er im Gedächtnisse der Priester und des Volkes lebte und als Vorbild dienen sollte, wie Jesus im Christenthume oder Mohammad seinen Gläubigen. Entweder müssen die fünf Bücher Moses erst später entstanden sein, so dass den Verfassern der meisten Psalmen und Profetenbücher nur dürftige Sagen bekannt waren, in denen Moses keine hervorragende Stellung einnahm oder er muss im Gedächtnisse seines Volkes verschollen gewesen sein. Ebenfalls zeigen die Schriften der Späteren, dass ihnen durch Überlieferung Begebenheiten bekannt geworden waren, deren die älteren Schriften nicht erwähnen: der Profet Amos (5. 25) wirft den Israeliten vor, auf der Wüstenreise den Herrn Zebaoth nicht angebetet zu haben, sondern den Sichuth und Kijon; Stephanus (Apostelgesch. 7. 43) nennt ausserdem den Moloch und das Gestirn Remphan, während die sogenannten Bücher Moses nur den Moloch, aber nicht der drei anderen erwähnen, auch den Herrn Zebaoth (Herrn des Sternenhimmels) nicht als den Höchsten aufstellen, sondern den Herrn Jehovah (der „ist und sein wird" also der „Ewige").

Bei anderen Bildungsvölkern des Alterthumes waren dieselben Verhältnisse wirksam und nicht minder ungünstig. Bei den Hellenen gehörte ihr Homer schon so sehr der Sagenzeit an, dass sieben Städte sich stritten, um das Anrecht, sein Geburtsort zu sein und neuere Forscher geneigt sind, entweder zu bestreiten, dass er jemals gelebt habe oder seine Gedichte einer ganzen Schule oder Folge von Sängern zuzuschreiben, die im Laufe längerer Zeit das Ganze aus Bruchstücken schufen; ebenso sind die Dichtungen des Hesiod nicht in ihrer ursprünglichen, sondern augenscheinlich veränderten Gestalt vererbt worden. Kenner der griechischen Sprache und Lehren haben es wiederholt unternommen, in den hellenischen Schriften aus der Ungleichartigkeit der Bruchstücke, das Ursprüngliche geschieden von den späteren Zusätzen nachzuweisen. Auch sind im Alterthume unter dem Namen Pythagoras und seiner Schüler, mehr als 60 unechte Schriften erschienen. Nicht allein aber, dass unter den auf uns vererbten Schriften manche unechte oder zweifelhafte sich befinden, sondern auch, im Falle mehrere Handschriften derselben Werkes sich erhalten haben, zeigen sich darin zahlreiche Abweichungen. Es war in alten Zeiten gebräuchlich, beim Abschreiben der älteren Schriften selbstgemachte Erläuterungen, Ergänzungen und Ausschmückungen einzufügen, in der gutgemeinten Absicht, veraltete Ausdrücke durch neue zu ersetzen, dunkle Sätze klar zu machen und das Ganze zu verschönern. Man fand es sogar in Ordnung, selbstgemachte Fortsetzungen daran zu fügen und unter dem Namen des alten Schriftstellers zu verbreiten. In späteren Zeiten hat auch der Betrug sich eingemischt: es sind falsche Schriften in altgriechischer Sprache angefertigt worden oder anscheinend alte Abschriften bekannter Werke mit bedeutend abweichenden Lesarten, um ihnen dadurch einen besonderen erhöhten Verkaufswerth zu verleihen.

Auch ohne beabsichtigten Betrug gestalten sich die Aufzeichnungen überaus verschieden durch Rücksichten auf Stammesvorliebe, Fürstengunst, Mehrung des Einflusses der eigenen Schriften. Ersteres zeigte sich in Abfassung der vorhin erwähnten Geschichtschreibung eines Ephraimiters, das zweite zeigt sich in der bekannten Erzählung vom Riesen Goliath: einmal (1. Sam. 17) wird ausführlich erzählt, wie David ihn überwunden und getödtet habe; zum anderen (2. Sam. 21. 19) wird ausdrücklich berichtet, ein Bethlehemiter, Elphanan, der Sohn Jaere-Orgims habe Goliath im Kriege mit den Filistern zu Gob getödtet: in beiden Fällen derselbe Name Goliath und derselbe Spiess gleich einem Weberbaume. Da es aber nicht wahrscheinlich ist, dass ein Geschichtschreiber es wagen werde, einem hochverehrten Könige seines Volkes, einem Gesalbten des Herrn seine Heldenthat zu rauben, um sie einem gemeinen Manne beizulegen, so muss angenommen werden, dass der Verfasser jenes ersten Buches dem Könige die Heldenthat des Elphanan beilegte, sei es aus Schmeichelei oder durch örtliche Sage verleitet. Wie das Streben nach Mehrung des Einflusses der eigenen Schrift mitwirkte, zeigt sich auch in der Zusammensetzung einzelner Schriften des alten Testamentes: es sind z. B. die unter dem Namen des Profeten Jeremias aufgeführten Schriften augenscheinlich das Werk mehrerer Verfasser; das Buch Daniel desgleichen, sogar zweifelhaft, ob Daniel irgend einen Theil davon verfasste; die Bücher Samuels könnten nur zum Theile von ihm verfasst sein, da sie meistens Begebenheiten erzählen, die nach seinem Tode geschahen; die Verfasser haben lediglich der bekannten und verehrten Namen sich bedient, um ihren Aufzeichnungen grösseres Gewicht zu verleihen.

Die Entdeckung und Einführung der Schrift hatte die Gefahren der mündlichen Überlieferung gemindert, indem sie es ermöglichte, den Sinn derselben festzulegen und fortzupflanzen, wenigstens die grossen Verluste und Veränderungen auf weit geringere zu ermässigen. Sie hatte aber weder die Mängel in der Abfassung, noch die der Vervielfältigung beseitigen können; die einzelnen Abschriften waren verschieden wie früher die einzelnen Erzählungen derselben Sage. Erst die spätere Erfindung des Buchdruckes hat die Mängel nahezu beseitigt, welche dem früheren Abschreiben anhafteten, denn es konnte nun nicht länger die Richtigkeit jeder einzelnen Ausfertigung von der Gedächtnisschwäche, Nachlässigkeit, gut gemeinten Verbesserung oder beabsichtigten Täuschung des Anfertigers getrübt werden, sondern der Wortlaut erschien so, wie einmal gesetzt, in den Tausenden der Abdrücke gleich. So gross auch diese Minderung der vorherigen Mängel sich erweist, völlig ausgemerzt sind sie doch nicht geworden, denn es enthalten z. B. die aus verschiedenen Jahren stammenden älteren Abdrücke der Bühnenwerke Shakspeares zahlreiche Abweichungen und augenscheinliche Fehler, welche in den späteren Ausgaben getreu wiederholt worden sind und im Laufe der Zeit eine Menge Streitschriften über die Berichtigung derselben erzeugt haben. Selbst die Werke der Dichter neuerer Zeit, Schiller u. A. zeigen abweichende Lesarten in Menge, die theils vom Dichter selbst, theils von Abschreibern, theils von Druckfehlern herstammen.

§. 25.

Das Fortschreiten der Erkenntniss durch Mittheilungen ist besonders beeinträchtigt worden durch die Einheit des Wesens der Einzelnen; alle Arten der Vererbung leiden darunter, dass der Mensch Eins ist in sich, wie auch mit seiner Umgebung, seinen Zeitgenossen. In Dichterwerken erwartet jeder Leser Ausschmückungen, Übertreibungen, überhaupt Abweichungen vom wirklichen Sachverhalte, so dass er beim Lesen einer selbstbewussten Täuschung verfällt, der er mit Behagen sich hingiebt, durch die er aber seltener zum Irrthume verleitet wird, weil er auf Täuschung gefasst ist. Viel gefährlicher ist die Irreleitung durch Geschichtwerke, deren Verfasser anscheinend nach strenger Prüfung, mit kühlem Verstande, nur das Thatsächliche, die reine Wirklichkeit berichten wollen und doch bewusst wie unbewusst, zahlreichen Dichtungen Raum geben. Von den ältesten Zeiten her berichten sie dichterisch, was ihnen und ihren Zeitgenossen auffällig war und übersehen deshalb häufig das Wichtigere; oder sie berichten dichterisch über Begebenheiten nach empfangenen unrichtigen Mittheilungen; oder formen ebenso die Darstellung nach den engen Ansichten oder Erfordernissen ihres Volkes, ihres Glaubens oder einer vorgefassten eigenen Meinung; im günstigsten Falle erläutern sie die Begebenheiten nur so, wie sie nach ihrer Meinung geschehen sein müssen oder wie es am geeignetsten sei, eine beabsichtigte Wirkung auf den Leser zu äussern; der Geschichtschreiber kann des Dichterischen seines Wesens sich nicht entledigen und der Empfänger seiner Mittheilungen vermag beides nicht zu unterscheiden. Wie beschränkt erscheinen nicht die Darstellungen der meisten Geschichtschreiber zunächst darin, dass sie im Wesentlichen nur die Thaten der Fürsten berichten, selten die der Völker in einigermassen entsprechenden Verhältnissen. Beim Durchlesen der Geschichtbücher empfängt man meistens die Vorstellung, als ob die Völker zu allen Zeiten ihre Thätigkeit darauf verwendet hätten, gegenseitig sich zu bekriegen, Länder zu verwüsten, Städte einzuäschern und so oft im Buche eine Kriegsgeschichte mit dem Friedensschlusse endigt, beginnt die Fortsetzung mit dem Berichte eines neuen Krieges, einer anderen Fürstenthat oder einer Seuche, Hungersnoth u. dergl. Wenn die Geschichtschreiber, statt der ausführlichen Schlachtberichte, Beschreibungen gegeben hätten, vom Fortschritte und der Gestaltung der Völkerbildung, so würde der entgegengesetzte Eindruck entstehen, dass die Kriege nur einen geringen Theil der Thätigkeit der Völker bilden, dass die Geschichte nicht überwiegend aus Kriegszuständen, sondern aus Friedenszeiten und Friedensverhältnissen bestehe. Mit gleicher Ausführlichkeit werden grosse Umwälzungen und Veränderungen behandelt, lediglich weil sie auffälliger sind, als die steten, leise fortschreitenden Änderungen und Umgestaltungen, als die unablässige Mauserung der Völker und Zeiten. Aus der Einheit des Geschichtschreibers mit seiner Zeit entsteht die irrige Vorstellung, als ob die menschliche Geschichte überhaupt nichts weiteres sei als eine Folge von auffälligen Ereignissen; eine Auffassung die ebenso unrichtig ist, wie wenn man die Geschichte eines Ortes darstellen wollte, als ununterbrochene Folge von Gewittern, Stürmen, Überschwemmungen, Mord und Raub. Die meisten Geschichtschreiber bringen nur den heftigen Wellenschlag der Oberfläche zur Darstellung, nicht die unaufhörlichen Strömungen des ganzen Meeres der Begebenheiten; sie beschreiben den Absturz der Felsklippen als Werk des augenblicklichen Wogendranges, nicht als Werk der allmälig untergrabenden Wellen. Täuschend werden ebenfalls die Gestaltungen der Geschichtschreibung, abgemessen nach den Erfordernissen des Volkes, der Zeitgenossen, eines Glaubens oder einer vorgefassten Meinung. Wer die Geschichtwerke irgend eines besonderen Volkes liest, wird fast immer den Eindruck empfangen, als ob dieses Volk die hervorragende Stellung in der Menschheit einnehme, nur seine Thaten, sein Ruhm, ausgeprägt in seinen Fürsten oder Helden, der Aufzeichnung werth seien. Jedes Volk ist für sich selbst mehr oder weniger das auserwählte, die Perle der Schöpfung, und der Geschichtschreiber, als Mitglied desselben, nimmt Theil an der Schwäche. Jedes Volk muss selbstverständlich seine eigenthümliche Entwicklung für die höchste der Menschheit halten, denn sonst würde es nicht diese pflegen, sondern eine andere wählen oder die eines anderen Volkes, sobald ihm solche höher erschiene. Das jüdische Volk ist im Alterthume wie in der Neuzeit nicht das einzige gewesen, welches sich für ein auserwähltes hielt, denn die Egypter, Inder, Perser und Griechen des Alterthumes nahmen jedes für sich dieselbe Auszeichnung in Anspruch und benannte andere Völker als Barbaren, Wilde u. s. w. Bekanntlich sind auch in der Gegenwart wenige Völker Europas frei von derselben Anmassung und unsere jüngeren Brüder in Nord-Amerika scheinen uns alle darin übertreffen zu wollen. Wie sehr dadurch die Geschichtschreibung getrübt wird, zeigt uns am deutlichsten die Beschreibung der Ereignisse der letzten 100 Jahre, weil sie von den verschiedensten Seiten und Standpunkten aus beschrieben worden ist. Die französischen Revolutionen und napoleonischen Kriege erscheinen, je nach dem Volke, dem der Geschichtschreiber angehört, im anderen Lichte, so sehr, dass wenn die Namen und Jahreszahlen nicht dieselben wären, man glauben sollte, es seien ganz verschiedene Begebenheiten Gegenstand der Darstellung. Wie in der Gegenwart wird auch im Alterthume jede Geschichtschreibung eine einseitige gewesen sein; am sichtbarsten hat die Einseitigkeit des Glaubens die Geschichtschreibung getrübt. Jeder hielt seinen Glauben für den richtigen oder allein berechtigten, alle anderen Völker wurden Barbaren, Ungläubige oder Heiden genannt und ihre Verehrungswesen Götzen, Teufel u. dergl., deren Verehrung war Götzendienst, Gräuel u. s. w. Nur wenn sich Ähnlichkeiten boten mit den heimatlichen Göttern, beehrte man sie mit deren Namen und liess sie als rohe, verwilderte Nachahmungen gelten. So belegten die Griechen die höchsten Verehrungswesen anderer Völker mit dem Namen Zeus (Zeus-Apollon, Zeus-Bellos u. a.), die Römer mit dem Namen Jupiter (Jupiter-Ammon), bezeichneten auch die Götter der Teutonen mit den römischen Namen Mars, Merkur, Herkules u. a., aber keineswegs, um sie dafür gelten zu lassen. Ämlich gebrauchen die Europäer in der Jetztzeit den Namen ihres höchsten Verehrungswesen (Deus, Gott u. a.) um die Verehrungswesen älterer Völker (Egypter, Griechen, Römer u. a.) zu bezeichnen als: Gott Jupiter, Gott Amor u. s. w. ohne sie jedoch damit dem heimatlichen gleichstellen zu wollen. Wie diese Vermengungen unähnlicher oder auf verschiedener Grundlage ruhender Vorstellungen irreführen, ergiebt sich aus den Vergleichungen, welche die Geschichtschreiber zwischen dem heimatlichen Glauben und den fremden anstellen: der fremde Glaube ist jedesmal nicht allein irrig, sondern auch bedauerlich und verachtungswerth. Noch verderblicher wirkt der Unterschied des Glaubens, wenn er in demselben Volke zur Spaltung sich entwickelt, denn während er in jenem Falle das Volk nach aussen abschloss zu Gunsten innerer Erstarkung, des eigenen Zusammenhanges, muss er in diesem Falle durch Spaltung im Innern zur Schwächung des Volkes wirken, sein Dasein gefährden; indem diese Spaltung in die Geschichtschreibung übergeht, wird dadurch nicht allein die Kluft erweitert, sondern auch die Erkenntniss des Richtigen verhindert durch Gegenüberstellung zweier einseitigen, also unrichtigen Darstellungen derselben Begebenheiten. In dieser Beziehung hat vor allen das deutsche Volk Gelegenheit gehabt, in den letzten 300 Jahren die bittersten Erfahrungen zu machen; aber auch bei den übrigen fehlt es nicht an Beweisen davon, wie ungünstig auf die Geschichtschreibung der Hass einwirkt, den jeder Glaube in seinen Anhängern wider Andersgläubige hegt und nährt durch die Berichte von Gräueln und Missethaten, welche seine Geschichtbücher den Vorfahren der Andersgläubigen zur Last legen, ohne dabei die Anregungen und Vergeltungen zu berichten, welche den Vorfahren der eigenen Glaubensgenossen zur Last fallen. Durch die einseitige Geschichtschreibung seiner Genossen verleitet, nehmen viele der Gläubigen an, sie hätten mit jedem der Andersgläubigen eine alte Rechnung auszugleichen, deren möglichst vollständige Erledigung jeder seinen Genossen schuldig sei, sobald sich Gelegenheit finde. Christen, Juden wie Muhammadaner geben sich nichts nach in der Geringschätzung oder dem Hasse wider Andersgläubige; am meisten frei davon hat nur die ostasiatische Menschheit sich erhalten, das Volk der Inder, Tibetaner, Sinesen und Japaner, Brama- und Buddhagläubige, bei deren Vergleichung mit den Europäern es fast scheint, als ob Glaube und Liebe im umgekehrten Verhältnisse zu einander stünden.

Die meisten Geschichtschreiber beschränken sich nicht auf diesen Beruf, sondern sind wie vorhin erwähnt mehr oder weniger Dichter, äussern eine besondere Vorliebe für dasjenige, was eine dichterische Gestaltung zulässt oder wissen den dazu ungeeigneten Begebenheiten eine geeignete Form zu verleihen. Die israelitischen Geschichtbücher berichten von langen Reden und Lobgesängen, welche Moses gehalten haben soll und ebenso lassen andere, wie Tacitus die Kaiser und Senatoren, Livius den Decius und Coriolan, der Macchiavelli fast jeden Staatsmann schöne Reden und Zwiegespräche halten, von denen schwerlich dem Geschichtschreiber handschriftliche Ausfertigungen hinterlassen waren, die vielmehr dieser selbst angefertigt hat. Ebenso lassen die schönen Darstellungen, welche Herder, Schiller u. A. von Moses und der älteren israelitischen Geschichte gegeben haben, im Wesentlichen nur als schöne Dichtungen jener erleuchteten Männer sich erkennen, nicht als Geschichtschreibung auf klaren Worten der Bibel begründet. Von der Fülle des Wirkens der Einbildung auf die Geschichtschreibung giebt der Umstand Zeugniss, dass die christlichen Geschichtbücher mehr als 25000 Lebensbeschreibungen von Heiligen besitzen, darunter allein 66 vom heiligen Patrik, dem Schutzheiligen der Irländer; die Muhammadaner haben sogar 2210 Sagen von der Aïscha, der Lieblingsfrau des Profeten; in der Neuzeit haften schon hunderte von Sagen am alten Fritz und Napoleon.

Auch geschichtliche Erzeugnisse anderer Art sind demselben Mangel unterworfen. Es giebt eine künstlerisch schöne Darstellung von Napoleons Übergange über die Alpen auf bäumendem Rosse, wogegen er in Wirklichkeit auf einem Maulthiere sorgsam hinüber geführt ward. Auf einem anderen, vielverbreiteten Bilde wird er dargestellt, auf der Brücke zu Arcole als voranstürmender Feldherr mit hochgetragener Fahne; in Wirklichkeit hat er die Brücke nicht eher betreten als bis die Feinde vertrieben und jede Gefahr beseitigt war. In der Nähe eines jeden Fürstenhofes befinden sich Künstler genug, bereit, ohne Rücksicht auf die Geschichte, geschichtliche Begebenheiten in Bildern so darzustellen, wie es ihrer dichterischen Neigung angemessen oder dem Besteller erwünscht ist; in älteren Zeiten wird es nicht minder daran gefehlt haben, so dass die Bildwerke, aus denen die Geschichtschreiber, in Ermangelung des Besseren, häufig ihre Kunde entnehmen mussten, höchst unzuverlässig sein können.

§. 26.

Die vorstehend angeführten Schmälerungen der vererbten Erkenntniss haben ihren Grund in den Mängeln der einzelnen Menschen, welche die Erkenntniss ihren Zeitgenossen oder Nachkommen zu überliefern hatten. In anderer Art aber nicht minder haben **übermächtige Verhältnisse** gewirkt, die in das Leben der Menschheit umgestaltend eingriffen. Von dem ältesten Bildungsvolke welches wir kennen, den Egyptern, ist nur ein geringer Theil der Denkmäler und Schriftwerke verblieben; alles übrige ist bei den wiederholten Einbrüchen fremder Völker verloren gegangen: die persischen Eroberer, wie die späteren römischen und arabischen vernichteten zufällig wie absichtlich, aus Glaubenseifer wie aus Habsucht, alles was ihnen erreichbar war; was erhalten blieb, war meistens der Zerstörung zu stark oder unzugänglich gewesen. Von dem wichtigen Bildungsvolke der Inder sind zahlreiche Werke, wahrscheinlich die meisten verloren gegangen, um so nachtheiliger für uns Europäer, als sie uns über unsere ältesten Vorfahren Aufschlüsse gegeben hätten, über den Ursprung vieler noch jetzt herrschenden Grundvorstellungen und Begriffe, Sitten, Gewohnheiten, Glauben und Gesetze belehrt hätten, wie solche auf der Kindheitstufe unserer Urahnen entstanden sind. Der kleine Theil, welcher erhalten blieb, lässt erkennen, wie nahe jenes Volk uns Europäern stand, wie gross also der Verlust geschätzt werden muss, in den das Fehlen des Verlorenen uns versetzt. Von den reichen und mächtigen Bildungsvölkern des Euphratthales ist uns nichts weiter verblieben als was die Neuzeit aus den Schutthaufen der verwüsteten Hauptstädte Babel und Ninive an Trümmern und Steinschriften hervorsucht: aus deren Schriften kennen wir nur Einzelnes, was andere Völker sich angeeignet hatten und in deren erhaltenen Schriften vorliegt. Von den alten Persern, deren Bildung von grossem Einflusse auf die Israeliten war, ist sehr wenig erhalten worden; den muhammadanischen Eroberern, so wie dem bekehrten Volke ist es nur zu wol gelungen, die Denkmäler der Vorzeit, als heidnisch, bis auf weniges zu zerstören. Ihre Vorstellungen haben auf zweien Wegen auf uns gewirkt, einmal durch unsere Vorfahren, die bei der Einwanderung in Europa gleiche oder verwandte mitbrachten und zum anderen in den, durch das Christenthum zugeführten, jüdischen Lehren, welche von der Zeit Salomo bis zu den Jüngern Jesu gänzlich umgestaltet worden waren und durch das alte Testament in der doppelten Gestalt, der älteren semitischen und der neueren chaldäisch-persischen zu uns gekommen sind. Von den Werken der grossen, griechischen Dichter und Weisen sind nachweisbar die meisten verloren gegangen und von vielen Hauptwerken sind nur Bruchstücke auf uns gekommen, alles mehr oder minder verstümmelt: von Aeschylos 80 Trauerspielen sind nur noch 7 vorhanden, von Sophocles 113 nur 7, Euripides von 68 nur 19, also im Ganzen von 261 Werken der grössten hellenischen Dichter sind nur 33 erhalten. Von den Werken der Weisen Anaxagoras, Demokrit, Zeno, Epikur u. A. sind nur Bruchstücke oder Auszüge verblieben, von Aristoteles nur der sechste Theil auf uns gekommen und unter den verloren gegangenen befand sich ein besonders werthvolles Werk über die verschiedenen Verfassungen von 158 griechischen Staten und Städten. Von anderen Denkern besitzen wir keine Schriften, weil sie entweder, wie Sokrates, keine verfassten oder alle ihre Werke in der reichhaltigen Schriftensammlung in Alexandrien zu Grunde gingen, von deren 700,000 Rollen (Bücher) 400,000 während Cäsars alexandrinischen Kriegen durch Feuer zerstört wurden und 300,000 späterhin auf Befehl des christlichen Kaisers Theodosius verbrannt worden sind. Von den unserer Zeit noch näher stehenden Römern sind die grössten Schriftsammlungen bei den wiederholten Verwüstungen Roms durch Wandalen, Gothen so wie durch den eigenen Pöbel zerstört worden. Was von Römern und Griechen auf uns gekommen ist an Schriften und Bildwerken, so unschätzbar an sich, ist doch nur ein spärlicher Rest von den Bildungsschätzen, welche sie besassen. Vieles mag noch in Büchersammlungen verborgen liegen, sei es durch Unwissenheit unter Moder vergraben, sei es, dass Absicht sie hütet, weil man Gefahren für den herrschenden Glauben befürchtet; ihre Veröffentlichung würde nicht vermögen, die traurige Überzeugung zu hindern oder aufzuheben, dass von den mühsam angesammelten Bildungsschätzen der alten Völker der bedeutendste Theil verloren gegangen sei.

Zu jenen äusseren Gefahren, denen die Erhaltung der Kunden des Alterthums ausgesetzt waren und grösstentheils erlegen sind, tritt hinzu die aus der verschiedenen Fortbildung der Menschheit entsprungene Schwierigkeit des Verständnisses, in der entstandenen Verschiedenheit der Sprachen, welche für jedes andere Volk eine Übersetzung nöthig macht, wie in den Veränderungen, welche die Ursprache selbst im Laufe der Zeit erleidet. Die Erkenntniss der alten Egypter, Babeloner u. A. würde aus den vorhandenen Denkmälern deutlicher als bisher entnommen werden können, wenn die Schriftzeichen in ihrer wörtlichen Bedeutung unzweifelhaft bekannt wären, was zur Zeit noch nicht der Fall ist. Sie würden aber auch dann jedem Volke nur durch Übersetzungen deutlich zu machen sein, welche annähernd dasjenige wiedergäben, was die ehemaligen Verfasser sich vorgestellt haben, denn die Lautsprachen, in denen jene Inschriften abgefasst wurden, sind erloschen oder haben sich so verändert, wie z. B. das Altegyptische in das heutige Koptische, dass dieselben oder ähnliche Ausdrücke jetzt eine andere Bedeutung haben können als damals, weil die Verhältnisse sich geändert haben, welche den Ausdruck schufen. Die Werke der alten griechischen und römischen Schriftsteller lassen ebenfalls in den Übersetzungen nur annähernd sich wiedergeben, denn die Sprachen sind veraltet, viele Ausdrücke, selbst die Aussprache vieler Wörter sind zweifelhaft; auch haben schon im Alterthume die Sprachen sich verändert und die Schriftsteller schrieben in verschiedenen Mundarten; die Sprachformen sind so verschieden, dass unsere Übersetzer nicht gleichzeitig den Sinn und auch die Form der Dichtungen getreu wiedergeben können, so dass sie häufig genug dem Leser den aufrichtigen Rath ertheilen, die Ursprache zu erlernen, weil nur dann die Schönheiten zu erkennen seien. In den neueren Sprachen herrscht derselbe Übelstand: jedes Werk hat ein enges Sprachgebiet, darüber hinaus sind Übersetzungen nöthig, welche mehr oder weniger abweichen und selbst im besten Gelingen weit entfernt bleiben von der Bedeutung und dem

Werthe, den das Werk in seiner Urfassung hat. Selbst für die Urfassung
wird das Verständniss schwieriger im Laufe der Zeit, weil die Sprache in
der es niedergeschrieben ward, beständigen Änderungen unterliegt. Keine
europäische Sprache ist heute wie vor 500 Jahren und je stärker ein Volk
währenddem fortschritt, desto mehr hat seine Sprache sich verändert;
die meisten derselben so sehr, dass der Jetztlebende die Sprache seiner
damaligen Vorfahren nicht verstehen kann, es sei denn, dass er sie längere
Zeit erforscht habe oder darin sich unterrichten lässt. Von vielen älteren
Schriftwerken hat das eigene Volk Übersetzungen aufertigen müssen, weil
seine Sprache früherer Zeit ihm fremd geworden war; in anderen Fällen,
wann der Zeitraum nicht so lang und die Veränderung nicht so stark, bedarf es, wie bei Luthers Bibelübersetzung, Shakspeares Werken u. a. einer
Übersetzung der veralteten Ausdrücke zum Verständnisse des Ganzen. Je
grösser aber die Zeitabstände desto mehr häufen sich die Mängel, denn die
ältesten Schreibweisen der für uns wichtigen hebräischen und griechischen
Sprache waren ohne Bezeichnung der Selbstlauter (Vokale), welche erst
viel später von den Nachkommen eingefügt wurden, nach der bei ihnen zur
Zeit herrschenden Aussprache, theils, bei ausgestorbenen Eigennamen,
nach Gutdünken. Ein anschauliches Beispiel giebt der, in der Bibel vorkommende Name Jehovah, der in der Urschrift geschrieben ward *jhvh*, also mit
4 Buchstaben, aus denen, durch Zwischenfügung beliebiger Selbstlauter eine
grosse Anzahl zwei- oder dreisilbiger Wörter geschaffen werden kann. Die
Bedeutung ist (2. Mose 3. 14) gegeben: „Ich werde es sein", allein die
Aussprache ist unbekannt, um so mehr als es den Israeliten verboten war
und noch ist, den Namen auszusprechen; überdies muss das Wort schon bei
Abfassung jener Bibelstelle veraltet gewesen sein, weil es nöthig ward, die
Erklärung des Wortes hinzuzufügen, was bei einem gangbaren Worte nicht
nöthig ist, und dieses Veralten des Wortes wie seiner Aussprache erklären
es, wie neuere Forscher mit grösserer Wahrscheinlichkeit behaupten dürfen,
das Wort sei nicht Jehovah zu lesen, sondern Jahveh oder kürzer Jave.
Die Mängel werden gemehrt, wenn ein altes Werk im Laufe langer Zeiträume entstanden, durch Übersetzungen in verschiedenen Stufenfolgen zu
uns gelangte, wie z. B. die Bibel. Die einzelnen Stücke aus denen die
Urschriften bestehen, sind in Zeiten abgefasst, die mehr als 800 Jahre auseinander liegen, theils in hebräischer, theils chaldäischer, theils griechischer
Sprache; die ersten Bücher welche die älteste Geschichte, auch die Wüsten-

reise enthalten, sind in dem neueren Ebräisch abgefasst, wie es etwa 1000 Jahre nach Moses gesprochen ward, sind also als Übersetzungen oder Bearbeitungen älterer Urkunden anzusehen; andere Bücher sind Übersetzungen aus fremden Sprachen, und die Bücher des neuen Testamentes sind griechisch geschrieben, während Jesus in einer syrischen Mundart redete, so dass seine Aussprüche jedenfalls übersetzt worden sind von Männern, deren Sprachkenntnisse sich nicht beurtheilen lassen. Wie sehr im Laufe der Zeit derselbe Ausdruck seine Bedeutung änderte, lässt sich z. B. ermessen aus der Verschiedenartigkeit, in welcher der Name „heiliger Geist" von Moses Zeiten her sich entwickelt hat. Ursprünglich (4. Mose 11. 25) als Geist der Weissagung verstanden, erweiterte sich die Bedeutung zur Apostelzeit zum Geiste der Weissagung, Wunderthaten und des Redens in fremden Sprachen und späterhin (im vierten Jahrhunderte) entwickelte er sich zur Bezeichnung der dritten Person in der Gottheit. In ähnlicher Weise ist es mit vielen anderen Ausdrücken der Fall gewesen, wie z. B. den Bezeichnungen der verschiedenen Verehrungswesen der Israeliten, die aufeinander folgenden Elohim, El, Moloch, Jave, Asasel, Baal, Adonai u. s. deren Bedeutung im Laufe der Zeit sich änderte und demungeachtet in den Bibelübersetzungen der Europäer in die heimathlichen Namen des höchsten Verehrungswesens Theos, Deus, Gott, Bog u. A. übertragen worden sind, also eine ganz verschiedene Bedeutung erlangt haben. Die uns Europäern als Bibel vorliegende Sammlung von Büchern ist uns bekannt, theils in hebräischer, theils in griechischer Abfassung, ausserdem in griechischen Übersetzungen, auch in einer lateinischen (Vulgata) und in den Übersetzungen in mehr als hundert lebenden Sprachen. Die lateinische ward durch die Kirchenversammlung zu Trident (1562) als die einzig echte für die römische Kirche erklärt und ihr kirchlicher Gebrauch gesetzlich festgestellt; demungeachtet ward bald nachher auf Befehl des Papstes Clemens 8. dieselbe nach älteren Übersetzungen verändert und als neue Vulgata an die Stelle der alten gesetzt. Die Evangelischen haben ihre Bibelübersetzungen durch Luther u. A. erhalten, in Anschluss an die Vulgata und ältere griechische Übersetzungen. Es zeigte sich aber, je mehr die Kenntniss der Ursprachen zunahm und der Sitten des Alterthumes, dass alle Übersetzungen von den Urfassungen wesentlich abweichen, vielfach undeutlich und irreleitend sind; es fand sich, dass manches, worauf man, nach dem Wortlaute der Übersetzungen Glaubenssätze gebaut hatte, gar nicht in den Urschriften stand oder nicht in der Ursprache so ausgesprochen werden konnte und es entstanden Gefahren für die Lehrsätze, welche bei den Katholiken nicht allein den Befehl veranlassten, die lateinische Übersetzung (Vulgata) als jedenfalls richtig und unantastbar gelten zu lassen, sondern auch den Nichtpriestern (Laien) das Bibellesen zu widerrathen, was sogar in Spanien dahin gesteigert ward, dass den unvorsichtigen Leser die Galeerenstrafe trifft. Es ist z. B. die katholische und lutherische Deutung der Abendmalsworte Jesu hinfällig geworden, seitdem man weiss, dass in der syrischen Sprache, welche Jesus redete, das entscheidende Wort „ist" gar nicht in seinem Ausspruche vorhanden gewesen sein kann, dass also dem Abendmalsstreite zwischen den Anhängern des „ist" und des „bedeutet" (Reformirten u. a.) die Grundlage mangele. Noch grösser ist das Missverständniss in der Annahme, dass die Israeliten von den ältesten Zeiten her Eingottgläubige (Monotheisten) gewesen seien, erzeugt durch die Bibelübersetzungen, welche die Namen der verschiedensten Verehrungswesen der Israeliten, ohne Unterschied übersetzen durch „Gott" oder „Herr", anstatt die eigenthümlichen Namen unverändert beizubehalten, wie es bei Übersetzung der altgriechischen und römischen Schriften geschieht.

§. 27.

Die Geschichte der Erkenntniss ist die Geschichte der Menschheit in allen ihren Bezügen; sie zu erfassen und zu beschreiben, übersteigt sowohl die Fähigkeiten, wie auch die Lebensdauer des Einzelnen, der auch im günstigsten Falle nur einen Beitrag dazu liefern kann. Die Abfassung derselben in allen vorhandenen Richtungen würde das Zusammenwirken einer Anzahl Gleichdenkender erfordern, von denen jeder einen besondern Zweig bearbeitete, seine Lebensaufgabe darauf beschränkte und die zum Abschlusse erforderliche Zeit und Kraft ungeschwächt sich erhalten müsste. Ein derartiges Zusammenwirken ist bisher nirgends zu ermöglichen gewesen, wie die grossen Wörterbücher beweisen, welche begonnen wurden, um in der Buchstabenfolge über jede Einzelnheit jedes Zweiges der Wissenschaft möglichst umfassende Belehrung zu bieten. Der Einzelne vermag aber nur Bruchstücke des Gesammtwissens in sich aufzunehmen und wieder zu geben, entweder einen Zweig in thunlichster Vollständigkeit oder aus möglichst vielen Zweigen das Gemeinsame, den durch alle hindurch ziehenden Verbindungsfaden. Er wird dabei, je nachdem das Gedächtniss oder der Verstand in ihm am stärksten entwickelt ist, entweder das Einzelne eines engen Bereiches in möglichster Vollständigkeit wissen, oder mehr befähigt sein, aus einer Mannigfaltigkeit das Ähnliche von dem Unähnlichen zu scheiden, das Gemeinsame hervor zu heben und in Begriffe zu fassen. Die Stärke des Einzelnen wird je nachdem im Gedächtnisswissen oder im Denkwissen liegen: er wird Gelehrter im engeren Sinne oder Denker sein. Diese Unterschiede sind keineswegs so scharf ausgeprägt, dass Jeder Einzelne beschränkt wäre auf eines oder das andere; doch lässt sich, wenn auch mit Schwierigkeit, fast an jedem Menschen erkennen, in welcher von beiden Richtungen seine Fähigkeit stärker entwickelt sei und wird je nachdem das Vertrauen zu seinem Wissen zu bemessen sein. Bekanntlich giebt es ausgezeichnete Fachmänner, Gedächtnisswisser, deren Aussprüche besonderes Vertrauen verdienen, sobald sie aus ihrem Gedächtnisse die in ihrem besonderen Bereiche empfangenen Eindrücke, erlernten Vorstellungen und Begriffe wachrufen, denen aber dagegen nur geringes Vertrauen zu schenken ist, wenn sie sowohl innerhalb wie ausserhalb der Grenzen ihres Faches selbständig Vorstellungen oder Begriffe schaffen; ihr starkes Gedächtniss kann ihnen dabei nicht ersetzen, was ihr schwächerer Verstand verfehlt, er leitet sie irre und sie straucheln wie Kinder. In der anderen Richtung gab und giebt es ausgezeichnete Denker, deren Gedächtnisswissen schwach oder mindestens sehr unvollständig ist, weil sie, um das in den verschiedenen Fächern vorwaltende Gemeinsame zu erkennen, nur so viel aus jedem ihrem Gedächtnisse eingeprägt haben, wie erforderlich war, um die Verbindungsglieder zu erreichen; sie haben zu diesem Zwecke auf das Allgemeine, das Ähnliche sich beschränken müssen, verschieden von dem Gedächtnisswisser, der überwiegend das Besondere, die Unähnlichkeiten, bis an die menschlich erreichbare Grenze verfolgt und in seinem beschränkten Bereiche zu ordnen sucht. Der Denkwisser verdient besonderes Vertrauen, sobald es sich handelt um die Herstellung von Schlussfolgerungen über das Allgemeine, Bildung neuer Vorstellungen und Begriffe, umfassende Überblicke oder Erforschung und Bezeichnung der Bildungswege des Denkens; dagegen ist ihm viel weniger Vertrauen zu schenken, wenn Einzelnheiten in Frage stehen, Unähnlichkeiten oder Verfolgung der Besonderheiten bis an die äusserste Grenze der

Unterscheidungen, denn in Fällen, wo es lediglich um Gedächtnisswissen oder Fachwissen sich handelt, steht er weit zurück gegen den Fachgelehrten, der das Fragliche in allen Einzelnheiten sich eingeprägt hat. Die Einseitigkeit im Vorwalten des Gedächtnisses oder Verstandes wirkt sehr nachtheilig in der Mittheilung von Kenntnissen, denn die Richtungen der Fortbildung sind in den Lehrern und Schülern verschieden. Der denkgierige Schüler fasst nicht das reiche Gedächtnisswissen seines Lehrers, sondern dessen armseliges Denkwissen und geht irre; der gedächtnissreiche Schüler dagegen prägt sich weniger die allgemeinen Bezüge als die mangelhaften Gedächtniss-Einzelnheiten seines denkenden Lehrers ein und wird nicht minder irre geleitet. Da in beiden Fällen der Schüler nicht im Voraus wissen kann, ob und wie weit ein besonderer Lehrer für seine eigenthümliche Bildungsweise geeignet sei, vielmehr erst später durch Vergleichungen zur Einsicht gelangen kann: so entsteht in den meisten Fällen der grosse Nachtheil, dass die Schüler nach beendigtem Studium Zeit und Kraft zunächst darauf verwenden müssen, das Erlernte zum Theile zu vergessen und an dessen Stelle selbstständig oder auf anderen Wegen erworbene Kenntnisse zu setzen, welche ihrer Eigenthümlichkeit entsprechen. Aber auch dabei wiederholt sich der Einfluss der Einseitigkeit, denn bei Benutzung der Bücher, in denen Wissende ihre Kenntnisse darlegten, findet er Gedächtnisswissen und Denkwissen nicht getrennt, sondern in ungleichen Verhältnissen vereint und indem er beides in dieser Vereinigung auffasst, wird er oft in einer der beiden Richtungen fehl geleitet oder zur einseitigen, ungenügenden Erkenntniss verführt. Die Unterscheidung des Gedächtnisswissens vom Denkwissen wird selten anerkannt: man glaubt ziemlich allgemein, ein Gelehrter, der seinem Gedächtnisse eine Fülle von Einzelnheiten (Vorstellungen und Begriffen) eines besonderen Zweiges der Wissenschaft einprägte, müsse ebensowol geeignet sein, weit greifende Urtheile zu fällen, zu denen umfassendes Denkwissen erforderlich ist und entsetzt sich über den beschränkten Gelehrten, wenn er nicht einmal dasjenige besitzt, was man als gesunden Menschenverstand zusammen fasst. Ebenso nimmt man an, ein Denker, der in seinem Denkwissen die Begriffe bis zum Allesumfassenden steigert, müsse ebensowol jede Einzelnheit jedes besonderen Faches wissen und glaubt ihn auf Unwissenheit oder Oberflächlichkeit zu ertappen, wenn er bei Herstellung seiner Vorstellungen und Begriffe nicht jede Einzelnheit berücksichtigte oder nicht so genau erfasste wie der Fachmann, vielleicht auch nicht, wie dieser, die besten Quellen kannte oder richtig anzuführen wusste. In beiden Fällen hält der Lernbegierige sich berechtigt, das ganze Wissen des Lehrers zu verwerfen, lediglich weil er selbst nicht im Stande ist, die besondere, eigenthümliche Stärke eines jeden derselben zu erkennen und zu erfassen, geschieden von der damit verbundenen Schwäche der anderen Richtung. Der Lernende kann es aber auch nicht, weil die niedrigere Stufe, welche er als solcher einnimmt, ihm nicht gestattet, den höher stehenden Lehrer zu überschauen; als Rückständiger, als folgender Begleiter, kann er dem Vorausschreitenden nicht in das Gesicht schauen, nicht seine Züge, seine Besonderheit erkennen; er folgt ihm in allem oder folgt ihm gar nicht oder auch, er folgt ihm eine Strecke und verlässt ihn ganz, wenn irgend ein Anzeichen ihn zur Annahme verleitet, der Vorausschreitende irre sich. Dieser Mangel des Menschenwesens beeinträchtigt im hohen Grade die Mittheilung und Aneignung der Erkenntniss und macht sich am auffälligsten unter den Deutschen geltend, weil bei ihnen sowol das Gedächtnisswissen am reichsten sich entwickelt, als auch das Denkwissen in grösster Schärfe und Kühnheit fortschreitet, so sehr, dass die Vorschreitenden anderer Völker erst in neuerer Zeit beginnen, dem mächtigen Zuge, halb wollend, halb zagend zu folgen. Dabei ist die Zahl der Lernenden, in besonderen Fächern wie im Allgemeinwissen, grösser als bei anderen Völkern gleicher und selbst grösserer Zahl, weil manche Zweige des Lebens, denen jene vorwaltend ihre Fähigkeiten widmen, in Deutschland minder entwickelt sind, in Folge der Verschiedenheit der Lage des Landes, wie der eigenthümlichen Verschiedenheit des Bildungsganges. Die Gesammtfähigkeit, in deren Umfang und Stärke das deutsche Volk keinem nachsteht, hat, wie bei jedem anderen Volke, vorwaltend in besonderen Richtungen sich bethätigt, wie sie dessen Eigenthümlichkeit bedingt: das Lehren und Lernen durch Schrift und Wort nimmt bei den Deutschen einen verhältnissmässig grösseren Theil in Anspruch, weit über das Verhältniss hinaus, in welchem die einzelnen Äusserungen der Gesammtfähigkeiten eines Volkes zu einander im Einklange stehen. Die Folge davon ist, dass unsere Fähigkeiten mehr menschenthümlich (kosmopolitisch) als volksthümlich (national) verwendet werden; wir besitzen in besonderen Richtungen zu viel, um auf den Bereich unseres Volkes uns zu beschränken, ziehen deshalb die ganze Menschheit hinein, streuen über oder für die ganze Menschheit Keime aus und müssen dafür entbehren, was wir anderen Zweigen und

Richtungen entziehen, um unsere Eigenthümlichkeit desto mehr zu pflegen. Die hohe Entwickelung des Gedächtniss- und Denkwissens in unserem Volke führt uns meistens zu dem Irrthume, die Besitzer jener hoch entwickelten Fähigkeiten als die geeignetsten anzusehen zur Herbeiführung volksthümlicher Zwecke. Sie werden gewählt zu Gemeinde- und Staatsämtern, zu Landtagen und Reichstagen und 1848 wusste das deutsche Volk nicht besser sich zu helfen, als durch gelehrte Vertreter im sogen. Professoren-Parlamente zu Frankfurt. Unser Volk trauete seinen Gelehrten alles zu und irrte sich schmerzlich: die Gedächtnisswisser, in ihren besonderen Fächern stark, waren ausserhalb derselben schwach und die Denkwisser waren so umfassend und sorgsam in ihrem Bemühen, als dass sie es auf die Grenzen eines Volkes und eines einzelnen Zeitabschnittes beschränken konnten. Sie waren in unverhältnissmässiger Zahl vorhanden, weil die Gelehrsamkeit bei den Deutschen unverhältnissmässig stark entwickelt wird; die übrigen Zweige des Volkslebens waren um so weniger vertreten, weit ab von dem Verhältnisse, um den Einklang zwischen Wissen und That herbeizuführen und das Ganze schlug fehl. Unsere Gelehrten wurden zum Gespötte des In- und Auslandes und doch war es nicht ihre Schuld, sondern die des Volkes selbst, welches sie wählte und seiner Eigenthümlichkeit, welche die Gelehrsamkeit überwiegend entwickelt. Das Wissen ist zu stark und die Thatkraft zu schwach für den Bereich unserer Volksthümlichkeit, während zum Vergleiche bei den Nord-Amerikanern die, jedem Volke innewohnende Einseitigkeit überwiegend in der anderen Richtung liegt. Alle Einseitigkeiten, mit ihrem, das Wissen erschwerenden Einflusse lösen sich erst dann auf, wenn wir das Wissen der einzelnen Menschen und Völker in das Gesammtwissen der ganzen Menschheit zusammen fassen.

§. 28.

Betrachten wir den Verlauf der Geschichte der menschlichen Erkenntniss im Allgemeinen, wie es die Unmöglichkeit der Erfassung alles Einzelnen bedingt, so haben wir zur Herstellung der Folgerungen dreierlei zur Verfügung:

den Gesammtschatz der Erkenntniss, den die Menschheit gegenwärtig besitzt;

die nachweisbare Thatsache, dass dieser Schatz allmälig gewachsen sei;

die augenscheinliche Abhängigkeit der Erkenntniss vom Wesen des Menschen, seinen Fähigkeiten und Mängeln;

deren Vorhandensein keines ausführlichen Beweises bedarf, da es allgemein anerkannt wird.

Zerlegt man den gegenwärtigen Gesammtschatz in seine Hauptbestandtheile, so zeigt sich sein Bestand als eine Ansammlung von Vorstellungen und Begriffen, die in ihrer vollsten Ausdehnung die ganze erkannte Welt zum Inhalte haben und hinausreichen zu den äussersten Grenzen innerhalb derer wir zu erkennen, Eindrücke zu empfangen, vermögen. Vergleicht man die einzelnen Abtheilungen in ihrem gegenwärtigen Umfange mit demjenigen, den sie innerhalb Menschengedenken oder vor einem Halbjahrhunderte besassen, so ergiebt sich meistens ein stattgehabtes Wachsthum und wenn auch vielfach neben der Fortbildung eine Rückbildung erscheint, so stellt ein Abwägen beider gegen einander als sichere Thatsache heraus, dass die Fortbildung stärker gewesen sei als die Rückbildung, dass sie nach Abrechnung derselben, einen Überschuss geliefert habe, den wir als Gewinn des benannten Zeitraumes, als Bereicherung des Schatzes erkennen. Führt man den Vergleich über Menschengedenken hinaus, zurück in frühere Jahrhunderte, so ergiebt sich wenn auch minder augenscheinlich derselbe Beweis. Es sind dabei allerdings Bildungszustände verschiedener Zeiten zu vergleichen, die ausserhalb unserer Lebenszeit liegen; allein die Nachweise davon, welche auf uns vererbt wurden, so mangelhaft sie auch sind und meistens je älter desto mangelhafter, lassen doch feststellen, dass je mehr wir rückwärts forschen, desto tiefer und rückständiger erscheinen die Bildungsstufen der Menschheit im Allgemeinen. Es ist nicht zu verkennen, dass im Alterthume einzelne Völker, wie Egypter, Inder, Perser, Semiten, Hellenen und Römer hohe Bildungsstufen erreichten, theilweise so hoch, dass sie in manchen Richtungen unserer Gegenwart gleich standen, wenn nicht gar überragten; aber die Gesammtbildung des besonderen Volkes war weder in ihrer allgemeinen Verbreitung, noch in ihrem Umfange und Reichthume, mit der Gesammtbildung eines der gegenwärtigen Bildungsvölker zu vergleichen. Die Vorgeschrittenen jener Völker waren spärlich vertheilte Millionäre inmitten eines Haufens von Bettlern oder vergleichbar einer schönen Bergreihe im weitgedehnten Tieflande, deren erleuchtete Spitzen für alle Zeiten unvergleichlich erglänzen, die aber, als Gesammterhebung des Landes betrachtet oder berechnet, nur geringe erscheinen.

Erforschen wir die Spuren der gewonnenen Fortschritte und führen die jetzigen wie die früheren Formen der Vorstellungen und Begriffe auf ihre Bestandtheile zurück, so entdecken wir deutlich in allen Bezügen die Abhängigkeit derselben vom Wesen des Menschen. Wir sehen sie fortschreiten in demselben Mase wie der Mensch seine Fähigkeiten erweitert: jede Schärfung der Sinne durch Werkzeuge bereichert die Erkenntniss, bildet einen Theil derselben fort und überweist einen anderen der Rückbildung; jedes neue Land welches entdeckt ward, jeder neue Stoff oder jede ungekannte Stoffverbindung wirkte in gleicher Weise; jede neue Bewegung welche erkannt wird, jeder neue Gedanke welcher auftauchte, erzeugte weitgreifende Veränderungen und jedes davon lässt sich in allen Bezügen auf das Menschenwesen zurück führen. Es lässt sich z. B. nachweisen, wie der Aufstand des französischen Volkes in 1789 aus Vorstellungen desselben sich entwickelt hatte, durch dessen Fähigkeiten gefördert, dessen Mängel gehindert und fehlgeleitet ward, wie beide Gestaltungen in Ursachen rein menschlicher Art beruheten; dasselbe lässt sich auch in der Erhebung des englischen Volkes wider Charles I. (1642) nachweisen; nicht minder in der grossen Glaubensspaltung, welche im 16. Jahrhunderte die Evangelischen von den Katholiken trennte, in den Kreuzzügen des 11. Jahrhunderts wie in den grossen Umgestaltungen, die im 9. Jahrhundert durch Karl den Grossen herbeigeführt wurden. Nicht allein, dass die Begebenheiten auf menschliche Fähigkeiten und Mängel zurückgeführt werden können, sondern es zeigt sich auch das Menschenwesen ausreichend, um selbige im Ganzen wie in ihren bekannten Einzelnheiten vollständig zu erklären. Was für die auffälligen Ereignisse gilt, findet auch auf die übrigen, selbst auf die kleinsten seine Anwendung: von den weitgreifenden Einflüssen und Umgestaltungen an, welche Telegraphen, Eisenbahnen, Dampfmaschinen, Bild- und Schriftdruck u. A. hervorgebracht haben, bis zu den einzelnen, die im Gehirne eines Denkers oder Schwärmers entstanden, lässt sich in den zahllosen Bewegungen und Umgestaltungen derselbe Zusammenhang nachweisen: es war das Menschenwesen, welches sie hervorrief und fortbildete, auch zur Erklärung aller Fortbildungen wie Rückbildungen vollständig ausreicht. Ferner erweist es sich in den verschiedenen Gestaltungen, welche die ungleichen Bildungsstufen der Einzelnen bewirken und die alle sich bewegen innerhalb der Grenzen, die dem Menschenwesen gesetzt sind: der Rückständigste wie der Vorgeschrittenste bildet sich auf derselben Grundlage und in demselben Bereiche, nach denselben Gesetzen. Gleichen Nachweis können wir aus den Vorgängen des Alterthumes führen, deren verdunkelte Kunde allerdings jeden Versuch erschwert und in schwächer werdende Spuren verläuft, je weiter zurück wir forschen. Es reicht jedoch aus, wenn wir im Menschenwesen die Gründe finden, aus denen das Verwischen der Spuren entstand und sobald wir diese in Anrechnung bringen, ergiebt sich, wie die Vorstellungen und Begriffe entstanden sind und im Laufe der Zeit sich entwickelt haben. Es bietet sich dabei dem Urtheile der günstige Umstand dar, dass die Menschheit in ihren gleichzeitig lebenden Mitgliedern alle Bildungsstufen darstellt, von den ersten Anfängen der Erhebung über das Thier bis zur höchsten Entwickelung der Zeit und dass vor unseren Augen im Lebenslaufe des Menschen, vom Säuglinge bis zum Greise, die Entwicklung des Menschenwesens in raschen Zügen sich wiederholt, mit den zahlreichen Abstufungen, Fortbildungen und Rückbildungen, welche die Fähigkeiten und Mängel innerhalb der Grenzen des Menschenwesens erzeugen. Wir sehen in den rückständigen (wilden) Völkern, wie in den rückständigen (niedrig gebildeten) Einzelnen und im rückständigen (heranwachsenden) Menschen, alle Gestaltungen, fortbildend wie rückbildend, rein menschlich vor sich gehen und da wir denselben Verlauf in den Ereignissen der letzten 1000 Jahre erkennen und nachzuweisen vermögen: so dürfen wir mit Sicherheit oder grösster Wahrscheinlichkeit schliessen, dass dasselbe Verhältniss gewaltet habe in den vorhergegangenen Jahrtausenden bis in das ferne Kindesalter der Menschheit zurück und dass die anscheinend abweichenden Kunden des Alterthumes, nicht ausserhalb sondern innerhalb derselben Fortbildung sich befinden, gleichfalls in den Fähigkeiten und Mängeln des Menschenwesens ihre Erklärung finden werden, wenn wir sie daraufhin prüfen.

Die Geschichte der menschlichen Erkenntniss wäre demnach aufzufassen als die, im Laufe von Jahrtausenden, in tausenden von millionen Menschen entstandenen Vorstellungen und Begriffe; einzeln gestaltet, wie die Bildungsstufe des schaffenden Einzelnen es ermöglichte; vererbt, gemehrt und umgestaltet in den Nachfolgern, bis sie den Umfang und die Tiefe erreichten, in welchen wir den gegenwärtigen Bildungsschatz der Menschheit erkennen. Die Schaffung, Vererbung und Umgestaltungen sind innerhalb der Grenzen des Menschenwesens vor sich gegangen, finden in seinen Fähigkeiten wie in seinen Mängeln ihre Begründung; je nach den örtlichen und Bildungsverschiedenheiten der Einzelnen, haben ihre Formen ungleich sich gestaltet; je nach den einwirkenden Umständen sind die einzelnen Stämme in verschiedenen Weisen und Geschwindigkeiten fortgeschritten, grösstentheils auch zurückgeschritten bis zum gänzlichen Untergange. Die gegenwärtig über die ganze Erde zerstreuten Völkerschaften sind die Überbleibsel des Menschengewoges, welches Jahrtausende hindurch auf der Erdoberfläche gewaltet hat und der vorhandene Bildungsschatz ist die Frucht der Anstrengung aller Vorfahren, bestehend aus Überbleibseln jeder Art von Vorstellungen und Begriffen, welche von ihnen geschaffen worden. Alles hat nach Zeit und Umständen in so ungleichmässigen Geschwindigkeiten sich fortgebildet, dass die Gegenwart aus allen verflossenen Jahrhunderten und allen rückständigen Bildungsstufen Trümmer enthält, aus denen wir auf die Urvorstellungen in ähnlicher Weise schliessen können, wie der Thierkenner aus einem zusammengeschwemmten Haufen vorweltlicher Knochen die Art und Grösse der längst ausgestorbenen Thiere bestimmt, denn sie angehört haben. Wir dürfen es, wenn wir gleich ihm die Bildungsgesetze erforschen, nach denen das Ganze aufwächst, also in den einzelnen Überbleibseln sich ausprägen musste und diese Gesetze lassen sich ebensowohl nachweisen in der Entwicklung des Menschenwesens wie im Knochengebäude der Thiere. Wir werden sie finden, sobald wir es über uns gewinnen können, ohne vorgefasste, unerweisbare Meinungen dieser Aufgabe uns zu widmen, das Menschenwesen zu erforschen in allen seinen Bezügen und ihm zu geben, was ihm gebührt. Es wird sich zeigen, dass der Mensch höher dasteht als er dachte, dass er besser ist, als er glaubte und glücklicher als er meinte. Er braucht nur die Entwicklung der menschlichen Erkenntniss zu erforschen, um, die Selbstverläumdung abstreifend, zur beruhigenden und erhebenden Überzeugung von der Höhe, Güte und Glückseligkeit des Menschendaseins zu gelangen.

§. 29.

Zahllos sind die Schwierigkeiten der Heranbildung der menschlichen Erkenntniss, unermesslich die Mühen, aus denen die gegenwärtige Bildung als Frucht hervorging. Der Bildungsgang der Menschheit war keine bequeme Reise durch üppige Landschaften, sondern ein mühsamer Zog durch Wüsten mit spärlich vertheilten Oasen, durch düstere Schluchten, über klaffende Abgründe, in der drückenden Schwüle dumpfer Thäler, wie in der durchfröstelnden Kälte eisiger Felder; im Kampf mit der übrigen Welt, hier Besiegter dort Sieger, durchwandert er aufrechtschreitend die Jahrtausende, lässt im erhobenen Auge die Welt sich spiegeln, erfasst was in den Kreis seiner Fähigkeiten fällt und nimmt es auf in sein Wesen; er gestaltet sich von innen heraus seine Welt, fühlt sich als deren Mittelpunkt, um den sich alles bewegt, dem alles sich anbequemen muss, was er sein nennen darf. Von seinen Sinnen geleitet und verleitet, in seinem Gedächtnisse bereichert und betrogen, durch seinen Verstand geführt und verführt, schreitet er aufnehmend, und abwerfend weiter, gewinnend und verlierend im selben Augenblicke und ob auch in der Flucht der Jahrtausende die Einzelnen millionenweis entstehen und vergehen, drängt sich die Menschheit auf ihrem Bildungsgange weiter, immer bergan und blickt hinauf zur lichten Höhe, wo der Vorausgeschrittene mit umglänzten Haupte die zurückgelegte Bahn überschauen darf, wie sie aus der grauen Tiefe und Ferne allmälig sich erhebt, eingefasst von den abgestorbenen Gebilden, die der Mensch im Fortschreiten hinwarf, um in stetig wechselnder Verjüngung zur höheren Gestaltung zu reifen. Wie der Einzelne auf die schwankenden Träume der Jugend, die glühenden Hoffnungen des Jünglings, auf die kühnen Vorsätze des Mannes zurückblickt, so schaut die Menschheit in ihrem Voranschreiten zurück auf die werdenden Gestalten ihrer Geschichte, erblickt die erklommene Bahn dicht belebt von der nachdrängenden Schar der Mitlebenden, die demselben Drange folgend, hinaufstreben; auf der niedrigsten Stufe weitab in grauer Ferne, wie auf den höheren Stufen der Gipfelnähe das Gepräge des Menschenwesens in sich tragend und jeden Einzelnen auf seiner Stufe vorwärts drängend zum lichten Ziele, welches Jedem winkt, aber nicht Jedem erreichbar ist. Dennoch trägt jeder Drängende und Strebende bei zur Erreichung des Zieles, auch wenn er selbst fernab verbleibt, denn nur das Drängen der Menge treibt die Vorderen weiter; aus ihrem mühsam erworbenen Schatze entnimmt der Voranschreitende das Beste und nur auf den Schultern der Niederen stehend, kann er das Höhere erreichen; er ist nur die Spitze der Pyramide und nichts ohne den breiten Unterbau. Der Fortschritt der Erkenntniss ist nicht das Werk einzelner, sondern aller: das Menschenwesen schreitet fort, weil alle sich fortbewegen; wer voranleuchtet zahlt dadurch den

Nachdrängenden für das Empfangene, kann auch nur wirken als Theil der Gesammtheit; was in seinem Innern sich spiegelt und gestaltet, ist die Blüte und Frucht der gesammten Menschheit, das Gebilde des Menschenwesens, zu dessen Entstehung die untergegangenen Geschlechter gewirkt haben, wie die mitlebenden; es ist Gemeingut aller, an dem der Rückständige auf unterster Stufe sein Anrecht besitzt, wie der am weitesten Vorgeschrittene. Es ist dasselbe Menschenwesen, welches alle Zeiten und Völker durchlebte, dieselben Fähigkeiten und Mängel haben jederzeit und allenthalben die Entstehung der Vorstellungen und Begriffe geleitet; den Bildungsgang der Menschheit rückwärts verfolgend, überblicken wir zwischen den Reihen der abgestorbenen Gebilde, die Wanderung der lebenden, vielgestaltigen Bildungen, in ihrer stufenweisen Folge vom Niedrigsten bis zum Höchsten.

Aber auch jede einzelne Vorstellung, welche die jetzige Menschheit beherrscht, hat ihre Geschichte der Entwicklung; es liegen hinter ihr eine Reihe vorhergegangener, abgeworfener Gestaltungen, von denen jede zu ihrer Zeit der geltenden, vorgeschrittensten Erkenntniss gemäss war, späterhin durch höhere Gestaltung zurückgedrängt, rückständig ward und als Irrthum oder Aberglaube der Rückbildung verfiel. In jeder Gestaltung einer Vorstellung wiederholt sich der Lebensgang des Ganzen: Entstehung, Fortbildung aus dem kleinsten Anfange zum Gipfel und darauf eintretende Rückbildung bis zum Untergange. Die Lebensfähigkeiten im Einzelnen sind sehr verschieden gewesen, ebenso die Lebensgänge, die Wanderungen der einzelnen Vorstellungen und Begriffe: diejenigen, welche in der Gegenwart friedlich oder feindlich neben einander fortbestehen, sind theils Erzeugnisse der jüngsten Gegenwart, nur Wochen oder Monate alt, andere haben ein Lebensalter von 10 oder 100 Jahren, viele sind Jahrtausende alt und einzelne liessen sich vielleicht über 10,000 Jahre zurückführen, wenn das Gedächtniss der Menschheit dazu ausreichte. Das Gleiche findet Anwendung bei Erforschung der Wanderungen: viele lassen sich zurück verfolgen nach Rom, Griechenland, Kleinasien, Palästina, Babel und Egypten; andere nach Persien, Ostindien und dem oberen Industhale; viele sind in der Völkerwanderung aus Mittelasien nach Europa gebracht worden, während andere, theils über das Mittelmeer durch Griechenland und Italien von Süden her vordrangen, theils durch Nord-Afrika nach Spanien gelangten und so von Westen her Eingang gewannen. Wären die

Kunden und Forschungen ausgiebig genug, so liesse sich die Entwicklung eines jeden Begriffes, einer jeden Vorstellung bis zu ihrem Ursprunge verfolgen und darlegen; ja jedes Wort einer Sprache, jeder Buchstabe, jede Zahl hat ihre Geschichte, ihren Bildungsgang. Es würde sich zeigen, wie jeder Bestandtheil unserer Erkenntniss aus den einfachsten Anfängen sich entwickelte und in den verflossenen Jahrhunderten oder Jahrtausenden seine Gestaltungen änderte, aus alt gewordenem sich verjüngte bis die jetzige Gestalt erscheinen, welche nicht minder im Laufe der Zeit der Rückbildung verfallend, einer neu aufblühenden Raum geben wird. Es würde sich zeigen, wie jedes Wort seine Schreibweise wie seine Bedeutung geändert habe, wie, mehrere Wörter, die gegenwärtig verschieden sind, weiter zurück in ein Stammwort zusammen fliessen, wie diese Stammwörter zuletzt auf einzelne Laute zurückgehen, die aus der einfachsten Anwendung der menschlichen Sprachwerkzeuge entstehen und noch jetzt bei den rückständigsten Völkern die einzigen Bestandtheile ihrer Sprache sind. Die jetzigen Buchstaben als Lautbezeichnungen würden sich verfolgen lassen bis zu ihrem Ursprunge als Abbilder vorhandener Gestalten; das Zahlenwesen würde zeigen, wie bei Griechen und Egyptern 10,000 das höchste Zahlenmaas war, bei den Semiten u. a. 1000 und wie stufenweise herabgehend 100, dann 40 und zuletzt 10, 5 und 3 die Grenzen des Zahlens bildeten. In allen Formen würden die Eigenthümlichkeiten des Menschenwesens zur Erscheinung kommen, seine Fähigkeiten wie seine Mängel; wir würden aber auch erkennen, dass, je weiter zurück der Ursprung liege, desto rückständiger sei die Gestaltung und desto mangelhafter die Erkenntniss gewesen.

Ein derartiger Rückblick auf den Bildungsgang der Menschheit soll versucht werden in einer Reihe von Abhandlungen, in denen derselbe erörtert wird in seinen Hauptbahnen, die wichtigsten Richtungen und Zweige der Erkenntniss verfolgt werden durch die zurückgelegten Jahrtausende bis zu ihren Quellen, den Sinneseindrücken, aus denen ihre kleinsten Anfänge erwuchsen. Die Forschungen könnten in zweifacher Weise gelenkt werden, entweder aus der Gegenwart rückwärts bis zur Quelle oder von der Quelle beginnend bis zur gegenwärtigen Gestaltung. Erstere Weise ist minder anschaulich und verständlich, denn der Mensch, seiner eigenen Entwicklung folgend und sie als Maasstab anlegend, kann dem Fortschreitenden leichter das Verständniss abgewinnen als dem Rückschreitenden und da

Verständniss der Zweck ist: so werden die Betrachtungen von den entlegensten, rückständigsten Formen ausgehen. Diese Darstellung erscheint um so weniger bedenklich, als die Rückständigen der Vorzeit wie der Gegenwart naheliegende Vergleichspunkte bieten, auch die Selbstbetrachtung den Einzelnen befähigt, in sich die meisten Vorgänge versuchsweise zu wiederholen und danach die Entstehungsweise der ursprünglichen Vorstellungen zu prüfen. Es darf dabei nicht im entferntesten auf eine erschöpfende oder Jedem genügende Behandlung gerechnet werden, denn das Gebiet ist so weit und unerschöpflich, dass es eigentlich alles einschliesst, was jemals dagewesen; die Bildungsstufen wie der Bildungsgang der Einzelnen sind überdies so gestaltet, dass weder die Kräfte noch die Lebensdauer des Einzelnen ausreichen, um mehr als einen Abriss zu geben. Jeder mag zusehen, an welcher Stelle er seine bezüglichen Vorstellungen und Begriffe anschliessen könne oder wolle und wie weit er, sie etwa anschliessend, die unbequeme Bahn verfolgen möge; es ist kein Vergnügen, sondern eine Arbeit, zu der Jeder eingeladen, aber Niemand gezwungen wird; er möge jauchzen oder schelten, sich anschliessen oder zurückbleiben, die Wanderung geht bergan weiter.

§. 30.

Vordem erscheint es jedoch angemessen, im Sinne des bereits Gegebenen, die vorhandene Erkenntniss in ihrer allmäligen Entstehung auch in der Aufstellung zu begleiten, dass dem Ungünstigen die Aufzählung des Günstigen folge, so dass eine Abwägung vorgenommen werden könne, deren Ergebniss der vorhandene Überschuss auf der günstigen Seite sein wird.

Als ungünstige Umstände für die Entwicklung der Erkenntniss erscheinen folgende:

dass sie aus Vorstellungen sich aufbauen musste, aus Einzelnbildern und Eindrücken zusammen gesetzt, welche nur durch die begrenzten und nachweisbar mangelhaften Sinne im Menschen erregt werden konnten, dass also die Vorstellungen auf den Umfang der Sinne beschränkt waren und von deren Mängeln beeinflusst wurden;

dass die einzelnen Eindrücke in Raum und Zeit beschränkt sind, dem Menschen nur die Vorstellung schaffen können, wie etwas zu einer Zeit, an einer besonderen Stelle gewirkt habe, er also nur berechtigt sei, dem

Eindrucke einen besonderen Werth beizumessen, aber keinen allgemeinen, der für andere gelte;

dass der Mensch nicht die Gegenstände ausser sich erkennen kann, wie sie sind, sondern nur die Eindrücke, welche sie durch seine Sinne auf ihn machen und dass er die daraus gewonnenen Bilder oder zusammengesetzten Vorstellungen ausser sich versetzen muss dorthin, wo er die Gegenstände vermuthet, dass also seine Aussenwelt nicht aus Gegenständen und Wesen besteht, sondern aus Bildern und Vorstellungen, die er aus sich hinaus an ihre muthmaassliche Stellen versetzt;

dass die Gleichartigkeit der Sinne aller Menschen, allenthalben und jederzeit gleichartige Eindrücke und Vorstellungen erregt, so dass die vielfache Wiederholung irriger Weise als eine Bestätigung der vermeintlichen Richtigkeit erscheint;

dass Jeder Mensch, nach Maassgabe seiner Umgebung und Entwicklung, seine besondere Aussenwelt schafft, deren Unterscheidung von anderen, so wie von der wirklich vorhandenen, er nur selten zu erkennen vermag, weil er nichts anderes in sich aufnimmt als seine besondere Aussenwelt;

dass indem er die Vorstellungen seinem Gedächtnisse übergiebt, sie darin nur in der Gestalt aufgenommen werden, welche sie in dem Augenblicke ihrer Erschaffung besassen, also örtlich und zeitlich beschränkt;

dass das Gedächtniss sie nur aufnimmt in seiner augenblicklichen Stärke und Stimmung, so dass die Vorstellung nicht sich einprägt nach ihrem eigenen Wesen, sondern nach dem augenblicklichen Zustande des Gedächtnisses, nach ihrem Verhalten zu den vorhandenen Vorstellungen u. s. w.

dass das Gedächtniss unter erheblichen Mängeln leidet, so beschränkt ist, dass es nur einen Theil der Bilder und Vorstellungen aufzubewahren vermag, die aufgenommenen nach Umständen einzeln oder in ganzen Reihen ausscheidet (vergisst) um neueren Raum zu geben, dabei so wandelbar in seiner Stärke, abhängig vom Befinden, dass es in jedem Augenblicke seine Fähigkeiten ändert;

dass das Gedächtniss in seinen Mängeln nicht jene Gleichartigkeit zeigt wie die Sinne der einzelnen Menschen, sondern in jedem so verschieden wirkt, dass der Einfluss seiner Mängel jeder Berechnung sich entzieht;

dass der Verstand, welcher die einzelnen im Gedächtnisse aufbewahrten Vorstellungen zu vergleichen hatte, nicht eine Fähigkeit ist, mit der der erste Mensch so weit ausgerüstet war wie mit seinen Sinnen, sondern wenig mehr als eine Möglichkeit den Verstand zu schaffen aus dem kleinsten Keime, im spärlichsten Dämmerlichte die Fähigkeit zum Denken zu entwickeln; das Werkzeug ward ihm nicht geschenkt, sondern musste im Wesentlichen von ihm selbst mühsam angefertigt werden;

dass eine Vergleichung der Vorstellungen unter sich nur möglich ist, durch Benutzung von Maassen, welche die Raumerfüllung oder das Gewicht der Gegenstände auf Zahlen zurückführen, deren Verhältnisse zu einander allerdings durch Übereinkunft festgestellt ist, wogegen aber das angewendete Grundmass in Länge oder Schwere dargestellt, wie auch deren Anwendung beständigen Wandlungen unterworfen sind, welche die unabänderliche Feststellung der Verhältnisse verhindern;

dass der Verstand, indem er aus ähnlichen Vorstellungen das Gemeinsame entnimmt, um Begriffe daraus zu bilden, dem Fehler unterliegt, dass er nicht das Vorwaltende des Gemeinsamen herauszieht, weil die Mängel der Sinne oder des Gedächtnisses daran hinderten oder die Abmessung desselben nicht erkennen liess;

dass er zur Schaffung der Begriffe das Gemeinsame, welches er in verschiedenen ähnlichen Vorstellungen erkannte, von diesen Vorstellungen lösen muss, um den Begriff zu gestalten und mit einem Namen zu belegen; er schaffte solchergestalt Begriffswesen, die nirgends vorhanden sind als nur in seinem Gehirne, welches sie schuf, und in seinem Gedächtnisse, welches sie aufbewahrte; er hat Formen in sich, die in gleicher Weise auf ihn wirken, wie die Gestalten ausser ihm und in Folge dessen verwechselt er um so leichter die verschiedenen Eindrücke;

dass die Anwendung des Verstandes, zur Erkenntniss der Ursachverhältnisse der Vorgänge durch Beobachtung und Erinnerung der wiederholten Aufeinanderfolge von Bewegungen, dem naheliegenden Mangel ausgesetzt ist, dass diese Wiederholungen rein zufällig oder nur in einer beschränkten Zeitfolge eintreten, dass überhaupt in der unzähligen Mannigfaltigkeit der Vorgänge so viele verschiedenartigen Aufeinanderfolgen möglich sind, dass es mehr oder weniger eine Wahrscheinlichkeitsfrage wird, ob zwei wiederholt einander folgende Vorgänge als Ursache und Wirkung zu einander stehen oder die Wirkungen einer gemeinschaftlichen

Ursache seien oder gar, in keinem Ursachverhältnisse zu einander, zufällig wiederkehrten;

dass diese Gefahren noch bedeutend sich mehren, wenn die Vorgänge an den Grenzen der Aussenwelt des Menschen geschehen, wenn der vorhergehende oder der nachfolgende jenseit dieser Grenze liegt, der ausersinnlichen Welt des bezüglichen Menschen angehört, so dass er aus Vermuthungen, aus anscheinenden Ähnlichkeiten mit Vorgängen innerhalb seiner Sinnesgrenzen, jene aussersinnliche Ursache oder Wirkung gestalten muss, eine Gestaltung in sich schafft, die er ausser sich versetzt, ohne ihr eine feste Stellung in der Aussenwelt geben zu können, eben weil sie nicht als Gestalt auf seine Sinne wirkte;

dass die aus diesen Ursachverhältnissen, durch Zusammenfassung des Gemeinsamen zu schaffenden Begriffe, in der Form von Gesetzen und festgestellten Bezeichnungen, der Gefahr ausgesetzt sind, voreilig oder ungebührlich weit gefasst zu werden, da uns weder bekannt ist, wie viele Beobachtungen zur Feststellung eines Ursachverhältnisses gehören, noch wie weit in der unzähligen Menge und Mannigfaltigkeit der Vorgänge das Gemeinsame, welches wir ausziehen, sich erstrecken mag;

dass die Schwierigkeiten der Bildung von Begriffen, sei es aus Vorstellungen oder aus Ursachverhältnissen, sich steigern, je umfassender die Begriffe gestaltet werden, je mehr man ansteigend, aus einer Reihe von Begriffen das Gemeinsame lösend, einen höheren Begriff schafft, der mit anderen in gleicher Weise gewonnenen vereint, eine weitere Steigerung gestaltet bis alles in Einen verbunden erscheint, also ein Mangel genügt, um die ganze Reihenfolge unrichtig zu gestalten;

dass Begriffe, ihrer Natur nach, abgegrenzt sein müssen, um vom Verstande erfasst und begriffen werden zu können; ein Unbegrenztes in Zeit und Raum können wir nicht als Begriff in uns aufnehmen, weil unsere Fähigkeiten nicht ausreichen, wir in unsere Vorstellungen nur einzuschliessen vermögen die Überzeugung, dass wir nicht im Stande seien, das Ende in Zeit oder Raum abzusehen; weiter als bis an die Grenze unserer Fähigkeiten kann unsere Erkenntniss nicht reichen;

dass zu diesen Mängeln des Menschenwesens überhaupt noch die der Übertragung, der Vererbung hinzukommen, deren es bedurfte, um aus den Ergebnissen der kurzen Lebensdauer jedes Einzelnen, im Laufe der Jahrtausende den Wissensschatz der Menschheit zusammen zu tragen;

dass jede Uebertragung, geschehe sie mündlich oder bildlich, zahllosen Missverständnissen ausgesetzt sei, dadurch, dass der Mittheilende gewöhnlich nicht der Schöpfer der Vorstellungen und Begriffe ist, also ihren Ursprung nicht kennt und erläutert oder nicht im Stande ist, selbige so weiter zu geben, wie er sie empfing; oder aber, dass der Empfänger sie nur theilweis erfasst, auch nicht in ihren wesentlichen Bezügen, sie in ungehörige Verbindung mit anderen setzt und seinen Nachkommen entweder nicht oder in sehr veränderter Gestalt überliefert;

dass jede Uebertragung oder Vererbung nur zum geringsten Theile aus Selbsterschaffenem besteht, zum überwiegenden Theile aus Kenntnissen, die in einer unbestimmten Reihe vorher gegangener Geschlechter, auf wenig bekannten Wegen allmählich geschaffen und in der Aufeinanderfolge durch mehr oder minder mangelhafte Mittheilung vererbt worden sind, dass also die Kenntnisse, je weiter rückständig die Zeit ihrer Schaffung ist, um so grösseren Gefahren unterlegen haben;

dass im wechselvollen Leben der Menschheit unzählige Vorstellungen und Begriffe, die im Gedächtnisse wie in Denkmälern oder Schriften niedergelegt waren, verloren gegangen oder durch örtliche Einflüsse ganz verändert worden sind, welche Umstände in so nachtheiligem Mase wirkten, dass die gegenwärtige Kunde der Vorzeit nur aus den Trümmern und einzelnen Ueberbleibseln des ehemals Vorhandenen geschöpft werden kann, welche überdies vielfach durch Veränderungen entstellt oder unzuverlässig geworden sind, zum Theile auch durch Sprachschwierigkeiten dem Verständnisse verborgen bleiben;

dass jeder Einzelne aus dem Gesammtschatze der Menschheit nur einen geringen Theil zu seiner Verfügung hat und in sich aufnehmen kann, dass er das ihm Zusagende herausreisst und nach seiner Eigenthümlichkeit mit Anderem verbindet, auch ungehemmt verändert, so dass der jeweilige Gesammtschatz der Menschheit, bestehend aus den Vorstellungen und Begriffen der gleichzeitig Lebenden, nicht ein gleichmässiges Ganzes bildet, sondern eine Anhäufung von Theilen, die von einander so sehr verschieden sind, wie die Fähigkeiten und Bildungsstufen der einzelnen Besitzer;

dass die Verbindungen und Deutungen der einzelnen Bestandtheile des Gesammtschatzes in zahllosen Verschiedenheiten vorgenommen werden, je nachdem die Gewohnheiten und Bildungskreise, Sprachen und Eigenthümlichkeiten der Einzelnen oder ganzer Volkskreise es bedingen, so dass jeder Verband, jeder der zahllosen Glaubens-, Gemeinde-, Stammes-, Standes- oder Statsverbände seinen eigenthümlichen Theil des Gesammtschatzes in einer besonderen Weise hegt, verändert und vererbt.

§. 31.

Nach Betrachtung der zahlreichen ungünstigen Einflüsse, welche das Entstehen und Wachsen der menschlichen Erkenntniss begleiten, bei der Entstehung jeder Einzelheit, beim Aufbau des Ganzen aus den, durch Jahrtausende vererbten Vorstellungen und Begriffen, so wie bei der unausgesetzten Aufnahme und Ausscheidung, deren Ergebniss die jeweilige Erkenntniss der gleichzeitig Lebenden bildet, dürfen wir uns nicht wundern über die endlose Folge der verschiedenartigsten Entwicklungen, welche die Geschichte der Menschheit darbietet; sie sind das Ergebniss der Gegenwirkungen wider die der Erkenntniss günstigen Einflüsse. Es zeigt sich ein üppiges Leben, nach allen Seiten sich ausbreitend und neue Sprossen treibend: Vorstellungen in einfachster Weise unscheinbar entstanden, wachsen allmälich heran und beherrschen weithin die Völker Jahrtausende hindurch, während andere, glänzend entstanden, nach einem kurzen Bestehen unscheinbar verschwinden oder in auffälliger Weise entstanden, innerhalb eines Jahrhunderts oder eines Jahres vielleicht ebenso auffällig zerfallen. Vorstellungen frühester Zeiten leben in der Gegenwart und bilden sich weiter fort, während andere, viel später entstanden, bereits in der Rückbildung sich befinden, theils sogar, längst abgestorben, hinter uns liegen; andere spriessen täglich neu empor, unscheinbar oder glänzend und auffällig, wir sehen sie wachsen, vermögen aber nur zu schätzen, zu vermuthen, wie sie sich fortbilden werden, aber nicht zu ermessen, wann ihre Rückbildung eintreten müsse. Dass die benannten Gefahren das fortwährende Aufblühen und Zunehmen der Erkenntniss nicht verhindert haben, zeigt sich bei Vergleichung des Erkenntnissschatzes der gegenwärtigen Menschheit mit dem der früheren Zeiten; nur diejenigen, deren Erkenntniss in einem, in der Rückbildung befindlichen, stockenden oder absterbenden Bildungskreise sich bewegt, wie z. B. die Priester fast aller Glaubensbekenntnisse, gerathen, durch Übertragung ihrer befangenen Erfahrung in die Aussenwelt, in den naheliegenden Irrthum, die Aussenwelt befinde sich in der Rückbildung; sie sind vergleichbar dem fröstelnden Greise welcher glaubt, die Erde werde alljährlich kälter. Das stattgehabte und fortwährende Zunehmen der Erkenntniss, ungeachtet der Gefahren und Beeinträchtigungen mögte sich erklären lassen daraus:

dass die Mängel unserer Sinne mehr und mehr zur Erkenntniss gelangen, so dass wir in den Stand gesetzt werden, ihre Grenzen zu ermessen und ihren irreleitenden Einflüssen vorzubeugen; Geräthe haben es ermöglicht, den Bereich des Sehens und Hörens weit über die vorherigen Grenzen auszudehnen, früherhin unsichtbare Gegenstände und Wesen sichtbar zu machen, oder Vorgänge (Bewegungen der Stoffe oder Körper) welche vordem unsichtbar oder unmessbar waren, in den Bereich des Sichtbaren und Messbaren zu ziehen, sodass die fassbare Aussenwelt sich erweitert und die Grenzen der aussersinnlichen Welt um so weiter zurück weichen;

dass bei anwachsender Zahl der Menschen und grösserer Verbreitung derselben über die Erde, der gleiche Gegenstand oder Vorgang um so öfterer beobachtet wird, in um so grösserer Zahl ähnliche Eindrücke und Bilder entstehen, aus deren Zusammensetzung schärfere, mehr gemeinmenschliche Vorstellungen geschaffen werden, befreiet von den Fehlern, welche in den Eindrücken liegen, die der einzelne Mensch, zu einer besonderen Zeit und in einem begrenzten, kleinen Gebiete empfängt;

dass der Mensch stufenweise sich entwöhnt, sein Einzelwesen als alleinigen Maasstab anzulegen, bei Vergleichung der Gegenstände und Vorgänge mit einander; er wählt Mase und Gewichte, die dem zu Messenden ähnlich sind, verfeinert und berichtigt sie und gelangt zu Ergebnissen sachlicher (objectiver) Art, an die Stelle der früheren eigenthümlich (subjectiv) gestalteten; er nähert seine Vorstellungen mehr und mehr dem Wesen der Gegenstände und Vorgänge;

dass die Erkenntniss, mittelst der Zerlegung der Gegenstände in ihre Bestandtheile (einfachen Stoffe) und Mischverhältnisse, stufenweise in die Tiefe vordringt, in das Gleichartige und Gesetzmässige der Erscheinungen, so dass der Mensch, mittelst Berechnungen weit über die Grenze seiner Sinne vorzudringen vermag und willkürlich Vorgänge erzeugen oder keken kann, die früher ausser seiner Macht lagen;

dass mit der Erweiterung des Gebietes der Erkenntniss und Bereicherung ihres Inhaltes, die Vergleichungen zum Zwecke der Bildung von Begriffen, zahlreicher und umfassender geworden sind, in Folge dessen bei Auslösung des Gemeinsamen mehr und mehr das Vorwaltende zur Grundlage genommen wird, dadurch die Begriffe schärfer und umfassender gestaltet werden: der Begriff „Welt", in der Jetztzeit, verglichen mit dem der Vorzeit, erweist am stärksten die darin eingetretene Erweiterung und Schärfung;

dass die Ermittlung der Ursachverhältnisse nicht allein an Zahl gewonnen, sondern auch an Zusammenhang, so dass die, durch Auslösung und Verbindung des Gemeinsamen, in anwachsender Zahl geschaffenen Begriffe, durch weitere Verbindung mit einander, zur Erkenntniss einfacher Verhältnisse und Gesetze führen, deren allgemeines Walten in der Fülle der Erscheinungen nachgewiesen werden kann; man erfasst nicht allein, wie eine kleine Zahl von Stoffen in ihren verschiedenen möglichen Mischungen eine so grosse Mannigfaltigkeit von Erscheinungen hervor bringen könne, welche Gesetze darin sich offenbaren, sondern auch, wie es immer dieselbe Bewegung sei, welche als Kräfte in so verschiedener Weise zur Erscheinung kommt;

dass im steigenden Maase die Vererbung der Erkenntniss befreit worden ist von den Mängeln des Einzelnwesens: wie Denkmäler zu ihrem Theile mündliche Überlieferungen zeitlich und örtlich festsetzten und ausprägten, so führten Schriften sie aus dieser örtlichen Beschränkung, verbreiteten sie über einen weiteren Bereich, machten sie unabhängig von dem Vorhandensein des Einzelnen und den örtlichen Zufällen; der Buchdruck erweiterte diese Sicherstellungen noch mehr und hob die Gefahren des Abschreibens fast gänzlich auf, so dass die Vererbung im Wesentlichen durch Jahrtausende gesichert werden kann, unabhängig von den meisten Wandlungen, welche in den mittlerweile Lebenden vor sich gehen;

dass jemehr der Mensch die Mängel seiner Sinne, seines Gedächtnisses und seines Verstandes erkennt, wie auch den Zusammenhang der Erscheinungen, desto mehr einerseits sein Forschertrieb sich schärfe, weil er nicht länger gezwungen ist, auf einem weiten, dunklen Gebiete blindlings umher zu tappen, sondern mit begründeten Hoffnungen planmässig vorgehen kann; wie andrerseits in gleichem Verhältnisse sein Zweifel wachse, seine Neigung, das Überlieferte nicht länger blindlings gelten zu lassen, sondern bis auf seine Entstehung zurück zu verfolgen; in Folge dessen geht die Aufnahme wie die Ausstossung im beschleunigten Maase vor sich, der Überschuss der Erkenntnis zur Mehrung des Bildungsschatzes ist ein alljährlich zunehmender und mit dem Anwachse mehren sich die Mittel, um denselben zu steigern;

dass mit zunehmender Herrschaft des Zweifels die hemmenden Dürden abgeschüttelt werden, welche die Mängel der vorangegangenen Geschlechter auf die Jetztzeit vererbten, auch das Gebiet der Erkenntniss erweitert und bereichert, so wie von dem der Einbildung deutlicher abgegrenzt wird als vorher; die stetig zunehmenden Ergebnisse der Forschung und der vielseitigen Vergleichung des Vorwaltenden werden freigehalten von dem flüchtigen und sprungweisen Vergleichen untergeordneter Ähnlichkeiten, wie sie gestattet sind dem Dichter bei der Darstellung des Vorhandenen und dem Profeten in Verbindung der Gegenwart mit der Zukunft; der Zweifel leitet das Denken zur Besonnenheit und überweist alle Vorgänge und Eindrücke des schlummernden Bewusstseins, der erregten Einbildung dem geschiedenen Gebiete derselben, dessen vergleichsweiser Umfang um so kleiner wird, je weiter die Bildung der Menschen fortschreitet und die Vorgänge aus dem Gebiete der Einbildung in das der Erkenntniss hinüber zieht.

Die hemmenden wie die förderlichen Verhältnisse haben nicht so einseitig gewirkt, wie sie vorstehend, um des leichteren Verständnisses willen, einander gegenüber gestellt wurden. Wie Alles in der Welt hat auch jedes der genannten Verhältnisse seine zwei Seiten und ward nur deshalb dem Hemmenden oder Förderlichen zugetheilt oder in der gewählten Folge aufgeführt, weil sie überwiegend dahin gehörig erschien. Überblicken wir aber die Menschheit der Gegenwart und soweit die Geschichte ihrer Fortbildung wie Rückbildung uns bekannt ist, so sehen wir noch jetzt alle Stufen jener hemmenden wie förderlichen Verhältnisse nach beiden Seiten wirksam: die zurückgebliebenen oder rückständigen Völker der Gegenwart bewegen sich auf Bildungsstufen, welche die Vorfahren der vorgeschrittenen Völker vor Jahrtausenden einnahmen und etwaige Unterschiede zeigen sich nicht als begründet im Menschenwesen auf jener Stufe, sondern in örtlichen Besonderheiten; die Bildung, fortschreitend oder rückschreitend geht auf allen Stufen gleichartig vor sich, möge eine Reihenfolge von Geschlechtern sie langsam erklimmen oder ein Höhergebildeter, in einer ungewöhnlich reichen Entwicklung, innerhalb seiner Lebensdauer eine grosse Bildungsreihe durchleben.

Wir vermögen demnach noch jetzt das Wirken der hemmenden und förderlichen Verhältnisse, der Fähigkeiten und Mängel des Menschenwesens, auf allen Stufen menschlicher Fortbildung zu ermitteln und ihre Einflüsse zu verfolgen, indem wir die vorhandenen, zahlreichen Vorstellungen und

Begriffe der verschiedensten Völker und Menschen ihres örtlichen Gepräges entkleiden, sie dann in ihrer Stufenfolge hinter einander stellen, um aus zahlloser Fülle der Erscheinungen, aus den tausenden von millionen Einzelnwesen, aus der Menschheit der Gegenwart wie der Vergangenheit, das Menschenwesen hervor zu ziehen. Wir entdecken alsdann, wie der Mensch aus träumerischen Anfängen das Reich seiner Erkenntniss entwickelte, wie er durch Jahrtausende erobernd fortschreitend, durch unablässiges Bemühen, aus einem kleinen Samenkorne den Riesenbaum erwachsen liess, dessen Krone uns beschattet und schirmt, dessen Blütenduft uns erfreut und dessen Früchte uns erquicken und nären. Es wäre ein köstliches Unternehmen, diese Entwicklung in allen ihren Itezügen zu erforschen, zu verfolgen und darzulegen; allein das Gebiet ist zu weit und vielgestaltig, um bewältigt werden zu können; der Einzelne muss von dem Beginnen abstehen, kann nur seinen Theil erfassen und vermag nicht mehr zu bieten als er besitzt.

Die nachfolgenden Betrachtungen werden in diesem Sinne auf die europäische Menschheit und deren Bezüge beschränkt werden, welche, unter sich und mit den Neu-Amerikanern nahe verwandt, als eine Familie Gleichgearteter angesehen werden darf. Alle übrigen Völker der Gegenwart wie der Vergangenheit werden nicht in dem Verhältnisse betrachtet werden, welches ihnen in einer Geschichte der Menschheit gebühren würde, sondern nur in soweit, wie ihre Vorstellungen für die europäische Familie einflussreich erscheinen oder der Zusammenhang mit den übrigen Gliedern der Menschheit anzudeuten war. Dass auch in diesen Erörterungen die Mängel des Menschenwesens wirken, bedarf keiner Entschuldigung, denn jeder Mensch nimmt Theil an denselben; wenn auch in verschiedener Weise, doch nicht frei davon. Jedem Anderen würde es ebenso ergehen, er würde mit unzureichenden Kräften vorgehen müssen und ebenso wohl Mangelhaftes liefern. Wer aber Besseres zu liefern vermag, dem wird Gegenwärtiges die Bahn nicht versperren.

Gott in der Geschichte.

§. 32.

Die Geschichte der Menschheit lässt sich, geleitet von den verbliebenen Spuren, in Gedanken rückwärts verfolgen zu Urzuständen, in denen der Mensch zu den schwächeren Erdenwesen gehörte und die **anfängliche Hülflosigkeit des Menschen** der des Kindesalters vergleichbar war. Entkleiden wir den Jetztlebenden alles dessen, was nachweisbar die Frucht des menschlichen Nachdenkens ist, was unsere Vorfahren im Laufe der Jahrtausende mühsam und allmählich für uns angesammelt haben, so zeigt sich die Menschheit in ihrem Kindesalter in einem Zustande der dürftigen Ausstattung, bei deren Vergegenwärtigung im vollem Mase zu erkennen ist, wie schwierig es dem Menschen anfänglich gewesen sein muss, sein Geschlecht gegen Ausrottung zu schützen. Die kleineren Thiere sichern ihre Art durch erleichtertes Verbergen, beschleunigte Flucht oder rasche Vermehrung: Schlangen, Eidechsen u. a. retten sich leicht in das Dickicht; das geflügelte Insekt und die Vögel entheben sich rasch ihren Feinden des Erdbodens und fast alle ersetzen etwaige Verluste durch reichliche Nachkommenschaft. Grössere Thiere retten oder erwehren sich durch überlegene Kraft, Geschwindigkeit oder gefährliche Waffen (Gift, Hörner, Krallen, Hufe, Zähne) oder Bepanzerung mit Schilden, Stacheln u. s. w.; flüchten vor den Feinden des Wassers an Land oder vor denen des Landes in das Wasser, klettern auf Bäume oder flüchten in Gruben, bieten Trotz mit verliehenen Waffen oder entziehen sich mittelst Vorzüge ihrer Ausstattung. An allem dem mangelte es dem Menschen der rückständigsten Stufe: zum Verbergen fehlte ihm die Kleinheit, zum Entfliehen die Geschwindigkeit der Fortbewegung, weil er seinen Körper in der grössten Fläche (Länge $\times$ Breite) durch die Luft schieben muss, wogegen die Thiere nur für die kleinere Fläche (Dicke $\times$ Breite) den Luftwiderstand zu überwinden haben, wobei er überdies auch nur die Hinterbeine zum Laufen verwenden kann, während das Thier ausserdem die Vorderbeine zur Hülfe nimmt und vorwärts springt; der Mensch kann es nur zum Trabe bringen, die Thiere zum Galopp. Der Mensch konnte weder fliegen noch schwimmen, ist ohne Krallen, Giftzähne, Hörner, Hufen, Hornpanzer oder Stacheln und zum Klettern fehlte der Griff; es mangeln ihm die eigenthümlichen Ausstattungen der kleinen wie der grossen Thiere. Auch mehrt er nur langsam sein Geschlecht, kann also die im Kampfe um das Dasein fallenden Opfer nicht leicht ersetzen; sein Junges muss jahrelang getragen, gehütet und genärt werden, ist weder im Stande Gefahren zu wittern, noch Warnungen leicht zu verstehen, lange Jahre hindurch eine hülflose Last für die Eltern und reift verhältnissmässig spät. Nackt und wehrlos stand anfänglich der Mensch da, in stiefmütterlicher Ausrüstung allen Gefahren preisgegeben; nur in seinem Gehirne lebte die Schöpferkraft, mit der er sich erwerben konnte, was ihm fehlte, die ihn befähigte, stufenweise zum Herrn sich zu machen über alle Wesen der Erde. Allein die Kraft schlummerte sehr tief, sollte erst im harten Lebenskampfe geweckt und entwickelt werden: vor der Hand war sie hülflos wie er im Ganzen, und bevor sein Gehirn dahin gelangte, ihn zum Herrn auf Erden zu erheben, vergingen Jahrtausende.

§. 33.

Die Entwickelung, welche den Menschen aus dem Zustande der Hülflosigkeit erhob, führte auch nur beim Zusammentreffen günstiger Verhältnisse dazu, ihn zum Herrn über alle anderen Erdbewohner zu erheben; auf dem grössten Theile der Erdoberfläche ist dieses Verhältniss noch bei Weitem nicht hergestellt; in den meisten Ländern ist der Mensch noch nicht Gebieter, wiewohl an den Orten, wo die Mehrzahl der Menschheit wohnt, er die Oberherrschaft sich erkämpft hat. Der Rückstand ist in einigen Fällen so gross, dass der Mensch z. B. in den fruchtbarsten Theilen Brasiliens noch nicht einmal Herr des Pflanzenreiches ist, welches ihn überwuchert mit seinen Werken, möge er sich wehren so viel er wolle; an anderen, zahlreichen Stellen ist er noch nicht der Sümpfe Herr geworden oder vermag nicht dem Meeressand zu wehren, seine Wohnung und seine Felder zu verschütten, ihn vom heimatlichen Boden zu vertreiben. An vielen

Stellen der Erde ist noch das Thierreich Gebieter im Lande, unter deren Herrschaft der Mensch als Eindringling lebt und ihnen seine Steuer in Menschenfleisch alljährlich entrichten muss. In Oberindien giebt es Bezirke, in denen jährlich mehrere hunderte von Weibern und Kindern durch Tiger und Wölfe geraubt werden; auf Malakka (Hinterindien) wurden in der Umgegend des, in neuerer Zeit entstandenen Handelshafens Sinkapor, in der ersten Zeit jährlich mehr als 300 Menschen von Tigern geraubt; in Mittel-Afrika sind oftmals Stämme zur Auswanderung genöthigt, weil die herrschenden Raubthiere vom Stamme zahlreichere Menschenopfer nehmen als Kinder geboren werden und die Menschen, der Ueberlegenheit ermangelnd, nur durch Flucht der Ausrottung entgehen können. In dortigen Wäldern ist der wilde Stier einer der grössten Feinde und grimmigsten Oberherrn der Menschen, denn er meidet ihn nicht, lässt ihn nicht unbeachtet wie Elephant, Rhinozeros u. a. sondern sucht und verfolgt den Menschen derartig, dass selbst der mit Schiessgewehr bewaffnete Europäer ihn gefährlicher hält als die grösseren Thiere und der hülflose Eingeborene ihn am stärksten fürchtet.

Die gleichen oder ähnlichen Verhältnisse werden in rückständigen Zeiten in den meisten übrigen Ländern geherrscht haben; die Vorfahren der, jetzt über das Thierreich herrschenden Völker sind zu irgend einer entlegenen Zeit nicht minder die besiegten, die untergebenen gewesen und haben erst im Laufe von Jahrtausenden das Uebergewicht erkämpfen können. Durch ganz Europa hat man in Höhlen die Knochen von Thieren der grössten Art gefunden, ein Beweis, dass sie dereinst zahlreich unsere Länder bewohnten; in Griechenland, Nordseite des Ägeischen Meeres gab es, noch im 5. Jahrhunderte vor Christi Geburt, Löwen, welche die Lastthiere des persischen Heeres raubten. Ebenso prägt sich das frühere Verhältniss in den Sagen der Völker aus: bei den Hellenen (Altgriechen) steht der Mensch angstvoll dem Wildschweine gegenüber, grosse Jagden wurden veranstaltet, um das Land von einem wüthenden Eber zu befreien und der plumpe Bär ward mit Grauen betrachtet. Die schrecklichen Darstellungen, welche die israelitischen Psalmen und Profetenschriften vom Leviathan und Behemoth (Krokodil und Nilpferd) geben, lassen erkennen, mit welcher Furcht diese Thiere den Menschen erfüllten und der grimme Schelch der Nibelungen, der grosse Hirsch der Urzeit, erschreckte unsere Vorfahren nicht minder wie der gewaltige Bär, der Urochs und das Elen. Thiere, denen jetzt der einzelne Jäger mit seiner Schiesswaffe furchtlos und siegreich entgegen tritt, konnten in älteren Zeiten die Bewohner ganzer Bezirke in Schrecken erhalten und gefährden, in dem Mase wie sie dem nackten, dürftig bewehrten Menschen an roher Kraft überlegen waren. In dieser Beziehung ist nicht zu übersehen, dass der Mensch, als Theil der Welt, ein Glied der langen Kette von Wesen bildet, dass er nach allen Seiten mit der übrigen Welt in Verbindung steht, von ihr abhängt, wie sie von ihm. Je nachdem dieses Verhältniss sich gestaltet, ist er Herr oder Untergebener, Sieger oder Besiegter; Wesen und Vorgänge, die er bezwingen kann, macht er zu seinen Knechten, andere bezwingen ihn, er wird ihr Knecht: erstere fallen ihm zum Opfer; letzteren fällt er oder bringt er sich zum Opfer. Den ihn umringenden Gefahren gegenüber, musste vor allem die Furcht das Bewusstsein des Menschen erfüllen; er floh die Nähe der übermächtigen Thiere, welche seine Beherrscher waren, versteckte sich vor ihnen und jede entstehende Vorstellung übermächtiger Gewalten hefteten sich an das Bild des Thieres, welches örtlich seine Übermacht war. Die rohen Bilder furchterregender Thiere, welche bei rückständigen Völkern der Gegenwart sich vorfinden und auch in rückständigen Zeiten bei den Vorfahren jetziger Bildungsvölker sich vorfanden, lassen darauf schliessen, dass ursprünglich der Mensch keine anderen Übermächte kannte als die ihn bedrohenden Thiere, dass die Furcht vor ihnen die Anfänge seiner Ehrfurcht waren, dass das Streben nach ihrer Bewältigung, der Erlangung ihres Wohlwollens, die Anfänge seines Glaubens, seiner Anbetung bildeten. Die verschiedensten Spuren führen zu der Annahme, dass die rückständigste und verbreitetste Form der Anbetung, der Thierdienst sei, die Anerkennung der Übermacht in örtlich dem Menschen beherrschenden Thieren: er findet sich in der Gegenwart, so wohl herrschend bei rückständigen Völkern, wie bei vorgeschrittenen, in schwachen, verbliebenen Spuren.

So weit die Erde bewohnbar ist, haben sich übermächtige Thiere ausbreiten können; noch weit über die Grenzen des Menschen hinaus, haust der Eisbär in der Nähe des Nordpoles; Löwe und Schackal durchstreifen Wüsten, die der Mensch nicht zu betreten wagt und die ihm undurchdringlichen Wälder durchstreifen Elephanten, Tiger und Schlangen. Der Mensch hat bei seiner Ausbreitung über die Erde fast allenthalben übermächtige Thiere vorgefunden: in jeder Heimat, die er sich wählte, fand er Beherrscher aus dem Thierreiche, denen er Jahrhunderte oder Jahrtausende lang sich unterordnen musste, bis er lernte sie überwinden, und der einzige Unterschied in diesem Verhältnisse liegt nur in der örtlichen Verschiedenheit der Thiere, die er antraf und als Übermächte anerkennen musste. Dadurch erklärt es sich, weshalb die ältesten Bewohner Egyptens das Krokodil verehrten, welches den Nil bevölkerte und den Menschen als seine Beute im Wasser ereilte, wie auch auf dem Lande erjagte; es erklärt sich daraus, wie die aus dem Inneren Afrikas zuwandernden ehemaligen Waldbewohner den Stier als Übermacht verehrt hatten und zubrachten; wie bei den Bewohnern des Euphratthales der Löwe als Verehrungswesen galt und wie noch jetzt zahlreiche afrikanische Völker die Schlangen ihres Landes anbeten, selbst auf den Inseln Westindiens die Sklaven ihren heimathlichen Schlangendienst fortsetzen; wie ferner bei Urvölkern Amerikas die Anbetung der dortigen Krokodilart den Glauben ausmacht, dagegen der Stamm der Hajin in Ostindien den Tiger anbetet und die Bewohner Hinterindiens dem Elephanten, wie die Stämme Ost-Sibiriens und Kamschatkas den Bären und Wölfen die höchste Verehrung erweisen: bei allen die gleiche Ehrfurcht, welche den Schwachen befällt, im Anblicke seiner Übermacht oder beim Denken an dieselbe. Diese Ehrfurcht, so roh sie uns erscheint, bezeichnete einen grossen Fortschritt, denn in der Gegenwart leben noch Völker, die von keiner Übermacht in Thiergestalt umgeben, keinerlei Vorstellungen entwickelt haben, welche als unterste Stufe die Grundlage höherer Entwicklungen der Ehrfurcht bilden konnten: bei ihnen zeigt sich keine Spur höherer Erkenntniss, sie verehren nicht einmal Thiere und weil diese erste Stufe des Schreckens, die Furcht vor übermächtigen Thieren ihnen fehlt, ist ihnen die Möglichkeit entgangen, den Weg zur Erkenntniss und Verehrung höherer Gewalten zu betreten.

Das Verhältniss des Menschen zum Thierreiche musste sich ändern, in dem Masse wie er lernte, durch Waffen (Steine, Schleuder, Keulen, Spere, Pfeile und Schiessgewehre) die übermächtigen Thiere zurückzuschrecken oder zu besiegen. In dem Verhältnisse wie er seine Waffen vervollkommnete, namentlich sie feruhin treffend und eindringlich machte, erweiterte er die Grenzen seiner Herrschaft, streifte die Fesseln seiner Knechtschaft, seiner Thierverehrung ab. Seine Beherrscher hatte er nicht länger zu fürchten, griff sie an und sie flohen seine Nähe, oder er besiegte und tödtete sie und so wie der Bereich seines Schreckens sich verengte, erweiterte sich sein Selbstgefühl. Es werden Jahrtausende vergangen sein, bevor unter den günstigsten Umständen die Völker diese Stufe erreichten, denn noch jetzt ist der in vielen Beziehungen hoch entwickelte Hindu dem Tiger seiner Heimat nicht so weit überlegen, dass er ihn ausrotten könnte; noch jetzt kämpft der kräftige Russe nicht übermächtig wider die Wolfshorden seines Landes; ebenso wenig der gewandte Araber Nord-Afrikas wider die Löwen seiner Heimat; selbst die mitteleuropäischen Völker haben erst vor einigen Jahrhunderten das entschiedene Uebergewicht über die grösseren Raubthiere ihres Vaterlandes erlangt.

Als die zunehmende Wehrfähigkeit der Menschen den Schrecken minderte, den die Uebermacht der grossen Landthiere eingeflösst hatte, wandten sie ihren Blick anderen Seiten zu, in denen das Thierreich, wenn auch nicht furchtbar, dennoch dem Menschen überlegen erschien. Vor Allem waren es die Vögel, welche durch ihr freies Umherfliegen, ihre anmuthige Form und Gewandtheit dem Menschen eine hohe Vorstellung von ihrem Werthe einflössten; am wunderbarsten war ihre beneidenswerthe Fähigkeit, von der Erde sich zu erheben, im Luftraume willkürlich umherzuschweben und mit Leichtigkeit Entfernungen in kurzer Zeit zurückzulegen, wie kein anderes Wesen. In den Vorstellungen gestaltete sich das Kreisen in der Höhe als Gabe der Uebersicht, indem der Mensch sich selbst als Maasstab anwendend, den Schluss zog, dass die Vögel die Bewegung in der Höhe benutzen, wie er selbst es thun würde, wenn er fliegen könnte; sie erschienen ihm als Beobachter der Menschen und als rasche Verbreiter des Beobachteten, also Lauscher und Verräther; ihr rasches Gezwitscher mit gegenseitigem Verständnisse deutete er als kluge Berathung und während die grösseren oder gefährlichen Landthiere ihm durch überlegene Waffen Schrecken eingeflösst hatten, erregten die Vögel in ihm die Vorstellung ihrer überlegenen Klugheit; er fürchtete sie allerdings auch, aber bewunderte sie, seine Ehrfurcht hatte sich zu einer höheren Stufe entwickelt. Beim Adler und anderen grösseren Raubvögeln verband sich mit jenen Eigenschaften noch die Stärke, er sah sie als siegreiche Kämpfer und wie auf den rückständigen Stufen der Menschheit allerorts und zu allen Zeiten, die Ueberlegenheit im Zweikampfe vor allem Anderen Bewunderung findet, so musste auch damals die Stärke der Adler u. a. diese Vögel doppelt bewunderungswerth erscheinen lassen.

Die Verehrung der im Thierreiche lebenden Uebermächte, als die erste Stufe der menschlichen Entwickelung zur Ehrfurcht und Bewunderung, zeigt sich zu den verschiedensten Zeiten, bei weitentlegenen Völkern und erhält sich selbst dann noch im Kreise der Völker, nachdem die Verehrung anderweitig zu höherer Gestaltung sich entwickelte. In solchen Fällen nimmt sie nur allmälich ab, zieht sich zurück in die rückständigsten Kreise des Volkes und verliert sich am Ende in schwachen Anläufen, deren Zusammenhang mit der früheren Verehrung nur in dürftigen Spuren sich andeutet. Die Verehrung, welche die alten Egypter dem Apis (Stier oder Kalbe) widmeten, dem Krokodil, der Schlange u. s. w. längst nachdem sie höhere Wesen erkannt hatten, zeigt auf den ursprünglichen Thierdienst des Volkes zurück, der späterhin bildlich umgedeutet, dem höheren Dienste angeschlossen und untergeordnet ward, weil das Volk, im Rückstande verharrend, nicht davon ablassen wollte. Der Apis oder seine Ruthe ward Bildzeichen des Osir; die Schlange ward die des Tiube (Typhon); der Wickler fiel dem Ammn zu und der Sperber dem Thet oder Thoth u. s. w. Jeder der zwölf Bezirke des Landes hatte sein heiliges Thier, welches in dem Bezirke verschont, gehegt und angebetet ward und das Feldzeichen, das Panier dieses Bezirkes bildete. Auch die Israeliten scheinen (4. Mose 2) solche zwölf Paniere geführt zu haben. Bei den Babelonern blieb der Löwe durch alle Zeiten das Hauptsinnbild und ebenso weist die Stiftshütte Moses, ausser den Cherubim der Lade, auch Löwengestalten auf. Der griechische Zeus wie der römische Jupiter hat seinen Adler zum Gefährten, Minerva hat ihre Eule, schaut klug in das Dunkle, Nächtige und der nordische Odin hat seine Raben zum Begleiter, welche die Geheimnisse erkunden und ihm zuflüstern. Die Vögel wie andere Thiere wurden aus ehemaligen Verehrungswesen, die Sinnbilder oder Begleiter der neueren, die Diener ihrer Nachfolger; im Übrigen behielten sie ihre frühere Geltung als Kundschafter: sie erforschten Geheimnisse und verkündeten sie dem, der ihre Sprache verstand, ihr Flug gab Wahrzeichen und enthüllte die Zukunft. Bei Griechen und Römern, Arabern und Indiern, in West-Afrika wie in Amerika, im hohen Norden wie im fernen Süden galten sie als klüger denn die Menschen, als Kenner des Verborgenen der Gegenwart und Zukunft. Auch das, was der Mensch späterhin als Geist oder Seele erkannte und sich vorstellen wollte, versinnlichte er in geflügelter Gestalt, von dem geflügelten Kopfe, den das Alterthum wählte zur Bezeichnung der Seele, bis zur Taubengestalt, welche, nach dem Vorbilde der Samaritaner, die Evangelien-Verfasser dem heiligen Geiste beilegten. Selbst in den Wappen der Gegenwart erblicken wir die Ausläufer des alten Thierdienstes, es sind die alten Paniere der jene Thiere anbetenden Bezirke; selbst in den Bischofsmützen liegt die Andeutung der Hörner, welche zu beiden Seiten des Hauptes der ältesten Apispriester Egyptens hervorragten, wenn sie opfernd mit der Stierhaut sich behängten und deren Kopftheil über ihren Schädel legten; eine Urform, deren Abschwächung bereits in dem gehörnten Moses der Semiten erscheint und mit so vielem anderen Ur-Egyptischen (Tempel, Altar, Opfer, Weihwasser, Weihrauch, Bischofsstab u. s. w.) in das, vordem formlose Christenthum eingeführt wurde.

§. 34.

Als nächste Stufe der Fortbildung über den Thierdienst hinaus, erweist sich die Verehrung von Erscheinungen, von übermächtigen Gewalten, die keine stetige, festbegrenzte Gestalt besitzen, wie die Thiere, sondern in wechselnden Formen sichtbar oder auch nur fühlbar, weit um sich greifend wirken zum Schaden der Menschen. Je nach der Örtlichkeit waren diese Übermächte verschieden: in der Wüste die wirbelnde Sandwolke, der Wüstensturm; in den angrenzenden Ländern der tödtliche, dörrende Wüstenwind; in bewaldeten Gegenden der Waldbrand; in den Küstenländern das Meer; in dürren, heissen Hochländern die brennende Sonne; in Flussniederungen der überschwemmende Strom; im gemässigten Erdgürtel der Regen- und Gewitterhimmel, das Wolkenreich u. s. w. Alle waren sie Übermächte, die der Mensch zu fürchten hatte, sobald er ihr Gebiet betrat. Diesem Verehrungswesen zur Seite, oft sogar als untergeordnete Form oder Grundlage der Anbetung so eng verbunden, dass eine Trennung unausführbar ist, steht der Fetischdienst, dessen Erläuterung am geeignetsten vorangeht, da seine vielgestaltigen Formen auf allen Stufen der Entwickelung, in allen Bereichen anzutreffen sind, in den verschiedensten Gestaltungen immer wieder auftauchen und fast unausrottbar erscheinen. Verfolgt man den Fetischdienst bis zu seiner untersten Stufe, so zeigt sich als die Quelle seiner Entstehung die Verwunderung. Es konnte nicht fehlen, dass dem Menschen, sobald er anfing die sichtbaren Gegenstände mit einander zu vergleichen, einzelne derselben dadurch auffielen, dass sie einzig in ihrer Art waren, sei es in Grösse, Form, Farbe, wie einzeln stehende oder liegende Steine, ungewöhnlich hohe und ausgebreitete Bäume u. a.; jedes, was

Gegenstand seiner Verwunderung war, erregte beim Anblicke Sehen oder Behagen und ward, als eine Bewohnerzahl in der Nähe sich ansiedelte, nicht allein Merkmal, sondern auch Verehrungswesen derselben. Je mehr die Ansiedlungen sich ausbreiteten, die Entfernungen grösser wurden, desto mehr strebte man danach, an jedem Orte einem ähnlichen Verehrungswesen nahe zu sein; jedes Dorf errichtete einen Stein, pflanzte einen ähnlichen Baum oder stellte einen anderen Gegenstand auf, der seine Verwunderung erregte, wenn er nicht zufälliger Weise dort sich befand, wo sie sich ansiedeln mochten. Folgerichtig strebte auch jeder Einzelne danach, für sich etwas zu erlangen, was seine Verwunderung erregte, denn jedes, was ihm ungewöhnlich erschien, musste nach seiner Meinung auch ungewöhnlich wirken können. Der Fetischdienst zeigt sich dort, wo er herrscht, in dieser Weise so weit entwickelt, dass nicht allein jedes Volk, jeder Bezirk, jedes Dorf und jeder Mensch seinen Fetisch besitzt, sondern auch jedes Feld und jeder Garten, jeder Weg wie auch jede Wohnung mit Fetischen versehen ist, so dass sich niemand auch nur einen Augenblick gegen den Einfluss der Fetische anderer sicher weiss, da die Vorstellung herrscht, dass jeder Fetisch nur seinem Besitzer nütze, allen übrigen aber gefährlich sei. Bei den Negervölkern Westafrikas findet sich der Fetischdienst am ausgeprägtesten: jeder Stamm besitzt seinen Hauptfetisch, der in Wäldern oder irgendwo im Busche wohnt, nur den Priestern zugänglich; jedes Dorf hat seinen Fetisch ausserhalb frei oder unter einem Dache aufgestellt; jeder Einzelne bemüht sich einen besonderen Fetisch für sein Haus, seinen Garten, sein Feld zu erlangen, sei es ein Stein, Knochen, Lappen oder sonst auffällig Gestaltetes und an seinem Körper trägt er nicht minder einen Fetisch kleinster Art. Seinem Fetisch vertraut er Wohl und Wehe an, widmet ihm seine Hoffnungen und Klagen, seine Lobsprüche wie Vorwürfe, macht ihm Versprechungen und schliesst einen Bund mit ihm, küsst und verehrt ihn wenn er hilft, andernfalls setzt er ihn ab, tritt ihn mit Füssen und wirft ihn fort. Der Ortsfetisch befasst sich nur mit Gemeindesachen, welche ihm die Vorsteher anheim geben, nimmt Eide entgegen und hilft Diebe, Zauberer, Ehebrecherinnen u. d. zu entdecken. Der Stammfetisch dagegen ist unnahbar, wohnt im Dunkeln; nur der Priester darf dem Schrecklichen nahen und wer den Hauptfetisch befragen will oder seiner Hülfe bedarf, muss ihm Opfer darbringen, die aus dem Besten, dem Ausgesuchtesten bestehen. Der Priester bringt dem Fetisch das Opfer, dringt in das dunkle Heiligthum und bringt dem fernab harrenden Bittsteller die Antwort des Herrn zurück. Die Ortschaften wechseln ihren Fetisch selten, die Einzelnen desto öfterer. Wenn aber ein Ort von besonderem Unheile betroffen wird und sein Fetisch nicht hilft, dann nimmt man an, er sei beleidigt worden und wendet sich an den Stammfetisch um Auskunft oder Hülfe oder man deutet, es habe ein übermächtiger fremder Fetisch das Unheil angestiftet. Je nachdem der forschende Priester erkundet, wird im ersteren Falle der Beleidiger des Ortsfetisches ermittelt und unweigerlich zu Tode gemartert; im anderen Falle werden Treibjagden und Kriegszüge veranstaltet, um den übermächtigen Fetisch zu erlangen, indem man entweder ihn einem anderen Dorfe raubt oder Jemanden aufspürt, der vor Eintreffen des Unglückes durch das Dorf gewandert war und wie jeder andere seinen Fetisch an sich trug. In beiden Fällen wird der übermächtige, ungünstig gewesene Fetisch mit List oder Gewalt erlangt und jubelnd im Siegeszuge heimgebracht, um zum Heile des Dorfes aufgestellt und verehrt zu werden. Der Fetisch des ganzen Stammes ist dagegen anderer Art, unabsetzbar und unnahbar, auch weiss niemand ausser dem Hohenpriester welche Gestalt er habe und sein Name ist unaussprechlich; er ist grimmig und rachsüchtig, bestraft den ganzen Stamm, das ganze Volk für die Fehler der Einzelnen und wenn seine Ungnade (in Dürre, Hungersnoth, Seuchen) sich bethätigt, wird durch den Hohenpriester erforscht, was ihn beleidigt haben könne. Hat es an Opfergaben gemangelt, so müssen diese reichlich nachgeliefert werden, besänftigt ihn dieses nicht, dann wird der Unglückliche aufgespürt, der ihn beleidigt haben könnte, indem er die Gebote übertrat oder gar einem anderen Stammfetische huldigte; er und seine Genossen, seien sie auch noch so zahlreich, verfallen dem Zorne des Schrecklichen, werden niedergemetzelt und vom wüthenden Volke zerhackt.

Aus dem Fetischdienste der ältesten Zeit scheint sehr vieles zu stammen, was bei den vorgeschrittenen Völkern späterer Zeiten sich vorfindet. Die Bibel erzählt (1. Mose 31) dass Rahel ihrem Vater seinen Götzen stahl, damit er nicht ihre Flucht erfahre; Jakobs Oheim Laban besass also einen Fetisch, den er um Rath fragte und an dessen Wirksamkeit Jakobs Familie glaubte. Jakob macht (1. Mose 28) seinem „Herrn" ein Versprechen, bietet ihm Gegenleistungen an, wenn Er vorher Ihm eine gute Reise, Brod und Kleider liefern wolle; ein Verfahren, wie es ganz dem Fetischdienste entspricht, wie noch heutigen Tages Bewohner von Madagascar vor aufgerichteten heiligen Steinen beten: „Segne meine Reise und wenn sie gelingt, will ich dich bei der Rückkunft salben" was sie späterhin auch vollziehen, wenn der Stein seine Leistung erfüllte. Moses Freundschaftsverhältniss zum Jave, des Letzteren Unnahbarkeit, sein Erscheinen im Busch, das Befragen Javes, die Orakellade mit dem Gnadenstuhle auf dem Er erscheint u. s. w. deuten zurück auf einen Fetischdienst älterer Zeit, dessen Spuren zurück geblieben, nachdem die Vorstellungen bereits vorangeeilt und höher sich entwickelt hatten. Der Raub, den die Daniter an Micha's Fetisch (goldenes Kalb) verüben (Richter 18) um dasselbe als Stammfetisch zu Silo aufzustellen, gehört ebenfalls dahin. Die Behandlung der Orakellade (Bundeslade) als sie in die Schlacht genommen ward (1. Sam. 4) um zum Siege zu verhelfen oder unschuldige, hülfreiche Menschen tödtete (1. Chron. 14) entspricht demselben und die Todtenerweckung durch Elisas Leichnam (2. Kön. 13) führt unmittelbar zu einem Zweige des Fetischdienstes, der zu allen Zeiten von grosser Geltung gewesen ist, zur Anerkennung wunderthätiger Überreste berühmter Männer. Der Stein zu Beth-El (1. Mose 28) den Jakob zum Gedächtnisse seines Traumes salbte, dem ehemaligen Fetischdienste gemäs, blieb noch länger als 1000 Jahre eine Verehrungs- und Opferstätte der Israeliten (2. Kön. 23. 15) und wie die Kinder Israels hingen auch die übrigen Morgenländer an derartigen Überbleibseln des Fetischdienstes, welcher der dunklen Menschheit vorzugsweise anzuhaften scheint. Bei den stammverwandten Arabern blieb der Fetischdienst im Gebrauche bis zum 7. Jahrhundert nach Ch. G.: als Muhammed Mekka eingenommen hatte, fand er an der Kaba, dem Hauptempel, den auch jetzt noch dort verehrten, schwarzen Stein, der, angeblich vom Himmel gefallen, das älteste Verehrungswesen aller Araber war; ausserdem standen rund umher andere Steine zur Anbetung, deren Namen Lat, Uzza, Isaf, Naila und Hobal stark an altbiblische Namen gemahnen. — Die Inder bewahren, auf Zeilan wie in Barma, Zähne ihres Profeten Gautama (Buddha) zur Verehrung; auf Zeilan wird sogar der Fussabdruck Adams bewahrt und verehrt, so wie in West-Arabien unserm Mekka's das Grab Eva's, 30 Ellen lang und bei den heutigen Bewohnern Palästina's giebt es heilige Örter jeder Art, indem die dortigen Juden die angeblichen Gräber ihrer grossen Männer des alten Testamentes zeigen, welche von den Christen und Muhammadanern ebenso heilig gehalten werden, während die Christen ihre besonderen Wallfahrtsorte und Überreste grosser Männer besitzen und die Muhammadaner ihre Derwischgräber und Reliquien; alle darin einig, dass Wunderthaten jeder Art daran haften. Vom Fetischbewahrer rückständiger Völker ältester und neuester Zeit bis zum Reliquien-Anbeter und Wallfahrer vorgeschrittener Völker, sehen wir die Grundvorstellung herrschend, dass jedem Gegenstande ungewöhnlicher Form oder Ursprunges auch ungewöhnliche Fähigkeiten inne wohnen müssten, dass Alles was Staunen oder Verwunderung errege, wunderbar sei, Wunder verrichten könne; sei es ein Felsstück, ein Baum oder die Überreste eines Menschen von höheren Gaben oder grossen Thaten.

§. 35.

Zur Verehrung übermächtiger Erscheinungen bietet die Erdoberfläche unterschiedliche Verhältnisse dar, deren Eigenthümlichkeiten zudem in verschiedenen Richtungen abgestuft sind. Am einflussreichsten erweist sich der Wüstengürtel, welcher Nord-Afrika und Mittel-Asien vom Atlantischen Meere bis zum Eismeere durchzieht, bestehend aus Sand- und Steinflächen, öden Steppen und Moorebenen, die hie und da durchbrochen werden von schmalen Flussthälern und fruchtbaren Landstrichen. In und neben dem heissen Wüstengürtel, der Nord-Afrika, Arabien und Persien durchzieht, herrscht grosse Jahreswärme, deren Dürre nur dort an üppiger Fruchtbarkeit treibt, wo sich starke Bodenfeuchtigkeit vorfindet, sei es in Quellen, Brunnen oder Flussbetten. Entfernter vom Wüstengürtel herrscht mindere Jahreswärme und verhältnismässig grösserer Niederschlag der Luftfeuchtigkeit, so dass eine kräftige, aber mässige Fruchtbarkeit des Bodens erzeugt wird, seltener unterbrochen durch Öde und Mangel in Folge der Schwankungen nach beiden Seiten, sowohl im unzureichenden Niederschlage, also Dürre, wie im überflüssigen Niederschlage, also Kälte, Unreife und Überschwemmungen. Beim Wüstengürtel herrschen Zustände, die günstig oder ungünstig zum Äussersten ausschweifen, zur erstickenden Fülle sich entwickeln wie zum tötlichen Mangel: entfernter vom Gürtel dagegen mindere Ausschweifung und grössere Gleichmässigkeit. Der Mensch, je nach seinem Wohnplatze, diesen weit verschiedenen Zuständen ausgesetzt, bildete je nachdem seine Aussenwelt, (§. 15) gestaltete danach sein Wesen, seine Vorstellungen, seinen Glauben; je nach den Eindrücken, die er empfing, waren die Gestaltungen seiner Aussenwelt verschieden.

Auf dem Hochlande Asiens ist es der Wolkenhimmel, der **Wolkenbeherrscher**, welcher das Leben regiert: von oben wird der Mensch durch Gewitter und Hagel erschreckt, schädlich dem Hirten wie seinen Herden; von oben strömt der erfrischende Regen, der die Weiden mit neuem Grün bekleidet aus den Wolken, schützend gegen Sonnenbrand; von oben kommen ihm Schrecken und Segen; der Mensch fasst sein Verehrungswesen in ein Bild zusammen, den Himmel. Der Segen erfolgt aber nicht wie der Mensch ihn wünscht: der Regen wird zurückgehalten, während er, schmachtend danach sich sehnt oder erfolgt im Überflusse zu seiner Plage. Um daraus eine Vorstellung sich schaffen zu können (§. 17) die aussersinnliche Ursache dieser sinnlich wahrnehmbaren Wirkung sich vorzustellen, macht er Vergleiche, denkt sich einen menschenähnlichen Willen thätig, der willkürlich spendet oder versagt, den Menschenwillen aber so weit überragend, wie die Äusserungen desselben, Gewitter und Regenströme, die Kraft eines Menschen übersteigen. Der Himmel wird ihm sonach zum Bilde eines übermächtigen Wesens mit menschenähnlichem Willen, mit Willkür und Launen begabt, eines Wesens, welches sichtbarlich die Wolken sammelt, sie geschlossen hält oder den Regen herabfallen lässt, im Blitze zur Erde niederfährt und im Donner redet. Die Wolken, mit bekannten Gegenständen verglichen, erscheinen ihm als ausgebreiteter Mantel des höheren Wesens oder als milchspendende Herden, als Wasserschläuche die Er öffnet oder als Unterlage, auf der Er eilends dahinfährt, grollend oder heiter, Segen oder Verderben herab sendend. Diese Vorstellungen wurden bereichert, als die Hochlandbewohner wandernd in Gegenden gelangten, wo das Land unebener, von feuchten Thälern unterbrochen war, in denen Frische und Fruchtbarkeit sich vorfanden, während die Steppe verdorrte. Es erschien ihnen leicht erklärlich, warum die höhere Weide dürre sei, denn der Regenspender halte sich im feuchten Thale auf; der Schatten riesiger Bäume behage ihm wie dem Menschen; das Rauschen in den Wipfeln, während am Boden kein Hauch zu spüren, verrathe seine Nähe; der Regenspender wohne in oder über den Wipfeln, fahre dort umher, wie in oder auf den Wolken und wenn zunehmendes Rauschen (der anhebende Wind) Regenwolken heranführte, die sich entladen, erschien es augenscheinlich, dass Er sie gerufen habe und dass er auf ihnen weiter gefahren sei, wenn es nach dem Regen ruhig geworden war in den Wipfeln. Als Regenspender auf den Wolken erscheint der Indra der Arier, als Wald bewohnender Gewitter- und Regenherr erscheint der Zeus der Pelasger und als Wolkenherr der Wodan der Altdeutschen. In anderen Gegenden, wohin die Wandernden gelangten, waren es augenscheinlich hohe Berggipfel, um welche die Wolken sich scharten und woher sie, Regen spendend oder verherend in die Ebene hinabgesandt wurden; dort oben war also sein Aufenthalt, dorthin berief er die Wolken, von dorther warf er seine Blitze und redete im Donner grollend von der Bergeshöhe herab. In diesem Sinne wiesen die nachpelasgischen Hellenen ihrem Zeus den Olymp an, als diese Vorstellung von einwandernden Kleinasiaten (Jonern) herangebracht und bei ihrer Vermischung mit den Pelasgern den ältern Vorstellungen zugefügt ward. Vom Olymp überschauete Vater Zeus die Welt, d. h. seine Gläubigen, dort stand sein Stuhl und dorthin versammelte er seine Untergebenen.

§. 36.

Andere Völker und Stämme gelangten frühzeitig in Flussthäler oder an die Meereskünste und fanden hier übermächtige Gewalten im günstigen oder ungünstigen Wirken des Wassers; sie verehrten den **Meerherrscher** oder **Flussherrn**. Vor allem waren es die grossen im heissen Erdgürtel belegenen Flüsse Ganges, Euphrat-Tigris und Nil, welche als übermächtige Gewalten erkannt, gefürchtet und verehrt wurden. Sie durchflossen ein fruchtbares Thal, in dem der Mensch leicht und behaglich wohnen konnte; zu Zeiten schwollen sie aber an, überschwemmten ihre Thäler, ertränkten Menschen und Vieh und rissen alles bewegliche mit sich fort. Die Ursachen im Schneeschmelzen oder der Wolkenverdichtung des fernen Hochlandes zu finden, lag ihnen zu weit ab, gehörte nicht zu ihrer Aussenwelt; sie verglichen das Wirken der Ströme mit dem eigenen Wesen, und glaubten einen menschenähnlichen Willen, Willkür, gute oder böse Launen darin zu erkennen; der Fluss war also ein übermächtiges, menschenähnliches Wesen, welches glücklich machen oder verderben konnte. Selbst als die Egypter schon höher gestellte Wesen verehrten, behielten sie den Nildienst bei und die Hindu halten noch jetzt, neben ihrem Bramadienste die Verehrung ihres heiligen Ganges fest. Der Flussdienst führte in seiner weiteren Verbreitung zur Verehrung aller Gewässer und Quellen, welche auf die Geschicke der Menschen wirkten. Die Hellenen brachten es darin zu einer erstaunlichen Mannigfaltigkeit, sie verehrten Quellen und

Flüsse und opferten ihnen; selbst die hochgebildeten Perserkönige Xerxes und Dareios behandelten Flüsse und Gewässer als willenbegabte Wesen und brachten ihnen reiche Gaben dar.

Diejenigen Völker, welche an das Meer geriethen, lernten es in seiner Schönheit, wie in seiner Furchtbarkeit kennen: es warf ihnen Narung an den Strand, lieferte Schalthiere und Fische, drang aber auch im brausenden Wogenschwall hoch hinauf an die Ufer, zertrümmernd und mit sich fortreissend; während des Grollens war es versagt, dem Grimmigen zu nahen. Die in Europa wie auf dem Mittelmeere herrschenden Windrichtungen lassen es als wahrscheinlich erkennen, dass die libysche Küste Afrikas von jeher dem Wogendrange am stärksten ausgesetzt gewesen sei, da sie in der ganzen Erstreckung von der Grossen Syrte (Bucht von Bengazi) bis zur Nilmündung eine Meeresfläche von 100 bis 150 deutschen Meilen in der herrschenden und stärksten Windrichtung der West- und Nordwest-Stürme vor sich hat. Diese Stürme wirken nicht allein darin nachtheilig, dass sie das Meer an der Küste 12 bis 20 Fuss über seinen gewöhnlichen Stand anschwellen und um so reissender die Wogen in das Land hinein treiben, sondern sie bringen auch die Küste in Abbruch, so dass deren Stoffe, mit der unausgesetzt nach Osten fliessenden Küstenströmung fortgeführt, spurlos verschwinden; anderwärts treiben sie von dem flachen Strande den Meeressand landeinwärts, Buchten und Wasserflächen ausfüllend oder einen vorrückenden Dünenrand anhäufend. Wie in der Nordsee der Nordwester die friesischen Inseln zertrümmerte und in Sandbänken ihren Unterbau zurückliess, so scheint auch in der grossen Syrte das Vorhandensein einer Anzahl Sandbänke auf zerstörte Inseln hinzudeuten, so dass an dieser Stelle das Meer in doppelter Beziehung furchterregend und nachtheilig gewirkt haben mag. Jedenfalls haben, nach Herodot, die Hellenen ihren Meeresherrn Poseidon von den Libyern empfangen, in deren Vorstellungen sein Bild aus den beschriebenen örtlichen Verhältnissen erwachsen konnte, weil dort die Grundbedingungen, im sichtbaren gefährlichen Walten des Meeres, stärker als anderswo an jenen Küsten vorhanden waren. Der Poseidon blieb auch bei den Griechen das Verehrungswesen der fischessenden Küstenbewohner; die seefahrenden Fremden brachten ihn allenthalben hin, wo sie längs den Küsten und in den Flussthälern sich ansiedelten.

§. 37.

Im Bereiche der Wüsten waren andere Übermächte herrschend, dem Menschen in mehrerer Beziehung verderblich: vornehmlich der erstickende und im Sandwehen alles begrabende Wüstenwind; der grimmige **Wüstenherrscher**. In den dürren Sandebenen bietet sich dem überfallenen Wanderer kein Schutz wider den heran nahenden Wirbelsturm: der Himmel röthet sich, die Luft wird erfüllt von ermattender Hitze und feinem Staube, der Lebensmuth versiegt, niederkauernd lässt man den heran eilenden Sandsturm über sich ziehen und erhebt sich aus einer Sandanhäufung, wenn man das Leben sich erhielt oder wird darunter begraben, wenn man unterlag. Die Hitze trocknet die gefüllten Wasserschläuche aus, der Wind treibt den feinen Sandstaub in Augen, Nase und Mund zum Ersticken, der Wanderer verirrt sich auf dem pfadlosen Sandmeere und wenn er ermattet dem Tode verfällt, häuft der Wind einen Sandhaufen über ihn, aus dem späterhin sein gebleichtes Knochengerüst zu Tage tritt, wann der Wind den Haufen wiederum fortgeweht hat. Selbst weit über den Bereich der Wüste hinaus dringt der glühende, dürre Wüstenwind, versengt die Pflanzen, ermattet die Menschen, trocknet Bäche und Teiche aus, weite Flächen mit feinem Wüstensande überdeckend. Dieser Samum, Chamsin, Scirocco u. a. benannte Wind erstreckt seine Wirkung von der Sahara, der grossen Wüste Afrikas aus, über das Mittelmeer, durch Italien über die Alpen bis in die Schweiz hinein, wo er als Föhn und durch beschleunigtes Schneeschmelzen in den Alpen die Gewässer überfüllend, grosse Verheerungen anrichtet. Die gefährlichste und verderblichste Art des Wüstensturmes sind die in Wirbeln dahin fahrenden Sandwolken, wie sie sowohl an den atlantischen Küsten Afrikas, wie auch am Rothen Meere in der Wüste Seheb beobachtet worden sind und westlich vom Nil, im ehemaligen Libyen, wo der Nordwind des Mittelmeeres landeinwärts dringend, dem Südstorme der Wüste begegnend, Luftwirbel von ungewöhnlicher Stärke erzeugen kann. Der verderbliche Wüstensturm und versengende Wüstenhauch scheint bei den Egyptern als Amun (Ammon) eines der ältesten Verehrungswesen gewesen zu sein, der Herr der Wüstenhorden, welche aus Westen in die Nilmarschen einwanderten und ihren ältesten Anbetungsort auch später noch beibehielten in der Oase Ammon mitten im dürren Lande der früheren Heimat. Der Wirbelgestalt der Wüstensandwolke entsprechend, wählte der nach Vergleichen urtheilende Mensch (§. 17) gewundene Widderhörner oder Schlangen zur bildlichen Darstellung des übermächtigen, verderblichen Wüstenherrn; eine Gestaltung die sich auch im Judenthume, wie bei Griechen und Römern wiederfindet, selbst im Christenthume in den Sagen von Drachen und Lindwürmern ihre Anklänge hat. Jenen Bewohnern der Nilmarschen ward höhere Bildung gebracht durch Einwanderer aus dem Nil-Oberlande (Meroë) wo ebenfalls der Wüstenwind herrscht, jedoch in doppelter Weise: im Nilthale als trocknende, treibende Wärme, dagegen auf dem Hochlande zu beiden Seiten als ausdörrender Verderber, sengende Hitze. In letztgenannter Bedeutung ward er herangebracht als Verehrungswesen Tiube (Verderber), ein Wort, welches die Griechen in Typhon umwandelten. Die Ähnlichkeit des Ursprunges mag den Amu und Tiube verschmolzen haben, denn der Typhon wird bei den Griechen als gewundene, wirbelnde Gestalt beschrieben, so dass man ebenso wohl sagen durfte, der Amun sei aus dem Oberlande herangebracht worden und in den Marschen verbreitet worden. Bei fortschreitender Erkenntniss ward die herrschende Hitze, welche seltener mit Luftströmungen erfolgte, nicht mehr der Wüste, sondern der Sonne zugeschrieben und diese, wie es scheint, ursprünglich oder örtlich als Ues, späterhin oder allgemeiner als Osir (der Vieläugige — Allsehende) zum Verehrungswesen erhoben. Das egyptische Volk zeigt in seinen Verehrungswesen, so weit sich bis jetzt erkennen lässt, wie beim Zusammenfliessen von Menschen aus verschiedenen Gegenden, eine Anzahl unterschiedlicher und theils auch gleichartiger Verehrungswesen zusammengebracht und einander angeschlossen werden, auch im Laufe der Zeit ihr Wesen ändern können, wenn die örtlichen Verhältnisse anders sich gestalten. Im Nilthale und den Marschen Unter-Egyptens scheint der Ph'andienst örtlich entstanden und die älteste einheimische Verehrung gewesen zu sein; der wirbelnde Wüstensturm (Amun) kam vom westlichen Hochlande hinzu, wie der sengende Wüstenwind (Tiube) von Süden her und aus letzterem möchte späterhin die Sonnenhitze in der sichtbaren Sonnengestalt geschieden worden sein, um die Spitze aller Verehrungswesen zu bilden. Die Sonne gewann um so mehr an Geltung, als durch geregelte Bewässerung des Landes, ihre verderbliche Wirkung gemässigt ward: ihre wohlthätige befruchtende Wärme, ihre glänzend reine Erscheinung, ihre unabänderliche Regelmässigkeit, steigerte die Vorstellung zum Höchsten, machte sie zum Haupte der Verehrungswesen, Herrn der

Welt, Wohlthäter der Menschen und liess im Osirbilde alles zusammenfliessen, was den Vorgeschrittenen (den Priestern) als das Höchste galt: Reinheit, Güte, Gesetzmässigkeit, Allwissenheit und Allmacht.

Den Egyptern nächststehend erscheinen die sogenannten Semiten, ein Name den man nach der israelitischen Völkertafel (1. Mose 10) gewählt hat, um eine Anzahl stammverwandter Völker zu bezeichnen, zu denen die Syrer, Babeloner (Chaldäer) Kanaaniter oder Keniter und Araber gehören; unter den Kenitern wiederum die Sidonier oder Föniker, Israeliten, Ammoniter, Moabiter, Amalekiter und am südlichsten die Midianiter. Die Sprachen sind sämmtlich nahe verwandt und gehören, so weit die Spuren sich verfolgen lassen, zu einem Stamme, dessen Spitze bei den Syrern und Chaldäern am höchsten entwickelt war, der durch die Keniterstämme rückwärts nach Arabien und durch Arabien nach Süden reicht, von wo die Spuren nach Afrika (Abessynien) hinüber führen, und dort die rückständigste Form des Sprachenstammes in Abessynien aufweist. Es darf zunächst dort die Urheimat der Semiten vermuthet werden; nach schwächeren Spuren der Stammverwandtschaft zu schätzen, die in südafrikanischen Völkern sich zeigen, liegt vielleicht die älteste Heimat in Mittel-Afrika. Unter den zahlreichen Völkern der grossen Semitenhorde hat der kleine Zweig der Kinder Israels die grösste Geltung für uns Europäer, weil aus seinem Glauben unser Christenthum erwachsen ist und von ihnen zahlreichere Urkunden ihrer ältesten Geschichte auf uns vererbt worden sind. Die Urgeschichte der Israeliten giebt in einer Fülle von Stammsagen, eine zerstreute Menge von Anführungen, bezüglich ihrer Verehrungswesen, bei deren nachfolgender Erläuterung die wörtlichen Anführungen aus Luthers Bibelübersetzung entnommen sind, wiewohl solche unter dem Mangel leidet, die Namen der verschiedensten Verehrungswesen gleichmässig und ungehörig durch „Herr" oder „Gott" zu übersetzen (§. 26). Die bezüglichen Bibelstellen lassen:

1. Mose 15. 12 u. 13: „Da nun die Sonne untergegangen war, fiel ein tiefer Schlaf auf Abram und siehe Schrecken und grosse Finsterniss überfiel ihn. Da sprach der Herr zu Abram: Das sollst du wissen u. s. w."

17: „Als nun die Sonne untergegangen und es finster geworden war, siehe da rauchte ein Ofen und eine Feuerflamme fuhr zwischen den Opferstücken hin."

18: „An dem Tage machte der Herr einen Bund mit Abram u. s. w."

22. 1 u. 2: „Nach diesen Geschichten versuchte Gott Abraham und sprach zu ihm: Abraham! Und er antwortete: Hier bin ich. Und Gott sprach: Nimm Isaak, deinen einzigen Sohn, den du lieb hast und gebe hin in das Land Morija und opfere ihn daselbst zum Brandopfer auf einem Berge, den ich dir sagen werde."

2. Mose 3. 1—8: erscheint dem Moses, als er Schafe hütete beim heiligen Berge Horeb, der Engel des Herrn in einer feurigen Flamme aus dem Busche und als Moses sich nähert, rief es aus dem Busche: „Ich bin der Gott deines Vaters, der Gott Abrahams, der Gott Isaaks und der Gott Jakobs. Und Moses verhüllete sein Angesicht, denn er fürchtete sich, Gott anzuschauen."

18: verordnete Gott, dass Moses und die Ältesten von Israel dem Könige der Egypter sagen: „Der Herr, der Hebräer Gott, hat uns gerufen. So lasst uns nun gehen drei Tagereisen in die Wüste, dass wir opfern dem Herrn, unserem Gotte."

4. 24: Moses mit seinem Weibe Zipora und seinem Sohne Gerson waren auf der Wanderung aus Midian nach Egypten in der Herberge; da „kam der Herr entgegen und wollte ihn tödten." Zipora beschnitt ihren Sohn zum Schutze, zum Blutbunde; da liess der Herr ab von ihm.

5. 1: „Danach gingen Mose und Aron hinein und sprachen zu Pharao: so sagt der Herr, der Gott Israels: Lass mein Volk ziehen, dass es mir ein Fest halte in der Wüste. Der Hebräer Gott hat uns gerufen. So lass uns nun hinziehen drei Tagereisen in die Wüste und dem Herrn, unserem Gotte opfern, dass uns nicht widerfahre Pestilenz oder Schwert."

13. 21: „Und der Herr zog vor ihnen her, des Tages in einer Wolkensäule, dass er sie den rechten Weg führete und des Nachts in einer Feuersäule, dass er ihnen leuchtete, zu reisen Tag und Nacht."

14. 24: „Als nun die Morgenwache kam, schaute der Herr auf der Egypter Heer aus der Feuersäule und Wolke und machte einen Schrecken in ihrem Heer."

16. 9—12: „Und Moses sprach zu Aron: Sage der ganzen Gemeinde der Kinder Israel: Kommt herbei vor dem Herrn, denn er hat euer Murren gehört. Und da Aron also redete zu der ganzen Gemeinde der Kinder Israel, wandten sie sich gegen die Wüste und siehe die Herrlichkeit des Herrn erschien in einer Wolke. Und der Herr sprach zu Mose: Ich habe u. s. w."

19. 18: „Der ganze Berg Sinai aber rauchte, darum dass der Herr herab auf den Berg fuhr mit Feuer und sein Rauch ging auf, wie ein Rauch vom Ofen, dass der ganze Berg sehr bebte. Und der Posaune Ton ward immer stärker; Moses redete und Gott antwortete ihm laut."

20. 18: „Und alles Volk sah den Donner und Blitz und den Ton der Posaune und den Berg rauchen. Da sie aber solches sahen, flohen sie und traten von ferne."

21: „Also trat das Volk von ferne; aber Moses machte sich hinzu in's Dunkle, da Gott innen war."

23. 27: spricht der Herr: „Ich will mein Schrecken vor dir her senden und alles Volk verzagt machen, dahin du kömmst u. s. w."

24. 17: „Und das Ansehen der Herrlichkeit des Herrn war wie ein verzehrendes Feuer u. s. w."

32. 10: „Der Herr sprach zu Mose: Und nun lass mich, dass mein Zorn über sie ergrimme und sie auffresse u. s. w."

32. 26: „Moses trat in das Thor des Lagers und sprach: Her zu mir, wer dem Herrn angehört. Da sammelten sich zu ihm alle Kinder Levis. Und er sprach zu ihnen: So spricht der Herr der Gott Israels: Gürte ein Jeglicher sein Schwert auf seine Lenden und durchgehe hin und wieder von einem Thore zum andern das Lager und erwürge ein Jeglicher seinen Bruder, Freund und Nächsten. Und die Kinder Levis thaten, wie ihnen Moses gesagt hatte und fiel des Tages vom Volke bei drei tausend Mann."

2. Mose 33. 18: Moses sprach zu Gott: „So lass mich deine Herrlichkeit sehen." Gott sprach: „Mein Angesicht kannst du nicht sehen, denn kein Mensch wird leben, der mich sieht. Siehe es ist ein Raum bei mir, da sollst du auf dem Felsen stehen. Wenn dann nun meine Herrlichkeit vorüber geht, will ich dich in der Felskluft lassen stehen und meine Hand soll ob dir halten, bis ich vorüber gehe. Und wenn ich meine Hand von dir thue, wirst du mich hintennach sehen; aber mein Angesicht kann man nicht sehen."

3. Mose 26. 13: „Denn ich bin der Herr, euer Gott, der euch aus Egypten geführt hat, dass ihr nicht ihre Knechte wäret und habe euer Joch gebrochen und euch aufgerichtet wandeln lassen. Werdet ihr mir aber nicht gehorchen und nicht thun diese Gebote alle, so will ich euch heimsuchen mit Schrecken, Schwulst und Fieber, dass eure Angesichter

verfallen und der Leib verschmachte. Ihr sollt umsonst säen, eure Feinde sollen die Saat fressen u. s. w. Ich will wilde Thiere unter euch senden, die sollen eure Kinder fressen, euer Vieh zerreissen und eurer weniger machen und eure Strassen sollen wüste werden. Und ich will ein Racheschwert über euch bringen, das meinen Bund rächen soll. Und ob ihr euch in eure Städte versammelt, will ich doch die Pest unter euch senden und will euch in eurer Feinde Hände geben. Dann will ich euch den Vorrath des Brodes verderben u. s. w. Werdet ihr mir aber dadurch noch nicht gehorchen und mir entgegen wandeln, so will ich auch im Grimme entgegen wandeln und will euch siebenmal mehr strafen um eure Sünde, dass ihr sollt euerer Söhne und Töchter Fleisch fressen u. s. w."

4. Mose 16. 20: „Und der Herr redete mit Moses und Aron und sprach: Scheidet euch von dieser Gemeinde, dass ich sie plötzlich vertilge."

25. 3: „Und Israel hängte sich an den Baal Peor. Da ergrimmte des Herrn Zorn über Israel und sprach zu Mose: Nimm alle Obersten des Volkes und hänge sie dem Herrn an die Sonne, auf dass der grimmige Zorn des Herrn von Israel gewandt werde."

5. Mose 4. 11: Moses sagt dem Volke: „Und ihr tratet herzu und standet unten an dem Berge, der Berg brannte aber bis mitten an den Himmel und war da Finsterniss, Wolken und Dunkel. Und der Herr redete mit euch mitten aus dem Feuer; die Stimme seiner Worte hörtet ihr, aber kein Gleichniss sahet ihr ausser der Stimme."

24: „Denn der Herr euer Gott ist ein verzehrendes Feuer, ein eifriger Gott."

In diesen Bibelsprüchen, denen noch viele andere, minder bezeichnende hinzu gefügt werden könnten, tritt das Bild des höchsten Verehrungswesens der Kinder Israels in bestimmten scharfen Kennzeichen hervor, die zum grössten Theile dem Wüstensturme zukommen, der grimmigen, verheerenden Wolkensäule der Wüste. Der „Herr" wohnt im Dunkel der Sandwolke, er haucht den Menschen an wie ein glühender Ofen, er fährt daher wie ein wüthendes Wesen, wirft den Menschen nieder, eilt über ihn dahin oder gnädiglich an ihm vorüber; sausend wie Posaunenton und blitzend fährt die Wirbelwolke dahin, man darf dem Sandsturme nicht das Gesicht entgegenstellen, nicht das Angesicht des Herrn schauen; wenn er aber vorübergeeilt ist, darf man ihm ohne Gefahr nachschauen; in einer Felskluft geborgen, kann man den Herrn über sich dahin fahren lassen, es wird während dem dunkel, denn er hält seine schützende Hand über den Geborgenen. Man muss ihn suchen drei Tagereisen weit in die Wüste, ihn dort anbeten, denn nur in der Wüste ist er gegenwärtig und das Volk auf seiner Wanderung sah auch den „Herrn" in Gestalt einer Wolke, als es den Blick nach der Wüste wandte; er vermag (im Sandsturme) ganze Heere oder Stämme zu vertilgen, kann durch seine Dürre, Hungersnoth und Pest erzeugen, so dass die gepeinigten Menschen das Fleisch ihrer Kinder fressen müssen; treibt auch die wilden Thiere der Wüste vor sich her in die von Menschen bewohnten Gegenden; er ist grimmig und vertilgt ohne Ansehen der Person. Da in seiner willkürlichen, plötzlichen Erscheinung ein menschenähnlicher Wille sich offenbarte, sein eilendes Vorüberziehen äugenblich geschah: so musste sich das Bild eines grimmen Wüstenherrschers als höchstes Wesen dortiger Gegend bilden, eines dunkelen, verderblichen Wesens, geflügelt oder auf Flügelwesen (Cherubim) die Wüste durchbrausehend und nach Menschentödtung gelüstend, welches sie tödtend ereile oder verschonend an ihnen vorüberfahre.

Um die damaligen Schrecken der Wüste zu verstehen, muss berücksichtigt werden, dass sie in der Gegenwart nur dadurch so sehr verringert sind, dass der Mensch auf den Wüstenreisen durch Kamele sich begleiten lässt, welche die unschätzbare Eigenthümlichkeit besitzen, Tage lang auf dürrer Fläche, in stärkster Hitze zu wandern, ohne des Wassergenusses zu bedürfen. Nur mit Hülfe dieser Thiere, die einen Wasservorrath in Schläuchen und Fässern tragen, kann der Mensch mit einiger Sicherheit die Wüsten durchwandern, in denen nur in Abständen von mehreren Tagereisen Quellen oder Brunnen sich vorfinden; er selbst würde seinen Wasservorrath für mehrere Tage nicht tragen können und jedes andere Thier als das Kamel würde ihn darin nicht unterstützen, weil es seinen eigenen Wasservorrath schleppen müsste; die Wüstenreise hängt also vom Kamele ab, es sei denn, dass Alle beritten, ohne Belastung auf dem schnellfüssigen Rosse oder Rennkamele die Quellenabstände zu durcheilen wissen, bevor das Verschmachten Ross und Reiter hinwirft. Aber auch mit Unterstützung durch Kamele ist die Wüstenreise nicht jeder Gefahr überhoben, denn das Thier unterliegt häufig den Beschwerden, so dass an jedem Wüstenwege zahlreiche Kamelgerippe die Wegweiser bilden; viele Menschen erliegen ungeachtet der Tränkung der Mattigkeit oder verirren sich auf der öden Fläche und sinken nieder. Häufig trocknet der Wüstenwind die

Schläuche aus, so dass selbst neueren Reisenden in einer Nacht der Wasservorrath zu zwei Drittheilen durch Verdunstung verloren ging und sie nur dadurch dem Untergange entkamen, dass der Unfall sie nur eine Tagereise vor dem Ziele betraf, so dass sie es unter erträglichen Entbehrungen erreichen konnten. In den Wüsten Persiens, die keineswegs von grösster Breite sind, wurde noch 1855 eine Karavane, bestehend aus 120 Menschen, 174 Kamelen und 110 Pferden, in einer Nacht vom Wüstensturme bis auf 19 Menschen und 28 Kamele getödtet. Wenn solches bei guter Ausrüstung in der Jetztzeit möglich ist, unter Benutzung der Erfahrungen, welche Jahrtausende hindurch gesammelt worden sind, wie viel verderblicher müssen dann nicht die afrikanischen Wüstenwinde vor Jahrtausenden gewirkt haben, als der Mensch, schaarenweise wandernd, nur durch Zufall zum Ziele gelangte. Wenn der Himmel sich trübte, die Sonne rothglühend hindurch brannte, die Hitze den Körper zum Sterben ermattete, der grimmige Herr in der wirbelnden Wüstenwolke erschien, beladen mit Staub und Sand, musste die ganze Schar zu Grunde gehen, bis etwa auf Wenige, welche als die Kräftigsten den Unfall überstanden oder gar den verbliebenen Wasservorrath sich aneigneten und dadurch das Ziel erreichten, um zu verkünden, dass der „schreckliche Herr" die übrigen zum Opfer gefordert und genommen habe.

§. 38.

In den angeführten Bibelstellen liegt ausser dem Wüstenbilde, wenn auch in schwachen Zügen, das unterschiedliche Bild einer anderen Übermacht angedeutet: es zeigen sich Merkmale des Feuers, des Wald- oder Steppenbrandes, vielleicht aus der ältesten Heimat der Semiten nachklingend, des Feuerherrn, der bei den Egyptern als Ptah sich vorfindet und bei den Hellenen als Hephästos abgeschwächt vorkommt. Der Mensch ist von jeher Waldverwüster gewesen: wie der Ansiedler im Westen Nord-Amerikas die Axt oder den Feuerbrand verwendet, um aus dem Urwalde Ackerland oder Weide zu schaffen, wie der griechische Hirte noch jetzt Waldflächen klärt, um Ziegenweiden daraus zu machen, so hat der Mensch seit Jahrtausenden den Wald vernichtet, um für sich Raum zu schaffen, um an die Stelle des ungeniessbaren Holzes, Futter für sein nährendes Vieh oder Körnerfrüchte zu pflanzen, beides zum eigenen Unterhalte. Wie in

Europa die Urwälder dem Menschen erlegen sind, deren Strecken vordem den grössten Theil der Länder bedeckten, so werden auch in den älteren Zeiten die früher gereiften Menschen des wärmeren und heissen Erdgürtels das Land vom Walde entblöst haben, um Raum und Narung zu gewinnen und wir dürfen annehmen, dass die vorgeschrittenen Völker der Vorzeit, die Römer, Griechen, Semiten, Egypter und andere, die Feinde und Vernichter der Wälder haben sein müssen, um ihrer anwachsenden Volkszahl Raum zu schaffen. Der Wald hat weichen müssen, in dem Verhältnisse wie Menschenbildung und Menschenzahl zunahmen, hat also auch, umgekehrt geschlossen, in den ältesten Zeiten Strecken und Länder so sehr bedeckt, dass die waldfreien Flächen nur als spärliche Unterbrechungen dazwischen lagen. Der Wald vermochte Feuchtigkeit und Pflanzenwuchs auf einem Boden zu erhalten, der ohnedem als dürre Öde blossliegt und aus Zuständen, in Europa durch Waldverwüstung entstanden, lässt sich berechtigt folgern, dass viele und ausgedehnte Wüsten der Erdoberfläche in den ältesten Zeiten Urwälder gewesen sein können oder müssen. Als der Mensch so weit rückständig war, dass er das Feuer nicht kannte, nicht anzueignen wusste, waren es nur die vom Blitze oder durch Reibung der Baumäste erzeugten Brände, welche den Wald lichteten; allein sie waren um so furchtbarer, wenn sie in den heissen Ländern, während der dürren Jahreszeit ausbrachen, denn die Bäume und Gesträuche pflanzten den Brand so reissend fort und über so weite Strecken, dass Menschen und Thiere ereilt und umschlossen, unrettbar verloren waren. Das Feuer war die fürchterlichste Übermacht Aller, welche im heissen Erdstriche die Wälder bewohnten und da der Mensch auf rückständigster Stufe Waldbewohner gewesen sein wird, da nur der Wald Narung mühelos darbietet, so darf angenommen werden, dass der Waldbrand die grösste Übermacht gewesen sei, welche der Mensch in sichtbarer Gestalt und sichtbar wirkend kennen lernte. Die Flamme, welche Abraham sah, wie das Feueropfer, welches Abraham an Isaak vollziehen wollte, deuten in diese Richtung; nicht minder die Feuersäule des „Herrn", welche den wandernden Israeliten voranzog, das Herabfahren des Herrn im Blitze auf dem Berg Sinai, welcher in Brand gerieth und rauchte: alles Bilder, die zum Feuerherrn, zum übermächtigen Waldbrande passen. Wird noch hinzugerechnet, dass der „Herr" von Abrahams Zeiten her, Brandopfer heischt, nicht Opfergaben, die hingelegt wurden, sondern verbrannt werden mussten, dem „Herrn zum süssen Geruche", mit denen die

Art nachzuahmen war, in der Er selbst Menschen und Thiere zu sich nimmt, die Er erällt, so ergiebt sich ein durchgehender Zug von Spuren aus den entlegensten Zeiten, in welchen das Feuer, der Waldbrand, als das älteste Verehrungswesen der Israeliten wie aller Semiten sich offenbart, vielleicht auch der Egypter. Von den vorhin auf den Wüstenherrn bezogenen Merkmalen passen viele ebenso wohl zum Feuerherrn, namentlich auch das Dahinfliegen, Ereilen oder Verschonen der Menschen, die Unmöglichkeit in sein Angesicht zu schauen, die Gelegenheit, in einer Felskluft geborgen, den „Herrn" über sich dahinfahrend zu fühlen und dann den Rücken des Grimmigen schauen zu dürfen; das Wohnen im Dunkel, die Rauchwolke, das Senden wilder Thiere in fruchtbare Länder, wie noch jetzt der Wald- oder Steppenbrand in Amerika Thierhorden vor sich her treibt u. s. w. Es steht uns demnach zweierlei als Deutung der Merkmale zu Gebote: der Wüstenherr und der Feuerherr, deren Bilder und Eigenthümlichkeiten entweder in jenem „Herrn" der Israeliten zusammen geflossen waren oder neben einander im Bewusstsein des Volkes sich erhalten haben konnten. Letztere Annahme wird auffällig unterstützt durch eine Bibelstelle, welche über das wichtigste Fest des Volkes, den Versöhnungstag, handelt und uns dabei jene beiden Verehrungswesen als gleichberechtigt neben einander stehend, schauen lässt. Es heisst nämlich (3. Mose 16. 8) nach unmittelbarer Übersetzung aus der Urschrift: „Und Aron soll das Loos werfen über die zwei Böcke, ein Loos für Jave und das andere für Assael" nämlich über die zwei Sündenböcke des Volkes, auf deren Häupter die Schuld Israels gelegt werden sollte. Die Loosung beweist zuvörderst, dass Jave und Assael gleichberechtigt neben einander standen, dass also die Israeliten unter der Leitung Moses und Arons zwei höchste Wesen verehrten, denen sie gleichmässig gerecht werden wollten, so dass keiner von beiden sich zurückgesetzt fühlen durfte. Die verschiedenen Opferungsweisen der Sündenböcke lässt nachdem die Art der beiden Verehrungswesen erkennen, denn Javes Bock wird geschlachtet und verbrannt, Assaels Bock dagegen in die Wüste geführt und dem Verschmachtungstode überlassen, woraus sich erkennen lässt Jave als Feuerherrn und Assael als Wüstenherrn, beide gleichberechtigt neben einander stehend. Das Wort Jave wird (2. Mose 3. 14) gedeutet als „Ich werde es sein" also der „Unsterbliche" oder „Ewige" und über die Zeit seines Ursprunges heisst es (2. Mose 6. 2 u. 3) nach der Urfassung: „Und Elohim redete mit Moses und sprach zu ihm: Ich bin erschienen Abraham, Isaak und Jakob als El-Schaddai (El der Furchtbare) aber mein Name Jave ist ihnen nicht bekannt geworden." In dieser Mittheilung, die noch vor dem Auszuge aus Egypten erfolgt sein soll, geht der Name des Verehrungswesens El oder Elohim auf Jave über: das Wesen ändert seinen Namen und da Elohim eine Mehrzahl bedeutet, eine Pluralform ist des El oder Eloa: so könnte man glauben, Moses habe damals den Glauben an mehrere Wesen (Elohim) in den des einigen Jave umgewandelt. Allein die nachherige Einsetzung des Doppelopfers für Jave und Asasel erweist, dass die Mehrzahl nicht aufhörte und der Name „El" findet sich schon in der älteren Geschichte als Einheit. Zudem trägt der Asasel ebenfalls die bedeutsame Endsilbe „El" und wird von Sprachforschern das Wort „Asas oder Azaz" als „Macht" oder „Gewalt" gedeutet, so dass es hiesse „der gewaltige El" und El nicht in Jave übergegangen, sondern neben ihm auf gleicher Höhe verblieben wäre. Das Wort „El" in hoher Bedeutung als „Herr" oder „Gott" findet sich auch bei den Chaldäern, deren Hauptstadt Babel (Thor des El) hiess; es findet sich in den israelitischen Namen Samuel oder Schmuel (Schmu ist Herr), Joel (Jo ist Herr), Emanuel (Mit uns ist Gott) in den Namen der drei Erzengel Raphael, Gabriel, Michael, die vielleicht die ältesten Elohim sind; ferner in Daniel, Uriel, Ezechiel u. a. ebenso gebräuchlich wie das Wort „Gott" in den deutschen Namen Gottfried, Gotthard, Gottlieb, Gottschalk u. s. Der Name El erscheint in Rahel mit dem egyptischen Worte Ra (Sonne, Herr) verbunden. Am deutlichsten tritt er hervor im Namen der ältesten Anbetungsstelle der Kinder Israels, Bethel, von denen Beth bedeutet „Zelt" oder Wohnung, „Aufenthalt", ein Name, welcher entstand, als Jakob nach einer Traumerscheinung (1. Mose 28) eine Stätte, die vordem Lus hiess, damit belegte, indem er sagte: „Gewiss ist der Herr an diesem Orte und ich wusste es nicht" und „hiess die Stätte Bethel;" darauf salbte er einen Stein und gelobte, wenn seine Reise gelinge, solle der „Herr" (El) sein Gott sein und als er (1. Mose 35. 6) wohlbehalten zurückkehrte, bauete er daselbst einen Altar und hiess die Stätte „El Bethel" darum, dass ihm der Herr dort offenbart ward: El war also Jakobs Verehrungswesen. Der uralte Name erhielt sich in zahlreichen Personennamen durch die Jahrhunderte und erscheint 2000 Jahre später noch einmal in seiner Urbedeutung, als Jesus am Kreuze schmerzvoll ausrief (Matth. 27. 46; Markus 15. 34): „Eli! Eli! lama asabthani! das ist verdollmetschet: Gott! Gott! warum hast du mich verlassen!" Worte, welche die umstehenden Jerusalemiter dahin verstanden, als rufe er den Elias, woraus folgt, dass sie die Urbedeutung nicht mehr kannten, während sie noch in Jesu Heimat, Galiläa, volle Geltung hatte.

In den biblischen Erzählungen der Urgeschichte laufen verschiedene Namen des höchsten Wesens, sowie Mehrheit und Einheit durch einander:

1. Mose 1.   heisst der Schöpfer durchweg „Elohim"
   2 und 3   „   „   „   „   „Jave-Elohim"
   4   „   „   „   nur   „Jave".
   5   „   „   „   wiederum „Elohim"
   6 und 7   „   „   „   wechselnd „Elohim" und
                                                 „Jave" u. s. w.

Dass Jave hier vor Moses Zeiten erscheint, obgleich Moses (2. Mose 6. 2) Elohim sagen lässt, er sei vordem als Jave nicht bekannt gewesen, erklärt sich zur Genüge daraus, dass jene Geschichten der Urzeit erst Jahrhunderte nach Moses Zeiten abgefasst sind; es bleibt aber als sicher stehen, dass Elohim, Eloa oder El die ältesten Namen des Verehrungswesens der Kinder Israels sind, womit das galiläische (syrische) Eli, das babylonische „El" sowie das arabische „Allah" zusammenhängt und der Name sämmtlichen Semiten zugehören dürfte, aus der Urzeit des Zusammenlebens stammend.

Die Mehrheitform Elohim wird in der Bibel ausdrücklich als solche anerkannt:

„Und Elohim erschien Abraham im Haine Mamre als er sass an der Thüre seiner Hütte, da der Tag am heissesten war und als er seine Augen aufhob und sah, siehe da standen drei Männer vor ihm. Und da er sie sah, lief er ihnen entgegen von der Thür seiner Hütte, bückte sich nieder auf die Erde und sprach: Herr habe ich Gnade gefunden vor deinen Augen, so gehe nicht vor deinem Knechte vorüber." (1. Mose 18. 1.)

„Da standen die Männer auf von dannen und wandten sich gen Sodom und Abraham ging mit ihnen, dass er sie geleitete. Da sprach Elohim: Wie kann ich Abraham verbergen was ich thue?" (1. Mose 18. 16.)

„Und Elohim ging hin, da er mit Abraham ausgeredet hatte und Abraham ging wieder an seinen Ort. Die zwei Männer kamen gen Sodom des Abends; Lot aber sass zu Sodom unter dem Thore. Und da er sie sah, stand er auf ihnen entgegen und bückte sich mit seinem Ange-

sichte auf die Erde und sprach: Siehe, Herr, kehret doch ein zum Hause
eures Knechtes u. s. w." (1. Mose 18. 33; 19. 1.)

Es mögte hieraus sich schliessen lassen, dass die Israeliten, gleich
ihren semetischen Stammesgenossen ursprünglich den El in mehreren Personen (Elohim) verehrten, als Wesen, die zu ihnen auf Erden kamen, mit
ihnen assen und tranken (1. Mose 18. 8), sich beredeten, umherwanderten
auf Erden, um selbst nachzusehen, ob zu ihnen gedrungene Gerüchte wahr
seien (1. Mose 18. 21), herabfahren von oben und wieder hinauf fahren
oder fliegen (1. Mose 17. 22), bald als Einheit, bald als Mehrheit aufgeführt. Bei der Auswanderung aus Egypten folgt dem Elohim der Jave,
dem aber der Asasel gleichberechtigt zur Seite steht, vielleicht der frühere
El als der „Gewaltige" oder auch die cherne Schlange, welche Moses errichtete, da noch gegenwärtig die grosse Schlangenart Python im Arabischen
„Akala" heisst. Im Wüstenzuge führte überdies Aron (2. Mose 32) den
egyptischen Stierdienst ein, die Verehrung des Apiskalbes, welche zu Bethel und anderen Orten viele Jahrhunderte hindurch verblieb; Moses zerstört das Kalb, errichtet aber dem egyptischen Tinbe seine Verehrungsgestalt, die cherne Schlange (4. Mose 21) welche 400 Jahre lang von den
Kindern Israels verehrt ward, bis der König Hiskia sie zerstossen liess
(2. Könige 18. 4). Ausserdem hatte das Volk schon in Egypten andere
Wesen verehrt, auch auf der Reise stetig mit sich geführt; der Profet Amos
(5. 25) lässt den Herrn Zebaoth sagen: „Habt ihr vom Hause Israel mir in
der Wüste die vierzig Jahre lang Schlachtopfer und Speisopfer dargebracht? Ja wohl, ihr truget den Sichuth, euren Moloch und Kijun, euer
Bild, den Stern eurer Götzen, welchen ihr euch selbst gemacht hattet."
Auch Stephanus (Apostelg. 7. 43) giebt dasselbe mit abweichenden Namen:
„Und ihr nahmet die Hütte Molochs an und das Gestirn eures Gottes
Remphan u. s. w." Es stellt sich daraus als höchst wahrscheinlich heraus,
dass der Moloch (Molech = der Herr, Häuptling, Fürst) das Hauptverehrungswesen des Volkes war. Ueberdies baute Moses selbst einen
Altar (2. Mose 17. 15) dem Herrn Nissi (Dio-Nysos?) hat auch nichts dawider, dass sein midianitischer Schwager, der Priester Jethro (2. Mose
18. 12) dem „Herrn" opfert und das Brod vor dem „Herrn" dem Aron
und den Ältesten Israels reicht.

Die Geschichtsbücher der Israeliten zeigen also in deutlichen Worten,
dass weder Moses es beabsichtigte, noch das Volk es wollte, dass nur ein

Verehrungswesen angebetet werde. Auch das erste der 10 Gesetze legt
diese Verpflichtung nicht auf, denn Jave verlangt nur (2. Mose 20. 3):
„Du sollst keine anderen Götter neben mir haben," sagt also keineswegs,
dass sie keine anderen Götter haben sollen, sondern nur nicht neben ihm,
nicht gleichberechtigt, er will der höchste sein unter ihnen. Noch deutlicher heisst es in der Urschrift „vor meinem Angesichte", statt „neben
mir" d. h. sie sollen nicht im Allerheiligsten der Stiftshütte stehen, wo
Jave wohnt und erscheint auf dem Gnadenstuhle seiner Orakellade; in
seinem Zelte will er allein sein, hat aber nichts dawider, dass ausserhalb
desselben beliebig andere Verehrungswesen aufgestellt und angebetet werden; anderenfalls hätte nicht Moses selbst dazu greifen dürfen, den Tiuba
(die Schlange) aufzustellen und den „Herrn Nissi" zu verehren, zu Zeiten
als der Jave nicht helfen konnte oder wollte. Moses sagt auch (2. Mose
15. 11): „Herr wer ist dir gleich unter den Göttern?" läugnet oder ver-
wirft also nicht das Dasein der übrigen, sondern stellt nur Jave an die
Spitze. Wie wenig überdies Javes Geltung während der Wüstenreise gesichert war und anerkannt wurde, ergiebt sich aus der späteren Aufforderung Josuas (Jos. 24. 14): „So fürchtet nun Jave und dienet ihm treu und
rechtschaffen; lasset fahren die Götter, denen eure Väter gedient haben
jenseit des Wassers und in Egypten und dienet Jave. Gefällt es euch aber
nicht, dass ihr Jave dienet, so erwählt euch heute, welchem ihr dienen
wollet: dem Herrn, dem eure Väter gedient haben jenseit des Wassers oder
den Herren der Amoriter, in welchem Lande ihr wohnt. Ich aber und
mein Haus wollen Jave dienen." Bei dieser Mannigfaltigkeit von Verehrungswesen (Elohim, El, Jave, Asasel, Nissi, Kijun, Moloch, Remphan)
kömmt noch in Betracht, dass die Israeliten gleiche „Herren" hatten mit
ihren Stammesgenossen, den andern Semitenvölkern; denn (Richter 3. 20)
der Israelite Ehud, welcher dem Moabiter-Könige den Tribut brachte, betete den „Herrn" dieses Volkes an und sagt rückkehrend dem Könige:
„Ich habe des Herrn Wort an dich:" der König bezweifelt es nicht, ihm
galt also der Israelite als Glaubensgenosse, mit dem derselbe „Herr" verkehre; er erhob sich um das Wort des Herrn zu vernehmen und Ehud er-
stach ihn, ward auch von seinem Volke und den Priestern nicht der Abgötterei angeklagt und gesteinigt, sondern als Befreier gepriesen. Der
Stamm Dan (Richter 18) lässt unbedenklich ein gestohlenes Götzenbild (den
Fetisch, das goldene Kalb des Micha) zu Silo als Verehrungswesen auf-

stellen, wo es in der Folgezeit verblieb, von dem ganzen Volke anerkannt und verehrt. Aber nicht allein die Richterzeit zeigt dieses Nichtkennen oder Verlassen Jave's, sondern die nachfolgende Königszeit unter David und Salomo ergiebt dasselbe, sobald man den vereinzelten Spuren nachforscht und nicht ausser Acht lässt, dass die vermeintliche Gleichmässigkeit lediglich in der ungenauen Bibelübersetzung liegt, die ungehöriger Weise des Namens „Gott" oder „Herr" sich bedient für die verschiedenartigsten Wesen, obgleich die darin liegenden Vorstellungen so viel tiefer stehen als die Vorstellungen welche in Gott ausgesprochen sind, dass man jene Übersetzung nicht allein unrichtig, sondern auch missbräuchlich nennen darf. Hätten die Übersetzer die Namen unverändert gelassen, wie es sich gehört, so würden zahlreiche und gefährliche Irrthümer nicht entstanden sein. Es wird vom Könige David erzählt (2. Sam. 5. 20 und 1. Chron. 15. 11) dass er die Philister schlug an einem Orte, dem er zum Andenken den Namen beilegte „Baal Prazim" weil der „Herr" die Feinde zerrissen habe; der Herr war also „Baal" nicht Jave, sonst hätte der Ort heissen müssen „Jave Prazim" oder „Jehovah Prazim". Die Bibel fügt auch hier wiederum das Wort „Herr" ein, welches weder der Bedeutung des Jave (des „Ewigen") entspricht, noch dem Elohim, noch dem Baal (Sonnenherrscher) sondern nur dem semitischen Worte Melech, welches in den verschiedenen Sprachzweigen auch als Melek, Malek, Molech und Moloch ausgesprochen ward, ein Name der auch bei den Egyptern als Bezeichnung vorkommt des Planeten Mars, des rothen, als Zeichen der Feuerherrn, der auch Kriegslenker (Kämpfer) war, derselben Grundvorstellung entsprossen wie der Jave, nämlich dem Waldbrande, dem rothen Verderber. Diesen egyptischen „Herrn" führten die Israeliten mit sich aus Egypten und opferten ihm, gleich den übrigen Semiten, etwa 1000 Jahre lang ihre Söhne und Töchter durch das Feuer. Dem Bal (Sonnenherrscher) des David, folgte unter Salomo die Sonnenverehrung in einer höheren Gestalt, der Adonaidienst. Statt des im Lande umhergeführten Zeltes mit der Orakellade darin, bauete er zu Jerusalem einen Tempel, aber nicht dem Jave, sondern der Sonne, dem Adonai, welcher dem Bal des David im Ursprunge gleich ist, aber im höheren Sinne gefasst: der Bal (dessen plumpes Bild im egyptischen Bes erscheint) bezeichnet den Sonnenbrand, wie er verderblich in dem dürren Lande ohne Bewässerungsanlagen herrschte und seit Verfall derselben wiederum das Land verödet hat; der Adonai ist die Sonne als Segenspender wie sie es ward, seitdem die Israeliten durch Teiche und Wasserleitungen der Dürre entgegen wirkten und bezeichnet überdies die alljährlich durch Selbstopferung sich verjüngende Sonne, den jugendlichen Sonnenheld (die Frühlingssonne) wie er auch im griechischen Adonis ausgeprägt ist. Die Zeiten, in denen der Waldbrand die fürchterlichste Übermacht bildete, war längst entschwunden; die Ausbreitung des Menschengeschlechtes hatte die dicht bewaldeten Länder entholzt und an die Stelle des „Feuerherrn" trat der „Sonnenherr", dessen glühenden, ausdörrenden Strahlen, bis dahin durch den Wald abgehalten, nach der Entwaldung das entblöste Land und den unbeschatteten Menschen trafen, die Walderde in Staub verwandelten, den der Wind verwehete und den dürren Untergrund bloslegte. Der Feuerherr lebte nur noch fort im Gedächtnisse des Volkes, der Moloch blieb ihr Kriegsführer und sein Gestirn, der rothe Mars, war sein sichtbares Zeichen.

§. 39.

Auf Erden wo der Moloch verschwunden war, folgte ihm die Sonne, der Sonnenherr als sichtbar wirkende Übermacht: bei den Egyptern als Ilu, in höherer Form als Osir; bei den Babelonern und Assyrern als Bel und bei den Israeliten als Ital. Der Übergang ward erleichtert dadurch dass dem Waldbrande wie der Sonne die versengende Hitze gemeinschaftlich war; das entwaldete Land war im Hochsommer öde, als ob das Feuer darüber gefahren sei und der Mensch fühlte sich angehaucht, als ob die Luft aus einem Ofen oder brennenden Walde herbeiströme; der Waldbrand war unbekannt geworden, der alte Feuerherr erschien nicht mehr sichtbar auf Erden, aber die glühende Sonne machte fast dieselben Wirkungen fühlbar und war augenscheinlich höchste Übermacht im Lande. Der Bel konnte seine höhere Bedeutung frühzeitig bei den Chaldäern (Babelonern) erreichen, im üppigen Eufratthale, dessen Bodenreichthum die Bewohner ausserordentlich rasch in Zahl und Bildung entwickelte; sie machten frühzeitig Bewässerungsanlagen, welche den vorherigen Verheerungen der Stromanschwellungen vorbauten und den aufgehaltenen Wasserreichthum durch ein Adernetz von Gräben über die Ländereien der Thalniederung vertheilten. Die Folge war, dass der Sonnenbrand das befeuchtete Land treffend, nicht länger Verödung schuf, sondern üppige Fruchtbarkeit und zwar zu solcher Steigerung, dass die Körnerfrüchte 200fältig trugen und durch reichere Ernten bei minderer Verzehrung, eine Verdichtung der Bevölkerung möglich ward, wie sie in keinem Lande Europas stattfinden kann. Der „Feuerherr" und „ältere Sonnenherr" waren Verwüster, Zerstörer gewesen, ihre Gluth hatte getödtet, sie waren fürchterliche, schädliche Übermächte, in deren Grimme das Verbrennen und Verlorren sich ausprägte; der neue Sonnenherr dagegen war Befruchter und Schöpfer, der im Winter dahinschwand (sich opferte) um im Frühlinge zum neuen Glanze zu erstehen, als Adonai bei den Israeliten, Adonis bei den Griechen oder Horus bei den Egyptern. In dieser veredelten Gestalt erscheint er zu Salomos Zeiten, ist auch seitdem bis auf die Gegenwart Verehrungswesen der Israeliten geblieben; seinem breiteren Dienste war der prächtige Tempel Salomos geweihet. Der Tempel war demgemäss (1. Könige 7) ganz abweichend vom Javezelte eingerichtet: er enthielt ein ehernes Meer, als Darstellung des Weltmeeres, in welches die Sonne abendlich eintaucht und am Morgen gebadet sich erhebt, eine Reinigungsweise die mit dem Sonnenbilde im ehernen Meere nachgeahmt werden mogte; er enthielt Sonnenwagen (eherne Gestelle auf Rädern, mit einem Kessel auf Stützen), fahrbare Gestelle, wie die Sonnenwagen der Chaldäer und Perser, auf denen ein ehernes Gewölbe auf vier Stützen (Enden der Welt, Himmelsgegenden) das Himmelsgewölbe darstollte, unter dem das Sonnenbild stand. Es erregte auch keinen Anstoss, dass fremde Arbeiter alles einrichteten, ein Verfahren, welches Jave unstreitig mit Hungersnoth und Pest bestraft hätte. In den viel später abgefassten Büchern der Chronika (2. Chron. 4. 6) wird das eherne Meer und die Wagen mit dem Javedienste, den Thieropfern, in Verbindung gebracht; dem steht aber entgegen, dass nicht allein jene ältere Beschreibung dieses nicht erwähnt, sondern auch die mosaischen Vorschriften (2. Mose 35 — 40) derartige fahrbare Kessel nicht kennen, überdies auch, von dem späteren Könige Josia, der zum alten Javedienste zurückkehrte (2. Könige 23. 11) berichtet wird, dass er entfernen liess „die Rosse, welche die Könige Judas hatten der Sonne gesetzt im Eingange zum Hause des Herrn" und „die Wagen der Sonne verbrannte er mit Feuer"; er liess auch aus dem Tempel entfernen alles Geräthe, das dem „Bal" gemacht war, auch den „Hain" aus dem Hause des Herrn führen und verbrennen; also alles dem Sonnenherrn Gehörige. Dieser König Josia liess ihn zum alten Javedienste einrichten, als der Oberpriester Hilkia dem Könige ein verborgen gewesenes Gesetzbuch Moses mittheilte, nach welchem

(2. Kön. 23. 22) sich als falsch erwies aller Gottesdienst der „seit der Richter Zeiten" also auch unter David und Salomo, herrschend gewesen war. Salomo hatte ausser dem Sonnendienste, der als Statskirche seiner Zeit gelten kann, dem Volke alle verschiedenartigen Verehrungswesen gestattet, die es von Alters her besass, wie auch von den Umwohnern sich zuführen liess, sowohl den Molech wie den Kamos, Milkom, Asthoreth u. s. w. so dass Josia, als er den Javedienst wieder einführen wollte, Alles zu reinigen hatte, den Tempel wie die Pallastdächer, Höhen und Thäler, bevor er den alten Feuerherrn Jave als alleiniges Verehrungswesen und den umgestalteten Tempel zu Jerusalem als allgemeine Opferstätte einführen konnte. Dieser gewaltsame Rückschritt, auf Veranlassung des altgläubigen Oberpriesters, war von keiner nachhaltigen Wirkung, denn die nachfolgenden Könige mit ihrem Volke wandten sich sofort wieder ab von dem aufgedrungenen Jave, er war ihnen fremd; die Verehrungswesen ihrer Urzeit und die einheimischen der Nachbarvölker standen ihnen näher und nahmen Javes Stelle ein bis die Gefangenschaft ihre Geschichte abschloss.

Nach der Wiederkehr eines Theiles aus der Gefangenschaft fand sich das Land von anderen Völkern besetzt, zwischen denen die Zurückgekehrten sich ansiedeln mussten; sie begannen den Aufbau Jerusalems und des Tempels. Die Javevorstellung hatte sich bei den Priestern erhalten, war auch die ihrem Stande, ihren Einnahmen durch Zehnten und Opfer günstigste. Nehemias betet zu ihm (Neh. 1. 5) „Ach Herr, Gott vom Himmel, grosser und schrecklicher Gott u. s. w." tröstet auch das Volk (4. 14); „Fürchtet euch nicht, gedenket an den grossen, schrecklichen Herrn und streitet u. s. w." Auch dabei kehrt die Behauptung wieder, dass von Josua Zeiten her nicht nach dem Gesetze Mose gelebt worden sei; es heisst (Neh. 8. 17) „Und die ganze Gemeinde derer, die aus dem Gefängnisse waren wieder gekommen, machten Laubhütten und wohneten darinnen. Denn die Kinder Israels hatten seit der Zeit Josua, des Sohnes Nuns, bis auf diesen Tag nicht also gethan und war eine sehr grosse Freude." In der späteren Zeit, welche die Bücher der Makkabäer beschreiben, waren die Javevorstellungen unter den, in's Gebirge geflüchteten Altgläubigen in ältester Gestalt herrschend geworden: sie vertilgten, wie zu Moses Zeiten, ganze Städte mit allen ihren Bewohnern. Das Volk war seit der Rückkehr monotheistisch, d. h. beschränkte sich auf ein Verehrungswesen, benannte es jedoch so viel man weiss Adonai, in den es die zahlreichen Eigenschaften vereinigte, welche ehemals gedacht worden waren, als Besonderheiten der verschiedenen Verehrungswesen.

Zum Verständnisse der zahlreichen Wandlungen dürfte es nöthig sein zu unterscheiden zwischen dem Priesterglauben und dem Volksglauben. Moses (der Priesterverband) bemühte sich vergeblich, Jave an die Spitze aller Verehrungswesen zu stellen, ihm alle Opfer des Volkes zuzuwenden; er stiftete, nach egyptischem Vorbilde eine geschlossene Priesterschaft, aus den Genossen seines Stammes Levi und unter der Leitung seines Bruders Arou, erreichte aber nicht das Ziel, denn das Volk opferte selbständig dem Moloch, zwang Arou zum Apisdienste u. s. w.; es entzog den Priestern ihren Opferantheil, die, auf Speisung durch das Volk angewiesen, danach streben mussten, alle Opfer durch ihre Hände gehen zu lassen, ähnlich wie die christlichen Priester den Menschen durch das ganze Leben begleiten, um ihre Gebühren zu erheben. Das Volk entzog den Priestern gern die Opfer, um die besten Stücke für sich zu behalten, statt die Priester damit zu mästen und die Priester klagten über Abnahme und Verfall des Glaubens, weil ihre Einnahmen sich minderten, nahmen auch wiederholt die Gewalt der Könige zur Hülfe, um je nachdem, den Javedienst oder den Baledienst herrschend zu machen und jeden anderen Glauben zu vernichten. Während allem dem blieb der Moloch (der Herr) von Egypten her bis zur Gefangenschaft das ständige Verehrungswesen des Volkes, das Volk blieb orthodox, während Profeten, Priester und Könige reformirten; dem Moloch opferte es schon in der Wüste seine Kinder im Feuer und ebenso 1000 Jahre später, wie es ihre Stammverwandten Palästinas, die Föniker daheim und in ihren Colonien thaten. Jave dagegen war von Anfang bis zu Ende das Verehrungswesen der Leviten, verdrängte sowohl den „Herrn Nissi" wie die „Schlange", selbst den gleichstehenden „Asasel"; nur mit dem Bal hatte er einen langen Kampf durchzufechten, der nur dadurch beendigt ward, dass der Adonai sie beide zurückdrängte. Die Priesterschaft hatte einen schweren Stand, denn einerseits nahm das Volk, ausser dem Moloch, eine Anzahl andere Verehrungswesen auf und andrerseits verlangten die Könige, dass ihr „Herr" der oberste sein solle, so dass je nach dem Willen der Könige entweder Balspriester oder Javepriester das Uebergewicht hatten und dieses dazu benutzten, um die anderen abzuschlachten. Zu allen Zeiten Vielgötterei und Zerrissenheit: Jave, Bal und Adonai, den Königen und Priestern gehörig und einander ablösend, hatten im Volke mit grösserer

Stätigkeit den Moloch- und Apisdienst zur Seite. Kein Dienst scheint so lange geherrscht zu haben wie der Molochdienst, der im rückständigen Volke am festesten begründet lag und von den übrigen hat keiner als Staatskirche Jahrhunderte hindurch geherrscht. Als höchste Art erscheint der heitere Adonaidienst, wie er zu Salomos Zeiten herrschend ward, weit über die alten Verwüster Moloch, Jave und Bal erhoben; Adonai begeisterte die Dichter zu schönen Psalmen und Lehrgedichten, von denen die Bibel zahlreiche uns erhalten hat.

§. 40.

Über die Erkenntniss der aus nächster Umgebung drohenden Übermächte (Feuer und Wüste) erhob sich der Mensch unter günstigen Verhältnissen oder in späteren Zeiten beim Anblicke des Himmelsraumes über ihm: er erkannte den Himmelsherrn. In den gemässigten Ländern war es der Himmel als Ganzes mit seinen Gewittern und Regengüssen, der Wolkenbeherrscher (§. 35), welcher seine Aufmerksamkeit fesselte; in den heissen Ländern dagegen die am Nachthimmel, auf dunklem Grunde tausendfach funkelnden Sterne. Die aufrechte Stellung des Menschen bedingt den Blick in Höhe und Ferne: Fische, Vögel und Säugethiere halten in der Ruhe wie in der Bewegung die Längsachse ihres Körpers wagerecht oder geneigt, der wandelnde Mensch dagegen hält ihn senkrecht auf den Schwerpunkt der Erde gerichtet. In Folge dessen sind seine Augen rechtwinklicht zur Fallrichtung, über die in ihrer Rundung nach allen Seiten abfallende Erdoberfläche, in den Himmelsraum hinaus gerichtet; zudem vermag er durch Nackenbiegung den Blick bis zum Scheitelpunkte empor zu richten und da die Umdrehung um seine Achse ihm besonders leicht ist: so vermag er mit geringer Mühe den ganzen Raum zu durchblicken, der gewölbartig über ihn sich ausbreitet. Die Sternenpracht musste vorzugsweise die Aufmerksamkeit derer anregen, welche die Nächte durchwachend, ihre Sinne zu beschäftigen suchten, also Hirten, Seefahrer u. a.; sie konnte um so mehr die Aufmerksamkeit der Bewohner des heissen Erdgürtels erregen, wo nach Sonnenuntergang der ermattete Mensch in der Abendkühle ruhete und bei geringerer Schwankung der Tageslängen und kürzerer Dämmerung, schon die Abendstunden Gelegenheit zu Beobachtungen boten am durchgehends wolkenlosen Himmel. Man denkt sich gewöhnlich, dass die Semiten, als Hirten nächtlicher Weise ihre Herden weidend, die ersten Erfinder der Sternkunde seien; allein die Erkenntniss der Menschen ist nirgends der Langenweile, sondern nur der zwingenden Nothwendigkeit entsprossen und so liegt es näher, dass die Seefahrer es waren, denen der Mensch die Anfänge seiner Sternkunde verdankt. Von den Ostküsten Afrikas und den Südküsten Arabiens aus, im Rothen und Persischen Meerbusen wie nach den Küsten Ostindiens hin, ward frühzeitig ein reger Seeverkehr betrieben und Seefahrer hatten dringende Veranlassung auf dem pfadlosen Meere, am Himmel ihre Wahrzeichen zu suchen. Die Hirten können allerdings auch ihre Sternkunde sich gebildet haben, allein die Schiffer sicher am ehesten und ausgedehntesten auf einem Meere, wo die regelmässigen Strichwinde es gestatten, Segel und Ruder festsetzend, Tag und Nacht in gerader Richtung sich forttreiben zu lassen, also Ruhe genug verbleibt, um an den blinkenden Gestirnen den Pfad zu suchen, die Richtpunkte der Fahrt, die man festzuhalten sucht, vor allem wenn Sturm oder Wogendrang die Ruhe unterbrechen. Dass nächst der Sonne, deren scheinbarer Lauf den Tag und die Nacht schuf, der Mond zumeist die Aufmerksamkeit des Menschen fesselte, erklärt sich aus seiner Grösse und seinen sichtbaren Formenwechseln; seine scheinbare Lebensdauer (28 Tage) ward als Monat das gangbare Zeitmas, nach Monden rechnete man die Menschenalter. Man theilte ihn in Viertel, wie noch heutigen Tages und hatte die Woche (7 Tage). Die Entdeckung des Sonnenjahres konnte erst viel später erfolgen, denn dasselbe ist nicht das Zeitmas von Formenwechseln der Sonne, die täglich gleich mit voller Scheibe ihren scheinbaren Rundlauf vollendet, sondern das Sonnenjahr ist die Zeitfrist zwischen ihren tiefsten Ständen oder zwischen zweien folgenden höchsten Ständen, zwischen den Tagen des längsten oder kürzesten Schattens. Bevor man dazu gelangte, durch Schattenmessungen diese Zeitlängen fest zu stellen, musste die menschliche Bildung eine viel höhere Stufe erreichen und als man dazu gelangte, nahm man zunächst als Jahr, die Zeit zwischen dem kürzesten und längsten Schatten, also unserem Halbjahre gleich. Unter den kleineren Sternen war es der Sirius, welcher die Aufmerksamkeit der Menschen dadurch erregte, dass er kurz vor Eintritt der heissesten Jahreszeit in der Morgendämmerung erschien, als Verkünder oder vermeintlicher Erzeuger derselben. Den Semiten erschien er als Verderber, der sie mit Misswachs und Pest bedrohete; den Egyptern, denen er die Nilanschwellungen verkündete, war er anfänglich auch der Feind, da die Überschwemmung des Landes die Bewohner zur Flucht zwang; in späteren Zeiten, als sie gelernt hatten, die Überschwemmung gebändigt zu benutzen, war der Sirius ihnen der Segenspender, Verkünder der Zeit des üppigen Wachsthumes und der nährenden Fülle.

Wie der Mensch darauf angewiesen ist, durch Vergleichung der Erscheinungen verschiedener Gegenstände und Vorgänge, die Verbindungen zu ermitteln, so brachte er ausser dem Hundsterne, auch die kleinen Wandelsterne (Planeten) mit irdischen Verhältnissen in Verbindung: der feurigrothe Mars schien ihm gleicher Art zu sein wie der rothe Feuerherr, der Moloch, Kämpfer oder Kriegsführer, welche Verbindung des Planeten mit dem blutigen Kriege verblieben ist; der Moloch als Verehrungswesen findet sich bei den Egyptern und den Semiten, auch bei den Griechen als Ares und den Römern als Mars. Die dichterische Verbindung der 7 wandelnden Gestirne Sonne, Mond, Merkur, Venus, Mars, Jupiter und Saturn mit den irdischen Vorgängen, ward um so mannigfaltiger, als bei den Egyptern und Chaldäern die Priesterschaften besonderen Fleiss auf die Beobachtung dieser Sterne verwendeten, Zeiteintheilungen danach feststellten und zu erforschen suchten, welche auffällige Vorgänge auf Erden auffälligen Sternstellungen folgten, um daraus (§. 10) Ursachverhältnisse zu ermitteln: die Sternkunde ward Sterndeutung. Die Israeliten scheinen anfänglich alles Bezügliche von den Egyptern entnommen zu haben: ihr Moloch, Siehoth, Kijun, Remplan, Tiube und Nisai werden dorther stammen; selbst für den Jave findet sich ein Anknüpfungspunkt darin, dass in der Stiftshütte sein „Name" vorhanden war und bis auf die Jetztzeit sein Name *jheh* dargestellt wird von einem Strahlenkranze umgeben, also sternartig und da er, nach Anleitung des Versöhnungsopfers als Feuerherr aufgefasst werden muss, neben dem mächtigen El (Asasel) als Wüstenherrn: so könnte er mit dem Planeten Mars (Moloch) zusammenfallen und die Stiftshütte wäre vom Stephanus (Apostelg. 7. 43) zutreffend als „Hütte Molochs" bezeichnet; Jave (der Ewige) wäre zu betrachten als spätere Einschaltung, Erhebung eines Eigenschaftwortes zum Hauptworte, um vom Menschenopfer des Moloch zum Thieropfer überzugehen, von der Priesterschaft vergeblich angestrebt.

Der nach Mondbeobachtungen eingeführten Wocheneintheilung gemäss, war die Zahl 7 von grosser Bedeutung bei den Israeliten: die Woche (Mondviertel) enthielt 7 Tage und der siebente Tag, der Sabbath, war dem grimmigen Verderber geweiht; am siebenten Tage nach der Geburt sollte der Knabe beschnitten werden, ein blutiges Opfer dem Schrecklichen; das siebenmalige Blutsprengen, das Opfer von 7 Lämmern, 7 Tage Trauerzeit, das grosse Fest im 7. Monate 7 Tage dauernd, Pfingsten 7 Wochen nach Ostern, der siebente Monat der Monatssabbath, das siebente Jahr Sabbathjahr und nach 7 × 7 Jahren das grosse Ruhejahr. Der Monat zu Sommeranfang, in dem die Israeliten ihr Passa feierten, hiess bei den Egyptern Pasons; ihr Jahresanfang hat aber eine Verschiebung erlitten, denn während Jave verordnet (2. Mose 12. 2), dass mit dem Passamonate das Jahr beginnen solle, also im Frühlinge, haben sie ihr Jahr in den Herbst verlegt, was mit der egyptischen Jahreseintheilung überein stimmt. In Europa herrscht bekanntlich weder der altisraelitische, noch der egyptische, sondern der arische Jahreswechsel zur Zeit der kürzesten Tage, den unsere Vorfahren aus der Ferne mitgebracht haben.

Die Sternkunde wird am ersten zur Zeiteintheilung gedient haben, demnächst zur Deutung irdischer Vorgänge (Sterndeutung) und erst viel später als Sterndienst in Verbindung mit den Verehrungswesen gebracht worden sein. Die irdischen Vorgänge standen dem Menschen näher, waren packender; erst als er nach Vorbedeutungen suchte, um Ursachverhältnisse zu erkennen, wurden die Sterne seiner Forschung unterworfen wie jedes andere, sinnlich Erkennbare. Es können lange Zeiträume, viele Jahrhunderte darüber vergangen sein, bis er, nach oben blickend Ähnlichkeiten zwischen dem rothen Planeten Mars und seinem Moloch, zwischen dem finsteren Planeten Saturn und seinem Verehrungswesen Sem oder Seb entdeckte, dem siebenten Sterne, nach dem er seinen siebenten Wochentag weihete als Sabbath, dem Zelte (Bath) des Seb, dem Dienste des Alten, den späterhin die Griechen als Kronos und die Römer als Saturn kannten.

Die Sterndeutung war bei den Egyptern und Chaldäern von weitreichendem Einflusse: nicht allein die Schicksale jedes Einzelnen unterstanden derselben, sondern auch für alle öffentlichen Handlungen (Feste, Opfer, Kriege, Friedensschlüsse, Thronbesteigungen u. s.) bemühete man sich die Augenblicke zu ermitteln, in den günstige Sterne am Himmel walteten. Auf diesem Wege scheint der Sonnendienst (Osir der Egypter, Bel der Chaldäer) seine höchste Bedeutung erlangt zu haben, denn der grösste, segensreichste Stern mit seinen augenfälligen Wirkungen, überragte weit aus dem Mond und die kleineren Wandelsterne und so konnten sich nachfolgende, im Wesentlichen aus dem Alterthume stammende Deutungen bilden. Es galt

die Sonne als grösster, mächtigster und wohlthätigster Stern; er bewirkt alles Grossartige, Tugendhafte, Ruhmwürdige, widmet den Fürsten seine Zuneigung und sein höchster Stand am Mittage ist der glücklichste für die darin Geborenen;

Jupiter mit blendend weissem Lichte beherrscht nächst dem grossartige Dinge, aber ohne Hitze (Leidenschaft): Körperschönheit, Seelenadel, Weisheit und Grossmuth gehören ihm an;

Mond, gross aber mild (kühl) und veränderlich, beherrscht alles milde und sanft Wohlthätige, Beruhigende, das weibliche Geschlecht als Jungfrau, Gärten, liebliche Blumen und Pflanzen, giebt sanfte Naturanlagen, Keuschheit und beschützt friedliche Beschäftigungen;

Venus, freundlich leuchtend, beherrscht Liebe und Fruchtbarkeit, verleiht Schönheit, Anmuth und Gefallsucht, bringt schöne Kinder, Liebe, Freundschaft, Liebes-Vertrauen und Täuschung; Malerei und alle schönen Künste sind ihr geweiht;

Merkur, klein und schnell, verändert seine Stellungen am öftersten (Umlauf 88 Tage) bald sichtbar, bald nicht und da er viermal im Jahre die Sonne umkreist, erscheint sein Wandeln, von der Erde aus gesehen, als unstätes Hin- und Hereilen; beherrscht alles Schnelle, Eilige, Trügerische, Heimliche, Schlaue und Überlistende, gewandt und klug im guten wie im bösen Sinne, begünstigt alles hervorragende Wissen und verständige Handeln;

Mars feuerroth mit gewaltigen Bewegungen beherrscht die kräftigen zerstörenden Gewalten, namentlich das Feuer: er fördert Mord, Krieg, Aufruhr, Raub, Kampf und Verrath; Raubthiere und Seuchen sind ihm unterthan;

Saturn von blasser Farbe und langsam sich bewegend (10746 Tage Umlauf um die Sonne) beherrscht alle häuslichen, schleichenden, heimtückischen Neigungen und Vorgänge: Hinterlist, Verläumdung, Hass, Neid, Frost, Winter, Nacht, Armuth, Elend, Verlassenheit, Siechthum, harte, mühselige oder vergebliche Beschäftigungen; beschützt Zauberei, Gift und dunkle Künste.

Je nachdem im Augenblicke der Beobachtung einzelne dieser Sterne am Himmel stehen, neben einander oder gegenüber, hoch oder tief, einander stärkend oder schwächend, wurde der Augenblick als günstig oder ungünstig gedeutet und während sie anfänglich den irdischen Übermächten (Feuer, Wüste, Dürre u. a.) zugehörig, untergeordnet waren, als deren Bild galten, kehrte sich im Laufe der Zeit das Verhältniss um, ihr fortwährendes Erscheinen verschaffte ihnen die höhere Stellung über jene, seltener zur Erscheinung kommenden Übermächte.

Die Sonne hatte schon vordem in den entwaldeten Ländern den schrecklichen, verzehrenden Feuerherrn ersetzt; aber seitdem die Sterndeutung Sonne und Mars als willenbegabte Sternwesen kannte, verstärkte sich die höhere Geltung der Sonne, vermöge ihrer überlegenen Grössen- und fühlbaren Machtverhältnisse; sie ward bei den Egyptern als Osir, bei den Babeloniern als Bel (Bel-Zebaoth) die alle anderen Sternenmächte überragende, der alles Höchste geweihet ward. In der früheren, schrecklichen Vorstellung als sengende Dürre, durch ihre Stralen tödtend, erscheint sie im Hal des David, im kleinasiatischen Bellon und dem ionischen Apollon, dem grimmigen Pfeiltödter. In der nachherigen freundlichen Vorstellung, als Erleuchter und Segenspender, durch Wärme belebend, erscheint sie im Adonai des Salomo, dem kretischen Helios und dem griechischen Apoll, dem prangenden Leierträger, so wie im Adonis und Helios als Nebenformen. Die Verehrung der Sonne schritt fort mit der zunehmenden Bildung der Menschen: sie entwickelte sich zu höheren Gestaltungen, in dem Grade, wie der Mensch lernte, den älteren Übermächten sich zu entziehen und der schädlichen Wirkung der Sonne zu entgehen, theils durch Verlassen der dürren Hochebenen, Ansiedlung in den feuchteren, fruchtbaren Thälern, anderntheils durch Bezwingung der Dürre mittelst Bewässerung. Die Sonne, als Spender des Lichtes, der Wärme, der Fruchtbarkeit und Lebensfülle vereinte alles was der Mensch unter jenen verbesserten Verhältnissen als Höchstes betrachtete; ihrem Wesen ordnete er alles unter; dem Bel errichtete der Babeloner grosse prachtvolle Tempel, dem Osir weihete der Egypter seine grössten Bauten, seine Preisegesänge und Opfer und dem Adonai erbaueten die Israeliten ihren salomonischen Prachttempel.

§. 41.

Es ist seit vielen Jahrhunderten zu einer feststehenden Behauptung geworden, die Kinder Israels seien von Anfang her, Eingottgläubige (Monotheisten) gewesen, seien als auserwählte Volk durch höhere Hand wunderbar geleitet worden und hätten, ungeachtet zahlloser Verführungen und unter den unsäglichen Leiden, die sie erdulden mussten, ihren einfachen Glauben bewahrt, den Kern ihres Völkerkerns, dessen unverfälschte Reinheit, als unschätzbare Frucht der qualvollen Leidensgeschichte dieses unstäten, verachtet unter uns lebenden Volkes, uns Christen erwachsen sei. Abgesehen davon, dass diese dichterische Ansicht ganz wirkungslos bleibt, in der christlichen Behandlung des sogenannten Gottesvolkes, also wenig Wahrscheinlichkeit gegeben ist, dass diese Ansicht viele Anhänger habe, so erweist sie sich auch, bei Durchforschung der jüdischen Geschichte, fast gänzlich als Erzeugniss der Einbildung und nicht übereinstimmend mit den klaren Aussprüchen der Bibel, welche im Gegentheile offen bekennt und darlegt, dass die Kinder Israels Götzendiener waren, wie die anderen Völker damaliger Zeit. Das Volk hat, vom Auszuge aus Egypten bis zur Abführung in die Gefangenschaft, einem wirren Haschen nach allen Seiten sich hingegeben, unselbstständig die meisten seiner Verehrungsweisen von anderen Stämmen und Völkern entnommen und zu Zeiten eine verzweiflungsvolle Gier nach rettenden Uebermächten offenbart, die unerklärlich wäre oder gar als besonderer Fehler des Volkes erscheinen könnte, wenn nicht in der gefahrvollen Lage ihrer Ansiedlung die vollständigste Erklärung vorläge. Palästina ist eine Völkerbrücke, zwischen dem Mittelmeere und der Wüste Mesopotamiens als schmaler, fruchtbarer Landstreifen liegend, den die damals zahlreichen und hochgebildeten Völker der Egypter, Syrer, Perser, Meder und Babelonier besetzen und überschreiten mussten, sobald die damalige Weltmacht Egypten kriegen wollte oder sollte. Die egyptischen Fürsten machten Eroberungszüge über diese Völkerbrücke nach Norden; jene Völker des Nordens und Ostens überschritten dieselbe, um Egypten zu erobern; jede der Mächte, welche zur Zeit kriegslustig war, legte ihre Gewalt auf das jüdische Land, dessen Besitz sie gegen Angriffe schützte, ihnen als Vormauer diente oder ihr Ueberfallen anderer Mächte erleichterte. Diese gefährliche Ansiedlung hatten die Israeliten zudem sich mühsam erobern müssen, als sie aus Egypten gegen Norden vordrangen; sie hatten zur Verdrängung der Bewohner, schwere Kriege mit wechselndem Erfolge führen müssen, waren bald Sieger, bald Unterjochte gewesen, bevor sie festen Fuss fassen konnten. Der kurzen Ruhezeit unter Salomo, folgte eine endlose Reihe von aufgedrungenen Kriegen: Palästina war für jede der damaligen Grossmächte von besonderem Werthe, man besetzte oder eroberte es, um sich zu vergrössern, zu verstärken. Führte der Krieg weiter in jenseit liegende Länder, so ward das Elend der Israeliten gleich gross, mogten die Weitergehenden siegen oder geschlagen werden; in ersterem Falle wurden sie dem Siegespreise zugerechnet und blieben unterthan; im zweiten Falle hatten sie nicht allein das Elend der Geschlagenen zu mildern, sondern der fremde Sieger rückte nach, vertrieb die Geschlagenen und nahm das Land für sich, theilte es seinem Reiche zu; auf jeden Fall hatten die Israeliten die Kriegslast doppelt zu tragen, im Durchmarsche und im Rückmarsche, ohne bestimmen zu dürfen, ob sie überhaupt an dem Kriege theilnehmen wollten oder nicht. Ihr Zustand war ein verzweiflungsvoller; er entwickelte die beispiellose Zähigkeit des Volkes, ohne welche dasselbe der gänzlichen Ausrottung nicht hätte entgehen können; er trieb sie aber auch zu dem verzweiflungsvollen Haschen nach helfenden Übermächten, denn ihnen ward nicht einleuchtend, dass die besondere Lage ihres Landes Anlass gebe zu allem Ungemach und so suchten sie ihre Hülfe anderswo, in der aussersinnlichen Welt und mussten nothwendig zu allen höchsten Mächten greifen, weil ohnedem das kleine Volk keine Möglichkeit sah, den irdischen Grossmächten jener Zeit erfolgreichen Widerstand zu leisten.

Dazu kamen die afrikanischen Fetischvorstellungen, welche noch immer tief im Wesen des Volkes lagen und deren Fortbestehen sowohl seinem Aufenthalte in Egypten, wie auch der starken Beimischung fremden Volkes (2. Mose 12. 38) zugeschrieben werden kann; vielleicht aber noch tiefer vom Ursprunge des Volkes sich herschreibt, da seine voregyptische Geschichte, in Jakobs Traume, afrikanische Fetischvorstellungen deutlich ausweist. Das Verhältniss des Volkes zu seinem jeweiligen Verehrungswesen ist das eines Vertrages: das Volk verspricht ihm Opfer und Alleinherrschaft, sobald das Wesen eine vorausbedingte Leistung (gute Reise, Sieg, Beute u. s. w.) geliefert haben werde; in derselben Weise wie noch heutigen Tages die Fetischanbeter jedesmal einen Bund mit ihrem Verehrungswesen schliessen und, gleich Jakob, erst dann ihre Leistungen vollziehen, wann ihnen das Vorausbedungene geworden ist. Das Verhältniss ist in den dortigen Lebensumständen gegeben: bei den grossen Schwankungen zwischen Üppigkeit und Mangel und den zahlreichen Gefahren, von denen der Mensch umgeben, ist es um so öfterer wahrscheinlich, dass die Wünsche und Hoffnungen des Menschen getäuscht werden; unbekannt mit den wirklichen Ursachverhältnissen, schreibt er es seinem Verehrungswesen zu und da er glaubt, mit seinen Opfern und Verheissungen auf sie einwirken zu können, so verheisst er sie ihnen nur für den Fall der stattfindenden Gegenleistung, er will nicht betrogen werden. Wie der Mensch, so seine Gestalten der aussersinnlichen Welt; von seinem Verehrungswesen glaubte er häufig getäuscht worden zu sein und gebrauchte dagegen seine Vorsicht. Er ging aber noch weiter, wenn ihn Ungemach traf: er hatte versprochen, dass das Verehrungswesen das Höchste für ihn sein solle, wenn es die Vorbedingung erfülle; tritt dieses nicht ein, dann fühlt er auch seiner Bundespflicht sich überhoben, setzt es ab und nimmt ein anderes, dem er seinen Bund anbietet; der Neger wirft seinen bundbrüchigen Fetisch fort, tritt ihn mit Füssen und sucht sich einen anderen, dem er sein Vertrauen anbietet. So erfüllt Jakob seine Bundespflicht, den El zum alleinigen Verehrungswesen seiner Familie zu erheben, nicht eher, als bis er von seiner 14jährigen Abwesenheit zurückgekehrt ist, im Wohlstande lebt und vom El daran gemahnt wird (1. Mose 35, 1); erst dann, nachdem er alles empfangen hat, was er vor 14 Jahren (1. Mose 28, 20) sich ausbedungen hatte, sagt er „zu seinem Hause und zu allen, die mit ihm waren: Thut von euch die fremden Götter so unter euch sind und reiniget euch und ändert eure Kleider; und lasset uns auf sein und gen Bethel ziehen, dass ich daselbst einen Altar mache dem El, der mich erhöret hat zur Zeit meiner Trübsal und ist mit mir gewesen auf dem Wege, den ich gezogen bin." Die biblischen Bücher enthalten zahlreiche Belege, dass die Wünsche des Volkes, welche es als Versprechungen seines Verehrungswesens deutete, nicht in Erfüllung gingen und da das Volk fühlte, dass es einer übermächtigen Hülfe bedürfe und sein Verehrungswesen unter allen Umständen die Bedeutung eines Nothhelfers hatte; so ergab sich als Selbstfolge, dass, wenn dieser nicht seine Pflicht erfüllte, seine Anbeter im Stiche liess, so hatte er auch keinen Anspruch auf die verheissenen Gegenleistungen, sondern musste verlassen werden, um einem anderen Nothhelfer Raum zu geben. In der Wüste standen sie mit Jave in Vertrag (2. Mose 24) mit gegenseitigen

Verpflichtungen; als aber Jave sie hungern liess und Moses sich entfernt hatte, musste Aron den egyptischen Apis aufstellen, damit sie von diesem Bilde des fruchtspendenden Osir Sättigung erlangen könnten; Jave hatte den Vertrag nicht gehalten, den Bund gebrochen, das Volk fühlte sich nach seiner Verpflichtung entbunden und versuchte es mit dem Apis-Osir. Als Moses wider die Amalekiter kämpfte, fand er es nothwendig, (2. Mose 17. 15) das Verehrungswesen des Landes, den „Herrn Nissi" anzurufen, ihm einen Altar zu bauen, ihm einen Bund anzubieten, damit er die Amalekiter im Stiche lasse. Als feurige (giftige) Schlangen das Volk heimsuchten, errichtete Moses selbst den egyptischen Tinbe (die eherne Schlange) damit dem Volke geholfen werde; Jave hatte also nicht helfen können und man war deshalb genöthigt, andere Nothhelfer anzurufen. Kaum hatte das Volk in Palästina Fuss gefasst, da begannen die Kriege mit den Filistern, welche die Unterjochung der Israeliten zur Folge hatten (Richter 2 und 3); auch geriethen sie in die Knechtschaft der Moabiter. Jave hatte also sein Versprechen, ihnen das Land Kanaan zu verleihen (2. Mose 6. 4) nicht erfüllt und das Volk wendete sich dem Bal und Astharoth zu, um Hülfe zu erlangen. Ihre Wünsche und Hoffnungen (Javes Versprechungen) wurden schmählich betrogen: statt Herren zu sein im Lande, wurden sie unterthan (Richter 4. 2) den Kananitern, demnächst (Richter 6. 1) den Midianitern, dann den Filistern und Ammonitern (Richter 10. 7) obgleich sie Bal und Astharoth, die Anbetungswesen der Syrier angefleht hatten, wie auch diejenigen Moabs, Ammons und der Filister. Als der Stamm Dan des Micha goldenes Bild geraubt hatte und dieses zum Siege verhalf (Richter 18. 30) stellten sie es auf zu Silo und verehrten es bis zur Zeit der Gefangenschaft. Als späterhin in der Schlacht zu Ebenezer die Israeliten geschlagen wurden und die Filister die Bundeslade eroberten, war Jave ganz vergessen; er hatte sich selbst im Stiche gelassen, war also ohnmächtig und da das Verhältniss des Volkes zu ihm auf Vertrag beruhete, Jave wie jedes andere Verehrungswesen, keine andere Bestimmung hatte, als Sieg, Rache und Beute zu verleihen, so ward er fast jedesmal abgeschafft, wenn seiner Auflehung eine Niederlage folgte. Die Kinder Israels kannten, wie andere Völker auf gleicher Stufe, keinen anderen Massstab als den Erfolg: half Jave, dann erfüllte das Volk seine Verpflichtungen und blieb ihm treu; schlug es fehl, dann nahm das Volk einen anderen Nothhelfer in Anspruch (wie Moses den Herrn Nissi und den Tinbe) blieb diesem treu oder verwarf ihn, je nach dem Erfolge und nachdem es, unter besonders misslichen Umständen, alle bekannten Verehrungswesen erfolglos versucht hatte, kehrte es zuletzt verzweiflungsvoll zum Jave zurück. Unter Saul gewann das Volk an Macht und blieb dem siegspendenden Verehrungswesen Jave getreu, unter David war dasselbe der Fall mit dem Bal, unter Salomo gelangte es zum Gipfel seiner Macht. Aber bald darauf brachen die gegenseitigen Eroberungskriege der umwohnenden Grossmächte aus, die Völkerbrücke Palästina ward erobert bald von der einen, bald von der anderen Grossmacht, die Hauptfestung Jerusalem mit Sturm eingenommen, die Tempelschätze geplündert und das Land in dem Hin- und Hergewoge der Heere ausgesogen und verheert. Könige, Priester und Volk griffen von einem Verehrungswesen zum anderen; unfähig das richtige Ursachverhältniss zu erkennen, suchten sie es in der aussersinnlichen Welt, in Verehrungswesen, aussersinnlichen Übermächten; sie boten bald dem einen, bald dem anderen die Oberherrschaft an, aber vergeblich, keine Hülfe war von Dauer, denn nach kurzen Friedenszeiten folgte neues Kriegselend, das Land verkümmerte wie die Menschen. Die Könige liessen sich durch ihre Weiber oder die Priester bewegen, vom Jave zum Bal (1. Kön. 16, 31) überzugehen oder vom Bal zum Jave und der geringste Umstand war genügend (1. Kön. 18) solche Änderung zu Wege zu bringen. Wie viel mehr nicht Landplagen wie Pest, Hungersnoth, Kriegsunglück u. dergl.? Die Könige schwankten zwischen Jave und Bal und die Priester schlachteten sich gegenseitig, je nachdem sie den König oder das Volk für sich gewannen; das Volk blieb seinem alten Herrn, dem Moloch, getreu, opferte ihm die eigenen Kinder im Feuer, betete ausserdem Sonne, Mond und Sterne an und wandte sein Flehen allen Verehrungswesen der Umwohner zu, der semitischen wie fremden Stämme. Alles erfolglos, denn das Land verödete und das Volk ward Sklave. Es wechselte seine Verehrungswesen wie ein verzweifelnder Kranker seine Ärzte und Heilmittel, bis entweder die zähe Natur alles Widerstrebende überwindet oder der Tod den Leiden ein Ende macht.

Dieser verzweifelten Lage muss es auch zugeschrieben werden, dass die Israeliten zu keiner Zeit dahin gelangten, ihre Verehrungswesen in geordnete Verbindung mit einander zu setzen, dass sie keine Götterlehre besassen, wie sie bei den höher gebildeten Völkern der Egypter, Babylonier und Perser entstehen konnte in der ruhigen Fortbildung, die durch anhaltenden Frieden im Inneren ermöglicht ward. Die Verehrungswesen der Israeliten blieben von Egypten her (mit alleiniger Ausnahme von Jave und Asasel) schroff und unvermahlt neben und unter einander stehend; jedes nur so lange anerkannt und verehrt, wie es seine Bestimmung als Nothhelfer erfüllte. Selbst als Salomo den heiteren Sonnenherrn, den Adonai, zur Herrschaft erhob und damit das höchste, reinste und allgemeinste der verschiedenen Verehrungswesen an die Spitze gestellt hatte, konnte es ihm nur vorübergehend gelingen, die Menge der örtlichen Verehrungswesen diesem unter zu ordnen. Einentheils waren die örtlichen Zustände des Landes sehr verschieden; nicht allenthalben konnte gleiche gesicherte Fruchtbarkeit durch die eingeführte Bewässerung erzielt werden, an solchen Stellen herrschte Dürre, also die sengende Sonne (Bal), während gleichzeitig an anderen Stellen die fruchtbare Sonne (Adonai) ihre Fülle spendete. Es konnten die erhabenen Vorstellungen vom schaffenden, allwissenden und allgegenwärtigen Adonai, dem Volke keinen vollen Ersatz leisten für die Entbehrung seiner gewohnten Nothhelfer; es war ihm nicht an erhabenen Vorstellungen und dichterisch schönen Psalmen gelegen, sondern es begehrte Hülfe in drängender Noth, übermächtige Wesen, welche unmittelbar auf seine Geschicke helfend einwirkten: herrschte Bal (Dürre) im Lande irgendwo, so flehte man dort zu Ihm, sonst zu jedem anderen Wesen, welches half oder helfen mogte: wer Gedeihen sendete oder Landplagen abwendete, war der richtige, nur der Erfolg entschied über die Wahl und Treue der Gläubigen. Wäre der salomonischen Zeit ein Jahrhunderte langer Friede gefolgt, wenn auch zeitweilig durch äussere Kriege unterbrochen, so hätte es vielleicht gelingen können, den Adonai zur Alleingeltung zu bringen; die übrigen wären allmälig verblasst, vergessen und vernachlässigt worden; ihre Priester hätten keine Opfer empfangen, wären ausgestorben, weil sie keine Nachfolger zum unergiebigen Dienste fanden, oder hätten sich dem einträglicheren Sonnendienste zugewendet. Allein die verwüstenden Heereszüge im Inneren während der nachfolgenden Königszeit, liessen es nicht dazu kommen; die Vorstellung einer geregelten, allesumfassenden, milden und beglückenden Weltregierung durch Adonai konnte nicht erblühen unter wiederholten Verwüstungen des Landes, Zerstörung der Städte, Niedermetzelung des Volkes; es herrschte augenscheinlich nicht der blühende Adonai, der für die Menschen lebende, leidende und glanzvoll auferstehende Sonnenheld, sondern der verwüstende Bal, der grimme Moloch und der zürnende Jave; sie waren Herren im Lande, ihre Werke lagen deutlich vor Augen; sie waren es, die durch Dürre, Verwüstung, Niederlage, Hungersnoth, Pest, Mord und Brand das Volk verderben wollten, sie musste man zu besänftigen suchen. Dass in der Folgezeit der König Ahas seinen eigenen Sohn dem Moloch opferte (2. Kön. 16), ebenso der König Manasse seinen Sohn (2. Kön. 21), lässt am besten die Grösse des Elendes erkennen, welche das Volk und die Könige bewog, die Königssöhne im Feuer zu opfern: es war kein Übermuth, keine Gier nach Abgötterei, welche so schwere Opfer forderte, sondern die Verzweiflung im Elende, welche hoffte, den Grimmigen dadurch zu versöhnen; die Königssöhne sollten die leidenden Erlöser ihres Volkes sein, nachdem das Volk durch Opferung seiner Söhne die grimmigen Übermächte nicht hatte versöhnen können.

In Beziehung auf die Wandlungen des Verehrungswesens kommt ein anderer Umstand hinzu, dessen Einfluss Vieles erläutert, nämlich die Wanderrichtung des Volkes von Süd nach Nord. Dieser Einfluss würde vielleicht noch stärker bei den Egyptern sich nachweisen lassen, wenn so reichhaltige Nachrichten von ihnen überliefert wären, wie von den Israeliten, denn die Egypter oder vielmehr derjenige Theil (Priester und Krieger) welcher die Bildung trug, sind ebenfalls vom Süden (Meroë im oberen Nilthale Nubiens) nach Norden gewandert, unter ähnlichen, theils noch stärker bedingenden Verhältnissen.

Die Wärmeverhältnisse auf der Erde stufen sich bekanntlich ab in dem Masse, wie man sich vom Gleicher (Äquator) nach den Polen entfernt: zu beiden Seiten des Gleichers die grösste Wärme, dagegen rund um beide Pole die mindeste Wärme (grösste Kälte). Die Abnahme vom Gleicher nach beiden Polen ist nicht so gleichmässig, dass rund um die Erde, in derselben Entfernung vom Gleicher dieselbe Wärmevertheilung herrsche; allein zur allgemeinen Übersicht denkt man sich, nach den wechselnden Sonnenständen im Jahre, die Erdoberfläche in Wärmegürtel eingetheilt und nennt den Erdgürtel, $23\frac{1}{2}$ Grad zu beiden Seiten des Gleichers, die heisse Zone, dagegen die beiden Endkreise, $23\frac{1}{2}$ Grad rund um Nord- und Südpol, die kalte Zone und was auf der nördlichen und südlichen Erdhälfte zwischen der heissen und kalten liegt, nennt man die gemässigte Zone. Verfolgt man auf der Erdoberfläche die Linien gleicher Jahreswärme, gleicher Sommerhitze oder Winterkälte, gleichen Regenfalles oder gleicher Verdunstung: so findet sich allerdings, dass diese abweichen von der geraden Ost-West-Richtung, dass sie nicht allenthalben gleichweit entfernt vom Gleicher oder den Zonengrenzen bleiben, dass in den 90 Grad vom Gleicher nach den Polen nicht allenthalben gleichmässig die Wärme abnehme. Allein durchgehends steht fest, dass die Unterschiede weit stärker sind im Vorschreiten von Süden nach Norden, als in der Richtung zwischen Ost und West.

Die Israeliten waren Süd-Nord-Wanderer, gelangten also in stark wechselnde Wärmeverhältnisse und dadurch erzeugte Umgebungen und da sie, wie andere Völker, ihre Vorstellungswesen aus den Übermächten der Aussenwelt gestalteten: so mussten sie solche auch umwandeln, sobald ihre Aussenwelt eine andere ward. Die Sprachforschung leitet den Ursprung der Semiten nach Abessynien zurück; auch findet sich das jüdische Laubhüttenfest in seiner rückständigsten Gestalt noch jetzt in Kordofan (12—15° nördl. Breite). Es scheinen die Semiten längs beiden Rändern des Rothen Meeres nach Norden gedrungen zu sein, so wie längs den arabischen Süd- und Ostküsten zum Euphratthale, wo sie am blühendsten, als Chaldäer, sich entwickelten. Die Elohim, den El, scheinen sie aus der Urheimat mitgebracht zu haben, denn das Wesen findet sich bei den Israeliten, den Arabern (Allah), den Chaldäern (El und Bel), so wie den Syrern (Galiläern) als Eli. Ob in ihm bereits der Feuer- und Wüstenherr vereinigt waren, lässt sich nicht ermitteln: im israelitischen (Azaz-El) scheint nur der Wüstenherr gelegen zu haben (§. 38). Jedenfalls musste der Feuerherr, bei zunehmender Entwaldung und Wüstenbildung an Herrschaft verlieren und der Wüstenherr gewinnen; mit dem Holze verschwand der Waldbrand, der Boden, der brennenden Sonne blosgelegt, während die Regenmenge abnahm und die Verdunstung zunahm, verlor seine Schicht fruchtbarer Walderde und ward Wüste, weil der Mensch es nicht verstand, grösstentheils auch jetzt noch nicht versteht, die fruchtbare Schicht sich zu erhalten; die Umwandlung des Waldes in Wüste schreitet auch in der Gegenwart an vielen Stellen der Erdoberfläche schrittweise fort. Als die Israeliten im Vordringen nach Norden, in die Nilmarschen (das Land Gosen) gelangten, wo kein Waldbrand sie erschrecken konnte, trat der Wüstenherr in den Vordergrund, der, ebenso wie als Samum oder Chamsin der Jetztzeit, die Futterkräuter verdorrete und die Wasservorräthe (Brunnen und Gräben) austrocknete; es kam noch mächtiger die fruchtbare Sonne (der Apis-Osir) zur Anerkennung, der die Weiden segnete und das Volk mehrte. Aus Egypten fortwandernd, betraten sie die arabische Wüste und der El (Azaz-El) trat wieder in seiner Übermacht zu Tage: Moses rief im waldreichen Midian (deren Bewohner noch der

Koran Waldbewohner nennt) den alten Feuerherrn zur Hülfe und brachte ihm reichliche Opfer. Als der Zug an die Grenzen des fruchtbaren, Trauben und Feigen in üppiger Fülle tragenden Palästina gelangte, (4. Mose 13. 24) lag das Gebiet der Wüste und des Waldbrandes hinter ihnen; hier herrschte der „Herr Nissi" und der „Bal-Peor", jener Fruchtspender, dieser Wasserspender. Sie versuchten von Süden her einzudringen, wurden aber zurückgeschlagen und gingen deshalb zurück nach Süden, um längs der Ostseite der Erdspalte (welche in Fortsetzung des Osthornes vom Rothen Meere bis an den Libanon reicht) durch das Land der Moabiter und Ammoniter von Osten her in Palästina einzudringen. Auf diesem Hochlande scheinen sie lange Zeit verweilt zu haben, denn erst nach Moses Tode gelang es Josua über den Jordan vordringend, Jericho zu erobern und in Palästina Fuss zu fassen; auf jenem Hochlande herrschte die Dürre, die sengende Sonne, der Bal, daneben an Quellen in den Thalsenkungen desselben, der Bal-Peor, unter dem Bilde des Esels, dessen Fährten zu versteckten Quellen leiten. Die Übermacht gestählter und raubgieriger Wüstenbewohner über sesshafte Ackerbauer und Gärtner verhalf den andrängenden Israeliten zum Siege; sie fassten Fuss und drangen vor in das von anderen fruchtbar gemachte Land, eigneten sich deren Ernten und Heerden an und gelangten unter zahlreichen Wechselfällen, im Laufe der Zeit zur Fülle. Demgemäss blieb die ganze Richterzeit hindurch, der Kalberdienst (der Osir) der vorwaltende im Volke und von den Verhältnissen des Landes getragen konnte er sich durch alle Zeiten erhalten. In der ganzen Geschichte bis zur Gefangenschaft lassen sich die Spuren verfolgen, wie die Verehrungsweisen der Israeliten wechselten und doch gleichzeitig in grosser Verschiedenheit neben einander herrschten, je nachdem die Lebensverhältnisse wechselten oder örtlich verschieden waren. Es war die Folge der Änderungen ihrer Umgebungen, wie der örtlichen Verschiedenheiten im Lande und auch der unglücklichen Ansiedlung des Volkes auf einer Völkerbrücke inmitten der kriegerischen Grossmächte jener Zeit.

Es sind zerstreute Andeutungen vorhanden, die zu der Vermuthung führen, dass nicht allein die Israeliten, sondern auch andere Semitenstämme, ihre Vorstellungen, Ausdrücke und Einrichtungen des Glaubens, vielfach aus Egypten entnommen und empfangen haben, dass die Semiten, welche in Palästina einzudringen suchten, eine grosse Horde bildeten; ob diese gleichbedeutend sei mit den Hirtenstämmen der Hyksos, welche die Egypter aus ihrem Lande trieben, mag dahin gestellt bleiben. Eine bemerkenswerthe Ähnlichkeit waren die heiligen Zelte zur Aufbewahrung ihrer heiligen Laden, als Allerheiligstes den Orakeln dienend. Bei den Egyptern waren solche Laden sehr gebräuchlich, im Osirdienste enthielten sie in der ältesten Form sein Bild, als Stier oder Kalb, aus Holz vergoldet, also ein Bild, welches späterhin vielfach bei den Israeliten sich vorfindet. Das Umhertragen der Lade durch Geweihete war bei den Egyptern wie bei den Israeliten gebräuchlich; die Aufbewahrung im Zelte war bei den unstäten Hirtenvölkern gegeben und auch zur Befragung des Orakels, zur Begeisterung des Priesters erforderlich. Bei den stammverwandten Moabitern und Ammonitern, deutet sich die gleiche Einrichtung an in den Namen ihrer Haupt-Verehrungsstätten „Rabbath Moab" und „Rabbath Ammon". „Ra" war die egyptische Bezeichnung, welche unserem Worte Gott entspricht in der Anwendung auf andere Verehrungswesen: sie schrieben „Amun Ra" wie wir „Gott Amun" oder der Römer „Jupiter Ammon"; „Bath" oder „Beth" bedeutet semitisch das „Zelt" (Beth-El = Zelt des El) also war „Rabbath" ein Gotteszelt, eine Stiftshütte. Die Moabiter und Ammoniter werden also Stiftshütten mit heiligen Laden als Orakelstätten besessen haben, gleich den Israeliten. Eine derartige Lade findet sich auch bei dem griechischen Dio-Nysosdienste, der anerkannt aus Egypten stammt, wahrscheinlich durch die semitischen Einwanderer zugeführt; die Lade enthielt das Heiligthum des fruchtspendenden Nysos und da der Nissi bei den Israeliten sich vorfindet (2. Mose 17. 15) so deutet sich mit einzelnen Anknüpfungspunkten, ein gemeinschaftliches Verehrungswesen an, dessen Reich von Nysa in Äthiopien, durch Egypten und das semitische Palästina nach Griechenland reicht, ein Verbindungsglied bildet zwischen Egyptern, Semiten und Hellenen, in welchem tragbare Laden und ein wilder üppiger Dienst bei allen sich vorfindet.

Während die Israeliten sesshaft geworden waren, unterlagen ihre Verehrungswesen den Einflüssen der fortschreitenden Bildung des Landes: mit Zunahme des Anbaues durch Ausdehnung der Bewässerung, trat Bal zurück, der prangende Adonai dehnte sein Reich weiter und weiter. Als darauf die endlosen Kriege das Land verwüsteten, die Bewässerungsanlagen in Verfall kamen, breitete sich wiederum die Wüste aus; das Feuer vernichtete Städte und Ernten, die Sonne versengte den dürftigen Pflanzenwuchs, die ausgedörrte Erde verwehete der Wind und schwemmte der Regen fort;

die vom dürren Boden und nackten Fels zurückgeworfenen Sonnenstrahlen durchglüheten die Luft; es waren augenscheinlich die altbekannten Übermächte Moloch, Jave und Bal an die Stelle des Adonai herrschend geworden im Lande. Nach der Gefangenschaft genossen die Zurückgekehrten Ruhe im Lande, während welcher der menschliche Fleiss den Anbau betrieb, ohne ausgeraubt zu werden, so dass er die alten Wasserbehälter und Leitungen herstellen konnte und die Wüste, so wie den Sonnenbrand durch Anpflanzungen verdrängte; Jave und Bal wurden zurückgesetzt, Adonai kam auf's neue zur Herrschaft und hat sie bei den Juden behalten bis auf die Gegenwart, weil sie das Land verlassen haben, in welchem seitdem die Verwüstung wiederum herrschend ward.

§. 42.

In ganz verschiedener Weise zeigt sich der Einfluss der Wanderrichtung in dem Himmelsherrn der Arier, welche von Mittelasien westwärts wanderten und Europa besetzend, die Vorfahren der jetzigen Europäer wurden. Vor Jahrtausenden haben die Arier irgendwo in Mittelasien unter günstigen Verhältnissen sich entwickelt, an Zahl und Gesittung zunehmend, bis sie sich gezwungen sahen zu verschiedenen Zeiten, die Jahrhunderte aus einander lagen, Wanderscharen auszusenden, die auf verschiedenen Wegen, drängend und gedrängt, bald angesiedelt, bald wandernd, im Laufe der Jahrhunderte nach Europa gelangten und in einer Mannigfaltigkeit von Völkerstämmen besetzten, die man gegenwärtig, mit geringen Ausnahmen, in drei Hauptgruppen zusammenfasst: Romanen, Teutonen, Slaven. Die Spuren, aus Europa rückwärts verfolgt, leiten nach dem alten Baktrien und dem oberen Induslande; dort schliesst sich an das Volk der Perser und der Inder; dieser verstärkte Strom heller Menschen, rückwärtsforschend verfolgt, leitet zu einem Lande, aus dem, in minder deutlichen Spuren die Sinesen und Japanesen abzweigen, wo vielleicht auch die Finnen und Magyaren (Ungarn) so wie die Türken angeschlossen werden könnten; weiter zurück die Mongolen und sämmtliche Stämme, welche Nord-Sibirien so wie Nord-Europa bewohnen, wahrscheinlich auch vom Norden her als Urbewohner durch Amerika sich verbreitet haben. Es ist die helle Menschheit, unterscheidbar von der dunklen afrikanischen, aber verflochten mit derselben in zahlreichen Mischvölkern, welche in Indien, Süd-China, den

Inseln des Indischen Meeres, längs dem ganzen Südrande Asiens, in Arabien, Syrien und Nord-Afrika durch Berührung und Verschmelzung der hellen und dunklen Menschheit entstanden.

Diese Zusammenleitung der hellen Völkerschaften, welche mehr als zwei Drittheile der gegenwärtigen Menschheit ausmachen, ist dem Zweifel unterworfen; was jedoch die mächtigste Völkerreihe der Sinesen, Inder, Perser und Europäer mit einander verbindet und hier in Betracht kommt, ist die Gleichartigkeit ihres Verehrungswesens, welches bei Allen der Himmel ist. So lange diese Völker schiebend oder geschoben, die gemässigte Zone nicht verliessen, blieb der Wolkenhimmel diejenige Übermacht, welche ihr ganzes Leben beherrschte und regelte: Gewitter und Regen waren himmlischen Ursprunges, der Himmel sandte seine Schrecken, wie auch Segen und Erquickung, verhüllte Sonne, Mond und Sterne oder gestattete ihnen zu scheinen, damit der Mensch die Pracht der Wohnung des Himmlischen bewundere. Seine Wandelbarkeit liess den, mit sich selbst vergleichenden Menschen, einen menschenähnlichen Willen entdecken: der Himmel fühlte wie ein Mensch, war zürnend und trübe oder gnädig und freundlich; jene Stimmung schreckte oder drückte den Menschen, diese dagegen beruhigte und erhob ihn. Es findet sich im Altindischen das Stammwort „diu," in der Bedeutung von „glänzend" und in besonderer Anwendung den Himmelsraum bezeichnend, das Glänzende über unseren Häuptern. Hieran schliesst sich das Wort Tien, welches den Sinesen den Himmel bezeichnet und gleichlautend bei den Altdeutschen ihren ältesten Gott, dessen Name im Wochentage Diens-Tag liegt; im Altgriechischen erscheint zuerst das Wort Tyr (im Verehrungswesen Dipa-Tyr) demnächst Theos, Deus, Dis und Dio, späterhin Zeus, Zea, Zan; bei den alten Römern Dios, Diespater oder Jupiter (dio mit dem Worte pater = Vater verbunden) im Altdeutschen finden sich Tiu (im Tuesday der Engländer). Tien (in Dienstag) und Zio; wie bei den alten Tibetanern Zio. Es spinnen sich solchergestalt dünne Fäden über Länder und Zeiten dahin, deren Enden in Sina und Norddeutschland, Indien, Rom und England, Island, Süd-Deutschland, Griechenland und Tibet angeheftet sind, im übrigen aber, gleich den Fäden einer Spinne, in der Luft schweben. Es findet sich ein anderer Grundzug, der die Altperser hinein zieht in dieses Familienband. Herodot erzählt nämlich: „Bei den Persern heisst Zeus der ganze Himmelskreis; Bildsäulen, Altäre und Tempel sind bei ihnen nicht Brauch; sie glauben nicht, wie die Hellenen, dass ihre Götter Menschenart seien." Er nennt leider nicht den persischen Namen, den er mit Zeus umschreibt; aber auch ohnedies giebt die Beschreibung hinreichende Anknüpfung, denn von den Urbewohnern Griechenlands, den Pelasgern, ist es bekannt, dass sie an den Dipa-Tyr glaubten, welcher gestaltlos und unnahbar über den Gipfeln des Lykaion in heiliger Lichtfülle lebte und dass im Volke die Scheu sich erhielt, das höchste Wesen unter bestimmten Namen und Kennzeichen zu versinnlichen; ihre Weissager (Sellen oder Hellen) erforschten den Willen des Höchsten nur aus dem Rauschen der Baumwipfel; Tempel und Altäre kannten sie nicht. Ähnlich sagt Tacitus von den Altdeutschen, den Germanen: „Sie glauben, es sei der Grösse der Himmlischen unwürdig, sie in Wände einzuzwängen, oder ihnen irgend eine, der menschlichen Gestalt ähnliche Form zu geben und nennen mit Götternamen jenes Geheimniss, was sie sonst in blosser Verehrung schauen." Derartige Grundzüge geben feste Verbindungsglieder, denn sie liegen tief im Wesen der Menschen, sind nicht zufällig und so mögte noch ein anderer Zug anzuführen sein, der, nicht ganz hierher gehörig, doch dieselbe Kette in anderer Weise schliesst. Herodot berichtet von den Persern: „Sie pflegen, wenn sie trunken sind, über die wichtigsten Dinge sich zu besprechen und was beschlossen, trägt anderen Tages, der Herr des Versammlungshauses noch einmal vor; sind sie auch nüchtern damit einverstanden, dann führen sie es aus. So auch was sie nüchtern besprechen, gehen sie trunken wieder durch." Ähnliches berichtet Tacitus von den Teutonen: „Über gegenseitige Wiederversöhnung von Feinden, über zu knüpfende Verwandtschaften, über die Wahl ihrer Fürsten, endlich über Krieg und Frieden berathschlagen sie gewöhnlich auf Gelagen, als ob der Geist zu keiner andern Zeit für einfache Gedanken empfänglich oder für grosse erwärmter wäre. Ein weder schlaues noch listiges Volk eröffnet die Geheimnisse seines Herzens in der Trinklaune. Hierauf wird die unverhüllte und offene Meinung aller am folgenden Tage von neuem überlegt und dieses berathschlagen derselben Sache zu zweien Zeiten hat seinen grossen Nutzen. Sie überlegen, wann sie sich nicht verstellen können und fassen den Entschluss, wann sie nicht so leicht irren können." Derselbe Faden, welcher die Zeit des Herodot (5. Jahrh. vor Ch. G.) mit der des Römers Tacitus (1. Jahrh. nach Ch. G.) so wie Altgriechen mit Teutonen verbindet, lässt sich noch in der Gegenwart auffinden, in dem Gebrauche der Engländer, öffentliche Angelegenheiten jeder Art, nach reichlicher Sättigung, bei kreisendem Getränke zu besprechen, wobei die Reden nicht allein freier und rückhaltloser gehalten werden, sondern auch dem Redner, in Anbetracht der Stimmungen, nicht so grosse Verpflichtungen auferlegen wie sonst: eine Rede nach Tisch hat nur Geltung im guten Sinne. — Wir Menschen bleiben zu allen Zeiten und an allen Orten menschlich, aber gern der einmal eingepflanzten Art getreu.

Auf der stossweisen Wanderung der arischen Völker gegen Westen, blieben sie mit geringen Abweichungen im gemässigten Erdgürtel, in ähnlicher Umgebung; ihre Aussenwelt blieb mit wenigen Änderungen in der ganzen Erstreckung dieselbe. Durch Westasien und Europa bis an das Atlantische Meer von Gibraltar bis Island begleitete sie derselbe Himmel mit seiner Pracht, seiner glänzenden Sternendecke, wie seinen Regengüssen, Gewittern und Hagelschauern, seiner Wärme und Kälte; ihre Lebensweise und Ernährung als Hirten und Ackerbauer konnte dieselbe bleiben, also auch ihre Abhängigkeit vom Himmelsherrn, denn Er war und blieb die Alles bedingende Übermacht des Landes, in welchem sie sich zur Zeit aufhielten. Deshalb erscheinen auch aus einem Gusse der ursprüngliche Zeus der Griechen, der römische Jupiter, sowie die höchsten Verehrungswesen der Germanen und Nordländer; auch die der Slaven werden sich gleicher Art erweisen, wenn sie näher erforscht werden. Der Himmel als höchste Übermacht behielt in Europa diese Geltung durch alle Jahrhunderte, sie ward durch die allenthalben herrschenden Lebensverhältnisse so fest dem Bewusstseine eingeprägt, dass selbst das semitisch entsprungene Christenthum dem arischen Geiste sich unterordnen musste, um Eingang zu gewinnen. Im griechischen Theos, lateinischen Deus, (italienisch und spanisch Dio, französisch Dieu), im deutschen Gott, englischem Ood, im nordischen God, wie im slavischen Bog oder Boze haben sich nicht allein die heidnischen Namen, sondern auch die heidnischen Grundvorstellungen erhalten; der europäische Höchste behielt die Grundzüge des Himmels.

In den ältesten Zeiten der griechischen Geschichte erscheint Zeus in der einfachen Gestalt des Himmels, ohne Menschenform in der Höhe tronend, waltend über die Erde und ihre Geschlechter, Schirmherr der Sicherheit des Lebens und Besitzthumes, Wächter über Eid und Treue, gütig und gutmüthig, aber durchdrungen von der sittlichen Strenge der Arier. Ebenso zeigt sich der römische Jupiter, als harter Walter der Sicherheit und des

Treuwortes, Rächer des Meineides und Verrathes, zuverlässig und strenge. Im Altnordischen finden sich dieselben Grundzüge im Allvater, Güte und Strenge im guten Einklange zusammen. Selbst in Süd-Europa trug er den unterscheidenden Grundzug des Volkes und Landes, so wie des Himmels, das geregelte Maashalten der Kraftäusserungen, nicht in grimmer Überspannung (Hungersnoth, Pest u. a.) mit schlaffer Ruhe (Übermaass der Fülle) abwechselnd, keine zornige Laune und baldige Reue wie Jave und die anderen Verehrungswesen (Zustände) des heissen Gürtels, sondern besonnen, ruhig, langsam im Entschlusse, aber fest; und beständig in der Ausführung, nicht launenhaft und rachsüchtig, sondern leidenschaftslos waltend und strafend, weil das Recht es erfordert, nicht dem Zorne folgend, sondern dem unwandelbaren Pflichtgefühle. Im Vergleichen des arischen mit dem semitischen höchsten Wesen spricht sich am stärksten der Einfluss aus, den die Verschiedenheit der Wanderrichtung (S-N oder O-W) darauf ausübte; so wie, als Folge davon, der Länderzustände, welche die Semiten oder Arier in der Urheimat, auf der Wanderung und an den Orten der neuen Ansiedlung antrafen. Bei den Semiten Alles heftig, von einem Äussersten zum anderen schwankend, üppige Fruchtbarkeit und Fülle bei geringer Arbeit, abwechselnd mit tödtlicher Dürre, Hungersnoth und Pest, gegen die der Mensch verzweiflungsvoll und vergeblich kämpft: sein Verehrungswesen ist schwankend, grimmig und unzuverlässig und in Folge derselben Umstände wird der Mensch heftig, zähe und trügerisch; der oft Betrogene wird Betrüger, wie es im täuschenden Föniker und der punischen Treue zum Ausdrucke kam. Bei den Ariern dagegen sind die Schwankungen maassvoll, Fruchtbarkeit und Mangel gerecht abgemessen: der harten Arbeit folgt nur ein genügendes Gedeihen, kein erstickender Überfluss: in regelmässiger Folge der Jahreszeiten wechseln Wärme und Kälte, Regen und Trockenheit werden zugemessen: es wird dem Menschen nichts geschenkt, er muss durch Mühen sein Gedeihen sich erwerben: sein Verehrungswesen ist stätig, gerecht und zuverlässig und in Folge dessen wird der Mensch fest, hart, maassvoll und treu; welche Eigenschaften aber mit grosser Langsamkeit und Unentschlossenheit sich verbanden, da kein schnelles Schwanken ihn zu raschen Entschlüssen zwang. Bei den Semiten konnten die Verehrungswesen in ihrer ursprünglichen Gestalt, als Waldbrand oder Wüstensturm dem Menschen auf Erden sich nahen, ihn vor sich her hetzen und sichtbar tödten oder gnädig zur Seite vorüber ziehen; er sah sie kommen von ferne, sah sie dahin eilen und verschwinden; Todesangst und Rettungsfreude wechselten sehr oft schroff mit einander ab, steigerten sein ganzes Nervenleben zur Heftigkeit, Entschlossenheit und Gewandtheit, verliehen ihm die Fähigkeit alle Kraft im Augenblicke zur höchsten Anstrengung zu steigern, um jenem „Herren" zu entrinnen, bedingten aber auch zur Ausgleichung, die folgende höchste Abspannung, die tiefste Verzweiflung; nach unbändiger Kraftentwicklung, die grösste Zaghaftigkeit mit widerstandsloser Ergebung. Der Arier dagegen erblickte sein Verehrungswesen, den Himmel, in unnahbarer Grösse über sich, die ganze Erde überspannend; wohin er kam auf seiner Wanderung fand er keine stärkeren Übermächte, ihn begleitete der Himmel im gleichen Glanze, mit gleicher Wirkung auf ihn, seine Umgebung und seine Lebensweise; regelmässig wandelte das Sternenheer auf und ab, regelmässigen Weidewechsel hielt er mit seinen Herden, um je nach den regelmässig wiederkehrenden Jahreszeiten, die Ebenen oder bergestriften abweiden zu lassen; sein Ackerbau nahm den regelmässigen Verlauf; pflügen und säen, reifen und ärnten hatte seine abgemessenen Zeiten; d. Himmel war gerecht und zuverlässig, setzte weder den Menschen in Todesangst, noch verleitete er ihn zum Übermuthe oder zur Trägheit; dem Arbeitsamen verlieh er das Gebührende, den Trägen überliess er dem Mangel. Es war das Verhältniss des Vaters zu seinen Kindern, weder grimmiger Hass mit tödlicher Verfolgung, noch unverdiente Fülle, sondern ernste, strenge und dabei gütige Überwachung, gerechtes und mildes Walten, regelrecht und musterhaft, wie es „guten Ordnern" oder „Waltern" geziemt, mit welchem Namen die Pelasger ihre höchsten Wesen belegten. Der grosse Unterschied kennzeichnet sich schon darin, dass bei den Semiten ihr höchstes Wesen „Herr" genannt wird, dem das Volk als „Knecht" untersteht, launenhaft und rücksichtslos behandelt wie es einem Sklaven gebührt; bei den Ariern heisst ihr höchstes Wesen „Vater", „Allvater", dem das Volk als „Kind" untersteht und als solches behandelt und erzogen wird.

§. 43.

Das Gebiet der grossen Verehrungswesen erstreckte sich für einen jeden nur so weit, wie die Zustände oder Vorgänge, welche der geschaffenen Vorstellung zum Grunde lagen, nach denen also sein Bild zusammengestellt worden war. Der Wüstenherr war auf den grossen Wüstengürtel beschränkt, wo seine wirbelnden, rothen Sandwolken verderbendrohend und allgewaltig herrschen; das Gebiet war weit an Erstreckung, aber spärlich bevölkert und kein grosses Anwachsen der Bevölkerung zulassend. Der Feuerherr dagegen hat dreierlei Ursprung oder Anhalte gehabt, welche sein Dasein in den Vorstellungen der Menschen stützen konnten: den Waldbrand, die Feuerquellen und die Feuerberge (Vulkane). Betrachtet man die jetzt verödeten Gegenden Westasiens, in denen vor 2000 Jahren die höchste Bildung der damaligen Menschheit waltete und riesige Städte mit hundert tausenden von Bewohnern blüheten, wo jetzt der raubende Beduine in öder Sandwüste umherstreift, damals Millionen glücklicher Menschen wohnten, reichlich ernährt, wo jetzt das Auge vergeblich nach Futterkräutern spähet, so lässt sich erkennen, dass ebenso wie es der Mensch vermag, ein Land zur Heimat von Millionen umzuwandeln, er auch die blühenden Länder zu Einöden und Wüsten machen kann. Beide Wandlungen treten dort am schroffsten ein, wo mit Erfolg die Berieselung oder künstliche Wasserdüngung zur Hülfe genommen wird, deren Einrichtung in den heissen Gegenden genügt, um dürre Wüste in üppig ertragendes Land umzuwandeln, mit deren Aufhören aber auch, wenn sie zerstört wird oder verfällt, die öde Wüste zurückkehrt; was das Wasser erschuf und erhielt, musste verfallen, sobald diese Pflege aufhörte. Andere Stellen, die nicht von künstlicher Bewässerung gehalten wurden, sondern durch den örtlichen Regenfall genügende Düngung empfingen, verloren ihre Fruchtbarkeit durch die fortschreitende Entwaldung; mit dem Walde minderte sich nicht allein die Regenmenge, sondern nahm auch die Verdunstung des schattenlosen Bodens zu und der niedere Pflanzenwuchs, welcher den gefallenen Regen eingesogen und zurückgehalten hatte, verdorrte; der Regen lief rascher ab, schwemmte Theile der fruchtbaren Bodenschicht fort, während zu anderen Zeiten der dürre Wind die in Staub verwandelte Erde forttrieb und die Wüste erschien an der Stelle des ehemaligen Urwaldes. Von der entlegenen Zeit an, als der Mensch begann sich auszubreiten, hat er als Waldverwüster gewirthschaftet; schon der Hirte begann, den Wald streckenweise nieder zu brennen, um Weiden zu schaffen und nachdem aus der Asche einige Jahre hindurch üppige Futterkräuter erwachsen, war der Boden ausgesogen, und eine neue Strecke musste niedergebrannt werden; aufspriessendes Unterholz und junge Anpflanzungen konnten damals wie jetzt an solchen Orten nicht gedeihen, weil das Weidevieh (Ziegen u. a.) sie zerstörte und so griff der Übergang aus Urwald in Weide, aus der Weide in Wüste immer weiter um sich. Als der Mensch den Ackerbau begann, schlug er das gleiche Verfahren ein: der Wald ward streckenweise ausgerodet, der Boden ausgesogen, so lange die Aschendüngung vorhielt, dann als Brache liegen gelassen, um eine andere Waldstrecke ebenso zu behandeln; der Wald ward als Landplage, als Feind des Menschen und seines Gedeihens betrachtet, je mehr davon zerstört ward, desto besser. In Gegenden, wo die Witterung nicht gestattet, das ganze Jahr hindurch in Zelten zu leben, ward das Holz zum Baue fester Wohnungen verwendet, am brennenden Holze erwärmte sich der Mensch und bereitete er seine Speisen. Seine Ausbreitung geschah auf Unkosten des Waldes und wo der Urwald gestanden hatte, waren späterhin Weiden, Äcker, Haiden und Brachfelder. Das mangelnde Verständniss, welches noch jetzt den Wald ausrottet, wo es desselben dringend bedarf, musste in den entlegenen Zeiten um so stärker wüthen, nicht allein, weil die seitdem gewonnene Erkenntniss fehlte, welche einerseits die Vergeudung des Holzes zügelt und andrerseits der Pflege des Waldes einigermassen sich annimmt, sondern auch weil es in den ältesten Zeiten jedem überlassen war, den Wald anzuzünden und bei der grossen Ausdehnung der Waldbestände dem Zufalle, der Windrichtung zumal, es überlassen war, wie viele Quadratmeilen zur Zeit entwaldet wurden. Wie noch jetzt in Nord-Amerika Axt und Feuerbrand alljährlich quadratmeilenweise den Wald vernichten, so haben diese Werkzeuge während der letzten 2000 Jahre auch in Mittel-Europa aufgeräumt: Deutschland war noch zur Römerzeit ein Waldland, in dem die blossgelegten Äcker und Weiden nur zwischengestreute Flächen bildeten, wogegen jetzt umgekehrt der Wald nur in vereinzelten Flecken auf dem blossen Lande zerstreut liegt. In den rückständigen Jahrtausenden wird in dem heissen Erdgürtel derselbe Vorgang stattgefunden haben, wo die Völker um so früher an Zahl und Gesittung sich entwickelten: der Mensch als höhere Gestaltung unterdrückte die niederen Gestaltungen des Thier- und Pflanzenreiches: der Wald musste weichen und wie in Europa Haiden und Moore an die Stelle ehemaligen Urwaldes getreten sind, so können im heissen Erdgürtel üppige Urwälder gestanden sein, wo jetzt das Kameel oder flüchtige Ross über öde Sandwüsten dahineilt und so weit das Auge schweift, kein Halm aus dem Boden spriesst. Es ist erforderlich, durch

Rückschlüsse in die Vergangenheit, den jetzigen Waldbestand auszubreiten über sein ursprüngliches Gebiet, um eine Übersicht zu gewinnen von dem weiten Reiche des Feuerherrn, des Waldbrandes, dessen Herrschaft noch ausserdem sich ausbreitete über die Busch- und Steppenflächen, deren Pflanzenwuchs im gleichen Masse dem Feuer unterliegen, auf Strecken die nach tausenden von Quadratmeilen zu messen sind. In dichtbewaldeten Gegenden des feuchten Mittel-Amerikas, wo ein verhältnissmässig schmales Land von den beiden grössten Meeren der Erde reichliche Regenmengen empfängt, der Wald in einem Dunstkreise lebt, sind die Waldbrände von geringerer Bedeutung, als auf den trockenen Hochebenen oder Bergabhängen Afrikas und Asiens, wo der Pflanzenwuchs trockener an sich, im Mittsommer ausdörrt, so dass der Blitz oder das Reiben der vom Winde bewegten Äste einen Brand entzündet, der vom Winde getrieben, meilenweite Strecken verödet, bevor er seine Grenze findet.

Vor vielen Jahrtausenden, auf den rückständigen Bildungsstufen der Völker war das Reich des Feuerherrn das grösste auf Erden, der Wald- und Steppenbrand von öfterem Vorkommen. Der Mensch als schwaches Wesen ward überrumpelt, leicht umfangen und getödtet; nur die Wüste, öde Klüfte oder Steppen boten ihm Schutz, so dass vielleicht als Stufenfolge angesehen werden darf, der Mensch sei, vor dem Feuerherrn zum Wüstenherrn flüchtend, aus dem Waldbewohner ein Wüsten- oder Steppenbewohner (Hirte) geworden, habe ursprünglich nur ersteren gekannt, späterhin auch den zweiten kennen gelernt und als Hirte nach fremden Ländern wandernd, beide Verehrungswesen mitgeführt und im Laufe der Zeit die Vorstellungen in einander fliessen lassen. Diese Vorgänge sind in den bezüglichen Waldgegenden Asiens wie Afrikas möglich gewesen und es findet sich auch an beiden Stellen der Feuerherr, Moloch-Jave der Semiten wie Agni der Arier; letzteren fehlt jedoch der Wüstenherr, weil ihre Steppen keine besonders gestaltete Übermacht sichtbar erscheinen liessen.

Das Feuer an stetigen Feuerquellen lernte der Mensch am Westufer des Caspisees kennen, wo in der Umgegend von Baku, hunderte von Gasquellen aus der Erde hervorbrechen und als Flammen aufschiessen, den Unkundigen verletzend, dem Kundigen dienend. Bei der Geringfügigkeit und Stätigkeit der Wärmequellen konnte hier der Mensch zuerst das Wohlthätige und Belustigende des Feuers kennen lernen; während seine Brüder an anderen Orten vom Waldbrande gehetzt und getödtet wurden, konnte er hier sich niederlassen, erwärmen und seine Speisen bereiten. Die Verschiedenheit der Eindrücke, die das Feuer, entweder als grimmiger, riesenhafter Waldbrand oder als freundliche Quellenflamme auf den Menschen macht, konnte in ihrer Wirkung auf zahlreich einander folgende Geschlechter, so tiefgreifende Unterschiede in der menschlichen Fortbildung erzeugen, wie sie sich entwickelt haben in dem heftigen Semiten im Vergleiche zum sanftmüthigen Parsen, dem jene Feuerquellen heilig sind.

Der Feuerherr trat auch in der furchtbaren Gestalt von Vulkanausbrüchen zu Tage. Die Feuerberge sind freilich nur an bestimmten Stellen vorhanden, ziemlich entlegen von einander, aber doch über die ganze Erde verbreitet: in der Gegenwart sind mehr als 200 thätige in allen Erdtheilen vorhanden und die weit grössere Zahl der erloschenen lässt darauf schliessen, dass auch in früheren Jahrtausenden gleichzeitig hunderte solcher Feuerberge thätig waren. Ihre Ausbrüche folgen sich gewöhnlich in längeren Abständen, prägen sich aber dagegen durch ihre furchterregende Erscheinung so tief dem Gedächtnisse der Menschen ein, dass der Eindruck Jahrhunderte hindurch sich fortpflanzt, ohne der Auffrischung durch wiederholten Ausbruch zu bedürfen. Die Spuren solcher Eindrücke finden sich auch in den Vorstellungen zahlreicher Völker: bei den Egyptern und Semiten wie bei den Ariern (Indern, Persern, Griechen, Römern und Teutonen) wurden die Feuerberge zum Reiche des Feuerherrn gerechnet. Bei den Egyptern findet sich der Feuerherr als Pta oder Phta, der alle Feuer beherrschte und in Folge dessen, nach Aufhören der Kunde von Waldbränden, aus einem gefürchteten zu einem geliebten Wesen umgewandelt ward, dessen Hülfe die Gesittung, in Gewerken und häuslichem Behagen förderte. Den Semiten erschien der Jave mit Donner und Blitz, Erdbeben und Rauch, also den Kennzeichen der Feuerberge wie des Waldbrandes. Bei den Ariern, als sie aus Baktrien nach Indien zogen, herrschte als Verehrungswesen, neben dem Himmelsherrn Indra, der Feuerherr Agni und bei den Nordländern ward der Feuerherr Loki der Bruder des Himmelsherrn Odin genannt, auch gedeutet: „Wenn der in der Unterwelt gefesselte Loki sich windet, erzittert die Erde; das nennt man Erdbeben." Der griechische Hephästos wie der römische Vulkan schliessen sich diesen Vorstellungen der verderblichen wie der wohlthätigen Macht des Feuers an und tragen ebenmässig Kennzeichen der Ausbrüche von Feuerbergen.

Der Feuerherr hat die verschiedensten Völker, von den rückständigsten

Stufen der Bildung an, durch die folgenden Jahrtausende begleitet, bis die Verhältnisse so weit sich änderten, dass alle Einzelvorstellungen und Kennzeichen in ein Gesammtbild zusammen flossen. Seine Thaten sind in der Geschichte der Menschheit blutigroth bezeichnet, Roth war seine Leibfarbe und als Vernichter, Verderber, Fürchterlicher war alles was der Verneinung des Daseins diente, seinem Reiche angehörig. Der semitische Moloch war Kriegsherr, denn das qualvolle Ermorden der Menschen, Verwüsten der Städte, Verbrennen der Habe, Bewerfen der Äcker mit Steinen, Verschütten der Brunnen waren ihm, dem Lebensfeinde, angenehm; das Verbrennen geschlachteter Thiere war „süsser Geruch vor dem Herrn"; die schrecklichsten, das menschliche Gefühl empörenden Opfer der erstgeborenen Söhne, des Kindes an dessen Erscheinen die junge Mutter am stärksten sich erfreut, waren dem Feuerherrn die willkommensten; die hervorragenden des Volkes, Hohepriester, Profeten und Thronfolger, mussten ihm zum Opfer dargebracht werden, qualvoll gekreuzigt oder verbrannt oder vom Felsen in den Abgrund gestürzt, sodass niemand ihr Grab kannte; er sendet seinen „Schrecken" vor sich her, um die Feinde verzagt zu machen, und in die Flucht zu jagen; Pest, Hornisse und wilde Thiere sind seine Vorboten und seine Diener, in seinem Grimme frisst er Länder und Leute. Der Grimmige herrschte, wo das Feuer verderblich wirkte.

Der Sonnenherr, als Sonnenbrand (Bal) konnte nur das kleine Gebiet beherrschen, wo die Verdunstung stärker ist als der Regenfall und der Mensch wohnt, aber nicht versteht oder Gelegenheit hat, durch künstliche Bewässerung dem Mangel abzuhelfen. Dort sendet die Sonne ihre tödtlichen Pfeile auf den verschmachtenden Menschen herab, erstickt in kurzer Zeit alles Leben des Pflanzen- wie des Thierreiches. Das Gebiet war beschränkt, denn gegen Süden in der völlig öden Wüste herrschte der Wüstenherr, der nahbare Wüstensturm, gegen Norden war das Reich des Himmelsherrn, in welchem die Regenmenge die Verdunstung überwiegt; im Süden standen Sturm und Öde der Wüste dem Menschen näher als die hochschwebende, unerreichbare Sonne, dagegen trat im Norden die Sonnenhitze nur zeitweilig und nicht überwältigend ein, kam nur als eine der Erscheinungen des Himmels zur Geltung, gleich dem Regen und Gewitter; die Winterkälte bei klarem Sonnenscheine lehrte zudem im Norden, dass die Sonne nicht Herr, sondern Diener sei, geleitet werde gleich den Wolken, von denen die Sonne verhüllt und wirkungslos gemacht werde, so oft der

Himmelsherr es befehle. Der Sonnenbrand hatte nur einen Zwischenbereich, allerdings stärker bevölkert als das Wüstenreich, aber viel spärlicher als dasjenige des Himmelsherrn, dem es überdies auch an Umfang bedeutend nachstand. Das Reich des Sonnenbrandes musste sich zudem verkleinern, je mehr die Menschen lernten, der Dürre entgegen zu wirken; an seine Stelle trat die fruchtspendende Sonne, der Osir, Bel und Adonai, deren Reiche die fruchtbaren, dichtbevölkerten Nilmarschen (das Delta) wurden, so wie das üppige, dichtbevölkerte Eufrat-Tigris Thal und das fruchtbare Palästina.

Der Himmelsherr hatte das grösste und gleichmässigste Gebiet: es reicht vom sinesischen Meere durch Mittelasien und ganz Europa bis an das atlantische Meer; von den ältesten Zeiten her mässig bevölkert, trug es die Bedingungen des sicheren Fortschrittes in sich, der langsamen aber unaufhaltbaren Fortbildung und enthält in der Gegenwart mehr als zwei Drittel der gesammten Menschheit.

Der Meeresherr (Dagon der Filister, Poseidon der Hellenen, Neptun der Römer) hat zu allen Zeiten den geringsten Bereich beherrscht, denn wiewohl das Meer zwei Drittheile der Erdoberfläche bedeckt, enthält es keine gläubigen Bewohner und der Mensch als Landthier konnte das Meer nur dort als Übermacht anerkennen, wo es bedrohlich an ihn heran tritt, ihn als Seefahrer ereilt und tödtet. Bei den Lybiern, Fönikern und Filistern, Hellenen und Römern war er nur einer der Verehrungswesen; für die Festlandbewohner hatte er keinen Schrecken, selbst die seefahrenden Nord-Teutonen (Sachsen, Friesen und Nordländer) bedurften keines Meeresherrn, denn ihr Himmelsherr sandte auch auf dem Meere Wind und Regen, Gewitter und Stürme.

§. 11.

Die Verehrungswesen der verschiedenen Völker zeigen eine durchgehende Unterscheidung in der Einheit oder Zweiheit ihres Wesens, in der Götterehe oder dem Mangel daran. Der Feuerherr wie der Wüstenherr wirkten nur verzehrend, vernichtend, das Leben erstarb wo sie walteten; ebenso der Sonnenherr in der älteren Gestalt als Dürre. Dagegen waren der Himmelsherr und der Sonnenherr in späterer Gestalt schöpferisch thätig, sie machten keimen und blühen, ihr Walten erschuf Leben. Jene tödteten, diese erzeugten; der Wüsten- und Feuerherr lebten grollend in dunkler Einsamkeit verborgen, und der Sonnenbrand einsam am lichten Tag, dagegen der Sonnenherr und der Himmelsherr als fruchtbare Ehemänner vor allen Menschen. Es war in fruchtbaren Gegenden augenscheinlich, dass die Sonne oder der Himmel in Ehe lebten mit der Erde, denn diese gebar alles Lebende, befruchtet von jenen Übermächten, die Wärme und Regen herabsandten um das Leben zu schaffen. Wie das Land und seine Fruchtbarkeit, ward auch die Ehehälfte gedacht: im üppigen Eufratthale als üppige Buleria; im gemässigten arischen Gürtel als züchtiges Weib und Mutter; bei den Egyptern als vielbrüstige Allnärerin, Amme aller Wesen. Die Ehelosigkeit, Einheit der semitischen „Herren" war demnach keine höhere Gestaltung, sondern eine Einseitigkeit in der Vorstellung, gefolgert aus ihrer verderblichen, lebensfeindlichen Thätigkeit.

Als Übergang oder Vermittlung zwischen der unfruchtbaren Einheit (Ehelosigkeit) und der fruchtbaren Zweiheit der Götterehe, erscheint die Mondehe, das unfruchtbare Bündniss des Mondes mit der Sonne. Der Mond kommt, seiner scheinbaren Grösse gemäss, der Sonne am nächsten, war in dieser Beziehung fast der Sonne gleich; er leuchtete, war aber kalt, brachte nichts hervor, scheinbar auf der Flucht vor der Sonne, da er meistens erst dann hervortrat, wann die Sonne sich entfernt hatte. Im Bereiche der Sonnendürre konnte die Vorstellung der Mondehe am leichtesten entstehen, weil dort Mann und Frau (Sonne und Mond) gleichmässig lebensfeindlich erschienen, sie das Leben hindernd durch Kühle (Jungfräulichkeit), er das Leben tödtend durch Hitze; sie floh vor ihm, um Leben zu hindern. Der Monddienst erscheint im älteren Isisdienste der Egypter: die löwenköpfige Jungfrau, Schwester des Osir, wird seine Frau und regiert mit ihm das Jahr, beide unfruchtbar; späterhin ward der Name Isis vom Monde ab auf die Erde übertragen, Osir löste die unfruchtbare Ehe, um eine fruchtbare zu schliessen. Bei den Chaldäern soll dieselbe Wandlung vorgegangen sein: die Astarte (Baltis, Mylitta) als Gattin des Sonnenherrn Bel war ursprünglich die Mondjungfrau; in späteren Zeiten ging die Würde auf die fruchtbare Erde über. Bei den Israeliten findet sich der Bal und die Astharoth, als unfruchtbare Sonnen- und Mondehe; unter Salomo folgten Adonai und die Aschera, deren Bulhäuser am Tempel zu Jerusalem sich befanden (2. Kön. 23. 7). Am längsten erhielt sich der

Monddienst im Hochlande Syriens und Kleinasiens, wo keine üppige Fruchtbarkeit bei fortschreitender Bildung entstehen konnte. Allenthalben wo der Monddienst herrschte, war seine durchgehende Grundlage die Unfruchtbarkeit; Kybele war und blieb Jungfrau, ihre Priester waren Verschnittene und ihre Priesterinnen sollten allenthalben (auch bei den Römern als Vestalinnen) Jungfrauen sein und bleiben; ihre Verehrung war nächtlich. Der Monddienst mit erzwungener Keuschheit konnte nicht herrschend werden, die Menschheit wäre ausgestorben. Er trat jedoch mit seiner kühlen Enthaltsamkeit dem ausschweifenden Buhldienste entgegen, der aus der üppigen Eufratniederung heraufdrang durch Palästina nach Kleinasien und Griechenland, allenthalben in den weiblichen Verehrungswesen der Aschera, Astarte und Aphrodite, eine Beschützerin der sinnlichen Liebe und der Unzucht verbreitend: an deren Feste die Jungfrauen Babels der Unzucht sich weihen mussten, zu deren Dienste der Tempel Salomons Häuser mit feilen Knaben und Weibern hatte und in Kleinasien, wie Griechenland und Rom der Aphroditen- und Venusdienst die Hülle der gröbsten Ausschweifungen ward. Wider diesen trat der Monddienst, allerdings nicht minder naturwidrig in sich, als Gegengewicht auf und aus derselben Quelle mögte auch eine der Vorstellungen herzuleiten sein, welche zusammenfliessend mit dem Nasirärthum der Israeliten (4. Mose 6) die Ehelosigkeit der egyptischen Therapenten und der jüdischen Essäer erzeugten, auch das Verschnittensein, dessen Jesus (Matth. 19. 12) anerkennend erwähnt und die Ehemeidung, welche Paulus (1. Kor. 7) als das Vorzüglichere empfiehlt, wie auch die Ehelosigkeit der römisch-katholischen Mönche, Nonnen und Priester, sowie der höheren Priesterschaft der Griechisch-Katholischen.

§. 15.

Die Arier, welche nach Europa gelangten, blieben im Bereiche gemässigter Verhältnisse; der Himmelsherr lebte in geregelter Ehe mit der Mutter Erde und die Erdmutter (Hera) wachte über die eheliche Treue, wie der Allvater über Treuwort und Mannhaftigkeit. Dieser Grundzug musste sich ändern, sobald Götterkämpfe eintraten wie bei dem anderen Zweige, der nach Indien wanderte. Er drang von Nord nach Süd in die heisse Zone vor, die Thäler des Indus und Ganges hinab und die Bergeshöhen Vorderindiens besetzend, bis zur Insel Zeilon hinunter, aus den gemässigten Ländern Mittel-Asiens zu den heissesten Ländern Indiens. Die helle Menschenart warf ihre schwere Bekleidung ab in den feuchten, heissen Flussthälern und dunkelte unter der glühenden Sonne, drängte die dunklen Urbewohner zurück, rottete einen Theil aus, unterjochte einen anderen zum Sklavendienste und schuf Kasten-Einrichtungen, um sein Volk (Priester und Krieger) vor der Vermischung mit dem dunklen Sklavenvolke zu bewahren. Ein anderer Theil, welcher das Hochland besetzte, war den dunkelnden und erschlaffenden Wirkungen der Hitze minder ausgesetzt; allein die Verbindung mit den Dunkelen war nicht zu vermeiden, da sie in allen Künsten den helleren Nordländern überlegen waren; es fand eine Vermengung der Vorstellungen statt, es musste eine Verschmelzung oder Unterordnung eintreten, da den Vorstellungen der Urbewohner eine örtliche Berechtigung innewohnte. Es lässt sich hieraus das Nebeneinanderstehen zweier grundverschiedener Verehrungswesen erklären, Brama und Siwa oder Schiwen, von denen ersterer den Grundzug der gemässigten Länder birgt, das Schaffen und Wohlthun, wogegen der andere den Grundzug des heissen Gürtels, das Vernichten, den Hass und die Bestrafung; Brama milde und beständig über den Menschen waltend, wie der Himmel im Urlande, Siwa augenblicks inmitten der Menschen wüthend, wie Feuer, Wüste und Sonnenbrand. Ein anderer Zweig der hellen Menschenhälfte drang durch Persien gegen Südwesten vor und stiess auch dort auf Ausbreitungen der dunklen Hälfte, mit der die Einwanderer in feindliche und freundliche Berührung kamen und deren Verehrungswesen als berechtigt anerkennen mussten, da örtliche Verhältnisse sie trugen, welche im arischen Urlande nicht geherrscht hatten. Der Widerstand der Arier gegen die Anerkennung des Sonnenbrandes im südlichen Persien kann nicht lange gewährt haben, denn der Einfluss der Dürre war zu augenscheinlich; man musste sich bequemen, das Dasein des Ariman oder Agrauamanja einzuräumen, ordnete ihn aber unter den aus der Heimat mitgeführten und hier wiederum vorgefundenen, spendenden Himmelsherrn Ormuds oder Ahuramasda, obwohl es unverkennbar war, dass die Dürre nahezu den Anstrengungen des Himmelsherrn das Gleichgewicht hielt. Die Inder hatten beobachtet, wie der Kampf zwischen Brama und Siwa ein schwankender sei und schufen die Vorstellung eines Mittlers Wischnu, der als zweite Person ihrer Dreieinigkeit den Einwirkungen des Siwa die Menschheit entziehen sollte. In gleicher Weise schufen die Parser die Vorstellung eines Mittlers Sroscha oder Mithrasch, dessen Erscheinen oder Dasein jedoch der Zukunft überwiesen ward.

Je weiter Verehrungswesen über den Bereich hinaus getragen werden, in welchem ihre Grundvorstellungen durch örtliche Verhältnisse gestützt sind, desto stärker werden sie von den Verhältnissen der neuen Örtlichkeit berührt. Treffen sie auf einen schroffen Gegensatz, wie in Indien und Persien, so müssen sie einen Theil ihrer Eigenschaften abgeben, wenn diese dem entgegenstehenden und als berechtigt anzuerkennenden anderen Wesen mehr entsprechend sind. Will man, in Anlehnung an die gangbare Ausdrucksweise Brama und Ormuzd als gute Wesen bezeichnen und dagegen Siwa und Ariman als böse, so lässt sich die eintretende Veränderung in der Weise ausdrücken, dass die guten Wesen alles Böse, was in ihnen gelegen hatte, an die bösen Wesen abgeben mussten, sobald deren getrenntes Dasein als ein berechtigtes anerkannt worden war. Der Mensch konnte nunmehr nicht länger irgendwie ungünstige Vorstellungen mit den guten Wesen vereinen, übertrug sie deshalb auf die bösen Wesen und läuterte dadurch seine Vorstellungen von der guten Seite zu einer Klarheit und Erhabenheit, wie sie in der Verehrung des Brama und Ormuzds zum höchsten gesteigert erscheinen.

Dieselbe geläuterte Vorstellung zeigt sich in den Psalmen der Israeliten, die irriger Weise dem unwissenden Könige David zugeschrieben werden, aber mit wenigen Ausnahmen viel späteren Zeiten der Adonai-Verehrung zugehören. Diese Läuterung hatte dadurch sich vollzogen, dass die Israeliten irgendwo her, vielleicht von ihren arabischen Stammverwandten, die Vorstellung des Satan empfangen hatten, auf den sie nunmehr alles Böse übertrugen, was sie vordem dem „Herrn" zugeschrieben hatten. Die Wandlung hat in den Geschichtsbüchern ihre Spuren deutlich hinterlassen, in der Erzählung, wie David verleitet worden sei, sein Volk zählen zu lassen: 2. Sam. 24, 1 sagt: „Und der Zorn des Herrn ergrimmte abermal wider Israel und reizte David unter ihnen, da er sprach: Gehe hin, zähle Israel und Juda." Dagegen heisst es

1. Chron. 22, 1: „Und der Satan stand wider Israel und gab David ein, dass er Israel zählen lasse."

Es muss also in der Zwischenzeit die Vorstellung vom Satan Eingang gefunden haben und in Folge dessen konnte die Vorstellung vom „Herrn" um so mehr geläutert werden, als man den Zorn des Herrn, das Böse aus der bisherigen Vorstellung fortnahm und auf ein anderes Wesen, den Satan, übertrug. In ihrem fruchtbaren Lande, durch die Regenwolken des Mittelmeeres (1. Kön. 18. 44) befruchtet, wie durch künstliche Bewässerung, konnte Satan (Dürre, Pest u. s. w.) keinen ebenbürtigen Kampf wider den Herrn führen, er konnte nicht neben dem Adonai stehen, wie Ariman neben Ormuds im trockenen Hochlande Persiens, noch weniger konnte er Ueberrascher des Landes sein, wie im steinigten Arabien; hier musste er sich dem Herrn unterordnen, ward sein Knecht, um die bösen Arbeiten zu vollführen.

Nach den Götterkämpfen und Mischungen zu schliessen, scheint vom Hochlande Ostafrikas eine ähnliche stossweise Auswanderung stattgefunden zu haben, wie vom Hochlande Mittelasiens: erstere war vorzugsweise nach Osten gerichtet, zu Wasser und Lande das südliche Asien besetzend; die andere richtete sich theils nach Osten und Süden, aber noch mehr nach Westen, um Mittelasien und ganz Europa zu besetzen. Die helle asiatische Menschheit trieb einen Zweig nach Süden, die indischen Halbinseln hinab, welcher dunkelte; die dunkle afrikanische Menschheit einen Zweig nach Norden, durch das Eufratthal und Palästina, welcher heller ward und in den europäischen Juden der Jetztzeit seine hellsten Nachkommen aufweist, nicht rein, sondern gemischt mit zahlreichen fremden Völkern. In Indien zuerst, späterhin in Persien, drangen die langsamer entwickelten Arier von Norden her auf die dunklen Bewohner des Südens ein und trieben sie zurück; gingen aber Mischungen der Vorstellungen über die jenseitigen Verehrungswesen ein. In Indien durch Kastenwesen die Völker thunlichst auseinander haltend. In Persien dagegen fand nicht allein eine Mischung der Vorstellungen, sondern auch der Völker statt; die Äthioper des Südrandes wurden Perser. Dagegen war die Berührung der dunklen und hellen Menschheit in Westasien kein Ineinanderfliessen oder neben einander Wohnen, sondern ein endloses Getümmel und Durchkreuzen der von verschiedenen Seiten auf einander stossenden Völkerströme, also auch ihrer Verehrungswesen. In Westasien liegt dieser Tummelplatz zwischen dem Mittelmeere und Caspisee, wo die durch Palästina vordringenden Egypter und Semiten zunächst auf die, durch das Eufratthal nach Nordwesten vorgedrungenen Stammverwandten treffen mussten und friedlich oder feindlich mit diesen Syriern verkehrten. Denselben Platz mussten die aus Persien westwärts drängenden Arier überschreiten, um Ansiedlungen zu gewinnen und andere Züge, welche den Caspisee nördlich umgangen waren, drangen freiwillig oder gedrängt, über den Kaukasus nach Süden, um sich in diesen wärmeren Ländern festzusetzen. Nach allen Seiten von Meeren gezwängt, auf Völkerbrücken zum Tummelplatze gelangend, mussten die Züge auf einander stossen, sich bekämpfen, verdrängen, zersplittern und Besiegte mit den Siegern vermengen; Stammverwandte auf verschiedenen Wegen hier zusammengetroffen, unterjochten sich ebenso wohl, wie wenn sie auf Fremdlinge der anderen Menschenart trafen. Jede Strömung brachte ihre Verehrungswesen mit sich, welche mit einander vermischt und überdies nach den Verhältnissen des Landes, die zu andern Grundvorstellungen Anlass gaben, ihre Bedeutung änderten: die zugeführten Verehrungswesen der heissen Länder wurden kühler, dagegen die der gemässigten Länder erwärmt; andere Verehrungswesen die verwandt waren, aus denselben örtlichen Erscheinungen oder Vorgängen entsprungen, aber auf verschiedenen Wegen hieher gelangt und deshalb nicht völlig übereinstimmend, blieben neben einander bestehen in den unterschiedlichen Gestalten, welche sie auf der Wanderung durch örtliche Vorgänge oder fortschreitende Bildung ihrer Träger empfangen hatten. Es äusserte sich dabei auch die Trägheit, das Beharren der Menschen, um Verehrungswesen beizubehalten, die im Stammlande aus örtlichen Vorgängen als Vorstellungen von Übermächten entsprossen, im neuen Lande diese Grundlage nicht vorfanden; sie hafteten nur noch an den mitgeführten Bildern oder Erinnerungen, wurden als solche beibehalten und den örtlich begründeten oder von Fremden (Siegern oder Besiegten) zugebrachten Verehrungswesen hinzugefügt. In den meisten Fällen wo ein Volk seine alten Verehrungswesen beibehielt, ward bei der Vereinigung mit fremden, der Versuch gemacht, sie einander unterzuordnen und entschied dabei, wie im Völkerkampfe, nicht allein die Stärke des Volkes, von dessen Vorstellungen das Wesen getragen ward, sondern noch mehr die vergleichsweise Stärke der Verehrungswesen selbst, nämlich die Frage, welche von ihnen in den örtlichen Verhältnissen der neuen Heimat die stärkere Begründung fände. Wie mannigfach diese Mischungsverhältnisse auf jenem Tummelplatze eingetreten sind und gewirkt haben, ist bei dem Gewirre von Völkerschaften, welche dort zusammen stiessen und bei der Mangelhaftigkeit der erhaltenen Nachrichten nicht fest zu stellen; es ist jedoch mittelbar nachzuweisen, in den Einflüssen auf die hellenische Zusammenstellung von Verehrungswesen, die der Gegenwart als griechische Mythologie bekannt ist. Als Grundlage des hellenischen Volkes erscheint nach geschichtlichen Spuren, das Volk der Pelasger, welches aus den durch Süd-Russland gegen Westen vordringenden Ariern sich abzweigte, um südwärts in die griechische Halbinsel einzuwandern; wie im Weiterwandern desselben Zuges, ein anderer Zweig über die Alpen steigend Italien besetzte. Als Hirtenvolk hielten sie sich auf dem Hochlande, drangen an dessen Abhängen weiter vor und setzten sich fest, wo Weiden und Äcker zu finden waren. Ihre arischen Stammwesen, Zeus und Hera, fanden auch ihre Heimat; der Himmel, glänzend, Gewitter und Regen spendend, beherrschte hier wie in Mittelasien alle Beziehungen des Menschen; die Erde war auch hier die vom Himmel befruchtete Allmutter, mässigen Segen spendend den arbeitsamen Kindern; Zeus und Hera umfassten alles. Das Hochlandvolk der Pelasger, welches Zeus bildlos auf Höhen verehrte, trat in Verkehr mit den handeltreibenden Semiten u. a., welche auf ihren Schiffen die buchtenreichen Küsten besuchten, um Felle, Bauholz, Sklaven u. d. einzutauschen gegen Waffen, Kleiderstoffe und Genüsse. Die Schiffer der gegenüber liegenden afrikanischen Küste, die Libyer scheinen frühzeitig die griechischen Buchten besucht zu haben, demnächst die Föniker (Keniter) von den Küsten Palästinas und die verschiedenen semitischen, so wie semitisch gemischten Völker der Süd- und Westküste Klein-Asiens. Wie noch jetzt die Schiffer des Mittelmeeres ihre Schutzheiligen an Bord mitführen, hatten auch jene die Verehrungswesen ihrer Heimat bei sich, deren Einflusse sie alles Glück zuschrieben, welches sie traf und deren Bild sie an allen Strandplätzen aufstellten, wo sie dauernde Ansiedlungen gründeten. Die Libyer umsäumten nach und nach weit umher die Küste mit den Altären und Bildern ihres Meereshern (Poseidon) und da Handelsschiffe überschüssig Männer brachten, welche aus dem Binnenlande pelasgische Weiber nahmen, entstand rund umher an den Küstenniederungen, wie auch in den kleinen Flussthälern ein Mischvolk von seefahrenden Poseidon-Verehrern. Stärkeren Einfluss scheinen die Einwanderer Westasiens geäussert zu haben, welche ihren Sonnenherrn mitbrachten, der unterwegs verschiedene Gestalten hatte annehmen müssen, in denen er zu den Hellenen gelangte. Er kam als Apollon der Pfeiltödter, gleich dem Bal des heissen Landes, das Bild der sengenden Sonnenhitze, er kam als Apoll der Leierträger, als Helios und als Adonis, gleich dem prangenden Bel (Belios) der Chaldäer und dem heiteren Adonai Salomos, das Bild der leuchtenden und befruchtenden Sonne. Der egyptisch-semitische Moloch (der Herr, der Kämpfer) ward zum Kriegsherrn Ares, dessen Söhne „Schrecken" und „Entsetzen" seine Rosse anschirren, während seine Schwester „Zwietracht" voraneilt. Als Mondherrinnen wurden Artemis, Kybele und Selene zugeführt. Dionysos und Bakkus, stammverwandte Fruchtspender, wurden zugebracht; ersterer in der älteren afrikanischen Form, mit einer entsetzlichen, acht abessynischen Verehrungsweise ausgerüstet, letzterer als die gemilderte asische Form des Weinspenders, den Genuss ohne Tollheit darstellend. Der alte Feuerherr erscheint zum Hefästos und zur Hestia gemildert, als Bilder des Feuers im Dienste der Menschen, auf dem Schmiedherde jener, auf dem Kochherde dieser. Der Wüstenherr erscheint als Kronos, seine eigenen Kinder verschlingend, d. h. die Pflanzen, welche seine Wärme im Frühlinge in den angrenzenden Ländern erspriessen machte, tödtet er selbst durch Sommerdürre; er erscheint ferner als Typhon, die giftige Schlange, welche aus den Sümpfen, an denen die griechischen Küsten reich waren, den Pesthauch aufsteigen liess. Von verschiedenen Seiten wurden ähnliche wie unterschiedliche Verehrungswesen eingeführt: die gräulichsten, tollsten Gebräuche treten auf neben den lieblichsten und erhabensten; schreckliche Gestalten neben den schönsten Menschenformen; die mannigfaltigsten Vorstellungen, die der Mensch in entlegenen Ländern von seinen örtlichen Übermächten sich erschuf, wurden nach Griechenland gebracht, gleich den Waren der bezüglichen Länder, aufgestellt, verehrt, gemischt und verändert, je nach der örtlich verschiedenen Bildung oder dem Gange der Begebenheiten. Fest über allen und zwischen allen, als höchste Übermacht, erhielt sich der arische Zeus, aus unnahbarer Höhe lohnenden Regen wie strafende Blitze sendend; die Vorstellung des Alles beherrschenden Himmels hielt alle anderen untergeordnet und selbst Poseidon, der in dem alle Küsten bespülenden Meere, seine örtliche, mächtige Grundlage besass, durfte dem Zeus nicht widerstehen; sein Grollen in Sturm und Wogenschwall, sein Erderschüttern waren vorübergehende Regungen ohnmächtigen Zürnens, dem Himmel gegenüber, der Tag und Nacht, auf Land und Meer, seine Eindrücke auf den Menschen macht, augenscheinlich das ganze Leben beherrscht. Auch Apoll und Kybele konnten nicht dem Zeus widerstehen, denn Sonne und Mond waren augenscheinlich seine Untergebenen, er liess sie führen, verhüllte sie oder liess sie scheinen nach Belieben. Zeus war stärker als sie alle zusammen genommen und ward von allen Seiten zum

Standpunkte der verschiedenen Verehrungswesen, die irgendwie mit ihm in Verbindung gebracht werden mussten, um eine gemeingültige Stellung zu erlangen, um aus ihrer örtlichen Geltung zu einer vom ganzen hellenischen Volke anerkannten sich zu erheben. Zu dem Ende wurden dem in arischer Einehe lebenden Zeus, in morgenländischer Weise eine Anzahl Weiber und Liebschaften zugeschrieben; der strenge Ehemann, Walter über Mannespflicht und Treuwort ward zum treulosen Auschweifling verändert, zu dem Ende von der Höhe in das Menschengewühl herabgezogen, nachlässig, hinterlistig und wankelmüthig, über den Weibergenuss seine Herrscherpflichten versäumend: die einfache, strenge und erhabene Vorstellung, aus dem gemässigten Mittelasien herangebracht, ward durch afrikanischen Einfluss, der im Semitischen waltete, bunt, fleischlich und herabgewürdigt, bis dem Zeus im Ganymed auch die von den Semiten herangebrachte Unnatur dargeboten ward.

Diese Vermengung und Unterordnung ging besonders in Jonien Kleinasiens vor sich, als auf der griechischen Halbinsel ein neuer Völkerschub von Norden her, das rauhe, spröde Volk der Dorer nach Süden drängte und das im Laufe der Zeit entstandene Mischvolk zwang, theils enger sich zusammenzudrängen, theils aber rückwärts nach Kleinasien zu wandern, wo in Folge dessen ein neues Gemenge entstand, so dass es neuer Sagen und Dichtungen bedurfte, um die zusammenstossenden Verehrungswesen in Verbindung zu setzen oder umzugestalten. Der rege Verkehr zwischen den Ufern des Ägeischen Meeres, der fortgehende Austausch kleinasischer und griechischer Vorstellungen und Künste schufen eine bunte Mannigfaltigkeit von Gestalten und Sagen der Verehrungswesen, in welcher der lebhafte Formen- und Farbensinn der gemischten Völkerschaften die mannigfaltigsten Gelegenheiten zu Kunstschöpfungen fand, aber die ursprüngliche Einheit und Ordnung der Vorstellungen verloren gingen. In dieser Verwirrung vollzog sich eine Spaltung, einerseits zur Fortbildung, andrerseits zur Rückbildung der Vorstellungen führend und den Keim der verschiedenen Glaubensgestaltungen entwickelnd, die noch jetzt in Europa herrschen. Das Gewirre von Verehrungswesen, wie es bei den stammverwandten Völkern Griechenlands und Kleinasiens erwachsen war, musste den Vorschreitenden des Volkes als verworren und unwürdig erscheinen, der grossen Menge dagegen als zu weitläufig und fernliegend: Jene suchten das Ganze zu läutern und in Eines zusammenzufassen, das Volk dagegen nahm aus der bunten Menge, jeder für sich, was ihn besonders betraf. So entstand in einer Richtung als Fortschritt die Vorstellung des alles umfassenden Zeus, in der anderen Richtung die Rückbildung zum Fetischdienste, in welchem jeder Stat, jeder Ort, jeder Mensch sein besonderes Verehrungswesen wählte und verehrte und der geringfügigste Vorgang genügte, um neue Unterwesen zu schaffen. Die Einsichtigen schritten vor zu Deutungen, ermittelten den Ursprung der vom Auslande eingeführten Verehrungswesen, nahmen die Vorstellungen der höher entwickelten egyptischen Priester zu Hülfe und fanden rückwärts forschend, dass die einzelnen Gewalten in einander flossen, dass überhaupt keine Gewalt unabhängig vom Zeus gedacht werden dürfe, dass jede in ihm enthalten sein müsse, nur eine seiner Bethätigungen, seiner Eigenschaften sein könne. Zeus empfing immer mehr Beinamen, unter denen auch die seiner Untergebenen sich befanden; er schloss sie alle in sich, ausser ihm war keiner und die vorgeschrittensten Denker gingen noch weiter, indem sie an die Stelle des Zeus, eine gestaltlose Bezeichnung setzten. Die Menge dagegen theilte sich den verschiedenen Verehrungswesen zu, je nachdem die täglichen Sorgen und Beschäftigungen in dem einen oder dem anderen ihren Ausdruck fanden und dieser in gegebenen Fällen der richtige Nothhelfer sein konnte: Ackerbau, Jagd, Fischfang, Seefahrt, Handel, Krieg, Liebe, Unzucht, Diebstal, Trug, Verbrechen, hatten jede ihr Verehrungswesen, von dessen Hülfe alles abhing oder von dessen schädlicher Uebermacht der Einzelne Nachtheile zu befürchten hatte.

Bei den Römern blieb ebenfalls die arische Grundlage des alles beherrschenden Himmelsherrn Jupiter, Jahrhunderte hindurch feststehend. Die in Italien angesiedelten Völkerschaften, aus deren Vermengung das Volk der Römer hervorging, waren gleich den Urvölkern der Hellenen von dem arischen Stamme abgezweigt, empfingen auch Beimischungen anderer Völker der dunklen Art, aber in weit geringerem Mase als jene, so dass sie auch weniger verändert wurden. Als am Ufer der Tiber die Handelsansiedlung Rom zur Grossstadt sich entwickelte, die handelnden Schiffer des Mittelmeeres dort zum Austausche sich versammelten, Kaufleute, Gewerker und Künstler sich ansiedelten, fand sich auch eine Mannigfaltigkeit von Verehrungswesen zusammen, meistens aus Griechenland stammend. Der Römer ward aber weniger als der Grieche beeinflusst, er erhielt mehr seine Härte und Sprödigkeit, gab weniger der Wärme und Weichheit Raum, entwickelte in viel geringerem Mase Formen und Farben; das dahin gehörige ward bei ihm niemals naturwidrig. Er ordnete alles viel leichter seinem Jupiter unter, erhob aber mit Vorliebe Begebenheiten, Eigenschaften und Begriffe zu Gestaltungen der Verehrung wie z. B. die Sat, Feldarbeit, Blüte, Grenze, Jugend, Wohlfart, Eintracht, Treuwort u. a. die zu seinen ältesten und heiligsten Verehrungswesen gehörten.

Über die Verehrungswesen der Altdeutschen geben die in Sagen und Gebräuchen erhaltenen Spuren mancherlei Aufklärungen, unter Zuhülfenahme der verwandten nordischen Vorstellungen, die in alten Schriften (Eddaliedern und Sagen) erhalten blieben. Die Schriften römischer und griechischer Beschreiber geben auch manche Mittheilungen, die, bei grossem Werthe im Allgemeinen, unter dem erheblichen Nachtheile leiden, dass sie nicht die ortsgebräuchlichen Namen der Verehrungswesen nennen, sondern statt derselben die in der eigenen Heimat für ähnliche Wesen angewendeten Namen. Ein anderer Nachtheil für die Forschung liegt darin, dass zu einer Zeit, wahrscheinlich kurz vor Christi Geburt, eine Änderung eintrat, bei der das bisherige höchste Wesen Ziu, Zios, Tiu, Diu, Tyr, einen Oberherrn erhielt, der Woden, Goden, Weden, Winji, oder im Norden Odin genannt ward. Der Zin oder Tiu war als Himmelsherr in arischer Ehe mit Hertha (Herde, Erde) verbunden und verblieb nach seiner Zurücksetzung der Kriegsherr und Walter des Rechtes, wogegen Woden oder Odin vornämlich durch Klugheit (Runenkunde) glänzte. Die Sage bezeichnet diese Namen als solche des Glaubensboten, der mit seinem Gefolge (Asen) Deutschland und den Norden durchziehend, den neuen Glauben und neue Sitten eingeführt habe. Es liegt aber auch nahe, jene verschiedenen Bezeichnungen als Eigenschaftswörter des höchsten Wesens zu deuten, da den Ariern (§. 42) die Scheu innewohnte, denselben eigene Namen beizulegen. Wie die Pelasger ihre höchsten Wesen „die guten Ordner" benannten oder das Wort Zeus den „Glänzenden" oder „Himmlischen" bezeichnet, der Jupiter als „himmlischer Vater" zu deuten ist, so erklärt sich Weden (im englischen Wednes-day erhalten) als der „Wissende" und Goden, dessen Namen im Deutschen, Englischen und Nordischen sich erhielt, heisst wahrscheinlich nichts anderes als der „Gütige", denn die Bezeichnung des höchsten teutonischen Verehrungswesens und das Eigenschaftswort stehen folgendermassen zu einander, in hochdeutscher Schriftweise buchstabirt:

hochdeutsch:	Gott	gut
niederdeutsch:	Gad	god
englisch:	Gad	gud
nordisch:	Gud	gott

Abweichend von Griechen und Römern, war nicht der Himmelsherr der Blitzschleuderer, sondern der Gewitterherr, ein besonderes Wesen Donar oder Thor (englisch Thur in Thurs-day) von denen letzterer bei den Nordländern mit dem alten Tyr zusammen zu fallen scheint, wogegen der deutsche Donar dem Tiu oder Zin ferner stand. Im Nordischen ist Tyr augenscheinlich die ältere Bezeichnung des höchsten Wesens, denn Odins Beinamen als Haptatyr, Veratyr, Farmatyr, Hangatyr, Hroptatyr enthalten in der Endsilbe die Bezeichnung als höchstes Wesen, wie man im Deutschen sagen würde, der Hauptgott, der starke Gott u. s. w. Auch bei diesen Zweigen des arischen Stammes äusserte sich der strenge Sinn des Volkes in seinen Vorstellungen vom höchsten Wesen; Woden wird als fester und gerechter, leidenschaftsloser Walter der Treue und des Manneswortes, des Eides und der Sitte gepriesen und gefürchtet: ihm waren alle anderen Wesen untergeordnet, wie dem griechischen Zeus die übrigen Bewohner des Olymp; in anderer Beziehung, auf gleiche Grundvorstellungen hinweisend, hat Odin wie Zeus einen Hofstat von 12 Untergeordneten, deren Bedeutung zuletzt auch in den 52 Beinamen sich ausprägte, die dem höchsten beigelegt wurden, welcher sonach Allumfasser ward, Allvater genannt, dessen verschiedenartigen Gestaltungen die übrigen Wesen waren.

§. 46.

Ähnliche Wirkungen wie jene Wanderungen ganzer Völker hatten auch die Wanderungen Einzelner auf die Umgestaltung der Verehrungswesen. Der einzelne Seefahrer an fremder Küste landend fühlt sich noch immer im Bereiche seines Meeresherrn und wenn er die eingeborenen des Hochlandes zum Strande herabzieht, ihnen Schiffahrt, Seeraub und Fischfang lehrt, gewöhnt er sie gleichzeitig daran dem Meeresherrn sich zu unterwerfen, wie es z. B. bei einem Theile der Pelasger der Fall war, die aus Hirten gefürchtete Seeräuber wurden. Die über das Meer zuwandernden mogten oft ihren mitgeführten Götterbildern die Wahl des Ansiedlungsortes überlassen haben, indem sie das Holzbild den Wellen übergaben und seiner Strömung folgten; von ihm geleitet, entstiegen sie dem Meere und gründeten die neue Heimat, in der ihr höherer Leiter dem aufblühenden Volke treu blieb. Minder auffällig, aber sehr einflussreich mussten die wandernden Handelszüge sein, welche von Alters her den Warenaustausch zwischen Afrika, West- und Südasien vermittelten, ihre Nebenzüge erstreckten durch Nord-Afrika nach der Mitte und dem fernen Westen bis an das Atlantische Meer, anderseits durch Südasien nach Ostindien, Sina und nordwärts zu den Hirtenvölkern Mittel-Asiens; späterhin auch quer durch Europa nach der Nord- und Ostsee, sowie über Meer von Fönikien nach Island hinauf. Vom Handelsmanne empfing man die Kunde seiner Heimat, seinen Beschreibungen und Sagen lauschte der Käufer, bewahrte sie oder änderte sie so weit, wie erforderlich, um sie seinen Verhältnissen anzupassen. Mit den Handelszügen wanderten häufig wissbegierige, lernende oder lehrende, brachten der Fremde den Glauben, die Vorstellungen der Heimat und umgekehrt aus der Fremde neues heim. Dem Hirtenvolke ward der Ackerbau gelehrt und nahm es vom Fremden mit dem Saatkorne auch das zugehörige Verehrungswesen; deutete ihm der Geber das Schlummern der Saat in dunkler Erde als einen Aufenthalt der Satspenderin oder ihrer Tochter in der Unterwelt, das Aufkeimen und Wachsen als Folge ihres zeitweiligen Wandelns auf der Erde, so nahm der Neuling willig mit der neuen Gabe auch die daran haftende Sage, deren Grundzug z. B. bei den Nordländern wie den Hellenen sich vorfindet, ihnen also schon zugeflossen sein kann als sie noch einen Stamm bildeten, aber auch, aus Egypten stammend, durch Griechenland nach dem Norden gelangt sein kann, auf Handelswegen.

Wie aber auch ein ferner Glaube auf weiter Wanderung von der vollen Geltung zu einer haltlosen Sage verschwimmen kann, zeigt sich in dem Bilde vom Wüstenherrn, welches zu den nordischen Völkern gebracht, eine fremde Sage ward, da sein Wesen in den örtlichen Verhältnissen keinerlei Anhalt fand. Die Lehren der heidnischen Nordländer, wie sie in den Eddaliedern erhalten sind, beschreiben ein höheres Wesen Surtur (dessen Name im englischen Saturday — Samstag — erhalten blieb) wie folgt: „Im Süden ist eine Welt, Muspel geheissen, die ist hell und heiss, dass sie flammt und brennt, allen unzugänglich, die nicht heimisch sind und dort keine Wohnung haben. An der Grenze sitzt Surtur als Schirmer; er hat ein flammendes Schwert und am Ende der Welt wird er kommen und heeren, alle Götter besiegen und die Welt in Flammen verbrennen." Augenscheinlich fehlt dem Norden jeder örtliche Vorgang, aus dem diese Vorstellung erwachsen könnte; auch ist es nicht wahrscheinlich, dass die Nordländer auf ihrer Wanderung von Mittelasien hieher jemals dem heissen Wüstengürtel nahe gekommen seien, sie müssen also die fremde Vorstellung fernher empfangen haben. Sie haben deshalb auch den Wüstenherrn Surtur nicht unter ihre Verehrungswesen aufgenommen, obgleich sie den verwandt scheinenden Feuerherrn Loki besassen; der fremde Surtur ward bei ihnen nur Gegenstand der Sage und sollte erst beim Weltuntergange den Nordländern nahe treten. Der Wüstenherr als Sommerhitze findet sich in Egypten als Sothis unter dem Zeichen des Hundsternes (Sirius), so wie bei den Römern als Saturn und möchte sich hierin vielleicht die Wanderrichtung andeuten, aus Egypten unmittelbar durch Italien und Deutschland nach dem Norden. Eine andere Sage über die Entstehung des Menschengeschlechtes (im Rigamal) zeigt überdies, dass den Nordländern, der Sage nach, die Neger bekannt waren, denn sie erzählt, wie Odins Sohn Rig mit Mutter Edda den Stammvater der Knechte erzeugte: „Schwarz von Haut, rauh das Fell an den Händen, die Gelenke knotig vom Knorpelgeschwulst, die Finger feist, das Antlitz fratzig, der Rücken krumm, vorragend die Fersen", eine Kunde die wohl nur aus Afrika stammen konnte und auf demselben Wege aus Egypten über Italien gekommen sein mögte.

Eine Wanderung aus derselben Heimat, aber nicht so weit nach Norden, war die des Nysos, dessen ursprüngliche Bedeutung als Herbstsonne, als Narungsspender erscheint. Die griechische Sage lässt ihn zu Nysa in Äthiopien geboren werden, nennt ihn als gleichbedeutend mit dem egyptischen Osir und schreibt dem Melampus die Einführung des Dionysos-Dienstes in Griechenland zu. Mit diesem Dienste war aber eine tobsüchtige, nächtliche Feier verbunden, bei der die wahnsinnig erregten Weiber in älteren Zeiten lebende Thiere zerrissen und das blutige Fleisch verspeisten. Diese tobsüchtige Blutgier zeigt sich nicht im egyptischen Osirdienste, wie seine Feier in bildlichen Darstellungen beschrieben ist und auch späterhin, als Bakkosdienst in Griechenland sich vorfand; sie deutet dagegen auf örtliche Bedingungen zurück, die nicht in Egypten, sondern weiter landeinwärts noch jetzt vorhanden sind und auch ihre Spuren in der Bibel zurückgelassen haben. Im Inneren Afrikas herrscht vielerorts Salzmangel, so dass noch jetzt Salz in kleinen Tafeln eines der weitestverbreiteten Tausch- und Handelsgüter bildet, und dessen Mangel zu Seuchen und Empörungen Anlass giebt. Es fällt vor, dass Neger die auf langer Wanderung von Früchten und rohen Pflanzen leben mussten, am Ende eine so gesteigerte Salz- und Fleischgier empfinden, dass sie, ohne Hunger erduldet zu haben, wie Wölfe über warmblütige Thiere herfallen, sie zerreissen, das Blut schlürfen und das triefende Fleisch verschlingen, vom Geschmacke geleitet, im Blute das fehlende Salz findend; man erhebt sogar die Beschuldigung, dass sie nach langer Wanderung Kinder rauben um ihre Gier zu befriedigen. In Abessynien ist es noch jetzt gebräuchlich an hohen Festtagen ein lebendes Rind zu fesseln, um ihm, ohne vorherige Tötung, Fleischstücke heraus zu schneiden und warm im Blutsafte zu verzehren. Das Geniessen des rohen Fleisches konnte auch zumal bei Hirtenvölkern entstehen, die auf ihrer Wanderung keinen Brennstoff vorfanden, also sich daran gewöhnten, das geschlachtete Vieh roh zu verzehren; das Bluttrinken ist noch jetzt bei den dortigen semitischen Völkern ein beliebter Gebrauch. Diese Blutgier, deren Entstehen in solchen Gegenden erklärlich erscheint, hatte den Völkern schon in den ältesten Zeiten so stark sich eingelebt, dass ein naheliegender Grund erkannt werden kann, warum das mosaische Gesetz so stark und wiederholt gegen das Blutessen eifert, warum es das kochen und braten des Fleisches so strenge anordnet: es war die, den Kindern Israels von der Urheimat her innewohnende Blutgier, welche dem egyptisch gebildeten Moses so sehr anwiderte und deren Ausrottung er durchsetzen wollte, um das Volk der Rohheit zu entreissen. Es wird allerdings als Grund angeführt „denn des Leibes Leben liegt im Blute", ein Grund der nicht einleuchtet und viel später eingeschaltet zu sein scheint, denn er würde für das Blutessen reden, um neues Leben in sich aufzunehmen, wie bei anderen Völkern der Sieger das Blut des getödteten Thieres trinkt und sein Gehirn verzehrt, um seinen Muth und seine Klugheit in sich aufzunehmen. Auf den Wander- und Kriegszügen mogte es schwierig sein, den Vorschriften zu genügen und das Volk fiel leicht in die alte Gewohnheit zurück: auf Sauls Kriegszuge (1. Sam. 14. 32) ass das hungrige Volk rohes blutiges Fleisch und einer der Gründe, warum es in späterer Zeit den Jovepriestern das Opfer entzog, mag auch darin gelegen haben, dass es beim selbstschlachten Fleisch und Blut geniessen konnte, wie es ihm besser behagte. Ob Moses in dem zu erobernden Kanaan den „Herrn Nissi" bereits in der älteren Gestalt vorfand oder die blutigen Genüsse abschaffen musste, lässt sich nicht erkennen in den wenigen Worten

(2. Mose 17. 15): „Und Mose bauete einen Altar und hiess ihn der „Herr Nissi." Bei den Hellenen dagegen tritt der Dio-Nysos-Dienst anfänglich mit der vollen afrikanischen Blutgier auf und diese sogar beim weiblichen Geschlechte, was auf den dabei stattfindenden Genuss tollmachender, die Besinnung raubender Getränke schliessen lässt und dadurch ebenfalls auf Afrika zurückdeutet. Das längst darüber hinaus geschrittene Egypten hatte also einerseits die rückständigen Semiten, andrerseits die tollen Hellenenweiber zu Zeitgenossen. Den Hellenen strömte späterhin derselbe Dienst in milderer Form von Osten her zu: der Nahrungsspender als Frucht und Wein gebender Bakkus, ein Name der allerdings auch den lärmenden und aufregenden bedeutet, aber doch um so viel milder war als der Dionysos, weil im Laufe der Zeit die Thierkost und das Bluttrinken der Hirten verdrängt worden waren durch die Pflanzenkost und den Wein des Ackerbaues; man durchtanzte Wälder und Felder wie vorher, aber nicht im wüthenden, besinnungslosen Toben und roh gierig, sondern ausgelassen der Liebe huldigend, deren Gürtel die Weinlaune lösen mogte, ohne die Menschheit zu entehren. Die Vorstellung war, nach griechischer Sage, durch Asien bis nach Indien gewandert und hatte so, im Fortschritte der Menschheit, ihre rückständige, wilde Form abgestreift.

§. 17.

Bei Betrachtung der Namen, welche die verschiedenen Völker ihren Verehrungswesen beilegten, ist auch zu berücksichtigen, dass die meisten der Götternamen als Eigenschaftswörter zu deuten sind, als Bezeichnungen besonderer Erscheinungen oder Zustände, unter denen das Verehrungswesen gedacht ward. So findet sich erklärt

Jave (Jehovah)	der Israeliten	als	„der ich sein werde," also der „Unsterbliche," der „Ewige;"
Moloch	derselben	„	„der Herr" und im egyptischen „der Kämpfer";
El Schaddai	derselben	„	„der Schrecken," der „Furchtbare;"
Osir (Os-Iri)	der Egypter	„	der „Vieläugige," der „Allsehende;"
Tiube (Typhon)	derselben	„	„der Widersacher," der „Feind;"
Zeus (Theos, Dio),	der Griechen	„	„der Glänzende," der „Himmlische;"

Jupiter (Deus) der Römer	als	„der himmlische Vater," der „Glänzende;"
Zin (Tiu, Tien) der Teutonen	„	„der Glänzende," der „Himmlische;"
Weden derselben	„	„der Wissende;"
Wodan, Godan, Odin derselben	„	„der Waltende," der „Gütige," „Ordnende;"
Brama der Inder	„	„das Gebet," die „Verzückung;"
Tien der Sinesen	„	„der Himmel," der „Himmlische".

Die Hauptbezeichnungen der höchsten Verehrungswesen geben demnach keine umfassende Vorstellung, sondern nur ihre vorwaltende Form, einen Eindruck welchen sie machen, ähnlich den gegenwärtig in Europa geltenden Namen Dio, Deus, Gott u. a., welche wie in alten Zeiten „der Glänzende" oder „Gütige" bezeichnen, ohne weitere Eigenschaften einzuschliessen. In Folge dessen sehen die Christen sich gezwungen, ebenso wie die alten Griechen und Teutonen, dem höchsten Namen eine Anzahl Eigenschaftswörter beizufügen, wenn sie eine umfassende Vorstellung gewinnen oder mittheilen wollen; sie nennen als solche, die Allwissenheit, Allgegenwart, Allmacht, Allgerechtigkeit, Ewigkeit, Allseligkeit u. a., um die Zustände und Äusserungen zu bezeichnen, welche nicht in dem Hauptnamen ausgesprochen sind. Wenn bei den Semiten der Name „Moloch" wie in seinen verschiedenen Stammesausdrücken Melech, Malek, Meloch, Molech u. s. den „Herrn" bedeutete, den „höchsten," so war damit weder eine gütige, noch eine verderbliche Erscheinung oder Eigenschaft ausgedrückt, sondern lediglich die Übermacht, das über den Menschen herrschende, und je nachdem der Mensch diese Übermacht in günstigen oder verderblichen Vorgängen erkannte, war der „Herr" gütig oder verderblich; er war ebenso wohl in der Hauptbeschäftigung des Volkes, dem Raubkriege, als „Kämpfer" hülfreich, wie im Waldbrande oder Wüstensturme, durch Seuchen oder Hungersnoth als „furchtbarer" dem Volke verderblich. Die Bezeichnung „El-Schaddai" wie „Jave" sind Eigenschaftswörter und können also möglicher Weise mit „Moloch" zusammenfallen; ebenso wie wir gewohnt sind, nach Umständen statt des Namens „Gott" zu sagen „der Allgerechte" oder „der Ewige" und wie wir darunter keinen anderen verstehen, als Gott, so konnte der Israelite auch wissen, dass jene Eigenschaftswörter „der schreckliche oder furchtbare" oder „der ewige" mit dem „Herrn" zusammenfallen, ihm zugehören. Ebenso konnte der „allsehende" (Osir) der Egypter nicht allein die Tagessonne sein, leuchtend und wärmend, sondern auch schwache und milde Frühlingssonne (Horus das Kind) wie die reifende Herbstsonne (der prangende Nysos); konnte auch Nachtsonne sein, Sonne in der Unterwelt (Ra-Amenthes) der allwissende Richter, Herr der Unterwelt (Radamanthus). Gleicherweise konnte der Tiube, als „Feind" im Laufe der Zeit auf verschiedene verderbliche Erscheinungen angewendet werden: auf die wirbelnde Sandwolke wie auf die ausdörrende Hitze der Wüste, auf den ungezügelt überschwemmenden Nil, wie auf das heranstürmende, reissende Meer, sämmtlich Feinde der Menschen. Das Hauptwort, zu dem jenes Eigenschaftswort gehört, erscheint in älteren Gestalten bei den Egyptern und Semiten als Seb, Seth, Sem, Schem, Schmy oder Schmu, von denen letzterer Name sich im Hebräischen Schmuel erhalten hat, also, da die Endsilbe den alten El bezeichnet, sich deutet als „Schmu ist El". Das Wort Seb hat sich im „Sabbath" (Zeit des Seb) erhalten, so wie Seth und Sem als Stammvater-Namen in den Erzählungen aus der ältesten Geschichte im ersten Buche Moses. Bei Betrachtung dieser Verhältnisse wird es erklärlich, wie einerseits derselbe Name im Laufe der Zeit auf verschiedene Erscheinungen oder Verehrungswesen angewendet werden konnte, sobald nur denselben die besondere Eigenschaft gemeinschaftlich war, welche der Name ausdrückte: aber auch, wie andererseits dasselbe Verehrungswesen scheinbar seinen Namen ändern konnte, wenn unter veränderten Bedingungen der Zeit oder der Lebensverhältnisse eine andere Eigenschaft zur Bezeichnung gewählt werden musste. Es konnte z. B. bei den Israeliten der alte „El" derselbe bleiben, auch wenn er späterhin „El-Schaddai" genannt wurde oder „Azaz-El" denn es waren nur angehängte Eigenschaftswörter. So konnte das Wort „Jave", dessen Bedeutung nicht in der hebräischen Sprache wurzelte, weil es (2. Mose 3. 14) einer Auslegung bedurfte, im Laufe der Zeit beibehalten werden, wenn auch das Verehrungswesen wechselte, denn es ward anwendbar auf jeden derselben, dem die Unsterblichkeit beigelegt war. Noch anwendbarer war das Wort „Herr", es konnte auf jede Übermacht gedeutet werden, sofern man nicht an dem Worte „Moloch" zur Erinnerung an den ältesten Opferdienst Anstoss nahm, was bei den späteren Israeliten der Fall gewesen zu sein scheint, da sie nicht allein diesen, sondern auch den Namen „Jave" und den seines Profeten Moses vermieden. In anderer

Weise konnte dasselbe Verehrungswesen wie z. B. die Sonne je nach den örtlich verschiedenen Eindrücken, zu weit aus einander gehenden Vorstellungen führen, zu ganz verschiedenen Eigenschaftsnamen Anlass geben, obgleich sie allenthalben in gleicher Gestalt sichtbar war. Wo Bodenfeuchtigkeit in Fülle vorhanden, war sie Wohlthäter, Segenspender, Schöpfer, ward jauchzend und ausschweifend verehrt; wogegen sie auf dem dürren Hochlande der grimmige Verderber war, Lebenstilger, in wahnsinniger Wuth vom Menschen angeklagt und verschrien. Aus ähnlichem Grunde konnte der „Feuerherr" welcher ursprünglich der grimmigste Verderber war und nach den egyptischen Geschichtsagen die ersten 2500 Jahre hindurch ihr Land regierte, in späterer Zeit als Wohlthäter verehrt werden: denn als das entwaldete Land ihn nicht länger in seiner Fruchtbarkeit zeigte, der Mensch lernte das Feuer nützlich zu verwenden, seine freundlichen Eigenschaften kennen lernte, als er sah, wie die Wärme des Feuers der erzeugenden Sonnenwärme ähnlich war, sie noch übertraf im Metallschmelzen, also mächtiger war, ward der alte Feuerherr Ptr zu einer umfassenden, freundlichen Vorstellung gestaltet, zum Wohlthäter der Menschen, Schöpfer der Welt. Um solche Wandlungen unzweifelhaft nachzuweisen, sind die aus dem Alterthume verbliebenen Andeutungen nicht reichhaltig genug, auch nicht jedem zugänglich; dass aber oftmals Wandlungen der Namen stattfanden, zeigt sich an noch vorhandenen egyptischen Alterthümern, auf denen der Name Set, auf anderen der Name Amun, durch Meiselhiebe nahezu ausgelöscht worden ist. Einzelne Namen bei verschiedenen Völkern deuten überdies auf die ältesten Zeiten zurück, weil sie nicht als Bezeichnung eines eigenen Verehrungswesens vorkommen, sondern als allgemeines Eigenschaftswort, um andere Wesen als göttlich zu bezeichnen; die Egypter bedienten sich des Wortes „Hatir" in diesem Sinne; die Semiten des Wortes „El" welches bis zum Ausrufe Jesus am Kreuze sich erhielt; bei den Hellenen wie bei den Nordländern finden sich die Wörter „Tyr", „Theos" und „Dio" ohne Spuren dass erstere jemals eigene Verehrungswesen Theos oder Dio bewassen, z. B. Dio im Dionysos, während ihr höchstes Wesen den, aus gleicher Wurzel hergeleiteten, Namen Zeus hatte. Es scheint, dass alte Formen desselben Wesens durch neuere Formen verdrängt wurden, die mit ihrem Namen an die Stelle traten, während der alte Name noch als allgemeine Bezeichnung verblieb, wie z. B. auch bei den Römern der Name „Deus" neben dem Jupiter. Vielleicht wäre bei den Deutschen und Nordländern der Woden oder Odin, ebenso wie er den alten Zio, Tiu oder Tyr zurückgedrängt hatte, über kurz oder lang durch den Allvater ersetzt worden, wenn nicht das Christenthum die Fortbildung unterbrochen hätte.

§. 48.

In den 7 Jahrhunderten vor Christi Geburt begann ein Durcheinanderdrängen der Völkerschaften, welche Westasien bewohnten oder auf ihren Wanderungen berührten; in Folge dessen erhob sich allmählich der Eingottglaube. Die zunehmende Volkszahl der umliegenden Länder Egypten, Palästina, Syrien, Persien, Medien, Chaldäa, Indien, so wie der steigende Wohlstand der Bewohner erzeugten einen lebhaften Handel, der die Völker wie ihre Vorstellungen durcheinander mischte. Die zahlreichen und grossen Kriegszüge wirkten ebenfalls darauf ein und so gab es im Kriege wie im Frieden zwingende Ursachen, um jene Völker mit einander zu verflechten und auch die bildsamen Bewohner Kleinasiens wie Griechenlands in den Kreis jener fortschreitenden Völker zu ziehen. Vordem hatten die Vorstellungen von Übermächten nur auf Grund örtlicher Erscheinungen sich gebildet, ausgebildet und gesteigert, je nachdem die örtlichen Zustände sich änderten oder das Volk bei zunehmender Bildung seine Vorstellungen erweiterte; sie hatten bei alledem mehr oder weniger ihr örtliches Gepräge behalten und die Verehrungswesen gehörten ihrem Lande, ihrem Volke. Je mehr jedoch die Völker durcheinander geriethen, traten Vermengungen ein, bei denen die örtliche Bedeutung verloren ging; die höchsten Vorstellungen wurden Gemeingut und vor allem diejenigen, welche auf Erscheinungen beruheten, die allenthalben sichtbar waren, wie Sonne, Wärme, Sternenhimmel oder Wolkenhimmel. Es bildete sich mehr und mehr die Vorstellung eines Wesens, welches alles umfasse, nicht allein das eigene Land, das eigene Volk beherrsche, sondern die ganze bekannte Welt, welches Weltenschöpfer und Erhalter sei und wenn auch zunächst jedes Volk seinem höchsten Wesen diese Stellung anerkannte, so konnte es doch nicht fehlen, dass es demselben die örtlichen Besonderheiten abstreifte, um ihn zum allgemeinen zu erweitern. Die vorschreitenden Denker fassten mehr und mehr die geschiedenen Übermächte zusammen, erhoben diese Einheit, unter einem gewohnten Namen, zur Allgemeinheit und bereiteten dem Eingottglauben (Monotheismus) die Bahn. Bei den alten Egyptern, viele Jahrhunderte vor Christi Geburt, hiess ein Lobgesang:

„Preis Deinem Antlitz, Schöpfer, Herr!
Preis Deinem Antlitz, grosser Ptu!
Der Du gebildet die grosse Welt
Himmel und Erde und Sternenheer;
Preis Deinem Antlitz, Vater der Welt!
Der Du schmücktest das Weltenall,
Heute wie immer mit Deinen Gaben,
Preis Deinem Antlitz, Erhalter der Welt!
Der Du regierest und richtest die Welt,
Den Bösen vernichtest, den Guten belohnst;
Preis Deinem Antlitz, Herrscher der Welt."

Auch bei den Indern war (mindestens 500 Jahre vor Chr. G.) in der Dreieinigkeit alles vereint, denn der Mensch gewordene Erlöser Wischnu sagt:

„Ich bin der Welten Urheber, ihr Untergang geschieht in mir;
Wie an der Perlenschnur Perlen, so ist das All an mich gereiht;
Du siehst die Welt, die vielgestaltige in meinem Gottesleib vereint;
Alle Götter und Erdenwesen, sie steigen auf und ab in mir;
Ich bin der Herr, ich bin Alles.
Alles ist meines Wesens voll,
In mir webend, mir dienend, freut seines Glückes sich das All!"

An anderer Stelle:

„Unvergänglich ich bin, ohn' Anfang, der Herr der Geschöpfe!
Der kraftbegabten Kraft bin ich, aber frei von Begier und Leidenschaft;
So wie den Weltenraum füllet alldurchdringend die weite Luft,
So der Geschöpfe Gesammtheit mir innewohnend Du betrachte,
Denn mich beflecket Handlung nicht.
Unsterblichkeit und Tod bin ich, was ist und was nicht ist."

Der Fürst der Pandawas ruft ihn an:

„Nicht Ende, nicht Mitte, noch Anfang schau ich in Dir,
Allherrschender, Allgestaltiger!"

Bei den Denkern der Israeliten scheint nach der babylonischen Gefangenschaft der Bel-Zebaoth (Herr des Sternenhimmels) die Vorstellung des alles überspannenden Weltenlenkers in sich gefasst zu haben, denn der Herr Zebaoth erscheint den Sängern als der höchste, der nach unwandelbaren Gesetzen waltende, welcher Gebete und Opfer zurückweist, weil auf ihn nicht eingewirkt werden könne. Der alle Länder überspannende Sternenhimmel, unabänderlich und regelmässig (scheinbar) kreisend, nicht schweifend und veränderlich wie Sonne, Mond und Planeten, war das höchste Vorbild der Ordnung und erschien so als Bel-Zebaoth den Babeloniern und israelitischen Denkern, als Varuna den Indern und als Uranos den Denkern der Griechen; es waren die vorgeschrittenen Sternbeobachter, welche die höchste Macht in der höchsten Gesetzlichkeit erkannten. Nicht so umfassend, aber doch aller örtlichen Grundlage überhoben, ist die Vorstellung vom Schöpfer, welche in der Schöpfungssage (1. Mose 1 und 2) sich ausprägt: der höchste erscheint, als Geist über den Wassern schwebend, von aller Gestalt befreit, als Schöpfer des Himmels, der Erde und des Meeres, aus nichts sie herstellend. So wird er auch dargestellt in den Psalmen, die meistens nach der babelonischen Gefangenschaft (5. Jahrh. vor Ch. G.) gedichtet worden sind wie folgt:

„Ehedem die Berge wurden und die Erde und die Welt geschaffen worden, warst Du Herr, von Ewigkeit zu Ewigkeit."

„Tausend Jahre sind vor Dir, wie der gestrige Tag und wie eine Nachtwache."

„Die Himmel erzählen die Ehre des Herrn und die Feste verkündigt seiner Hände Werk."

„Der Herr liebt Gerechtigkeit und Gericht. Die Erde ist voll der Güte des Herrn."

„Der Himmel ist durch das Wort des Herrn gemacht und all sein Heer durch den Geist seines Mundes. So er spricht, so geschieht es; so er gebent, so steht es da."

„Denn der Herr ist Sonne und Schild, der Herr giebt Gnade und Ehre; er wird kein Gutes mangeln lassen den Frommen."

„Herr wie sind Deine Werke so gross! Deine Gedanken sind so sehr tief!"

„Du hast vorhin die Erde gegründet und die Himmel sind Deiner Hände Werk."

„Herr Du erforschest mich und kennest mich. Ich sitze oder stehe auf, so weisst Du es; Du verstehest meine Gedanken von ferne. Ich gehe oder liege, so bist Du um mich und siehest alle meine Wege. Wo soll ich hingehen vor Deinem Geist? Wo soll ich hinfliehen vor Deinem Angesichte? Führe ich gen Himmel, so bist Du da. Bettete ich mich in die Unterwelt, so bist Du auch da. Nähme ich Flügel der Morgenröthe und bliebe am äussersten Meer, so würde mich doch Deine Hand daselbst führen und Deine Rechte mich halten. Spräche ich, Finsterniss möge mich decken, so muss Dir die Nacht um mich licht sein, denn auch Finsterniss nicht finster ist bei Dir, dem die Nacht leuchtet wie der Tag und Finsterniss ist wie das Licht."

„Dein Reich ist ein ewiges Reich und Deine Herrschaft währet für und für."

Bei den Hellenen hatten sich von jeher in Zeus alle Eigenschaften des höchsten Wesens vereint; seine Kraft war der vereinten Kraft aller übrigen weitaus überlegen. In dem orphischen Hymnus an Zeus, vom Dichter Onomakritos (500 vor Chr. G.) heisst es:

„Zeus ist der erste, Zeus der letzte der Götter!
Zeus ist das Haupt und die Mitt' und von Zeus ist alles gegründet;
Zeus ist die Wurzel der Erd' und des sternbesäeten Himmels;
Zeus ist wehender Hauch, Zeus stürmender Flammen Gewaltschritt;
Zeus des Meeres tiefunterster Grund, ist Sonne wie Mondlicht;
Ist der Höchste des Alls und übermächtige Grundkraft."

Auch im Lobgesange des Kleanthes (270 vor Chr. G.) heisst es:
„Herrlicher, ewiger Zeus, vielnamiger, höchster der Götter!
Gruss Dir, dem die Natur das Sein, dem die Welt das Gesetz dankt!
Dich zu begrüssen geziemt, allwaltender, allem was athmet.
Dir folgt willig, wohin Du winkst, der prangende Weltbau,
Der um das Rund sich wälzt. Du gebeutst und freudig gehorcht er.
Wollest Allvater uns läutern und reinigen, wollst uns gewähren
Weisheit, wie die Kraft, deren die Welt Du regierst, wie das Recht heischt;
Dass wir, geehrt von Dir, mit Ehre Dir wieder begegnen;
Was Du gethan, ohn' Ende verherrlichend, wie es sich ziemet
Sterblichen Wesen. Denn nichts ist rühmlicher Göttern noch Menschen,
Als zu erhöh'n das Gesetz, das der Herr mildwaltend dem All gab."

Bei den heidnischen Nordländern findet sich in den Eddaliedern die Einheit ausgeprägt wie folgt:

Der forschende König Gangleri fragt in der Walhalla den, in dreierlei

Gestalt als Hoher, Ebenhoher und Dritter sitzenden Odin: „Wer ist der höchste und älteste aller Götter?"

Har (der Hohe) antwortet: „Allvater heisst er in unserer Sprache, in der alten Götterheimat hatte er zwölf Namen."

Gangleri: „Wo ist dieser Gott oder was vermag er? oder was hat er grosses gethan?"

Har: „Er lebt durch alle Zeitalter, beherrscht sein ganzes Reich und waltet aller Dinge, grosser und kleiner. Er schuf Himmel und Erde, die Luft und alles was darin ist. Das ist das wichtigste, dass er den Menschen schuf und gab ihm den Geist, der leben soll und nie vergehen, wenn auch der Leib in der Erde fault oder zur Asche verbrannt wird."

Neben diesen geläuterten Vorstellungen der Vorgeschrittenen, lebten in den verschiedenen Völkern die rückständigen und durch Rückbildung mehr zersplitterten Vorstellungen der Menge des Volkes. Während jene die vorherigen einzelnen Vorstellungen zusammen fassten, ihre örtlichen Bezüge abstreiften, behielt die Menge nicht allein jene bei, sondern zersplitterte und verengte die gewohnten Gestalten mehr und mehr, fügte die zugeführten noch hinein und theilte sich in die bunte Mannigfaltigkeit, der Art, dass jedem ein besonderes Wesen zufiel, welches ihm am nächsten zu stehen schien; statt des früheren Verehrungswesens des gesammten Volkes, gab es jetzt eine Menge heimischer und fremder Wesen, aus denen Jeder sich wählte nach Belieben. Dieselbe Zusammenführung der Verehrungswesen verschiedener Völker, hatte einerseits fortbildend die Einheit und das allumfassende (den Monotheismus) zur Folge, andrerseits rückbildend die Zersplitterung und das beschränkende des Fetischdienstes.

§. 49.

Die Völkerschaften des kleinen Palästina waren den Einflüssen von allen Seiten ausgesetzt gewesen; die Steigerung zum höchsten Monotheismus zeigt sich in der Gottesvorstellung Jesu. Es waren egyptische und babylonische, persische und selbst indische (Buddha) Vorstellungen eingedrungen; die handeltreibenden Föniker hatten ihnen das von allen Seiten zusammen getragene mitgetheilt; der feurige Araber wie der sinnende Grieche hatte seine Vorstellungen hieher gebracht, wie ebenso die gefangen gewesenen oder handeltreibend ausgewanderten Israeliten fremde Vorstellungen in die Heimat zurück brachten und so konnte es dem zähen Sammelfleisse des Volkes gelingen, eine Fülle von fremden Vorstellungen sich anzueignen. Volk und Priester spalteten sich in zahlreiche Sekten, unter denen die Pharisäer, Sadduzäer und Essäer die hervorragenden waren; jede setzte ein besonderes Glaubensgebäude zusammen aus dem Reichthume der Vorstellungen, den die Israeliten sich erworben hatten. Das einfachste und dabei eingreifendste war dasjenige der Essäer, zu denen Jesus gehört zu haben scheint und die Gottesvorstellung Jesu lässt sich aus seinen eigenen Aussprüchen erkennen, welche folgendermassen lauten.

Matth. 4. 10: „Du sollst anbeten, Gott deinen Herrn und ihm allein dienen."

5. 8: „Selig sind die reines Herzens sind, denn sie werden Gott schauen."

9: „Selig sind die Friedfertigen, denn sie werden Gottes Kinder heissen."

16: „Lasset euren Vater im Himmel preisen."

34: „Ich aber sage euch, dass ihr allerdings nicht schwören sollt, weder bei dem Himmel, denn er ist Gottes Stuhl; noch bei der Erde, denn er ist seiner Füsse Schemel u. s. w."

45: „Auf dass ihr Kinder seid eures Vaters im Himmel. Denn er lässt seine Sonne aufgehen über die bösen und über die guten und lässt regnen über gerechte und ungerechte."

48: „Darum sollt ihr vollkommen sein, gleich wie euer Vater im Himmel vollkommen ist."

6. 8: „Euer Vater weis was ihr bedürfet, ehe denn ihr ihn bittet. Darum sollt ihr also beten: Unser Vater im Himmel. Dein Name werde geheiligt, Dein Reich komme. Dein Wille geschehe auf Erden wie im Himmel. Unser tägliches Brod gieb uns heute. Vergieb uns unsere Schuld, wie wir vergeben unseren Schuldigern. Führe uns nicht in Versuchung, sondern erlöse uns vom Uebel."

6. 24: „Ihr könnt nicht Gott dienen und dem Gelde" und lehrte ferner in Bildern:

34: dass der Mensch alle Sorgen Gott anheim stellen solle.

22. 32: „Gott ist nicht ein Gott der Todten, sondern der Lebendigen."

Mark. 11. 22: „Habet Glauben an Gott."

12. 29: „Höre Israel, der Herr unser Gott, ist ein einiger Gott."

Luc. 11. 20: „So ich aber durch Gottes Finger die Teufel austreibe, so kommt je das Reich Gottes zu euch."

16. 15: „Gott kennet eure Herzen, denn was hoch ist unter den Menschen das ist ein geringes vor Gott."

18. 27: „Was den Menschen unmöglich ist, das ist bei Gott möglich."

Joh. 4. 24: „Gott ist ein Geist und die Ihn anbeten, sollen ihn im Geiste und in der Wahrheit anbeten."

5. 26: „Der Vater hat das Leben in ihm selber."

Es ist in dieser Hinsicht abzusehen von den Vorstellungen, welche die Verfasser der Evangelien in ihren Berichten über stattgehabte Vorgänge niederlegen, wie Gottes rufende Stimme von oben, Erscheinung als Wolke, als Taube u. d. denn es können nur Jesu eigene Worte als Ausdruck seiner Vorstellungen gelten. In den angeführten Stellen zeigt sich nirgends eine abgeschlossene Vorstellung, noch lässt sich daraus eine allesumfassende zusammensetzen; es ist jedoch darin die Vorstellung eines allmächtigen, allwissenden, gütigen, barmherzigen und fürsorgenden, himmlischen Vaters dargelegt, leitender und schützender Wächter des Rechtes und der Wahrheit. Aus dem Schmerzensrufe am Kreuze ist bekannt, dass Jesus den höchsten in seiner Heimatsprache „Eli" nannte; es war also dem Namen nach, der altsemitische El, aber wie sehr verändert! Aus dem grimmigen Wüstenherrn, dem schrecklichen, war die Vorstellung des liebenden Vaters erwachsen, der die ganze Welt lenkt und erhält, alles örtlichen und grimmigen entkleidet.

Diese einfache Vorstellung konnte, wie geschehen, zu damaliger Zeit übermächtig werden, denn dem Volke, der grossen Menge der Rückständigen, gab sie eine leichtfassliche Form, in welcher Jeder für seine kleinen Besonderheiten Raum fand; dem Vorgeschrittenen gab sie dagegen eine alles umfassende Vorstellung, welche jedem für seine grössten Besonderheiten Raum liess. Das kindliche Verhältniss zum himmlischen Vater setzte jeden Menschen in Beziehung zum einigen höchsten, dessen alles erfüllende Allmacht und Allgegenwart von keinem anderen Wesen gestört werden konnte; Er vermogte unbehindert alle Wünsche und Hoffnungen der Menschen zu erfüllen, wenn Er wolle und seine Vatergüte leistete die

Gewähr dafür, dass Er diesen Willen hege. Das Volk konnte seine besonderen Verehrungswesen abschaffen, um sich dem Einen zu widmen, dessen Fürsorge Wälder und Felder, Jagd, Ackerbau, Fischfang und Seefahrt umfasst, über Weib und Kind, Vieh und Haus wacht zu aller Zeit; dem jedes anvertraut werden darf, was den Menschen erfreut oder bekümmert; dessen Anbetung kein anderes Anbetungswesen beleidigen kann; der allmächtig niemandem um anderer willen etwas zu versagen braucht und allweise, weder täuscht, noch sich täuschen lässt; überhaupt alle günstigen Eigenschaften der einzelnen Verehrungswesen im erhöheten Grade besitzt, aber keinen ihrer Mängel. Den vorgeschrittenen gab dieselbe Vorstellung vom alles umfassenden himmlischen Vater einen Kern, an den mit voller Freiheit die meisten der aufgestellten philosophischen Systeme sich lehnen konnten: als unendlicher Geist besass Er keine Eigenschaften, die irgend einem der Systeme widerstritten, vielmehr brauchten die meisten nur das Wort Theos oder Deus (Gott) an die Stelle ihres Grundwortes zu setzen und ihr System war christlich geworden, ohne in der Erklärung einzubüssen. Jesus hatte kein System aufgestellt, es widerstritt also kein einziges seiner Lehre, sobald es nur dasselbe Grundwort besass und von diesem alles ableitete, was um so leichter geschehen konnte, als die Neuchristen nicht den Namen „Eli" beibehielten, den Jesus gebraucht hatte, sondern die im Heidenthume gebräuchlich gewesenen heimischen Namen an die Stelle setzten, also der Grieche ihn Theos nannte und der Römer Deus. Die neue Vorstellung schmiegte sich fast jedem gangbaren Systeme an: Er war das Unbegrenzte, Unendliche, Ewige, aus eigener Kraft sich Bewegende des Anaximander, auch der Geist, aus dem alles entsteht und in dem alles untergeht und wer also Schüler des Anaximander war, konnte dem Christengotte huldigen, ohne seiner Schule ungetreu zu werden. Er war auch die Zahl, die Harmonie, der pythagoräische Urgrund aller Dinge; Er, der Ewige, war nicht minder das ewige, unveränderliche Sein der Eleaten; ebenso sehr der Ursprung der ewigen Gegensätze der Liebe und des Hasses, aus denen die Schüler des Empedokles die Fülle der Erscheinungen erklärten und wenn Anaxagoras gelehrt hatte, dass in der sichtbaren Welt nicht der Urgrund des seins und werdens liegen könne, sondern ausserhalb derselben von einem Wesen kommen müsse, das nicht des Stoffes Art sei, sondern ein in sich lebendiges, so stimmte solches genau mit der christlichen Lehre überein, die, wenn auch minder deutlich, dasselbe aussprach. Die grosse Menge der rückständigen, wie die geringe Zahl der vorgeschrittenen konnten mit voller Freiheit ihre Besonderheiten in das Christenthum übertragen; es war Raum für alle und die christlichen Kirchenväter haben späterhin sehr stark die heidnische Philosophie betrieben, ohne damit in Widerspruch mit dem Christenthume, mit dem christlichen Gottesglauben zu gerathen.

Die Geschichte der Ausbreitung des Christenthumes lehrt, wie zuerst die Menge des Volkes ihrer bisherigen Verehrungswesen sich entledigte, dem Glauben an Einen sich zuwandte; wie nach und nach auch viele der vorgeschrittenen unter Juden und Griechen den Widerstand aufgaben, um ihre getrennten Schulvorstellungen in dem Christenglauben zu bergen. Man änderte nur die Bezeichnung, den Namen des höchsten und konnte unbekümmert die bisherigen Sondervorstellungen beibehalten, deren Vertreter allgemach sich bestrebten, überwiegende Geltung dafür zu erlangen. Es waren nicht allein die Vorstellungen der jüdischen Sekten, so wie der griechischen und römischen Weltweisen, welche darin sich zusammen fanden, sondern bei fortgehender Ausbreitung kamen auch die Vorstellungen der Perser hinzu, deren Lichtgott ohne weiteres Raum fand und willige Aufnahme, da er als Geber alles guten dem Christengotte völlig gleich war. Die verschiedenartigsten höchsten Wesen wurden in das Christenthum getragen, von Israeliten und Persern, Griechen und Römern, jeder als selbstverständlich voraussetzend, dass der Christengott nur seinem heimischen Verehrungswesen gleich sei, keinem anderen. Frühzeitig hatte die grosse Menge sich gewöhnt, Jesus zum Gegenstande ihrer Verehrung zu erheben und seinen früheren Gewohnheiten gemäs, das Bild des gekreuzigten aufgestellt, um den Gedanken einen sichtbaren Anhalt zu geben. Der Grundzug menschlicher Erkenntniss, alles was willenbegabt zu sein scheint, in Menschenform und Menschenart zu denken und als solches näher sich zu fühlen, hatte das Volk dem unnahbaren unfasslichen Christengotte entfremdet und den menschlich darstellbaren Stifter des Glaubens an seine Stelle erhoben. Es entstand eine Kluft zwischen den vorgeschrittenen und der Menge. Justin der Märtyrer, vom heidnischen Richter befragt, antwortete: „Wir versammeln uns, wo jeder will und kann, denn der Gott der Christen ist nicht in einem Raume eingeschlossen, sondern unsichtbar erfüllt er Himmel und Erde und überall kann er von gläubigen verehrt werden." Weit abweichend davon, liebte es die Menge, in Ermanglung öffentlicher Tempel, allenthalben in ihren Häusern, an ihren Geräthen, ihren Bechern u. s. a. das Kreuz oder das Bild eines Hirten, auf seinen Schultern ein Lamm tragend, darzustellen und Zeichnungen in den Katakomben Roms zeigen, dass die Christen frühzeitig den gekreuzigten, das Crucifix anbeteten. In dem Mase, wie die bildnissfeindlichen Juden, im Kreise der Neuchristen durch die bildnissgewohnten Griechen und Römer überstimmt wurden, ward die Jesusanbetung übermächtiger und die allmälich sich ausbildende Priesterschaft sah sich gezwungen, den Heiland, dem sie ohnehin eine übermenschliche Stellung nicht versagen durfte, zur göttlichen Person zu erheben und durch Billigung der bereits eingerissenen Anbetung desselben, die Geltung des Christengottes zu retten und die Einheit des Glaubens zu bewahren. Jesus wurde durch Beschluss der Kirchenversammlung zu Nicäa (325 nach Ch. G.) zur zweiten Person der Gottheit erhoben, so dass fortan der **zweieinige Christengott**, in völliger und untrennbarer Einheit aus zwei Personen bestehend, gedacht werden sollte, als Gott-Vater, der die Welt erschuf und regiert und Gott-Sohn, der vom Vater in der Jungfrau Maria erzeugt, vom Himmel herab kam, um als Mensch geboren zu werden und auf Erden lebend, nach seinem sühnenden Kreuzestode zum Gott-Vater zurück kehrte, um fortan mit ihm vereint, die Welt zu regieren.

Diese Zwei-Einheit ward 56 Jahre später, durch die allgemeine Anerkennung des **heiligen Geistes** als dritte Person, wesentlich verändert. Unter den Israeliten hatte von den ältesten Zeiten her, die Vorstellung des heiligen Geistes, des Geistes der Weissagung sich gebildet und, wenn auch nach und nach erweitert, durch alle Zeiten sich erhalten als Vorstellung eines Geistes, der zu Zeiten ungewöhnlicher Erregung die Menschen begeistere zu vorausschauenden Aussprüchen über die Zukunft. Es heisst:

4. Mose 11. 24: „Und Mose ging hinaus und sagte dem Volke des Herrn Worte und versammelte die 70 Männer unter den Ältesten des Volkes und stellte sie um die Hütte her. Da kam der Herr hernieder in der Wolke und redete mit ihm. Und nahm des Geistes, der auf ihm war und legte ihn auf die 70 ältesten Männer. Und da der Geist auf ihnen ruhete, weissagten sie und hörten nicht auf."

5. Mose 34. 9: „Josua aber, der Sohn Nuns ward erfüllt mit dem Geiste der Weisheit, denn Moses hatte seine Hände auf ihn gelegt."

Dieselbe Vorstellung vom Ausströmen des heiligen Geistes erhielt sich im Verlaufe aller nachfolgenden Jahrhunderte. In der Geschichte Sauls wird berichtet

1. Sam. 10. 10: „Und da sie kamen an den Hügel, siehe da kam ihnen ein Profetenhaufe entgegen und der Geist des Herrn gerieth über ihn (Saul) dass er unter ihnen weissagete." Ebenso sagt der Profet

Joel 3. 1, als Äusserung des höchsten: „Und nach diesem will ich meinen Geist ausgiessen über alles Fleisch und eure Söhne und Töchter sollen weissagen, eure Ältesten sollen Träume haben und eure Jünglinge sollen Gesichte sehen. Auch will ich zu derselben Zeit Beides über Knechte und Mägde meinen Geist ausgiessen."

Dieselbe Vorstellung findet sich im neuen Testamente wieder: die Evangelisten beschreiben, wie bei der Taufe Jesu der heilige Geist in Gestalt einer Taube herabgekommen sei, und fügen den bedeutsamen Ausspruch hinzu, dass Johannis nur mit Wasser taufte, Jesus aber mit dem heiligen Geiste taufen werde. Jesus verheisst seinen Jüngern

Luc. 24. 49: „Und siehe ich will auf euch senden die Verheissung meines Vaters."

Joh. 15. 26: „Wenn aber der Tröster kommen wird, welchen ich euch senden werde vom Vater, der Geist der Wahrheit, der vom Vater ausgeht, der wird zeugen von mir." Ferner in der

Apostelg. 1. 5: „Denn Johannis hat mit Wasser getauft, ihr aber sollt mit dem heiligen Geiste getauft werden, nicht lange nach diesen Tagen."

Die wunderbare Erfüllung dieser Verheissung wird beschrieben

Apostelg. 2. 2: „Und es geschah schnell ein Brausen vom Himmel, als eines gewaltigen Windes und erfüllte das ganze Haus, da sie sassen. Und man sah an ihnen die Zungen zertheilt, als wären sie feurig und er setzte sich auf einen jeglichen unter ihnen. Und wurden alle voll des heiligen Geistes und fingen an zu predigen mit anderen Zungen, nachdem der Geist ihnen gab auszusprechen."

Ferner heisst es von Petrus und Johannis

Apostelg. 4. 31: „Und da sie gebetet hatten, bewegte sich die Stätte, da sie versammelt waren und wurden alle des heiligen Geistes voll und redeten das Wort Gottes mit Freudigkeit."

Apostelg. 8. 14: „Da aber die Apostel höreten zu Jerusalem, dass

Samarien das Wort Gottes angenommen hatte, sandten sie zu ihnen Petrus und Johannis, welche, da sie hinab kamen, über sie beteten, dass sie den heiligen Geist empfingen. Da legten sie die Hände auf sie und sie empfingen den heiligen Geist."

Apostelg. 10. 44: „Da Petrus noch diese Worte redete, fiel der heilige Geist auf alle, die dem Worte zuhörten."

Der heilige Geist wird nur zweimal als gestaltig erscheinend erwähnt, als feurige Zungen, die sich niederlassen auf die begeisterten Jünger und als Taube bei der Taufe Jesu, von denen letzteres ein Bild ist, welches bei den Samaritanern angewendet ward, die den heiligen Geist als weiblich sich dachten und welches Bild auch die Rabbinen im Talmud gebrauchen.

In den israelitischen Geschichtbüchern über die Zeit vor dem Auszuge aus Egypten wird nirgends der Gabe der Weissagung erwähnt; es wird also wahrscheinlich diese Vorstellung aus Egypten stammen, wo sie an den verschiedenen Orakelstätten ihren Ausdruck fand. Die vom Josef erzählten Traumdeutungen gehören nicht hieher, da sie ohne höhere Eingebung geschahen; dagegen entwickelte sich schon auf der Wüstenreise die Vorstellung dahin, dass es möglich sei, durch Händeauflegen des begeisterten, den heiligen Geist auf andere zu übertragen und in Bezug auf diese doppelte Bethätigung, als ausfliessend vom Verehrungswesen in begeisterte und mittheilbar durch Händeauflegen vom Menschen zu Menschen, stimmen die Stammschriften der Christen überein mit den älteren der Israeliten, nur erstrecken erstere die Gabe über die Weissagung hinaus, zum Reden in fremden Sprachen und zur Verrichtung von Wundern.

Diese Vorstellungen der Judenchristen trafen zusammen mit der verwandten Vorstellung der Griechenchristen von einem göttlichen Logos (Schöpferwort, Vernunft) vergleichbar der höchsten Weisheit, welche aus Zeus Haupte entsprungen als Pallas Athene verehrt worden war und an mehreren Orten des Morgenlandes in verwandten Vorstellungen lebte, in der Deutung als Urvernunft, als erstes Wort, mit dem die Schöpfung der Welt begann. So bezeichnet auch das Evangelium Johannis 1. 1: „Im Anfange war das Wort (Logos) und das Wort war bei Gott und Gott war das Wort." Der Logos wird aber als Gottessohn, als Christus gedeutet, denn es heisst (Joh. 1. 14): „Und das Wort ward Fleisch und wohnete unter uns; wir sahen seine Herrlichkeit, eine Herrlichkeit als des eingeborenen Sohnes vom Vater, voller Gnade und Wahrheit." Im Widerspruche hiemit bildete sich aber im Christenthume des Morgenlandes die Vorstellung dahin aus, der heilige Geist sei ein von Christus getrenntes Wesen, sei von Ewigkeit her das gleiche geblieben, habe die Apostel begeistert zu Weissagungen und Wundern und sei von ihnen durch Handesauflegen auf andere Menschen (Priester) übertragen. In Folge dessen ward auf einer Kirchenversammlung zu Konstantinopel (381 nach Ch. G.) der heilige Geist endgültig und allgemein zur dritten Person in der Gottheit erhoben. Im Glauben der Christen herrschte demnach bis 325 nach Ch. G. die Vorstellung des einigen Gottes, darauf bis 381 nach Ch. G. des zweieinigen und von 381 nach Ch. G. bis auf die Jetztzeit des dreieinigen. Über die zuletzt festgestellte Natur der drei Personen spricht sich das athanasische Glaubensbekenntniss aus wie folgt: „Der Vater ist von niemandem gemacht, noch geschaffen, noch gezeugt; der Sohn ist vom Vater allein, nicht gemacht, nicht erschaffen, sondern gezeugt; der heilige Geist ist vom Vater und Sohn, nicht gemacht, noch erschaffen, sondern ausgehend. In dieser Dreieinigkeit ist nichts früher oder später, nichts grösser oder geringer, sondern alle drei Personen sind sich ganz gleich und gleich ewig, so dass in allen sowohl die Dreiheit in der Einheit, wie die Einheit in der Dreiheit verehrt werden muss."

Es wiederholte sich im Christenthume derselbe Vorgang, welcher bei den älteren Völkern zur Zersplitterung geführt hatte: die vorgeschrittenen strebten danach, die Fülle der übermächtigen Einflüsse zu einer einheitlichen Vorstellung zu gestalten, während in der Menge, unfähig über die engeren Grenzen seiner Fassungsgabe hinauszuziehen, ein jeder mit der Auffassung eines Theiles sich begnügte, eine besondere Äusserung der Gottheit auffasste, sei es in der Menschwerdung Jesu oder in dem Ausströmen als heiliger Geist. Es wäre im Laufe der Zeit eine durchgreifende Spaltung in Gottchristen (Arianer), Jesuchristen (Katholiken) und heiligen-Geistchristen (Manichäer) eingetreten, wenn nicht die vorgeschritteuen (Priester) alle drei vereint hätten und in der Vorstellung der Dreieinigkeit die Einheit des Christenthums retteten. Die Verehrung des heiligen Geistes hatte vornämlich unter den asiatischen Christen sich ausgebreitet, in Folge der Lehren eines Persers Mani, der altpersische Lehren in das Christenthum verpflanzend, den heiligen Geist als Weltenschöpfer, als Schöpferwort, zur höchsten Geltung zu bringen suchte und mit dieser Ansicht um so leichter Eingang gewann, als unter allen Christen die Vorstellung herrschte, dass der heilige

Geist, durch Händeauflegen mitgetheilt und ausgebreitet, fortwährend im Kreise der lebenden wirke, also der Gegenwart noch näher stehe als der, vor Jahrhunderten gestorbene Gottessohn. Der heilige Geist, in persischer Weise gedeutet, (Joh. 1.) gab eine höher stehende Vorstellung als die, aus dem Egyptischen durch das Judenthum herangebildete Vorstellung einer Gabe der Weissagung, der Wunderverrichtung und des redens in fremden Sprachen: jene konnte also um so eher bei den vorgeschrittenen Eingang gewinnen, als sie sowohl die Gottesvorstellung wie auch die Jesusvorstellung enthielt, nämlich Gott als Aussprecher des Schöpfungswortes (Logos) und Jesus als höchste Bethätigung, Erzeugniss desselben. Die Dreieinigkeit rettete die Einheit des Glaubens, mit Ausnahme der geringen Streitfrage zwischen den griechischen und römischen Christen, ob der heilige Geist nur vom Vater oder auch vom Sohne ausgehe. Sie konnte aber bei alledem nicht die rückständigen aus ihrer Beschränkung erheben, deren Grenzen ebenso wenig die Dreieinigkeit wie den in Zeit und Raum unermesslichen Gott zu umfassen vermogten und je mehr die vorgeschrittenen zur Einheit strebten und die Gottesvorstellung steigerten, desto stärker musste bei der grossen Menge der rückständigen der Drang werden, auf das nächstliegende sich zu beschränken, auf dasjenige, was das Sonderleben in Freude und Leid bewegt. Je mehr eine Vorstellung umfassen soll, desto minder fasslich wird sie den meisten Menschen; denn die Menge, von den Sorgen des täglichen Kampfes um das Dasein gedrängt, fühlt minder den Trieb nach Erkenntniss des All, als nach Ermittelung desjenigen, was sie in ihrem Lebenskampfe unterstützen könne, was bei vorfallenden Übeln (Krankheit, Nahrungssorgen u. d.) ihnen sofortige Hülfe schaffe. Wie in allen Beziehungen, so auch in dieser, steht dem Menschen das menschenähnliche, in menschliche Gestalt gefasste am nächsten, weil es innerhalb der Grenzen seiner Fassungsgabe liegt; deshalb wurden auch das Bild des gekreuzigten, wie die Gräber, Bilder und Überreste der für den Glauben gestorbenen (Märtyrer) näherstehende Verehrungswesen als der unfassliche dreieinige Gott und schritt bei der Menge die Rückbildung fort bis sie zum Bilder- und Reliquiendienste hinab gelangte.

§. 50.

Das Nachdenken einer Reihe grosser Lehrer, welche dem christlichen Glauben ihre Forschungen widmeten, hat eine Menge scharfsinniger Aussprüche über das Wesen Gottes geschaffen, wobei vornämlich die Einwirkung der altgriechischen Weisheit hervortritt.

Der gelehrte Athanasius (4. Jahrhundert) sagte, dass wenn es auch unmöglich, zu sagen, was Gott sei, so ist es doch möglich zu bestimmen, was er nicht sei; wir wissen nämlich, dass er nicht wie der Mensch ist und dass man endliches nicht von ihm denken dürfe.

Augustin (4. Jahrh.) sagte: Nicht ich selbst erkenne Gott, sondern Gott giebt sich mir zu erkennen, Er, dem es nichts anderes ist zu leben und etwas anderes zu erkennen, sondern in welchem das erkennen auch Leben und Sinn ist. Einfach ist das, was er hat und nicht verschieden von dem, der da hat. Ihm ist Eigenschaft nicht verschieden vom Stoffe und man darf sagen: Gott ist ewig oder unsterblich oder unverweslich oder unveränderlich. Drei Personen aber sind in Gott und ein Wesen und ein unzertrennliches wirken: Gott der Vater, das göttliche sein; der Sohn, das erkennen als ein sichselbstoffenbaren des seins, daher der Sohn, vom Vater gezeugt, das wollen und die Liebe ist, worin sich sein und erkennen umfassen, die Gemeinschaft von beiden und die Darstellung der göttlichen Einheit; der heilige Geist als die Gemeinschaft oder die Liebe, in der Vater und Sohn sich umfassen und, von beiden ausgehend, macht uns die Gemeinschaft beider theilhaftig.

Dionysius, unter dessen Namen im 6. Jahrh. Schriften bekannt wurden, spricht sich dahin aus: Die überwesentliche und verborgene Gottheit darf niemand weder als Begriff oder als Kraft, noch als Geist oder Leben oder Wesenheit preisen, wenn er zu den Liebhabern der über aller Wahrheit hinaus liegenden Wesenheit gehört; sondern als unendlich erhaben über alle Beschaffenheit, Bewegung, Leben, Einbildung, Vorstellung, Namen, Begriff, Verstand, Einsicht, Wesenheit, Bestand, Festigung, Einigung, Grenze, Unbegrenztheit und über alles was existirt. Gott ist nicht auf irgend eine Weise seiend, sondern einfach und unbegrenzt, in sich selbst das ganze sein zusammengefasst und vorausfassend; Weisheit, Gerechtigkeit, Grösse, Feinheit, Schönheit, Grenzenlosigkeit und Bewegung kommen ihm zu.

Anselm von Canterbury (1033—1109) lehrte: Gott ist das höchste was gedacht werden kann; es kommt ihm nicht blos das sein zu, sondern er hat auch allein das wahrhafte sein, alles andere kann man sich als nichtseiend denken. Es giebt nämlich ein doppeltes sein, ein sein in der Vorstellung und ein sein in der Wirklichkeit. Dass das denkbar höchste wenigstens in seiner Vorstellung da sei, muss auch der Thor eingestehen; wäre es aber nur in der Vorstellung vorhanden, so könnte es ein noch höheres geben, nämlich solches, was nicht allein in der Vorstellung, sondern auch in der Wirklichkeit da wäre; folglich muss das höchste, das vollkommenste auch in der Wirklichkeit da sein. Verhältnissbezeichnungen gehören nicht zum Wesen eines Dinges, können also auch nicht auf Gott angewendet werden, dessen Wesen nicht durch die Bezeichnung des höchsten wiedergegeben werden kann, weil die Bezeichnung wegfallen müsste, wenn alle anderen Wesen fehlten, ohne dass damit das Dasein Gottes hinfällig würde oder seine Grösse im geringsten sich mindern könnte, weil er gross und gut ist durch sich selbst, es also der Vergleichungen gar nicht bedarf. Die göttlichen Eigenschaften, als Bestimmungen des göttlichen Wesens, sind von diesem ebenso wenig wie von einander trennbar; sie bilden nicht eine Mehrheit, sondern eine Einheit und nur in der Einheit bilden sie das göttliche Wesen. Das Wort, welches die Welt erschuf, ist als Intelligenz des höchsten Wesens mit diesem dasselbe und dennoch ein unterschiedliches; das Verhältniss lässt sich am ähnlichsten durch den Ausdruck der Zeugung bezeichnen, als Vater und Sohn; beide gleich und vollkommen durch sich selbst. Von beiden geht die Liebe aus, gleichwesentlich mit ihnen; das Ausströmen wird als Hauch bezeichnet, die Liebe ist also der Hauch oder heilige Geist, von Vater und Sohn ausgehend, mit beiden gleichstehend und ein Wesen bildend.

John Scott (Johannes Scotus Erigena im 12. Jahrh.) lehrte: Etwas anderes als Gott und ausser ihm giebt es nicht, denn in ihm ist alles und ausser ihm nichts, so dass es vermessen wäre, ihm eine Eigenschaft beizulegen, die zufällig und nicht eines und dasselbe wäre mit seinem Wesen, denn sonst wäre er ja nicht einfach, sondern aus Wesen und Eigenschaften zusammengesetzt. Das ähnliche wie das unähnliche, alle Gegensätze und Widersprüche ordnet und schliesst Er in Schönheit und Einklang in sich zusammen; in der Weltharmonie ist alles Übereinstimmung und Zusammenklang. Gott war nicht früher als er alles in das Dasein rief; das sein

Gottes ist nichts anderes als sein schaffen, er existirt als das Wesen von allem, Gott ist durch sich selbst die Liebe, das Sehen, die Bewegung, wie auch das geliebt, das gesehen und bewegt werden und ist doch mehr als alles dieses.

Abälard (1079—1163) lehrte Folgendes: Durch den Namen des Vaters wird die Macht der göttlichen Majestät bezeichnet, vermöge welcher Gott alles was er will zu vollbringen vermag; das Wort oder der Sohn ist die Weisheit, vermöge welcher er alles erkennt und nichts ihm verborgen bleibt; der heilige Geist ist die Güte oder die Liebe, vermöge welcher Er alles zu den besten Zwecken ordnet oder leitet. Es ist aber ein Wesen, ein Wille und eine Macht in diesen drei Personen. Der Unterschied der göttlichen Personen liegt nicht blos in unserer Auffassung, sondern im Wesen selbst; nicht weil ein Unterschied in den Namen gemacht wird, giebt es eine Dreieinigkeit, sondern weil diese von Ewigkeit her in Wirklichkeit vorhanden ist, hat man in der Zeit eine Unterscheidung der Namen gemacht, weil es nur dadurch dem endlichen Menschen verdeutlicht werden kann.

Bernhard von Clairvaux (1091—1153) beantwortete die Frage: Was ist Gott? dahin: Es giebt keinen besseren Namen als: der da ist! Wenn man Gott bezeichnet als gut, gross, selig, weise oder wie sonst, so ist jedesmal ausgesprochen: Er ist! denn seine Eigenschaften setzen sein Dasein voraus. Durch Aufzählung von Eigenschaften gewinnt der Begriff Gottes nichts, durch Weglassen verliert er nichts. Gott ist Urgrund von allem, Grund seiner selbst, an den die Zeiten weder herankommen, noch an den sie vorübergingen, ohne dass sie jedoch mit ihm ewig wären. Nach seiner erhabenen, unbegreiflichen Natur ist Er in allem, wie alles in ihm ist. In Gott ist nichts als Gott, aber Gott ist eines in drei Personen. Das Wesen ist nur eines und die drei Personen sind eines. Es ist ein grosses, heiliges Geheimniss, das man verehren, aber nicht suchen soll zu erforschen. Daran zu glauben ist Frömmigkeit, es erforschen wollen ist Vermessenheit, es zu wissen ist Leben, ja ewiges Leben. Gott ist allmächtiger Wille, allgütigste Kraft, ewiges Licht, unwandelbare Vernunft, höchste Seligkeit, Geister schaffend zur Theilnahme an ihm, belebend zum empfinden, weckend zum begehren, erweiternd zum begreifen, rechtfertigend zum verdienen, entzündend zum Eifer, befruchtend zum Fruchttragen, leitend zur Gerechtigkeit, bildend zum Wohlwollen, lenkend zur Weisheit, kräftigend zur Tugend, einkehrend zur Tröstung, erleuchtend zur Erkenntniss, ewigend zur Unsterblichkeit, erfüllend für Seligkeit, umschliessend zur Sicherheit. Er ist die Ewigkeit, die Liebe, die Unermesslichkeit, allmächtig und allweise. Sein Wesen ist eines, seine Wirksamkeit vielfältig, seine Thätigkeit verschiedentlich.

Thomas von Aquino (1225—1274) lehrte: Gott erkennt alles in sich selbst, sein Dasein ist sein erkennen; in der Form des erkennens sind alle Wirkungen in der höchsten Ursache vorgebildet. Es giebt eine zwiefache Betrachtung des höchsten: die natürliche Erkenntniss aus der Schöpfung und die vollkommnere aus der unmittelbaren Anschauung des Wesens Gottes; zu jener wirkt die menschliche Vernunft, zu dieser die göttliche Offenbarung. Während die übrigen Wissenschaften auf Grundsätzen beruhen, die aus der menschlichen Erkenntniss erwachsen, geht die Gotteslehre (Theologie) von Grundsätzen aus, die nur aus dem Lichte des Glaubens erhellen. Es lässt sich z. B. die Dreieinigkeit gar nicht aus der Vernunft beweisen, weil sie als Geheimniss göttlicher Offenbarung, Gegenstand des Glaubens ist. Wollen und erkennen sind in Gott eins, aber die vom wollen ausgehende, in der Schöpfung bethätigte Liebe setzt voraus, dass etwas in die Erkenntniss aufgenommen sei, um Gegenstand der Liebe zu werden. In Gott entspricht das erkennen seiner selbst das Erzeugtwerden des Sohnes als seines vollkommnen Ebenbildes, und die Liebe ist das gegenseitige Verlangen: der heilige Geist ist die gegenseitige Liebe zwischen Vater und Sohn und geht deshalb von beiden aus.

Richard von St. Victor (starb 1172) erläuterte das Dasein Gottes und dessen Wesen wie folgt: Alles Daseiende muss die Möglichkeit des seins irgend woher haben, diese Möglichkeit muss aus der Macht des seins herstammen. Wenn aber alles aus der Macht des seins herrührt, dann kann diese nur aus sich selbst alles sein und haben: sie ist alles Dasein, alle Macht, alle Weisheit. Die Macht des seins, das höchste Wesen kann nur ein Wesen sein, lässt aber die Möglichkeit mehrerer Personen zu. Gott ist allmächtig, unerschaffen und immerwährend, unvergänglich und unveränderlich, unendlich und unermesslich, das höchste Gut und allvollkommen, das höchste eine und einzig höchste, unbegreiflich einfach. Die Vollendung der göttlichen Liebe erfordert nicht nur einen Geliebten, sondern auch einen Mitgeliebten, also eine Dreiheit von Personen, ohne die sie in ihrer ganzen Fülle nicht bestehen kann. Das höchste und einfachste sein ist allen drei Personen gemeinschaftlich; bei allen ist das sein dasselbe, wie das Leben das erkennen und die Fähigkeit wie das vollbringen. Dass der ungezeugte, der Vater-Gott einen anderen gleichgestaltet und gleichwürdig wie er selbst haben will, heisst so viel als den Sohn zeugen; dass der gezeugte sowohl wie der unerzeugte einen Gleichgeliebten haben wollen, heisst so viel als den heiligen Geist hervorbringen; bei dem ersten ist es die Gemeinschaft der Ehre, bei letzterem die Gemeinschaft der Liebe.

Im Meister Eckard (Anfang des 14. Jahrh.) erreichte die christliche Gottesvorstellung ihren Gipfelpunkt; es floss alles darin zusammen. Nach ihm ist die göttliche Natur die Ruhe; alles erschaffene sucht Ruhe; in allen Gaben giebt Gott sich selbst und alles strebt danach, Gott gleich zu werden. Gott ist es so sehr nöthig, uns zu suchen, als ob alle seine Gottheit daran hinge; Gott mag unserer ebenso wenig entbehren, wie wir seiner. Sofern der Mensch sich selbst verleugnet, durch Gott und mit Gott vereinigt wird, sofern ist er mehr Gott als Geschöpf. Wenn der Mensch seiner selbst ledig ist und nur in Gott allein lebt, so ist er wahrlich dasselbe von Gnaden, was Gott von Natur ist und Gott bekennt selbst, dass kein Unterschied sei zwischen ihm und diesem Menschen. Gottes eigenes Wirken ist das Gebären seines Sohnes, den er allezeit gebiert; er gebiert seinen Sohn in derselben Weise wie er ihn in Ewigkeit gebiert und nicht anders; er muss es thun, es sei ihm nun lieb oder leid. Der Vater gebiert seinen Sohn ohne Unterlass, er gebiert mich seinen Sohn, er gebiert mich, sein Wesen und seine Natur. Gott und ich sind eines im erkennen; Gottes Wesen ist sein erkennen und Gottes erkennen macht, dass ich ihn erkenne; darum ist sein erkennen mein erkennen.

Johann Tauler (starb 1361) lehrte: Gott als Gottheit gehört nicht zu weder Wille, noch Wissen oder Offenbaren; aber Gott als Gott gehöret zu, dass er sich selbst eröffne, bekenne und liebe und sich selbst offenbare in sich selber und dies noch alles in Gott und noch alles als ein Wesen, aber nicht als ein Wirken, weil es ohne äusseren Gegenstand in ihm selbst vorgeht. Das wahre Licht ist Gott, das falsche Licht ist Natur oder natürlich. Gott gehöret zu, dass er weder dies noch das ist, ebenfalls dass er weder dies oder das will oder begehret oder suchet in einem vergotteten Menschen, sondern gut als gut und um nichts anderes als um gut; also ist es auch um das wahre Licht. Dagegen gehört der Natur zu, dass sie etwas ist, dies oder das, dass sie strebe, liebe oder werthschätze, nicht um des guten willen, sondern um dies oder das. Das vollkommene Gut, das man Gott nennt, kann nur erkannt werden vom wahren Lichte; darum muss es auch geliebt werden, wo es erkannt wird oder erkannt ist.

§. 51.

Diese verschiedenen Lehren beherrschten aber nur kleine Kreise; bei der grossen Menge der Christen befand sich die Gottesvorstellung in der Rückbildung. Jene Lehren der erleuchtetsten Männer ihrer Zeit erweisen die Schwierigkeit, den Inhalt der christlichen Gottesvorstellung zu erfassen und klar darzulegen und widerlegen am deutlichsten die vielfach herrschende Meinung, dass der Gottesglaube einfach und leicht fasslich sei. Jene Lehren erregten Aufsehen durch das gegenseitige bestreiten; allein der Menge des Volkes waren sie unbegreiflich, lagen ihren auf das nächste gerichteten Bestrebungen zu fern, um erfasst zu werden; sie waren im Christenthume vorhanden, beherrschten aber nicht dasselbe. Der christliche Priesterverband war schon zu sehr beschäftigt mit der Ausbreitung seines Einflusses und der Verwaltung seiner grossartigen Reichthümer, als dass er den hochfliegenden oder tiefdringenden Grübeleien jener die verdiente Aufmerksamkeit schenken sollte. Nur von Zeit zu Zeit, durch das Aufsehen der Kämpfe oder daran betheiligte Kirchenfürsten angeregt, verboten die Päpste Lehrsätze einer oder anderen Art, um Streitigkeiten durch ihr Machtgebot ein Ende zu machen. Der Priesterverband hielt aber unwandelbar an der Vorstellung fest, dass Gott ein ewiges, von der zeitlichen Welt, der Natur, geschiedenes, geistiges, vollkommenes Wesen sei, eines in drei Personen, ohne auf weitergehende Erläuterungen sich einzulassen.

Das ausserhalb stehende Volk folgte zum kleinsten Theile jenen voranschreitenden Lehrern, ein anderer Theil stand auf der Mittelstufe des Priesterverbandes, die grosse Mehrzahl hielt sich tief unter deren Gottesvorstellung. Vom Anfange des Christenthumes her hatte Jesus als Mensch gewordener Gott der Mehrzahl am nächsten gestanden, entfernter der aller menschlichen Beschränkung ermangelnde, aber in seinen Geschöpfen erfasslicher Gott-Vater, am fernsten der alles Menschenähnlichen und Fasslichen ermangelnde heilige Geist. Am nächsten lag der Menge die Verehrung der für den Glauben gestorbenen, der Heiligen, weil deren Gestalt und Handlungen dem menschlichen Denken, den menschlichen Gefühlen so gemäss war, dass man ihr Leben, selbst ihre Gebrechen und Mängel kannte: die Stätte ihres Wirkens konnte besucht werden, ihre Bildnisse geschaut, ihre Leichen, Kleider, Geräthe, Gebeine konnten berührt werden und doch standen sie wiederum durch ihren Lebenswandel, ihre Wunderthaten und ihre Selbstaufopferung im qualvollen Tode, dem Menschen fern genug, hoch genug über ihm, um Gegenstand seiner Verehrung zu sein, um als übermächtig und einflussreich gelten zu können. Das Streben der Menschen nach Erkenntniss der Übermächte, welche sein Dasein, seinen Lebenslauf beherrschen und der Wunsch auf selbige einzuwirken, fand bei den christlichen Völkern, in der rückständigen Menge, seine Befriedigung durch die Christus- und Heiligen-Verehrung.

Zu der Christus- und Heiligenverehrung gesellte sich im Laufe der Zeit die Verehrung der Mutter Jesu. In den ersten Jahrhunderten blieb sie ausserhalb des Kreises der Verehrungswesen, um so mehr als damals selbst Jesus zurückstehen musste: der Kirchenvater Origines (im dritten Jahrh.) sprach noch ganz entschieden aus, dass man nicht zu Jesus, sondern einzig zum Gott-Vater zu beten habe; ebenso ordnen die Kirchenväter Justin und Irenäus den Gottessohn und den heiligen Geist dem Gott-Vater unter. Als späterhin die Dreieinigkeit zur vollsten Geltung gebracht worden war, erhob sich das Andenken an die Mutter Jesu zur Verehrung und als die Anbetung des Gott-Vaters durch die des gekreuzigten Gott-Sohnes zurückgedrängt ward, auch unter den verehrten Märtyrern heilige Jungfrauen und Frauen sich befanden, lag es um so näher auch die Mutter Jesu, zu einer Stellung zu erheben, welche ihr als Mutter Gottes neben dem Gott-Sohne gebürte. In den ersten Jahrhunderten, während des Übergewichtes der Semiten im Christenthume wäre es schwerlich möglich gewesen, weil die ursemitische im Judenthume verbliebene Geringschätzung des Weibes übermächtig entgegengestanden hätte; allein als die Griechen und Römer, späterhin auch die Teutonen das Übergewicht erlangt hatten, stand dieses Hinderniss nicht entgegen, denn die arische Gleichschätzung des Weibes hatte von jeher dazu geführt, in der Götterehe (§. 44) weibliche Verehrungswesen anzubeten, gleich den männlichen.

Die Anordnung, welche im Laufe der Zeit, an den verschiedensten Orten, ziemlich gleichmässig sich gestaltete, war folgende:

Jesus, dem gekreuzigten Gottessohne, ward die höchste Verehrung gewidmet;

Maria, der gesegneten und schmerzensreichen Mutter Gottes nächstdem;

Gott-Vater war weit zurück gedrängt worden, ward aber verehrt;

Gott-Heiligergeist stand am fernsten, fand nirgends besondere Verehrung.

In der Erhebung der Mutter Gottes zum Gegenstande der Verehrung vollzog sich einer der tiefliegenden Grundzüge der Menschheit, nämlich die Vereinigung und gegenseitige Ergänzung beider Geschlechter zum vollen Menschen, aus welcher die Gleichschätzung des Weibes nothwendig folgert; es war ein Schritt in der Richtung, welche das Weib aus der Unterordnung erlösen wird, zu der nur das hemmen seiner Fortbildung nicht das Mas seiner Bildungsfähigkeit die Veranlassung gab. Je mehr die Übermacht der Welt, das höchste Wesen, in dem Mensch gewordenen Gott-Sohne erkannt und angebetet wurde, desto stärker musste auch die Vorstellung der Gottesmutter an Bedeutung zunehmen; ihre Erhebung zur Anbetung war eine folgerichtige That, Gestaltung eines höchst ehrenwerthen Gefühles, ein Sieg des, im Griechen und Römer höher entwickelten Menschenthumes über die einseitigen beschränkten Ansichten des Semitenthumes, ein Abstreifen der Geringschätzung, zu der die Frühreife und das Frühalter des Semitenweibes Veranlassung gab; es ward eine freundliche Gottesfamilie auf rein arischer Grundlage hergestellt.

§. 52.

Als die rückständigste Form, zu welcher die Rückbildung der Gottesvorstellung führte, ist die Verehrung der Bilder und Reliquien zu betrachten. Es musste dazu kommen, als die Grundneigung des Menschen, der Mangel des Menschenwesens dazu führte, dass die Menge der Gläubigen überwiegend dem Gottsohne, der Mutter Gottes und den Heiligen sich zuwandte, dagegen den unnahbaren, aller Menschenform ermangelnden Gott-Vater und noch mehr den ganz unfassbaren Gott-Heiligengeist zurückstellte. Die Heiligen standen dem Menschen am nächsten unter den lebend gewesenen, denn ihre Lebensdauer reichte in manchen Fällen bis an die Gegenwart heran, es waren vielleicht noch Nachkommen von ihnen lebend, in deren Namen ihr Gedächtniss ruhete. Diese Annäherung zwischen dem Gläubigen und seinen Verehrungswesen führte aber noch weiter im Fortschreiten der Rückbildung, denn noch näher als die Verstorbenen waren ihre Bilder und Ueberreste, diese waren noch fasslicher als die im Gedächtnisse ruhenden Gestalten und Thatenberichte. In den ersten Jahrhunderten wurden keine Bilder in den Kirchen geduldet: die Kirchenversammlung zu Illiberis (Elvira) verbot es „die Gegenstände der Verehrung und Anbetung an den Wänden abzumalen;" die Kirchenlehrer Eusebius und Chrysostomus (um 390 n. Chr. G.) bezeichneten den Bildergebrauch als Götzendienst und als die Christen in Egypten im vierten Jahrhundert begannen, die Gebeine der Märtyrer aus den Gräbern zu nehmen, um sie zu Gegenständen der Anbetung zu machen, drang der heilige Antonius ernstlich darauf, sie in den Gräbern zu lassen. Das Fortschreiten der Rückbildung liess sich aber nicht aufhalten; die tausenden, welche aus dem Heidenthume zum Christenthume übertraten, übersprangen damit nicht die weite Kluft, welche sie in ihrer menschlichen Fortbildung von den höheren Stufen trennte, sondern behielten als Theile ihres Wesens die Vorstellungen ihrer bisherigen Bildungsstufe bei und suchten im Christenthume nach Anhalt für die gewohnten Vorstellungen und Verehrungsweisen. Bei der afrikanischen Menschheit herrscht aber seit den ältesten Zeiten und auch jetzt noch bei ihren Völkern auf der bezüglichen, rückständigen Bildungsstufe, die Neigung zur Verehrung der Gebeine ihrer Vorfahren, welche sie in Laden als Heiligthum aufbewahren, um sie als Orakel zu befragen. Es scheint darin der erste Schritt gethan zu sein, welcher in weiterer Fortbildung zu den Laden der Götterbilder der Egypter führte, so wie zu den Orakelladen der Semiten, der Bundeslade der Israeliten, der Lade des Dionysos bei den Griechen und im Christenthume zu den kunstreichen Reliquienkasten, welche die Gebeine von Märtyrern enthalten. Die heidnische Gewohnheit setzte sich fort an den Bildern und Ueberresten der ehemals Mensch gewesenen Märtyrer; die Verehrung heftete sich an örtlich vorhandene Formen und den Gläubigen wurden besonders die in ihrer Nähe befindlichen Bilder, Gräber und Ueberreste (Gebeine, Kleider oder sonstig berührtes) vorzüglichste Gegenstände der Verehrung. Es war jetzt nicht mehr der erhöhete Gottessohn oder die gesegnete Mutter Gottes, welche er um Hülfe anflehete, die ihm halfen, sondern das stoffliche Crucifix, das besondere Muttergottesbild, wie sie vor ihm standen oder das gemalte Heiligenbild vor dem er kniete. Ebenso wurden Gebeine, Kleider, Fussspuren und berührte Gegenstände der Verehrungsweise der Anbetung ausgesetzt; sie verrichteten Wunder, verhängten Glück wie Unheil und ihre

Menge wuchs im Laufe der Zeit so sehr an, dass Köpfe oder Glieder bekannter Heiliger in überschüssiger Zahl vorhanden sind und die vielerorts vorhandenen Stücke von Jesu Kreuze nicht allein aus den verschiedensten, gangbaren Holzarten bestehen, sondern auch, wenn zusammen gesetzt, ein Kreuz von mehr als 70 Fuss Höhe ergeben würden. Die christlichen (katholischen) Priester trifft der Vorwurf, dass sie, durch ihre Schlaffheit diesen ursprünglich unchristlichen und unkatholischen Fetischdienst haben einreissen lassen, zu solcher Geltung, dass er als Bestandtheil des Glaubens angesehen werden muss.

Auch im Christenthume war der rückständige Mensch in den Anforderungen an seine Verehrungswesen derselbe: er verlangte in Europa, wie in Asien und Afrika, als Christ wie als Jude oder Muhammedaner, Brama- oder Buddhagläubiger, dass sie seine Nothhelfer seien; sie sollen Wunder verrichten zu seinem Vortheile, sollen ihm schaffen, was er sonst nicht zu erreichen weiss, Reichthum, Erfolg, Glück, Liebe, Heilung u. s. w.; Je nachdem sie, seinem Ermessen zufolge, für ihn sorgten oder nicht, waren sie ihm werthvoll oder gleichgültig: er wählte oder verliess sie je nach dem Erfolge.

§. 53.

Die im Christenthume herrschend gewordenen Vorstellungen erlitten eine tiefeingreifende Veränderung durch die Glaubensspaltung, welche Luther, Zwingli, Calvin, Heinrich VIII. und Andere (1517—1555) herbeiführten. Es entstand eine evangelische Gottesvorstellung, bei deren Feststellung alles abgesetzt ward, was über den Inhalt der Bibel hinausging. Man fand sich aber doch genöthigt, einen Theil der Folgerungen anzuerkennen, die erst lange nach der Apostelzeit aus dem Inhalte der Bibel gezogen und zur allgemeinen Geltung gelangt waren. Die Evangelischen gingen mit der Gottesvorstellung nur bis auf die, 381 nach Chr. G. beschlossene Form der Dreieinigkeit zurück und behielten die römisch-katholische Fassung bei, dass nämlich der heilige Geist vom Vater und Sohne ausgehe, schlossen aber die Mutter Jesu und sämmtliche Heilige, nebst Bildern und Überresten von der Verehrung aus. Dabei kam die Bibel alten und neuen Testamentes zu höherer Geltung, indem sie die alleinige Grundlage des Glaubens ward und, verleitet durch die Fehler der

Bibelübersetzung, welche die verschiedenen Verehrungswesen der Israeliten dem Christengotte gleichstellten, machten sich die zum Grunde liegenden fremden Vorstellungen bei den Evangelischen ungebührlich geltend. Die im Wüstengürtel entstandene, schreckliche Seite der höchsten Übermächte wurde in die gemässigten Länder übertragen, haftete sich hier an die christliche Gottesvorstellung und verkehrte die naturwüchsige arische Strenge derselben, in finsteren Zorn, grimmigen Rachgefühl, hob das niederdrückende der Strafe und Verdammniss, der Erbsünde und Unmöglichkeit der Rechtfertigung durch Werke übermächtig hervor und knüpfte daran die Vorstellung vom weitreichenden Einflusse des Teufels.

Seitdem gingen im Christenthume zwei Reiche der Vorstellungen über Verehrungswesen neben einander:

das katholische (griechisch und römisch) dessen höhere Gewalten oder Übermächte in einem dreieinigen Gott, die Mutter Gottes und eine unbeschränkte Zahl von Heiligen zusammen gefasst wurden;

das evangelische (lutherisch, reformirt, englisch u. a.) in welchem die höhere Gewalt ausschliesslich in dem dreieinigen Gotte vorgestellt wird.

In jeder Abtheilung wurden von den vorgeschrittenen höhere Vorstellungen entwickelt, die sich näherten, aber zu keiner allgemeinen Geltung gelangen konnten, weil sie der fasslichen Gestalt ermangelten und je weiter sie von der Menschenähnlichkeit sich entfernten, desto unfasslicher wurden für die Menge. Es wiederholte sich in den vorgeschrittenen aller Abtheilungen das sinnige Streben, welches die vorhin aufgeführten christlichen Männer früherer Jahrhunderte beseelte, aber auch von demselben geringen Erfolge begleitet. Unter den Katholiken waren es der Spanier Molinos zu Rom, Antoinette Bürignon in den Niederlanden, Frau von Güyon in Frankreich, so wie Johann Scheffler in Deutschland, welche in dieser Richtung strebten. Letzterer (1624 — 1677) schrieb als Angelus Silesius einen cherubinischen Wandersmann, in welchem er sich ausspricht wie folgt:

„Ich weiss, dass ohne mich, Gott nicht ein nun kann leben;
Werd ich zu nicht, er muss vor Noth den Geist aufgeben.
Dass Gott so selig ist und lebet ohn' Verlangen,
Hat er sowohl von mir, als ich von ihm empfangen.
Ich bin so gross als Gott, er ist als ich so klein.

Er kann nicht über mich, ich unter ihm nicht sein.
Gott ist in mir das Feuer und ich in ihm der Schein;
Sind wir einander nicht ganz inniglich gemein?
Ich bin so reich als Gott, es kann kein Stäubchen sein,
Das ich — Mensch glaube mir — mit ihm nicht hab' gemein.
Gott ist ein lauter nichts, ihn rührt kein nun, noch hier;
Je mehr du nach ihm greifst, je mehr entwird er dir.
Mensch, wo du deinen Geist schwingst über Ort und Zeit,
So kannst du jeden Blick sein in der Ewigkeit.
Zeit ist wie Ewigkeit und Ewigkeit wie Zeit
So du nur selber nicht machst einen Unterschied.
Ich selbst bin Ewigkeit, wenn ich die Zeit verlasse
Ich mich in Gott und Gott in mich zusammenfasse.
Der wahre Gottessohn ist Christus nur allein;
Doch muss ein jeder Mensch derselbe Christus sein.
Das Leiden Christi ist am Kreuz nicht gar vollbracht;
Er leidet heute noch, bei Tag und auch bei Nacht.
Eröffne nur die Thür, so kommt der heil'ge Geist,
Der Vater und der Sohn dreieinig eingereist."

Nicht minder tiefsinnig äusserten sich im evangelischen Reiche die christlichen Forscher dieser Richtung.

Frank (1500 — 1545) lehrte wie folgt: „Gott ist alles in allem und doch der Dinge keines, ein ewiges, allwissendes, selbstständiges Gut, aller Wesen Wesen, die Liebe, Weisheit, Güte selbst, ein Licht, das in alle Dinge sich ergiesst, ohne in ihnen sich zu verlieren, das Himmel und Erde erfüllt, ohne von ihnen umschlossen zu werden. Er ist eine allwirksame Kraft. Sintemal er alles ist, kann er keinen Namen haben, er, der aller sichtbaren und unsichtbaren Dinge Substanz und Leben, das Ding aller Dinge ist. Gott ist an sich ohne Person, Glieder und Willen, etwas wird er erst in den Creaturen, erst im Menschen gewinnt er Willen und Erkenntniss. Daher kann man behaupten, dass niemand Gott erkenne, denn Gott selbst, nämlich das göttliche Element in uns erkennt Gott. Alle Eigenschaften, Leidenschaften, Zufälle, die man Gott andichtet, sind allein in uns und gar nicht in Gott, in den keine Beweglichkeit fallen mag. Gott ist dem Menschen, so wie er ihn glaubt und denkt; an sich willenlos, nimmt Gott in uns unseren Willen an. Der Zorn liegt nicht in ihm, sondern in uns.

Indem Gott aber die menschliche Natur annimmt, wird er betrübt und unwillig über die Sünde und solche Klage ist in jedem Gottmenschen bis an sein Grab; das ist das Geheimniss des Leidens Christi. Wo Liebe zu Gott und Missfallen über die Sünde herrscht, das ist gewiss Gott Mensch geworden. Uns beweglichen dünkt es, Gott sei beweglich; darum redet die Schrift, so auf unser Herz sieht, wie er in uns ist und dichtet ihm menschliche Eigenschaften an; er scheint uns gnädig oder zornig, nach den Empfindungen unserer Seele; er ist nie über uns entrüstet gewesen, der Zorn lag allein in uns selber und zwar so heftig, dass uns niemand denselben ausreden konnte, dass Gott seinen Sohn schicken musste, damit wir wieder in ihm die Liebe sahen."

Jacob Böhme (1575—1624) schrieb: „Wem Zeit ist wie Ewigkeit und Ewigkeit wie Zeit, der ist befreiet von allem Streit. Die Gottheit gebieret sich selber von Ewigkeit und ist das erste in ihr immerhin auch das letzte und das letzte wieder das erste; Im göttlichen Ungrunde ist eine ewige Ruhe ohne Anfang und Ende. Gott ist an sich der Wille des Ungrundes; er fasset sich aber in eine Lust zu seiner Selbstoffenbarung. Diese Lust ist des Vaters gefasste Kraft, das heisst sein Sohn, Herz und Sitz, der erste Anfang im Willen. Ferner aber spricht sich der Wille durch das fassen wiederum aus sich aus und dieses ausgehen vom Willen ist der Geist der Gottheit. Die vierte Wirkung in Gott ist die göttliche Beschaulichkeit oder Weisheit und sie ist die Offenbarung der heiligen Dreifaltigkeit, in welcher sich das göttliche Herz oder Wesen offenbart. Alles, was Gott in sich selber ist, das ist auch die Creatur in ihrer Begierde; sie ist in ihm ein Gott-Engel und ein Gott-Mensch; Gott ist alles in allem und ausser ihm ist nichts mehr."

In diesen hervorragenden Denkern gipfelte innerhalb des Christenthumes die Gottesvorstellung zu einer Höhe, auf der den Glaubenssätzen ihr körperlicher, menschenähnlicher Gehalt fast ganz verloren ging und sie der Fassbarkeit der meisten Christen ganz entrückt wurden. Gott ward darin so innig mit dem sich fühlenden Menschen verwebt, dass fast jede Scheidung verschwand und der Gott-Sohn, wie auch der Gott-Heiligergeist zu einer beständigen Wirkung der Gotteskraft in besonderen Richtungen gedeutet wurden. Die Dreieinigkeit verlor den geschiedenen Personeninhalt, sie enthielt nur noch dreierlei Bezeichnungen für die Willensäusserungen Gottes und da deren Unterscheidung nur auf Verschiedenheiten in der menschlichen Auffassung beruhen, lediglich Unterschiede sind, die der Mensch zum eignen Verständnisse macht: so erweist sich zur Genüge, dass jene Gottweisen (Theosophen) die Dreieinigkeit ihres persönlichen Inhaltes nahezu entkleideten, sie im wesentlichen auflösten und indem sie überdiess Gott mit dem Selbstgefühle des Menschen zusammen fallend erklärten, hoben sie mehr oder weniger auch die Wesenheit Gottes auf.

§. 54.

In dem Glauben, den das Christenthum in seiner Gesammtheit birgt, zeigt sich eine auffällige klimatische Verschiedenheit der Gottesvorstellungen. Jesu Lehre ward durch Glaubensboten nach Kleinasien und Griechenland, Egypten und Nord-Afrika, Italien und Spanien getragen, um in diesen verschiedenen Uferländern des Mittelmeeres die örtlich verschiedenen Vorstellungen über die bisher herrschenden Übermächte zu verdrängen. Da aber diese Vorstellungen mehr oder weniger aus den örtlichen Verhältnissen erwachsen waren, oder, wenn hieher verpflanzt, durch selbige getragen wurden: so konnte die Verdrängung nicht vollständig gelingen; um so weniger, als die zerstreueten Äusserungen Jesu in Bezug auf das höchste Wesen keine abgeschlossene, übermächtige Vorstellung geschaffen hatte, vor der jede andere hätte weichen müssen, selbige vielmehr so allgemein gehalten und geformt war, dass die verschiedensten, ortsgültigen Vorstellungen des Heidenthumes in dieselbe hinüber genommen werden konnte. Weder im Mittelmeer-Becken, noch bei den Völkern nördlich der Alpen, zu denen das Christenthum später vordrang, zeigte sich die christliche Gottes-Vorstellung stark genug, um die einheimischen heidnischen zu verdrängen; nicht einmal die einheimischen heidnischen Namen wurden beseitigt. Nirgends war der Gottesname „Eli" eingeführt, den Jesus am Kreuze gebraucht hatte, sondern allenthalben blieben die vorchristlichen Namen herrschend und indem die Neuchristen den griechischen Theos, den römischen Deus, Dio, Dieu, den teutonischen Gott, God, Gud und den slavischen Bog, Boze beibehielten, konnte es um so weniger ausbleiben, dass unvermerkt mit dem Namen auch die, bisher an denselben haftenden Vorstellungen in das Christenthum hinüber genommen wurden. Es erklärt sich hieraus die auffällige Verschiedenheit, welche in den Vorstellungen südlich und nördlich des europäischen Raudes vom Mittelmeer-Becken herrsehen; die Alpen sind nicht allein Wasserscheiden, sondern auch Gottesgrenzen geworden. Die Christen im Mittelmeer-Becken zeigen ihre Grundverschiedenheit nur wenig in den vorgeschrittenen, desto mehr aber in der Gesammtheit der Volksmengen; in diesen haben mehr oder weniger die Zustände sich erhalten, welche das Christenthum beim eindringen vorfand. Im Mittelmeer-Becken herrschte damals eine bunte Mannigfaltigkeit von Verehrungswesen, gross und klein, männlich und weiblich, semitisch, egyptisch und arisch durch einander gemengt, mit einander verbunden: der arische Himmelsherr stand an der Spitze, hatte aber an Geltung verloren, seitdem und jemehr die von überwiegender Bildung getragenen, südländischen Verehrungswesen sich eingedrängt hatten und den alten Himmelsvater gleich Schlingpflanzen üppig überwucherten. Allerdings hatten die Fremdlinge, hier wie in Griechenland, sich unterordnen müssen, allein sie hatten so sehr die nächsten Bezüge des Menschen zur übermächtigen Aussenwelt sich angeeignet und dem höchsten war so manches herabwürdigende angedichtet, vom Zeus auf den Jupiter übertragen worden, dass er der Menge fern stand, von der bunten Mannigfaltigkeit der näheren Verehrungswesen im Vordergrunde verdeckt. Als nun bei Einführung des Christenthumes, mit dem alten Namen auch die alten Vorstellungen hinüber genommen worden, der Christengott an die Stelle des Jupiters trat, fühlte sich das Bewusstsein nicht davon erfüllt, es fehlten die übrigen Gestalten, welche den Gläubigen näher gestanden hatten; der Christengott blieb im Hintergrunde wie Jupiter und den gewohnten Vordergrund füllte man aus durch die Anbetung Jesu, der Heiligen und der Mutter Gottes. Dagegen war nördlich der Wasserscheide der arische Himmelsherr nicht von fremden Eindringlingen überwuchert worden; der Wodan u. a. war übermächtiges, lebenskräftiges Haupt geblieben, waltete grosses und kleines, stand nicht in beschaulicher Zurückgezogenheit, war nicht durch angedichtete Ausschweifungen entwürdigt, sondern im regen sittlichen Verkehre mit den Menschen geblieben, erfüllte das Bewusstsein seiner Gläubigen mit der Vorstellung einer allgegenwärtigen Vorsehung. Diese Bedeutung wurde mit dem vorchristlichen Namen auf den Christengott übertragen und soweit die Vorstellung herrschte, nämlich bei den Teutonen in Deutschland und dem Norden, Ost- und Nord-Frankreich, England und Schottland, blieb sie auch im Christenthume vorwaltend; sie kam nicht erst in der Reformation zur Herrschaft, sondern erfüllte vorher wie nachher den ganzen Stamm, ob er katholisch blieb oder evangelisch wurde. Der deutsche Katholik steht in dieser Beziehung dem deutschen Evangelischen weit näher als dem italienischen Katholiken und der nord- oder ostfranzösische Dieu sieht dem deutschen Gotte ähnlicher als der südfranzösische zum Mittelmeer-Becken gehörige; im Süden, dem Thale der Rhone, stehen die Heiligen im Vordergrunde, das Volk ist besserer Katholik, während jenseit der Wasserscheide der gute Gott (le bon dieu) herrscht, der gleich Henri IV. wünscht, dass jeder Franzose Sonntags sein Huhn im Topfe habe. Die Franzosen, welche zum grössten Theile jenseit der Wasserscheide des Mittelmeeres wohnen, sind von Italien aus, niemals für gute Katholiken gehalten worden; sie hegten weder für den Papst noch für die Heiligen die gebührende Ehrfurcht und waren jederzeit grosse Spötter. Die Wasserscheide ist noch jetzt die Grenze zwischen dem warmen, üppigen, farbigen Mittelmeer-Becken und dem kühlen, strengen und blässeren Mittel-Europa; auch wie ehemals zwischen den Heiden der bunten Mischlings-Götterwelt und den Heiden der strengen arischen Götterwelt, so jetzt zwischen dem Christengotte des Südens und dem des Nordens. Diesseits der Alpen konnte der katholische Silesius mit den evangelischen Frank und Böhme in der höchsten Gestaltung der Gottesvorstellung nahezu übereinstimmen; es konnte aber auch die grössere Strenge mit besonderer Vorliebe die altisraelitische, harte Javevorstellung sich aneignen, die selbst bei den nordalpinen katholischen Deutschen der Art waltet, dass der liebliche Madonnendienst nur wenig zu mildern vermag.

§. 55.

In allen vorbenannten Fällen lassen sich die Formen, ihrer grossen Mannigfaltigkeit ohnerachtet, zusammen fassen in die Bezeichnung von Gottes-Vorstellungen; neben ihnen entwickelte sich, in früheren wie in späteren Zeiten, eine Mannigfaltigkeit von Gottes-Begriffen. Jede der Vorstellungen schliesst das mehr oder minder umfassende Bild eines Wesens ein, welches bestimmend auf die Geschicke der Menschen einwirkt, und gestaltet ist nach den günstigen oder ungünstigen Vorgängen, die der gläubige Mensch in seinem engen oder weiten Lebenskreise verspürt. Er schuf sich örtlich einen Feuerherrn oder Wüstenherrn, einen Meerbeherrscher, einen Sonnenherrn oder Himmelsvater: bei der Mengung der Völker und Vorstellungen, entstand die umfassende Vorstellung des

Weltenschöpfers und Erhalters, auch dann noch als Wesen, wenn auch gelöst von jeder örtlichen Gestaltung. Es war ein mühsamer Fortschritt vom grimmigen, rachsüchtigen Verderber des Feuers, der Wüste und des Sonnenbrandes bis zur erhabenen Vorstellung eines unsichtbaren, die ganze Welt erfüllenden Wesens, ausgerüstet mit menschenähnlichen, zur grössten Vollkommenheit gesteigerten Eigenschaften (Allgüte, Allweisheit, Allmacht u. a.) zum Gottesglauben, wie er von Juden, Christen und Muhammedanern gehegt wird; alle darin übereinstimmend, dass das höchste Wesen persönlicher Art sei, ein von der erschaffenen Welt unterscheidbarer Schöpfer, welcher als Geist der Welt inne wohne, ebenso innig, aber auch ebenso unabhängig, wie die menschliche Seele dem stofflichen Leibe.

Die Gottes-Begriffe sind bei grosser Mannigfaltigkeit des Ausdruckes darin gleich, dass sie fern bleiben von jedem Bilde, jeder Geschlossenheit in persönliche oder menschenähnliche Eigenschaften. Jeder von ihnen enthält das gleichartige der Vorgänge in einem Gesammtausdrucke, der als Begriff das gemeinschaftliche alles vorhandenen, die Grunderklärung zu allem bieten solle. Je nach den Bahnen, welche der Verstand der verschiedenen Denker einschlug, ward der Gesammtausdruck, die Wortfassung des Begriffes eine verschiedene; der Grundzug blieb aber bei allen derselbe.

Die rückständigste Form der Gottesbegriffe, der erste Keim liesse sich vielleicht, neben dem Keime der Gottesvorstellungen, im Fetischdienste auffinden, wenn nicht der Ausdruck der uranfänglichen Vorstellungen jener Völker in kindlicher Art so überaus dunkel wäre, so sehr des klaren Bewusstseins ermangelte, dass nicht zu unterscheiden ist, ob sie die wirksame Übermacht als eine dem Fetisch zukommende und innewohnende betrachten oder als eine äussere, unabhängige, durch ihn wirkende. In letzterem Verhältnisse liegt eine der rückständigsten Stufen der Gottesvorstellungen, in ersterem, wenn es vorhanden ist, die rückständigste Stufe der Gottesbegriffe. Das Innewohnen der Übermacht in dem Fetische ward Grundlage des Stein- und Bilderdienstes, des hegens von Formen, denen Wunderkräfte innewohnen; es liegt in den Feld- und Hausgötzen der Griechen und Römer, in den wunderthätigen Bildern und Reliquien, welche die Menge der Katholiken, den Satzungen ihrer Kirche zuwider, verehren; ferner in der Verehrung des Waldbrandes, des Wüstenwindes, des Meeres, der Sonne, des Mondes, des Wolkenhimmels, deren sichtbarer Gestalt wirksame Übermächte inne wohnen. Im weiteren Verlaufe erwuchs aus der Zusammenschmelzung die umfassendste Innewohnung von Kräften in allen Wesen und Vorgängen, der Gottesbegriff. Die andere Bahn der Fortbildung, von der Vorstellung ausgehend, dass von aussen her, eine unabhängige Übermacht durch den Fetisch wirke, konnte zur Aufstellung von Steinen, Altären oder Bildern führen, die lediglich als Erinnerungszeichen dienen sollten, als Anrufungsorte, wie z. B. diejenigen, welche Abraham, Isaak, Jakob wie auch Moses errichteten; ferner die persischen, pelasgischen, gallischen und deutschen heiligen Haine, wobei weder innewohnen, noch beseelen der sichtbaren Gestalten durch die vorgestellten Übermächte gedacht wurde, sondern nur ein wirken an diesem Orte oder durch die sichtbaren Gestaltungen. In der Verehrung des Himmelsraumes war der Übergang gegeben zum Glauben an eine alles erfüllende Macht, zur Vereinigung aller wirksamen Übermächte, denn der Himmelsraum sandte das Feuer dem der Waldbrand entstammte, die Stürme, welche den Wüstenherrn erregten, zum Himmel gehörten Sonne, Mond und Sterne u. s. w., und seine Luftausfüllung, der Äther, erstreckte sich durch alle Dinge, zeigte allenthalben die geheimen Spuren seines Waltens; der Vorstellung des Schöpfers und Erhalters der Welt, von aussen dieselbe bewegend, war die Begründung gegeben.

Die Scheidung der Fortbildung auf diesen beiden Bahnen lässt sich nicht im einzelnen erweisen, denn bei den alten Völkern finden sich Andeutungen, dass die, im äusseren gleich erscheinenden Vorstellungen gründlich verschieden waren, je nachdem sie in der Auffassung der vorgeschrittenen (Priester) oder derjenigen der Menge des Volkes betrachtet werden. Dieser Unterschied zeigt sich derartig tief einschneidend, dass fast allenthalben Priester und Volk nicht mit einander, sondern neben einander auf beiden Bahnen getrennt fortschritten. Es ist in den Kunden des egyptischen Alterthumes deutlich nachweisbar, dass die Geheimlehren der Priester sehr verschieden waren vom Glauben des Volkes; bei den Griechen war derselbe Unterschied schwächer ausgeprägt, weil die Priester nicht als geschlossener Verband fremder Menschenart, einem Sklavenvolke gegenüber standen. Bei den Buddhisten der Gegenwart ist dagegen die Verschiedenheit so stark wie möglich, denn sie besitzen eine öffentliche Lehre, welche die rückständigsten Formen der Gottesvorstellungen zulässt und eine innere, geheime Lehre der Priester, welche zu den äussersten Grenzen des Gottesbegriffes vorschreitet: die äussere oder öffentliche Lehre der

Opfer, Büssungen, Wallfahrten, Reliquien und Heiligen-Bilder, Beichten, Gelübde, Stiftungen, Gebete und Sporteln wird nützlich erachtet, um das Volk zu beherrschen und den vorgeschrittenen (Priestern) den Lebensunterhalt zu verschaffen; dagegen wird die Geheimlehre, welche aus dem 4. Jahrhundert vor Ch. G. stammt, nur für die eingeweiheten passend erachtet und um so weniger geeignet zur Verbreitung, als das Volk, wenn ihm die Geheimlehre mitgetheilt würde, seinen ganzen Glauben und die davon sich mästenden Priester abschaffen müsste.

§. 56.

Die Entwickelung des Gottesbegriffes scheint am frühesten in Egypten vorgegangen zu sein, denn dorther holten die Hellenen ihre Kenntnisse (Priester-Geheimlehren), aus denen sie Gottesbegriffe entwickelten. Deutlicher ist sie ausgeprägt in der Buddhalehre, welche sagt: das höchste Wesen ist nichts anderes als das bewegende Prinzip, die verborgene Kraft, vertheilt in alle Wesen, Gesammtheit ihrer Gesetze und Eigenschaften; das beseelende des Weltalls, welches dem Menschen stets ein unauflösliches Räthsel gewesen ist, möge man es, wegen der unendlichen Verschiedenheit der Verbindungen und Thätigkeiten als einfach oder vielfach, thätig oder unthätig betrachten.

Bei den Griechen war es am frühesten

Pythagoras (6. Jahrh. vor Ch. G.), welcher in den Lehren seiner Schüler die Erklärung zurückgelassen hat, die Welt sei ein massvoll, regelrecht geordnetes Ganze, aus streitendem und entgegengesetztem bestehend, durch Einklang das vielgemischte zur Einheit und das zwieträchtige in Zusammenhang bringend. Diese alles bewegende Harmonie habe die vorhandene Welt aus den vorhandenen Stoffen geformt und sei zu denken als ein geordnetes Zahlenverhältniss, nicht allein vergleichbar dem Verhältnisse der Abstände der Töne in der musikalischen Oktave, sondern auch in der Umdrehung der Weltkörper diese Töne hervor bringend, eine Sphärenmusik, die wir nur deshalb nicht hören, weil wir von Jugend auf daran gewöhnt seien. In den Massverhältnissen, durch Zahlen ausgedrückt, lag nach pythagoräischer Ansicht die Weltordnung und die verschiedenen Verhältnisse und Besonderheiten, welche in den einzelnen Zahlen liegen, waren demgemäss nicht allein vergleichbar den verschiedenen Besonderheiten der

Dinge, sondern sie waren deren Grund, die Ursache ihres Vorhandenseins; nicht allein jedes Ding werde durch ein besonderes Zahlenverhältnis in seiner Eigenheit bedingt, sondern auch das Weltall durch einen geordneten Einklang von Zahlen.

Xenophanes (6. Jahrh. vor Ch. G.) dachte sich das All als Einheit, ohne jedoch zu erläutern, ob ihm die Einheit eine stoffliche oder begriffliche sei; er erklärte nur: das All ist eines und dieses eine ist Gott. Nur ein Gott ist da, den Sterblichen weder an Gestalt vergleichbar, noch an Gedanken, ganz Auge, ganz Verstand, ganz Ohr; mühelos alles beherrschend durch sein denken, immer verharrend in demselben Stande und sich immer bewegend, weder werdend, noch vergehend, nicht menschenähnlich wie die Menschen sich die Götter denken.

Parmenides (6. Jahrh. vor Ch. G.) lehrte: es gebe nur ein wirkliches sein, weder geworden, noch vergänglich, ohne ein früheres oder späteres in zeitloser Gegenwart, unveränderlich und unbeweglich in sich ruhend, alles erfüllend und dieses sein gleich mit dem denken. Dagegen in Wirklichkeit gar nicht vorhanden jedes, was wir als nichtsein, als Werden, entstehen oder vergehen, Ab- oder Zunahme auffassen, jede Trennung in Theile, Farbenwechsel, Ungleichheit, Unvollkommenheit oder Beschränkung des seins; denn alles dieses ist nicht da; die Welt erscheint uns nur so durch unsere irreführenden Sinne; unsere Vernunft führe sicherer, indem sie sage, dass alles, was wir durch unsere Sinne auffassen, sei Täuschung, denn die Erscheinungen seien in Wirklichkeit nicht vorhanden; es gebe nur ein wahres sein, einzig und allein vorhanden. Um jedoch die, in der irrigen Meinung der Menschen vorhandene und schwer zu verdrängende Vorstellung einer mannigfaltig vorhandenen Welt zu erklären, könne man sich denken, sie sei der Gegensatz zweier Grundkräfte: einer zarten und feinen, feurigen und leuchtenden wider eine schwere, dichte und kalte des Dunkeln; erstere in Wirklichkeit da, das vorhin beschriebene sein, letztere dagegen nicht vorhanden, sondern nur gedacht. Wenn aber der Mensch einmal zur Verständlichung den Gegensatz annehme, so lasse sich die scheinbare Mannigfaltigkeit der Dinge als das Erzeugnis der verschiedenen Mischverhältnisse des lichten und dunklen, leichten und schweren, feinen und dichten erklären; es bleibt aber alles gesagte nur Erklärung und Auslegung, ist nicht wirkliches.

Anaxagoras (5. Jahrh. vor Ch. G.) lehrte wie folgt: Dass es ein entstehen und vergehen gebe, nehmen die Hellenen mit Unrecht an, denn kein Ding entsteht oder vergeht, sondern wird aus vorhandenen Stoffen gemischt und wieder entmischt; man würde richtiger das entstehen benennen als gemischtwerden und das vergehen als entmischtwerden. Ein entstehen aus nichtseienden ist ebenso unmöglich wie ein vernichten des seienden, da das gesammte der Dinge immer sich gleich bleibt und weder Zunahme noch Abnahme erleidet. Die vorgehenden Veränderungen seien die Wirkung eines verständigen, nach Zwecken handelnden Daseins, welches, obgleich Grund aller Bewegungen, selbst unbewegt sei, völlig vom Stoffe gesondert, mit keinem Dinge gemischt, für sich bestehend, frei waltend und allwirksam, dem die Eigenschaften zukommen der Einfachheit, Reinheit und Feinheit, des denkens und des bewusst, zweckmässigen thuns: die Welt sei nicht geschaffen, sondern ewig gleich der ordnenden Macht, jedoch beide geschieden, die denkende Macht von aussen her die Welt ordnend.

Empedokles (5. Jahrh. vor Ch. G.) erläuterte, dass ein werden, als Übergang eines seienden in ein nichtsein oder des nichtseienden in das sein nicht angenommen werden dürfe, dass vielmehr alles werden nur eine Veränderung in der Zusammenfügung der vorhandenen Grundstoffe sei; ein werden gab es von keiner Sache, auch kein vergehen, nur Mischung und Entmischung; die Menschen nennen nur das mischen ein werden; die stetig vorgehenden Veränderungen seien die Wirkung von Liebe und Streit, erstere durch Anziehung die Mischung bewirkend, letztere durch Abstossung die Entmischung, so dass die zahllosen, sichtbar vorgehenden Veränderungen aufzufassen seien als die fortwährenden Mischungen und Entmischungen, welche Liebe und Hass erzeugen im gegenseitigen durchkreuzen.

Demokrit (5. Jahrh. vor Ch. G.) bestritt ebenfalls ein werden aus nichts; alles werden sei nur veränderte Zusammensetzung der vorhandenen, unveränderlichen Grundstoffe, die durch Anziehung vereint oder Abstossung getrennt würden; die Änderungen seien eine nothwendige, unaufhörliche Folge von Ursache und Wirkung, deren bestimmendes er als „Schicksal" oder „Nothwendigkeit" bezeichnete, welche absichtslos und zufällig wirke.

Euklid (5. Jahrh. vor Ch. G.) verband mit der Grundansicht, dass alle Vorgänge nur Änderungen der Stoffmischungen seien, von einer Weltordnung geleitet, die vom Sokrates hervorgehobene Geltung des „guten" als des würdigsten und höchsten Gegenstandes des wissens. Er lehrte, das alleinige, wirkliche sein begreife in sich das „gute" möge man dieses immerhin sein oder Vernunft oder Gott nennen. Wirkliches sein habe nur das gute oder die Allvernunft, rein Ideal, unkörperlich, stets gleichbleibend, ungetheilt und unbewegt; dagegen sei nicht vorhanden alles dem guten entgegenstehende, sinnliche, mannigfaltige und veränderliche.

Plato (4. Jahrh. vor Ch. G.) hob hervor, dass alles sinnlich wahrnehmbare, in beständiger Umwandlung befindlich, nicht Gegenstand des wissens sein könne; es müsse vielmehr zum wirklichen wissen, ausserhalb des sinnlich wahrnehmbaren etwas vorhanden sein, welches Bestand habe; dieses sei aber nicht das „sein an sich" sondern eine bestimmte Einheit, aus einer Vielheit von Einzelnheiten bestehend, das „Ding an sich" das wirkliche sein, das gemeinsame im einzelnen, das eine in vielem, das gleiche im mannigfaltigen. Die Ideen ständen im Verhältnisse zu einander, würden aber alle in der des „guten" zusammengefasst oder von dieser überragt; jede Idee sei ein, an und für sich seiendes, einfaches, vollkommenes, unkörperliches und unräumliches Wesen, das im Wechsel der Erscheinungswelt unverändert sich immer gleich bleibt; die Idee sei das allein wirkliche, die Ideenwelt der Inbegriff alles vorhandenen, ausser ihr in Wirklichkeit nichts vorhanden. Die Ideen seien die Musterbilder, von denen die sinnlich wahrnehmbaren Einzelnbilder nur die Nachahmungen, ihre Abbilder, Schatten, ein etwas das immer nur wird, aber nie etwas ist: die Ideenwelt sei ursprünglich neben dem Allstoffe dagewesen; es habe eines Mittelwesens bedurft, um den Stoff zur Gestaltung zu bringen und den Idealen Einfluss zu eröffnen; dieses Mittelwesen sei die Weltseele, welche die Welt bewege, vereint halte und in Ordnung beherrsche.

Aristoteles (4. Jahrh. vor Ch. G.) stritt wider dieses dreifache: die Idee sei die den Einzelndingen anhaftende oder innewohnende Form, das vom Stoffe untrennbare Wesen derselben; zur Vereinigung der Idee oder Form und des Stoffes bedürfe es nicht der Anregung oder Vermittlung durch ein drittes, die Erklärung könne der Weltseele entbehren; das Wesen oder die Form könne nur zur Erkenntniss des Menschen gelangen, dem Menschen fassbar werden, wenn sie sich im Einzelnwesen verkörpere; die Form wie der Stoff habe kein entstehen oder vergehen, auch der Stoff sei ewig vorhanden; nur das aus Form zusammen gesetzte Einzelnding entstehe und vergehe. Das verkörpern der Formen durch Einzelnwesen setze aber eine vorherige Ursache voraus, ein ersteres bewegendes, ein ausmassgebendes und dieses ist das göttliche Wesen (Theos) welches als Urkraft ewig, unkörperlich, unveränderlich, leidenlos, unbeweglich und einig sein muss; es ist das reine denken, ein ewiges und bestes Wesen, dessen Thätigkeit reine Selbstbeschauung und dessen Leben ununterbrochene Seligkeit.

Zeno (4. Jahrh. vor Ch. G.) und die ihm folgende Schule der Stoiker betrachtete die Welt als Grundstoff und Grundkraft, zwei untrennbare, körperliche Prinzipien: die Grundkraft gebe dem Stoffe Form und Leben und dieses weltbildende, den Stoff gestaltende und beherrschende Prinzip nannten sie Theos, der als Weltseele zu denken sei und mit dem Stoffe als dessen Leib vereint, das Weltall als beseeltes und vernünftiges Wesen darstelle; es könne nur körperliches wirklich vorhanden sein, die Grundkraft auch nur als Hauch, Äther, Wärme, künstlerisches Feuer (Begeisterung) den Stoff gestaltend, aber auch als geistiges und moralisches Wesen, als Vernunft der Welt, weise, heilig, selig und vollkommen, Allvater, Vorsehung, menschenfreundlich und wohlthätig, aber gerecht alles lenkend. Im Anfange sei der Theos alles gewesen, Urfeuer und Stoff; aus Nothwendigkeit und eigenem Willen habe es die Welt aus sich selbst gestaltet.

Plotin (3. Jahr. nach Ch. G.) und die Schule der Neuplatoniker lehrten, es sei unmöglich, das höchste mittelst der Sinne zu erfassen oder durch Nachdenken zu begreifen; nur durch unmittelbares inneres schauen sei es möglich, ihm zu nahen; ein schauen, bei dem die Klarheit des Selbstbewusstseins, wie auch Bestimmtheit des denkens verschwindet und die Seele unmittelbar mit dem göttlichen sich verbindet, in das Ureins sich vertieft. Dieses Ureins lasse sich nicht durch Benennungen oder Eigenschaften bezeichnen, sei das einfache All, unbegreiflich und unbegrenzt; es könne nicht gesagt werden was es sei, sondern nur wie es zur sichtbaren Welt sich verhalte, als deren Ursache, Kraft und Macht, als das erste, das eine, das gute; denken lasse es sich nicht, sondern nur schauen.

§. 57.

Diese verschiedenen Grundansichten der griechischen Weltweisen bestanden neben einander; jede hatte ihre Anhänger, alle standen jedoch ausserhalb des Volkslebens. Rom empfing mit der Bildung in anderen Zweigen auch die Weltweisheit von den vorgeschrittenen Griechen und unter den bedeutendsten Männern dieses Weltreiches befanden sich Anhänger der verschiedenen griechischen Denker. Auch in Rom blieb die Menge davon unberührt: den alten Göttern getreu, betrachtete sie, wie die Menge der Hellenen, alle Weltweisen mit Misstrauen, als Gottesleugner, Untergraber der Religion, der Sitte und des States. Als im vierten Jahrhunderte das Christenthum zur Statsgewalt gelangte, wurden die heidnischen Lehrer verfolgt und unterdrückt; die Weisheit, in Schriften niedergelegt, flüchtete sich in das Christenthum und es fand erst nach vielen Jahrhunderten die **Wiedererweckung des Gottesbegriffes im Christenthume** statt. Jene Schriften lagen lange als unbekannte Schätze in Klöstern und Schriftsammlungen verborgen; jede Vorstellung über die Welt musste entweder dem herrschenden christlichen Glauben sich einfügen oder verborgen bleiben. Dagegen drängte sich neben der christlichen Gottes-Vorstellung, auf Grund der biblischen Schriften, die Vorstellung vom Teufel hervor, der als Theilnehmer an der Weltregierung, das dem Menschen feindliche beherrschte und die Vorstellung von dieser Übermacht wuchs allmälich zu solcher Bedeutung, dass im Bewusstseine der Gläubigen eine vollständige Welttheilung zwischen Gott und dem Teufel sich vollzog, von denen letzterer als Gott widerstrebend, zur Bearbeitung einer vollständigen Teufelswissenschaft (Dämonologie) Anlass gab, die als Leitfaden bei der allenthalben einreissenden Hexenverfolgung diente. Bei den Israeliten war der Teufel erst in späteren Zeiten eingeführt worden, als man fühlen mogte, dass auf den heiteren Adonai nicht das grimmige, boshafte übertragen werden könne, welches dem Jave innegewohnt hatte; der Teufel, in den man das Ausgeschiedene vereinte, war aber ein untergeordneter Diener des höchsten geblieben, einer der zahlreichen dem höchsten beigegebenen Engel, dem die Verrichtung der bösen Arbeiten oblag. Darüber weit hinausgehend, entwickelte sich im Christenthume die Vorstellung von den schädlichen Vorgängen der Welt, zum Bilde eines Wesens, welches Gott nahezu gleichstehe; vorwaltend bei den teutonischen Völkern. Es lässt sich auch hierin der climatische Unterschied erkennen: im Mittelmeer-Becken neben der bunten Menge von göttlichen und heiligen Personen, unter dem heiteren Himmel, auf prangender Erde, konnte der düstere Glaube an einen weltmächtigen Teufel nicht so zur Geltung gelangen, wie jenseit der Wasserscheide gen Norden, wo die strengere Natur der Lebensverhältnisse die Vorstellungen gebundener hielt, aber auch die dem Menschen hinderlichen Vorgänge in grösserem Mase fühlbar machte, so dass ihr Gesammtbild als mächtiges Reich des Teufels erscheinen konnte. Als im 16. Jahrhundert die Spaltung eintrat, blieb das Reich des Teufels unverändert; bei den Evangelischen wuchs sogar sein Ansehen derartig, dass besonders fromme, düster blickende Männer, seinem Wirken weitaus das meiste des im Menschenleben geschehenden beimassen, dass sie die Mehrzahl der Menschen dem überwiegenden Einflusse des Teufels zutheilten, aus dessen Krallen ihre Bemühungen sie erretten sollten.

Neben diesen im Volke und bei den Priestern sich entwickelnden Vorstellungen waren im Stillen, aus den zu Tage gebrachten Schriften der alten Griechen, die Gottesbegriffe aufgelebt, deren Träger jedoch ausserhalb der Menge des Volkes standen und die Feindschaft der christlichen Priester zu bestehen hatten. Freidenker schieden sich aus bei Christen und Juden, Katholiken und Evangelischen und bei zunehmender Bildung, als höhere Erkenntniss über weitere Kreise sich ausbreitete, bildete sich die ausserhalb der verschiedenen Glaubensbekenntnisse stehende Weltweisheit (Philosophie) zu einer Wissenschaft aus, die, wie im Alterthume, mit Misstrauen betrachtet und als Unglaube verfolgt ward, aber in Lehrern und Schülern fortlebte bis auf die Jetztzeit, zu immer reicherer und herrschenderer Gestaltung.

Cardanus (1501—1576) meistens zu Pavia lehrte: das eine, das All ist das gute und vollendete, das alles in sich trägt, dem alles zustrebt, das ewige sein, in welchem allein ein werden der einzelnen Dinge möglich ist, alleiniger Ausgang und Eingang des besonderen; dieses eine ist Gott und seines Lebens fortwährende Entfaltung ist die Welt.

Telesius (1508—1588) in Padua und Neapel erklärte alles aus Einwirkungen, welche die beiden thätigen Prinzipien (Kräfte) der Wärme und Kälte auf den unbestimmten, leidenden Stoff äusserten; diese Kräfte erfassten und durchdrängen den in allen Dingen gleichen Stoff in so verschiedenen Weisen, dass kein Theil bloser Stoff oder blose Kraft, sondern selbst im kleinsten Theile beides vorhanden sei; der finstere, träge Stoff könne weder gemehrt noch gemindert werden; Wärme und Kälte dehnen ihn aus oder ziehen ihn zusammen, ziehen in der mannigfaltigsten Weise den Stoff an und durchdringen ihn mit ihrem Wesen.

Giordano Bruno (1600 zu Rom verbrannt) lehrte: Gott ist das Urprinzip, die Ursache aller Ursachen, Grund und Ziel alles Strebens, das sein in allem dasein, die allgemeine Wesenheit und Grundlage, aller Wesen

Quell, der innerste schöpferische Trieb aller Dinge, die im ganzen wie in jedem einzelnen waltende Weltseele; der in allem gegenwärtige, in allem wirkende Künstler. Dieses Urprinzip enthält zugleich allen Stoff in sich, es ist alles was sein kann; das Weltall ist das werdende, das seiende, aber alles eines und unendlich; der Stoff oder Leib der Welt ist eines und dasselbige mit der Form oder Seele der Welt, ein ewiges, unendliches und unermessliches sein.

Vanini (1585—1619) in Toulouse verbrannt, erklärte: Das endliche ist nicht durch sich selbst, sondern hat Gott als ein unendliches, ewiges sein zum Grunde. Wüsste ich was Gott wäre, dann wäre ich Gott, denn niemand kennt Gott und weiss was er ist, als Gott selbst; wir können aber sein Wesen aus seinen Werken erkennen; aus sich heraus hat er die Welt erschaffen, in ihrem eigenen Innern beherrscht er sie; er ist alles, über allem, in allem, vor allem, nach allem, alles als er selbst; er kann nicht anderes thun, als was er thut, denn er ist das höchste Gut und will darum das beste und dieses ist eins und kein anderes; er wirkt alles durch sein Wesen, dieses aber ist wissen und so wirkt er alles durch sein wissen; darum ist die Vorsehung die göttliche Kraft, welche sich selber stets gegenwärtig, allen übrigen vorsteht; der Stoff ist gleich mit Gott, er ist dasselbe; er kann weder gemehrt noch gemindert werden; er kann nicht ohne Form sein, aber seine Formen wechseln.

Campanella (1568—1639) in Italien und Frankreich lehrte: Gott ist das einfache, einige und unendliche: er ist alles nach dem sein, das die Dinge von ihm haben; er allein ist unendlich, da ihm nichts mangelt; weil er alles ist, erkennt er alles, ist also allwissend; er ist allzeitig, allliebend und allgeliebt; alle Dinge sind nicht da bloss durch Macht und Wissen des seins, sondern auch durch die Liebe zu ihm und der liebende Sinn ringt göttlich zu werden, denn das wahre Leben ist Gott. Gott ist alles zumal, in einem, aber ohne die dem einzelnen anhängenden Unvollkommenheiten; alles wirkt aus Gott und in Gott; alles ist in ihm und er in allem; das erkennende ist er, wie auch das erkannte, das liebende wie das geliebte.

Jansen (Jansenius, Stifter der katholischen Sekte der Jansenisten 1585—1638) sagt in seinen Schriften: Gott soll man sich nicht denken wie einen Körper oder unter irgend einem Bilde, selbst nicht unter dem des Lichtes; man soll ihn betrachten und lieben als die ewige Wahrheit, aus der alle Wahrheit und Weisheit quillt oder die Gerechtigkeit, nicht in wiefern sie die Eigenschaft eines Gemüthes ist, sondern wiefern sie als eine Idee, als eine höchste unverletzliche Regel ihm vorschwebt. Wer die Gerechtigkeit liebt, liebt Gott selbst.

Rene des Cartes (Cartesius 1596—1650) in Holland und Schweden entwickelte aus seinem Ursatze: „Ich denke, folglich bin ich" bezüglich der höchsten Macht, dass die Idee von Gott und göttlichem Wesen uns angeboren sei, wir sie nur von Gott selbst empfangen haben könnten; durch nachdenken ergebe sich, dass Gott ewig, allwissend, allmächtig, die Quelle alles guten und wahren, Schöpfer aller Dinge sei, wahrhaft und Inbegriff alles vollkommenen.

Spinoza (1632—1677) in Holland lehrte: Unter Gott verstehe ich das völlig unbeschränkt seiende, die Substanz aus unendlich vielen Eigenschaften bestehend, von denen jede die ewige und grenzenlose Wesenheit bezeichnet; Gott schliesst keinerlei Vereinigung in sich; alles dasein ist ewig und ruht in Gott, ohnedem kann nichts dasein oder gedacht werden. Aus der unendlichen Natur Gottes folgt mit gleicher Nothwendigkeit unendlich vieles in unendlich vielen Arten; Gottes Allmacht war von Ewigkeit her, gestaltend thätig und wird in derselben Vollkommenheit thätig bleiben; alle seine Eigenschaften sind ewig, sein dasein und seine Wesenheit sind eines und dasselbe; Gott offenbart sich vermittelst der Einzelndinge, als unendliches denken und unbegrenzte Ausdehnung.

Die französischen Freidenker (1675—1770) prägten ihre Grundansichten am stärksten in der Lehre aus, dass das Weltall nur Stoff und Bewegung sei, letztere durch Anziehung oder Abstossung, Neigung oder Widerwillen der Einzelnstoffe die zahllosen Gestaltungen hervor bringend; dem Menschen seien zweierlei Bewegungen eigenthümlich: äussere, durch die Sinne wahrnehmbare und innere unsichtbare des denkens und wollens, die der Mensch, in Verkennung ihrer Zusammengehörigkeit, als zweierlei Wesen Körper und Geist scheide; in gleichem Irrthume scheide er die Welt in Natur und Gott; diese Scheidungen seien eingebildete, in Wirklichkeit nicht vorhanden. — Es war dieses die Ansicht eines Kreises von Freidenkern Holbach, Diderot, Lagrange u. A. die zu einem Werke „System der Natur" sich vereinigten und in Bayle (1647—1706), de la Mettrie (1709—1751), Helvetius (1715—1771), Bonnet (1720—1793) ihre Vorarbeiter gehabt hatten.

Berkeley (1684—1753) in England lehrte: Gott ist der Geist, welcher diejenigen Ideen in uns erzeugt, die nicht aus unserem Willen entstehen; von Gott können wir ebenso wenig eine Idee uns machen, wie von Geistern überhaupt.

Wolff (1679—1754) in Halle sagte: Das zufällige und abhängige dasein der Welt und der Seelen hat seinen Ursprung von einem selbstständigen Wesen, das den Grund seiner eigenen Wirklichkeit und der aller Dinge in sich enthält, also nothwendig da sein muss, ein anfang- und endloses Wesen nicht zusammen gesetzt, sondern einfach, durch eigene Kraft bestehend, von allem unabhängig, von unendlichem Verstande und Allwissenheit; in Gottes Verstande liege die Möglichkeit, in seinem Willen die Wirklichkeit aller Dinge; seine Allweisheit lasse seine Absichten vollständig erreichen; er ist unabhängig von der Natur, wie im Menschen die Seele vom Körper.

Kant (1724—1804) in Königsberg erklärte weiter zurückgehend: Gott ist unerkennbar und unerweisbar, wird aber vom sittlichen Bewusstseine als nothwendig daseiend erkannt, als das daseiende, höchste, ursprüngliche Gut, die mit dem Sittengesetze übereinstimmende Ursächlichkeit von allem, als Urheber der Natur; die Idee des Menschen als vernünftigen Weltwesens oder die Menschheit in ihrer moralischen Vollkommenheit betrachtet und zu einem persönlichen Ideale solcher Vollkommenheit erhoben, ist Christus, der Sohn Gottes und dass Gott Mensch wurde, heisst nichts anderes, als dass das gute Prinzip sich zur Menschheit herablasse, um das böse im Menschen zu überwinden, das personificirt als Fürst dieser Welt vorgestellt wird.

Bardili (1761—1808) in Deutschland gab die Erläuterung: Im Menschen gelangt das im Weltall waltende denken zum Selbstbewusstseine; die Welt wird unzertrennlich von etwas begleitet was nicht Welt ist, von Gott, der alles was er ist, nur in und durch sich selbst ist und im Gewissen der Menschen sich offenbart; vermessen würde es sein, wenn der Mensch sein Wesen ergründet zu haben vermeinte mit dem, was er mir von sich in meinem denken offenbart.

Jacobi (1734—1819) in Deutschland lehrte: Gott lebt in uns und unser Leben ist verborgen in Gott; der Mensch findet Gott wie er sich selbst nur zugleich mit Gott finden kann; Gott ist das wahre, gute und schöne als ein überschwengliches, in keiner Erscheinung darstellbares, durch die Vernunft nicht zu erfassen, sondern nur durch eine, über alle menschliche Wissenschaft und Kunst erhabene, unmittelbar aus Gott stammende Kraft.

Fichte (1762—1814) in Deutschland lehrte: Gott ist die moralische Weltordnung; eines anderen Gottes bedürfen wir nicht, können auch keinen anderen begreifen; es ist kein besonderes Wesen als Ursache anzunehmen; Gott ist nicht als sein, sondern als reines handeln, als eine Ordnung von Begebenheiten aufzufassen; im Rechtthun wird das göttliche in uns wirklich und lebendig; im Pflichtgefühle kommt Gott zur Erkenntniss.

Schelling (1775—1842) in Deutschland betrachtete Gott als das, in der idealen Welt, vornämlich in der Geschichte offenbar werdende Geheimniss des göttlichen Reiches; die ideale Welt fasst in sich die Wahrheit, die Wissenschaft, das gute, die Religion, die Schönheit und die Kunst; der erste Ursprung jeder höheren Erkenntniss ist nur aus dem Unterrichte höherer Natur begreiflich und aus der menschlichen Thätigkeit soll sich die Vollendung der Offenbarung Gottes, des göttlichen Reiches entwickeln; die Geschichte der Menschen ist die Geschichte dieser Offenbarung.

Hegel (1770—1831) in Deutschland lehrte: Gott, der Weltgeist, durchläuft im Zusammenhange der Völker und ihrer Schicksale, die grossen Stufen seiner Entwicklung und übt in der Weltgeschichte als dem Weltgerichte sein höchstes Recht aus; die Weltgeschichte, der Entwicklungsgang im Bewusstseine der Freiheit ist das wirkliche werden des Allgeistes, die wahrhafte Gotteslehre; es geschieht nichts ohne Gott, das geschehende ist wesentlich Werk seiner selbst.

Feuerbach (geb. 1804) in Deutschland sagte: das Bewusstsein Gottes ist das Bewusstsein der Menschen, die Erkenntniss Gottes ist die Selbstkenntniss der Menschen; in Wahrheit hat der Mensch sein höchstes Wesen, seinen Gott in sich selbst, nicht als getrenntes, sondern als sein eigenstes; in der Menschheit liegt sein höchstes Wesen.

Schopenhauer (1788—1860) in Deutschland fasste das Weltall als Willen und Vorstellung zusammen: das Ding an sich ist der Wille, dessen Bethätigung und Entwicklung die Welt; die Welt wie sie uns erscheint, ist Erzeugniss unserer Vorstellung, sie ist nicht das Ding an sich; letzteres würde ebenso vorhanden sein, wenn es keine Wesen gebe, die eine Vorstellung sich machen könnten; die Welt als Wille beruht auf sich selbst, dagegen als Vorstellung beruht sie auf dem Einzelnwesen, welches die Vorstellung in sich schafft.

Reiff (geb. 1810) in Deutschland lehrte: Gott ist die ruhige Einheit, die unveränderliche, absolute Indifferenz von That und sein; das von den Dingen wie von Menschen schlechthin unergriffene, verborgene Wesen; aus diesem Gott, als seiner Voraussetzung, setzt sich der Mensch oder das Ich als ein von Gott verschiedenes, selbständiges Wesen, das in Gott die Kraft seiner Freiheit hat: Gott entwickelt sich nicht, sondern Natur und Geschichte entwickeln sich in ihm, Gott ist selbst kein Ich, keine Person sondern der Mensch, der freie Willensakt bringt ihn zur Offenbarung.

§. 59.

Die angeführten Lehren der genannten Denker, bei aller Verschiedenheit im Ausdrucke in dem Hauptzuge gleich, lassen deutlich die grosse Kluft erkennen, welche die Gottesbegriffe von den früher erläuterten Gottesvorstellungen trennen und dennoch haben beide gemeinsamen Ursprung und Endverlauf. Jede der einzelnen Gottesvorstellungen, vom Fetischdienste an bis zur Vorstellung des vollkommenen Schöpfers und Erhalters der Welt, enthält das geschlossene Bild eines, in Eigenschaften und Thätigkeiten dem Menschen ähnlichen, persönlichen Wesens; jeder der Gottesbegriffe dagegen verneint mehr oder weniger alles persönliche und löst das Gott genannte in die Allgemeinheit oder das gemeinsame alles vorhandenen auf. Hie und da zeigen sich Annäherungen, selbst Verbindungen zwischen beiden sonst völlig geschiedenen Bahnen: einerseits von Seiten der Gottesvorstellungen, die im Ausdrucke ihrer Bekenner so weit sich auflösen und verschwimmen, dass sie fast aller Persönlichkeit entkleidet werden; andrerseits von Trägern und Verbreitern der Gottesbegriffe, welche sich bemühten, den gangbaren Gottesvorstellungen Anknüpfungspunkte zu bieten, um sie unvermerkt herüber zu lenken oder nachtheiligen Anstoss zu vermeiden. Diese beiderseitigen Ausnahmen sind jedoch von keinem bedeutenden Einflusse gewesen, denn die trennende Kluft lässt sich nicht überbrücken und jede der beiden Bahnen führt ihre Anhänger unverbunden und unversöhnlich neben einander weiter. Nach der Menge der Bekenner getheilt, sind bei den europäischen Völkern die Gottesvorstellungen weitaus überwiegend; die Gottesbegriffe sind jetzt, wie bei den alten Griechen und Römern, nur die Überzeugung einer Minderheit der vorgeschrittensten Denker, die auch an äusserem Einflusse bei weitem gegen die Mehrzahl zurückstehen. Zwischen beiden steht allerdings eine Menge Bekenner der gangbaren Gottesvorstellung, von denen es sehr zweifelhaft ist, ob sie solche hegen, von denen sogar mit grosser Wahrscheinlichkeit angenommen werden darf, dass sie in ihrem Inneren nur einem Gottesbegriffe Raum geben, aber es vortheilhaft erachten, äusserlich die gangbare Gottesvorstellung zu bekennen, um entweder Verfolgungen zu vermeiden oder ihren gewohnten Pflichten als Priester oder Lehrer zu genügen, ihre Einnahmen zu erhalten und zu mehren. Am meisten dürften diese unter den auffällig frommen zu suchen sein, da es einen Grundzug aller Überläufer bildet, ihre neue oder fremde Richtung zu übertreiben, einentheils weil ihnen das richtige Mass unbekannt ist, da ihr Glaube nicht aus ihnen selbst erwächst, also der Lenkung und Begrenzung entbehrt, anderentheils weil sie jeden Rückfall und jeden Verdacht abwehren wollen und es augenscheinlich sich gleich bleibt, wie weit man in der Heuchelei fortschreitet, sobald man einmal das Gebiet betreten hat. Diese verrätherischen und heuchlerischen Anhänger der Gottesvorstellungen schreiten gewöhnlich dahin fort, jeden Glauben in ihrem Inneren zu verwerfen, ihn als Kinderspiel, Gängelband des Volkes zu betrachten und für sich selbst dahin zu streben, jede Aufopferung für den Glauben von sich fern zu halten und den grösstmöglichen Vortheil für sich daraus zu ziehen.

Beide Bahnen sind in ihrem Verlaufe verschieden: die Gottesvorstellungen führten dazu, in den Gedanken der Menschen, die Welt zu spalten in Gott und Natur, Schöpfer und geschaffenes, Herrscher und beherrschte, Geist und Stoff: die Gottesbegriffe dagegen bedingten die Gesammtauffassung des Weltalls, die Vereinigung der unzähligen Einzelerscheinungen in das unermessliche All. Beiden Bahnen gemeinschaftlich ist das Streben des Menschen nach Erkenntniss des übermächtigen, welches auf sein Dasein günstig oder ungünstig einwirkt und wenn auch im Laufe der Zeit die reine Liebe zur Erkenntniss, die ächte Weltweisheit hinzu getreten ist, um über den Bereich der besonderen Übermächte hinaus zu forschen, so liegt doch auch diesem der Wunsch zum Grunde, das Verhältniss des Menschen zur übrigen Welt zu erkunden, zu erforschen was günstig oder ungünstig auf ihn wirken könne, um dann seine Handlungen nach dieser Erkenntniss zu gestalten. Auf beiden Bahnen gelangte auch der Mensch dazu, unermenschliches auffassen zu wollen, die Grenzenlosigkeit und Ewigkeit Gottes oder die Unermesslichkeit des Alls und bethätigte auf beiden Bahnen dasselbe vergebliche Streben, da seine Auffassung nur für das messbare und begrenzte geeignet ist. Das Menschenwesen, begrenzt in Raum und Zeit, vermag nur das, in gleicher Weise begrenzte in sein Bewusstsein aufzunehmen und alles unermessliche liegt jenseit seiner Fähigkeit; er mag es benennen Gott oder Weltall, aber nicht erfassen und wie in ihrer Quelle, dem menschlichen Streben nach Erkenntniss, beide Bahnen zusammenlaufen, so auch in ihrem Endverlaufe, in der auf beiden zu gewinnenden Überzeugung,

dass der ewige, unbegrenzte, vollkommene Gott, wie das unermessliche, ewige Weltall in gleicher Weise dem, in Zeit und Raum begrenzten Menschen unerfasslich sind.

§. 59.

Die verschiedenen **Bekenntnisse der Europäer** sind, wenngleich gespalten in christliche, jüdische und muhammadanische, in ihrem Hauptzuge gleich, indem sie dem Reiche der Gottesvorstellungen angehören und unter den verschiedensten Namen (Theos, Deus, Gott, Bog, Adonai, Allah u. a.) ein von der stofflichen, endlichen Welt verschiedenes, geistiges, ewiges, höchstes Wesen annehmen, welches die stoffliche Welt in der Zeit aus nichts erschaffen hat und dereinst wieder zerstören wird.

In weiterer Ausführung des persönlichen scheiden sich die Bekenntnisse in

das jüdische, welches den Adonai als ein untrennbares Wesen auffasst, in unmittelbarer Verbindung zum Menschen stehend;

das christliche auffassend als:

griechisch-katholisches Bekenntniss, Gott in der Dreieinigkeit, bestehend aus:

Gott-Vater, Weltenschöpfer und Lenker,

Gott-Sohn, Erlöser der Menschheit,

Gott-Heiligergeist, ausgehend vom Vater allein, um den Priestern die wahre Erkenntniss zu verleihen;

das Verhältniss zu den Menschen kann durch die Seelen verstorbener Heiligen vermittelt werden.

römisch-katholisches Bekenntniss, Gott in der Dreieinigkeit, bestehend aus:

Gott-Vater, Weltenschöpfer und Lenker,

Gott-Sohn, Erlöser der Menschheit,

Gott-Heiligergeist, ausgehend vom Vater und Sohne;

deren Verhältniss zu den Menschen vermittelt werden kann durch die Seelen der Mutter Jesu und der Heiligen;

evangelisches, in zahlreichen Abtheilungen, Gott in der Dreieinigkeit, bestehend aus:

Gott-Vater, Weltenschöpfer und Lenker;

Gott-Sohn, Erlöser der Menschheit;

Gott-Heiligergeist, ausgehend vom Vater und Sohne;

deren Verhältniss zu den Menschen ein unmittelbares ist.

Das mohammadanische Glaubensbekenntniss, welches den Allah als ein untrennbares Wesen auffasst, in unmittelbarer Verbindung zum Menschen stehend.

Dieses sind die öffentlichen Bekenntnisse, denen die einzelnen Bekenner mit mehr oder minderen Vorbehalten und Deutungen sich unterordnen. Zieht man dagegen die sichtbaren Handlungen in Betracht und deutet daraus die den einzelnen beherrschenden Vorstellungen von Übermächten, so ergiebt sich folgende Eintheilung:

a) Zu unterst die grosse, durch fast alle Bekenntnisse gehende Grundschicht von Vorstellungen einer Verbindung übermächtiger Gewalten mit sichtbaren Gegenständen, Bildern, Körperüberresten oder Kleidern ehemaliger, ausgezeichneter Menschen, Amuletten oder geweihten Gegenständen, Wahrzeichen oder Sachen, die mit ausgezeichneten Menschen in Berührung kamen oder ausgezeichnetes enthalten (heilige Sprüche oder Zeichen) u. s. w. Vor diesen Nothhelfern, deren Inanspruchnahme verschiedentlich als Glaube oder Unglaube gedeutet wird, tritt die in den Bekenntnissen ausgesprochene Gottesvorstellung jeder Art zurück, als die eines fernstehenden, schwierig erreichbaren und im einzelnen minder hülfreichen Wesens;

b) hierauf folgt die minder zahlreiche Schicht der vorwaltenden Gottesvorstellungen, in ihrer Ausprägung durch die von Bildern getrennte Heiligenverehrung bei den griechischen und römischen Katholiken;

c) die kleinere Menge der Katholiken und Evangelischen, welche ihre Gottesvorstellung lediglich in der Dreieinigkeit ausprägen;

d) die noch geringere Zahl Derjenigen (Deisten), welche ausserhalb der christlichen Bekenntnisse stehend oder als Juden oder Muhammedaner die Vorstellung hegen des einigen Schöpfers und Erhalters der Welt, des ewigen, geistigen Wesens; geschieden von der endlichen, stofflichen Welt;

e) zu oberst die, in geringster Zahl erkennbaren Anhänger des Gottesbegriffes, welche, im Kreise der verschiedensten Bekenntnisse lebend, die Welt als Ganzes auffassen und dessen dasein und wirken in einer Fülle von Erscheinungen als die fortwährende und gesetzmässige Folge von Ursachen und Wirkungen: dem Menschen in Raumerfüllung und Bewegung erkennbar, deren verschiedenartigen Eindrücke auf ihn, er gewohnt sei, als stofflich und geistig zu bezeichnen.

Diese Abtheilungen oder Schichten sind nicht so scharf abzugrenzen, wie die Bekenntnisse, weil die Anhänger jeder Schicht weder in gleichlautenden Worten ihre Gesammtüberzeugungen ausprägen, noch diese in ihren Handlungen so scharf hervortreten lassen, dass eine genaue Übereinstimmung gefolgert werden dürfte. Im allgemeinen mögte aber obige, durch alle Bekenntnisse hindurchgehende Schichtensonderung zutreffen.

§. 60.

Wie in allen übrigen Bezügen der Entwicklung der Menschheit, zeigt sich auch in dieser besonderen Richtung eine **ungleichmässige Fortbildung der Gotteserkenntniss.** In der Gegenwart wie in jeder früheren Zeit herrschten, unter den gleichzeitig lebenden Bewohnern der Erde, die verschiedensten Stufen des Glaubens an übermächtige Gewalten: beginnend von den rückständigen, hülflosen Urbewohnern entlegener, ungünstiger Gegenden, die noch keine andere Ehrfurcht kennen als vor den übermächtigen Thieren die das Leben bedrohen, erhebt sich die Erkenntniss durch den Fetischanbeter aller Erdtheile zum Heiligen-Anbeter, zum Verehrer des dreieinigen Gottes, zum Eingottgläubigen, zum Freidenker: in stufenweiser Folge vom fernsten rückständigen zum höchsten der Gegenwart. Wie die gleichzeitig lebende Menschheit die ganze Stufenfolge in sich enthält, so zeigt sich diese noch ausgeprägter in ihrer geschichtlichen Folge von Geschlechtern, welche in den verflossenen Jahrtausenden gelebt und geglaubt haben. Die überlieferten Kunden, so spärlich sie auch sind, lassen doch die ganze Stufenfolge vom rückständigsten zum vorgeschrittensten erkennen, zeigen das ungleichmässige Fortschreiten der gleichzeitig lebenden Völker wie der einzelnen in jedem Volke. Ebenso sehen wir in der Gegenwart die einzelnen eines jeden Volkes oder Glaubensbekenntnisses, jedes Ortes, selbst jeder Familie auf den verschiedensten Stufen des Glaubens ihre Vorstellungen hegend. Vielen millionen ist die Welt der Erscheinungen, zu der sie in Beziehung stehen, das Walten ihrer Übermächte, so beschränkt, dass die örtlich oder beruflich nächstliegenden, nützlichen oder schädlichen Gewalten ihre ganze Vorstellung auszufüllen vermögen und jeder zur Hand seiende Fetisch ihnen für alle Zwecke genügt. Andere millionen bekennen sich zu den Worten, welche die Vorstellungen eines welterfüllenden, höchsten Wesens ausdrücken, engen aber die Vorstellung, um sie fassen zu können, in eine so unvollkommene Menschenform, dass sie den Worten des Bekenntnisses nicht entspricht, sondern lediglich eine Wiederholung von Vorstellungen ist, die vor Jahrtausenden bei anderen Völkern herrschten. Die weitaus geringste Menge ist erfüllt von dem Streben, über die nächstliegenden Grenzen hinaus, das Wesen zu erkennen, welches dem dasein der ganzen erkennbaren Welt zum Grunde liegt und kämpft mit dem Mangel des eigenen Wesens (§. 18) der den Menschen überhaupt verhindert, das unmessbare (die Unendlichkeit und Ewigkeit) zu erfassen. Den meisten aller Menschen bleibt dieser Kampf mit dem Mangel des Menschenwesens fern; sie beschränken sich auf das nächstliegende fassliche und belegen es mit dem gangbaren, ortsüblichen Namen des höchsten Wesens.

Die Erkenntniss der Übermächte, der höheren Gewalten seiner besonderen Aussenwelt, ist eines der Ergebnisse der Anwendung seiner Sinne, seines Gedächtnisses und seines Verstandes. Indem er sein sinnen und sein denken nach allen Seiten richtet, dabei sein eigenes Wesen als Masstab anwendet (§. 7) wird er dazu geführt, alle Wesen und Vorgänge in Übermächte und Untermächte zu theilen, eine Theilung die nur im denkenden Menschen vor sich geht, nicht in der Aussenwelt, welche eine ununterbrochene Kette von Wesen und Vorgängen bildet, in welche der Mensch als eines ihrer Glieder eingefügt ist. Zur Vollziehung dieser Trennungen in seinen Gedanken bedient sich der Mensch nicht einer besonderen Fähigkeit oder gar eines besonderen Gehirntheiles, sondern es sind seine zu allen

Zwecken der Erkenntniss verwendeten Fähigkeiten (Sinne, Gedächtniss und Verstand) die er in gesonderten Richtungen anwendet: einerseits auf seine Diener, andererseits auf seine Herren gerichtet. Auch das Thier kennt beide Seiten seiner Aussenwelt: es weiss was es überwinden kann, seine Untermächte und auch was ihm überlegen ist, seine Übermächte. Der Mensch unterscheidet sich, in dieser wie in den übrigen Beziehungen dadurch, dass er, von demselben thierischen Standpunkte aus beginnend, seine Erkenntniss höher entwickelte, seine Aussenwelt immer mehr erweiterte, auch die aussersinnliche Welt hinein zog und endlich, was das Thier nicht vermag, Begriffe bildete.

§. 61.

Betrachtet man die Stufenfolge in der Entwicklungsreihe, so lässt sich erkennen als durchgehend in den unzählig abgestuften Gestaltungen

dass die Erkenntniss vom kleinsten Anfange bis zur höchsten Stufe der Jetztzeit darauf gerichtet war, die auf den Menschen wirkenden Übermächte zu erkennen, zuerst die ungünstigen, bösen, späterhin die günstigen, freundlichen; dass zuerst die nächsten, die in unmittelbarer Nähe befindlichen (Thiere, Fetische u. s. w.) erkannt wurden, späterhin die fernerstehenden oder nur zeitweilig erscheinenden;

dass die Übermächte in nächster Umgebung, je nach den örtlichen Verhältnissen verschiedene Gestalten darboten (Waldbrand, Wüste, Sonnenbrand, Meer u. a.) so dass verschiedenartige höhere Wesen demgemäss gestaltet wurden;

dass die Übermächte eng oder umfassend gestaltet wurden, je nach der Art der Anlass gebenden Wesen oder Vorgänge: der arische Himmelsherr erhaben und weitherrschend, dagegen der semitische Feuer- oder Wüstenherr (Moloch, Jave, El) beschränkt und nur örtlich geltend;

dass die Übermächte fortschreiten oder wechseln mussten, je nachdem der Mensch bei fortschreitender Erkenntniss lernte, bisherige Übermächte zu überwinden, dagegen andere höhere Übermächte zu erkennen;

dass die Vorstellungen um so umfassender sich gestalteten, wenn das sie hegende Volk mit anderen Bildungsvölkern in Berührung kam; unter den Semiten verharrten die wenig berührten Wüstenaraber bis zu Muhammals Zeiten in ihren ursprünglichen, örtlichen Vorstellungen, welche die stammverwandten Israeliten schon 1000 Jahre früher abgelegt hatten und von den gleichfalls dazu gehörigen Chaldäern noch weit eher verlassen worden waren;

dass seitdem die engen Vorstellungen aus dem Bereiche der örtlichen Bezüge (Wald, Wüste, Meer) sich erhoben hatten, sie auf der Bahn zur Erforschung der Unermesslichkeit sich befanden, dass jener Banden entledigt, ihrer unbeschränkten Ausdehnung nichts mehr entgegenstand als die Begrenztheit des auffassenden Menschenwesens;

dass am Himmelsherrn, in seiner arischen Gestaltung als Wolkenhimmel, wie noch mehr in seiner egyptisch-semitischen Gestaltung als Sternenhimmel, die Vorstellungen zur Allgemeinheit sich erhoben, zur Erkenntniss des gesetzmässigen, weltbeherrschenden;

dass am Sonnenherrn, von seiner ursprünglichen Gestaltung als tödtlicher Sonnenbrand, fortschreitend zum lebenspendenden Schöpfer und Erhalter, die Vorstellungen zur Milde sich erhoben, zur Erkenntniss des wohlthätigen, reinen und gütigen der Weltordnung;

dass durch Vereinigung der verschiedenen höchsten Vorstellungen, das Gesammtbild des weltbeherrschenden Schöpfers entstand, der weise, gesetzmässig und gütig alle Übermacht in sich vereint, unterscheidbar und unabhängig von der erschaffenen Welt: dass bei der fortschreitenden Erkenntniss des gesetzmässigen der Weltordnung, das gemeinsame der Vorstellungen über die zahllosen Vorgänge, zum Gottesbegriffe vereint ward, der die Welt in ihrer Fülle von verschiedenartigen Bewegungen zur Grundlage hat und nur in den Gedanken der Menschen von derselben abgezogen ist.

Die Gottesvorstellungen in ihrer höchsten Entwicklung sind bis an die Grenze des Gottesbegriffes vorgeschritten, bis an den Punkt, wo sie nur gemeinsam dem gemeinschaftlichen Ziele sich nähern können; der nächste Schritt zur Fortbildung der Gottesvorstellungen bringt das Ineinanderfliessen zu Wege. Es hält schon jetzt schwer, die Grenzschranke zwischen beiden aufrecht zu erhalten, welche, genau genommen, nur noch in der veralteten Schöpfungssage der Bibel liegt, seitdem die Vorstellung vom ruhenden, todten Stoffe der fortschreitenden Erkenntniss gewichen ist. Im übrigen ist noch eine gemeinsame Schwierigkeit vorhanden in der Einfügung des bösen, welche aber den Gottesvorstellungen nicht so leicht gelingen kann, wie dem Gottesbegriffe, jedoch fortfällt im Augenblicke der Verschmelzung, in welchem der Mensch erkennt, dass böse und gut nicht Eigenschaften der Welt sind, sondern Unterscheidungsmerkmale seines denkens, Bezeichnungen der Eindrücke, welche die verschiedenen Vorgänge auf ihn machen.

Sobald die morsche Schranke fällt, fliessen die Gottesvorstellungen und Gottesbegriffe zusammen in der

Erkenntniss des All, des einen und untrennbaren der Welt.

Der Mensch

und

die aussersinnliche Welt.

§. 62.

Die Sinne des Menschen, die in den Sinneswerkzeugen empfindenden Enden seines Nervenwesens vermögen die, von aussen her andringenden Eindrücke nur dann aufzufassen und zum Gehirne oder dessen Rückenmarksverlängerung fortzupflanzen, wenn diese Eindrücke ein bestimmtes Mas der Ausdehnung, Stärke und Dauer erreichen (§. 2). Alles was ausserhalb dieser Masgrenzen liegt ist dem Menschen unerkennbar, macht keinen geschiedenen Eindruck auf seine Nerven, kann also auch nicht als solcher von seinem Gehirne aufgefasst und gestaltet werden. Dieses unerfasste bildet den **Bereich der aussersinnlichen Welt des Menschen** (§. 4) das Reich dessen, was über die Grenzen seiner Sinne hinaus liegt. Im Laufe der letzten Jahrhunderte ist es den Forschern gelungen, Geräthe zu schaffen, welche ehedem unsichtbare Gegenstände sichtbar machen, Schalleitungen welche die Hörbarkeit der Töne erweitern u. s. w., auch haben künstliche Beleuchtungen und künstliche Nachahmungen die Grenzen der Sinnenwelt erweitert und hat man zalreiche Gegenstände und Vorgänge erkannt, welche früher zum unbekannten, aussersinnlichen Reiche gehörten. Bei aller Erweiterung bleibt aber seine Sinnenwelt begrenzt und jenseit dieser Grenze verbleibt ein unabsehbares an Dingen, welche unsere Sinne zur Zeit nicht fassen, dessen Erforschung aber den Bildungstrieb des Menschen nicht rasten lässt, um so weniger als zalreiche Vorgänge in seiner Sinnenwelt sich aufdrängen, deren Ursache oder Wirkung er nicht erkennt, also nur in seiner aussersinnlichen Welt suchen darf. Von der Beschaffenheit der Welt jenseit der Grenze unserer Sinne können wir nicht durch unmittelbare Auffassung, sondern nur dadurch Vorstellungen erlangen, dass wir aus ihrer wirklichen oder vermeintlichen Verbindung mit sichtbaren Dingen, auf ihre vermuthliche Beschaffenheit schliessen. Wir können aber aus dem, was in unserer Sinnenwelt liegt, nur nach Muthmasungen Schlussfolgerungen ziehen, in Bezug auf das ausserhalb liegende, und indem wir innerhalb geschaffene Bilder, in die aussersinnliche Welt verlegen, müssen wir sie mit Erzeugnissen der Phantasie bevölkern. Das aussersinnliche unmittelbar aufzufassen, um daraus Vorstellungen zu gewinnen, ist uns durch die Mängel, die Begrenzung unserer Sinnesfähigkeit verwehrt, welche wir allerdings fortwährend erweitern, aber nicht allumfassend machen können. Diesen Mängeln ist der Mensch von jeher unterworfen gewesen und um so mehr so lange ihm die Werkzeuge fehlten, um das Reich seiner Sinne auszudehnen in Weite und Tiefe; auch hat derselbe Trieb zur Erforschung des zur Zeit aussersinnlichen den Menschen von jeher geleitet, denn nur diesem haben wir den jetzigen Umfang unserer Sinnenwelt zu danken. Wir dürfen also getrost von der Gegenwart auf die fernste Vergangenheit zurückschliessen, von der höchsten Entwicklung stufenweise rückwärts auf die rückständigsten Äusserungen des Forschertriebes, denn die Gleichartigkeit der Fähigkeiten und Mängel des Menschenwesens, hält das Urtheil in engen Bahnen, die zu Ablenkungen wenige Gelegenheiten bieten.

Der ausgiebigste Sinn des Menschen ist sein Sehvermögen: es setzt ihn mit dem weitesten Bereiche der Welt in Verbindung, lässt ihn Lichteindrücke empfinden aus ungemessenen Entfernungen, bietet ihm die grösste Mannigfaltigkeit und setzt ihn am meisten in den Stand, den Kampf um das Dasein zu bestehen; ist aber dabei mit zahlreichen Mängeln behaftet (§. 3). Geleitet durch seine Augen fühlt er sich sicher und froh; ihrer Leitung ermangelnd, ist er ängstlich und niedergeschlagen; im Dunkel der Nacht, noch mehr in der Tiefe der Erde überfällt ihn das Grauen und in Höhlen und Gruben, von Finsterniss umfangen, fühlt er sich hülflos gegenüber unbekannten Gefahren jeder Art. Auf der rückständigsten Stufe musste er erkennen, dass seine übermächtigsten Feinde, die grossen Raubthiere, mit Nachtaugen ausgerüstet oder durch Schärfe des Geruches geleitet, vorzugsweise die Finsterniss benutzten, um ihn zu überfallen und zu töten, dass also die Finsterniss einer seiner Feinde sei, wider den seine beste Waffe, das Sehvermögen wirkungslos bleibe. Licht und Finsterniss wurden zwei Gegensätze in seinem Leben; mit ersterem verband er alles freundliche, erhebende, mit letzterem alles schreckliche, niederdrückende und diese Gegenüberstellung prägte der Mensch am stärksten aus in seinen Verehrungswesen, welche, als Erfüllung seiner ganzen Aussenwelt, die Gegensätze des Lichtes und der Finsterniss in sich tragen mussten. Den freundlichen Wesen der lichten Höhe (Sonne, Sternenhimmel, Wolkenhimmel), des Tages, setzte er die schrecklichen Wesen der Unterwelt, des finstern Erdinnern, der Nacht gegenüber; alles was Grauen erregte, ihn frösteln machte, theilte er der Dunkelheit, der Nacht und der Unterwelt zu, dagegen alles erfreuende, erwärmende dem Lichtreiche, dem Tage und der Oberwelt. Demgemäss vertheilte er jedes was im Äusseren der Erscheinung oder in seinen Wirkungen Ähnlichkeiten bot, dem einen oder anderen Reiche zu: roth, gelb und weiss waren die Farben der Lichtwelt und Lichtwesen; grau und schwarz dagegen die der Unterwelt und Nachtwesen. Bei dem ältesten Bildungsvolke, den Egyptern, waren roth oder gelb, dem Tagesir heilig, schwarz dem Nachtosir und die Opfer wurden bei ihnen und den Semiten demgemäss gewählt: rothe Kühe, rothe Wolle, rothes Holz, rothe und gelbe Blumen, rothe Tempel, rothe Altäre und Thürpfosten, (Blutsprengungen) gehörten dem Tagosir, dagegen dem Nachtosir alles schwarze oder graue; jenem Tagesdienst und Tagesopfer, heiter, üppig, mit Lobgesängen, feierlichem Tanze, Opfermahlzeiten und prunkenden Umzügen: dagegen dem Nachtosir nächtlicher Dienst, nächtliche Opfer, grausenhaft schwelgerisch, mit wildem Wüthen, rohem Fressen, Ausschweifungen jeder Art und ungezügeltem umherstreifen. Opfer, den Tagesmächten dargebracht, wurden durch Verbrennung oder Verdunstung emporgetragen, dagegen den Mächten der Unterwelt geweiht durch lebendig begraben, Hinabsturz von Felsen in finstere Abgründe oder Hinabsprung in Klüfte, Erdspalten u. s. w. Von allem dem finden sich Spuren in den egyptischen Urkunden, wie in den israelitischen Vorschriften zum Bau der Stiftshütte (2. Mose 25 bis 28) zur Bereitung der Zaubersache und des Weihwassers (4. Mose 19), in den Opfern der Perser durch lebendig begraben, im Selbstopfer des römischen Ritters Curtius, der in den Abgrund sprang, in dem älteren Dionysosdienste der Hellenen und unzähligen Einzelheiten der Verehrungseinrichtungen bei den Bildungsvölkern der alten Welt.

Derselbe Gegensatz prägt sich aus in den Vorstellungen der Menschen über das Leben nach dem Tode. Anfänglich flösste das Gedenken des in die Erde versenkten gestorbenen nur grauen ein; sie waren in die finstere Grube, die Unterwelt geschafft worden, lebten in Nacht und Grauen, schlummernd oder halbbewusst als Schatten; man befürchtete von ihnen nur Nachtheile, wies ihnen finstere Hölen, öde Schluchten zu als Ein- und Ausgänge der Unterwelt, die unter der Erdoberfläche liege, so nahe, dass jedes Grab zu ihr gehöre. Als auf höherer Stufe die Vorstellung hinzu trat, dass das Leben nach dem Tode abgemessen werde nach dem irdischen, kam auch hierin die Gegenüberstellung von Finsterniss und Licht zur Anwendung: nur die Seelen der bösen oder verdienstlosen verblieben der finsteren Unterwelt, dagegen stiegen die verdienstvollen empor zum Lichte, wurden der Oberwelt zugetheilt; jenen ward das Grauen der öden Finsterniss, diesen die Wonne der mannigfaltigen Lichtwelt; beide Gebiete wurden, der aussersinnlichen Welt angehörig, nur mit Gebilden der Einbildung belebt (sprachlose Schatten und spielkämpfende Helden, qualvoll verdammte und lobsingende selige, bekrallte Teufel und beflügelte Engel u. s. w.) nach solchen Eindrücken der Sinnenwelt zusammen gestellt, welche Ähnlichkeiten darboten mit den gemuthmassten Zuständen der aussersinnlichen Welt.

Als die umherstreifenden Hirtenstämme den Ackerbau kennen lernten, verband sich eine neue Vorstellung mit der Unterwelt, die in schönen Bildern ausgeprägt ward. Das in die Erde gelegte Samenkorn war zur dunklen Unterwelt hinabgezogen und kehrte erst nach Monaten aus dem Reiche der finsteren Mächte empor zur Lichtwelt, als fruchtspendender Halm reichlich den Raub ersetzend, den die Unterwelt begangen hatte; die Unterwelt war überwunden worden, denn die Beute (Ernte) überwog weitaus ihren Raub (die Aussat). Es erklären sich hieraus die lieblichen Sagen der Hellenen vom Raube der Proserpina, so wie hieran auch die Sagen von siegreichen Farten zur Unterwelt sich anschliessen, welche in verschiedenen Glaubensgestaltungen der Völker, ihre Verehrungswesen oder Helden als Befreiungszüge vollbringen (Herakles, Perseus, Odin, Jesus u. a.) zur Unterwelt hinab fahrend und als Sieger zur Lichtwelt, dem Olymp, der Walhalla, dem Himmel zurückkehrend.

§. 63.

Der Mensch fühlte sich unbehaglich unter der Einwirkung von Einflüssen, die in keiner erkennbaren oder festzuhaltenden Gestalt erscheinen,

deren Wesen er verspürte, ohne sich schützen zu können gegen ihre
nachtheiligen Einflüsse. Indem er diese mit ähnlichen Eindrücken verglich, die er von erkennbaren Wesen empfing, konnte er allerdings sich
Bilder machen, von den aussersinnlichen Übermächten (§. 17), war aber
damit nicht gesichert vor ihnen; er musste suchen, mit ihnen Verbindungen zu eröffnen, sich ihnen zu nähern, um ihre Wünsche zu erfaren, damit er ihnen zuvor kommen könne oder seine Wünsche ihnen mitzutheilen,
damit sie solche berücksichtigen, ihnen nicht entgegen treten. Wie er ihren
Einfluss in seinem Gebiete verspürte, musste er streben, in ihr Gebiet Eingang zu gewinnen, um dort seinen Einfluss zur Geltung zu bringen. Dieses
naheliegende Streben, in die aussersinnliche Welt vorzudringen, hat von
jeher zu den sinnigsten und erhebensten, wie zu thörichten und abscheulichen Mitteln geführt, um über die Grenzen der jedesmaligen Sinnenwelt
hinaus mit den dort gemuthmassten Wesen der Einbildung in Verkehr zu
treten, ihre Absichten zu erforschen, ihren Willen, ihre Befehle einzuholen,
sie für sich zu gewinnen oder ihre verderblichen Einflüsse zu lenken.

Die nächstliegende, von selbst sich einstellende Verbindung war der
Traum. Wir bemerken an Thieren, dass sie träumen, durch Träume sich
täuschen lassen und Kinder träumen frühzeitig und lebhaft, so dass mit
Sicherheit geschlossen werden darf, dass die Menschen schon auf rückständigster Bildungsstufe ihre Traumwelt ausgebildet haben, geschaffen nach
den Gestaltungen ihrer jetzigen Sinnenwelt, unter Anwendung ihrer Fähigkeiten, so weit solche entwickelt waren. Bekanntlich bieten Träume
manches wunderbare: sie können so täuschend den Eindruck wirklicher
Erlebnisse erregen, dass selbst nach dem Erwachen es mehrfältiger Prüfung bedarf, um gewiss zu sein, dass es nur ein Traum war; manche Gedankenverbindungen der Träume sind so kühn und zutreffend, dass sie als
Vorausblick, Weissagungen erscheinen, wenn spätere Begebenheiten sie
als zutreffend erweisen; vieles, was dem Gedächtnisse ganz entschwunden
zu sein schien, taucht im Traume lebhaft empor und setzt sich übermächtig fest, so dass es den Menschen begeisternd oder niederdrückend als
Ahnung beherrscht; namentlich aber führt der Traum dem Menschen Gestalten vor, deren Einzelheiten allerdings seiner Sinnenwelt entstammen,
deren Zusammensetzung in dieser Art er aber niemals in der Sinnenwelt
angetroffen hat und desshalb um so eher seiner aussersinnlichen Welt zuschreibt. Dass es seine Einbildung sei, welche ihn in seinen Träumen

leitet, lässt sich daraus schliessen, dass Gestaltungen, die seiner Sinnenwelt entstammen, aber nicht mehr in derselben vorhanden sind, wie z. B. verstorbene (Geistererscheinungen) niemals oder höchst selten in der Gestalt erscheinen, welche sie haben müssten, wenn sie der Vorstellung gemäss sein sollten, die der Mensch von Seelen sich bildet; sie erscheinen nicht als getreues Abbild des Leibes, den sie bewohnten, sondern bekleidet, wie der Mensch lebend wandelte oder wie er als bekleidete Leiche im Sarge von träumenden zuletzt gesehen oder gedacht ward. Da nun selbst der gläubigste nicht annehmen will, dass mit der Seele auch die Bekleidung unsterblich sei, so wird er schon einräumen müssen, dass die verstorbenen, welche den träumenden erscheinen, nur auftauchende Bilder ihres Gedächtnisses sind, welche in derjenigen Gestalt erscheinen, welche dem Gedächtnisse am stärksten sich eingeprägt hatte. Unzweifelhaft ist aber die Grösse der Täuschung; der träumende denkt sich in nächster Verbindung mit den erschienenen Gestalten stehend, redet mit ihnen, hört ihre Stimme, fühlt ihren Händedruck, den Hauch ihrer Sprache, sieht sie kommen und gehen, verschwinden oder fortfliegen und zweifelt um so weniger an ihrer Wirklichkeit, weil er im erwachen noch die Nachwirkung verspürt, im freudigen oder schaudernden erzittern, derselben Empfindung, welche er während der Erscheinung hatte. Es darf deshalb auch nicht Wunder nehmen, wenn beim Menschen auf rückständiger Stufe die Traumeindrücke von demselben oder sogar höherem Einflusse sind als die Eindrücke des wachenden Lebens, denn ihm fehlt der Zweifel, die vorgeschrittene Forschung. Das Vorhandensein dieser Gleich- oder Höherschätzung zeigt sich deutlich in den allenthalben herrschenden Traumdeutungen, denen die rückständigen Menschen volle Geltung beilegen; zeigt sich aber noch stärker in auffälligen Beispielen bei rückständigen Völkern, weil der Vergleich mit unseren Gewohnheiten den Abstand leichter erkennen lässt. Manche Negervölker z. B. schliessen ihr Traumleben so unmittelbar an das wachende, dass sie in den Erzählungen ihrer Erlebnisse nicht den mindesten Unterschied zwischen dem geträumten und dem wachend erlebten machen, dass nüchterne und wahrheitliebende schwarze dem Europäer so unglaubliche Geschichten erzählen, dass dieser anfangs denkt, sein schwarzer Freund sei plötzlich irrsinnig geworden oder ein unverschämter Lügner und erst im geduldigen forschen nach Zeit und Ort, zu der Ueberzeugung gelangt, dass die wunderlichen Geschichten im Hirne des Negers entstanden, durch die unterschiedslose Vermischung des träumenden mit dem wachenden Leben. Dieselbe Gleichstellung des Traumlebens mit dem wachenden tritt auch hervor in der biblischen Erzählung vom Traume Jakobs (1. Mose 28), den nicht allein Jakob sondern auch alle seine Nachkommen, Jahrtausende lang dahin verstehen, dass er im Traume den wirklichen El gesehen und gehört habe. Jakob ruft erwachend: „Gewisslich ist der Herr an diesem Orte und ich wusste es nicht;" er macht auch mit der Traumgestalt des El einen Bund, nennt die Stätte Beth-El (Zelt, Aufenthalt des El) und weihet sie durch einen Opferstein, den seine Nachkommen Jahrtausende hindurch heilig hielten. Diese Gleichstellung des Traumlebens mit dem wachenden, zur Zeit Jakobs und seines späteren Geschichtschreibers, giebt die einfachste Erklärung zu den biblischen Erzählungen, in denen El oder Elohim erscheint, redet, verordnet oder Bündnisse mit Menschen schliesst: es waren die menschlichen Wünsche und Gelübde in Traumerscheinungen gestaltet, die, den herrschenden Vorstellungen gemäss, gleichgestellt oder noch höher gestellt wurden als die wachend empfangenen Eindrücke, so sehr, dass es nicht nöthig erschien, sie als Träume zu erzälen. Träume durchziehen die Sagen und Geschichten der Israeliten, Egypter, Griechen und Römer immer in der vollen Geltung des wirklichen: Träume waren es die Josef deutete (1. Mose 41); ein Traum war es, der Samuel berief (1. Sam. 3); Saul klagt, dass der Herr ihn nicht durch Träume berathe (1. Sam. 28. 6); Daniel deutet dem Könige zu Babel einen Traum (Dan. 2); Sauls Bekehrung (Apostelgesch. 9) mag auf einem Traume beruhen; die gesammte Heiligengeschichte des Christenthums ist erfüllt mit Traumerscheinungen und die gläubigen, denen Jesus, öfter noch die Mutter Maria oder besondere Heilige erscheinen, bethätigten ihre Überzeugung von der vollen Geltung der Mittheilungen zur Genüge dadurch, dass sie demgemäss Bethäuser, Kirchen oder Klöster baueten, grosse Wallfarten unternahmen oder in das Kloster gingen. Selbst die Einführung des, durch die ganze katholische Christenheit gefeierten Fronleichnamsfestes war Folge eines Traumes, in welchem eine Nonne Juliana zu Lüttich 1246 den Mond mit einem Loche erblickte und erfuhr, dass dieses nur ausgefüllt werden könne durch ein hohes Fest, welches der Christenheit noch mangele und zwar zur Feier der Stoffumwandlung Christi, der Transsubstantiation, welche im Abendmale vorgehe; ein Fest, dessen Einführung sie im Bezirke von Lüttich durchsetzte, von wo es sich verbreitete über die ganze

Christenheit. Dieselbe Geltung der Träume geht durch die ganze muhammadanische Welt: der Profet erscheint noch jetzt seinen gläubigen im Traume, erläutert ihnen dunkle Stellen des Koran oder löst Zweifel über stattgefundene Begebenheiten und kein Anhänger zweifelt im mindesten daran, dass die Fragen dadurch endgültig erledigt seien.

Träume waren und sind aber Schöpfungen des unbewussten Willens, liessen sich nicht willkürlich hervorrufen, so oft dem Menschen daran gelegen war, Kunde aus der übersinnlichen Welt zu empfangen; er rief die Seelen seiner Vorfaren oder seine Verehrungswesen auf, ihm im Traume zu nahen, aber sie blieben aus. Er suchte deshalb nach Mitteln, ihnen sich zu nähern, wann er wolle, so dass er nicht darauf zu warten brauche, ob sie zu ihm kämen, sondern er in den Stand gesetzt würde, zu ihnen sich zu begeben, der Sinnenwelt sich zu entrücken. Zuerst mag der Zufall auf den Wüstenstreifereien zu der Entdeckung gefürt haben, dass der Hunger und noch mehr der Durst die Nerven in solchem Grade errege, dass im Gehirne des Menschen, in seiner Einbildung, vor seinen Blicken ungewöhnliche Bilder entstehen, die ihm Zustände und Umgebungen vorzaubern, entfernt ähnlich der schönsten Wirklichkeit, aber sehr flüchtig und nur in diesen Zuständen der Erregung sichtbar und vernehmlich. Europäische Forscher neuerer Zeit haben auf Wüstenreisen, wann der Durst sie peinigte, derartige Zustände durchlebt: sie waren dem Halbtraume verfallen, saben noch die öde Wüste vor sich, aber fühlten sich wie dem Leibe entrückt, in der Luft schwebend; es schwirrte vor ihren Augen, sie glaubten spiegelnde Wasserflächen und üppige Palmenwälder zu erblicken, fühlten sich bei wachsender Erregung von flüchtigen Gestalten und verschwimmenden Bildern jeder Art umringt und dem Irdischen entrückt, bis am Bestorte zum Brunnen gelangt, mit den ersten Wasserzügen die fremde Welt entschwand. Da die Völker daran gewöhnt waren, solche Erscheinungen als Wirklichkeit zu betrachten: so lag es nahe, in Fällen, wann sie der aussersinnlichen Welt sich nähern wollten, durch Hunger und Durst, also strenges Fasten in solche Zustände sich zu versetzen, um angeflehte Verehrungswesen zu schauen und Mittheilungen von ihnen zu empfangen. In heissen Ländern werden der Durst und die gespannte Erwartung diesen Zustand der Verzückung bald herbeigefürt haben und wenn der Mensch sein ganzes Sehnen auf ein bestimmtes Wesen oder klare Absichten gerichtet hatte, kann es nicht ausgeblieben sein, dass gerade das Bild dieses

Wesens in seinem Gehirne, vor seinen Blicken zur Erscheinung kam und dass der Mensch Fragen stellte, die längst in ihm bereit gelegen hatten, auch Antworten empfing, die der gleichzeitigen Wirksamkeit seines Verstandes entstammten, ihm aber in solchen Augenblicken als höhere Eingebungen erscheinen mussten. Die Wirksamkeit des Verfassens ward wesentlich gefördert in der Einsamkeit, wo die Sinne von allen übrigen Eindrücken abgezogen waren, also dem nach Verzückungen und Eingebungen begierigen die Entrückung um so eher sich nahen konnte; es wird erklärlich, weshalb die Gesichte und Erscheinungen höherer Art gewöhnlich aufgesucht wurden in der Einsamkeit, durch begeben in die Wüste, auf abgelegene Berge, zurückziehen in Hölen oder Klosterzellen.

Selbst diese Reizung des Nervenlebens durch fasten in der Einsamkeit war nicht für dringende Nothfälle ausreichend, wenn deren Beseitigung nicht die erforderliche Frist zuliess. Es kamen Verlegenheiten, denen rasch abgeholfen werden sollte; Träume liessen sich nicht hervorrufen, das fasten hätte mindestens einige Tage genommen (die Bibel redet sogar von vielen Tagen, was sie in morgenländischer Weise mit 40 Tagen ausdrückt) und wenn also nur wenige Stunden zur Verfügung standen, bedurfte es rascher wirkender Mittel, um durch Steigerung des Nervenlebens den Verkehr mit der aussersinnlichen Welt zu eröffnen und den zur Hülfe aus der Verlegenheit augenblicks nöthigen Anschluss zu erlangen. Auch hierin hatte die zufällige Erfarung dem Menschen das erforderliche im Genusse erregender Pflanzensäfte geboten: er hatte beim Durchkosten aller Pflanzen etliche gefunden, deren Genuss ihn anregte, ihm angenehme Bilder vorführte, sein sehen und hören steigerte, ihn wachend in Träume versetzte, ihm also die vermeintliche aussersinnliche Welt erschloss. Es giebt in Egypten noch jetzt Strychnosarten, die dazu geeignet sind; durch ganz Nordafrika kennt man den Haschisch, der aus Hanfsamen mit Honig bereitet genossen wird, oder mit Taback gemischt, geraucht wird; im Mittel-Afrika bereitet man ein Getränk Mbunda zu gleicher Wirkung und im ganzen Südasien benutzt man das Opium, wie in Nord-Asien den Absud vom Fliegenschwamm zum Zwecke der Verzückung. Es standen demnach schon im Alterthume rasch wirkende Mittel für Nothfälle zu Gebote und die Geschichte hat zalreiche Andeutungen aufbewart, welche die Anwendung solcher Mittel erweisen.

§. 64.

Bei Vergleichung der Kunden, welche aus dem Alterthume verblieben, sowohl unter sich, wie mit den Gebräuchen bei rückständigen Völkern der Jetztzeit, ergiebt sich nicht allein, dass allgemein das Streben zum Grunde lag, in die aussersinnliche Welt einzudringen, um Kunde zu erlangen, die im gewöhnlichen Leben unerreichbar schien, sondern auch, dass es selbst in den rückständigsten Formen keine Gaukelei gewesen sei, vielmehr ein aufrichtiges Streben nach Erkenntniss, mit Opfern und Gefaren für denjenigen verbunden, der zum allgemeinen besten dieser Aufgabe sich widmete; es war ein edles und ehrliches Streben nach Begeisterung. Aus der ältesten Geschichte sind im ganzen wenige Kunden verblieben, obwohl die Anwendung solcher Mittel, den rückständigen Stufen angehörig, im Alterthume am öftersten stattgefunden haben wird; unter allen ist die Bibel, trotz ihrer Lückenhaftigkeit und ausgemeinschaftlicher Umarbeitung, die ausgiebigste und werthvollste Quelle. Von den rückständigen Völkern der Gegenwart ergeben sich mehr und mehr ausführliche Mittheilungen, je sorgfältiger die Reisenden sich bemühen, über alle Sitten und Gebräuche Aufklärung zu erlangen und nicht länger das rückständige als unsinnig oder verächtlich unberücksichtigt lassen, sondern in allen Bezügen zu erforschen suchen. Aus der Mitte der jetztlebenden Bildungsvölker geben die Berichte über Verzückungen, Traumerscheinungen (Fieberwahn, Delirien, magnetisches Hellsehen, Vorahnungen u. s. w.) günstige Gelegenheiten zum Vergleiche, indem sie zeigen wie, im gesunden oder kranken Zustande, beim Zurücktreten des Bewusstseines, Erscheinungen die Herrschaft über den Menschen erlangen, die ihn mit nie empfundenen Eindrücken erfüllen, ihn in eine fremde Welt der Wonne oder des Schreckens versetzen.

Die Verschiedenheit der Bildungsstufen, auf denen jederzeit die Gesammtheit der lebenden sich befindet, erzeugte ein Übergewicht der jezeitig vorgeschrittenen, überlegen aus der Menge hervorragend, welche ihre höhere Begabung im täglichen Leben anerkannte und ihren Lebensäusserungen in gehobener Stimmung besonders Gewicht beilegte, sie fähiger erachtete, mit der aussersinnlichen Welt in Verbindung zu treten. Es entstand aus dieser Verschiedenheit schon auf sehr rückständiger Stufe die

Klasse der Weissager oder Profeten, die im Alterthume bei den Egyptern und Semiten herrschte, wie in der Gegenwart bei den rückständigen Bewohnern Afrikas aller Gegenden, bei den Nordasiaten (als Schamanen), und bei den Urbewohnern Nord-Amerikas (als Medizinmänner) eine hervorragende Stellung einnimmt. Sie waren und sind allenthalben diejenigen, welche ungewöhnliches (Wunder) vollbringen, weissagen, Regen heran ziehen, Krankheiten und böse Geister vertreiben aus ganzen Stämmen wie einzelnen Menschen, Träume empfangen und auslegen, die Verehrungswesen befragen, sei es durch Verzückungen oder Losungen vor ihrem Bilde, die durch fasten oder räuchern mit betäubenden Kräutern oder geniessen der Abkochungen solcher, in einen erregten Zustand sich versetzen, dessen Erscheinungen sie dem erstaunten, harrenden Volke deuten.

Die Geschichte der Israeliten giebt vieles hieher gehörige; besonders aber die Traumerscheinung des jungen Samuel (1. Sam. 3) und deren Verlauf. Es wird erzält, dass das „Wort des Herrn" selten war, dass wenig Weissagung erschien und im ferneren Verlaufe, dass der Profet Eli alt, sehr fett, also wenig geeignet zum Erregtsein und fast blind sei; und Samuel am würdigsten zum Nachfolger. Samuels Wunsch, vom Herrn berufen zu werden zum Profeten, fand in seinem Traume Ausdruck: er hörte die selten gewordene Stimme des Herrn, sein Unwille über das schamlose Betragen der Söhne Elis und des Vaters Nachsicht trat hinzu und er vernahm im Traume die Stimme des Herrn, welche seinen eigenen Gedanken Ausdruck verlieh. Er wie Eli und seine Zeitgenossen waren fest überzeugt von der Wirklichkeit der Worte des Herrn, denn Traum und Wachen war für sie alle nicht allein von gleichem Werthe, sondern der Traum stand höher, weil er mit der aussersinnlichen Welt in Verbindung setzte. Späterhin wird erzält, wie Saul bei der Annäherung des Filisterheeres verzagte (1. Sam. 28) und den Herrn fragte, der ihm aber nicht antwortete, weder durch Träume, noch durch das Licht (Losworfen vor Java), noch durch Profeten: wie er darauf zu einem weissagenden Weibe nach Endor ging, wo er nach 24stündigem fasten, den Geist Samuels erblickte und mit ihm redete. Schon zu Samuels Zeiten waren Profeten über das ganze Land verbreitet, und Saul (1. Sam. 10, 10) als er unter sie gerieth, weissagete gleich ihnen, wie auch (1. Sam. 19, 20) berichtet wird von dreimaliger Aussendung von Boten des Königs an die Profeten, welche unter Samuels Leitung im Lande umher zogen, wie diese Boten ebenfalls zum weissagen angeregt wurden und dass, als Saul sich selbst dahin verfügte, auch über ihn der heilige Geist kam, so dass er unterwegs weissagete. Der Profet Elias (1. Kön. 18) tritt als Regenmacher auf; sein Schüler Elisa verrichtet Wunder und Weissagungen, wie auch spätere Profeten ganze Bücher mit Weissagungen erfüllten. Im neuen Testamente setzen sich Erzälungen derselben Art fort, sowohl in dem 40tägigen Fasten in der Wüste, welches (Matth. 4. 2) von Jesu berichtet wird, wie in den Wundern, Weissagungen und Gesichten, die ihm und seinen Jüngern oder Freunden zugeschrieben werden. Zwei Erzälungen bringen unmittelbar das fasten mit der Verzückung in Verbindung:

Apostelgeschichte 10. 10: „Und als er (Petrus) hungrig ward wollte er essen; da sie ihm aber zubereiteten ward er entzückt und sah den Himmel aufgethan und hernieder faren zu ihm ein Gefäs u. s. w. Und es geschah eine Stimme zu ihm: Stehe auf Petrus, schlachte und iss."

Apost. 10. 30: „Cornelius sprach: Ich habe vier Tage gefastet bis an diese Stunde und um die neunte Stunde betete ich in meinem Hause. Und siehe da trat ein Mann vor mich in einem hellen Kleide und sprach: Cornelius, dein Gebet ist erhört und deiner Almosen ist gedacht worden vor Gott."

Auch in der Geschichte des Christenthumes, den Lebensbeschreibungen der meisten Heiligen, finden sich viele Erzälungen von Entzückungen, Gesichten und Weissagungen, welche nach anhaltendem Fasten eintraten und sowohl von den betreffenden, wie von ihren Zeitgenossen als ausserordentliche Einwirkungen der aussersinnlichen Welt gedeutet wurden.

Derartige Erregungen des Nervenlebens in eingreifendster Verbindung mit dem gewöhnlichen Leben, finden sich am frühesten bei den Anwohnern des Wüstengürtels, den Egyptern und Semiten; gegenwärtig bei den Bewohnern Nubiens und Mittel-Afrikas, so weit man es kennt. Der Ursprung mögte deshalb wohl zunächst in den Zuständen der Wüste zu suchen sein, wo auch noch jetzt der vorsichtigste nicht gesichert ist gegen Trugbilder und Erscheinungen, die seine vom dürsten erregten Nerven ihm vorspiegeln; wo der wandernde Semite noch jetzt von Wüstengeistern, guter wie böser Art, Engeln und Teufeln umschwebt wird, von deren Begleitung ihn nur der nächste Brunnen oder der Tod befreit. Solchem freiwillig sich auszusetzen, war der gewöhnliche rückständige Mensch nicht geneigt, dem die Verzückungen keinen Ersatz boten für die Qualen; er sehnte sich nicht nach freiwilliger Wiederholung des gezwungen erlebten, sondern überliess es gern den vorgeschrittenen, die durch Wissensdrang und edlen Ehrgeiz sich gedrungen fühlten, freiwillig den Nervenerregungen sich auszusetzen, um in die aussersinnliche Welt einzudringen. Das fasten in mässiger Anwendung erleichtert bekanntlich das nachdenken, macht den Kopf, das Gehirn, frei und leicht beweglich. Darüber hinaus fortgesetzt, geht die Erleichterung in wilde Aufregung über, in der die Muskeln erschlaffen, aber das Gehirn fiebert, so dass der fastende keine Erquickung findet im Schlafe, noch Ruhe im Wachen: in wirrer Flucht stürmen Erscheinungen auf ihn ein und vorüber. Töne und Stimmen umringen ihn, er fühlt sich in ganz fremder Umgebung; Gedanken und Bilder der fernsten Erinnerung tauchen empor, fliessen zusammen mit nie zuvor gekannten Wesen; leichte und kühne Gedankenverbindungen und Schlüsse vollziehen sich, weit hinein in die Zukunft; er fühlt sich in einer anderen, lichtvollen Welt, die er eilends durchzieht, schwebt von der lichten Höhe hinab zur dunkelsten Tiefe, erblickt Wesen der feinsten wie der gröbsten Art, die seine Einbildung im Augenblicke aus bekannten Bildern zusammen setzt: ihm erscheinen Engel, Teufel, Dämonen, Iblis, Dschinnen und derartig schwebende Gestalten; er sieht die Herrlichkeit des Himmels, ihren thronenden Herrn umgeben von unzähligen Engelscharen oder die Hölle mit allen ihren Martern; er erblickt seine Gesichte mit offenen Augen in einem Zustande, der den beiwohnenden nicht als Schlaf, sondern als erhöhtes Wachen erscheint. Die durch fasten verzückten mussten ihren Zeitgenossen als besonders bevorzugte erscheinen, denn im Anfange der vorbereitenden Fasten konnte ihre mässig erleichterte und gesteigerte Gehirnthätigkeit klarer denken und ungewöhnliche Folgerungen bereiten, über manches zweifelhafte zu festen Überzeugungen gelangen, die in der nachherigen Verzückung ihren Ausdruck fanden und nicht allein dem Zuhörer, sondern auch dem, nach Aufhören der Verzückung herabgestimmten Profeten als ungewöhnliches erscheinen konnten, als höhere Eingebung. Nicht allein andere, sondern er selbst gelangte zu der Vorstellung, dass jene Gedanken und Folgerungen der aussersinnlichen Welt entstammten.

Solchen Erregungen verdankten die Semiten viele ihrer Schriften; es ward bei ihnen gebräuchlich alle profetischen Überlieferungen höheren Eingebungen, Offenbarungen ihrer aussersinnlichen Welt zuzuschreiben, denselben eine Glaubwürdigkeit beizumessen, die sie niemals als Menschenwerk gefunden hätten. So findet sich auch bei den Arabern berichtet, wie der fallsüchtige Muhammad die einzelnen Suren seines Korans verfasste nach höheren Eingebungen, die er während seiner Krankheitanfälle empfing und deren aussersinnliche (göttliche) Offenbarung er ebenso wenig wie seine Anhänger jemals bezweifelte. Diese Neigung zu Verzückungen scheint überhaupt am stärksten im Wesen der Semiten zu liegen, denn nicht allein im Alterthume, sondern auch durch alle Zeiten bis zur Gegenwart findet sie sich allgemein unter ihnen, sowohl in Westasien wie durch ganz Nord-Afrika, wo sie ihre Ursprünglichkeit bewarte. Die von der Verzückung, wie der Fallsucht betroffenen, deren Zustände manche Ähnlichkeiten bieten, wurden dort zu allen Zeiten als bevorzugte angesehen; selbst die Wahnsinnigen schliesst man hierin ein, so lange nicht gefährliche Raserei die Einsperrung nöthig macht. Es findet sich in der Lebensbeschreibung Davids (1. Sam. 21) dass er, vor Saul zum Könige von Gath fliehend, dort verspottet und für sein Leben besorgt, sich toll stellte, um in der verstellten Besessenheit Schutz zu finden, so dass er weiter ziehen durfte. Gleiche Schonung fanden die Profeten, welche im Lande umherzogen, durch ungeregelte Ernärung und häufige Fasten erregt, von höheren Eingebungen getrieben erschienen, allenthalben Zutritt erlangten, vor den Königen wie am Tempel ihre Weissagungen, Drohungen und Flüche verkündeten, selbst im widerlichsten Gebaren Schutz fanden (Hesekiel 3. 1; 4. 12; 5. 1 u. a.). Ihre Entsagungen, Entbehrungen und Mühen waren unbedingt hochachtungswerth, da sie selbigen nicht zum eigenen Nutzen sich unterzogen, sondern um zum allgemeinen Besten, mit der aussersinnlichen Welt in Verbindung zu treten, Offenbarungen zu empfangen, die sie den Königen, Priestern und dem Volke mittheilen wollten. Ihre Furchtlosigkeit verdient nicht mindere Hochachtung, denn sie traten nicht allein den mächtigen Hohenpriestern Unheil verkündend entgegen (1. Sam. 2. 27) sondern auch den Königen (1. Kön. 21. 21); stellten sich vor den Tempel (Jer. 7 u. 19) um wider den Tempel und die Priester zu eifern, ebenso furchtlos wie sie dem wilden Volke predigend und weissagend, aufregend und verfluchend in das Gewissen redeten, ohne weitere Berechtigung als ihre Uneigennützigkeit und Aufopferung. Priester und Volk scheuten sich vor ihnen, denn sie galten als geheiligt und die Könige verschmäheten es nicht, von diesen drohenden, fluchenden, Unheil verkündenden Profeten Rath und Hülfe zu erflehen (Jer. 37. 3). Späterhin hausten solche Menschen in den zahlreichen Grabhöhlen bei Jerusalem, wo sie durch Einsamkeit und Fasten vorbereitet, mit den an jenen Gräbern sich aufhaltenden Seelen der Verstorbenen verkehrten und Offenbarungen empfingen, die sie alsdann schreiend die Strassen der Stadt durcheilend dem Volke verkündeten. Die von Jesus geheilten Besessenen gehörten meistens dieser Art an, einzelne werden auch als Bewohner der Grabhöhlen bezeichnet (Matth. 8, 28; Luc. 8, 27) und das ganze Wesen hat sich im Morgenlande erhalten bis auf die Gegenwart, denn auch als Mahammadaner haben die Semiten diesen Glauben sich erhalten und jeder Fakir, Derwisch und umher ziehender zerlumpter, halb wahnsinniger Weissager und Prediger, wie sie häufig auch die Basars schreiend durchlaufen, wird mit Schonung und achtungsvoller Scheu behandelt, die bei der Menge des Volkes zur Verehrung, Küssung des Mantels, der Hände und selbst der Fusstapfen sich steigert. Durch fasten und umherstreifen oder Opiumgenuss erregt, gelten sie dem Volke als geheiligte, welche Allah sich erwählte, um sein Gesetz auszulegen und die Zukunft zu enthüllen. Da dasselbe bei den übrigen Völkern Asiens, namentlich den hellen weit seltener und als zugetragen erscheint, so mögte in diesem Offenbarungsglauben nicht allein ein Grundzug der Semiten zu erkennen sein, sondern auch ein neues Verbindungsglied zwischen ihnen und den Bewohnern Ost-Afrikas, denen derselbe Glaube in rückständigeren Formen noch jetzt innewohnt. Von den Egyptern ward auch späterhin das Einsiedler- und Fastenleben zur Blüthe gebracht und eine Klasse von Menschen erschaffen, die der Aufgabe sich widmeten, in der Wüste lebend, Einblick zu gewinnen in die ausersinnliche Welt und gleich Johannis, der von Heuschrecken und wildem Honig lebte, dem Volke zu predigen; eine Lebensweise die auch in das Christenthum hinüber genommen ward und zur Entwicklung des Klosterlebens führte. Das einfache Einsiedlerleben gelangte nach Süd-Europa, wo es sich lange erhielt; nach Norden konnte es aber nicht sich ausbreiten, weil die Witterungs-Verhältnisse das Leben in der Wildniss zu sehr erschwerten und die kühlere, zu Erregungen minder geeignete Art der Indo-Europäer entgegen stand. So weit es Einsiedler gab, dürftig genärt und gekleidet, wurden sie von allen Seiten aufgesucht und befragt und als Menschen höherer Art anerkannt, erlangten sie weltverbreiteten Ruf und starken Einfluss. Ein grosser Theil der christlichen Heiligen war dieser Art und wenn auch die Sage die meisten der berichteten Wunder erschaffen haben wird, so lässt sich doch nicht verkennen, dass ihre Verzückungen wahrhaft gewesen sind. Andere zogen barfuss, im rauhen Gewande, durch Fasten und Entziehung des Schlafes abgehärmt und überreizt im Lande umher, als heilige, unantastbare, höher begabte Menschen angesehen, die mit der aussersinnlichen Welt in Verbindung stehend, deren Offenbarungen in ihren Aussprüchen verkündeten und sehr oft ihre Reden, in voller eigener Überzeugung, wie von den Zuhörern als unzweifelhaft hingenommen, mit den Worten schlossen: „So will es Gott!" Der Anstifter der Kreuzzüge im 11. Jahrhunderte, welche Europa sechs millionen Menschen kosteten, der Peter von Amiens, war ein Mann dieser Art; vom fasten abgehärmt, zog er in den Ländern reitend umher, dabei so geschwächt, dass er sich nicht aufrecht erhalten konnte und derartig erregt, dass seine Reden als unmittelbare Eingebungen erschienen, durch welche auch diejenigen Zuhörer hingerissen wurden, welche seine Sprache nicht verstanden. Seine Selbstaufopferung in Bussungen und Gebeten, sein ungewöhnliches Auftreten, das Emporflammen der höchsten Erregung aus anscheinender tödlicher Schwäche, galten als sicherstes Merkmal, dass er mit der aussersinnlichen Welt in Verbindung stehe; wie er selbst sich bewusst war, das Werkzeug höherer Macht, göttlicher Eingebungen zu sein, so nahmen auch seine Zuhörer die begeisterten Reden hin als übermenschliche, göttliche Offenbarungen.

§. 65.

In ähnlicher Art wie das Fasten wirkt die geschlechtliche Enthaltsamkeit, denn sie erregt das Nervenleben des Menschen, sowohl in ihrer strengen Durchführung, wie in ihren Verirrungen, unter Umständen in solchem Grade, dass Wahnsinn und jammervoller Tod die Folgen davon sind. Eine grosse Zal der Insassen aller Irrenhäuser, namentlich der weiblichen Seite, ist durch geschlechtliche Enthaltsamkeit dahin gelangt. Im heissen Erdgürtel, wo Zügellosigkeiten in naturgemässer wie in naturwidriger Gestalt am stärksten im Schwange sind, musste nicht allein die Enthaltsamkeit als etwas höheres, reineres erscheinen, sondern auch die daraus folgende Reizung des Nervensystemes um so stärker sich geltend machen. Diejenigen, welche sich enthielten, der Keuschheit widmeten, fanden sich höher gestimmt, erregter und fähiger, mit der aussersinnlichen Welt in Verkehr zu treten.

Anfänglich mag das Gelübde der Keuschheit ein stellvertretendes

Opfer gewesen sein, eine Abschwächung des älteren Entmannungsopfers, wie namentlich im jüdischen Nasiräerthume (4. Mose 6) dem zeitweiligen Enthaltsamkeitsgelübde, welches lediglich als Opfer geltend gemacht wird, und neben welchem das ältere Ganzopfer fortbestanden haben muss, da Jesus desselben als noch bestehend erwähnen konnte (Matth. 19. 12). Die ursprüngliche Absicht, ein Opfer zu vollbringen, war späterhin mit der Vorstellung verbunden worden, dass die Enthaltsamkeit zur höheren Begabung diene, denn sie ward bei verschiedenen Völkern als Gebot für diejenigen eingeführt, welche einem höher stehenden Leben sich widmen wollten. Schon die Brumapriester im 7. Jahrh. vor Ch. G. betrachteten das enthaltsame Leben als einen höheren Grad des Priesterthumes, besonders geeignet zur Erforschung der Weltgeheimnisse; die Buddhapriester, 400 Jahre später, folgten derselben Ansicht und im Judenthume findet sich die Lehre in der Sekte der Essäer ausgebildet, der Johannis der Täufer, wie auch Jesus angehört zu haben scheinen. Sie ward von Jesus geübt, wie vom mächtigsten Verbreiter des neuen Glaubens, dem eifrigen, gelehrten Paulus, der sie als eine höhere Stufe des Lebens besonders empfahl (1. Kor. 7). Auf Grund dessen kam die Enthaltsamkeit allmählich bei den zum Christenthume bekehrten Völkern zur Geltung; sie ward den Priestern geboten und auferlegt, wie auch den Mönchen und Nonnen, welche in Klöstern einem höheren Leben sich weihen wollten und bei denen am öftersten die Folgen der Enthaltsamkeit, durch Steigerung des Nervenlebens, in Verzückungen, Gesichten und Offenbarungen sich kundgaben, von wichtigem Einflusse auf den Glauben und das Leben der Völker. Diese Wirkungen traten überwiegend beim weiblichen Geschlechte hervor, in welchem nicht allein das Geschlechtsleben einen grösseren Theil des Gesammtlebens ausmacht, sondern auch die Nerven erregbarer sind, also leichter überreizt werden können. Bekanntlich sind aber Überreizungen weil gewöhnlicher bei Jungfrauen als Frauen und wählen auch die Magnetiseure vorzugsweise enthaltsame Jungfrauen zu ihren Versuchen, wie auch selbst die Tischrück- und Klopfgeister von ihnen am stärksten angezogen werden; ebenso die Hellseherinnen, welche von Zeit zu Zeit an den verschiedensten Orten auftauchen, sind gewöhnlich Jungfrauen, junge Mädchen mit reizbaren Nerven, welche im Halbtraume Offenbarungen erhalten, und (wenn nicht Betrug im Spiele) in Selbsttäuschung befangen, die Äusserungen ihres erregten Nervenlebens als Einblicke in die aussersinnliche Welt verkünden.

§. 66.

Die schnellste und sicherste Art der Erregung, zum Zwecke des Verkehres mit der aussersinnlichen Welt, war von Alters her, der **Genuss erregender und betäubender Pflanzensäfte**. Es giebt eine grosse Zal von Pflanzen, deren Saft in fester oder flüssiger Gestalt genossen oder im Rauche eingesogen, den geniessenden erregt, ihn betäubt, bei stärkerem Genusse, der gesteigert, ihn wahnsinnig macht oder plötzlich tötet. In mässiger Anwendung versetzen sie in einen nahezu bewusstlosen, erregten Zustand, erwecken im Gehirne Bilder und Erscheinungen, Traumgestalten, die der Mensch mit geöffneten Augen ausser sich zu erblicken meint, sie als wirklich daseiend und redend auffasst und sowohl selbst daran glaubt, wie auch bei seinen Zeitgenossen diesen Glauben findet. Es finden sich in Afrika, Asien und Amerika Pflanzen solcher Art in dieser Anwendung, und selbst der Tabacksrauch, in Menge eingesogen, kann ähnliche Zufälle erregen. Die Anwendung von Strychnosarten zur Erlangung von Offenbarungen findet sich am frühesten bei den ostafrikanischen Völkern, wo sie auch jetzt noch im Gebrauche ist. Die alten Egypter hatten verschiedene Orakel, bei denen die Aufregung als ursprünglichstes Mittel diente, und die Priester, welche von Meroe (Nubien) einwanderten, stifteten von diesem Stammorakel aus, ein zweites in Theben und von beiden aus ein drittes in der Oase des Amun, welches den Morgenländern, Hellenen und Römern das bekannteste war. Die einfachste und rückständigste Art der Orakel findet sich noch gegenwärtig bei den Völkern am oberen Nil, in der muthmasslichen Urheimat der Egypter und Semiten: Orakel, die dem oberflächlichen Betrachter als Gaukelei erscheinen, aber beim näheren Eingehen als ernstlich beabsichtigte und vom Volke aufgefasste Begeisterung anerkannt werden müssen. Der Priester, Profet und Regenbeschwörer jener Völkerschaften giebt sich mit redlichem Willen dazu her, durch Anwendung giftiger Pflanzen seine Nerven zu erregen, um Einblick in seine aussersinnliche Welt zu erlangen; er unterzieht sich den Krämpfen und der nachfolgenden, tödlichen Ermattung, um für seine Stammesgenossen höhere Eingebungen zu empfangen, handelt also, möge sein Irrthum auch noch so gross sein, als redlicher, dem Gemeinbesten sich widmender Mann. So oft es der Offenbarungen bedarf, errichtet der Stamm ausserhalb des Lagers ein dichtes Zelt; der Profet begiebt sich hinein, zündet ein Feuer von betäubenden Kräutern an, schliesst das Zelt und setzt sich entkleidet den Dämpfen aus; der hervorquellende Rauch ist dem harrenden Volke das Zeichen, dass die Verbindung mit der aussersinnlichen Welt eröffnet sei, dass das herbeigerufene Verehrungswesen im Zelte sich aufhalte; das erfolgende toben und irrereden des betäubten Profeten gilt als stattfindende Unterredung und endlich springt aus dem dichten Rauche und begleitet von der hervorquellenden Wolke, der wahnsinnig erregte Profet hervor mit blutig geröthetem, aufgedunsenem Gesichte, schrecklich anzusehen und stösst mit schäumendem Munde, in abgebrochenen Sätzen die erlangte höhere Kunde hervor, bis er in Krämpfen und erschöpft ohnmächtig niedersinkt. Beim nachherigen erwachen entsinnt er sich selbst nicht mehr des gesprochenen; mitgetheilt erscheint es ihm als ein fremdartiges, er wird dadurch um so fester überzeugt, dass es nicht seine eigenen Einfälle waren, sondern höhere Eingebungen; er fühlt sich als ausgezeichnetes Wesen und das Volk folgt derselben Überzeugung blindlings, meistens mit Glück, da die feste Überzeugung vom gelingen, den unternehmenden Muth und Zuversicht einflösen, welche das gelingen möglich machen. Der Erfolg bestärkt den Glauben, und auch das Misslingen erschüttert ihn nicht, denn der sinnende Priester, geleitet von der Überzeugung, dass der höhere Wille nicht irren könne, wird leicht eines oder das andere entdecken, in welchem die Menschen es versehen haben müssen.

Auffällige Anklänge an diese ostafrikanischen Orakel finden sich in der mosaischen Geschichte; es heisst von dem Orakelzelte der Israeliten;

2. Mose 33. 7: „Mose aber nahm die Hütte und schlug sie auf aussen ferne vor dem Lager und hiess sie eine Hütte des Stifts. Und wer den Herrn fragen wollte, musste hinausgehen zur Hütte des Stifts vor das Lager. Und wenn Moses ausging zur Hütte, so stand alles Volk auf und trat ein jeglicher in seiner Hütte Thür und sahen ihm nach bis er in die Stiftshütte kam. Und wenn Moses in die Hütte trat, so kam die Wolkensäule hernieder und stand in der Hütte Thür und redete mit Mose. Der Herr redete mit Mose von Angesicht zu Angesicht, wie ein Mann mit seinem Freunde redet."

2. Mose 34. 28: „Und Moses war allda bei dem Herrn vierzig Tage und vierzig Nächte, ass kein Brod und trank kein Wasser. Und er schrieb auf die Tafeln solchen Bund, die zehn Worte. Da nun Moses vom Berge

Sinai ging, wusste er nicht dass die Haut seines Angesichtes glänzte, davon dass Er mit ihm geredet hatte. Und da Aron und alle Kinder Israels sahen, dass die Haut seines Angesichtes glänzte, fürchteten sie sich, zu ihm zu nahen. Da rief ihnen Moses und sie wandten sich zu ihm, beide Aron und alle Obersten der Gemeinde und er redete mit ihnen. Danach nahten alle Kinder Israel zu ihm und er gebot ihnen alles, was der Herr mit ihm geredet hatte auf dem Berge Sinai. Und wenn er solches alles mit ihnen redete, legte er eine Decke auf sein Angesicht. Und wenn er hinein ging vor dem Herrn mit ihm zu reden that er die Decke ab bis er wieder heraus ging. Und wenn er heraus kam und redete mit den Kindern Israel was ihm geboten war, so sahen dann die Kinder Israel sein Angesicht, wie dass die Haut seines Angesichtes glänzte; so that er die Decke wieder auf sein Angesicht bis er wieder hinein ging mit ihm zu reden."

Die Ähnlichkeiten sind auffällig: Die Stiftshütte wird ausdrücklich als Orakelort bezeichnet, welchen Moses ausserhalb des Lagers errichtete; seine Anwesenheit war Veranlassung des Rauches, in welchem ihm die Offenbarungen (die Worte des Jave) zuflossen; der Rauch stand in des Zeltes Eingang, d. h. man konnte durch die Öffnung den Rauch sehen, der das Zelt erfüllte und hervorquoll; Moses fastete sehr strenge und wenn er heraustrat, war sein Aussehen so schrecklich, dass er eine Decke überhängte, weil das Volk sich fürchtete vor seinem aufgedunsenen (glänzenden) dunkel gerötheten Angesichte.

Ähnliches fand auch bei griechischen Orakeln statt, d. h. nicht dem alt-pelasgischen, sondern den von Egypten her eingeführten. Die weissagende Priesterin (Pythia) ward, auf einem Dreifusse sitzend, betäubenden Dämpfen ausgesetzt, bis sie, furchtbar erregt, mit verzerrtem Angesichte und wirren Blicken, abgebrochene Sätze hervorstiess, deren Inhalt von den horchenden Priestern gedeutet und mitgetheilt ward. Das älteste Orakel zu Dodona war arisch, denn die Zeichendeuter (Sellen, Hellen) erkundeten den Willen des Zeus aus dem rauschen der heiligen Eichen; späterhin ward hier ein Orakel nach egyptischer Weise, mit Betäubung, angelegt. Ein zweites gab es in Böotien, aber das angesehenste war zu Delfi, dem Apollon heilig, mit dem Bundesheiligthume aller Hellenen verbunden. Letzteres verfiel im Laufe der Zeit zu einem Werkzeuge der Priesterschaft; war bestechlich und gab zumeist doppelsinnige Aussprüche. — Die Italier hatten in den ältesten Zeiten ihre Orakel der emauischen

Sybille, des Faunus und der Fortuna zu Präneste, die aber nach der Gründung Roms verschollen und durch aufgeschriebene Orakelsprüche, die sogen. sybellinischen Bücher ersetzt wurden. In Egypten haben die Orakel am längsten bestanden, arteten aber im Laufe der Zeit zu Gaukeleien aus: die Priester hatten den Glauben daran verloren, als ihre fortschreitende Erkenntniss sie zu höheren Vorstellungen fürte; sie mussten aber die Orakel fortführen, weil das rückständige Volk noch daran glaubte und es verlangte; die Orakel fielen Leuten in die Hände, welche in der leichtesten Weise Geld zu verdienen suchten und dem noch jetzt in vielen Zweigen herrschenden Grundsatze huldigten: die Welt will betrogen sein, also betrügen wir.

§. 67.

In den Vorstellungen über den Verkehr begeisterter Menschen mit der aussersinnlichen Welt zeigen sich **zwei Arten der Verbindung** entweder wird der begeisterte in die aussersinnliche Welt **entrückt** oder Wesen der aussersinnlichen Welt werden herbeigezogen, veranlasst, dem begeisterten sich zu nahen und mit ihm zu reden.

Erstere Art tritt vorwaltend in den Gesichten der Profeten des alten Testamentes zu Tage: sie schauen die Herrlichkeit des Herrn, werden im Fluge nach anderen Orten entrückt, erblicken das künftige Jerusalem in seiner Grösse und Herrlichkeit, schauen im voraus die Niederlage der Feinde u. s. w.; sie zeigt sich auch in den Gesichten und Weissagungen, welche die Evangelisten Jesus beilegen, in Stephanus Verzückung (Apostelg. 7. 55), vor allem aber in der Offenbarung Johannis, in welcher der verzückte Himmel, Erde und Unterwelt durchschaut, Engelscharen und Ungeheuer, Gestalten der Höhe wie der Tiefe an seinen Blicken vorübergehen, Gegenwart und Zukunft in einander fliessen und eine Folge von Erscheinungen und Vorgängen sich entrollt, wie sie in der wirklichen, sinnlichen Welt nicht möglich ist, in der aber doch alle Einzelheiten vorhanden sind, aus denen der verzückte seine aussersinnliche Welt zusammensetzte. Dieselbe Verbindungsart ist in Muhammads Himmelsreise ausgeprägt: der häufig von Krämpfen (Fallsucht) heimgesuchte Profet fühlte sich in einem Anfalle der Betäubung oder Verzückung der Erde entrückt, durch alle sieben Himmel gefürt, wo die weisen Männer der Vorzeit mit ihm redeten, die Engel ihn ehrfurchtsvoll zum Throne Allahs geleiteten u. s. w., alles Gesichte, die sehr wohl sein Gehirn durchzogen haben können, da er, gleich allen Semiten an die thatsächliche Geltung solcher Erscheinungen glaubte und seine Beschreibung der gesehenen Himmel, den damals geltenden Kenntnissen gemäs, zusammengesetzt war aus gangbaren Bildern.

Die andere Verbindungsart, das Herabkommen der Wesen der aussersinnlichen Welt zum begeisterten findet sich beschrieben in den Geschichten der ältesten Zeit: höhere Wesen (Elohim) besuchten die Menschen (1. Mose 18) assen Kalbsbraten und Kuchen mit ihnen und verkündeten die Zukunft; ein Verkehr, der nach dem Traume Jakobs beurtheilt, lediglich als Traumerscheinung aufzufassen ist, die der gangbaren Annahme nach, gleichbedeutend mit fasslicher Wirklichkeit war. Zur mosaischen Zeit lässt sich Jave auf den Berg Sinai nieder, erscheint im feurigen Busch, redet im Rauche der Stiftshütte mit Mose, wie ein Freund mit dem anderen, erscheint späterhin auf dem Gnadenstuhle (2. Mose 25. 22). In den nachfolgenden Zeiten erscheint Jave selten, obgleich Zelt, Lade und Gnadenstuhl erhalten blieben; dagegen erscheinen wiederholt Engel, um den Menschen Mittheilungen von der aussersinnlichen Welt zu machen. Dem Richter Gideon (Richter 6. 21) erscheint ein Engel, um sein Opfer anzuzünden; dem Weibe Manoahs (Richter 13. 3) um die Geburt Simsons zu verkünden; dem David (2. Sam. 24. 16) um die Pest über Israel zu verhängen; dem Josef (Matth. 1. 20) um ihn zur Haltung seines Ehegelöbnisses anzuhalten; ferner (Matth. 2. 13) um den Josef zur rettenden Flucht nach Egypten zu bewegen; dem Zacharias (Luc. 1. 11) um ihm die Geburt des Johannis vorauszusagen; der Maria (Luc. 1. 26) um die künftige Geburt Jesu zu verkünden; den Hirten (Luc. 2. 9) um ihnen die geschehene Geburt Jesu mitzutheilen; am Ölberge erschien ein Engel (Luc. 22. 43) um Jesus zu stärken; an Jesu Grabe (Matth. 28. 2) wälzte ein Engel den Stein fort und verkündete den Weibern die Auferstehung; bei der Himmelfart Jesu (Apostg. 1. 10) erscheinen zwei Engel, den Jüngern die baldige Wiederkunft Jesu verkündend; dem Cornelius (Apostg. 10. 3) ein Engel im Gesichte offenbarlich und redend; dem Petrus als Befreier aus dem Gefängnisse (Apostg. 12. 7) u. m.

§. 68.

Die verschiedenartigen Verbindungen der Menschen mit der aussersinnlichen Welt unterschieden sich auch in Bezug auf die **Willkürlichkeit der Erscheinungen.** Träume und Engelserscheinungen waren unwillkürliche, sie kamen meistens unerwartet, aus Gründen, die erst aus dem Inhalte der Mittheilungen sich ergaben. Dagegen waren diejenigen Verzückungen willkürlich, welche durch anhaltendes fasten oder durch den Genuss geeigneter Fruchtsäfte herbeigeführt wurden; der verzückte ward, je nach den Absichten die ihn bewegten, entweder in die aussersinnliche Welt entrückt oder es näherten sich ihm die Gestalten derselben. Die Willkürlichkeit der Hervorrufung erstreckte sich aber nicht über den Verlauf der Verzückung, welche im Zustande des schlummernden oder willenlosen Bewusstseins vor sich ging und in welchem deshalb, ebenso in willkürlichen wie im unwillkürlichen Schlummer des Bewusstseines, alle Mängel des Menschenwesens wirken konnten. Zumeist der allgemeine Mangel (§. 6), dass wir Menschen nicht die Gegenstände zu erfassen vermögen, wie sie sind, sondern nur die Vorstellung, welche wir aus den verschiedenen empfundenen Bildern geschaffen und ausser uns versetzt haben an ihre gemuthmasste Stelle. Auf diesem Wege tritt die Gefar ein, dass wir die Vorstellungen unseres Gehirnes, welche unfreiwillig auftauchen und aus Erinnerungs-Bildern sich zusammensetzen, in gleicher Art empfinden und ausser uns versetzen, wie die Vorstellungen aus Bildern, welche wir durch die Sinne empfangen; wir verwandeln dadurch die Schöpfungen unseres Gehirnes in Gestalten ausser uns. Diese Verwechslung tritt in Träumen und Verzückungen, wie bei jeder Art des schlummernden Bewusstseines, um so eher ein, als mit dem Bewusstseine auch der Trieb und die Fähigkeit mangelt, uns durch willkürliche Fortbewegung, Betastung, Geruch, Vergleichung u. s. w. vom wirklichen vorhandensein zu überzeugen; es schlummert der Zweifel, der Vater der Wahrheit. Es wäre deshalb eine unrichtige und dabei lieblose Beurtheilung, wenn man die Männer aller Zeiten und Völker, welche strebten, auf den verschiedenen Wegen Einsicht in die aussersinnliche Welt zu erlangen, als Gaukler, Betrüger oder sinnlose Schwärmer bezeichnen wollte; wir haben sie vielmehr zu betrachten als hervorragende Männer ihrer Zeit und Umgebung, welche, von edler

Wissbegierde getrieben oder von dem Wunsche, ihren Genossen heilsame Aufschlüsse höherer Art zu verschaffen, ihr Nervenleben unter Gefar der Zerrüttung vorübergehend dahin steigerten, dass ungewöhnliche Erscheinungen und Gedankenvorgänge erregt wurden, welche sie, wie auch ihre Zeitgenossen, nicht als Gebilde des eigenen Gehirnes auffassten, sondern als äussere Vorgänge, als Einflüsse der aussersinnlichen Welt, deren der auserwählte gewürdigt worden sei. Diese Vorstellungen haben allerdings, wie alle anderen, ihre Zeit der Fortbildung und Rückbildung und erst wenn letztere irgendwo eintrat, arteten sie aus in Gankeleien, waren nur noch Mittel zur Täuschung und Ausbeutung der Menge. Ihre Entstehung und Fortbildung war und ist noch jetzt (bei rückständigen Völkern) eine ernst gemeinte und betriebene Sache, nach deren Ausfall über das Leben einzelner wie ganzer Stämme entschieden wird, ohne dass die auserwählten und ihre Genossen dabei einem anderen Antriebe folgen, als den Willen der vermeintlichen aussersinnlichen Welt zu erkunden und den Eingebungen derselben unbedingt und rücksichtslos zu folgen.

§. 69.

Alle vorangeführten Wege zum Verkehre mit der aussersinnlichen Welt waren beschränkt in ihrer Anwendbarkeit; sie bedurften der Ergänzung durch ein jederzeit verfügbares und anwendbares Mittel, wie es im Loswerfen vor dem Anbetungswesen gefunden ward.

Träume und Engelserscheinungen liessen sich nicht willkürlich herbeiführen; Verzückungen durch anhaltendes Fasten mogten für den wissbegierigen Forscher genügen, nicht aber für die Fragen des täglichen Lebens der einzelnen, deren Beantwortung keine mehrtägige Frist gestattet. Erregungen durch Kräutersäfte entsprachen den Anforderungen besser, konnten willkürlich hervorgerufen werden und wirkten in kurzer Zeit; allein sie waren nicht geeignet, um unausgesetzt angewendet zu werden, denn der erregte bedurfte hinterher längerer Zeit zur Erholung aus der Ermattung, weil sonst Zerrüttung und Wahnsinn den auserwählten ereilt hätten. Die Anwendung der Verzückung ward deshalb auf die seltener vorkommenden Verlegenheiten und Erfordernisse der Gesammtheit beschränkt und zur Beantwortung der Fragen einzelner, die bei den unzähligen Verlegenheiten des täglichen Lebens höhere Aufschlüsse verlangten, ward das Loswerfen angewendet. Die auserwählten (Priester, Profeten) besassen heilige Lose, je nach der Art des Volkes verschieden, welche an den Orten, wo das Verehrungswesen anwesend gedacht wurde, unter Anrufung seiner Entscheidung geworfen wurden. Vorsicht halber zu wiederholten malen und nach der Mehrzal des Ausfalles ward die Entscheidung gedeutet. Bei den hellen Völkern finden sich Andeutungen, dass eine Handvoll bucheuer Stäbe mit eingeschnittenen Zeichen (Runen) in den heiligen Hainen fortgeworfen wurden, um sie in ihrer zufällig entstandenen Reihenfolge aufzulesen und aus der Runenfolge das entscheidende Wort oder den antwortenden Satz zusammenzustellen. Unsere Wörter „Buchstab" und „lesen" stammen aus jenem Altertume.

Bei den Semiten war es gebräuchlich die Lose im allerheiligsten zu werfen, wo das Verehrungswesen im Bilde gegenwärtig war oder seine Erscheinungsstätte hatte. Zum erkennen der israelitischen Einrichtungen dienen folgende Stellen:

2. Mose 25, 21: (Jave befielt Moses) „Du sollst den Gnadenstuhl oben auf die Bundeslade thun und in die Lade das Zeugniss legen, das Ich dir geben werde. Von dem Orte will Ich dir zeugen und mit dir reden, alles was Ich dir gebieten will an die Kinder Israels."

2. Mose 33, 7: „Und wer den Herrn fragen wollte, musste herausgehen zur Stiftshütte vor das Lager."

2. Mose 28, 30: „Und sollst in das Amtschildlein thun Licht und Recht, dass sie auf dem Herzen Aron seien, wenn er eingeht vor dem Herrn und trage das Amt der Kinder Israel auf seinem Herzen vor dem Herrn allewege."

4. Mose 9, 8: Verunreinigte Menschen fragen Moses, ob sie nicht auch das Passah feiern dürften. Moses antwortet: „Harret, ich will hören, was euch der Herr gebeut. Und der Herr redete mit Moses und sprach" u. s. w.

Es ergieht sich also, dass der Gnadenstul auf der Orakellade der Ort war, von woher Javes Entscheidungen kamen; dass der Priester (Moses oder Aron) so oft jemand Fragen stellte zur sofortigen Entscheidung, hinein gingen in das allerheiligste vor den Herrn, um seine Antwort herbeizuführen; dass ferner Aron zwei Zeichen (Urim und Thumim) in seinem Brustschilde hatte, die er als Amt der Kinder Israel vor dem Herrn tragen sollte, die er mit hinein nehmen musste, wenn er den Herrn für einzelne zur sofortigen Entscheidung zu befragen hatte, was nur im allerheiligsten geschehen durfte. Die Namen der Lose „Licht" und „Recht" stimmen auffällig zu den beiden Gestaltungen des egyptischen Osir, dem Sonnenherrn, dessen Namen auch das Loblied Moses (5. Mose 32. 4) enthält, indem es in der Urschrift heisst: „die Werke des Tsur sind vollkommen", welches unsere Bibelübersetzung sehr ungenügend wiedergiebt in den Worten: „Seine Werke sind unsträflich." Diesem Tsur oder Osir sind die Lose gemäss, der als Tag-Osir, leuchtende Sonne der Oberwelt, das „Licht" bedeutet, dagegen als Nacht-Osir, untergegangene Sonne, Herrn und Richter der Unterwelt (Ra-Amenthes) das „Recht" bedeutet, so dass sich schliessen lässt, die beiden Lose seien einfache Zeichen gewesen, in den allgemein angewendeten Tag- und Nachtfarben roth und schwarz, dieselben, welche noch jetzt bei den einfachsten Entscheidungen gebräuchlich sind, das Kartenspiel scheiden wie die Spieltische. Diese Befragungsweise haftete aber an der Bundeslade, war an deren Aufenthalt gebunden und nicht anwendbar, wenn irgend wo, entfernt davon eine rasche Entscheidung nöthig ward. So lange der Wanderzug des ganzen Volkes dauerte, war die Lade in der Nähe des Lagers und sobald der Zug ruhete, konnten die Fragen vorgelegt und entschieden werden. Als jedoch späterhin Land zum Ansiedeln erobert worden war, das Volk sich ausbreitete und ansässig machte, Kriegszüge unternahm entfernt von der Lade, war man genötigt, andere Arten der Befragung anzuwenden. Der Richter Gideon (Richter 6. 36) legte ein Schaffell auf die Tenne und bat den Herrn, durch Bethauung die Frage mit Ja oder Nein zu beantworten, machte auch nach empfangener Entscheidung die Gegenprobe, um sicher zu sein, dass zwischen dem Herrn und ihm kein Missverständniss sich einschleiche. Wollte aber das ganze Volk fragen und war Zeit verfügbar, dann schickte man nach dem Aufenthaltsorte der Lade oder liess sie von den Priestern heran bringen, um an der Stelle der Verlegenheit die Entscheidung herbeizuführen. So fragten die Israeliten (Richter 1) den Herrn, wer wider die Kananiter streiten solle; der Herr antwortet: „Juda". Da sprach Juda zu seinem Bruder Simeon (d. h. der Stamm zum anderen): „Zeuch mit mir hinauf in meinem Lose und lass uns gemeinschaftlich wider die Kananiter streiten, so will ich wieder mit dir ziehen in deinem Lose. Also zog Simeon mit ihm." Man hatte also gefragt durch Losen. Späterhin (Richter 20. 18) wiederholt sich dieses: der Kriegszug von ganz Israel, mit Ausnahme des zur Ausrottung bestimmten Stammes Benjamin, machte sich auf, begab sich zur Orakelstätte der Lade und fragte den Herrn: „Wer soll vor uns hinauf ziehen, den Streit anzufangen mit den Kindern Benjamin? Der Herr sprach: Juda soll anfangen." Sie wurden aber zweimal durch das befragen irre geführt und geschlagen; erst zum dritten male siegten sie und rotteten den Bruderstamm aus bis auf wenige. Das umherziehen und versetzen der Orakellade muss späterhin gebräuchlicher geworden sein, denn sie findet sich zu Silo (1. Sam. 1. 3), zu Kiriath Jearim (7. 2), zu Mizpa (7. 6), zu Ramath (7. 17), auch holte das Volk sie in dringender Noth aus Silo in das Kriegslager, um wider die Filister zu helfen: die Schlacht ging aber verloren (1. Sam. 4) und ihr Orakel ward die Beute der Feinde. Es ist bei jenem umherziehen ein Unterschied zu machen zwischen den festen Opferstätten, den Gebetorten, welche an verschiedenen Stellen des Landes sich befanden und der Weissagung, welche an der tragbaren Orakellade haftend, zur Zeit nur an einer Stelle befindlich sein konnte. Geopfert ward zu Bethel (der ältesten Stätte aus Jakobs Zeiten), zu Gilgal und an Mizpa, heilige Orte der Anrufung, aber ohne Weissagung, wenn nicht vorübergehend die Bundeslade dort aufgestellt ward. Zu Beth-El ward geopfert (1. Sam. 10. 3), zu Gilgal (11. 15) ward Saul „vor dem Herrn" zum Könige gemacht; aber seine Wahl „durch Losung vor dem Herrn" geschah zu Mizpa (1. Sam. 10. 17) welches eine Opferstätte war und zur Zeit der Aufenthaltsort der Orakellade. Die Losung, welche Samuel vornahm, traf zuerst aus den 12 Stämmen den des Benjamin: die zweite, aus den Geschlechtern dieses Stammes, das des Matri und die dritte Losung traf aus dem Geschlechte Matri den Saul, der also vom Herrn selbst zum Könige erwählt war, ein ächter König von Gottes Gnaden. In späterer Zeit (1. Sam. 14. 41) liess Saul notgedrungen, in Samuels Abwesenheit, Lose werfen vor dem Herrn, den er auffordert „schaffe Recht" und als das verderbliche Los seinen eigenen Sohn Jonathan traf, wollte er ihn sofort töten, um den erzürnten Herrn zu versöhnen. Es ergiebt sich daraus, wie gebräuchlich das loswerfen vor dem Herrn war und wie ernst das befragen genommen ward; selbst das Leben des Thronfolgers ward vom eigenen Vater bedroht, wenn das Los so ausfiel.

Die Geschichte späterer Zeit erwähnt nicht weiter der Losung; sie scheint nur mit dem Javedienste in Verbindung gestanden zu sein, nicht mit dem Baalsdienste zur Zeit Davids, denn diesem kamen die Weisungen seines Herrn zu durch Profeten (Nathan u. a.) und zur Zeit Salomos

(1. Kön. 8. 6) fand die alte Orakellade allerdings noch ihren Pla'z im Sonnentempel, auch Javes Rauchwolke erschien noch dort, aber das Orakel schwieg und der Losung wird nicht wieder erwähnt; Träume und Profeten blieben die einzigen Verbindungen mit der aussersinnlichen Welt.

Die rückständig verbliebenen Semiten Arabiens behielten dagegen das althergebrachte Losen bis zur Zeit Muhammads, im 7. Jahrh. nach Ch. G. Sie hatten in ihrem Stammheiligthume zu Mekka, dessen Stiftung sie dem Stammvater des Ismael und Isaaks, Abram, zuschrieben, das Bild des Abram aufgestellt mit sieben Pfeilen in der Hand, von denen der fragende, je nach der Art der Angelegenheit, zwei oder drei dafür bestimmte herabnahm, sie vor Abrams Angesicht losend hinwarf und demgemäss die Antwort mit Ja oder Nein entnahm oder Aufschub empfing. Muhammed zerstörte das Bild und die Losung, als er (629 nach Ch. G.) die Kaba einnahm und dem einigen Allah weihete.

Unter den Christen hat das Losen vor dem Herrn noch im 18. Jahrh. bei den Herrnhutern sich erhalten, welche durch das Los die Entscheidung darüber nachsuchten, ob jungen Paaren, die sich zur Heirat meldeten, diese gestattet werden solle oder nicht.

Gegenwärtig findet sich diese Art der Ermittelung des höheren Willens noch bei den Bewohnern der Südbezirke in Sima: in den Bethäusern steht ein Becher mit Stäben, jeder mit einem Sinnspruche beschrieben; der fragende neigt den Becher bis einer der Stäbe herausfällt, dessen Spruch als Antwort gedeutet wird; auch finden sich Scheiben (roth und schwarz?) die der fragende hinter sich wirft und aus deren Oberseite die Entscheidung deutet.

§. 70.

Ausser den vorbenannten Verbindungen mit der aussersinnlichen Welt, benutzt um den höheren Willen zu erforschen, erscheint noch eine nicht dazu nutzbare, im besessensein durch Geister. Als die Vorstellung entstanden war, dass im absterben des Menschen, ein flüchtiges Wesen (Seele) sich trenne vom Leibe, nahm man zuerst an, dass sie in nächster Umgebung verbleibe, entweder im Grabe mit dem Leibe oder frei umher schwebend und dass sie sich verbergen oder herankommen könne nach Belieben. Dem rückständigen war alles geisterhaft was er nicht zu erklären wusste: jedes Geräusch, dessen Entstehung er nicht kannte, jeder flüchtige Schatten oder Lichtschein, rührte von Geistern her und da dieses umgebensein von Geistern unheimlich und grausig war, übertrug er seine Eindrücke demgemäss auf jene Wesen seiner aussersinnlichen Welt, gestaltete die Geister als unheimliche Gespenster, die der Regel nach von bösen Absichten geleitet, dem Menschen schädlich seien. Demgemäss schrieb er jedes Unheil, welches ihn traf, den Geistern zu, sobald er keinen sichtbaren Ursprung entdecken konnte und so dachte er sich auch jede Störung des menschlichen Bewusstseines (Fallsucht, sinnlose Erregung, Wahnsinn) als Einwirkung eines fremden, bösen Geistes. Unter den Indianern Amerikas schweben die Geister der verstorbenen so nahe umher, dass unvorsichtige Gefahr laufen, mit einem Schlucke Wasser einen Geist einzuschlürfen, der alsdann in ihnen redet, vielleicht als der Geist eines verstorbenen bekannten sich zu erkennen giebt, sie zum Unglücke leitet und nur durch die stärksten Beschwörungen und Opfer sich austreiben lässt. Bei den Negervölkern Afrikas werden von Zeit zu Zeit die flüchtigen Seelen aus den Dörfern vertrieben, sobald unerklärte, schädliche Vorgänge ihr dasein verrathen, d. h. so gedeutet werden, in Ermangelung sichtbarer Ursachen. Bei den Semiten, so lange sie Wüstenbewohner waren, in und neben der Wüste, war diese der Aufenthalt der Geister, welche den verschmachtenden durch Trugbilder irre führten; bei den Arabern verblieb diese Vorstellung bis jetzt, wogegen sie frühzeitig bei den Israeliten schwand, als sie der Wüste ferner, in Palästina sich angesiedelt hatten. Nach ihrer Vorstellung ruhten die Seelen mit dem Leibe im Grabe, im Scheol, sei es unter der Erdoberfläche oder in Hölen, jedenfalls nahebei und zugänglich und wenn der Mensch von ungewöhnlichen Zuständen heimgesucht ward, war es ein böser Geist, der ihn beseelte. So heisst es vom Saul (1. Sam. 16. 23): „Wenn der Geist des Herrn über Saul kam, so nahm David die Harfe und spielte mit seiner Hand: so erquickte sich Saul und ward besser mit ihm und der böse Geist wich von ihm." Der Trübsinn des Königs ward also aufgefasst als besessensein durch einen bösen Geist, den der Herr gesendet habe. Dieselbe Vorstellung erweiterte sich späterhin, unter chaldäischen Einflüssen, zur Annahme ganzer Heere von Geistern, in zwei Abtheilungen, denn es heisst (2. Chron. 18. 18): „Er (der Profet Micha) aber sprach: `Darum höret des Herrn Wort. Ich sah den Herrn sitzen auf seinem Stule und alles himmlische Heer stand zu seiner rechten und zu seiner linken." Späterhin erweiterte sich die Vorstellung dahin, dass die bösen Geister (zur linken) einem Obersten, dem Beelzebub (vielleicht dem ehemaligen Belzebaoth) untergeordnet wurden, so dass auch bei den Israeliten die persische Scheidung der Weltordnung in zween Gewalten sich vollzog; stärker als vordem im Glauben an den Satan, aber minder entschieden als bei den Persern. Ob die Wandlungen des israelitischen Glaubens aus der Gefangenschaft stammten oder im Verkehre zugebracht wurden und ob das ganze Volk Theil daran nahm, muss dahin gestellt bleiben; jedenfalls war die Vorstellung vom besessensein zu Jesu Zeiten herrschend, denn unter den Wundern, welche die Evangelisten von ihm erzälen, sind die Austreibungen böser Geister aus besessenen weitaus die zalreichsten. Es gab damals im ganzen Lande zerstreut die althergebrachten Weissager, Männer welche dem Verkehre mit den Geistern sich widmeten, die ähnlich den jetzigen Fakiren des Morgenlandes, in Aufregung sich versetzten um Offenbarungen zu erlangen und deren Zustände dem besessensein zugeschrieben wurden; nicht dem erfülltsein mit dem heiligen Geiste wie zu Moses Zeiten, sondern dem innewohnen der Seelen Verstorbener. Diese Weissager hausten vornehmlich in den zahlreichen Grabhölen, um mit den dort sich aufhaltenden Seelen in Verkehr zu treten, rannten alsdann begeistert in Dörfern und Städten umher, schreiend und weissagend bis ihr an Tollheit grenzender Zustand in Erschöpfung endete. Die beständige Aufregung des Volkes durch diese Menschen war eine Hauptveranlassung der Empörungen wider die Fremdherrschaft, die toll entstanden und ebenso verlaufend, den Untergang des Reiches der Israeliten herbeiführten. Die Beruhigung oder Aufrichtung der besessenen war Aufgabe der Wanderärzte, welche lehrend und heilend das Land durchzogen; es finden sich folgende bezügliche Stellen:

Matth. 8. 16: „Am Abende aber brachten sie viele besessene zu ihm und er trieb die Geister aus mit Worten und machte allerlei kranke gesund."

8. 28: „Da baten ihn die Teufel (zweier besessenen) und sprachen: Willst du uns austreiben, so erlaube uns in die Heerde Säue zu faren. Und er sprach: Faret hin! da furen sie aus in die Säuherde."

9. 33: „Und als der Teufel war ausgetrieben, redete der Stumme."

10. 8 sendet Jesus seine Jünger aus mit dem Befehle: „Machet die kranken gesund, reiniget die aussätzigen, wecket die toten auf, treibet die Teufel aus."

Matth. 10. 28: „So ich aber den Teufel durch den Geist Gottes austreibe, so ist je das Reich Gottes zu euch gekommen."

17. 18: „Und Jesus bedrohete ihn und der Teufel fur aus von ihm und der Knabe ward gesund zu derselbigen Stunde."

Mark. 3. 11: „Und wenn ihn (Jesus) die unsauberen Geister sahen, fielen sie vor ihm nieder, schrien und sprachen: Du bist Gottes Sohn! Und er bedrohete sie hart, dass sie ihn nicht offenbar machten."

7. 29: „Und Jesus sprach zu ihr: Um des Wortes willen, gehe hin, der Teufel ist von deiner Tochter ausgefaren."

9. 25: „Da nun Jesus sah, dass das Volk zulief, bedrohete er den unsauberen Geist und sprach zu ihm: Du sprachloser und tauber Geist, ich gebiete dir, dass du von ihm ausfarest und farest hinfort nicht in ihm."

9. 29: „Und Jesus sprach: Diese Art kann mit nichten ausfaren, denn durch beten und fasten."

16. 9: „Maria Magdalena, von welcher er (Jesus) sieben Teufel ausgetrieben hatte."

16. 17: „In meinem Namen werden sie Teufel austreiben."

Luc. 10. 17: Die siebenzig (ausgesandten) aber kamen wieder mit Freuden und sprachen: „Herr es sind uns auch die Teufel unterthan in deinem Namen. Er sprach aber zu ihnen: Ich sah wohl den Satanas vom Himmel fallen als einen Blitz."

Auch die Apostel wirkten in dieser Richtung und trieben böse Geister aus:

Apost. 16. 18: „Paulus aber that das wehe und wandte sich um und sprach zu dem Geist: Ich gebiete dir im Namen Jesu Christi, dass Du von ihr ausfarest. Und er fur aus zu derselben Stunde."

19. 11: „Und Gott wirkte nicht geringe Thaten durch die Hände Paulus, also dass sie auch von seiner Haut die Schweisstüchlein und Koller über die kranken hielten und die Seuchen von ihnen wichen und die bösen Geister von ihnen ausfuren."

Die Vorstellung vom besessensein hat sich im Morgenlande erhalten, nur werden Fallsucht, Krämpfe und Wahnsinn nicht Geistern zugeschrieben, welche ausgetrieben werden können, sondern der muhammadanischen Grundvorstellung gemäs, mit allem übrigen auf Allah zurückgefürt; man betrachtet solche kranke als Menschen, auf denen Allahs Hand ruhe, betrachtet sie mit Scheu, behandelt sie mit Schonung und überlässt es Allah, ob und wann er seine lastende Hand abziehen wolle.

§. 71.

Im christlichen Europa fand jene semitische Vorstellung vom besessensein mit bösen Geistern allseitige Anerkennung, da die Evangelien unzweideutig sie stützten; es entstand daraus die Vorstellung von **Teufelsbündnissen und Zaubereien**. Alle krampfhaften und tollen Lebensäusserungen, die mit Bewusstlosigkeit verbunden waren, schrieb man bösen Geistern (Teufeln) zu, die in dem unglücklichen ihr Wesen trieben und die Priester bemüheten sich, selbige durch Beschwörungen auszutreiben, vornehmlich nach Anleitung des Evangeliums (Luc. 10. 17) in Jesu Namen, späterhin im Namen der Dreieinigkeit. Im mittleren und nördlichen Europa nahm dieselbe Vorstellung eine besondere Gestalt an, als, zur Verdrängung des heidnischen Glaubens, die christlichen Priester alle ehemaligen Verehrungswesen in das Reich der bösen Geister verwiesen, zu Teufeln umwandelten. Jeder der dem alten Glauben anhing ward nunmehr als ein vom Teufel besessener betrachtet und, wenn er der christlichen Lehre beharrlich sich verschloss, als ein verstockter Anhänger des Teufels behandelt, der, wenn es ihm wohl erging ohne Christ zu sein, mit dem Teufel im Bunde stehe, welcher ihm die irdischen Vortheile gewähre, gegen Preisgebung der Seligkeit, welche das Christenthum ihm biete. Es konnte nicht fehlen, dass die christlichen Priester, welche jeden Täufling beschenkten, den meisten Zulauf von armen Leuten erhielten, welche häufig wiederkehrten, um gegen das Geschenk eines Hemdes die christliche Taufe sich gefallen zu lassen; dass dagegen die wohlhabenden sich fern hielten vom neuen Glauben, wie sie zu allen Zeiten und allerorts Neuerungen nicht geneigt sind, wenn nicht augenscheinlich ein naheliegender Vortheil darin liegt. Es wird lange Zeit arme Christen neben wohlhabenden Heiden gegeben haben: erstere in Armuth verbleibend, obgleich sie den wahren Glauben hegten (getauft waren); letztere wohlhabend und angesehen im falschen Glauben. Nach Ansicht der Priester, liess sich dieses nur durch den Teufel erklären, denn der Wohlstand vom Teufel herrührend könne nur den Heiden zufliessen, nicht den Christen, die dem Teufel entsagt hatten in der Taufe. Früherhin hatte man die besessenen, wegen der Unfreiwilligkeit ihrer Verbindung mit bösen Geistern, als unglückliche betrachtet; jetzt aber, galten die mit dem Teufel verbündeten Heiden als boshafte, willentlich verstockte, denn sie konnten durch die Taufe dem Teufel sich entziehen und wollten nicht. Ausserdem gab es viele unter den getauften, welche heimlich dem alten Glauben huldigten ohne zu verderben, vielmehr wohl und glücklich lebten; alte Weiber verrichteten nach wie vor Heilungen unter Anwendung heidnischer Gebräuche, in Fällen wo die christlichen Priester vergeblich ihre Beschwörungen und das Weihwasser angewendet hatten: das konnte nur dem Teufel zugeschrieben werden, welcher den Männern Gottes (den Priestern) entgegen arbeitete.

Es stellte sich frühzeitig bei den christlichen Völkern die Vorstellung ein, dass alles, was nicht christlich sei, im ganzen und einzelnen dem Reiche des Teufels angehöre. Bis zum vierten Jahrhunderte hatten die Priester die Kindertaufe abgelehnt, welche von Alters her bei morgenländischen und teutonischen Völkern gebräuchlich gewesen war; als sie dennoch in das Christenthum verpflanzt ward, um den neugeborenen ehemöglichst dem Reiche Jesu einzuverleiben, zeigte es sich erforderlich, den Teufel, welcher jedem Nichtchristen, also auch dem Säuglinge innewohne, zu vertreiben, was bei der Taufe mit den Worten geschah: „Ich beschwöre dich du unreiner Geist, dass du ausfarest von diesem Knechte Christi, im Namen des Vaters, des Sohnes und des heiligen Geistes!" Diese Teufelsaustreibung als Theil der Taufhandlung blieb in der Christenheit herrschend bis in das 16. Jahrh., als bei der stattfindenden Spaltung die Reformirten und Anglikaner sie gänzlich abschafften, die Lutheraner dagegen sie in die Form einer Lossagung vom Teufel kleideten, bis auch sie im 18. Jahrh. begannen, mit Abschaffung des Glaubens an den Teufel, jene Lossagung durch Umdeutung und veränderte Wortfassung zu beseitigen.

Die Beschwörung des Teufels und Austreibung in der Taufhandlung waren in sich ein unschädliches, konnten geschehen, gleich der Taufe selbst, ohne dem betroffenen Menschen zu schaden. Dagegen entwickelte sich die andere Seite der Vorstellung zum grässlichen Hexenglauben, der lange Jahrhunderte hindurch das christliche Europa mit Gräueln erfüllte; ferner zur Glaubensverfolgung, welche alle diejenigen traf, welche entweder nicht zum Christenthume gehörten (Juden und Muhammadaner) oder davon abwichen (Arianer, Pelagianer, Waldenser, Hussiten u. s.). Bei

Beurtheilung der Hexen wie der ungläubigen trat nämlich, in den Vorstellungen der gläubigen, als entscheidendes Merkmal hervor, dass jene absichtlich den wahren Glauben, das Reich Jesu, abwiesen, also freiwillig im Reiche des Teufels beharrten oder demselben sich zuwandten, demnach nicht unglückliche, bemitleidenswerthe seien, sondern verstockte Verbrecher, die man als solche behandeln dürfe und müsse, damit sie nicht anderen gefärlich würden.

In dem Hexenglauben kam eine Vorstellung zur graussenhaft üppigen Blüte, deren Ursprung bis zu den weit rückständigen Stufen der menschlichen Bildung zurück verfolgt werden kann und in vielfachen Gestalten durch alle Wandlungen des Glaubens sich erhalten hat: es ist die Vorstellung von geheimen, schädlichen Einflüssen des einen Menschen auf den anderen, der Glaube an Zauberei. In seiner rückständigsten Form hängt er mit dem Fetischglauben zusammen: der Fetisch, als Träger geheimer Kräfte, setzt seinen Inhaber in den Stand, anderen zu schaden und jedes Unglück, welches einen gläubigen trifft, zumal Krankheit oder Tod, gilt als Wirkung eines übermächtigen Fetisch, der Zauberei, dessen Urheber man zu erforschen sucht, um ihn als Verbrecher zu bestrafen. Jeder Priester oder Profet in den Fetischländern besitzt die Gabe, den Besitzer eines übermächtigen, Unheil stiftenden Fetisch zu ermitteln; jedes ungewöhnliche Betragen, jede ausgesprochene oder nur gemurmelte Verwünschung, gränsserter Neid, ja jeder unfreundliche (böse) Blick gilt als Erweis des vollzogenen Zaubers, dessen Folgen klar vorliegen, wenn den betroffenen ein Unglück zustösst. Stirbt bei Völkern Westafrikas der Häuptling, so wird darin Zauberei seiner Verwandten erkannt; die schuldigen werden erforscht und verfallen der Volksrache. Brechen Seuchen aus, dann entgeht der Besitzer des übermächtigen Fetisch nicht dem Kennerblicke des Priesters, er verfällt der Strafe, die ein so grosses Verbrechen verdient. Bei jenen Völkern wird der Fetischglaube schon seit vielen Jahrtausenden geherrscht haben, auch der damit verbundene Glaube an Zauberei und bei den vorgeschrittenen Egyptern erhielt er sich mit vielem anderen durch alle Jahrhunderte hoher Fortbildung in der rückständigen Grundschicht des Volkes und hat sich von dort nach Westasien, so wie nach Europa verbreitet. Aus dem Lande aller dunklen Künste und alles Priesterwesens stammen die Vorstellungen von Zauberei, bösem Blicke, Beschwörungen und Verwünschungen, schützenden wie verderblichen Fetischen, Amuletten

u. d.; sie drangen nach mehreren Seiten zu verschiedenen Völkern, ohne von dem jezeitig herrschenden Glauben berührt zu werden. Sie gewannen Boden in jeder Art des Heidenthumes, auch im Judenthume, bei den Christen und Muhammadanern; in allen Ländern rund um das Mittelmeer breiteten sie sich in Folge der leichten und zahlreichen Verbindungen am weitesten aus und erhielten sich durch alle Jahrhunderte, nicht allein unberührt von den Umwandlungen des Bekenntnissglaubens der Völker, sondern jeder Glaube musste sogar seine Bekenntnisszeichen hergeben, um jenen Grundvorstellungen zeitgemässe Formen zu verleihen. Im Morgenlande dienen dem Muhammadaner Streifen mit Koransprüchen als Schutz gegen Zauberei, auch der Name Allah gesprochen oder geschrieben; der Grieche und Römer als Heide stellte seine Haus- und Feldgötter auf als Fetische, Christ geworden stellte er ein Heiligenbild oder das Kreuz dorthin; der Jude hat seine Gesetzstellen und Sprüche die ihn schützen, wie den Christen die Anrufung Gottes, vor der alle bösen Geister weichen. Den bösen Blick kennen und fürchten alle Mütter im Bereiche des Mittelmeeres, der europäischen wie der afrikanischen und der asiatischen Seite; alle fürchten sie, dass ein böser Blick sie oder ihre Kinder treffe und krank mache und wehe dem, der im Verdachte des bösen Blickes steht. Die christliche Römerin der Jetztzeit vergisst nicht, gleich ihrer heidnischen Vorfahrin, mittelst Biegung der Finger, Hörnchen zu machen, als Schutz wider den bösen Blick; sie macht dieses alte Zeichen des egyptischen Osir, weil es mit der ebenso altegyptischen Vorstellung des bösen Blickes zusammenhängt; sie macht die Hörnchen selbst dann, wenn sie knieend den Segen des vorüberfahrenden Papstes Pius 9. empfängt, der bei den Römerinnen im Verdachte des bösen Blickes steht, ein Ruf, den seine Milde und Freundlichkeit am wenigsten verdient und doch nicht von ihm abzuwenden vermag.

Ganz Europa ward mehr und mehr in den Kreis des Glaubens an Fetische und Zauberei gezogen und leidet noch jetzt darunter, weit mehr als man gewöhnlich denkt. Je weiter das Christenthum vordrang, desto stärker ward jener Glaube: wie in Afrika sah man allenthalben Zaubereien und Hexen, wider die man sich zu schützen suchte, durch christliche Bilder, geweihte Sachen und Teufelaustreibungen. Ein König von Frankreich, Louis 11. (1423 — 1483) hatte den Rand seiner Mütze mit kleinen Heiligenbildern besetzt, zu denen er abwechselnd betete, die er, je nach dem Erfolge, zu Lieblingen erhob oder scheltend zurücksetzte: er pflegte also den reinen Fetischglauben, zu dem das Christenthum seine Heiligen hergeben musste. Der Glaube an Zauberei vereinigte sich, in Mittel-Europa am stärksten, mit der anderweitig erlangten Vorstellung, dass alle Nichtchristen dem Teufel angehörten und wenn es ihnen augenscheinlich wohl erging oder ein besonderer Glücksfall sie traf, mit dem Teufel im Bunde stünden. Man erwartete aber auch, dass wenn sie die Macht des Teufels zu ihrer Verfügung hätten, sie sich dessen nicht allein bedienen würden zum eigenen Vortheile, sondern auch um anderen zu schaden; sie waren also in doppelter Beziehung gemeinschädlich. Als das Heidenthum allmälich verschwand und dieses Kennzeichen fehlte, richtete man den Blick auf sonstig ungewöhnliche Merkmale: wer von der Menge, dem gewöhnlichen, sich unterschied ward verdächtig. Es zeigte sich auch darin eine neue Ähnlichkeit mit den rückständigen Stufen menschlicher Bildung, dass nicht allein aus dem gewöhnlichen Volke diejenigen in den Verdacht geriethen, welche sich durch Besonderheiten wie scheues Wesen, rothe Augen, unverständliches Reden u. d. unterschieden, sondern auch die vorgeschrittensten ihrer Zeit, namentlich solche, welche Sternforschung und andere Zweige der Naturkunde betrieben; in ähnlicher Weise wie die Negervölker Afrikas und die Indianer Amerikas ihre Priester und Weissager gleichzeitig als Zauberer ansehen, die dem Menschen empfindlich schaden können und neben hoher Achtung auch nicht minder mit Furcht und Hass betrachten. Wie bei den rückständigen Völkern der Gegenwart, war bei den Völkern Europa's im Mittelalter niemand gesichert gegen die Anschuldigung der Zauberei: die grössten Denker, erleuchtetsten Männer, selbst Fürsten der Kirche wurden davon betroffen; wer geheime Forschungen betrieb, etwas möglich machte, was andere nicht zu leisten wussten, Kräuter sammelte zu Heiltränken, gerieth in Verdacht und Untersuchung und dieser konnte jedes gewünschte Ergebniss verliehen werden durch angewendete Marter, welche fortgesetzt und gesteigert wurde bis man die verlangte Antwort empfing. Die Hexenverfolgungen haben in Europa länger als 700 Jahre gewüthet und hundert tausende getödtet, lediglich in der Absicht, die verderblichen Verbindungen mit der vermeintlichen aussersinnlichen Welt (dem Teufel) zu vernichten.

Das besessensein von bösen Geistern, welches aus dem Judenthume in das Christenthum überging, fand auf Grund der Evangelien allenthalben Glauben, ward zu einem unbestreitbaren Glaubenssatze; mehrere der hervorragenden Kirchenväter wie Justinus, Clemens von Alexandrien, Tertullian, Lactantius u. a. waren eifrige Anhänger dieser Vorstellung; sie behielt alle Jahrhunderte hindurch unter den Christen volle und gefährliche Geltung und ward 1484 vom Papste Innocenz 8. zum Glaubenssatze der Kirche erhoben, wobei er die Gerichte anrief, um diejenigen zu ermitteln und zu bestrafen, welche vom Teufel bewusst sich verleiten liessen, Zauberei zu treiben oder vom wahren Glauben abzuweichen. Es hatten aber schon lange vordem, die derselben Quelle entsprossenen Verfolgungen andersgläubiger gewüthet; jedes Unglück (Pest, Hungersnoth u. a.), welches die rechtgläubigen betraf, hatte zu Untersuchungen geführt darüber, wer den Zauber geübt habe und gewöhnlich wurden die Juden, deren Rache man verdient hatte, als verstockte ungläubige also dem Teufel verfallene Verbrecher ergriffen und beschuldigt, durch Zauberei, vergiften der Brunnen u. a. das Verderben angerichtet zu haben. Man ermordete sie zu tausenden, sperrte sie zu hunderten in ihre Tempel und Häuser, um sie zu verbrennen oder glaubte sehr gnädig, mit christlicher Milde gegen sie zu verfaren, wenn man sie unter Zurücklassung ihrer Habe vertrieb. Nicht minder scharf wurde gegen diejenigen Christen verfaren, welche vom rechten d. h. herrschenden Glauben abwichen; sie wurden als Teufelskinder verfolgt und ausgerottet so weit es zu ermöglichen war. Die Waldenser in den Hochalpen hatten Jahrhunderte lang diese Verfolgungen auszuhalten und nur die Flucht in schwer zugängliche Einöden konnte oftmals kleine Haufen den allgemeinen Gemetzel entziehen und den Stamm erhalten. Ebenso hatten die Hussiten im 15. Jahrh. blutige Kriege zu füren, um die Verfolgungen abzuwehren, welche sie als andersgläubige trafen und die Einfälle in ihr Land, angestiftet um ihre Bekehrung oder Ausrottung zu ermöglichen; sie waren abtrünnige, also dem Teufel verfallen, wurden vom Papste verflucht und in den Bann gethan; die Überfälle der benachbarten, rechtgläubigen Deutschen verwüsteten und entvölkerten das Land.

Die Verfolgung der Zauberer und Hexen hat ihren Umzug fast durch ganz Europa gehalten, allenthalben hat man den Teufelssamen, das zwischen den Waizen gesäete Unkraut, zu vertilgen gesucht. Sie war schon frühzeitig auf Grund der biblischen Lehren zu einer Wissenschaft ausgebildet worden, welche mit Eifer gepflegt ward, zur Ehre Gottes und des wahren Glaubens. Im 13. Jahrh. hatte Cäsarius von Heisterbach bereits 12 Bücher über Zauber- und Hexengeschichten geschrieben und als 1484 die päpstliche Feststellung erfolgt war, erschien eine Flut von gelehrten Schriften, welche auf Grund biblischer Aussprüche alten und neuen Testamentes, nicht allein erwiesen, dass Zauberei und Hexerei weitreichend walteten, sondern auch dass alle vom Teufel besessenen ihm anhängenden getötet werden dürften und sollten. Namentlich beriefen sie sich darauf, dass Gott dem Mose befohlen habe:

2. Mose 22. 18: „Die Zauberinnen sollst du nicht leben lassen."

4. Mose 15. 29: „Und es soll ein Gesetz sein, dass ihr für die Unwissenheit thun sollt, sowohl den einheimischen unter den Kindern Israels wie dem Fremdlinge, der unter euch wohnet. Wenn aber eine Seele aus Frevel etwas thut, es sei ein einheimischer oder ein Fremdling, der hat den Herrn geschmäht; solche Seele soll ausgerottet werden aus ihrem Volke, denn sie hat des Herrn Wort verachtet und sein Gebot lassen faren; sie soll schlechthin ausgerottet werden, die Schuld sei ihr."

5. Mose 13. 6: „Wenn dich dein Bruder, deiner Mutter Sohn oder dein Sohn oder deine Tochter oder das Weib in deinen Armen oder dein Freund, der dir ist wie dein Herz überreden würde heimlich und sagen: Lass uns gehen und anderen Göttern dienen, die du nicht kennst noch deine Väter, die unter den Völkern um euch her sind, sie seien dir nahe oder fern, von einem Ende der Erde bis an das andere: so bewillige nicht und gehorche ihm nicht. Auch soll dein Auge seiner nicht schonen und soll dich seiner nicht erbarmen, noch ihn verbergen, sondern sollst ihn erwürgen."

5. Mose 13. 15: „Du sollst die Bürger der Stadt (welche sich haben verleiten lassen zum Abfalle) schlagen mit des Schwertes Schärfe und sie verbannen (vertilgen) mit allem was darinnen ist und ihr Vieh mit der Schärfe des Schwertes."

Es war also, nach ihren Erläuterungen, der ausgesprochene Wille Gottes, dass Zauberei und Abfall vom herrschenden Glauben mit dem Tode bestraft werden sollten. Sie lehrten ferner, wie zu verfaren sei, um Zauberer, Hexen und ungläubige zu erkennen und (durch Marter) zum Geständnisse zu bringen; sie brachten die ganze Verfolgung in ein gelehrtes System von scharfsinnigen Kennzeichen, Eintheilungen und Beschreibungen und gaben ihr nach allen Seiten eine wissenschaftliche Gestaltung. Gelehrte, fromme und wohlmeinende Männer widmeten ihr Leben im angestrengten Fleisse dieser Aufgabe, deren strenge Lösung unzweifelhaft Gottes Wille sei; wenn auch hie und da Habgier und Rachsucht Einfluss gewannen, so muss doch als herrschender Beweggrund das fromme Pflichtgefühl anerkannt werden, welches die Gräuel veranlasste und leitete. Als zur Zeit der Kirchenspaltung im 16. Jahrh. die europäischen Völker den gegenseitigen Glaubenskampf begannen und der in jedem Lande unterschiedlich herrschende Glaube auch im Inneren die Verfolgung wider andersgläubige erzeugte, erwies sich die Stärke und Allgemeinheit der frommen Verfolgungssucht; es verschwand hierin der sonst merkbare Unterschied zwischen Süd und Nord, auch der Unterschied zwischen Katholiken und Evangelischen; Romanen, Teutonen und Slaven, so weit sie davon berührt wurden, wütheten mit gleichem Eifer wider die andersgläubigen. In Italien, Spanien, Frankreich, England, Schweiz, Deutschland, Niederlanden und dem Norden, Ungarn und Polen gab es Gräuel der Verfolgung, weder Alter noch Geschlecht verschonend, denn es war Gottes Befehl, alle auszurotten, ohne Ausnahmen zu gestatten. Luther billigte die grausame Verfolgung aller andersgläubigen, auch Melanchthon hiess alle Gewaltmassregeln gut gegen die Wiedertäufer und Gegner der Dreieinigkeit; Zwingli liess 1526 die Wiedertaufe bei Strafe der Ertränkung verbieten und diese Strafe an Felix Manz vollziehen; in Basel ward 1530 Conradin Grassen enthauptet wegen mangelnder Rechtgläubigkeit; Calvin setzte 1553 in Genf durch, dass Servet öffentlich verbrannt ward. König Philipp 2. von Spanien verfolgte die Evangelischen der Niederlande so hart, dass während seiner Regierung dort nahezu 100,000 getödtet wurden, in Ausführung seines Wunsches, lieber herrschen zu wollen über eine Wüste als über Ketzer; er gab 1520 bis 1550 eine Reihe Gesetze, dass wer der Ketzerei überfürt würde, solle, wenn er sich bekehre, nur enthauptet werden, wenn er aber beharre, lebendig verbrannt oder begraben werden; sein Feldherr Alba rühmte sich, er habe 18,000 Ketzer hinrichten lassen während der sechs Jahre seiner Herrschaft in den Niederlanden. In England war Heinrich 8., der Stifter der englischevangelischen Kirche, ein harter Verfolger, liess Katholiken mit Evangelischen anderer Bekenntnisse zugleich verbrennen; 1570 ward der Übertritt zum katholischen Glauben mit Todesstrafe belegt. Dabei waren Nasen- und Ohrenabschneiden, scheussliches Gefängniss und Marter die gebräuchlichen Mittel zur Bekehrung der Presbyterianer, welche zu ihrem Theile nicht minder wütheten wo sie herrschten, denn Knox bewies aus dem alten Testamente, dass man solche Götzendiener, wie es die Katholiken seien, ohne Gnade hinrichten müsse. Noch 1648 setzten die Presbyterianer einen

Parlamentsbeschluss durch, welcher alle diejenigen zur Hinrichtung bestimmte, welche einer Anzal christlicher Religions-Geheimnisse den Glauben versagten. In Holland ward der ehrwürdige und verdienstvolle Statsmann Oldenbarneveld 1619 hingerichtet und viele verbannt, weil sie nicht glaubten, dass Gott von Anfang her einen Theil der Menschen zur Sünde und der ewigen Verdammniss vorausbestimmt habe. Im 17. Jahrhunderte wüthete in Spanien die Verfolgung der Mauren und aller im Glauben verdächtigen: der Erzbischof von Valencia reichte 1602 beim Könige Philipp 3. eine Denkschrift ein, um es als notwendig zu erweisen, dass alle Mauren, auch die getauften ausgerottet würden, in gleicher Weise wie David wider die Filister und Saul wider die Amalekiter verfaren sei; sie müssten alle vertilgt werden bis auf wenige, die der König auf die Galeeren oder in die amerikanischen Bergwerke senden möge. Die gesammte Priesterschaft unterstützte sein begehren und der berühmte Bleda beantragte, man solle allen Mauren, getauften wie ungetauften den Hals durchhauen, damit das spanische Volk nicht verführt werde; man könne bei keinem Mauren sicher sein, verdächtig der Ketzerei seien sie alle. Die Folge war, dass alle Mauren ausgetrieben wurden, tausende dabei ihr Leben verloren und volkreiche, blühende Bezirke Spaniens zur Wüste wurden. Man rechnet, dass im Bereiche des Christenthumes, wärend der Jahrhunderte seines Bestehens, mehr als sieben millionen Menschen zum Opfer gefallen seien, der Vorstellung von freiwilligen, gemeinschädlichen Verbindungen mit der aussersinnlichen Welt.

§. 72.

In ansprechenderer Weise erscheint die versuchte Verbindung mit der aussersinnlichen Welt mittelst Opfer, Lobgesänge und Gebete. Von den Opfern kommen hier nur die Huldigungsopfer in Betracht, da die Versöhnungsopfer, zur Vorstellung von der Sünde gehörig, an anderer Stelle erläutert werden.

Mit den Huldigungsopfern, Wesen der aussersinnlichen Welt dargebracht, finden sich allenthalben Gesänge und Tänze oder Gebete vereint, von der gemeinschaftlichen Vorstellung ausgehend, dass diese Wesen, wenn auch unsichtbar, in unmittelbarer Nähe gegenwärtig seien. Sobald ein Stamm die Überzeugung gewann, dass die nutzbaren Pflanzen und Thiere

Gaben ausersinnlicher Wesen seien, lag die Schlussfolgerung nahe, dass diesen ein Theil derselben gebühre und zwar, ihrer höherstehenden und feineren Beschaffenheit angemessen, das beste von allem, der fehlerfreie Theil des Ganzen. Je nach der Art der empfangenen Gaben war das Opfer beschaffen: Hirtenvölker brachten ihre Thiere, Rinder, Schafe, Schweine, Pferde, Kamele, Wolle, Milch u. d.; Landbauer brachten Getraide, Blumen, Getränke bereitet aus Milch, Honig, Palm- oder Rebensaft, Getraide u. d. Je nach der vorgestellten Beschaffenheit des Wesens wählte man die Zeit und die Art des Opfers, der Anrufung und Spendung: der Unterwelt durch lebendiges begraben von Menschen und Thieren oder durch ausgiessen des Blutes oder der Getränke auf die einsaugende Erde; der Oberwelt ward gespendet durch verbrennen der Opfer zum süssen Geruche der in der Luft schwebenden Wesen oder durch sprengen und verdunsten der Getränke, die man in Schalen hinstellte, damit die luftigen Wesen (im verdunsten) sie einschlürften, wobei ihre freundliche Annahme dieses Opfers, im raschen Aufsteigen des Opferrauches oder schnellem verdunsten (beides Zeichen starken Luftdruckes) besonders günstig gedeutet wurden, weil ihnen gewöhnlich vortheilhafte Witterung folgte, von deren eintreffen das gedeihen des ganzen Stammes abhing. Zur Oberwelt mussten die Opfer emporsteigen, zur Unterwelt hinab gebracht werden. Die Egypter haben in den ältesten Zeiten dem Sonnenherrn Menschenopfer gebracht, wie vorhandene Wandgemälde in den Königsgräbern zu Theben es bezeugen; späterhin brachten sie nur Rinder und andere Thiere zum Opfer, nebst Milch, Wein, Öl, Getraide, Früchten und Blumen. Die Semiten in Arabien, Palästina und im Eufratthale brachten, solange sie Hirtenvölker blieben, nicht allein das beste ihres Viehes, sondern auch ihre erstgeborenen Söhne zum Dank und Huldigungsopfer, welche verbrannt wurden, also oberirdischen Verehrungswesen „zum süssen Geruche" im aufsteigenden Rauche zugeführt; späterhin als Landbauer opferten die Israeliten (3. Mose 2) Kuchen verschiedener Art mit Öl, Weirauch, Salz, ausserdem Wein (4. Mose 15. 7) als Trankopfer „dem Herrn zum süssen Geruch." Bei den Persern geschah das lebendigbegraben von Menschen und Vieh, als Huldigungsopfer für die Wesen der Unterwelt; sie brachten als Reitervölker vorzugsweise Pferde zum Opfer. Bei den alten Indern wurden (und werden noch jetzt bei den Hindu) Menschenopfer dem Siwa gebracht; ausserdem schon dem ältesten Himmelsherrn Indra jeder Art Pflanzen- und Getränkopfer, unter letzteren das Göttergetränk Soma, dessen Bedeutung für die Christen besonders wichtig erscheint. Der Göttertrank wurde, aus Pflanzensaft durch Gärung bereitet, in offenen Schalen hingestellt, unter Aufsehen der Verehrungswesen, dieses Opfer aufzunehmen und dagegen befruchtenden Regen zu spenden. Die rasche Verdunstung (bei trockener Luft) bedeutete günstige Aufnahme und der baldige Regen ward als Rückkehr der Opferspende gedeutet, aus welchem Kreislaufe die Vorstellung von einem höheren Wesen Soma sich bildete, welches in dem Gewächse und dessen Safte sein Fleisch und Blut darbiete und im Regen die Sühnung vollziehe mit dem zürnenden, den Regen vorenthaltenden höchsten. Man fürte heilige Male ein, um unter Lobgesängen Somas Fleisch und Blut darzubringen und die Sühnung zu erwirken, deutete also eines der Verhältnisse zur ausserirdischen Welt, auffällig ähnlich der katholischen und lutherischen Deutung des Abendmales, welches dem Soma jedenfalls viel näher steht als dem jüdischen Passa, welches Jesus mit seinen Jüngern feierte. Bei den Hellenen und Römern waren blutige Opfer gebräuchlich und so lange sie Hirten waren, blieb Vieh die Hauptopfergabe, welche dargeboten werden konnte; späterhin gelangten die Gaben des Pflanzenreiches zu grösserer Bedeutung, es wurden Früchte und Blumen dargebracht, auch die Opferthiere mit Blumen geschmückt, zum Schlachtaltare geführt; Trankspenden wurden ausgeschüttet den Mächten der Unterwelt. Bei den Teutonen wurden Menschen- und Thieropfer dargebracht, vornehmlich Pferde, deren Schädel den heiligen Hain zierten; aus Sagen und örtlichen Gebräuchen, so wie den Eddaliedern ergiebt sich, dass sie auch Meth (Honigwein) und Früchte darbrachten.

Bei den verschiedenen Völkern findet sich die Opferspendung verbunden mit Aufzügen, Lobgesängen, Spielen, Tanz und Schmäusen, bei denen die Fleischtheile der Opfer verzehrt wurden und das Fest (wie noch jetzt in Süd-Afrika) einer zahlreichen Menge zu gute kam, wenn die Opferspende der Könige u. a. eine reichliche war. Man pries die Güte des Verehrungswesens und flehte um ferneren Segen, machte also das Opfer geltend in Bezug auf Vergangenheit und Zukunft. Die Bibel enthält mehrere Lobgesänge dieser Art, den Lobgesang Mose (2. Mose 15) und den seiner Schwester Mirjam, so wie einen anderen, vorzüglich schönen des Mose (5. Mose 32) und ferner in den 150 Psalmen, welche der Mehrzal nach Lobgesänge bilden. Bei der Einweihung des Adonai-Tempels (1. Kön. 8) gab Salomo ein Opfer von 22,000 Ochsen und 120,000 Schafen nebst einem schönen Lobgesange und nach der Rückkehr des Volkes aus der Gefangenschaft und geschehenem Aufbaue der Stadt, lässt Nehemias den Lobgesang der Juden an geweiheter Stätte ertönen (Nehem. 9).

Die erhaltenen Denkmäler des alten Egyptens zeigen in zahlreichen Darstellungen das darbringen von Opfern; die den Gräbern entnommenen Papyrusrollen enthalten in grosser Mannigfaltigkeit Lobgesänge und Gebete den verschiedenen Verehrungswesen dargebracht.

Auf den, aus den Trümmern von Ninive geretteten Wandbildern, zeigen sich zahlreiche Spendungen von Frucht- und Getränkopfern, durch lebensgross dargestellte Priester, welche ihren Verehrungswesen gemäss bekleidet sind, durchfurcht von Keilinschriften, welche, noch ungelöst, die Lobgesänge enthalten werden.

Von den Hellenen sind Lobgesänge in grosser Zal erhalten, die zu den erhabensten und schönsten Dichtungen der Menschheit gehören, an Einfachheit den altindischen Lobgesängen der Arier ähnlich, aber an Fülle und Reichthum sie weit übertreffend. Von den Persern sind zahlreiche Lobgesänge erhalten, ausgezeichnet durch die Höhe der Vorstellungen, das ringen nach Reinheit des Wesens. Die Römer, deren arische Kühle und Härte weniger von südlicher Glut durchwärmt und erweicht ward, strebten den Hellenen nach, ohne sie zu erreichen; sie opferten pflichtgemäss, liessen sich aber viel weniger zur Steigerung der Gefühle hinreissen.

Das Tanzen bei feierlichen Gelegenheiten erscheint auf den rückständigen Stufen als eine unwillkürlich gesteigerte Körperbewegung, ebenso wie das singen ein gesteigertes sprechen ist, um das ungewöhnliche, erhabnere der Gefühle auszudrücken, die den Menschen in der Verehrung höherer Wesen erregen. Singen und tanzen finden sich allenthalben mit den Opfern verbunden, sie sind naturgemässe Betbätigungen des gesteigerten Willens. Bei fortschreitender Bildung traten Unterschiede hervor, je nach der Stimmung, welche durch den Gedanken an das bezügliche Verehrungswesen wach gerufen wurden; dem Kriegsherren ertönten ernste, rauhe und wilde Gesänge, verbunden mit feierlichem Rundgange, schlagen der Schilder und Schwerter; dem Ernteherrn dagegen ward jubelndes Lob, bei springenden, lustigen Tänzen. Als der König David (2. Sam. 6) bei Einholung der Bundeslade vor derselben tanzte und sang, zum Ärger und Spott seines altgläubigen Weibes, erfüllte er einen Gebrauch des Baalsdienstes, den er auf seinen Räuberfarten schützen gelernt haben mogte und in seinem Reiche herrschend machte, ohne die übrigen Verehrungswesen auszurotten; der Javedienst überwies das tanzen den Weibern (2. Mose 15. 20).

Die Lobgesänge, als eine der aussersinnlichen Welt dargebrachte Gabe, haben sich bei allen europäischen Völkern, mit Ausnahme der Türken, erhalten: sie bilden, vorgelesen und gesungen, einen wesentlichen Theil des Kirchendienstes der Christen und Juden. Im Christenthume hat die Dichtung der Chorgesänge und ihrer Singweisen in den letzten 500 Jahren bedeutsam sich entwickelt und die vielseitige Entfaltung der Tonkunst der Gegenwart ist, in ihren höheren Gestaltungen, aus der Entwicklung des Kirchengesanges hervor gegangen. Aus den feierlichen, schmuckvollen Aufzügen, Wochselreden, Gesängen und begleitenden Gebräuchen des Kirchendienstes haben unsere Schauspiele mit Musik und Tanz, so wie die Konzerte sich entwickelt.

§. 73.

Weitaus erhabener als vorbenannte Ausdrucksweise ist das Gebet, das inbrünstige Versenken in die aussersinnliche Welt, der gegenüber der Mensch seinen Vorstellungen, Hoffnungen und Befürchtungen Ausdruck verleiht, mit dem Wunsche, die Vorgänge zu seinen Gunsten zu lenken. Auf den weit rückständigen Stufen der Erkenntniss, fühlt der Mensch die ihn umgebenden Übermächte noch so sehr sich ähnlich und nahestehend, dass er glaubt, einen Vertrag, einen Bund mit seinem Verehrungswesen schliessen zu können, in welchem beide gegenseitig Leistungen erfüllen. Der Gebete bedurfte es noch nicht, denn der Mensch verlangte nichts geschenkt, er bot Ersatz und wenn er seine Verpflichtungen erfüllte, brauchte er nicht zu bitten, sondern fühlte sich berechtigt zu fordern. In diesem Sinne ist das Verhältniss der Kinder Israels zu ihren Verehrungswesen ältester Zeit aufzufassen: es ist ein Bund, den El (Elohim) mit Abraham schloss (1. Mose 15. 18) demnächst (1. Mose 17) wiederholt mit der Zusage, dass Abrahams Nachkommen zalreich werden und das ganze Land besitzen sollen, von den Wassern Egyptens bis an den Eufrat, wogegen Abraham sich verpflichtete, dass jeder männliche Nachkomme beschnitten werden solle. Dieser Bund ward dem Isaak als Verheissung erneuert (1. Mose 26. 24) und späterhin (1. Mose 28) in Jakobs Traume noch erweitert, indem der, auf der Spitze der Himmelsleiter stehende El ihm verhiess, dass seine Nachkommen zalreich werden sollten wie der Staub auf Erden, dass sie sich ausbreiten sollten nach allen Richtungen und allen Geschlechtern auf Erden zum Segen gereichen. Der erwachende Jakob bittet nicht den El um das gelingen der vorhabenden Reise, sondern bietet ihm einen Vertrag an. „So der Herr wird mit mir sein und mich behüten auf dem Wege, den ich reise und Brod zu essen geben und Kleider anzuziehen und mich in Frieden wieder heim zu meinem Vater bringen, so soll der Herr mein Verehrungswesen sein und dieser Stein, den ich aufgerichtet habe zu einem Male, soll eine Opferstätte werden und von allem was du mir giebst, will ich dir den Zehnten bringen." Er steht also seinem Herrn als verbündeter gegenüber, wie ein Mann dem anderen; jeder muss seine Verpflichtung erfüllen und der vorsichtige Mensch verlangt, dass der andere vorangehe. Nachdem die Reise gelungen und Jakob mit Weibern und Kindern nebst reichen Herden in die Heimat zurückgekehrt ist, also erst nach 14 Jahren, schreitet Jakob dazu, seine Verpflichtungen dem El zu erfüllen (1. Mose 35) nimmt seinen angehörigen ihre Fetische ab, lässt sie sich reinigen und ihre Kleider ändern, um dann zu Beth-El die Opferstätte einzurichten, worauf El die, dem Abraham gegebene Verheissung mit schöneren Worten wiederholt. Dieselbe Vorstellung eines Bundes bildet auch späterhin die Grundlage des Verhältnisses der Kinder Israels zum Jave, der sich verpflichtete (2. Mose 23) ihnen bei der vorhabenden Eroberung Palästinas zu helfen, indem er seinen Schrecken und Hornisse vor ihnen hersenden und alle Feinde verzagt machen wolle; wogegen jene sich verpflichten mussten, alle Einwohner zu vertreiben, mit deren Göttern keinen Bund zu machen und Jave zum höchsten ihrer Verehrungswesen zu erheben, seine Gebote zu erfüllen und die ihm gebürenden Opfer zu weihen. Auf Grund dieses Vertragverhältnisses hält das Volk bei eintretenden Unfällen den Jave für bundbrüchig und sucht die gewünschte Hülfe bei anderen; es bittet nicht, denn es hat ein Recht zum fordern, und will oder kann Jave seinen Theil nicht leisten, dann bietet man den Bund einem anderen an, der aber ebenso seine Verpflichtung im voraus erfüllen soll. Selbst Aron folgt dieser Grundvorstellung, indem er (2. Mose 32) dem Volke das Apisbild errichtete, als Jave keine Hülfe sandte und sogar Moses beugte sich derselben, um (4. Mose 21) das Schlangenbild des Wüstenherrn zu errichten und dem Herrn Nissi (2. Mose 17) einen Altar zu bauen. Jave dagegen beschuldigt das Volk des Bundbruches, weil sie saumselig sind in der Eroberung Palästinas, mit dessen Bewohnern sich vertragen und vermischen, statt sie auszurotten oder zu vertreiben; er lässt sie im Stiche und will sie wiederholt in seinem Grimme vertilgen. Das Volk steht nicht zum Jave wie ein flehendes Kind vor dem Vater, sondern wie der Knecht zum Herrn im Vertrag; beide pochen auf Erfüllung des Vertrages und findet Jave dass die Kinder Israel ihre Verpflichtung nicht erfüllen, dann giebt er sie in die Hände ihrer Feinde, sendet Pest und Hungersnot, Wassermangel und giftige Schlangen, verzehrendes Grundfeuer und verschlingende Erdspalten; findet andrerseits das Volk, dass Jave ihnen nicht Sieg und Gedeihen sende, dann verlässt es ihn wie ein unzufriedener Knecht und sucht sich einen anderen Herrn. Der vermittelnde Moses versucht es beiden Theilen recht zu machen: das Volk suchte er zu demüthigen und dem Jave getreu zu erhalten; den Jave dagegen bemühete er sich zu beschwichtigen, zu überreden (2. Mose 32, 12) und that im Nothfalle ein übriges zur Leistung der Opfer, indem er, Jave zur Gabe, 3000 des eigenen Volkes blindlings niedermetzeln liess, womit aber der Zorn desselben noch nicht befriedigt wurde. Jave vielmehr sich vorbehielt, gelegentlich das Volk noch schärfer zu bestrafen. So lange ein Volk sein Verehrungswesen in sichtbarer Gestalt sich nahe weiss, dasselbe so sehr als seinesgleichen betrachtet, dass es einen Bund mit ihm schliesst, kann zu Zeiten grosse Furcht entstehen und grimmer Hass, aber keine Verehrung durch kindliches Gebet; statt des Gefühles der freudigen und vertrauensvollen Unterordnung, hegt der Mensch Misstrauen und wie bei allen Bündnissen überwachen sich gegenseitig die beiden Parteien, in der Befürchtung der andere werde die Vortheile des Vertrages zum vollen entgegen nehmen, aber seine Gegenleistungen thunlichst zu schmälern suchen; jeder Bundesgenosse ist besorgt, dass er für den gemeinschaftlichen Zweck zu viel leisten solle. Unter solchen Umständen konnte kein anschmiegen und unterordnen des Menschen stattfinden, denn der Erfolg entschied darüber, ob das Volk sein Verehrungswesen achten oder verachten solle. Es hatte nicht das Gefühl unverdiente Wohlthaten zu empfangen, wie es zur Entstehung eines Gebetes erforderlich ist und deshalb betete das Volk auch nicht; nur der gräugstigte Moses, den als Mittelperson der Kummer von beiden Seiten traf, konnte zu Zeiten, im Gefühle der Unterordnung zum Gebete sich niederbeugen. Das Gebet ist die Frucht einer höheren Stufe der Fortbildung, als die Kinder Israels vor der Königszeit einnahmen und bevor sie beten lernten, mussten ihre Vorstellungen von den Wesen der aussersinnlichen Welt sich erheben von der Stufe des Gleichgestelltseins zur Erkenntniss der gänzlichen Unterordnung, zur Vorstellung, dass das jeweilige Verehrungswesen so hoch über ihnen stehe, dass nicht daran zu denken sei, einen Vertrag, einen Bund zu schliessen. Sie blieben sehr lange weit entfernt davon einzusehen, dass sie die Wohlthaten des Lebens und Gedeihens als einseitiges Geschenk empfangen, wie ein Kind von seinem Vater und so lange kannten sie auch nicht die Unterordnung, deren es zum Gebete bedarf.

§. 74.

Sehr früh hat das Gebet im arischen Stamme sich entwickelt. Der indische Zweig, welcher von Norden her in Vorder-Indien eindrang und hinab wanderte, hatte frühzeitig, wie die erhaltenen Gebete und Gesänge zeigen, zur Vorstellung sich erhoben, dass der Mensch dem Himmelsherrn Indra gegenüber, die Wohlthaten nur erbitten dürfe, dass das kindliche Gebet die würdigste Weise sei, um in unmittelbaren Verkehr mit der aussersinnlichen Welt zu treten. Die Unnahbarkeit des Himmels hatte sie gegen die niedere semitische Vorstellung geschützt, daraus entstanden, dass die Übermächte der Semiten, Waldbrand und Wüstensturm, auf Erden walteten, in fühlbarer Gestalt zeitweilig heran kamen, die Menschen umfingen, unmittelbar berührten und auf Erden wandelnd, sichtbar dahin fuhren. Der erhabene Himmel dagegen blieb, selbst auf den höchsten von den Ariern überstiegenen Gebirgspässen, in unnahbarer Höhe und unerschütterlicher Ruhe über den Häuptern der Menschen gewölbt; die Vorstellung einer Gegenüberstellung zum Abschlusse eines Vertrages konnte nicht entstehen, sondern der Mensch blickte empor und betete um gütige Geschenke, hatte nichts zu fordern, sondern flehete kindlich; der Himmel war nicht sein misstrauischer, grimmiger Bundesgenosse, sondern ein gütiger Vater, zu dem er mit Vertrauen sich erhob. So geringfügig es auch erscheinen mag, so kennzeichnet sich doch der Unterschied beider Richtungen schon in den ursprünglichen Gebetsstellungen: die Wüstenvölker warfen sich nieder vor ihren Verehrungswesen, knieten und beugten das Haupt zur Erde; die Arier erhoben stehend die Arme zum Himmel und richteten den Blick hinauf; jene verbargen das Angesicht und liessen ihren Herrn über sich dahin faren; diese erhoben sich so hoch sie konnten, und richteten den vollen Blick zum Himmelsherrn empor. Bei den Indern steigerte sich die Geltung des Gebetes so sehr, dass es als Brama zu einem eignen Verehrungswesen erhoben ward, welches den Indra in sich schloss; den dunklen Siwa-Opfern gegenüber ward das Gebet der Arier ein höheres Wesen, in welches man betend sich versenkte und auf den älteren Himmelsherrn übertragen, ward Brama die höchste Person der indischen Dreieinigkeit; in späteren Zeiten steigerte sich sogar das beten unter den Buddhagläubigen zu einem wortlosen, ruhigen versenken. In der Brama-Richtung, gesteigert zum Bewusstsein eines unendlichen Abstandes, findet sich die Vorstellung bei den stammverwandten Persern und von diesen scheint die reinere und erhabenere Gestalt des Gebetes zu den späteren, bereits stark gemischten Israeliten gelangt zu sein. Die grosse Mehrzal der Psalmen, darunter die erhabensten, stammen aus so später Zeit, dass die weiter vorgeschrittenen Vorstellungen des Ostens darauf wirken konnten und angenscheinlich darauf gewirkt haben, wie sie überhaupt an der völligen Umwandlung des denkens und glaubens der Israeliten den grössten Antheil gehabt haben. Es bleibt allerdings fraglich, ob diese höheren Einflüsse überwiegend persisch oder chaldäisch waren, auch wie weit das Persische ursprünglich und durch Indisches oder Chaldäisches gestaltet worden sei; wahrscheinlich ist der Glaube der Israeliten von mehreren Seiten theils umgewandelt, theils gespalten und zerrissen worden und hat dabei seine schönen Gebete erlangt.

§. 75.

Im Laufe der Zeit entwickelte sich eine Fortbildung und Rückbildung des Gebetes. Je mehr nämlich dem Menschen bei fortschreitender Erkenntniss deutlich ward, dass die günstigen wie die ungünstigen Vorgänge nicht Ausflüsse seien eines menschenähnlichen, launenhaften Willens übermächtiger Gewalten, sondern die Wirkungen unwandelbarer Ursachverhältnisse, begann der Zweifel an die Wirksamkeit des Gebetes.

Erhabene Wesen, welche gesetzmässig walteten, liessen sich nicht durch Gebete der Menschen veranlassen, ihre feststehenden oder beabsichtigten Entschlüsse zu ändern, nach Liebe oder Hass weitgreifende

Massregeln abzumessen. Das gesetzmässige und unwandelbare mag zumeist durch die fortschreitende Sternkunde zur Erkenntniss der Menschen gelangt sein, welcher Wissenschaft die Israeliten wenig zugethan waren, da nur berichtet wird, dass sie die Sterne angebetet, nicht aber dass sie den Lauf erforscht hätten. Bei den vorgeschrittenen Egyptern und Chaldäern zog der regelrecht wandelnde Sternenhimmel den Sinn der Forscher ab von dem regellosen, irdischen Gewühle, dessen Gewirre jeder Rückführung auf feste Gesetze nicht fähig erschien. Von den ermattenden Mühen des Tages, den Störungen des Treibens der Menschen zog der höhergebildete sich zurück zur erhabenen Sternforschung; die kühlende Musse und glänzende Pracht bei nächtlicher Stille erquickte den Schauer, zog sein Sinnen empor, erfüllte ihn mit feierlicher Ruhe und führte ihn zur Erforschung der Gesetze, welche das kreisende Heer wie die einzelnen Wandelsterne lenkten. Ausser denen, welche am Himmel hin und her laufen, erblickte der Forscher tausende von Sternen in unverrückbarer Stellung zu einander, den eigentlichen höheren Sternenhimmel bildend, seine Gesammtbewegung allnächtlich wiederholen; er erschien ihm als ein ewig, unveränderliches Gewölbe, unter welchem die wenigen Wandelsterne sich bewegten, doch so, dass auch in ihrem Laufe Gesetze zu erkennen waren, da ihre Stellungen in Zeitabständen wiederkehrten. Es musste die Vorstellung eines höchsten, unwandelbar durch Gesetze bestimmten Willens entstehen, dessen Äusserungen durch keine Gebete der Menschen beeinflusst werden könnten. Diese höheren Vorstellungen finden sich schon in den Schriften des Jesaias und anderer Profeten; auch der griechische Weltweise Sokrates im 4. Jahrh. vor Ch. G. flehete zu den Göttern nur um das gute, überliess ihnen aber das gute zu wählen und ein anderer Weiser betete: „Ihr Götter schenkt mir das gute, auch wenn ich es nicht erbitte und wehret ab das Übel, auch wenn ich darum flehete." In ähnlicher Weise erklärte Jesus seinen Jüngern (Matth. 6. 8): „Euer Vater weiss, was ihr bedürfet, ehe denn ihr ihn bittet." Es liegt in diesen Aussprüchen schon die höhere Vorstellung, dass der Mensch in einer weisen und gütigen, aber unwandelbaren und allwissenden Weltordnung sich befinde, auf die er nicht durch seine Gebete einwirken könne, wie auf die Entschlüsse eines wankelmüthigen Menschen; dass es also auch der mündlichen Darlegung seiner Wünsche und Klagen nicht bedürfe.

Diese Vorstellung bedingt jedoch eine hohe, umfassende Entwicklung der menschlichen Erkenntniss, wie sie zu allen Zeiten nur von einer geringen Zal erreicht ward; für alle übrigen war die Vorstellung von der Wirksamkeit des Gebetes eine festbleibende, sie näherten sich der aussersinnlichen Welt im Gebete an ihre Verehrungswesen, statteten ihren Dank ab für empfangene Wohlthaten, baten um fernere und sprachen ihre Wünsche aus um Befreiung und Abwendung von Übeln. Ein schönes Gebet ist noch vom Muhammad aufbewahrt, der, alt und schwach geworden, auf der Höhe Arafat kniend, ausrief: „O Allah! Du hörest meine Worte und siehest meine Lage, kennest mein äusseres und inneres, nichts von meinem ganzen Wesen ist Dir verborgen. Ich der schüchterne, flehende, Schutz suchende, Gnade bedürftige und schwache Mensch bekenne hier meine Sünde vor Dir und flehe Dich an, wie der Arme den Reichen, zittre vor Dir, wie ein Verbrecher vor seinem Richter, bete zu Dir mit gebeugtem Nacken und thränenvollen Augen. O Allah! lass mein Gebet nicht unerhört, sei gnädig und barmherzig gegen mich, Du bester von allen, die um etwas gebeten werden, Du bester Geber. Zu Dir nehme ich meine Zuflucht vor der Pein des Grabes, vor der Unruhe des Gemüthes, vor der Zerrüttung meiner Verhältnisse und vor der Bosheit aller boshaften." Diese Vorstellung von der Wirksamkeit des Gebetes ist eng verbunden mit derjenigen von der Persönlichkeit und Menschenähnlichkeit des Verehrungswesens, auf dessen Entschlüsse einzuwirken der Mensch um so eher sich fähig erachtete, je stärker im Laufe der Zeit die gütigen Eigenschaften desselben, die günstigen Vorgänge der Welt, von ihm erkannt wurden: von einem gütigen Wesen durfte man um so eher erwarten, dass es durch Bitten sich bewegen lasse. Die Menschenähnlichkeit ward aber bei den meisten Völkern allen Verehrungswesen beigelegt, selbst denen die niemals in sichtbaren Gestalten erschienen und von selbst gegeben war sie in jeder Vorstellung von den zu Heiligen erhöheten verstorbenen Menschen, denen man nicht allein Menschenart und menschliche Nachgiebigkeit beimass, sondern auch die dem Menschenwesen nicht zukommende Allgegenwart, in welcher Beziehung man sie dem höchsten Wesen gleichstellte. Man zog die höchsten Wesen zur Menschenart herab und erhöhete die Menschenseelen zur Göttlichkeit. Der arabische Seefarer ruft allenthalben auf dem Meere seinen Scheich Ismael an, wie der christliche Seefarer des Mittelmeeres seine Madonna; derselbe Schutzheilige wird von gläubigen Katholiken in Portugal wie in Ostindien, in Mexiko wie in Ostafrika angefleht und jeder Beter zweifelt nicht daran, dass sein Gebet vom Heiligen erhört werde, auch wenn er wüsste, dass an hundert entfernten Orten gleichzeitig zu demselben Heiligen gebetet würde.

Die Bittgebete der Menschen waren bedingt durch das Mas der Bedürfnisse, deren Befriedigung sie nothwendig erachteten zu ihrem Wohlergehen und musste also ihre Zal so wie ihr Inhalt verschieden sein, wie die Menschen selbst: der genügsame betete wenig um weniges, der unzufriedene oft und unermüdlich. Die Dankgebete dagegen mussten sich durchgängig mehren in dem Grade wie der Mensch seine Überzeugung erweiterte von der Güte seines Verehrungswesens und der Unzäligkeit der Wohlthaten, welche er empfing. Auf der rückständigen Stufe hatte er Leben, Gesundheit, Unterhalt, Schutz u. s. w. als selbstverständlich hingenommen, wogegen er sie bei zunehmender Fortbildung als Geschenke des höchsten erkannte; in demselben Mase wie seine Vorstellungen von der Zal und Bedeutung der Wohlthaten sich steigerten, hielt er sich auch verpflichtet, seine Dankgebete zu mehren, derartig, dass er zu der Überzeugung gelangte, sein ganzes Leben müsste ein unablässiges Gebet sein, wenn er für alle Wohlthaten genügend danken wollte. Auf dieser Grundlage trat die Rückbildung der Vorstellungen vom Gebete ein; das Gebet ward eine Pflichtleistung und da die meisten Menschen nicht im Stande sind, ihren höheren Gefühlen entsprechenden Ausdruck zu verleihen, so lehrten ihnen die vorgeschrittenen einzelne Gebete, die in allgemeiner Fassung die gangbaren Wünsche und Dankbezeugungen aller enthielten. Dieser Art sind die vorgeschriebenen Gebete fast aller Glaubensgenossenschaften: die Papyrusrollen der Egypter, wie die Wedas der Arier, das Zend-Avesta der Perser, das alte und neue Testament der Juden und Christen, die Dichtungen der Griechen und Römer wie der Koran Muhammads enthalten gemeingültige, für jedermann anwendbare Gebete; noch mehr die zalreichen Gebetbücher, an denen jede Genossenschaft reich ist. Wie aber jede Bewegung der Welt, dem Uranstosse folgend, gewöhnlich über den Gleichgewichtspunkt hinauseilt, um erst nach langen Schwingungen denselben zu finden oder durch eine andere Bewegung aufgenommen zu werden; wie ebenfalls jeder Fortbildung eine Rückbildung zur Seite geht: so eilte auch die Vorstellung von der Gebetleistung über das Ziel hinaus, das Gebet hörte auf der Ausdruck des eigenen Gefühles zu sein und ward zu einer Leistung des Sprachvermögens, welche nach der Daner der Anstrengung, der Zal der Gebete abgemessen ward. Auch diese Rückbildung scheint am frühesten bei den Egyptern eingetreten zu sein, denn es fanden sich in den Gräbern die Kugelschnüre (Rosenkränze), welche vor 4000 Jahren in Egypten, später in Indien und noch jetzt im Morgenlande wie in Europa zum Zälen der Gebete im Gebrauche sind. Der Gebrauch der Gebetleistung findet sich gegenwärtig bei den Brama- und Buddhagläubigen, bei Juden, Christen und Muhammedanern in allen Erdtheilen, und ist es bei denselben Pflicht, nicht allein bei besonderen Gelegenheiten, sondern auch an jedem Tage bestimmte vorgeschriebene Gebete herzusagen, häufig auch, als besondere Danksagung oder vom Priester auferlegte Strafleistung, dasselbe Gebet in so oftmaliger Wiederholung, dass der Beter einer Kugelschnur zum Zälen sich bedienen muss, um sicher zu gehen. Die Rückbildung ist am weitesten vorgeschritten bei den Buddhagläubigen (Lamaanhängern) in Ländern Ostasiens, welche die Betanstrengung des Sprachvermögens in eine Anstrengung der Armkraft umgewandelt haben, indem sie die vorgeschriebenen Gebete auf eine Trommel schrieben oder auf Streifen geschrieben in eine Trommel legen, die durch Anziehen einer Wickelschnur in rasches Umdrehen versetzt wird, so dass, da jede Umdrehung einer Gebetleistung entspricht, in kurzer Zeit eine ungewöhnliche Zal geleistet werden kann; an anderen Stellen ist auch die Armkraft erspart, indem kleine Gebirgsbäche die Gebettrommel in beständiger Umdrehung erhalten, mittelst welcher die Priester eine unbegrenzte Zal von Gebeten im voraus leisten, aus der sie dem gläubigen, gegen Zalung, jede gewünschte Menge ablassen. Zur Gebetleistung giebt es in Japan auf den Friedhöfen Säulen mit Gebeträdern in einem Schlitze drehbar und jede Umdrehung wird dem gläubigen als ein Gebet für die Ruhe der verstorbenen angerechnet; dagegen findet sich bei den Sinesen die Gebetleistung in der Art, dass die Gebete, auf Papier gedruckt, in den Gebethäusern an bereitstehenden Räucherkerzen entzündet werden, so dass ihr Inhalt im Rauche nach oben gelangt, ebenso wirksam als ob sie gesprochen, also durch Laute nach oben gesandt worden wären.

Die Vorstellung vom Gebete, als eines der Mittel zur Verbindung mit der aussersinnlichen Welt, hat sich demnach in der Fortbildung zur Überzeugung von der Wirkungslosigkeit des Gebetes gesteigert, dagegen in ihrer Rückbildung zu der Ansicht geführt, dass das Gebet eine Kraftleistung sei, die dem Menschen als Pflicht obliege, häufig sogar als Busse auferlegt werden dürfe. Für die übrigen Menschen ist das Gebet eine der Äusserungen ihres Strebens nach Verbindung mit der aussersinnlichen Welt geblieben und wirkt als solches zur Erhebung und Beruhigung bei freudigen und traurigen Veranlassungen.

§. 76.

Aus derselben Grundvorstellung erwachs auch der Eidschwur. In zahlosen Fällen des menschlichen Lebens erscheint es unmöglich, von zwei entgegengesetzten Behauptungen die richtige zu erkennen oder es fehlt denen, welche die Wahrheit ermitteln sollen, an der Weisheit Salomos und Daniels, um auf Umwegen die wahre Überzeugung zu erkunden. Die Anrede oder Ablängnung ist aber auf allen Stufen der Bildung das gebräuchliche Hülfsmittel der schwachen und in so allgemeiner Anwendung, dass es frühzeitig als nothwendig erkannt werden musste, Proben zu ersinnen, welche die Mängel der menschlichen Erkenntniss ergänzten. Auf den rückständigsten Stufen werden Streitfragen ausgekämpft: die widersprechenden erhitzen sich, gerathen in Kampf und die Niederlage beweist dem schwächeren, dass es rathsam sei den Widerspruch aufzugeben oder sein Tod beseitigt den Widerspruch für immer. Nachdem jedoch die Menschen die Vorstellung von Übermächten erlangt hatten, von Gestalten oder Fetischen welche das verborgene, aussersinnliche kennen, lag es nahe, in zweifelhaften Fällen diese zu bitten, die Wahrheit zu bezeugen: der leugnende oder jeder der widerstreitenden musste im Angesichte seines Fetisch seine Aussage betheuern oder wenn der Stamm ein gemeinschaftliches Verehrungswesen besass, ward die Streitfrage vor dasselbe gebracht mit der Aufforderung den schuldigen zu bestrafen. In der einfachsten Form findet sich diese Entscheidungsart bei den Negern Westafrikas, deren Stammfetisch verborgen im Busche wohnt, wo der schwörende nach dem Genusse eines Zaubertrankes, ihm vorgestellt wird auf heiligem Boden und häufig des Meineides verdächtige sofort dem Tode verfallen, also sterben vor dem Fetisch zum Grauen der übrigen. Bei allen Völkern, deren Verehrungswesen besondere Anrufungsorte hatten, wo ihr Bild stand oder wo sie den Menschen im Traume oder der Verzückung erschienen waren, führte man die schwörenden an solche Orte, um sicher zu sein, dass das in der Nähe sich aufhaltende, anzurufende Wesen den Eid vernehme. Bei den Kindern

Israels fand sich vorgeschrieben (2. Mose 22. 11): „so soll man es unter ihnen auf einen Eid vor Jave kommen lassen" also in der Stiftshütte vor dem Allerheiligsten wo Jave auf dem Gnadenstule der Orakellade erschien: desgleichen betet Salomo (1. Kön. 8. 31) bei der Einweihung seines Tempels zum Adonai: „Wenn jemand wider seinen Nächsten sündigt und nimmt dess einen Eid auf sich, damit er sich verpflichtet und der Eid kommt vor Deinen Altar in diesem Hause; so wollest Du hören im Himmel und Recht schaffen Deinen Knechten, den gottlosen zu verdammen und sein Verfaren auf seinen Kopf bringen und dem gerechten Recht zu sprechen und ihm zu geben nach seiner Gerechtigkeit" und noch jetzt wird von vielen unter den Juden einem Eide im Tempel geleistet, angesichts der Gesetzrollen und an den Adonai gerichtet, eine ungewöhnliche Geltung beigelegt. Auf derselben Grundvorstellung beruhend, wird zur eindringlicheren Geltung des Eides, derselbe vielfach bei den Katholiken auf das Crucifix geleistet, wogegen die Evangelischen dazu der Bibel sich bedienen und die Muhammadaner des Korans. In allen Fällen bekennt der schwörende, dass er in einer besonderen Aussage, nach bestem Wissen die Wahrheit geredet habe oder eine zu übernehmende Verpflichtung nach besten Kräften erfüllen wolle; widrigenfalles die Rache des Verehrungswesens auf sich beschwöre, die sowohl in fühlbaren Übeln wie in der Entziehung notwendiger Hülfen sich bethätigen möge.

Man musste aber bald erkennen, wie unzuverlässig diese Entscheidungsweise sei, denn in den meisten Fällen ist jeder der beiden so fest in seiner Betheurung und bereit zum Eidschwure, dass kein Unterschied entdeckt werden kann, aus dem die Schuldfrage sich lösen liesse. Es konnte Verstockung sein, aber auch Sinnestäuschung, Gedächtnisschwäche oder ein anderer Mangel des Menschenwesens, welcher jedem der widerstreitenden die Zuversicht gab; jedenfalls waren damals, wie noch in der Gegenwart, in den meisten Fällen beide Parteien bereit, durch einen Eidschwur die Entscheidung nach ihrer Seite zu lenken. Das ungenügende des Verfarens lag darin, dass das angerufene Verehrungswesen nicht auf der Stelle seine Entscheidung traf und die wenigsten Menschen so viele Kenntnisse besitzen, um spätere Nachtheile als Folge des Meineides zu erkennen oder Gefaren, welche nicht nahe bevor stehen, sondern ihnen als zukünftige vorschweben sollen, im voraus auf sich wirken zu lassen. Man griff nothgedrungen zu weitergehenden Hülfen, zu Zaubermitteln im

Angesichts des Verehrungswesens oder unter Anrufung desselben angewendet, um demselben Gelegenheit zu bieten oder es zu zwingen, durch den Ausgang die Streitfrage sofort zu entscheiden. Für schwierige Fälle findet sich eine derartige Vorschrift Moses (4. Mose 5. 17) in Anwendung auf die des Ehebruches beschuldigten Weiber: die Frau ward vor Jave geführt und nach geschehener Beschwörung durch den Priester musste sie einen Zaubertrank geniessen, der bereitet war aus einem Aufgusse von der Asche einer verbrannten rothen Kuh, gemischt mit dem Staube vom Fussboden der Stiftshütte, über einen Beschwörungszettel gegossen; im Falle ihrer Schuld sollte der Zaubertrank das Anschwellen des Leibes und Schwinden der Hüften zur Folge haben, eine starke Störung der Fruchtbarkeit. Da Ähnliches, in viel umfassenderer Anwendung bei den gegenwärtigen Völkern Ost-Afrikas sich vorfindet, deren Priester einen Zaubertrank (Mbunda) bereiten, dessen Genuss in zweifelhaften Fällen zur Ermittlung der Wahrheit oder sofortige Bestrafung des schuldigen verwendet wird: so liegt die Schlussfolgerung nahe, dass auch Moses ein altafrikanisches (egyptisches) Mittel anwendete, wobei der Priester Richter und zugleich Hinrichter ward, wenn er die Überzeugung gewann, dass die angeklagte schuldig sei. Die Feststellung der Thatsache ist erfahrungsmässig niemals schwieriger als beim Ehebruche: das Bekenntniss der Schuld ist vom Weibe fast niemals zu erlangen, denn die Zunge, so lose wenn es sich handelt um die Keuschheitsünden anderer Weiber, bleibt erstarrt, wenn sie die eigenen Sünden bekennen soll und auf einen Meineid würde es in diesem Falle fast jede Evastochter ankommen lassen. Das einzige war der Zaubertrank, dessen Anblick das erregte und furchtsame Weib so tief ergreifen konnte, dass der Priester die Überzeugung der Schuld oder Unschuld gewann und je nachdem, durch Abstufung des Zaubertrankes sein Urtheil in Vollzug setzen mogte. Es lässt sich einwenden, dass die Vorschriften Moses keine giftigen Stoffe vorschreiben, also auch nicht anzunehmen sei, dass der Priester den Zaubertrank krankmachend bereitet habe und dass die Erklärung viel einfacher darin gefunden werden könne, dass das Schuldbewusstsein, die Furcht vor Krankheit, Schande und Verstossung den an sich ungefährlichen Trank zu einem krankmachenden steigere, wie bekanntlich der furchtsame von Krankheiten, deren Erscheinungsformen er kenne, weit leichter betroffen werde als der furchtlose und erfarungsmässig, bei heftig erregter Furcht vor einer besonderen Krankheit (Fieber, Cholera u. a.) dieselbe

Krankheit als Folge der Einbildung eintreten könne. Die Erklärung ist allerdings anwendbar und findet noch Unterstützung in dem, von den Zauberern in Ostindien angewendeten Verfaren zur Entdeckung von Hausdiebstälen: sie lassen jeden, der im Kreise aufgestellten Dienerschaft einige Finger voll Reis zerkäuen, untersuchen denselben der Reihe nach und bezeichnen sofort den schuldigen, wenn er sich im Kreise befindet, indem seine Furcht den Speichelfluss hemmte und der Reis unzerkaut blieb. Der mosaische Zaubertrank war aber nicht so unschuldiger Art, dass man mit der einfacheren Erklärung sich begnügen dürfte; seine weitläufige Bereitung ist ausführlich genug vorgeschrieben, um zu erkennen, wie er war. Die röthliche Kuh ward mit Cedernholz, Ysop und rosinrother Wolle verbrannt, ein Brandopfer welches an den Tagosir der Egypter (Taur der Israeliten §. 69) erinnert, worin sich bereits das räthselhafte Kraut Ysop befindet; dazu wird die Asche vom Boden der Stiftshütte gethan, deren inneres tödtliche Einrichtungen besass (3. Mose 10) denn Arons Söhne, welche trunkener Weise unrichtiges Räucherwerk angezündet hatten, fielen tod nieder, hatten also wahrscheinlich die giftigen Kräuter genommen, durch deren Verbrennung in abgemessener Menge Moses seine Verzückungen erregte, um im Rauche mit Jave zu reden. Man wird sich nicht wundern dürfen, wenn in einem kleinen Zelte, wo zu Zeiten giftige Kräuter verbrannt werden, der Staub des Bodens giftig sei und dass der Priester, indem er diesen Staub aufnimmt, dessen Menge ihm nicht vorgeschrieben war, die Entscheidung in der Hand hatte, die angeklagte je nachdem sie unschuldig oder schuldig war, freizulassen oder zu bestrafen, indem er eben so wie ein Geschwornengericht nach bester Überzeugung zu einem Entscheide gelangte. Bei jeder der beiden Erklärungen erscheint das Verfaren, nach der Auffassung der Jetztzeit, als Zauberei; allein es würde unrichtig sein, diese Auffassung in die damalige Zeit zurück zu tragen, denn der israelitische Priester, wie sein verordnender Profet Moses handelten jedenfalls im guten Glauben. Das Verfaren steht, auch in Bezug auf Zweckmässigkeit, keineswegs zurück gegen die vielerwärts angewendete Rechtfindung der Jetztzeit, welche den Richter zwingt, den augenscheinlich unschuldigen leiden zu lassen, sobald der augenscheinlich schuldige den Meineid leistet, ohne daran verhindert oder dessen überfürt werden zu können: ein mosaischer Zaubertrank in seiner Hand würde der Gerechtigkeit wesentlich Vorschub leisten können. Auch wenn man die Priesterrichter als einfachste Gestaltung des Geschwornengerichtes betrachtet, drängt sich die Überzeugung auf, dass die Einrichtung zweckmässig war, denn er stand, im Vergleiche zu seinen Zeitgenossen, auf weit höherer Stufe der Bildung als unsere Rechtsgelehrten und Geschworenen; in Vergleich zu ersteren hatte er überdies den Vorzug, dass er die Parteien selbst verhörte und in's Auge fasste, nicht so gewissenlos war, sie durch untergeordnete Personen verhören zu lassen und nach deren Auffassung sein Urtheil zu fällen; er konnte in Wahrheit nach eigener, bester Überzeugung entscheiden. Im Vergleiche zu den Geschworenen hatte er den Vorzug der Übung und des höheren Ansehens, des tieferen Scharfblickes und des grösseren Einflusses auf das Gewissen. Wenn also der Priester-Richter zu der Überzeugung gelangte, dass die vorgeführte schuldig sei und er sich verpflichtet fühlte, sie zum Tode zu verurtheilen, war die Gerechtigkeit ebenso wohl gesichert wie bei unseren Gerichten und die Vollstreckung durch den Richter war noch zweckmässiger als unser rohes henken oder köpfen.

Der Eid vor dem höchsten Verehrungswesen war nicht allein frühzeitig das gebräuchliche Mittel zur Erforschung der Wahrheit, sondern blieb es auch bis in die Gegenwart, ohne Unterschied des Glaubens der Europäer; nur eine kleine Zal von Christen macht die Ausnahme, weigert den Eid. Auch war das Walten des Eidschwures eine der dringendsten Forderungen, welche die Menschen an ihre höchsten Verehrungswesen stellten. Sie findet sich bei den Völkern afrikanischen Ursprungs (Negern, Egyptern, Semiten u. a.) wie bei den Asiaten (Ariern, Indern, Persern, Griechen, Römern, Teutonen und Slaven) in den ältesten wie in den neuesten Zeiten; Jave wie Adonai, Zeus wie Jupiter, Ziu wie Woden wurden als Walter des Eidschwures, Rächer des Meineides angerufen und erkannt. Wie Salomo bei der Einweihung des Tempels den Adonai anflehete, so thaten es auch die arischen Völker, von der Vorstellung geleitet, dass dem Verehrungswesen die Einsicht in das verborgene, dunkele, aussersinnliche innewohne, mit einem Unterschiede allerdings, der die Verschiedenheit des Ursprunges der Verehrungswesen kennzeichnet. Die semitischen (Feuer und Wüstensturm) sind örtlich, erscheinen in sichtbaren Gestalten zu besonderen Orten, die geheiligt sind (Stiftshütte, Tempel) und nur an diesen Orten kann der Eid geleistet werden. Der arische Himmelsherr dagegen war allenthalben und jederzeit sichtbar, allsehend und allgegenwärtig, bei Tag und Nacht die Heimat wie jedes durchwanderte Land überspannend; allenthalben sicht der Mensch vor seinem Angesichte, allerorts kann er beten und schwören, wie auch kein Ort ihn gegen den rächenden Blitzstral zu sichern vermag. Zu den alt-afrikanischen musste der Mensch sich hinbegeben, sonst hören und sehen sie nicht; die asiatischen sind allenthalben, allwissend die ganze Erde überschauend.

Die Wirksamkeit des Eides zur Erforschung der Wahrheit ist ersichtlich davon abhängig, ob der schwörende in der vorliegenden Frage die Wahrheit kennen könne und ob er durch seine Vorstellungen von der aussersinnlichen Welt sich zwingen lasse, die Wahrheit zu sagen wider seinen eigenen Vortheil. Der Eid wird seinen Zweck verfehlen, wenn der schwörende unbewusst, durch Mängel der Sinne, des Gedächtnisses oder Verstandes verleitet, etwas beschwört, was in Wirklichkeit unrichtig ist; er ist wahr, aber irrend. Ebenso wenn der schwörende keine Vorstellung von höheren Gaben oder Gestalten der aussersinnlichen Welt hegt oder wenn er den besonderen Verehrungswesen zu denen er schwört, die Einsicht und Fähigkeit zur Bestrafung nicht beimisst, also im Gefühle der Sicherheit sich nicht abhalten lässt, wissentlich falsch zu schwören. Der falsche Eid aus Irrthum kommt sehr oft vor bei Zeugenaussagen, indem die widersprechendsten Aussagen beschworen werden, ohne dass Grund vorläge, den guten Glauben derselben zu bezweifeln. Der Meineid aus mangelnder Furcht vor höheren, allwissenden Gewalten bekundet sich fast bei allen Völkern und kein Glaubensbekenntniss zeigt sich stark genug, um den Meineid zu verhüten. Es ist eine allgemeine Erfahrung in den englischen Colonien, dass bei der Mehrzal der Sinesen, Malaien, Inder u. s. der Eid ganz wirkungslos sei: sie beschwören vor Gericht alles verlangte und bezeugen für Geld was sie nur sollen. Im ganzen Morgenlande finden sich Menschen jeder Art in grosser Zal, welche offen das Geschäft betreiben, vor Gericht jede ihnen eingeprägte Aussage zu machen und zu beeidigen; es hilft nicht dem unschuldigen, auf das Recht seiner Sache sich zu verlassen, er muss suchen mehr Zeugen zu miethen und zu stellen als sein Gegner. In Europa entdeckt man von Zeit zu Zeit in den verschiedensten Ländern und Städten, ganze Banden von Falschschwörern, die nicht allein bereit sind, jedem mit ihren Meineiden gegen Bezalung zu dienen, sondern auch in Gemeinschaft Streitfragen wider andere anregen und durch falsche Eide zu einem einträglichen Ergebnisse bringen. Bei der leichtsinnigen Weise, in welcher fast allenthalben, bei der geringsten Veranlassung der

Eidschwur gefordert wird, bei der unwürdigen Abstattungsart desselben und den callosen Meineiden, welche nicht allein unbestraft bleiben, sondern auch zu Reichthum, Macht und Ansehen füren, ist die Bedeutung seit Jahrhunderten in der Rückbildung, die augenscheinlich im zunehmenden Mase abwärts fürt zu den rückständigsten Stufen. Vor allem hat die Anwendung des Eidschwures als Bekräftigung eines Versprechens zur Rückbildung gefürt, denn der Mensch, welcher sein Verehrungswesen aufforderte, darüber zu wachen, dass er sein Versprechen halte, richtete seinen Schwur auf eine Zukunft von unbeschränkter Dauer und unbekanntem Inhalte, wärend der Zeugeneid nur auf eine bestimmte Begebenheit von beschränkter Dauer sich bezieht, welche durch unmittelbare Auffassung zu einer Vorstellung von annähernder Richtigkeit werden konnte. Allerdings können beim Zeugeneide die Mängel des Menschenwesens irreleiten, allein nur für diese Beschränkung; beim Versprechungseide dagegen erstreckt sich der Einfluss jener Mängel nicht allein auf den Augenblick der Zusage, sondern auch über die nachfolgende Zeit der Erfüllung und liegt also um so mehr die Gefar vor, dass der Eid nicht gehalten werde. Der versprechende kann eine Leistung übernommen haben, deren Erfüllung er unrichtig abschätzte, deren Erfüllung an sich unmöglich war oder seine Fähigkeiten überstieg; er kann zum Eide gezwungen worden sein (Fahneneid u. a.) oder es können ihm verschiedene, sich widersprechende Eide auferlegt worden sein (Stateid und Kircheneid der Priester), so dass er in besonderen Fällen den einen nicht erfüllen kann ohne den anderen zu brechen; oder auch der schwörende kann so ungläubig sein, dass er sich nicht gebunden betrachtet und dabei so mächtig, dass die Verletzung des Eides ihm nicht zum Nachtheile, sondern zum Vortheile gereicht. Die Versprechungseide sind also, ihrer Beschaffenheit nach, viel unzuverlässiger als die Zeugeneide und haben am meisten dazu beitragen können, dem Eide im allgemeinen die Geltung zu schmälern, seine Rückbildung immer mehr der untersten Stufe zu nähern.

Die Überzeugung von der Wirkungslosigkeit des Eides bei denen, welche den Meineid nicht fürchten und von der Entbehrlichkeit bei solchen, die ohnedem der Wahrheit und Pflichttreue anhängen, hat schon vor 2000 Jahren die vorgeschrittenen ihrer Zeit zu der Lehre gefürt, dass der Eid überflüssig und schädlich sei. Am deutlichsten spricht sich Jesus aus wider den Eidschwur (Matth. 5. 34 u. 37): „Ich aber sage euch, dass ihr niemals schwören sollt. Eure Rede sei ja, ja, nein, nein; was darüber ist, das ist vom Übel." Der Apostel wiederholt das Verbot (Jac. 5. 12): „Vor allen Dingen aber, meine Brüder, schwöret nicht, weder bei dem Himmel noch bei der Erde, noch mit einem anderen Eide; es sei aber euer Wort Ja, das ja ist und Nein, das nein ist, auf dass ihr nicht unwahr redet." Diese Verwerfung des Eides gehörte zu den Lehren der Essäer, der jüdischen Sekte mit welcher Jesus die meisten seiner eigenthümlichen Lehren gemeinschaftlich hatte, wie namentlich die der Gütergemeinschaft und Verachtung des Reichthumes, der Ehelosigkeit bei Geringschätzung der Ehe; wie er auch, gleich ihnen, der Heilung der Menschen sich widmete, sowohl in Bezug auf Gesundheit des Leibes, wie auch auf Lenkung der Vorstellungen und Handlungen. Seiner Vorschrift bezüglich des Eides folgen bekanntlich nur einige und dabei wenig zahlreiche Abtheilungen der Christen.

§. 77.

Die Erkenntniss der Mängel des Eidschwures ist so alt, wie der Eid selbst; zur Ergänzung wurden frühzeitig die Gottesurtheile angewendet. Die Wirkung des Eidschwures ward am sichtbarsten dadurch geschwächt, dass nicht erkannt werden konnte, ob das Ausbleiben einer sichtbaren Strafe als Beweis der Unschuld gelten dürfe, denn man bemerkte in den meisten Fällen, dass weder den Schwörcister noch den anderen ein besonderes Unglück traf, welches als angenscheinliche Strafe aufzufassen wäre. Den Verehrungswesen konnte man es nicht zur Last legen, denn sie waren in der Meinung der gläubigen, übermächtig genug, um das ganze Volk zu strafen; es konnte also nur daran liegen, dass ihnen keine Gelegenheit geboten sei, auf der Stelle durch ihre tiefere Einsicht die Frage sichtbar zu entscheiden. In der afrikanischen Menschheit nahm man den Zaubertrank zur Hülfe, dessen man auch jetzt noch dort sich bedient; in der asiatischen dagegen waren frühzeitig die feierlichen Zweikämpfe das höhere Mittel der Entscheidung, welche entweder durch die streitenden oder deren Stellvertreter ausgefochten wurden. Dieselben haben sich lange in dieser Geltung erhalten, waren bei den Bildungsvölkern des Mittelalters in häufiger Anwendung und haben noch ihre letzten Spuren in den Zweikämpfen (Duellen) der Gegenwart, den knabenhaften Herausforderungen zu einer Balgerei mit tödlichen Waffen. Für die Nichtkämpfer kamen andere Arten der Gottesurtheile zur Anwendung, die mit ähnlichen Hülfen der afrikanischen Menschheit auf gleicher Stufe und Grundlage stehen, wahrscheinlich auch dorther stammen; es waren Gefaren für das Leben oder die Gesundheit, denen der zu prüfende sich aussetzen musste und als unschuldig erkannt ward, wenn er sie ohne Nachtheil bestand, also seinetwegen ein Wunder geschah, welches nur vom Verehrungswesen stammen konnte, dessen Entscheidung angerufen worden war. In allen Fällen ward das höchste Wesen angerufen, in der vorliegenden Streitfrage, durch die Entscheidung des Kampfes oder den Ausfall der Prüfungen das Urtheil zu fällen. Als Prüfungen dienten das eintauchen des Armes in kochendes Wasser oder siedendes Öl, geschmolzenes Blei, das berühren glühenden Eisens, das eintauchen in tiefes Gewässer u. s. w., so dass das verschontbleiben als sichtbares Zeichen des Verehrungswesens gelten konnte. Im Christenthume kam zu diesen heidnischen Weisen, noch die Anwendung des Abendmales, welches der schwörende nehmen musste, während Gott angefleht ward, im Falle des Meineides, ihm diesen Genuss des Gottesleibes nicht zum Segen, sondern zum Fluche gereichen zu lassen und die christlichen Sagen erzälen mehrere Fälle, in denen das Abendmal sichtbarlich die Wahrheit oder das Verbrechen an den Tag gebracht habe. Es lässt sich nicht verkennen, dass jene verschiedenen Hülfsmittel dazu dienen konnten, die Unzuverlässigkeit des Eidschwures zu mindern, indem sie durch Vorstellungen wirkten, welche starken Einfluss auf den Menschen äusserten und geeignet waren, vom wissentlichen Meineide abzuschrecken. Sie sind jedoch seit Jahrhunderten abgeschafft, dagegen die Eidschwüre bis auf die Gegenwart beibehalten worden, um geringfügiger Veranlassungen willen gefordert, geleistet und — gebrochen.

§. 78.

Von allen Äusserungen des Strebens nach Verbindungen mit der aussersinnlichen Welt waren von jeher das eindringlichste die Beschwörungen. Der Mensch wollte nicht den Zögerungen, Gefaren und Zweideutigkeiten ausgesetzt sein, welche im mittelbaren Verkehre durch Gebete, Opfer und Verzückungen lagen, sondern die Sicherheit erlangen, dass das beschworene Wesen der aussersinnlichen Welt sichtbar oder hörbar erscheine und dentlich sich vernehmen lasse. Als rückständigste Form erscheint das beschwören des Stammfetisch, welcher dem Hohenpriester im Busche erscheint; höher schon steht das erscheinen des Jave auf dem Gnadenstule der Stiftshütte. Bei den Egyptern, in Palästina, Kleinasien und Griechenland, selbst bei den Teutonen finden sich die Spuren des beschwörens, des herbeirufens der Wesen der aussersinnlichen Welt. Das Streben war aber bei allen darauf gerichtet, auch ohne Zwischenträgerei der Priester die Verbindung zu eröffnen, vielleicht aus der älteren Zeit stammend, als jeder Hausvater der Priester seiner Sippe war, also selbständig mit der aussersinnlichen Welt verkehren durfte. So beschwört Odysseus die Seelen der Unterwelt zu sich empor, wie der Sohn des Nordens, der die Seele seiner Mutter an den Rand des Grabes empor ruft; der König Saul (1. Sam. 28) ruft mit Hülfe der Zauberin die Seele Samuels in die Oberwelt und so setzen sich die Geisterbeschwörungen durch alle Jahrhunderte fort bis auf die Jetztzeit, wo die Seelen auf's neue heraufbeschworen werden, um sich vernehmen zu lassen. Bei den Israeliten waren alle Arten der Beschwörungen neben einander im Gebrauche; das arme geängstigte Volk, aus üppigem Reichthume in bittere Armuth gestürzt, erkannte nicht die Ursache seiner Leiden in der ungünstigen Lage des Landes als Völkerbrücke, sondern suchte sie in seinen Verhältnissen zur aussersinnlichen Welt; nirgends fand es Hülfe, jede Weise der Befragung, der Beschwörung ward versucht, aber keine derselben leistete Gewähr für alle Fälle. Schon frühe redet Saul den Geist Samuels an (1. Sam. 28): „Ich bin sehr geängstet, die Filister streiten wider mich, der Herr ist von mir gewichen und antwortet mir nicht, weder durch Profeten noch durch Träume. Darum habe ich dich lassen rufen, dass du mir weisest was ich thun soll." Neben den früheren Befragungen durch Profeten, Träume und Losung (das Licht) hatte sich die egyptische Weise der Verbindung durch Weissagerinnen erhalten, welche Saul früherhin auf Geheiss des Hohenpriesters ausgerottet hatte, aber jetzt in höchster Noth selbst in Anspruch nahm. Diese Verbindungsart mit der übersinnlichen Welt, obgleich im Gesetze strenge verboten (5. Mose 18) gelangte späterhin zu solcher Geltung, dass der fromme König Josia (2. Kön. 22) den rechtgläubigen Hohenpriester des Jave, den Hilkia, zu einer Beschwörerin Holda sendet, um für den König und sein Volk „den Herrn zu fragen" und diese antwortet dem Hohenpriester und seinen Begleitern: „So spricht der Herr, der Gott Israels u. s. w." Es hatte also die Verbindung mittelst begeisterter Weiber die früher übliche Befragung des Herrn durch den Hohenpriester verdrängt, so sehr, dass selbst der altgläubige Hilkia darin das richtige Mittel erkannte; derselbe Hohepriester, welcher durch Auffinden des verborgen gewesenen Gesetzes (wahrscheinlich des 5. Buches Moses) den König bewog, den ältesten Javedienst wieder einzuführen, so wie man ihn weder gekannt noch beobachtet hatte seit der Richter Zeiten, also weder unter David und Salomo noch unter den nachfolgenden Königen (2. Kön. 23. 22).

Die Beschwörungen wurden angewendet nicht allein, um den rufenden Knabe und Hülfe zu guten Dingen aus der übersinnlichen Welt zu schaffen, sondern auch um Beistand zu erlangen zur Beschädigung anderer. In solchen Fällen wendete sich der Mensch an diejenigen Wesen, denen er die Kraft und den Willen zutraute, böses zu thun. So lange beide Seiten der Weltvorgänge, böses und gutes in einem Wesen vereint gedacht wurden, wie z. B. im Israelitischen Jave, beschwor der Mensch dieses Wesen, um seinen Feinden Schaden zufügen zu lassen, denn als Bundesgenossen hatten sie gemeinschaftliche Feinde und indem die Kinder Israels unter Javes Leitung fochten, verlangten sie mit Recht, dass er einseitig wie sie, alles betrachte und behandele. Nachdem aber späterhin der Mensch dazu gelangte, die Weltvorgänge nach beiden Seiten zu sondern und je nachdem sie ihm günstig oder ungünstig waren, zweien Reichen mit besonderen Beherrschern zu überweisen, richtete er auch demgemäs seine Beschwörungen ein: zu bewussten Rohheiten rief er die dunkle, bedrohliche Seite der aussersinnlichen Welt an, den Satan, Teufel, Samiel, Lucifer, Belzebub und sonstig genannten Beherrscher derselben, um vom Spender des bösen Mithülfe zu erlangen. Es findet sich von den kleinsten Anfängen der Verehrung her ein Dienst des bösen, der dunklen Weltseite ausgebildet, in welchem ohne Zweifel der Beginn jeder Verbindung mit der aussersinnlichen Welt zu suchen ist, denn die nachtheiligen und bedrohlichen Vorgänge machten früher und stärkeren Eindruck auf den rückständigen Menschen als die günstige und freundliche Seite der Welt; es musste also auch ein Dienst und die Anrufung des bösen am frühesten sich entwickeln. Diesen Vorgang erweisen auch die Erfahrungen der Glaubensboten bei rückständigen Völkern, welche christliche wie muhammadanische Missionäre in ihrer Weise treffend bezeichnen, indem sie von solchen Völkern sagen: „Sie dienen und beschwören den Teufel und haben keinen Begriff von Gott und Gottes

Werken." Die Auffassung der dunklen Weltseite ist zu allen Zeiten die ursprünglichste gewesen, sie liegt tief begründet in der stufenweisen Entwicklung des Menschenwesens, in den Mängeln seiner Fähigkeiten und seiner ursprünglichen Hülflosigkeit. Wenn auch nicht jedes Volk seine ursprünglichen Verbindungen mit der aussersinnlichen Welt sich erhalten hat, vielmehr Verpflanzungen und Durchkreuzungen das ursprüngliche vielfach verdeckt und verändert haben, so dürften doch die, in den Kinden älterer Zeit so wie bei den rückständigen Völkern der Gegenwart erhaltenen Spuren anzusehen sein als Überbleibsel der ursprünglichen, menschlichen Vorstellungen, als Trümmer und Denkmäler der ältesten Glaubenszustände. Diese Grundschicht geht durch alle Zeiten und Völker, so dass der Unterschied zwischen den einzelnen Völkern nur in der Verschiedenheit der Jahrhunderte liegt, in denen sie oder ihre Vorfaren auf dieser Stufe standen: die rückständigsten Völker der Gegenwart (Buschmänner, Australier) stehen mit ihren Vorstellungen noch nicht einmal so hoch, um die dunkle Weltseite zu verehren, zu beschwören; minder rückständige (in Süd-Afrika, Amerika und Nord-Asien) haben sich so weit erhoben, den bösen zu beschwören und dann erheben sich stufenweise darüber die Schichtungen jener Vorstellungen, in denen allmählich die dunkle Seite verliert und die lichte Seite gewinnt. Dieselbe Schichtenfolge, wenn auch mehr verdeckt, liegt auch in den Bildungsvölkern der Gegenwart, denn nicht allein, dass ihre Vorfaren zu entlegenen Zeiten auf jener untersten Stufe standen und im Laufe der Jahrtausende zu höheren Stufen sich entwickelten, sondern ihre gegenwärtigen Mitglieder gehören noch den verschiedenen Schichtungen an und darunter sind diejenigen noch zalreich genug, welche vorkommenden Falles tief nach unten greifen, wenn sie Hülfe von der aussersinnlichen Welt verlangen. Das walten des Aberglaubens, der Zaubereien im Kreise der Bildungsvölker giebt zalreiche Belege dazu: der gläubige Schweizerbauer dessen Hausgiebel das Gebet zum Feuerheiligen trug

    Ich bitte dich heiliger Florian!

    Verschone mein Haus, zünd' andere an!

gab nicht allein ein Musterbild der Beschwörung des bösen, sondern auch der glatte Spiritualist Englands und Nord-Amerikas, der nicht zu Gott betet, sondern die Geister beschwört, mit denen der Zwischenträger (das Medium) in der Dunkelheit in Verbindung tritt.

§. 79.

Die Vorstellungen von den Verbindungen mit der ungünstigen Seite der aussersinnlichen Welt, der Beschwörung des bösen, zeigen sich am ausgeprägtesten entwickelt bei den Völkern des afrikanischen Stammes und so weit ihr Einfluss reichte, auch bei den Mischvölkern und Mischgläubigen. Bei den Altpersern ist der Fürst des bösen, der Ariman oder Agramanja, der „Lügner von Anfang, der Herr der Finsterniss, die Schlange, der Mörder (Ursprung des Todes), Verfürer der Menschen, Peiniger der Guten" u. s. w.; ihm untersteht ein Heer von bösen Geistern und alles böse, dem Menschen schädliche und bedrohliche, gehört seinem Reiche an. Diese Vorstellungen und Bilder waren südlichen Ursprunges, wahrscheinlich von den Chaldäern herrührend, haben auch ihre Spuren in der israelitischen Paradiessage, in der Schlange welche Eva verfürte und noch weiter zurück im egyptischen Tiube (dem Verderber) dessen Bild die Schlange und dessen Erscheinungsform die verderbende wirbelnde Sandwolke der Wüste ist, diese finstere, mörderische, verleitliche Peinigerin, ohne irgend welchen sichtbaren Nutzen dascieud, also schädlich und böse von Grund aus.

Nachdem die Welt in ein Reich des guten und ein Reich des bösen getheilt war, konnte der Mensch wissen, wohin er sich zu wenden habe mit seinen Beschwörungen und wo er williges Gehör finden werde, wenn er richtig verfare. Wollte er seinem Hasse oder Neide zum Schaden anderer Menschen Befriedigung verschaffen, wollte er seine Habgier befriedigen oder Handlungen verbergen, durch welche er andere benachtheiligte, um ihrer Rache zu entgehen, so wandte er sich dem Reiche des bösen zu, den dunklen Mächten, die er beschwor und denen er angemessenes opferte: dunkelfarbiges, in Höhlen oder Schluchten, wärend der Nacht; auch an Kreuzwegen, die den Wanderer irre füren, war der böse zu treffen, der Verfürer der Menschen; der Schornstein, aus dem das zerstörende Element, das Feuer emporsteigt, ward seine Ein- und Ausfart; dem kundigen erschien er auch in einsamer Zelle um Mitternacht, war hässlich, feurig und stinkend. Ebenso wie der Mensch gewohnt war, sein Verhältniss zu den Fetischen und Übermächten als einen Bund zu gestalten, mit gegenseitigen Verpflichtungen, die aber der Mensch einseitig und vorsichtig stellte, indem er seine Bedingungen machte und versprach erst nach deren Erfüllung seine Leistungen zu liefern, so hielt er es auch mit dem bösen, stellte seine Bedingungen, die sofort oder wärend der ganzen Lebensdauer von den bösen Wesen der aussersinnlichen Welt erfüllt werden sollten und versprach ihnen nur für solchen Fall ein zukünftiges in begehung besonderer Bosheiten, Verzichtleistung auf die Seligkeit u. d. Die Beschwörung des bösen, der dunklen, schädlichen Übermächte zum Schaden anderer, bestand bei allen Völkern, zuerst als alleinige Verehrung, späterhin neben dem Dienste des Lichtes, der günstigen Übermächte, der freundlichen Seite der Weltvorgänge; er war der ältere, orthodoxe Glaube und haftete daran alles ehrwürdige, feierliche und ergreifende, welches der Mensch dem alten und hergebrachten beimisst, auch in seinem Gottesdienste auszudrücken sucht im Dunkel der Kirchen, spärlicher Kerzenbeleuchtung bei dämmerndem Tagesscheine, langsamer ernster Musik, feierlichem Gesange und finsteren Predigten. Das alte, dunkle stand allen rückständigen des Volks, allen in der Rückbildung befindlichen, den alten und schwachen Menschen, am nächsten, hatte also weit mehr und weit zähere Vertreter als der Dienst des Lichtes, der nur allmälich im Kreise der vorgeschrittenen erwachsen konnte und auch nur in dem Mase sich fortbildete, wie der Wohlstand, die Kenntniss und Zal der höhergebildeten zunahm. Wärend die höhergebildeten der Israeliten zur Zeit Salomo's zum heiteren Adomsdienste vorgeschritten waren, hielt das rückständige Volk noch an dem alten Molochdienste fest und strebte die altgläubige Priesterschaft bald nachher den orthodoxen Javedienst zur neuen Geltung zu bringen; wärend der schöne Dienst innerhalb Jerusalems im prachtvollen Tempel gefeiert ward, fanden in den Thälern ausserhalb der Stadt die althergebrachten Gräuel des Kinderverbrennens und Menschenschlachtens statt; wärend dort Harfenspiel und Psalmen den Menschen und seine Würde erhöheten, wurden hier die Opfergräuel durch Wüthen und Schreien der Menge übertönt. So gab es auch bei den Hellenen und Römern einen Dienst der dunklen, bösen Mächte neben dem der lichten, guten Wesen und selbst in der Gegenwart sehen wir im Christenthume, neben der Verehrung des allgütigen, den Grundzug des ältesten, dunklen Wesens der Beziehungen zur aussersinnlichen Welt, in den Anrufungen des strengen, zornigen, rächenden Gottes, in den Vorstellungen der altgläubigen und rückständigen vom bösen Wesen, vor dem die rückständigsten unter den Evangelischen schreiend und weinend niederstürzen (Methodisten u. a.), den evangelischen wie katholische Prediger vielerorts beschwören als Rächer und Bestrafer dessen, was ihnen nicht gefällt, dessen Strafen sie drohend im voraus verkünden und in allen Vorgängen erblicken (Brand, Überschwemmungen, Seuchen u. d.), welche eine Bevölkerung auffällig benachtheiligen. Ebenso lagen diese Vorstellungen den Selbstgeisselungen zum Grunde, welche im Mittelalter gebräuchlich wurden und tausende verleiteten zum herdenweisen durchziehen der Länder unter Gebeten und Selbstpeinigungen; wie sie auch noch jetzt in den schweigenden Trappisten der Christen und den heulenden Derwischen der Muhammadaner fortleben. Allerdings werden in allen Ausrufungen und Gebeten die Namen des guten Verehrungswesens genannt, aber die Handlungen stammen noch her aus dem älteren Dienste der bösen Wesen und haben auch nur in dieser Beziehung ihre Begründung. Die Beschwörung der bösen Wesen liegt auch den zahlreichen Zaubereien, Besprechungen u. s. w. zum Grunde, welche noch jetzt bei den rückständigen aller Völker gangbar sind; man bezeichnet sie allenthalben als Aberglauben und deutet sie als Abweichungen und Verirrungen vom wahren Glauben, was sie aber nicht sind, indem sie nicht seitwärts, sondern unter dem Gottesglauben liegen, als Urformen des Glaubens an die aussersinnliche Welt und deren Gestalten. Während die vorschreitenden zu höheren Stufen der Erkenntniss gelangten, für sich einen freundlicheren Glauben schufen, verblieben die rückständigen auf niedrigeren Stufen oder drangen nur ganz langsam vorwärts und wir nennen die zurückgebliebenen Spuren des älteren Glaubens jetzt Aberglauben, weil sie im Vergleiche zu unserer Bildung rückständig sind; derselben Bezeichnung werden aber viele jetzt unter uns herrschende Vorstellungen verfallen, sobald auch sie bei fortschreitender Erkenntniss rückständig werden und dann nur noch im Bewusstseine der rückständigen des Volkes fortleben.

Die ältesten Spuren der Verbindungen mit der dunklen Seite der aussersinnlichen Welt mögten bei den Altegyptern zu suchen sein, deren Priesterschaft das Alterthum alle dunklen Künste zuschrieb. In Egypten erreichte die schneller gereifte afrikanische Menschheit am frühesten die höchste Stufe der Bildung; sie hatte aber, wie alle Völker vorher und nachher, den allgemeinen menschlichen Bildungsgang durchleben müssen. Auch bei ihnen war, in der einfachsten Weise gesagt, zuerst der Teufel Gott gewesen, d. h. sie hatten auf den rückständigen Stufen der Erkenntniss nur die ungünstigen Weltvorgänge als Übermächte erkannt und verehrt oder beschworen. Die Spuren davon lagen nicht allein im beibehaltenen Thierdienste, sondern auch in den ältesten Verehrungsweisen ihrer Übermächte und in der Geschichtsschreibung des Volkes, welche damit beginnt zu berichten, dass Ptah (der Feuerherr) der erste Beherrscher gewesen sei, welcher von der Schöpfung bis zur Zeit der grossen Flut (Sündflut) 2424 Jahre hindurch regiert habe. Ihre älteste Zeitrechnung war

5871 vor Ch. G. Schöpfung der Welt,
5871—3447 Herrschaft des Feuerherrn Ptah (Vulkan),
3447 Allgemeine Flut. Horus der Schiffer (Noah, Sisustro, Denkalion),
3447—2782 Götterherrschaft (Osir u. a.).
2782 Menes, erster menschlicher König,
2082 Einzug der Semiten. Hintenkönige,
1867 Auszug der Israeliten u. s.

Indem sie die guten Wesen der aussersinnlichen Welt zur Herrschaft gelangen liessen, konnten sie aber nicht das beschwören der bösen abschaffen, denn auch auf waldlosen Flächen blieb der Ptah im Gedächtnisse der rückständigen; das fruchtbare obere Nilthal durchzieht nur als schmaler Streifen den breiten Wüstengürtel und hat zu beiden Seiten Flächen, die dem Wüstenherrn (dem Verderber) unterlagen, der seinen Gluthauch auch in die üppigen Nilmarschen hinabsandte, also verderbliche Lebenszeichen von sich gab. Wenn auch im Laufe der Zeit, bei fortschreitender Bildung, es gelang, im Tieflande (der Marsch) durch Wasserbauten das Oberwasser zurück zu halten und dem Ausdörren entgegen zu wirken, so war damit doch nur ein Theil des Gebietes dem Verderber entzogen, denn im Hochlande verblieb er die höchste Übermacht. Ebenso war der Sonnenherr in der Marsch segenspendend und gleichzeitig im Oberlande sengend und tötend; dort der freundlich-prangende Osir, hier der grimmige Ites, eine unterschiedliche Bedeutung desselben Sonnenherrn, welche bei den Israeliten sich wiederholt in dem grimmigen Bal. Auch der prangende Adonai, als er dem Bal folgte, war nicht mächtig genug ihn zu verdrängen, da er sowohl im rückständigen Volke fortlebte, als auch örtlich, auf dem dürren Lande, der mächtigere war. Wie bei den Egyptern, so auch bei den Chaldäern und anderen Semiten, den Indern und Persern blieb die Beschwörung der schädlichen, bösen Mächte der aussersinnlichen Welt neben der Verehrung der guten fortbesteben; hauptsächlich gestützt und getragen durch die rückständigen, welche an dem alten Glauben haften, weil er den Vorstellungen ihrer Bildungsstufe entspricht, ausserdem gemässer ist den örtlichen Lebensbedingungen ihres Aufenthaltortes, den die rückständigen nicht so günstig zu wählen wissen wie die vorgeschrittenen und ferner ihrem Lebenslaufe mehr entspricht, der von den ungünstigen Weltvorgängen weit mehr betroffen wird als das Leben der vorgeschrittenen wohlhabenden. Wärend der reiche den Osir (Adonai) pries, der seinen Tisch mit Speisen in Fülle bedeckte, konnte der rückständige gezwungen sein, den Ikes (Ilal) wahnsinnig heulend zu anspringen, der ihn und seine Familie dem Hungertode preisgab und wärend der vorgeschrittene Perser den Gott des Lichtes jubelnd verehrte, wird der rückständige den Herrn der Finsterniss, des Elendes beschworen haben, so wie der Inder der Gegenwart sich eben so wohl um den verderbenden Siwa bemüht, wie um den segnenden Brama. Der Teufel der Europäer ist nicht minder wichtiges, böses Wesen der aussersinnlichen Welt: er vereinigt in sich Finsterniss, Feuer, Gluthitze, Verführung und entspricht der Auffassung der rückständigen (des Volkes und der Priester); die altgläubigen der Jetztzeit bemühen sich sehr um die Wiederaufblebung des Teufelsglaubens, in der richtigen Erkenntniss, dass es dessen als Ergänzung der Gottesvorstellung bedürfe, um die günstigen und ungünstigen Weltvorgänge in altpersischer Weise fasslich erklären zu können, ohne genötigt zu sein, Gott als zornig und rachsüchtig, als böses Wesen darzustellen.

§. 80.

Bevor der Mensch seine Welt der Vorstellungen spaltete, hatte er zuerst die örtlichen Übermächte in geschiedenen bösen Wesen verehrt oder beschworen; späterhin hatte er ihnen auch einzelne gute Eigenschaften verliehen, sobald er zur Erkenntniss günstiger Vorgänge fortschritt; endlich hatte er ein Wesen an die Spitze gestellt und die anderen ihm untergeordnet, um sie als Vermittler zwischen dem höchsten Wesen und den Menschen gelten zu lassen. Es entstand die Vorstellung von Dämonen. Als solche dürften die in der altjüdischen Geschichte erscheinenden Elohim anzusehen sein, Diener des El, um den Menschen die Entschlüsse zu verkünden (1. Mose 16 u. 19) oder im Auftrage des El auf Erden nachzusehen, ob die zu ihm gedrungenen Gerüchte wahr seien (1. Mose 18. 20). Dieses Verhältniss blieb bei anderen Semiten fortbestehen bis zum 7. Jahrhundert nach Ch. G. als noch die Mekkaner neben dem höchsten auch seine Gefährten verehrten durch Opfer und Beschwörungen; eine Dienerschaft von der Muhammad den Allah befreite, jedoch einen derselben (Gabriel) beibehielt, um ihm Allahs Befehle zu überbringen und besonders den Inhalt des Korans einzugeben. Ursprünglich waren die altsemitischen Begleiter und Diener des El beiden Arten der Weltvorgänge dienstbar, weil sie beide in ihrem Herrn vereinigt waren: die Elohim verheissen dem Menschen Segen oder Fluch, bringen ihm Wohlthaten oder Verderben (2. Sam. 24. 16). Späterhin trennen sich die Vorstellungen, wenn auch nicht im Herrn, so doch in seinen Dienern: es erscheint ein böser Dämon, der den Hiob plagen und verleiten will (Hiob 2. 1), ein anderer, aus dem Haufen der bösen (2. Chron. 18) um die Profeten zu verwirren, so wie das Haupt der bösen Diener (Satan) um Jesus zu verführen (Matth. 4). Neben diesen verblieben die guten Engel, die Erzengel Gabriel, Rafael und Michael, um die Geburt ausgezeichneter Männer zu verkünden, hervorragenden Männern höhere Erkenntniss mitzutheilen und das böse zu bekämpfen (Offenb. Joh. 12. 7; 20. 1 u. a.) Nach chaldäischem Vorbilde hatten sich bei den Israeliten wie bei den Persern Vorstellungen gebildet von ganzen Scharen guter und böser Engel, deren Heeren theils einheimische Häupter vorstanden und einheimische Wesen eingefügt waren, theils fremde mit den Scharen eingefürte. Die Dienerscharen ohne genannte Anführer erscheinen Hiob 2 und 2. Chron. 18; als hervorragende gute kommen vor die Erzengel Rafael (Tob. 5. 18), Gabriel (Luc. 1. 19) und Michael (Offenb. 12. 7); so wie als hervorragende böse der Erzteufel Asmodi (Tob. 3. 8) der im Ehebette schadet, Belzebub (Matth. 12. 27) als Haupt der besessenden Geister, so wie der Satan (Matth. 4; Ephes. 6. 12) als Verführer der Menschen, Herrn der Erdenwelt. Es stammen aus jenen Dienerschaften auch die Namen Ariel, Uriel, Samiel, Mefistofel u. a. die ihren semitischen Ursprung in der Endsilbe El tragen und der Belzebub wäre vielleicht der vordem verehrte Belzebaoth (Herr der Gestirne) den die Priester des nachfolgenden oder in anderer Sekte herrschenden Glaubens zum Herrscher der bösen Geister verkehrten, in ähnlicher Weise wie die Christenpriester (9. Jahrh. nach Ch. G.) den ehrwürdigen, guten Wodan der Teutonen zu einem Teufel, wilden Jäger u. d. verkehrten und die liebliche Hulda in eine Frau Venus, welche die Gläubigen verführe.

Zur Vorstellung von Dämonen (Zwischenwesen) scheint zweierlei Anlass gegeben zu haben: die Sternenkunde und der Unsterblichkeitglaube, beide sehr alte Beziehungen der ausseralltäglichen Welt zum Menschenleben. Die Sternenkunde in ihren einfachsten Anfängen ergab einen Herrn der Sternenwelt, die Sonne (den Osir der Egypter, Bel der Chaldäer) auch das Sternenheer, die himmlischen Heerscharen, aus denen einzelne als Sternschnuppen (Meteore) zur Erde herabfuhren, als Dämonen, gute oder böse Engel. Dieses Herabfahren wird mehrfach berichtet. Der Stern, welcher (Matth. 2) die Weisen des Morgenlandes gleich einem Engel leitete, fiel herab und diese Stelle ist noch an der heiligen Stätte in Bethlehem bezeichnet; der Evangelist (Luc. 10. 18) lässt Jesus sagen: „Ich sah wohl den Satanas vom Himmel fallen, als einen Blitz;" ebenso findet sich (Offenb. 12. 9) das herabstürzen des, vom Erzengel Michael und seinen Dienern, überwundenen Satanas und seiner Diener vom Himmel auf die Erde und bei den Arabern zu Muhammads Zeiten herrschte die Vorstellung, dass die Sternschnuppen böse Dämonen (Engel, Iblis) seien, welche am Himmel lauschten, um die Gespräche der himmlischen zu behorchen, aber dabei ertappt, herabgestürzt würden auf die Erde. Die scheinbaren Sternfälle führten unmittelbar zu diesen Annahmen, um so mehr als die sternforschenden Morgenländer alle Sterne als belebte Wesen ansahen, Engel guter und böser Art; eine Vorstellung die auch so stark bei den Hellenen herrschte dass man dem weisen Anaxagoras als eine seiner grössten Ketzereien zur Last legte, er lehre, die Sterne seien keine belebte Wesen, sondern erleuchtete Steinmassen wie unsere Erde. Auf einem anderen, wahrscheinlich noch älterem Wege, entstand die Engellehre (Dämonologie) aus dem Glauben an unsterbliche Seelen (Geister gestorbener Menschen). Die rückständigsten Gläubigen denken sich die Seelen in Vogelgestalten zwischen Himmel und Erde schwebend und da sie keine Vorstellungen von der Entfernung der Sterne besitzen, so steht ihnen kein Hinderniss entgegen, die umherfliegenden Seelen mit den Sternen ebenso wie mit den lebenden Menschen in Verbindung zu setzen. Die höherstehenden denken sich die Seelen unsichtbar umherfliegend in demselben Raume zwischen den Sternen und der Erde und bei den Indern wurden sie durch den Todesrichter Jama, je nach den Ergebnissen ihres Erdenlebens, auf die Sterne versetzt zum seligen Leben oder auf die Erde zurückgesandt, um hier in einer Wanderung durch verschiedene Gestalten sich zu läutern und zu erheben, der Seligkeit würdig zu machen oder zum tiefsten rettungslos hinab zu sinken. Es tritt auch auf diesem Wege die Unterscheidung hervor zwischen guten Dämonen (leuchtenden Sternen) und bösen, herabgestürzten Geistern (Sternschnuppen) beide Wege in der Engellehre zusammenlaufend.

Die Vorstellung von Mittelwesen stufte sich mehr und mehr ab: es entstand eine lange, gegliederte Stufenfolge guter Wesen, die aus der unmittelbaren glanzvollen Nähe des höchsten, des Herrschers der Sternenheere und des Lichtes beginnend, durch seine vertrauten Boten in abnehmender Güte und Feinheit herabreichten zum besten Menschen, dann durch die Menschheit in abnehmender Güte zu den schlechtesten, welche anknüpfen an die finstere Stufenfolge aus bösen Dämonen bestehend, die in stufenweiser Folge, zunehmender Schlechtigkeit hinabreichten zu den Erzteufeln und derem Oberhaupte, dem Herrn der Finsterniss, der tiefsten Unterwelt, der Hölle. Diese Gliederung, wie die Zweitheilung der Welt, scheint am stärksten bei den Persern ausgeprägt gewesen zu sein und bei der durch anhaltende Kriege vorgehenden Mengung der Völker Westasiens das Uebergewicht erlangt zu haben, wozu ihre gediegene Einfachheit und Entschiedenheit sie besonders befähigte. Sie konnte jede andere Vorstellung, jedes örtliche Verehrungswesen in sich aufnehmen, indem sie solche dem Reiche des guten oder dem des bösen zutheilte; umgekehrt konnte auch die Zweitheilung in jeden anderen Glauben aufgenommen werden, weil sie das ganze Gebiet der Vorstellungen, vom erhabensten bis zum niedrigsten und tiefsten bevölkerte mit einer unbegrenzten Menge von Geistern, deren abgestufte Verschiedenheit Dämonen jeder Art zur Verfügung stellte, um jeden einzelnen der zahllosen Weltvorgänge daraus erklären und der Stufenreihe einfügen zu können. Zur vollen Höhe des persischen Gedankens konnten aber die Semiten sich nicht erheben: sie gelangten zum Herrn der Sternenwelt (Zebaoth), kannten auch die himmlischen Heerscharen, die getheilte Engelwelt, allein die Spuren verwischten sich bald wieder, denn die Makkabäer brachten, wenn auch nur vorübergehend, den Jave auf's neue zur Herrschaft und Jesus bekannte sich zum altsemitischen El, dem Eli seiner galiläischen Heimat. Auch den Hellenen, als Volk, wollte es nicht gelingen die, von den verschiedensten Seiten eingeführten und unter wie neben einander stehenden Wesen in einer Stufenfolge zu ordnen: ihr Zeus blieb das

Haupt, ihm folgten zwölf untergebene, darauf aber eine gemischte Menge von Dämonen und Heldenseelen jeder Art, ohne eine Kette zu bilden vom höchsten zum tiefsten, noch weniger aber die Menschheit derselben als Mittelglied einfügend. Die griechische Gestaltenwelt war bunter, plastischer und weit mehr künstlerisch zu verwerthen, die persische dagegen einfacher, ausgeprägter, stoffloser und erhabener; jene sank bei steigendem Wohlstande des Volkes zur heissen Sinneslust herab, diese verfeinerte sich zur Spitze kalter Betrachtungen oder ungezügelter Einbildungen, Verzückungen. Dennoch konnte es nicht fehlen, dass in den letzten Jahrhunderten vor Christi Geburt, die Engellehre, als Glaube an gute und böse Dämonen die damalige gebildete Welt erfüllte: es sind Spuren indischer, chaldäischer und persischer Formen verblieben. In den Vorstellungen der vorgeschrittenen bildete sie einen wesentlichen Theil des Glaubensgebietes, denn jedem einzelnen Bereiche der Vorgänge konnte ein Dämon vorgesetzt werden und so gab es Dämonen der Luft, des Wassers wie des Feuers, der Oberwelt (des Himmels) wie der Erde und der Unterwelt (der Hölle); man verspürte gütige wie neckische und boshafte und da das Gebiet des aussersinnlichen ein unbegrenztes ist, verglichen mit dem auf allen Seiten beschränkten Gebiete des sinnlich wahrnehmbaren, so konnte die Zersplitterung ohne Ende fortgesetzt werden, bis die Inder einstweilen Halt machten, als sie bei 33 millionen höheren Wesen angelangt waren, wogegen die Weisen der Hellenen sich dazu erhoben, jedem Menschen seinen Dämon (guten oder bösen Engel) zuzutheilen, der, mit ihm erschaffen, ihn auf Erden begleite und lenke, auch mit seiner Seele die Erde verlasse, so dass jedes Menschenleben dem Reiche des guten oder bösen zwei neue Wesen zuführe.

Bei den sinnigen Griechen findet eine Gestaltung der übersinnlichen Welt sich erwähnt, im Hesiod, wie folgt:

„Drei Myriaden*) Ja sind der Unsterblichen rings um den Erdkreis,
Heilige Diener des Zeus, der sterblichen Menschen Behüter,
Welche die Obhut tragen des Rechts und der schnöden Vergebung,
Dicht in Nebel gehüllt, ringsum durchwandelnd das Erdreich."

Er sagt ferner von den gestorbenen des goldenen Alters:
„Werden sie fromme Dämonen der oberen Erde benennet,
Guts des Weh's Abwehrer, der sterblichen Menschen Behüter,

---

*) Myriade bezeichnet 10,000.

Welche die Obhut tragen des Rechts und der schnöden Vergebung,
Dicht in Nebel gehüllt, ringsum durchwandelnd das Erdreich.
Geber des Wohls: Dies war ihr königlich glänzendes Ehrenamt."

Die entwickeltste Form unter den Hellenen findet sich beim dichterischen Weltweisen Plato (4. Jahrh. vor Ch. G.) welcher die Engelwelt als eine besondere Gestaltung folgendermassen beschreibt:

„Alles dämonische ist zwischen dem göttlichen und den sterblichen, seine Verrichtung ist zu verdollmetschen und zu überbringen den Göttern, was von den Menschen und den Menschen was von den Göttern kömmt: der einen Gebete und Opfer und der anderen Befehle. In der Mitte zwischen Theos und Mensch ist das dämonische, also die Ergänzung, damit das ganze in sich verbunden sei. Durch dieses dämonische geht auch alle Weissagung und die Kunst der Priester in Bezug auf Opfer, Weihungen, Besprechungen und allerlei Wahrsagung und Bezauberung. Denn Theos verkehrt nicht mit Menschen, sondern aller Umgang und Gespräch der Götter mit den Menschen geschieht durch die Dämonen, sowohl im wachen wie im schlafen. Solcher Dämonen oder Geister giebt es viele und vielerlei."

Hierin hatte die persische Grundvorstellung schon ihre Allverwendbarkeit erwiesen, denn es fanden darin Raum die Götter, Dämonen und Menschen, Priesterlehre und Weissagungen, Träume, Offenbarungen, Beschwörungen, Opfer, Weihungen und jede Art der Verbindung mit der aussersinnlichen Welt; die grosse Kluft zwischen den himmlischen und den Menschen ward, im ganzen wie in jedem einzelnen, ausgefüllt mit Dämonen, deren Stufenfolge aber bei dem Plato die Fortführung fehlte, welche unterhalb der Menschheit bis zu den finsteren Tiefen des bösen hinableitete. Diesen Dämonen des Plato ist nur dem Namen nach der Dämon verwandt, von dem Sokrates sich geleitet oder vielmehr nur verhindert glaubte, in Zweifelfällen die ihm oder anderen verderblich geworden wären, wenn er seinem Dämon nicht hätte folgen wollen. Um das walten dieses Dämon zu verstehen, muss berücksichtigt werden, dass Sokrates ein Denker war, ein sehr überlegsamer Mann, also zu einer Menschenart gehörte, die jedem Bedenken Raum giebt, schwer zum Entschlusse gelangt und auch wenn der Entschluss gefasst ist, von der Ausfürung zurücktritt, sobald noch ein Bedenken (innere Stimme) erwacht, welches abrathet. Ferner kommt in Betracht, dass Sokrates einen Hängebauch hatte, also körperlich zu den ruhigen Männern gehörte, die den starken Schwankungen (Leidenschaften) abgeneigt sind, deren es bedarf, um feste Entschlüsse zu fassen und unbekümmert auszuführen. Er hatte in dieser Richtung eine Hamlet-Natur, überlegsam alle Seiten und alle Rücksichten des Rechtes und der Billigkeit abwägend, frei von blindmachendem Hasse, wahnsinnig erregender Neigung oder Lust zur Aufregung; ohne Habsucht, Ruhmsucht, Eitelkeit, Rachsucht und sonstige Triebfedern, die den Menschen befangen genug machen, um jede Rücksicht bei Seite zu setzen, welche den Entschluss und dessen Ausfürung widerrathen können und die zugleich den Willen und die Kräfte so sehr anspannen, dass der Erfolg um so sicherer erzielt wird. Dass der Dämon ihn niemals antrieb, etwas zu thun, sondern nur warnend und zurückhaltend sich vernehmen liess, stützt noch mehr die Erklärung, dass es lediglich seine schwere Natur war, seine Bedenklichkeit, die ungewöhnlich gesteigerte Sehen vor dem unrechtthun, welche ihn bewog, lieber einen gefassten Entschluss oder eine gelegte Ansicht unausgefürt oder unbefolgt zu lassen, als sich der Gefar auszusetzen unrecht oder unweise zu handeln. Bei starkem Gehirne und schwerem Leibe fehlte ihm die Einseitigkeit und der Thatendurst, welche starke Leidenschaften zu festen Entschlüssen und gelungenen Thaten fürt.

Bei den Griechen in Egypten (Alexandrien) zur Zeit Christi bildete sich die Engellehre nach persischer Weise weiter und mannigfaltiger aus: die Dämonen waren gute (Agathodämonen) oder böse (Kakodämonen); sie waren überirdisch (Luftwesen, Bewohner der Sternenwelt) oder irdisch (Beherrscher der Elemente, der Erdstoffe) oder unterirdisch (der Unterwelt, Höllengeister, Teufel) und je nachdem abgestuft und benannt von Wesen hoher Reinheit und Güte bis zu denen der tiefsten Bosheit und Verworfenheit. Jene Vorstellung der Vermittlung zwischen dem himmlischen und den Menschen, wie Plato sie lehrte, ist von besonderem Einflusse auf das Christenthum geworden, welches sie in den ersten Jahrhunderten nach Christi Geburt aufnahm und der Heiligenverehrung zum Grunde legte, die in solcher Weise entstand aus dem Heldendienste der alten Völker und der platonischen Engellehre, also zweien nicht-israelitischen Grundlagen; wohl zu unterscheiden vom Reliquiendienste, dessen egyptisch-semitischer, also afrikanischer Ursprung unverkennbar nachgewiesen werden kann.

§. 81.

Auch während der Ausbildung der Engellehre blieb das Bestreben der Menschen darauf gerichtet, die verschiedenen, wahrnehmbaren Vorgänge zu seinem Vortheile zu lenken, dadurch, dass er die Dämonen lockend oder vertreibend zu beherrschen suchte. Die Bibel erzält z. B. wie Tobias (Tob. 6. 20) von seinem Schutzengel Azaria lernt, durch den Gestank einer verbrennenden Fischleber den bösen Dämon Asmodi aus dem Schlafgemache zu vertreiben. Derartige Räucherungen waren aber nicht allein in älteren Zeiten gebräuchlich, sondern sind es auch geblieben durch alle Jahrhunderte bis auf die Gegenwart; sie haben sogar ihre wissenschaftliche Begründung gefunden in der Heilkunde, seitdem man weiss wie Räucherungen gegen Ansteckungsstoffe (Miasmen) dienen, wobei es augenscheinlich von keinem sachlichen Belange ist, ob man das verderbliche als Ansteckungsstoffe oder böse Dämonen betrachtet, denen man durch Räucherungen wehrt. Das bemühen der Menschen, die bösen Dämonen zu verscheuchen oder anzulocken, je nachdem man von ihnen verschont bleiben oder ihrer sich bedienen wollte, fürte auch im Christenthume zu Beschwörungen. Sie mussten geheime Künste verbleiben, denn die Beschwörung böser Dämonen, um anderen Menschen zu schaden, ward als gemeinschädlich eifrigst verfolgt und die Amulette waren den Priestern der verschiedenen Glaubensgenossenschaften ein Gräuel, wenn sie nicht von ihnen erkauft oder durch sie geweiht worden waren; die Geschichte der Beschwörungen und Amulette ist deshalb minder bekannt, als diejenige anderer Vorstellungen, welche ungescheut zu Tage kommen durften. Im Alterthume standen die Priester Egyptens und des Euffratthales (Chaldäer oder Magier) in dem Rufe, die Beschwörung böser Geister am stärksten ausgebildet zu haben; von letzteren stammt das Wort Magie als Bezeichnung aller Künste dieser Art. Späterhin traten Araber und Juden damit hervor; es wurden die Grundlagen der Sternkunde, Scheidekunst und Heilkunde in diesem Kreise gehegt, welchem, wie bei den Priestern der ältesten Zeiten, alles wissen angehörte, so dass man jeden, der mit Naturforschung sich befasste und seine Krenntnisse, wenn auch nur zum Wohle der Menschheit anzuwenden suchte, als Magier, Verbündeten böser Geister betrachtete. In Europa war dieses Forschen nach verborgenen Dingen und darunter auch nach Verbindungen mit der aussersinnlichen Welt vom 13. bis zum 18. Jahrhunderte herrschend und treten aus der Menge, dem Halbdunkel der Sagen, vor allen anderen hervor die Namen Nostradamus, Albertus Magnus und Faust, nebenher Baco der dem Kreise nahe stand. Bei vielen Forschungen handelte es sich darum, die Wege zu erkunden, auf welchen man besondere Dämonen heranziehe und beherrsche, denen diejenigen Stoffe unterthan seien aus deren Verbindung man ein gewünschtes Ergebniss (das Goldmachen, den Stein der Weisen, den Lebenstrank) zusammen zu setzen hoffte. Bei den höherstehenden war es Wissensdrang und Aufopferung für das Wohl der Menschheit, welches sie antrieb, auf Kosten ihrer Gesundheit und ihres Wohlstandes Forschungen sich zu widmen, deren Anstrengungen und Gefaren sie oft genug erlagen; bei den rückständigen wurden es Gaukeleien, mit denen sie sich selbst täuschten, noch öfterer aber andere. Die meisten Beschwörungen bestanden in der Ausrufung unbekannter Wörter wie: Abrakadabra, Schabiri, Kandi, Mulium, Bukim, Abraxas u. a. so wie in Räucherungen, dem kochen besonderer Mischungen und Getränke u. s. w. durch deren Anwendung verborgene Schätze entdeckt, Krankheiten vertrieben, Liebe erweckt oder die Zukunft enthüllt werden sollte. Nach alten Vorbildern finden sich z. B. im Faust von Goethe folgende Beschwörungen:

>   Salamander soll glühen,
>   Undene sich winden
>   Kobold sich mühen
>   Verschwind in Flammen
>   Salamander!
>   Rauschend fliesse zusammen
>   Undene!
>   Leucht' in Meteoren Schöne
>   Silphe!
>   Bring häusliche Hülfe
>   Incubus, Incubus!
>   Tritt hervor und mache den Schluss.

>   Bist du Geselle
>   Ein Flüchtling der Hölle
>   So sieh' dies Zeichen
>   Dem sie sich beugen
>   Die schwarzen Scharen,

Verworfenes Wesen!
Kannst du ihn lesen?
Den nie entsprossenen,
Unausgesprochenen,
Durch alle Himmel gegossenen,
Freventlich durchstochenen?
Ich versenge dich mit heiliger Lohe!
Erwarte nicht
Das dreimal glühende Licht!

welche Beschwörung den Mefistofel zur Erscheinung zwingt, den Herrn alles Ungeziefers, also einen der Erzteufel.

Die durch Beschwörung herbei gerufenen bösen Geister wurden sehr häufig in Anspruch genommen, um Zaubertränke anzufertigen, in denen eines der gefährlichsten und begehrtesten Mittel lag, um anderen zu schaden. Sie wurden häufig aus Stoffen zusammengesetzt, deren Wirkung zum gewünschten Zwecke ausser Zweifel steht, denn es waren bekannte Gifte oder Reizmittel, welche je nach ihrer Bereitung entweder langsames, schleichendes Siechthum, Wahnsinn oder raschen Tod erregten, oder unbändige Paarungslust, vorübergehenden Rausch, Verzückung und Krämpfe. Andere Mittel wurden bereitet aus Stoffen, von denen man annahm, dass sie den Dämonen, deren Hülfe man bedurfte, besonders angenehm seien, sie anlockten, andere ihnen zuwider seien, also sie abwehren würden. Es war entweder stinkendes, unreifes, widerliches, verfaultes, gährendes, missrathenes, ungewöhnlich gestaltetes oder was nur durch Verbrechen, unnatürliche Handlungen, auf verborgenen Wegen, unter grossen Gefahren erreicht werden konnte, auch vermeintlich giftiges, Ungeziefer, unfruchtbares, überhaupt alles von dem der Mensch annahm, dass es dem Reiche des bösen angehöre, dem Menschen schädlich sei. Man schloss, wie jede aus guten Stoffen bereitete Arznei den bösen Dämonen entgegen wirke, so müsse jede aus bösen Stoffen bereitete lockend und angenehm für sie sein. Von derartigem Hexengebräu mag nachfolgende Beschreibung aus Shakspere's Macbeth (4. 3) eine Vorstellung geben:

„Um den Kessel schlingt den Reih'n!
Werft die Eingeweid' hinein!
Kröte du, die Nacht und Tag,
Untern kalten Steine lag,

Monatlanges Gift sog ein,
In den Topf zuerst hinein!
Schlangen die der Sumpf genährt,
Kocht und zischt auf unserm Herd!
Froschzehn thun wir auch daran,
Fledermaushaar, Hundeszahn,
Otterzungen, Stachelig[el],
Eidechspfoten, Eulenflügel,
Zauberzhalber, werth der Müh'
Sied' und koch' wie Höllenbrüh'!
Thut auch Drachenschuppen drau,
Hexenmumien, Wolfszahn,
Des gefräss'gen Seehunds Schlund,
Schierlingswurz, zur finstern Stund'
Ausgegraben überall!
Judenleber, Ziegengall',
Eibenzweige, abgerissen
Bei des Mondes Finsternissen,
Türkennasen thut hinein,
Tartarlippen, Fingerlein
In Geburt erwürgter Knaben,
Abgelegt in einem Graben!
Mischt und rührt es, dass der Brei
Tüchtig, dick und schleimig sei.
Werft auch, dann wird's fertig sein,
Ein Gekröis vom Tiger drein!
Kühlt's mit eines Säuglings Blut,
Dann ist der Zauber fest und gut!"

Diese Unterscheidung ward jedoch nicht scharf durchgeführt, sie ward fast bis zur Unkenntlichkeit verwickelt in ihrer Anwendung, als der Glaube an das Besessensein, welches zur Zeit Jesu nur den krampfhaften und irreredenden Kranken beigemessen worden war, im Mittelalter auf alle Krankheiten ausgedehnt wurde, so dass man jede unterscheidbare Krankheit einem besonderen Dämon zuschrieb, dessen Vertreibung den befallenen heilen sollte. An den Äusserungen der Krankheit (Hitze oder Frost, örtliche Schmerzen, Fieberbilder, Geschwulst u. s. w.)

suchte man die Art des Dämonen zu erkennen und richtete demgemäss, unter gleichzeitiger Anwendung der Sterndeutung (§. 40) das Heilmittel ein, abgemessen um diesen besonderen Dämon in die Flucht zu treiben. Es konnte nicht fehlen, dass manche dieser Heilmittel wohlthätig wirkten, sei es schweisstreibend, abführend, beruhigend oder einschläfernd, wie sie damals wie jetzt gangbar waren und in ihrer Heilwirkung nützten, ganz unabhängig von den Erklärungen, die im Gehirne der Ärzte ihr Wesen trieben. Es entstanden aber auch die Hexen-Gebräue, von denen noch ein kleiner Theil zu den Apothekerschätzen der Gegenwart gehört, Mischungen die einen Teufel durch den anderen vertreiben sollten. Möge es uns, den Kindern des 19. Jahrhunderts, auch noch so unsinnig erscheinen, was unsere Vorfaren in ihren Vorstellungen und Handlungen äusserten, so müssen wir doch ehrend anerkennen, dass die gelehrtesten und aufopferungsfähigsten Männer ihrer Zeit die regsten Forscher waren im Reiche der verborgenen Kräfte, im aussersinnlichen und dass der Wissenschaft aus dem Wuste zalloser, unglücklicher Versuche, manche schätzbare Entdeckung erwuchs, dass es auch meistens uneigennütziger Wissensdrang war, der sie verleitete Gesundheit und Wohlstand dem Schmelztiegel zu opfern. Ihnen wurden die Qualen und Verluste, uns die Früchte zu theil; sie forschten auf Unkosten ihres Lebens nach Geheimmitteln, untergruben ihre Gesundheit und Lebenslust durch nächtliches forschen und arbeiten, zur Bereitung von Mischungen, deren giftige Wirkung oder Ausdünstung ihnen unbekannt war; sie wurden aufgerieben in dem endlosen Wechsel aufregender Hoffnung und niederschlagender Enttäuschung, denn sie tappten blindlings auf einem weiten, dunklen Gebiete umher, von ihren Zeitgenossen angestaunt und gepriesen oder gehasst und verfolgt, je nachdem die rückständigen der mitlebenden solche Thätigkeit auffassen mogten. Sehr treffend wird diese Stellung in Goethes Faust beschrieben, wo der von den Bauern hochgepriesene Faust seinem Begleiter Wagner sagt:

„Nur wenig Schritte noch hinauf zu jenem Stein,
Hier wollen wir von unsrer Wandrung rasten.
Hier sass ich oft gedankenvoll allein
Und quälte mich mit Beten und mit Fasten.
An Hoffnung reich, im Glauben fest,
Mit Thränen, Seufzen, Händeringen
Dacht' ich das Ende jener Pest

Vom Herrn des Himmels zu erzwingen.
Der Menge Beifall tönt mir jetzt als Hohn.
O könntest du in meinem Innern lesen,
Wie wenig Vater und Sohn
Solch' eines Ruhmes werth gewesen!
Mein Vater war ein dunkler Ehrenmann,
Der über die Natur und ihre heil'gen Kreise
In Redlichkeit, jedoch auf seine Weise
Mit grillenhafter Mühe sann.
Der in Gesellschaft von Adepten,
Sich in die schwarze Küche schloss,
Und nach unendlichen Recepten,
Das Widrige zusammen goss.
Da ward ein rother Leu, ein kühner Freier
Im lauen Bad' der Lilie vermählt
Und beide dann mit off'nem Flammenfeuer
Aus einem Brautgemach in's andere gequält.
Erschien darauf mit bunten Farben
Die junge Königin im Glas,
Hier war die Arzenei, die Patienten starben,
Und Niemand fragte: Wer genas?
So haben wir mit höllischen Latwergen
In diesen Thälern, diesen Bergen,
Weit schlimmer als die Pest getobt.
Ich habe selbst das Gift an tausende gegeben,
Sie welkten hin, ich muss erleben,
Dass man die frechen Mörder lobt."

Schwand auch im Laufe der Zeit die Vorstellung, dass jede Krankheit einem besonderen Dämon zuzuschreiben sei, so blieben doch manche der widerlichen Mittel, welche die, zu Krankheitsstoffen herabgesetzten Dämonen nach wie vor austreiben sollten. Es blieben z. B. als Heilmittel bis in das 18. Jahrhundert hinein, die balsamirten oder eingepökelten Leichname der alten Egypter, die Mumien, welche der Grabesruhe von Jahrtausenden entrissen wurden, um in den Apotheken zerrieben und den Kranken eingegeben zu werden. Die alten Grabstätten wurden durch unzälige Kameelladungen entvölkert, um die Sklaven der Pharaonen durch den Magen der Europäer den Kreislauf des Lebens fortsetzen zu lassen; auf der Höhe der Fortbildung dieser Vorstellung, konnte der Begehr nach Mumien nicht länger durch den Handel befriedigt werden und die Apotheker sahen sich genöthigt, einheimisches Thierfleisch zu Mumien umzuwandeln, wobei ihnen als Kennern einleuchten musste, dass es es gleich sei, von welchem Thiere das Fleisch genommen werde. Vom Gipfel herab ging die Vorstellung in Rückbildung über bis sie schwand.

Der Mensch fühlte sich aber nicht allein in Krankheiten, sondern auch in vielen anderen Lebensbezügen unter dem Einflusse böser Geister: alles was ihn als Unglück traf, ohne dass er eine sichtbare Ursache erkennen konnte, hatte nach seiner Erklärung, den Grund in der aussersinnlichen Welt, rührte von bösen Wesen her. Zu dem was ihn befiel, kam noch alles was er befürchtete, was er für möglich hielt und wie der Fetischanbeter allenthalben feindliche Fetische befürchtet, so schwebte der Geistergläubige in steter Furcht vor bösen Dämonen. Er strebte und forschte nach Schutz gegen die ihn umringenden schädlichen Einflüsse und konnte diese Hülfe am ehesten erwarten von übermächtigen guten Dämonen, bekannten guten Geistern, seien es Engel oder die Seelen verstorbener (Heilige). Vor allem war es aber das höchste Verehrungswesen, dessen Allmacht den ausreichendsten Schutz bieten konnte, selbst gegen den mächtigsten der bösen Geister. Von dieser Voraussetzung geleitet, wurden Gebete, Demüthigungen, Fasten, Selbstpeinigungen als die geeigneten Mittel erkannt, um seine Hülfe zu erlangen, seines Schutzes gegen die Anfechtungen böser Geister sich zu versichern; auch die Verrichtung guter Werke und vor allem die Anrufung seines Namens zu Zeiten der Gefar, waren Mittel, die bösen Geister abzuhalten oder zu verscheuchen. Dieselbe Vorstellung war nach wie vor Jesu Zeit bei allen Bildungsvölkern herrschend; das besondere Glaubensbekenntniss des Volkes machte keinen weiteren Unterschied, als in der Namensbezeichnung des anzurufenden Wesens: der Muhammadaner erwartet den gleichen Schutz vom Allah, wie der Jude vom Adonai und der Christ von der Dreieinigkeit: jeder ruft zu seinem höchsten Verehrungswesen und nimmt an, der Ruf werde alle bösen Geister mit Schrecken erfüllen und verscheuchen. Dieselbe Vorstellung erstreckte der Mensch auch über die Zwischenwesen, mit denen er den grossen Abstand vom höchsten bis zum Menschen auszufüllen suchte und ebenso wie die aus Egypten gewanderten Israeliten ihre Ephods hatten (vergoldete oder versilberte Thiergestalten) mit denen sie lieber verkehrten als mit dem fernen, grimmigen Jave, so hatten Hellenen und Römer ihre Hausbilder, ihre Herdbeschützer, welche gegen böse Geister Schutz verliehen. Die Christen wandten sich um Schutz zunächst an Jesus, dessen Zeichen, das Kreuz, sie als Abwehr wider böse Geister gebrauchten und nächstdem riefen sie die Heiligen an, aus deren Zal man gewöhnlich einen besonderen Beschützer sich wählt oder denjenigen anruft, dessen Obhut die auf den einzelnen Fall bezüglichen Vorgänge unterstellt waren. Selbst die Muhammadaner, denen Allah als das allein gültige Anrufungswesen, als Inbegriff aller Übermacht eingeprägt ward, unterlassen es nicht an den Gräbern ihrer zalreichen Heiligen um Schutz wider die bösen Geister zu flehen und die arabischen Seefarer ihren Scheich Ismael zu beschwören, wenn auf dem Meere die Geister der Luft und der Tiefe sie mit Unheil bedrohen.

Eine weitere Erstreckung derselben Vorstellung lag in der Beschützung durch Amulette, Zeichen geheiligter Art, welche der schutzbegierige an sich trug und die noch jetzt allenthalben in Anwendung sind. Theils sind sie reine Fetische, Gegenstände besonderer oder ungewöhnlicher Art, denen man deshalb ungewöhnliche Kräfte zuschreibt oder es sind mit Zeichen und Schriften versehene Sachen, deren Worte die mündlichen Anrufungen ersetzen sollen. In ähnlicher Weise wie die beständig gedreheten Gebeträder als fortwärendes beten gelten, sollten die Amulette ein beständiges anrufen des übermächtigen Wesens ersetzen, dessen Zeichen oder Namen dasselbe trug und da man annehmen durfte, die bösen Geister würden ebenso wol fliehen, wenn sie den Namen des übermächtigen sehen als wenn sie ihn anrufen hören; so erlangte man noch den Vortheil durch fortwärendes tragen einen ununterbrochenen Schutz zu geniessen, wogegen beim anrufen der Schutz erst beim ertönen des Namens eintrat, man also vom bösen Geiste beschlichen und erwürgt werden konnte, bevor man Zeit hatte, den schützenden Ruf ertönen zu lassen. Die Amulette sind sehr alten Ursprunges und erscheinen als unmittelbare Fortsetzung der Fetische, nur mit dem Unterschiede, dass es nicht unbekannte Wesen oder Kräfte sind, wie der Fetischneger sie in seinem eigenthümlichen Fetisch vermuthet, sondern bestimmte, in den Vorstellungen lebende Wesen der aussersinnlichen Welt, deren Schutz im Amulette ruht. Von den alten Egyptern, Chaldäern und Persern sind eine grosse Anzal von Steinen vorhanden, die in Fingerringe gefasst, Zeichen oder Worte enthalten, welche man als Bildzeichen von Verehrungswesen deutet oder als „heiliges Wort" oder „heiligen Namen," bei dessen Anblick alle bösen Geister fliehen sollten. Auf dem Steine ist häufig eingeschnitten ein menschlicher Rumpf mit Hahnenkopf, menschlichen Armen und schlangenförmigen Beinen, wahrscheinlich das Bild des Fürsten der Engel, vor dem die untergebenen sich zurückziehen, wie die räuberischen Beduinen, wenn man ihnen den, von ihrem Häuptlinge erkauften Schutzbrief zeigt. Derartige Ringe, von denen man sicher weiss, dass sie als Schutz gegen böse Geister getragen worden, waren auch im Christenthume viele Jahrhunderte hindurch gebräuchlich; ihr heidnischer Ursprung stand nicht entgegen, denn nach christlicher Anschauung waren der Teufel und alle bösen Engel heidnisch und so konnte der Schutzbrief des Belzebub, dessen Zeichen man auf dem Ringe sah, der geeignete sein wider die heidnischen bösen Geister. Die christlichen Priester eiferten stark dagegen, nicht etwa, weil sie die Amulette als Aberglauben betrachteten, sondern weil es heidnische waren; sie wollten nicht, dass Christen sich unter den Schutz heidnischer, böser Wesen stellten, sondern der christlichen, guten Wesen sich bedieneten. In Folge dessen trat allmählich die Wandlung ein, dass christliche Zeichen als Amulette verwendet wurden, vor allem das Kreuz, dann kleine Heiligenbilder, geweihete Perlenschnüre und derartige Schmucksachen, die entweder mit wunderthätigen Reliquien oder Heiligenbildern in Berührung gebracht oder bei feierlichen Gelegenheiten mit geweihetem Wasser besprengt worden waren. Als die wirksamsten wurden erkannt Überbleibsel von Glaubenshelden oder Gegenständen, die mit ihnen in Berührung gewesen waren, vor allem solchen, die von Jesus herrührten, wie Splitter oder Nägel von seinem Kreuze, Theile seiner Bekleidung, von seinem Blute oder Schweisse berührte Tücher u. s. w. Ausserdem trug man Münzen mit dem Bildnisse der Mutter Maria gegen Kriegswunden oder geschriebene Gebote gegen Verletzungen durch Feuer oder Waffen u. s. w. und wie in der Mitte des 18. Jahrhunderts, der Papst dem österreichischen Feldmarschall Daun einen geweiheten Hut und Degen sandte, um ihn wider Kriegsgefahren zu schützen, so senden noch jetzt die Päpste geweihete Schutzmittel als Geschenke an hochstehende und wird bei den Katholiken die Eröffnung einer Eisenbahn durch weihen der Schienen und Wagen begonnen, deren besprengen mit geweignetem Wasser gegen Unheil schützen soll, in welchen allgemeinen Begriff die früheren Vorstellungen von bösen Geistern übergegangen sind. — Die Juden betrachten vielfach die an ihre

Thürpfosten befestigten Gesetzstellen als Schutzmittel und die Muhammadaner tragen zu gleichem Zwecke Zettel bei sich, mit solchen Koranstellen beschrieben, in denen der Name Allah möglichst oft enthalten ist; im ganzen Morgenlande tragen Christen, Juden und Muhammadaner Amulette jeder Art

§. 82.

Die vielgestaltigen Vorstellungen, welche der Mensch in seine aussersinnliche Welt verlegte, müssten weit ausführlicher, als hier geschehen, erläutert werden, wenn der Zweck wäre, alles dazu gehörige einigermassen erschöpfend zusammenzustellen. Das gegebene soll aber ausgesprochenermassen nur andeuten, die Entstehung der Vorstellungen über die aussersinnliche Welt und die Einwirkung der Fähigkeiten und Mängel des Menschenwesens bei der Erschaffung derselben. Es war die Begrenztheit seiner Sinne (§. 4), welche seiner Erkenntniss Schranken setzte, für ihn die Welt eintheilte in eine Sinnenwelt und eine aussersinnliche; es war sein Forschertrieb, der ihn veranlasste seine Fähigkeit des Verstandes anzuwenden, um sich Vorstellungen zu bilden von den Ursachverhältnissen, bei denen er entweder die Ursache oder die Wirkung nicht im Bereiche seiner Sinnenwelt auffinden konnte und deshalb in der aussersinnlichen Welt aufsuchen wollte. Seinen Verstand benutzte er als Einbildung, um Gestalten der aussersinnlichen Welt aus Bestandtheilen der Sinnenwelt zusammenzusetzen, um unsichtbare Vorgänge sich fasslich vorzustellen; er benutzte die Thätigkeit seiner Einbildung bei schlummerndem Bewusstseine, sei es in Träumen, Verzückungen oder Betäubungen, um die aussersinnliche Welt in Offenbarungen auf sich wirken zu lassen, wobei er die Bilder und Gedanken seines Gehirnes ausser sich versetzte, wie er es gewohnt ist mit allen sinnlich erkannten Vorstellungen, aus denen er seine Aussenwelt (Sinnenwelt) bildet (§. 6). Er suchte auch wachend auf die aussersinnliche Welt einzuwirken durch Opfer und Gebete und die Verbindung mit ihr sich zu erhalten durch Eide, Beschwörungen, Fetische, Amulette u. dergl.

Betreffs der übermächtigen Verehrungswesen ist ein wesentlicher Unterschied zu machen zwischen denen, welche als wirkliche Gestalten, scheinbar lebend, menschenähnlich und jedenfalls als sichtbare Ursache wirkten, wie Waldbrand, Wüstensturm, Meer, Sonne, Wolkenhimmel und Sternenhimmel und dagegen zu den anderen, deren Gestalten nur in der

Einbildung zusammengesetzt wurden aus Formen, unter denen in der Sinnenwelt ähnliche Wirkungen erkannt wurden. Jene sichtbar erscheinenden Übermächte gehörten der aussersinnlichen Welt an zu Zeiten ihrer Nichtsichtbarkeit, während letztere ganz und gar jenseit der Schranke, im aussersinnlichen sich bewegten. Für die zeitweilig sichtbaren Verehrungswesen bedurfte es nur der Aufsuchung ähnlicher Erscheinungsformen der Sinnenwelt, um ihrer Gestalten jederzeit sich zu erinnern: das Opferfeuer versinnlichte den flammenden in Rauch gehüllten Feuerherrn; die gewundene Schlange oder das Widderhorn den wirbelnden Wüstenherrn, bäumende Rosse oder Delfine den geräuschvoll einherrollenden Meeresherrscher; die Formen waren einfach und anschaulich zu machen. Dagegen boten die stetig unsichtbaren, der aussersinnlichen Welt gänzlich angehörigen Wesen, der Einbildung keine Gestaltungen zum Vergleiche: der Mensch musste aus den sichtbaren Wirkungen, die ihm als Beweise ihres daseins galten, die Gestalten schaffen, reine Wesen seiner Einbildung, die auch nur durch seiner Hände Werk, als Standbild oder Gemälde, anschaulich gemacht werden konnten. Die Geister der Oberwelt, als Luftwesen, mussten Flügel haben gleich den Vögeln, um frei umher schweben zu können; der Mensch formte seine freundlichen Engel in lieblicher Gestalt aus feinsten Stoffen und geflügelt; die Dämonen der Erde aus gröberen Stoffen, wässeriger oder erdiger Art, je nachdem sie aus Quellen oder Hölen ihr neckisches oder hämisches Spiel trieben; die Wassergeister lieblich geformt aber kühl, die Hölengeister klein und zwerghaft, wie es die kleinen Eingänge und engen Spalten zu fordern schienen; die Geister der Unterwelt (Erinnyen, Teufel u. a.) aus feurigen oder feuerfesten Stoffen, um im Grunde der Feuerberge leben zu können, dabei zur Erscheinung auf Erden beflügelt, aber nicht gleich den freundlichen Tagesvögeln sondern wie grausige Nachtthiere, Fledermäuse u. a. schrecklich gestaltet und bekrallt. Die umherschwebenden Seelen der verstorbenen versetzte der Mensch anfänglich in schnell sich bewegende Thiere wie Vögel und Fische; späterhin schuf er ihnen, geleitet von seinen Träumen, eine Menschengestalt in der Art, wie sie seinem Gedächtnisse am stärksten sich eingeprägt hatte, sei es in der Lieblichkeit der Blütenzeit des Körpers oder als gestorbener in das Leichentuch gehüllt, wie der träumende ihn zuletzt gesehen hatte; jedenfalls war es nicht ein Geist, wie er aus dem Körper entflohen umher schweben konnte, denn dann müsste er nackt sein, sondern es war die Gestalt, welche seinem Gehirne sich eingeprägt hatte und aus dem Gedächtnisse erwachte.

Wir sehen wie die aussersinnliche Welt, beginnend an den Schranken der Sinnenwelt des Menschen, nach allen Seiten unendlich sich erstreckt, von der lichtesten Höhe des menschlichen Gedankens bis zu den dunkelsten Tiefen, bevölkert von den zahllosen Gestalten seiner Einbildung. Mitten darinnen steht der winzige Mensch mit seinen Fähigkeiten und Mängeln, umgeben von seiner Sinnenwelt, die er erforscht, in welche aber von allen Seiten die aussersinnliche Welt hineinragt, beide eines seiend in der Wirklichkeit, aber in seiner Erkenntniss geschieden durch eine Schranke, welche die Begrenztheit seiner Sinne gesetzt hat. Er ruhet nicht in seinem Streben nach Erkenntniss, sondet seine Einbildung hinaus in das weite dunkle Gebiet und bevölkert es mit seinen Wesen; er forscht gleichzeitig nach Mitteln der Erkenntniss, indem er die Grenzen seiner Sinne erweitert und die Vorgänge, die ihm vordem unsichtbar waren, in solche Bewegungen umsetzt, die in seiner Sinnenwelt erscheinend messbar wurden. Er erweiterte die Grenzen seiner Sinnenwelt, drängte also die aussersinnliche zurück und löste die Gestalten seiner Einbildung auf in wahrnehmbare Vorgänge, entfernte aus seinem Gehirne die lieblichen wie die schreckhaften Bilder, in welche sein Verstand diejenigen Vorgänge der aussersinnlichen Welt gekleidet hatte, welche ihm als Ursache oder Wirkung wahrnehmbarer Vorgänge erschienen waren.

§. 83.

Die aussersinnliche Welt der Europäer trägt die Merkmale zweierlei Ursprungs. Wie in den meisten anderen Zweigen der Entwicklung, haben wir Europäer auch in dieser, eine Anzal von Vorstellungen aus der Urheimat empfangen, von unseren Vorfaren auf der Wanderung aus Mittelasien hieher mitgeführt und bereichert. Dazu ist, grösstentheils nach geschehener Ansiedlung, eine Reihe anderer Vorstellungen aus Südosten gekommen, die den dunklen Völkern der heissen Länder und Wüsten entstammend, als fremdartiges den Bildern des gemässigten Erdgürtels sich eingefügt und untergeordnet haben.

Die in Europa eingeführten Vorstellungen der Egypter, Semiten, Inder und Perser waren nur zum Theile ursprünglich dunkle, andrentheils gemischt aus dunklen und hellen. Die Egypter gestalteten ihre aussersinnliche Welt aus den Vorgängen der von ihnen bewohnten, heissen Länder; die Semiten thaten ursprünglich dasselbe, spalteten sich jedoch in der Fortbildung. Die Araber hielten die rückständigen Stufen sehr lange und ziemlich unvermischt fest; die Chaldäer entwickelten sich während dem auf Grund ihrer Urvorstellungen, konnten aber späterhin die Einflüsse der Perser, bei den gegenseitigen Mischungen nicht abwehren; die Israeliten, deren Bildungsgang für uns der einflussreichste geworden ist, waren noch mehr den Mischungen ausgesetzt, so dass alles was ihre Schriften uns zugetragen haben, zum Theile altsemitisch, anderentheils egyptisch, späterhin neu-semitisch (chaldäisch) und im jüngsten Theile stark persisch gemischt ist. Das persische war aber auch nicht mehr rein arisch, sondern ebenso wie das indische vermischt mit den örtlich berechtigten Vorstellungen und überdies durch chaldäische Einwirkungen umgebildet, so dass schon das, zu uns aus dem Judenthume gebrachte ein buntes Gemenge war aus ursprünglichem und fremdem, selbst das ursprüngliche theils nur örtlich geltend, theils auch auf längst verlassene Zustände und Länder begründet, also in ihrer Mitte bereits veraltet.

Das Gewirre von Vorstellungen der dunklen Menschenhälfte und der hellen ward viele Jahrhunderte hindurch in Westasien durch einander geschlungen, bevor es auf die Vorfahren der Europäer einwirken konnte. Die ältesten Spuren leiten zu den Einflüssen, denen die ersten Bewohner Griechenlands, die Stammväter der Hellenen (1200 bis 800 vor Chr. G.) ausgesetzt waren und welche theils von Libyen und Egypten (Nord-Afrika), theils von Syrien und Kleinasien her auf sie eindrangen, wobei sie von ersteren, aus Süden, die afrikanischen Vorstellungen in ihrer Ursprünglichkeit empfangen konnten, von letzteren dagegen schon eine Mischung dunkler und heller Vorstellungen, je nach der Zeit und dem Zuführungsorte verschieden zusammen gesetzt. Die Mischungen gingen vor sich bei den Hellenen von 800 bis 500 vor Ch. G., das Volk ward sehr stark ionisch (dunkel) geartet, ebenso seine Vorstellungen; es kamen persische hinzu und der arische Trieb der vorgeschrittenen erhob sich furchtlos zu den höheren Gedanken (Begriffen) in welche ihre Weltweisen die aussersinnliche Welt zusammenfassten. Später als zu den Hellenen, gelangten die dunklen Vorstellungen zu den Römern (700 vor Ch. G.), welche gleich jenen ihre Grundvorstellungen aus der arischen Urheimat mitgebracht hatten. Die

Zuforen kamen aber auch hier nicht gleichzeitig, sondern unregelmässig in zufälligen Zeitabständen, sowohl egyptische und semitische, wie vornehmlich hellenische, weiterhin auch persische und endlich egyptisch-hellenische, wie sie entwickelt wurden von den Hellenen an der Hochschule zu Alexandrien; alles zugeführt in den verschiedensten Ur- und Mischgestalten.

Als das Christenthum in Europa, Griechenland und Italien zuerst, eingeführt ward, brachte die Bibel als Grundlage des neuen Glaubens, eine Fülle von ursemitischen, altegyptischen und westasiatischen Vorstellungen zu den bereits starkgemischten arischen Völkern jener Länder. Hier wesentlich verändert drang es weiter vor nach Norden und Westen, zu den minder gemischten Ariern, Galen, Kelten, Teutonen und Slaven, bei denen die biblischen Vorstellungen als Grundlagen des neuen Glaubens eingeführt wurden und die Glaubensverbreiter sich bemüheten, den arischen (hellen) Völkern die fremden Vorstellungen der Afrikaner und Westasiaten einzuflössen, der Bewohner öder Wüsten, brennender Hochebenen und üppig heisser Flussthäler, vermischt mit den hochausgebildeten Wesen mit denen die Perser ihre aussersinnliche Welt bevölkert hatten. Zu dieser überwältigenden Fülle brachten die Araber noch eine neue, wenn auch verwandte Reihe von Vorstellungen, als sie durch Nord-Afrika vordringend, in Spanien ein hochgebildetes maurisches Reich stifteten; andere Vorstellungen Westasiens brachten die Kreuzfahrer im 11. Jahrh. mit und dazu spannen die stetig zunehmenden Handelsverbindungen neue Fäden, an denen fremde Vorstellungen zu den Europäern geleitet wurden. Seitdem gar durch zahlreiche Übersetzungen die Bibel jedem zugänglich ward und die Priester der verschiedenen Völker die semitischen u. a. Vorstellungen der Bibel als göttliche Eingebungen geltend machten, auch die Verehrungswesen der Israeliten als das höchste Wesen der Europäer bezeichneten, erlangten die fremdartigen Gestalten der israelitischen, aussersinnlichen Welt grösseren Einfluss als zuvor.

Dennoch zeigt die zunehmende Beobachtung der Volksgebräuche, dass bei den Europäern die unterste Grundlage unverändert die der eigenen Urheimat geblieben ist, dass sie, so weit sie nicht in der Ost-West-Wanderung den gewohnten Erdgürtel verliessen, ihre Urvorstellungen beibehielten, auch aus den hinzukommenden Vorstellungen, vorzugsweise den stammverwandten persischen und indischen Aufnahme gewärten, dagegen die ursemitischen und altegyptischen, ihrer fremdartigen Grundlage halber, nur als aufgedrungene und von den Priestern durch Gewalt und Überredung gehaltene Fessel tragen, die Jeden Augenblick gelöst und abgeworfen werden könne. Das afrikanisch-semitische zeigt sich nur als eine farbige Decke, welche allerdings den herrschenden arischen Vorstellungen ein semitisches Ansehen giebt, aber gelüftet, die alten ursprünglichen Gestaltungen der Arier offenbart, im vollen Leben blühend und herrschend.

Es haben z. B. bei den kühleren Europäern die, der Wüste entstammenden Engelserscheinungen keinen Eingang finden können, weil die Luftspiegelungen und Täuschungen der Wüste nicht vorhanden sind; es liegt hier kein Bedürfniss vor, die unbekannten Vorgänge zu verkörpern, welche noch jetzt den Araber veranlassen, wie vor Jahrtausenden, seine Wüstenheimat mit bösen Geistern (Iblis) zu bevölkern. Die Vorstellung von Erdgeistern dagegen, von Zwergen, Kobolden u. a. brachten die Europäer aus der Urheimat mit; sie ist naturwüchsig und lebt fort im Christenthume, obgleich die semitische Bibel sie nicht kennt, vielmehr der ältere Theil die Seelen der verstorbenen im Grabe ruhen lässt. Der Glaube an den heiligen Geist hat in Europa nirgends zur Verehrung desselben geführt; Gott-Vater aber hatte in den arischen Vorstellungen seine Begründung und behielt aus der Heidenzeit seinen Namen wie sein mildes, gerechtes Wesen, ohne Rachsucht, Opfergier und die heftigen Leidenschaften der Semiten, welche die Bibel dem israelitischen Jave beilegt; der europäische Himmelsherr (Deus, Gott, Bog) ist so verschieden geblieben vom semitischen Wüsten- und Feuerherrn, wie vor 3000 Jahren, sie stehen im Vergleiche zu einander wie Tag und Nacht. Die Europäer haben über die aussersinnliche Welt unzählige fremde Vorstellungen empfangen, sind aber in ihrer Grundlage Arier geblieben, Gewächse des gemässigten Erdgürtels, und demgemäss ist auch im wesentlichen ihre aussersinnliche Welt. Weit entfernt von den fremdartigen, biblischen Vorstellungen haben sie durch alle Zeiten bis auf die Gegenwart, denselben Herrn verehrt, den würdigen, strengen und dabei milden Allvater der gemässigten Länder; seine Grundzüge liegen so tief im Wesen der Europäer, dass die Priester, trotz tausendjähriger Empfehlungen und Drohungen nicht im Stande gewesen sind, den, der Wüste gemäss, finsteren, wankelmüthigen, rachsüchtigen und opfergierigen Jave an seine Stelle zu setzen; die Europäer sind in ihrer Grundlage Heiden geblieben, nur der Himmelsherr beherrscht ihre aussersinnliche Welt. Das abstreifen des darüber gebreiteten semitischen geht allmählich weiter, von den semitisch geschulten Priestern als das „umsichgreifen des Unglaubens" bezeichnet.

§. 84.

Das allgemein menschliche in der Verschiedenheit der Bildungsstufen der gleichzeitig lebenden, zeigt sich auch in der Abstufung der Vorstellungen, in der Schichtenfolge der aussersinnlichen Welt. Zu unterst zeigen sich die rückständigsten Formen im Glauben an Zaubereien, Beschwörungen, Fetischen, Amuletten u. s.; ebenso haben Träume, Teufelserscheinungen, selbst Hexenverfolgungen noch ihre Geltung; Tischrücken und Geisterklopfen haben tausende von Anhängern; Wahrsager giebt es an allen Orten, Fetische sind vorhanden in jeder Gestalt; das rückständige steht dem rückständigen Menschen am nächsten. Auf dieser breiten und dichten Schicht erheben sich stufenweise die Schichtenfolgen der vorschreitenden bis zu der am wenigsten ausgebreiteten obersten Schicht derer, welche die Gestaltungen der aussersinnlichen Welt auffassen als Bewegungserscheinungen, die der Mensch im rastlosen Streben nach Erkenntniss unter fassbaren Formen sich vorstellte, um sie seinem Wissen und Glauben einfügen zu können und die er, je nach den Grenzen seiner Fassungsgabe beschränkt oder erweitert. Die vorschreitenden streifen die rückständigen Gestalten allmälich ab und bezeichnen das Fortleben derselben als Aberglauben, wogegen die Anhänger des rückständigen jene vorschreitenden als ungläubige bezeichnen, in sofern ganz treffend von ihrem Standpunkte aus, als die vorschreitenden, zum Glauben wie zum Aberglauben der rückständigen, ungläubig sich verhalten.

Auch die beiden Seiten der menschlichen Entwicklung, die aufsteigende und die absteigende, Fortbildung und Rückbildung neben einander, lassen sich erkennen. Die Fortbildung wirkte rastlos nach Erkenntniss der aussersinnlichen Welt, im ehrlichen bemühen, wenn auch vielfach irrend; im Streben die darin gedachten Wesen heran zu ziehen, um Offenbarungen zu empfangen; im Streben sie durch Opfer, Gebete, Selbstpeinigungen zu bewegen, zum besten der Menschen zu wirken; sie hat die Menschheit stufenweise durch unzählige Irrungen zur höheren Erkenntniss geleitet, ihre aussersinnliche Welt schrittweise mit lichteren und umfassenderen Vorstellungen erfüllt. Die Rückbildung, unablässig zur Seite schreitend, hat im Missbrauche, im herabziehen der Vorstellungen sich geäussert, zu Gaukeleien und Täuschungen geführt, aber in sofern fortbildend gewirkt, als sie den Untergang der rückständigen Vorstellungen beschleunigte; einseitig hemmend wirkt sie fortwärend, indem sie in der Pflege der rückständigen Vorstellungen durch Kräfte (Priester, Lehrer) die den vorgeschrittenen angehören, die Heuchelei fördert und der Fortbildung den gebürenden Bereich schmälert.

Die Erscheinungen der Fortbildung und Rückbildung gegen einander abgewogen, stellen als Ergebniss heraus

dass die Fortbildung überwiege, dass das Streben der Menschen nach Erkenntniss der aussersinnlichen Welt stetig zunehme an Stärke wie an Erfolg, wenngleich verzögert durch die engen Grenzen der Sinne und zersplittert nach den örtlichen Verschiedenheiten der Lebensverhältnisse;

dass gegenwärtig wie zu allen Zeiten, die verschiedenen Stufen der Fortbildung wie der Rückbildung in den gleichzeitig lebenden neben einander erkennbar seien und dass sie in ihrer förderlichen wie hemmenden Wirkung eine schwankende, aber unaufhaltsame Mehrung des Bildungsschatzes der Menschheit ergeben;

dass in allen Gestaltungen des Strebens, das Menschenwesen mit seinen Fähigkeiten und Mängeln als die Grundlage zu erkennen sei, auf welcher die Vorstellungen von der aussersinnlichen Welt, von den kleinsten Anfängen bis zu den höchsten Gestaltungen der Gegenwart sich entwickelt habe.

Geist und Unsterblichkeit.

§. 85.

Unter den Mängeln des Menschenwesens wurde (§. 6) auch derjenige erkannt, dass wir die Gegenstände und Vorgänge ausser uns nicht erfassen können, sondern lediglich die Eindrücke, welche sie auf uns machen und dass wir in jedem Falle genöthigt sind, aus den einzelnen zu einander gehörigen Eindrücken ein Bild zusammen zu setzen und dieses in unserem Gedächtnisse den bereits vorhandenen Vorstellungen einzureihen, indem wir durch Vergleichung mit anderen Gegenständen oder Vorgängen die Anknüpfungspunkte schaffen. Es steht uns kein anderer Weg zur Erkenntniss offen, wir können ihn trotz der augenscheinlichen Unsicherheit nicht vermeiden und haben deshalb unser Bemühen darauf zu richten, die Gefaren unserer Erkenntniss zu erforschen, ihren Einfluss auf die ererbten und selbst geschaffenen Vorstellungen zu ermitteln und ihrem ferneren Einwirken thunlichst vorzubeugen oder auszuweichen. Die grösste Einbusse erleiden wir allerdings, indem uns alle Eindrücke entgehen, welche ausserhalb der Grenzen unserer Sinne liegen, sei es, dass uns der Sinn zur Erfassung etwa gänzlich mangele oder dass die Eindrücke zu klein, zu schwach, zu beweglich seien, um einzeln erfasst werden zu können. Die grössten Gefaren erwachsen uns aber nur bei letzteren, denn die erstgenannten sind ganz wirkenlos, können also nicht irreleiten; nur diejenigen Eindrücke welche an den Grenzen unserer Sinnenwelt vor sich gehen, bieten die grössten Gefaren und wenn wir auch vermögen, sie zum Theile zu ahnen oder zu erkennen, so stehen doch noch immer zalreiche Wege des Irrthumes offen; es bleibt uns nur übrig, bestehende Irrthümer abzustreifen und dem forschenden die gefarvollen Bahnen als solche zu bezeichnen, die ihn irreleiten, wenn er nicht ausreichende Vorsicht anwendet.

Bei fortschreitender Bildung ist es dem Menschen möglich geworden, durch Hülfsmittel den Bereich seiner Sinne zu erweitern. Namentlich hat unser wichtigster Sinn des Sehens hierin gewonnen und dadurch nicht allein auf Erweiterung des Bereiches der menschlichen Erkenntniss eingewirkt, sondern auch im Bereiche manche und zwar einflussreiche Vorstellungen und Begriffe umgestaltet. Das Fernrohr hat es ermöglicht, unser Gesichtsfeld millionenfach zu erweitern, in die Welt der Grössen vorzudringen und nicht allein auf Erden, sondern auch weit hinaus in der unermesslichen Welt, Gegenstände und Vorgänge zu entdecken deren Eindrücke auf unseren Sehnerv wir ohnedem nicht würden auffassen können. In der anderen Richtung, auf das kleinste in unserer Nähe, hat das Vergrösserungsglas es ermöglicht, unser Gesichtsfeld zu vertiefen, in die Welt des kleinen vorzudringen und Eindrücke von nahen Gegenständen zu empfangen, die vordem ihrer Feinheit halber unserer Auffassung verborgen blieben. In beiden Fällen fehlte es vordem nicht an Eindrücken, sie waren aber zu klein, zu schwach und deshalb unmerklich; erst durch Zusammenstellung geeignet geschliffener Gläser ward das Bild der fernen wie der nahen Gegenstände, ihr Sehwinkel, so weit vergrössert, dass es dem Sehnerven möglich ward, den Eindruck gesondert zu empfinden und zum Gehirne fortzupflanzen. Das blose Auge erblickt die aus unzäligen Sternen bestehende Milchstrasse nur als Nebelstreifen, aus gleicher Ursache das mit unzäligen Thieren angefüllte Grabenwasser als getrübt und zwar weil das Bild, welches der einzelne Stern oder der einzelne Thierleib zum Auge sendet, zu klein ist, um erfasst werden zu können, so zu sagen, zwischen den Nervenenden im Auge hindurchfällt oder sie nur theilweise trifft, so dass aus den vielen unerfassten Einzelneindrücken ein trübes oder schwaches Gesammtbild entsteht. Erst die Vergrösserung durch geschliffene Gläser breitet das Bild des einzelnen Sternes oder des einzelnen Thierchens so weit aus über die Enden der Sehnerven, mit denen das Innere des Auges wie gepflastert erscheint, dass es möglich wird, das Bild als ein gesondertes aufzufassen. Indem der Mensch solchergestalt sein Sehfeld in den Richtungen auf das grosse wie das kleine erweiterte, hat er seine Vorstellungen gemehrt und berichtigt, aber auch die frühere unwandelbare Zuversicht, das zweifellose Vertrauen auf sein Sehvermögen verloren; denn wärend er in das Reich des vorhin unsichtbaren vordrang, musste er erkennen, nicht allein, wie wenig ihm bisher sein Auge offenbart hatte, sondern auch, mit wie vielen Mängeln und Täuschungen es behaftet sei und wie vielfältig es ihn verleitet hatte.

Nicht minder irreleitend wirkt der andere Mangel unserer Sehfähigkeit, dass nur diejenigen Vorgänge aufgefasst werden, deren Eindrücke eine angemessene Zeit hindurch auf unseren Sehnerv wirkten, um dadurch als gesonderte empfunden zu werden; denn, um einen Eindruck für sich aufzufassen, muss der Sehnerv nicht allein in Bewegung gesetzt, sondern auch eine genügende Zeit darin erhalten werden, die gefolgt wird von einer Zwischenzeit der Ruhe, sonst fliessen die einzelnen Eindrücke in einander und hinterlassen nur ein Gesammtbild. Das augenscheinlichste Beispiel ist der Blitzfunken, der uns nur deshalb als Stral erscheint, weil die einzelnen Bilder die der hineilende Funke in unseren Augen erzeugt, einander zu rasch folgen und deshalb uns als Stral erscheinen, ähnlich wie ein am Faden geschwungener glühender Körper den Eindruck eines Feuerreifens macht, wenn wir die Geschwindigkeit des Umschwunges so weit steigern, dass die Einzelnbilder im Auge in einander fliessen. Auch diesen Mangel hat der Mensch erkannt, seitdem er lernte die Geschwindigkeit des Lichtes zu messen und die daraus notwendig hervorgehenden Täuschungen folgern konnte, um sie sowohl bei seinen Beobachtungen in Anrechnung zu bringen, als auch Vorbeugungsmittel wider die Täuschung zu ersinnen.

Dagegen hat es nicht im gleichen Mase gelingen wollen, einen anderen Mangel der Sehfähigkeit auszugleichen, der uns verhindert, Eindrücke von Gegenständen zu empfangen, denen ein gewisses Mas der Dichtigkeit fehlt; ist der Gegenstand weniger dicht, dann sehen wir ihn nicht oder wenn er seine Dichtigkeit, die uns in den Stand setzte ihn zu sehen, zu einer späteren Zeit unter jenes Mas verändert, dann hört er auf, Eindruck auf unseren Sehnerv zu machen, wird unsichtbar. So sehen wir die Gase nur dann, wenn sie mit anderen Körpern verbunden sind, oder in sehr dicker Schicht betrachtet werden oder stark verdichtet sind oder mit anderen Verbindungen eingehen, welche als Licht sichtbar werden. Lässt man z. B. Leuchtgas ausströmen, so bleibt es unsichtbar, obgleich schwarze Kole darin enthalten ist; wird dagegen der Gasstrom entzündet, dann mehrt sich die Dichtigkeit in der Verbindung mit dem Sauerstoffe der umgebenden Luft so sehr, dass die Verbindung als Flamme sichtbar wird. Die Lufthülle unserer Erde, das Gasmeer auf dessen Grunde wir Menschen leben und wirken, diesen fülbaren und wägbaren Körper, von dem wir uns nären, dessen Bewegung wir empfinden, den wir hin und her peitschen können wie Wasser, der sich zusammenpressen und ausdehnen lässt nach Belieben, wir sehen ihn nicht oder genauer gesagt, nur wenige wissen, dass sie ihn sehen. Blicken wir um uns nach nahen Gegenständen, so fällt es selten ein, dass ein dritter Körper dazwischen sich befinde, der Form und Farbe ändere; die meisten denken nicht daran, dass die blaue Farbe des hohen Himmels, welchen sie über sich erblicken, nur die Luft sei, welche die Erde umhüllend bis in ihr Auge reicht und von der Sonne erleuchtet, in unserem Auge den Eindruck erregt, den wir als blau bezeichnen. Wir können die Dicke und Dichtigkeit messen, in welcher unsere Lufthülle als Blaue sichtbar wird, indem wir an fernen Gebirgen erkennen, dass sie uns nicht in den Farben ihrer Felsen und Wälder, sondern blau erscheinen, was nur der zwischenstehenden Luft zugeschrieben werden darf, deren Erleuchtung wir darin erblicken. Diese Färbung muss allerdings vorzugsweise wenn nicht ganz, dem in der Luft vorhandenen Wasserdunste zugeschrieben werden, denn je geringer irgendwo der Wassergehalt der Luft ist, desto mehr nähert sich die Farbe dem schwarzen, der Farblosigkeit.

Dieser Mangel äussert sich um so öfterer als wir wissen, dass alle bekannten Stoffe die Gasform annehmen können, sobald sie die dazu erforderliche Wärme mitgetheilt erhalten; dass wir also bei jedem vorhandenen Körper mehr oder minder der Gefar ausgesetzt sind, ihn verschwinden zu sehen, sobald er seinen Körperzustand in den gasigen umändert. Wir sehen z. B. die Verbindung von unsichtbarem Sauerstoffe und ebenso unsichtbarem Wasserstoffe gestaltet als starres Eis oder tropfbares Wasser; durch Wärmeentziehung in geeigneter Anwendung, ist die Verbindung beider unsichtbaren Stoffe, als Wassertropfen sichtbar geworden und durch fortgesetzte Wärmeentziehung zu einem festen Körper erstarrt, aus dem man Häuser und Brücken erbauen könnte. Unter Anwendung der Wärme geht die umgekerte Umwandlung vor sich: das Eis thaut auf zu Wasser, das Wasser löst sich auf in unsichtbaren Dampf und der Dampf kann wieder in die beiden unsichtbaren Gase geschieden werden. So können in jedem Augenblicke Körper unsichtbar werden, ohne ihr dasein zu verlieren, oder aus dem unsichtbaren in den sichtbaren Zustand zurückgeführt werden, wenn wir das erforderliche anzuwenden wissen. So lange aber dem Menschen diese Kenntniss fehlt, steht er den vorgehenden Umwandlungen gegenüber, wie einer Welt der unerklärlichen Wunder und lässt sich, je weniger seine Erkenntniss vom Verständnisse geleitet wird, desto mehr von seiner Einbildung verleiten. In gleicher Weise verhält es sich mit dem menschlichen Hauche: die ausgeathmete Luft besteht aus einem Gemenge verschiedener Gase und Wasserdunst, der sofort in kleinen Tropfen sichtbar wird, wenn wir einen kalten Gegenstand anhauchen. In warmer Luft sehen wir den Hauch nicht, weil ihm die erforderliche Dichtigkeit fehlt; in kalter Luft dagegen erblicken wir ihn als Dunstwolke dahinfliegend, weil er vor dem Munde abgekühlt, sich verdichtet und dadurch sichtbar wird. Wer in heissen Ländern geboren und lebend niemals Gelegenheit hatte, den menschlichen Hauch verdichtet zu sehen, wird denselben zu den unsichtbaren Körpern zälen, also andere Vorstellungen damit verbinden als der Bewohner kalter Gegenden. Aber auch dem Blicke des letzteren ist die Sichtbarkeit des Hauches nur von kurzer Dauer, denn er verflüchtigt sich rasch, die Dunstbläschen entfernen sich von einander und die Dichtigkeit der Wolke mindert sich so sehr, dass dem Sehnerv der Eindruck nicht länger fassbar wird.

§. 86.

Die Menschen haben Jahrtausende hindurch die Gefaren nicht geahnt, ahnen sie meistens auch jetzt noch nicht, mit denen die Mängel der Sinne das unablässige streben nach Erkenntniss beeinflussen; sie haben ohne Misstrauen die Eindrücke aufgenommen, wie sie in den Bereich ihrer Sinne fielen, haben daraus und demgemäs ihre Vorstellungen und Begriffe gebildet, durch Vergleichungen vereinigt, dem Gedächtnisse eingeprägt und den nachkommenden Geschlechtern vererbt. In den auf einander folgenden Geschlechtern, welche sie ohne Misstrauen empfingen und vererbten, lebten sie fort längst nachdem dem Gedächtnisse entschwunden war, wie diese Vorstellungen in der Urzeit entstanden seien und so lange die Nachkommen von denselben Fähigkeiten geleitet und denselben Mängeln verleitet blieben, wurden die Vorstellungen auf Treu und Glauben ererbt und vererbt. Die Väter und Kinder beobachteten mit gleichen Sinnen und betrachteten namentlich den Sinn des Sehens als einen so sicheren und zuverlässigen Fürer, dass kein Zweifel gehegt ward an dem wirklichen vorhandensein dessen, was man mit eigenen Augen gesehen hatte oder zuverlässige Leute gesehen haben wollten.

Unter den zalreichen, in der Urzeit entstandenen, ragt hervor die Vorstellung vom Lebenswesen des Menschen und dessen Gestaltung, als eine der weitest verbreiteten und eingreifendsten. Wenn auch in vielen Abstufungen, wie die ungleiche Fortbildung der einzelnen Völker und der einzelnen Menschen in jedem Volke es bedingt, findet sich doch diese Vorstellung mit geringen Ausnahmen bei allen Völkern, sobald sie einige Stufen über die Thierheit sich erhoben. Die weitest rückständigen Völker der Gegenwart besitzen sie noch nicht, weil sie auf zu tiefen Stufen stehen; jedes andere Volk sobald es das Glück hatte, den genügenden Grad höherer Fortbildung zu erreichen, entfaltete die ersten Ansätze zu dieser Vorstellung und so entwickelte sich bei fortschreitender Bildung eine Stufenfolge, die durch verschiedene Zeiten und Völker zu den höchsten Gestaltungen der Jetztzeit fürte. Die Allgemeinheit der Vorstellung ist ein Beweis ihres Ursprunges aus dem allenthalben und jederzeit gleichartig wirkenden Menschenwesen; sie muss wie alle anderen aus den Eindrücken gebildet worden sein, die der Mensch durch seine Sinne empfängt, ist also auch durch die Mängel dieser Sinne beeinflusst worden, zu denen dann noch die Mängel des Gedächtnisses und des Verstandes hinzutraten. Die Gleichartigkeit der Vorstellungen bei zalreichen Völkern des Alterthumes wie der Gegenwart zeigt sich zunächst darin, dass sie glauben, im lebenden Menschen wirke ein unsichtbares, flüchtiges Wesen, welches im Ableben entflicht, den toten Leib zurücklassend. Es müssen also allenthalben und gleichmässig Vorgänge stattfinden, deren Eindrücke in jener Vorstellung ihre Gestaltung erhalten konnten; das Leben und Ableben des Menschen muss Erscheinungen bieten, aus denen schon auf jenen rückständigen Stufen der Bildung solche Vorstellung entstehen konnte.

Auf den tiefsten Stufen ist dem Menschen, wie dem Thiere, das leben und sterben etwas gegebenes, welches hingenommen wird, ohne zu weitergehenden Vorstellungen zu füren. Bei fortschreitender Bildung gelangt der Mensch dazu sein Leben zu sichern, lernt Gefaren kennen und meiden, kämpft um sein dasein, statt auf steter Flucht umher irrend, der Gefar willenlos sich zu unterwerfen und wie er immermehr dasjenige zu erforschen suchte, was ihn bedrohete, musste er auf höheren Stufen angelangt, seine Aufmerksamkeit auch dem Vorgange widmen, der seinem ganzen dasein ein Ende machte. Hatte er bereits gelernt, zalreiche Vorgänge zu erkennen, welche sein dasein bedroheten, so musste er sich um so mehr gedrungen fülen, den Vorgang des Todes zu erforschen, um auch dieser grössten Gefar entgehen zu können. Er sah, wie das Kind seine Menschenform im heranwachsen ausdehnte, ohne dass ein anderer dabei behülflich sei; er erkannte es vom Säuglingszustande bis zum erwachsensein als ein in den Hauptzügen sich gleichbleibendes Wesen, welches fortwärend sein Leben in gleichartigen Bewegungen und freiwilligen Äusserungen bethätigte, bis der Tod schroff alles abschnitt. Verglich er den gestorbenen mit dem vorhin lebenden, so fand er sich einem Räthsel gegenüber: es war die Menschenform mit allen Gliedern verblieben und doch war das dasein der Leiche so sehr verschieden von dem vorhin lebenden, dass die Frage nahe lag nach dem, was dem bekannten Genossen nunmehr fehlen möge. Wären der Leiche die Beine abgefallen, so hätte man sich leicht erklären können, warum sie nicht gehe; wären ihre Zunge, ihre Augen geschwunden, so hätte man sofort eingesehen, warum sie nicht rede oder um sich schaue; aber man erblickte desselben bekannten vollständig, dieselben Glieder, dieselben Sinne, noch starrte das geöffnete Auge hinaus und dennoch fehlten Bewegung, Sprache, Empfindung. Es lag nahe zu denken, dass vordem ein etwas dagewesen sein müsse, was jetzt fehle und da man an allen sichtbaren Theilen keinen Mangel entdecken konnte, so war nur zu folgern, dass Jenes etwas ein flüchtiges sein müsse, weil es entweichen konnte ohne bemerkt zu werden. Es war damit keineswegs angenommen, dass dieses flüchtige körperlos sei, vielmehr zeigt sich in den rückständigsten Formen die Annahme eines änlich gestalteten, aber kleineren Wesens, welches in dem lebenden seinen Aufenthalt habe, ihn bewege und lenke, aber im Tode ihn verlasse, irgend wohin entweiche. Bei einigen Negervölkern, welche noch keine breite Kluft zwischen den Menschen und Thieren erkennen, findet sich jene Vorstellung ausgedehnt über alle Wesen: nach ihrem Glauben entweiche aus jeder getöteten Schlange eine ganz kleine Schlange gefärlichster Art, suche sich einen neuen Schlangenleib und nehme tödliche Rache. Bei anderen, höher entwickelten Völkern ist es gebräuchlich, dem sterbenden alle Körperöffnungen zu verschliessen, um das verborgene Lebenswesen am Entweichen zu verhindern und diese Vorstellung ist stark genug sich zu erhalten, obgleich die Vorkerung den entgegengesetzten Erfolg hat, nämlich das absterben beschleunigt. In Sina findet sich der Gebrauch, zum sterbenden einen Seelenfänger zu rufen, der damit beginnt, durch Bitten und Beschwörungen das Lebenswesen zurück zu halten, es in rührender Weise erinnert an den Kummer, den es durch seine Flucht erzeugen werde und die Dankbarkeit, auf welche es beim verbleiben rechnen dürfe; gleichzeitig lässt er Thüren und Fenster möglichst dicht verschliessen, damit die Seele nicht entschlüpfen könne und sobald der letzte Athemzug erfolgte, hascht er im Krankenzimmer umher wie ein Schmetterlingsfänger, entdeckt aber zuletzt, dass die Seele durch einen Spalt oder ein Loch entwichen sei. Derartige Vorstellungen erscheinen uns roh und lächerlich, bilden aber dennoch Glieder derselben Kette mit unseren vorgeschrittenen Vorstellungen, verhalten sich zu den unsrigen, wie der Kinderglaube zur Erkenntniss des Mannes; sie sind die einzelnen Fussspuren des Entwicklungsganges, aus denen wir die Richtung der durchlaufenen Bahn ermitteln sollen.

Höher entwickelt findet sich die Vorstellung bei den Israeliten, denn nach ihrer Ansicht (3. Mose 17. 14) lag „des Leibes leben im Blute" und mögte hierin der Anhalt liegen zur Bildung der Vorstellung eines hauchartigen Wesens, als welches in der Schöpfungssage (1. Mose 2. 7) die Seele beschrieben wird. Dem denkenden Menschen bot sich nämlich ein naheliegender Vergleich dar, zwischen denen die an schweren Wunden verbluteten und solchen die am Siechthume starben: bei ersteren fliesst das rauchende Blut aus und mit demselben sinkt das Leben dahin; bei letzteren behält der Leichnam das Blut, aber es raucht nicht mehr, wenn man es ausfliessen lässt; des Leibes leben war also in dem Rauche, dem Blutdunste zu suchen, der vom verblutenden sichtbar entwich, vom siechen aber unsichtbar entwichen sein musste, weil er auch diesem Toten fehlte. Der Vorgang des sterbens schien damit eine einfache, zufriedenstellende Erklärung empfangen zu haben, denn sie passte sehr gut zu den erkennbaren Veränderungen im Tode und liess sich ohne Anstoss zu den weitergehenden, bekannten Vorstellungen fortbilden. Wenn nämlich gedacht ward, dass im Blutdunste das leben liege, welches im sterben als hauchartiges Wesen entfliehe, so folgerte, dass dieses kein kleines geformtes Wesen sein könne, welches im Leibe an einem besonderen Orte sich aufhalte und im Tode entschlüpfe, sondern als flüchtiges Wesen den ganzen Leib erfüllen müsse, weil an jeder Stelle wo der Mensch verletzt ward, dunstendes Blut hervorströmte; das Lebenswesen erfüllte den ganzen

Leib, musste also ein vollständiges Abbild der Menschenform sein, die es in allen Theilen belebte, jedoch aus einem viel feineren, hauchartigen Stoffe gestaltet. Ein Naturforscher der Jetztzeit würde allerdings durch auffangen und abkühlen des flüchtigen Lebenswesens erweisen können, dass es lediglich Wasserdunst sei; es lässt sich aber wohl begreifen, wie in Ermanglung der Vorkenntnisse, die Deutung desselben als Lebenswesen entstehen konnte.

Das sichtbare entweichen und verflüchtigen des Dunstes führte zu der weitergehenden Deutung, dass das Lebenswesen, die Seele, in den weiten über uns befindlichen Luftraum sich erhebe, dessen unsichtbare, leichte und flüchtige Art dem hauchartigen Lebenswesen so ähnlich war. Unter allen Bewegungen die der Mensch beobachtet, musste ihm von jeher die des erhebens in die Luft die staunenswertheste sein, denn das laufen und schwimmen anderer Wesen erregte nicht vergebens seinen Wetteifer, er vereinte in sich beide Fähigkeiten. Aber das emporfliegen, das durchkreuzen der Luft versuchte er vergebens; mit Sehnsucht und Neid sieht er den Adler schweben, die muntere Schwalbe ihre Kreise ziehen, er ist nicht einmal befähigt dem flatternden Schmetterlinge es gleich zu thun; seine Sole haftet an der Erde und vergeblich wünscht er sich Flügel, um den freien Luftraum zu durcheilen. In dieser erkannten Unmöglichkeit, verband er mit dem fliegen die Vorstellung des erhabenen, des höhern und sobald er beobachtete, dass das entfliehende Lebenswesen nicht einmal der Kraftanstrengung des Flügelschlages bedurfte, um sich leicht zu erheben und unsichtbar zu verflüchtigen, musste seine Vorstellung vom Wesen der Seele um so höher sich steigern. Aus den einzelnen Vorstellungen entstand das Gesammtbild eines flüchtigen, erhabenen Wesens, welches aus kaum sichtbaren Stoffen, in der Gestalt des ganzen Menschen, den Leib beseele bis es im Tode entweiche und in den freien Luftraum sich erhebe. Verglich der Mensch mit diesem erhabenen Wesen den zurückgelassenen Leichnam, so ward ihm noch mehr die höhere Art der Seele klar: der Leib verweste in so widerlicher und lästiger Weise, dass er Abscheu erregte, musste als unerträglich ehemöglichst entfernt werden oder der lebende seiner Nähe entfliehen; die Seele dagegen schwand als ein höheres und reineres flüchtig dahin, die rohe und widerliche Hülle zurücklassend.

In dieser Weise bildete sich folgende Reihe von Vorstellungen, die bei den

Bildungsvölkern des Alterthums herrschte und noch jetzt dem Glauben der Europäer zum Grunde liegt:

der Mensch bestehe aus zweien Wesen gleicher Gestalt: einem fassbaren, groben Leibe mit Gliedern und Sinnen und einem flüchtigen, feinen Lebenswesen;

das flüchtige, feine Wesen, die Seele, belebe den an sich bewegungslosen Leib, lenke ihn und bediene sich seiner, um mit der Aussenwelt in Verbindung zu wirken;

die Belebung sei nur eine zeitweilige, denn der Leib entstehe, wachse und sterbe während die Seele mit ihm vereint sei, höre aber auf zu leben, sobald im absterben die flüchtige Seele entfliehe;

der Leib sei ein irdisches Wesen, welches sich in Staub auflöse; die Seele ein überirdisches Wesen, welches erlöst aus dem zeitweiligen gebundensein an den Leib, von der groben Erde in den leichten, freien Luftraum sich erhebe.

§. 87.

Je mehr diese Vorstellungen sich fortbildeten, desto weiter ward die Kluft gedacht zwischen Leib und Seele und desto mehr wuchs die Geringschätzung des Leibes. Der Leib ward betrachtet als eine hemmende Last, ein Gefängniss der Seele, welches sie verhindere, sich zu erheben; er ward verachtet, vernachlässigt, gepeinigt und zu vergessen gesucht, um desto mehr die Seele zu erleichtern, sie zu befähigen, um so ungehemmter das ihr innewohnende höhere zu entfalten, unbelästigt von dem rohen, irdischen Leibe sich zu fühlen. Der Mensch musste in dieser Richtung allerorts zu ähnlichen Schlüssen geführt werden, auf Grund der Gleichartigkeit der Sinne, so wie der Gleichartigkeit der Entwicklung des Gedächtnisses und Verstandes. Auch die in anderen Vorstellungen wirksame Verschiedenheit der örtlichen Lebensverhältnisse konnte in diesem Falle keine Verschiedenheit in den Gestaltungen der Vorstellungen herbeiführen, denn das sterben der Menschen geht allenthalben in gleicher Weise vor sich, unbeeinflusst durch örtliche Lebensverhältnisse.

Die Geschichte lehrt, in den mehr oder minder deutlichen Kunden, wie bei verschiedenen Völkern dieselben Vorstellungen herrschten und zu den gleichen Schlussfolgerungen führten, und ferner, wie sie weit hinaus durch Zeiten und Völker sich ausbreiten konnten, gestützt auf überall gleichmässig vorkommende Beobachtungen. Die schroffe Gegenüberstellung der Seele zum Leibe findet sich (verbunden mit älteren Opfervorstellungen) ausgesprochen bei den

Israeliten in den gebräuchlichen Fasten und Entbehrungen mancherlei Art, um den rohen, irdischen Leib zu bändigen, seine Hemmung des höheren, geistigen zu unterdrücken;

Brama-Indern in den Priester- und Klostergelübden, den vorgeschriebenen Gebeten, Fasten, Entbehrungen, Selbstgeisselungen und Qualen zur Niederhaltung des sinnlichen Leibes und dadurch erleichterten Erhebung der Seele;

Buddha-Indern und Tibetanern in den Priester- und Klostergelübden, wie auch als erstrebtes vergessen alles Irdischen, zur Versenkung der Seele in das erhabenste, die Nirwana, zur gänzlichen Befreiung von leiblichen Empfindungen;

Mohammadanern in den Fasten und Enthaltungen aller, so wie in den Selbstpeinigungen der Derwische, zum Zwecke der Bändigung des Leibes um der Reinheit der Seele willen;

Christen im fasten und entsagen, den Priester- und Klostergelübden, Selbstgeisselungen, Wallfarten und Gebeten aller Zeiten und Bekenntnisse. So fern und sonst verschieden von einander diese Völker und Glaubensbekenntnisse auch sind, so lässt sich doch deutlich erkennen, dass bei ihnen allen die vier Grundvorstellungen herrschend sind, welche vorhin in Gegenüberstellung des Leibes und der Seele erläutert wurden. Die Herabwürdigung des Leibes, um die Seele zu erheben, findet sich sehr scharf ausgeprägt in dem Ausspruche Jesu (Matth. 5. 29): „Ärgert dich dein rechtes Auge, so reiss es aus und wirf es von dir; ärgert dich deine rechte Hand, so haue sie ab und wirf sie von dir. Es ist dir besser, dass eines deiner Glieder verderbe, als dass du in die Hölle geworfen werdest." Die Herabwürdigung ist aber von einzelnen weiter gefürt worden bis zu gefärlichen Selbstverstümmlungen, zum Selbstmorde und zum Morde der eigenen Kinder, damit ihre Seelen um so eher und in voller Reinheit von der hemmenden, unreinen Last des Leibes befreiet werden. Derartige Steigerungen sind natürliche Fortbildungen jener Vorstellungen; dass sie glücklicher Weise spärliche Ausnahmen geblieben sind, hat die derbe Lebenslust verhütet, welche die Menge der Menschen erfüllt; nur in einzelnen haben sie zur Verneinung des Lebens sich steigern können, aber desto mehr haben sie die Zwecke und den Genuss des Lebens geschmälert und das Leben von millionen frommer Menschen zu einem öden, freudeleeren dasein voller mattherziger Entsagnng umgewandelt.

Bei der vorwaltenden Geringschätzung des Leibes sollte man erwarten, dass der von der Seele zurückgelassenen, groben und widerlichen Hülle eine demgemäse, geringschätzige Behandlung zu Theil geworden wäre: es scheint jedoch nirgends die Vorstellung so weit sich gesteigert zu haben. Auf der untersten Stufe stehende, rückständige Völker überlassen, gleich den Thieren, die Leiber der Verwesung oder den Raubthieren an der Stelle des absterbens. Bei steigernder Fortbildnng benutzen sie solche als Speise, wie es in älteren Zeiten bei vielen Völkern gebräuchlich war und gegenwärtig noch bei den Fans in West-Afrika, den Fidschi-Insulanern und anderen Australiern, von denen erstere dorfschaftweise ihre Leichen austauschen, letztere dagegen oftmals die Leichen der im Kampf gefallenen zum gemeinschaftlichen Friedensmale verwenden. Auf der höheren Stufe legt man sie, ohne Geringschätzung, den Thieren des Landes hin, giebt sie den Krokodillen zur Speise, legt sie, wie die Indianer Nord-Amerikas und die Parsen in Ostindien, auf hohen Gerüsten den Vögeln zur Speise oder vergräbt sie in die Erde zum Futter für die Maden. Anderorts verschliesst man sie in ihre Wohnhütte oder in vorhandene Hölen, wie es vielfach bei den Israeliten gebräuchlich war; bei den Egyptern wurden sie sogar balsamirt, mindestens gepökelt und bei den Indern wendet man noch jetzt, wenn die Umstände es gestatten, die Kosten des verbrennens daran, wie die Sinesen oftmals die Ersparnisse vieler Jahre dazu bestimmen, bei Lebzeiten einen ausgezeichnet schönen Sarg sich machen zu lassen, den sie einstweilen als Kleiderschrank benutzen. Alle Verfahrungsweisen stehen in geringer Abhängigkeit von den Vorstellungen über die entflohene Seele, zeigen weder Achtung noch Verachtung des Leibes: die gebildeten Parsen wollen ebensowenig einen Abscheu zu erkennen geben, wenn sie die Leichen den Vögeln zur Speise hinlegen, wie die Europäer, wenn sie solche den Maden überliefern; der Altegypter scheint mehr von Gesundheitrücksichten geleitet worden zu sein als von Hochschätzung des Leibes und der Hindu prägt seinen Beweggrund zum verbrennen in den dabei ausgerufenen Worten aus: Somit übergeben wir der Luft was ihr gebürt, dem Wasser was ihm entstammt und der Erde was irdisch ist.

§. 88.

Der Tod war in den Vorstellungen der Völker der Abschluss des sichtbaren Lebens, denn es endete augenscheinlich, sobald das hauchartige Lebenswesen entfloh; damit war aber noch nicht die Vorstellung vom **Fortleben der Seele** gegeben, sondern diese scheint erst viel später entstanden zu sein.

Die Beobachtung am ausströmenden Blute hatte gezeigt, dass die Seele zerfliesse; man sah sie entweichen, sich erheben, aber sofort zerrinnen, unsichtbar in der Luft verschwinden; der Hauch, den der Schöpfer eingeblasen hatte, zerrann und das Lebenswesen war auch zu Ende. Dass die Seele fortlebe nach dem Tode scheint nicht gefolgert zu sein aus der Beobachtung im entfliehen des Lebens, sondern aus äusseren Begebenheiten, durch welche die hinterbliebenen mit den verstorbenen in Verbindung gesetzt wurden und das fortleben folgerten. Die weitest zurückliegenden Vorstellungen deuten auf Traumerscheinungen, welche den lebenden die Gestalt der verstorbenen vorführten in solcher Deutlichkeit, dass es nahe lag, sie als vollgültige Beweise des fortlebens der Seele anzusehen. Der träumende redete mit ihnen im Schlafe, wie im wachen, vernahm ihre Wünsche und Rathschläge; sie standen sichtbar vor ihm, er berürte sie und doch, sobald er aufwachte, waren sie verschwunden, wozu sie augenscheinlich befähigt wurden durch die bekannte Flüchtigkeit und Dünne ihres Wesens. In anderen Fällen war jemand gestorben, vor dessen Rache ein lebender sich gefürchtet hatte, er fülte sich befreiet durch den Tod seines Feindes; aber bald darauf widerfur ihm ein Unglück, ihn traf eine versteckte Bosheit, die er dem verstorbenen im leben ohne weiteres zugetraut hätte. Wenn er nun, wie es oft der Fall sein mogte, keine sichtbare Ursache entdecken konnte, lag es nahe, an die Seele des verstorbenen zu denken, welche auch nach dem Tode ihre Tücke nicht unterlassen wollte und daher ist bei allen rückständigen Menschen, den wilden Völkern, wie im Kreise der Europäer, die Furcht der vorherrschende Grundzug ihres Verhältnisses zu den Seelen der gestorbenen; man misst ihnen vorzugsweise alle nachtheilige und boshafte zu, was die nachlebenden aus unbekannten Gründen trifft und die Gespensterfurcht der Europäer steht darin auf gleicher Stufe mit dem Geisterglauben der rückständigen Völker. Bei den Urvölkern

Amerikas findet sich vielerwärts die Vorstellung, dass die Seelen dunkle Wälder, öde Berge oder Schluchten bewohnen, woher sie Schnee und Hagel, Stürme und Regen zum verderben der Menschen senden; in ähnlicher Weise lässt der europäische Gespensterglaube sie umher irren, Menschen erschrecken und Unheil verüben; Südsee-Insulaner denken sie in Fische und Seethiere gefaren, die Insel umschwimmend; andere Völker, ältere wie lebende, liessen sie in Vogelgestalten umherirren, die durch ihr Geschrei die hinterbliebenen riefen, ihren Tod verkündeten, oder hegten die Vorstellung, die Seelen flatterten in der Nähe umher, verliessen nicht ihre Heimat, sondern kerten zu ihren Grabstellen zurück, so dass es nötig sei Speise und Trank auf die frischen Gräber zu stellen, um ihre Anhänglichkeit zu sichern, ihnen Qualen zu ersparen. Die leibliche Fürsorge beschränkte sich bei den Persern auf drei Tage, innerhalb derer, nach ihrer Meinung, die Seele in den Leib zurückkeren und der verstorbene lebend auferstehen könne. Bei den Asante in West-Afrika herrscht die Vorstellung, die Seelen flögen in Vogelgestalt umher und schrien wenn der Hunger sie plage; man schlachtet von Zeit zu Zeit eine Anzal Sklaven, um mit deren Fleische und Blute die Seelen (Vögel) zu speisen. Noch jetzt gelt bei den abessynischen Juden, dem Begräbniszuge der Rabbi voran und bittet die umherflatternde Seele zurück zu keren. Die zarteste Vorstellung unter allen findet sich bei den Negern St. Domingos, welche sich vorstellen, die Seelen umflatterten in Schmetterlingsgestalt die schlafenden hinterbliebenen und küssten die Lippen derer, von denen die Trennung ihnen schmerzvoll gewesen sei. Das erfüllen der Luft mit Seelen ist im Glauben mancher Völker Amerikas so stark, dass sie nur unter besonderen Vorkerungen aus einem Flusse trinken, aus Furcht mit der haudvoll Wasser einen Geist einzuschlürfen, wie es trotz aller Vorsicht dennoch geschieht und starke Beschwörungen eines Profeten nöthig macht, um den besessenen davon zu befreien. An ähnliche umher irrende Geisterscharen glauben auch Völker Mittel-Afrikas, die von Zeit zu Zeit, unter Leitung ihrer Profeten Treibjagden veranstalten, wenn wiederholte Unglücksfälle, deren Ursache man nicht sichtbar erkennen konnte, die Überzeugung gewären, dass Geisterscharen im Dorfe ihr Wesen treiben. Man beginnt von einem Ende des Dorfes mit grossem lärmen und vielem fechten in der Luft die Geister vorwärts zu treiben, durchstöbert dabei alle Hütten, damit sie sich nirgends verkriechen und verfolgt sie am entgegen gesetzten

Ende noch so weit über das Dorf hinaus, bis der Profet erklärt, er sehe sie dem Wadde zueilen.

Allmählich und sehr spät erhoben sich die Vorstellungen zu zarten Bildern; langsam und dürftig waren die Fortschritte zur Auffassung der Seelen der verstorbenen als gute, freundliche Wesen, wie sich zur Genüge erweist bei den alten Bildungsvölkern, welche über die düsteren Bilder der Vorzeit nicht hinaus gelangen konnten, auch als sie im übrigen schon eine hohe Stufe erreicht hatten. Bei den Egyptern soll zuerst die Unsterblichkeit der Seelen gelehrt worden sein, in der Vorstellung, dass sie in die Unterwelt geführt würden, wo der Werth ihres Lebens abgewogen ward und sie je nachdem zu den glücklichen Inseln im Westen gelangten, wo sie ihr Erdenleben fortsetzten oder zu einer 3000jährigen Wanderung durch Thierleiber auf die Oberfläche zurückkehren mussten. Diese Vorstellung war aber schon zu umfassend um als die ursprüngliche der Egypter gelten zu können; es müssen rückständigere vorhergegangen sein, die zu jener Zeit bereits durch Rückbildung verschwunden waren. Von den Indern weiss man, dass sie ebenfalls die Vorstellung einer düsteren Unterwelt besassen und an die Seelenwanderung glaubten; allein auch ihre uns aufbewahrten Vorstellungen waren fortgeschrittene, denen rückständigere vorhergegangen sein müssen. Die Hellenen scheinen die Grundlage ihrer Vorstellungen aus der Urheimat mitgebracht zu haben, späterhin weiter ausgeführt und verschönert durch die Vorstellungen der Egypter, von Einwanderern zugeführt. In ihrer Unterwelt schwebten die Seelen schattenartig umher, ein ödes, trauriges Leben führend; späterhin brachte die höhere egyptische Vorstellung der Rechtfertigung nach dem Tode, auch ihnen das Gericht der Totenwelt, den Richter Rhadamanthus (den egyptischen Rasmenthes — Herrn der Unterwelt) nach dessen Entscheidung die Seelen zum Elysium geführt oder zur Wanderung durch Thierleiber verurtheilt wurden. Das Wort Elysium scheint darauf hinzudeuten, dass sie die Vorstellung durch die Föniker empfingen, da die Wurzel im semitischen Worte „aliz" gesucht wird, welches bedeutet „fröhlich sein;" die Föniker würden sie aber von den Egyptern empfangen haben müssen, denn die Vorstellung des Elysiums kann nicht semitisch gewesen sein, weil die Kinder Israels sie nicht hatten und auch die Araber sie erst durch Mohammed aus der Fremde empfingen. Eigenthümlich erscheint bei den Egyptern und in Folge dessen auch bei den Hellenen, dass sie nicht zum Aufsteigen der

Seelen in den Luftraum sich erhoben, sondern annahmen, sie gingen mit dem Leibe unter die Erde und da diese Unterwelt, wie Erdhölen genugsam bewiesen, grauenhaft dunkel war: so musste sich allerdings die Vorstellung bilden, dass die Seelen dort ein trauriges Dasein füren, lautlos und schattenartig in einer Nebelwelt umherirrten, sprachlos und träumend, bis sie durch Opfer zum erwachen und reden gebracht würden. Da ferner diese Dunkelheit unmittelbar unter der Erdoberfläche beginnt, schon in dem Grabe, das die Leiche aufnimmt: so dachte man, die Unterwelt erstrecke sich bis an die Oberfläche, beginne unter unseren Fussolen und stehe mittelst der Hölen mit der Oberwelt in Verbindung. Als rückständigste unter allen diesen erscheint die israelitische, wahrscheinlich die Urvorstellung aller Semiten und der Egypter, dass nämlich die Seele mit der Leiche im Grabe verweile, dort ein Traumleben füre und zum Verkere mit Menschen geneigt sei. Diese ursprüngliche Vorstellung erhielt sich so fest unter ihnen, dass noch zur Zeit Jesu die Offenbarungs-begierigen in die Grabhölen sich verfügten, um dort mit den Seelen der verstorbenen zu verkeren und demnächst als besessene umherzustreifen. Höher steht schon die ältere hellenische, auch bei den Nordländern wiederkerende Vorstellung vom Aufenthalte der Seelen in einer gemeinschaftlichen, öden Unterwelt. Demnächst folgt die egyptische, welche die Seelen nur zeitweilig in der Unterwelt birgt, dann aber, als gute zu den Inseln der Seligen sendet, oder als böse zur Seelenwanderung auf die Oberwelt zurück. Am höchsten stand die persische, an die indische lehnende Vorstellung, dass die Seelen, nach einem dreitägigen verweilen im Grabe, zum Himmel sich erheben, um dort dem Totenrichter gegenüber gestellt zu werden. Diese Vorstellung gelangte mit anderen erhabenen, zu den Israeliten, ohne gemeingültig zu werden; sie spiegelt sich aber in der Evangelien-Erzälung von Jesu Auferstehung nach dreien Tagen und seiner darauf folgenden Himmelfart. In allen Vorstellungen, selbst bei den Nordländern, deutet sich wieder egyptisches in der Grundlage an, indem der Eingang in die Unterwelt (Hol) wie auch der Eingang zum Wohnorte der Seligen (Himmel) im Westen liegen sollte: der egyptische Herr der Unterwelt, die Sonne Ra, ging nach vollbrachtem Tageslaufe abends im Westen zur Unterwelt ein, es war also dort das Thor; im Westen sah man ebenfalls, bei untergehender Sonne, die farbig erleuchteten Wolken schweben, deren Gestalten sehr leicht zur Vorstellung schöner, lichter Inseln füren konnten, eine Deutung die zu allen Zeiten nahe liegt, wenn man jene Wolken mit Landschaften, Gehölzen, Teichen, Wiesengründen und Dörfern vergleicht. Man konnte also auch damals sehr leicht zu der Vorstellung gelangen, dass die prachtvollen Gestalten des Abendhimmels vorübergehend einen Einblick in die Welt der Seligen gewärten.

Die griechische Auffassung ist sehr deutlich gegeben in Homers Odyssee (11. Gesang). Nachdem beschrieben, wie der Held Odysseus im fernen Nebellande den Eingang zur Unterwelt gesucht und durch Opferung schwarzer Schafe die Seelen der abgeschiedenen beschworen hatte, heisst es wie folgt:

84. „Als ich mit Fleh'n und Gelübden beschworen die Scharen der Todten,
Nahm ich die Schafe, die zwei und entkehlte sie über die Grube.
Dunkel entströmte das Blut und Erebos Gründen entstiegen,
Kamen die Seelen herbei der geschiedenen Todten.
Jünglinge, Bräute, zugleich auch leidenserfahrene Greise,
Mägdlein, jugendlich zart, schon früh versunken in Trauer.
Zahlreich kamen einher, durchstochen von ehernen Lanzen,
Aresgetödtete Männer in Rüstungen, triefend im Blute,
Und es umkreiste die Schar von allen Seiten die Grube
Unter gewaltigem Schrei'n: da fasste mich bleiches Entsetzen.
Und die Gefährten nun trieb und befener't ich, dass sie die Schafe
Die da lagen am Boden erwürgt mit dem grausigen Erze,
Mögten enthäuten, verbrennen und laut anflehen die Götter,
Hades, den starken und sie, die schreckliche Persefoneia.
Und ich riss mir sogleich von der Hüfte das schneidende Schlacht-
      schwert
Setzte mich nieder und liess nicht eher die nichtigen Todten
Nahen dem Blut, bis von mir Teiresias Seele befragt war.
Und es nahte zuerst die Seele des Freundes Elpenor u. s. w.

56. Und zu reden begann ich und sprach die geflügelten Worte:
O Elpenor! wie kamst du hinab in das finstere Dunkel?
Schneller ja kamst du zu Fuss, als ich im schwärzlichen Schiffe u. s. w.

84. Jetzt kam ferner die Seele der todesverblichenen Mutter,
Antikleia, des Helden Antolykos Tochter, ich liess sie
Lebend zurück, da ich zog nach Ilios heiliger Veste.
Als ich sie schauete, da weint ich, mich jammerte ihrer im Herzen,

Dennoch liess ich sie nicht dem Blute sich nähern, bevor ich
Hatte den Seher befragt, so tief ich im Herzen betrübt war.
Auch des thebischen Greises Teiresias Seele sie kam jetzt,
Haltend den goldenen Stab, es erkannte mich dieser und sagte:
Göttlicher Laertiad, erfindungsreicher Odysseus,
Warum hast du, du Armer, das Licht doch verlassen der Sonne?
Und kommst her um die Todten zu schauen und die Städte des Abscheus?
Weich von der Grube zurück, entferne das schneidende Schlachtschwert
Dass ich trinke vom Blut und offen dir lege die Wahrheit.
Sprach's, da wich ich und stiess das silbergebukelte Schlachtschwert
Schnell in die Scheide; nachdem er getrunken vom schwärzlichen Blute
Nahm er das Wort und begann der ausgezeichnete Seher u. s. w.

152. Ich harrt aber daselbst noch aus bis endlich die Mutter
Kam und vom schwärzlichen Blute genoss: sie erkannte mich gleich
Und erhob ein Gejammer und sprach die geflügelten Worte:
Kind wie kamst du doch nur herab in das finstere Dunkel
Als noch lebender? Schwer ist's lebenden dieses zu schauen u. s. w.

204. Also sprach sie und ich bewegt im innersten Herzen
Wollt umfassen die Seele der todesverblichenen Mutter,
Dreimal schlüpfte sie mir wie ein Schatten, ein luftiges Traumbild
Aus den Armen: da ward ich noch tiefer durchdrungen von Wehmuth
Und zu reden begann ich und sprach die geflügelten Worte:
Warum bleibest du mir nicht, da ich gern dich, o Mutter umfinge
Dass wir im Aides auch mit den Armen einander umschlügen
Und uns sättigen könnten an schauererregenden Klagen?
Hat mir ein Schattenbild die erhabene Persefoneia
Hergesendet, damit ich noch heftiger klage und seufze?
Also sprach ich und gleich versetzte die würdige Mutter:
Ach mein theures Kind, du leidsalreichster der Männer,
Nein Persefone täuscht dich nicht, die Tochter Kronions;
Das ist nur das Gesetz der Sterblichen, wenn sie verblichen,
Nicht ist Fleisch und Gebein durch Sehnen noch ferner verbunden,
Sondern das alles vertilgt die Gewalt des lodernden Feuers.
Wenn einmal das Leben getrennt von den weissen Gebeinen,
Und es entflattert alsdann, dem Traumbild ähnlich die Seele."

Es liegen hierin mehrere Grundvorstellungen klar beschrieben:

— 353 —

die Seele ist gestaltet nach Traumbildern, denn der Seher Teiresias erscheint mit seinem goldenen Stabe, andere in ihren Rüstungen, bluttriefend u. s. w.;

die Seelen sind gestaltet aus so leichtem Stoffe, dass man sie nicht umfangen kann, aber doch wiederum so stofflich, dass sie vor dem schneidenden Schwerte sich fürchten;

die Seelen lechzen nach Blut, aus der ältesten Vorstellung herrührend, dass die Seelen in Vogelgestalt fortleben, wie bei den Asante, wo sie noch jetzt mit dem Fleische und Blute von Sklaven gefüttert werden, wenn sie schreien, wie diese Seelen: nach dem Genusse des Blutes erlangen die Seelen Leben und Sprache, mit der altisraelitischen Vorstellung übereinstimmend, dass das Leben im Blute liege, also durch Blutgenuss wieder eingesogen werden könne;

die Seelen leben, ein schattenhaftes Abbild des verstorbenen, an einem Orte, einer Stätte des Abscheues und bedauern den lebenden, der sich dorthin wagt, entsprechend den rückständigsten Vorstellungen von der Unterwelt, ohne Nacht-Sonne als Totenrichter.

Das ganze ist also ein Gemisch von Vorstellungen verschiedener Bildungsstufen und von verschiedenen Seiten zusammen getragen.

Die Römer mögten ihre Urvorstellungen aus Asien mitgebracht und späterhin von den benachbarten, vorgeschrittenen Etrusken oder Tusken neuere empfangen haben; allein, was in Virgils Äneis (Gesang 6) überliefert worden ist, zeigt meistens die Entlehnung von den Griechen. Der Held Äneas steigt mit einer Seherin hinab in die Unterwelt:

„Tief leckzt dort ein Geklüft mit weitem entsetzlichem Schlunde,
Schroff von dem schwarzen See umschützt und des Haines Beschattung.
Nie noch konnt ungestraft über ihn ein Vogel es wagen,
Hin zu rudern den Flug: so streng aus finsterem Rachen
Haucht ein giftiger Qualm hinauf zur gewölbten Höhe u. s. w.
Mehr nicht sprach sie und warf sich entbrannt in den offenen Felsschlund.
Er folgt rasch furchtlos, gleich messend der Führerin Schritte.
Beide gehn, von der Nacht einsamem Duster umfangen,
Hin durch Plutos verödeten Reich und verlassene Sitze.
Wie bei umwölktem Mond in zweifelsvoller Beleuchtung
Waldwärts Wege sich zieh'n, wenn trübe verhüllet den Himmel
Jupiter, schwärzende Nacht dann alles entkleidet der Farben.

Vorn an der Schwelle selbst, an des Orkus vorderstem Eingang,
Nahmen ihr Lager der Gram und reuerfüllte Bangniss;
Bleich umringen sie Krankheit und Trost beraubetes Alter,
Furcht, Verzweiflung des Hungers und schmachvoll darbendes Elend;
Bilder des Grauns und lastende Müh' und Todesverzagen u. s. w.
Also; und beide dahin auf die düsteren Pfade gewendet
Schreiten in Hast durch den Raum, sie kamen nahe der Pforte.
Held Äneas, sich rüstend zum Eintritt, mit frischem Gewässer
Sprengt er den Leib und heftet den Zweig an erwartender Schwelle:
Erst als dieses vollbracht und der Herrin das Opfer geweiht war,
Langten sie an in den Sitzen der Lust und den holden Gewinden
Wonniger Haine, den heiteren Sitzen seligen Friedens;
Lachender dort umkleidet mit purpurnem Lichte der Äther
Fluren und Busch; sie erschaun hier eigene Sonn' und Gestirne.
Einige üben die Glieder in dicht begraseter Rennbahn;
Spielend bekämpfet man sich und ringt im gelblichen Sande;
Andere füren den hüpfenden Tanz und singen den Reihen u. s. w.
Lanzen stehn, wie gepflanzt auf dem Boden; es schweifen entzügelt
Weidende Ross' auf der Flur, die Lust, die an Wagen und Waffen
Einst sie im Leben gehabt und wie sorglich die glänzenden Thiere
Dort sie gepflegt, so wäret es fort in der Ruhe der Tiefen.
Siehe zur rechten und linken erblickt er auf Rasen noch andre,
Schmausend und Lieder des Siegs und der Lust anstimmend im Chore,
Unter des Lorberhains Gedüften, wo rasch von dem Abhang
Voll des Eridanus strömender Lauf durchrollet die Waldung" u. s. w.

 Äneas findet die Seele seines Vaters und will sie umarmen:
„Reich mir, Vater, die Hand! nicht entzeug' dich meiner Umarmung!
Also redend benetzt er mit Strömen von Thränen das Antlitz.
Dreimal bemüht, um den Hals die verlangenden Arme zu schlingen,
Schlüpft ihm dreimal das Bild aus vergeblich erfassenden Händen,
Ähnlich dem gleitenden Wind und dem flüchtigen Traumbild vergleichbar."

 Diese Auffassung ist schon minder düster, ist aber auch jünger und lehnt sich mehr an die freundlichere egyptische Darstellung des Aufenthaltes der seligen, von der sie sich aber in arischer Weise, die noch strenger bei den Nordländern wiederkehrt, darin unterscheidet, dass sie den Kampf als Genuss aufführt, eine Vorstellung die nur in gemässigten Ländern ent-

stehen konnte. Der Egypter liess die Seelen im Lande der seligen ihre
ländliche Beschäftigung fortsetzen, pflügen, säen, ernten, auf dem himmlischen Nile fahren u. s. w., ihm konnte der Kampf mit Lanzen und ringen
in der gewohnten Hitze keinen seligen Genuss bereiten, wie dem kälteren
Arier. Ein anderer Zug, der an die Urheimat in Asien gemahnt, ist die
Ausstattung der Unterwelt am Eingange mit Wesen, die auch in der nordischen Unterwelt wiederkehren, dem Nebelheim, der Hel, von der es heisst
in den Eddaliedern: „Ihr Saal heisst Elend, Hunger die Schüssel, Gier ihr
Messer, Träge ihr Knecht, Langsam ihre Magd, Einsturz ihre Schwelle, Ihr
Bette Kümmerniss, ihr Vorhang drohendes Unheil;" alles Bilder, die in
gemässigten Ländern vollen Sinn haben, gleich jenen der Äneide.

Die Israeliten scheinen erst lange nach der Besitznahme Palästinas zur
Vorstellung eines höheren fortlebens nach dem Tode gelangt zu sein, denn
unter denen, die sie aus Egypten mit sich führten, befindet sie sich nicht.
Es kommt in der Beschreibung ihrer Wüstenreise das Wort „Scheol" vor,
welches zunächst „Grube" bedeutet und von Luther mit Hölle übersetzt
ward, in welche z. B. die Rotte Korah hinabfuhr (4. Mose 16. 33) als die
Erde unter ihnen zerriss; es findet sich aber keinerlei Andeutung, dass
jenes Wort etwas weiteres habe bedeuten sollen als „unter die Erde" ohne
jede Beziehung auf das, was andere Völker als Unterwelt oder Hölle auffassten. Von einem fortleben der Seelen unter der Erde findet sich die
erste Spur in Sauls Beschwörung der Seele Samuels (1. Sam 28); diese
Vorstellung scheint aber zu keiner Zeit allgemein gewesen zu sein, ist es
auch jetzt noch nicht. In den Schriften, welche Salomo zugeschrieben
wurden, also jedenfalls hoch angesehen waren, findet sich ausdrücklich
ausgesprochen die Verneinung des fortlebens:

Pred. Sal. 3. 19: „Denn es gehet dem Menschen wie dem Vieh; wie
dieses stirbt, so stirbt er auch und haben alle einerlei Odem; der Mensch
hat nichts mehr als das Vieh; es ist alles eitel. Es färet alles an einen
Ort; es wird alles von Staub gemacht und wird wieder zu Staub. Wer
weiss, ob der Geist des Menschen aufwärts fare und der Odem des Thieres
unterwärts unter die Erde fare?"

Zur Zeit Jesu war die überwiegend syrisch-jüdische Sekte der Essener
die Lehrerin und Vertheidigerin der Vorstellung vom fortleben der Seele
nach dem Tode, in einem, nach den Thaten geschiedenen Leben; die
Pharisäer hegten die Vorstellung vom fortleben der Seele in der Gesell-

schaft des Leibes und der dereinstigen Auferstehung mit dem Leibe; die Sadduzäer dagegen glaubten nicht an die Auferstehung (Matth. 22. 23). Die Vorstellungen Jesu, wie sie in den Evangelien ausgesprochen liegen, geben keine zusammenhängende Darstellung, sondern eine Anzal von Bildern, die aus verschiedenartigen Auffassungen stammen und nicht zusammen passen können. Er sagt Matth. 10. 28: „Fürchtet euch nicht vor denen, die den Leib töten und die Seele nicht mögen töten. Fürchtet euch aber viel mehr vor dem, der Leib und Seele verderben (werfen) mag in die Hölle." Ferner heisst es (Matth. 22. 30): „In der Auferstehung werden sie weder freien, noch sich freien lassen, sondern sie sind gleich wie die Engel im Himmel" was unvereinbar ist mit jenem Ausspruche der Leib und Seele zusammenhält. Es wird in seinen Aussprüchen des Paradieses erwähnt als des künftigen Aufenthaltes seiner Anhänger und der reuigen Sünder, so wie eines anderen Aufenthaltes für die verstockten mit „Finsterniss, Heulen und Zähneklappern" woraus mittelbar geschlossen werden muss, dass er der menschlichen Seele eine genugsam stoffliche Beschaffenheit zuschrieb, um solcher leiblichen Äusserungen fähig zu sein.

Die Teutonen (Deutsche und Nordländer) hegten Vorstellungen vom Fortleben der Seele, welche starke Anklänge an die bereits angeführten der Hellenen und Römer enthalten. Nach den Eddaliedern gelangten die Seelen aller, zunächst in die Schattenwelt Nebelheim, wie auch Odysseus im fernen Nebellande den Eingang zur Unterwelt sucht; dort herrschen Elend, Hunger u. a. ähnliche Übel wie Äneas am Eingang der Unterwelt vorfindet. Alle Seelen der Teutonen mussten zur Unterwelt, selbst der zufällig getötete Göttersohn Baldur, ähnlich wie bei den Hellenen die Seele des göttlichen Achilleus in der öden Unterwelt fortleben musste. Es heisst in den alten Liedern, als der Allvater Odin seinen Sohn zurück holen wollte:

„Auf stand Odin der allerschaffer
Und schwang den Sattel auf Sleipnirs Rücken,
Nach Nebelheim hernieder ritt er;
Da kam aus Hels Haus ein Hund ihm entgegen,
Blutbefleckt vorn an der Brust,
Kiefer und Rachen klaffend zum Biss;
So ging er entgegen mit gähnendem Schlund
Dem Vater der Lieder und bellte laut.

Fort ritt Odin aber an's östliche Thor
Wo er der Wala Hügel wusste.
Das Wecklied zu singen begann er der Weisen,
Schlug mit dem Stabe nach Norden schauend,
Sprach die Beschwörung und heischte Bescheid;
Bis gezwungen sie aufstand, Unheil verkündend.
Wala: Welcher der Männer, mir unbewusster
Schafft mir Beschwer, stört mir die Ruh?
Schnee beschneiete mich, Regen beschlug mich,
Thau beträufelte mich, tot war ich lange.
Odin: Ich heisse Wegtam, bin Waltams Sohn
Sprich du von der Unterwelt, ich von der Oberwelt.
Wem sind die Sitze mit Ringen belegt?
Die glänzenden Betten mit Golde bestreut?"

Es waren also Unterwelt und Oberwelt einander sehr nahe, wie auch in einem anderen Eddaliede, der Sohn am Grabe der Mutter anruft:

„Wache Groa, erwache gutes Weib!
Ich wecke dich am Totenthor!
Gedenkt dir es nicht?
Zu deinem Grab
Hast du den Sohn beschieden!"

worauf die Mutter erscheint und am Rande des Grabes mit ihm redet.

Ausserdem findet sich als höhere Vorstellung, dass die Seelen der im Kampfe gefallenen, durch gesandte streitbare Jungfrauen (Walküren-Leichenwälerinnen) vom Schlachtfelde nach der Wohnung des höchsten, nach Asenheim geführt wurden; wogegen die an Krankheiten gestorbenen Männer nebst allen anderen Menschen zum Nebelheim und die bösen zur Hel faren. In Asenheim setzten die Helden die Genüsse ihres Erdenlebens fort, verbrachten ihre Tage im Wettkampfe und fälleten einander; aber am Abende erstanden alle gefälleten zum neuen Leben, alle Wunden waren heil und verjüngt zogen sie ein zum Trinkgelage, welches Zwiegespräch und Räthselspiel verschönerten.

Die heidnischen Gälen, Bewohner Schottlands, hegten die Vorstellung, dass die Seelen ihrer Lieben als Nebelwesen die Luft bewohnten und erkennbar an Gestalt und Geberden, am Abende dem Seher vorüberschwebten. Ossian singt: „Stern der dämmernden Nacht, schön funkelst du im Westen, hebst dein stralend Haupt aus deiner Wolke, wandelst stattlich deinen Hügel hin. Wonach blickst du auf der Haide? Die stürmenden Winde haben sich gelegt; von fern kommt des Giessbachs Murmeln; rauschende Wellen spielen am Felsen ferne; das Gesumme der Abendfliegen schwärmt über's Feld. Wonach schaust du schönes Licht? Aber du lächelst und gehst; freudig umgeben dich die Wellen und baden dein liebliches Haar. Lebe wohl ruhiger Stral. Erscheine du herrliches Licht von Ossians Seele! — Und es erscheint in seiner Kraft. Ich sehe meine geschiedenen Freunde, sie sammeln sich auf Lora, wie in den Tagen die vorüber sind. Fingal kommt, wie eine feuchte Nebelsäule, um ihn seine Helden und siehe! die Barden des Gesanges: Grauer Ullin! Stattlicher Ryno! Alpin lieblicher Sänger! und du sanftklagende Minona! Wie verändert seid ihr meine Freunde seit den festlichen Tagen auf Selma, als wir warben um die Ehre des Gesanges, wie Frühlingslüfte den Hügel hin wechselnd beugen das schwachlispelnde Gras! Da trat Minona hervor in ihrer Schönheit, mit niedergeschlagenem Blicke und thränenvollem Auge; schwer floss ihr Haar im unstäten Winde, der vom Hügel her stiess."

§. 89.

Durch diese Bilder der entlegenen Völker und Zeiten geht als gemeinschaftlicher Grundzug die Vorstellung von der flüchtigen, unantastbaren Beschaffenheit und doch durch die Gestaltung erkennbaren Persönlichkeit der fortlebenden Seelen; sie wurden aber jedenfalls stofflich gedacht, denn man mass ihnen die Fähigkeiten bei zum sehen, hören und reden, dieselben mittelst welcher die lebenden mit einander verkeren. Im Norden bot der Nebel den nächstliegenden und passlichsten Vergleich, flüchtig, ungreifbar und doch gestaltig; im Süden hatte man nur den Schatten, zum Vergleiche minder geeignet, da er ein Flächenbild giebt, wärend der Nebel eine Körpergestaltung zulässt. Deutlicher tritt die Menschenähnlichkeit hervor in der, den Seelen zugeschriebenen Redefähigkeit: sie stehen dem Menschen im Zwiegespräche gegenüber, empfinden menschlich Freud und Leid und sind voll der Erinnerungen an das ehemalige beisammensein.

Am stärksten zeigt sich die Körperähnlichkeit in der Vorstellung von den Genüssen und Qualen des fortlebens der Seele, indem solche ganz und gar dem Menschenleben entnommen und angepasst sind. Den Vorstellungen der Hellenen gemäss, sagt Odysseus:

582. „Auch den Tantalos sah' ich, von grimmigen Qualen gepeinigt,
Wie er stand in dem Teich, der nah' ihm immer an's Kinn schlug.
Dürstend stand er danach, erhascht' indessen den Trunk nie,
Denn so oft wie der Greis zu trinken begierig sich bückte,
Schwand das Wasser hinweg und versiegt' und es zeigte sich schwärzlich
Um die Füsse der Boden: es trocknete diesen ein Dämon.
Über ihn senkten herab ihr Obst hochlaubige Bäume,
Birnenbäume, Granat- und Apfelbäume mit Fruchtschmuck,
Manch' süssfruchtiger Feigen- und manch ein erprangender Ölbaum.
Aber sobald sich der Greis, sie mit Händen zu fassen emporhob,
Schnellte sie immer der Wind hinauf zu den schattigen Wolken.
Auch den Sisyphos sah ich, von schrecklichen Qualen gepeinigt,
Wie er den riesigsten Stein mit beiden Händen dahinschob.
Und nun wälzt er zwar, mit Händen sich stemmend und Füssen,
Auf den Hügel den Stein, gedacht er ihn aber zu bringen
Über die Spitz, so dreht ihn um die gewaltige Obmacht
Und in die Ebene wieder entrollte der gräuliche Steinblock.
Wiederum schob er ihn nun, sich lang ausreckend, der Schweiss rann
Ihm von den Gliedern herab und Staub umwölkte den Scheitel."

Den Seelen der beiden grossen Verbrecher, Tantalos und Sisyphos, waren also Qualen auferlegt, wie sie einem Körperwesen angemessen sind.

Die Vorstellungen der Römer zeigen sich in folgender Stelle aus Virgil's Äneide:

„Ja wenn der letzte Schimmer sogar des Lebens verblichen,
Weicht doch alles verderbliche noch nicht; die mancherlei Übel,
Die den Armen der Leib einimpft: fast kann es nicht fehlen,
Vielen, das lang anwuchs, beharrt noch innig vereinet.
Drob wird strafend geläutert an ihnen; das alte Verderbniss
Tilget die büssende Pein. Drum einige schweben gebreitet
Gegen die Strömung der Wind' und andere spület ein Strudel
Lastende Unthat ab; noch anderen ätzt sie die Flamm' aus.
Seine Pein trägt jeder für sich: erst dann ist vergönnet
Wohnung elysischer Flur."

Die Vorstellungen Jesu finden sich in folgenden Aussprüchen:

Matth. 5. 22: „Der ist des höllischen Feuers schuldig."

30: „Dass nicht der ganze Leib in die Hölle geworfen werde."

8. 11: „Viele werden kommen von Morgen und von Abend und mit Abraham, Isaak und Jakob im Himmelreiche sitzen; aber die Kinder des Reichs werden ausgestossen in die äusserste Finsterniss hinaus, da wird sein Heulen und Zähneklappen."

13. 42: „Die Unrecht thun werden in den Feuerofen geworfen, da wird sein Heulen und Zähneklappen. Dann werden die Gerechten leuchten wie die Sonne in ihres Vaters Reich."

22. 13: „Werft ihn in die äusserste Finsterniss hinaus, da wird sein Heulen und Zähneklappen."

Luk. 23. 43: „Und Jesus sprach zu ihm: Wahrlich ich sage dir, heute noch wirst du mit mir im Paradiese sein."

Aus diesen wenigen Stellen ist im Christenthume der Glaube an Himmel und Hölle erwachsen; es hat sich jedoch dazwischen die vorhin angeführte, ältere römische Vorstellung der vorgängigen Läuterung eingefügt, welcher alle Seelen unterzogen würden, welche für den Himmel (das Elysium) bestimmt seien. Die vom heidnischen Virgil erläuterte Vorstellung von anhaftenden Mängeln ward in das Christenthum hinübergenommen, dagegen aus den Reinigungsweisen der Auslüftung, Abwaschung und Ausglühung nur die letztere gewählt und in dem Fegefeuer angewendet, dem die römischkatholische Kirche sämmtliche Seelen unterwirft, bevor sie des Himmels theilhaftig werden können. Im Übrigen sind alle herrschenden christlichen Bekenntnisse darüber einig, dass die Seelen ihr jenseitiges Leben in Genüssen oder Qualen verbringen, deren Arten mehr oder weniger eine stoffliche Beschaffenheit der Seele voraussetzen, namentlich die Qualen, welche durch den Aufenthalt in einem brennenden Pech- und Schwefelpfuhle erzeugt werden sollen.

In ähnlicher Weise, aber ausführlicher hat Muhammad das Fortleben der Seelen im Koran beschrieben:

Sure 18: „Den Frevlern haben wir das Höllenfeuer bereitet, dessen Flamme und Rauch sie umkreisen soll. Und wenn sie um Hülfe rufen, dann soll ihnen geholfen werden mit Wasser, das geschmolzenem Erze gleicht und ihre Gesichter brennend verzert. Denen aber, welche glauben und gutes thun, wollen wir den Lohn nicht entziehen; Edens Gärten sind für sie bestimmt, welche Wasserbäche durchströmen; geschmückt werden sie mit goldenen Armbändern und bekleidet mit grünen Gewändern von feiner Seide, mit Gold und Silber durchwirkt und ruhen sollen sie auf weichen Polstern."

Sure 36. 37: „Die Gefürten des Paradieses werden ganz der Lust und Wonne leben, sie und ihre Frauen in schattenreichen Gefilden auf herrlichen Polstern ruhen; die schönsten Früchte und alles was sie nur wünschen, sollen sie dort haben. Auf Ruhekissen werden sie einander gegenüber sitzen. Ein Becher gefüllt aus klarem Quell wird die Runde machen zur Erquickung der trinkenden. Neben ihnen werden sein Jungfrauen mit keuschen Blicken und grossen schwarzen Augen."

Sure 44: „Die gottesfürchtigen kommen an einen sicheren Ort, in Gärten mit Wasserquellen und sie werden, gekleidet in Seide und Sammet, einander gegenüber sitzen und wir werden sie vermälen mit schönen Jungfrauen, begabt mit grossen schwarzen Augen. Dort können sie mit Gewissheit alle Arten Früchte fordern und nach dem ersten Tode werden sie dort keinen Tod mehr kosten."

Sure 47: „Im Paradiese finden sich Ströme von Wasser, das nie verdirbt; Ströme von Milch, deren Geschmack sich nie verändert; Ströme von Wein, lieblich für die trinkenden und Ströme von geläutertem Honig."

Sure 55: „Gärten sind dort, beschattet mit dunklem Grün, darin zwei Quellen, die stets wasserreich strömen, Obst, Palmen und Granatäpfeln; auch die herrlichsten und schönsten Jungfrauen, mit grossen, schwarzen Augen, aufbewart für euch in Zelten, von Männern niemals berürt, ruhend auf grünen Kissen und herrlichen Teppichen."

Sure 56: „Jungfrauen, die durch eine besondere Schöpfung geschaffen, ewig Jungfrauen bleiben und von ihren Gatten, die gleichen Alters mit ihnen bleiben, immer gleich geliebt."

§. 90.

Allen angeführten Aussprüchen der verschiedensten Männer und Zeiten liegt die Vorstellung zum Grunde, dass das fortleben der Seele eine Steigerung des irdischen Menschenlebens sei. Sie lässt auch in allen anderen Gestaltungen eine Fülle der erhabensten Gedanken wachrufen, spendet in den anmuthigsten Bildern, den zagenden Menschen Trost, Zuversicht und Aufschluss über ungelöste Fragen und eröffnet ihm einen grossen Theil des unendlichen Reiches der ausseralltäglichen Welt, in welches er seine unzähbaren Wünsche, sein unbefriedigtes Verlangen versetzen darf, um die vollständigste Erfüllung zu erhoffen. Sein ganzes Erdenleben ist erfüllt vom Erdenleide und jeder empfindet ungezählte Pein, die er auf irdische Ursachen zurückführen kann: er wimmert und klagt über Schmerzen, die seinem irdischen Leibe anhaften; ihn quält die Sorge um Ernährung, Kleidung und Behausung des eigenen Leibes wie um die leiblichen Erfordernisse der seinen; tausende von edlen Absichten werden ihm vereitelt durch die Last, die Trägheit des Leibes; er mögte die Welt geflügelt durcheilen, Segen spenden überall, aber die Sole haftet mit Übermacht an der Scholle. Die hälfte seines Lebens muss er dem Schlafe und der Erholung seines leicht ermattenden Leibes widmen; die hälfte seiner Jahre bringt er im heranwachsen der unmündigen Jugend und dem fortschreitenden ableben des halbmündigen Alters zu. Wie wenig bleibt ihm als Blüteninhalt seines Lebens, als würdige Frucht seines Erdendaseins! Dieser niederbeugenden Betrachtung gegenüber, erhebt sich der Gedanke um so mehr zur Herrlichkeit des künftigen Lebens, das er durchkosten wird, befreit von den Fesseln des Leibes, wie von den Sorgen des Erdendaseins. Wie der Schmetterling aus der Verpuppungshülle hervorbricht zum Lichte und, seine Flügel entfaltend, sich hinaufschwingt in den luftigen Raum, im wonnigsten Behagen umhereilt und die Lust des daseins ungehemmt geniesst, so denkt sich der Mensch das fortleben seiner Seele, frei und wonnevoll, Zeit und Raum verachtend, erweitert und erhöht über das niedere Erdenleben wie der flatternde Schmetterling über die unbehülfliche Puppe. Wie sehr sind nicht Vorstellungen dieser Art geeignet, den Menschen in Freud und Leid zu besänftigen wie zu erheben, den so oft getäuschten zu trösten und vor Verzweiflung zu bewaren! So lange er dem Gedanken an die Unsterblichkeit nachhängt, fühlt er sich erleichtert, auf Augenblicke seiner Erdenlast entledigt; ein unermessliches Gebiet ist seinem Blicke erschlossen, alles enthaltend, was er in seinem Leben vermisste, alles wieder gebend oder ersetzend, was ihm die Erde raubte. Dort ist Raum für alle seine Freuden, die ihn entschädigen können für jeden erduldeten Schmerz; dort ist jede Sorge ausgeschlossen, jedem Wunsche folgt die Erfüllung; flüchtig und zarten Wesens hemmt nichts seinen Flug; er wird die fernsten Sternenheere durcheilen, den Blick im reinen Äther durch keine Trübung beschränkt und in unermesslicher Lichtfülle wird alles seinem

Blicke erschlossen; alle Geheimnisse der Welt werden ihm klar und tief unter sich im Nebel mag er voll Mitgefül der wimmelnden Menschheit kurzsichtiges Gebaren betrachten; in liebender Sorge vermag er den seinen sich zu nahen, sie schützend zu geleiten, den strauchelnden zu halten und den verirrten zurück zu füren auf die rechte Bahn; die Träume der aufblühenden Jugendlust, wie die gehobenen Betrachtungen des Greises lassen durch den Einblick in das höhere Jenseits ahnungsvoll sich erfüllen.

Der einzelne vermag, je nach der Stufe der Befähigung, den Inhalt seines besonderen Erdendaseins in die Unendlichkeit zu erweitern, sobald er es in ein künftiges Leben verlegt, wo Raum ist für alles und jedes und wo er die Ergänzung alles unvollendeten und unerreichten suchen darf. Alles worauf er widerwillig verzichten musste, kann er auf das künftige dasein vorweisen; vom himmlischen Leben darf er erwarten, dass es ihm zum unendlichen Genusse bieten werde, was ihm auf Erden nur vorübergehend vergönt war und dass es ihm nur freudenvolles reiche, weil er den rohen Leib, der seine Genüsse schmälerte, auf Erden zurücklässt, mit allem was daran niederes und leidenvolles haftet. Wie lässt sich schöneres denken? Wie sinnig sind nicht die Bilder einzelner Völker, welche das Sternenfunkeln als freudige Blicke leuchtender Kinderaugen deuten, dem thränenfeuchten Blicke der klagenden Mutter freundlich begegnend und der gebeugten Trost herabsendend aus den Gefilden himmlischer Wonne, wo die Seelen der geliebten Kinder unbesorgt und unberürt vom irdischen Leide, ein seliges Engelleben füren, bevor sie den Erdenschmerz erfaren konnten? Wandeln doch die romanischen Völker den Mutterschmerz über das gestorbene Kind in Freude und Stolz, durch die Vorstellung, dass dem schuldlosen Lieblinge die Gnade geworden sei, unter die Engel versetzt zu werden, eines Lebens sich zu erfreuen, wie die zarteste Muttersorgfalt es auf Erden nicht hätte schaffen können. Liegt nicht in den Scharen geflügelter Engelsköpfe, welche in christlichen Gemälden den geöffneten Himmel umsäumen, der bildliche Ausdruck derselben sinnigen Vorstellung? Sind es nicht die Kinderscharen, welche im unbewussten, schuldlosen Alter zum Himmel eingingen, der Erdenqual entrückt, vom Erdenleiden verschont geblieben, ein seliges Leben fürend, ungetrübt durch peinigende Erinnerung? Wen rührt nicht die Klage der verwaisten Tochter, zur liebenden Mutterseele betend empor getragen, wenn der harte Vater, die hassende Stiefmutter das an Liebe gewöhnte Tochterherz betrüben oder in Liebesfreude das unvorsichtige Vertrauen rathlos schwankend, arglos Gefahren entgegen eilt, die das Mutterauge geahnt und beseitigt hätte? Geht nicht der ermattende Greis um so ruhiger dem abscheiden entgegen, im Bewusstsein, dass damit nicht alles enden werde, in der Zuversicht, dass sein letzter Athemzug ihn einem schöneren dasein zuführe? Betend in freudiger Hoffnung schliesst er sein mattes Auge, zum sofortigen wiedererwachen im himmlischen Morgenrothe.

Diese höheren Vorstellungen sind erst neueren Ursprunges, die Ergebnisse der vorgeschrittenen Bildung, der erhöheten Lebensanschauungen; das Erdendasein auf rückständigen Stufen bietet nicht die erhöheten Anlässe zu derartigen Bildern und die Vorstellungen vom jenseitigen Leben gestalten sich demgemäss in minderer Erhabenheit. Die Hellenen konnten anfänglich so wenige Anknüpfungspunkte oder Anlässe entdecken, um das künftige Leben höher zu stellen als das Erdenleben, dass Homer selbst den hehren Achilleus in der Unterwelt sagen lässt:

„Tröste doch wegen des Todes mich nicht, glanzreicher Odysseus!
Lieber ja wollt' ich das Feld als Lohnarbeiter bestellen
Einem dürftigen, nicht mit Gütern gesegnetem Manne,
Als die verblichenen Todten, sie alle zusammen beherrschen."

Viel später entdeckten sie erst die Fäden, welche hinüber leiten in ein sonniges Nachleben; die schöneren Vorstellungen, deren Bilder an egyptisches gemahnen, sind im zweiten olympischen Siegesgesange des Pindaros (500 vor Ch. G.) ausgeprägt in den Worten:

„Aber stets leuchtende Sonne
Tages, ewig leuchtende Nachts
Geniessend, pflücken die Guten fern von
Arbeit, ein leichtes Leben.
Nimmer durchfurchend die Erde,
Nimmer des Meeres Flut —
Getrieben vom Bedürfniss —
Mit der Stärke der Hände.
Thränenlos entflieh'n die Tage, wem hold war
Frömmigkeit, bei der Götter gepries'nen;
Marter nie von Augen geschauet,
Schöpft indess der bässende Frevler.
Wer nun mit Kühnheit gewagt, hier

Dreimal, drunten dreimal verweilend,
Frei von Unrecht und rein das Herz zu
Halten, vollbringt Zeus Weg, zu
Kronos erhabener Veste;
Dort, wo des Meeres Lüfte
Der Seligen Insel umwehn;
Dort, wo goldene Blumen
Leuchten, hier entsprossen dem Boden, dort glänzenden
Bäumen, dort erzeugt von des Wassers
Flut — in schöngewundener Geflechte
Kranz, die Arme diesen umschlingend."

Der Römer fand im künftigen Leben Spiel und Tanz in schattiger Küle, Ringbanen, Pferde und Streitwagen zu Kampfspielen jeder Art; schmausen und trinken in Fülle ohne Pein. Der Araber Muhammed begabte es mit schattiger Ruhe, schwellendem Lager, herrlichen Früchten und labenden Getränken, nebst schönen, nie verblühenden Jungfrauen. Je nach den Lebensgewohnheiten gestalteten sich die Vorstellungen vom künftigen Leben, sodass es nicht allein in der Zeit, sondern auch in den Formen unmittelbar an das irdische sich schloss: der Altegypter dachte sich im jenseitigen Leben pflügend, säend und erntend wie auf Erden, jedoch frei vom ermattenden Sonnenbrande wie vom niederbeugenden Misswachs; so lässt der jagende Indianer Amerikas seine Seele vom grossen Geiste eingeführt werden zu den himmlischen Jagdgründen, erfüllt vom fettesten Wilde, das er in schattigen Wäldern oder auf endlosen Weiden jagt und fängt, unbelästigt von triefendem Regen und erstarrender Kälte; der Teutone ging als fallender Kämpfer ein zur Walhalla, zum Wettkampfe ohne brennende Wunden, ohne Verstümmelung und Tod, zum zechen und schmausen, ohne Beschwerde; Hirtenvölker lassen die Seelen ihrer abgeschiedenen fette Herden auf ewig grünenden Gefilden weiden, unbelästigt von Witterung oder Raub. So verlegt jeder das Leben, was er sich auf Erden vergeblich wünschte, in das unbekannte Jenseits, in das unendliche Reich der aussersinnlichen Welt, welches Raum für alle Wünsche bietet. Aber auch die höher stehenden Bilder der neueren Zeit zeigen denselben Grundzug. Das Streben in die Weite und Tiefe, nach Erkenntniss des Alls, hier gehemmt durch die Beschränktheit der Fähigkeiten, verlegt der Mensch in das künftige Leben zur gewünschten Lösung der uneröffneten

Räthsel des Erdenlebens. Das forsehende Auge kann nicht die Sehnsucht befriedigen nach Erkenntniss der anderen Weltkörper und ihrer Bewohner und deshalb erwartet der gläubige Forscher die Befriedigung im Jenseits, wo er flüchtig und unbelästigt durch den Erdenleib, die ungemessenen Räume mit dem Fluge des Gedankens durcheilen will. Der grübelnde Mensch wägt und vereinigt alles was er schaut, will aber den Kern der Welt, den Urquell alles daseins finden, dringt vor zu Höhen und Tiefen, kann aber nicht zum Innersten hindurch und erhofft das fallen dieser Schranke beim Übergange in das unbekannte Jenseits, wo er, befähigt Gott zu schauen, im Glanze seines Wesens, mit ehrfurchtsvollen Schauern fülen will, wie alles sich zum einen drängt und vereint. In dieser Gleichartigkeit des Grundzuges zeigt sich jedoch eine allmähliche Fortbildung: von der Achilles-Vorstellung des Homer, die noch tiefer stand als das Erdenleben, schlechter war als das Leben eines Knechtes, steigerte sich die Vorstellung stufenweise zu der eines Zustandes höherer Genüsse, eines freudigeren daseins, bis sie in das jenseitige Leben alles verlegte, was dem Menschen an der Befriedigung seines höchsten Genusses mangelt, an der Sättigung seines unauslöschlichen Triebes nach gesteigerter Erkenntniss.

§. 91.

Unabhängig von den Vorstellungen der stofflichen Beschaffenheit und den Arten des fortlebens der Seele ist diejenige von der **Art des Einzellebens der Seele**. Es haben sich, im Laufe der Jahrtausende dreierlei Arten von Vorstellungen gebildet, nach denen die Seele erklärt ward:

als **ewig**: vor und nach dem Erdenleben bestehend, ohne Anfang und ohne Ende;

als **unsterblich**: zum Erdenleben entstehend, aber über dasselbe hinaus unendlich fortlebend, mit Anfang aber ohne Ende;

als **endlich**: zum Erdenleben entstehend und mit demselben vergehend, mit Anfang und mit Ende.

Die erstgenannte Vorstellung der **Ewigkeit der Seele** findet sich am deutlichsten entwickelt bei den ältesten Bildungsvölkern der Egypter und Inder, wahrscheinlich von ersteren herstammend und bei letzteren höher entwickelt. Danach ruhete die Seele in ihrem vorirdischen Leben in der ewigen Weltseele, geht von derselben aus in den irdischen Leib und kert nach einem kürzeren oder längeren Erdenleben zur Weltseele zurück. Die Dauer dieser Trennung von der Weltseele, des Einzellebens, war abhängig von dem Verhalten auf Erden: die im Gerichte des Totenrichters gut befundenen kerten in den Urquell zurück, wogegen jede Seele der ungerechten eine Wanderung durch allerlei Geschöpfe vollenden musste, bevor ihr die Gelegenheit geboten ward, in einem wiederholten Menschenleben die Rückkehr zur Urquelle sich zu verdienen.

Bei den Indern hiess es: „Die guten und bösen Handlungen der Menschen bestimmen die Wanderung der Seelen, vom Zustande des Brama bis zu dem der Pflanzen" d. h. um zum Brama zurückkehren zu dürfen, musste das Erdenleben ein tugendhaftes gewesen sein; fand aber der Totenrichter Jama die Seele unrein, dann hatte sie in absteigender Stufenfolge bis zur Pflanzenseele eine Wanderung zu durchleben, um durch Schmerzen und Leiden die Unreinheit des ehemaligen Menschenlebens zu sühnen.

Bei den Persern war dieselbe Lehre dahin gestaltet, dass ein Reich der seligen Geister von Ewigkeit her bestehe, die im Laufe der Zeit einzeln zur Erde herab kommen, um irdische Leiber zu bewohnen; je nachdem sie diese Prüfung bestehen, keren sie aus dem Erdenleben in das Reich des Lichtes zurück oder werden in das Reich der Finsternies verstossen, dessen Bewohner gefallene Geister sind.

Die Griechen hatten ihre Vorstellungen von den Egyptern, denn auch bei ihnen war der Totenrichter Rhadamanthus unterirdisch, gleich dem Ra-amenthes (Herrn der Unterwelt) der Egypter; wogegen bei Indern und Persern (dem arischen Himmelsherrn getreu) das Gericht im Himmelsraume, über den Wolken stattfand. Die Griechen hatten deshalb auch die Seelenwanderung in egyptischer Weise aufgenommen; nur waren ihre Vorstellungen betreffs der Dauer verschieden von den 3000 Jahren der Egypter, indem ihre Angaben zwischen 1000 und 10,000 Jahren sich bewegten. In näheren Ausführungen zeigen sich bei den Griechen folgende Lehren:

Empedokles (5. Jahrhundert vor Ch. G.) fasste seine Vorstellungen dahin zusammen, dass die Seelen vor ihrem Erdenleben ein höheres dasein gehabt, aus dem sie, in Folge von Freveln, in die niedere, irdische Welt verstossen seien, wo sie eine Wanderung durch Mensch, Thier und Pflanze zu vollenden hätten, in endlosen Wandlungen unsterblich.

Pythagoras (5. Jahrh. vor Ch. G.) lehrte: die Seelen seien Funken des Weltäthers, aus dem sie, gleich den Göttern entsprungen seien, unzerstörbar und unsterblich; ihr Erdenleben sei nur eine der zahlosen Wandlungen, welche sie zu durchleben haben.

Sokrates (4. Jahrh. vor Ch. G.) äusserte sich im Laufe seiner Gespräche dahin, dass Anaxagoras sich selbst und andere verwirrt habe, indem er die Natur der Seele verkannte und nicht eingesehen habe, dass sie älter sei als der Leib; ferner, dass des Menschen Seele unsterblich sei und nach dem Tode in den Himmel zurückkehre, am schnellsten die Seelen der guten und gerechten; der Mensch sei eine Seele, ein unsterbliches Wesen in einer sterblichen Behausung, in ein Wanderzelt eingeschlossen, so dass von diesem Leibe scheiden nur die Vertauschung eines Uebels gegen ein Gut sei, denn das stehe unerschütterlich fest, dass die Seele unsterblich sei.

Plato (4. Jahrh. vor Ch. G.) lässt bei Erschaffung der Welt, aus demselben Stoffe wie die Weltseele, so viele Einzelnseelen erschaffen werden, wie es Sterne giebt; jede Seele, nach einem vorbereitenden Leben auf ihrem Sterne, beginnt ihr Erdenleben und je nachdem dieses sich gestaltet, kehrt sie entweder nach ihrem Sterne zurück, um ein seliges Leben zu führen oder beginnt ein zweites Erdenleben als Weib und wenn auch dieses nicht würdig, ein drittes als Thier u. s. w. abwärts bis zum niedrigsten. An anderen Stellen lehrt er weitergehend, das Erdenleben an sich sei schon eine Strafe, eine Erniederung derjenigen Seelen, welche auf den Sternen nicht vermögten, zur höheren Erkenntniss, zur Seligkeit empor zu dringen; sie sänken zur Erde herab und müssten ein leibliches dasein beginnen.

Plotin (3. Jahrh. nach Ch. G.) letzter und bedeutendster Schüler althellenischer Weisheit lehrte: die Seelen seien Theile der Weltseele, ihr entsprossen, herabgestiegen zur Verbindung mit dem irdischen Leibe, der sie von ihrem Ursprunge abziehe und ihr die Rückkehr zum früheren Leben erschwere; halte sie sich frei von den irdischen Hemmungen, dann kehre sie zurück in die selige Heimat, anderenfalls werde sie tiefer hinab gezogen in die Stufenreihe der Wesen.

Unter den Römern findet sich die Vorstellung der Seelenwanderung beschrieben in Virgils Äneis (Gesang 6) derart, dass nachdem die Seelen in der Unterwelt durch Luftströme, Wasserfluten und Feuer gereinigt seien,

„Diese gesammt, wenn den Lauf sie von tausend Jahren bestanden,
Zum lethäischen Strom' beruft ein Gott sie in Scharen,
Dass sie erinnerungslos des höheren Himmels Gewölbe
Wieder erschaun und gern in neue Leiber zurückgehn."

Es ward also vom Virgil eine endlose Folge von Erdenleben und tausendjährigen Reinigungszeiten gedacht, welche dieselbe Seele in sich wiederhole.

Die alten Italer, Kelten, Scythen und Nordländer scheinen auch an eine Seelenwanderung geglaubt zu haben; es lässt sich aber nicht annehmen, dass damit die Vorstellung der ewigen Dauer verbunden war, ebenso wenig wie solche sich zeigt bei Völkerschaften im Kaukasus und Nordasien, welche an ein Wandern der Seelen durch andere Wesen glauben. Sie haben, gleich verschiedenen amerikanischen und afrikanischen Urvölkern, menschenähnliches an Raubthieren und Vögeln entdeckt und deuten dieses auf hineingefarene Menschenseelen, denen der Thierleib zur Strafe angewiesen sei. Von Werth sind diese Vorstellungen in sofern, als sie die rückständigsten Formen der Seelenwanderung andeuten, wie sie wahrscheinlich auch die vorgeschrittenen Völker auf den rückständigsten Stufen ihrer Bildung gehegt haben und erst in späterer Fortbildung zu einer endlosen Folge von Seelenwanderungen, zur Ewigkeit des Seelenlebens umgestalteten. Der Glaube an die Seelenwanderung war auch in das Christenthum eingeführt worden durch die persische Sekte der Manichäer, fand auch anfänglich viele Anhänger, verlor sich jedoch allmälig wieder, namentlich als Mohammeds Lehre (7. Jahrh. nach Chr. G.) das Christenthum im Morgenlande erstickte, wo jene Bekenner am zahlreichsten waren; bei den europäischen Christen ist sie niemals zum Glaubenssatze geworden. Unter den jüdischen Rabbinen hatte die Lehre von den Wanderungen in der Art sich gestaltet, dass zu Anfang der Welt eine bestimmte Anzal Judenseelen erschaffen worden seien, welche immerfort aus sterbenden in erschaffenwerdende Judenleiber zurückkeren, auch zur Strafe vorübergehend in Thierleiber verbannt werden, aber am Ende der Welt wiederum als Juden sich zusammen finden werden. Die Wanderung war also kein ewiges Leben der Seele, weil sie nicht vorher und nachher in der Weltseele ihr Dasein hat, sondern in der Erschaffung aus nichts ihren Anfang nahm; sie war aber umfassender als die nächstfolgende Vorstellung der Unsterblichkeit, weil sie die Entstehung der einzelnen Seelen zurück verlegte bis zur Zeit der Erschaffung der Welt.

§. 92.

Die zweitgenannte Vorstellung der **Unsterblichkeit der Seele**, der Entstehung im Erdenleben, aber Fortdauer über das Erdenleben hinaus, ist gegenwärtig herrschend bei allen Europäern, den Christen, Juden und Muhammadanern. Die erste Hälfte der Vorstellung, bezüglich der Entstehung, gründet sich bei allen dreien auf die Schöpfungssage der israelitischen Glaubensschriften (1. Mose 1 u. 2) die zweite Hälfte dagegen ist vielfach verschieden, nach zugefügten Vorstellungen gebildet und nach örtlichen Verhältnissen umgestaltet worden.

In der Schöpfungssage heisst es:

1. Mose 2. 7: „Und Elohim machte den Menschen aus einem Erdenkloss und blies ihm ein den lebendigen Odem in seine Nase und also ward der Mensch eine lebendige Seele."

5. 1: „Da Elohim den Menschen schuf, machte er ihn zum Ebenbilde."

9. 6: „Denn Elohim hat den Menschen nach seinem Bilde erschaffen."

welche Grundvorstellungen in den übrigen biblischen Schriften wiederholt werden. Dagegen findet sich unter den Aussprüchen Jesu keiner, welcher weitergehende Erläuterungen ergäbe, so dass die in den jüdischen Schriften liegenden, auf die er sich auch bezieht (Matth. 19. 4) unverändert in das Christenthum übergingen. Desgleichen nahm Muhammads Koran die israelitische Vorstellung auf, im wesentlichen unverändert.

In allen drei Religionen herrscht die Vorstellung, dass die Seele der ersten Menschen eingehaucht worden, also aus dem höchsten erflossen sei. Dagegen zeigt sich minder deutlich, ob sie annehmen, die Seele der ersten Menschen sei die Quelle der Seelen aller ihrer Nachkommen, diese von ihnen abstammend, gleich den Leibern, oder ob jedem Menschen in der Geburt eine eigene Seele anerschaffen werde. Letzteres scheint, wenn auch selten entschieden ausgesprochen, die bei allen herrschende Vorstellung zu sein, obgleich sie im Christenthume ein Hinderniss findet in dem gleichzeitig herrschenden Glauben an die Erbsünde. Auch in der Auffassung des Erdenlebens als eines niedrigen und des künftigen Fortlebens als eines erhabenen, findet sich eine starke Übereinstimmung, welche aus der gemeinschaftlichen

Quelle, dem leidensvollen Leben des israelitischen Volkes, der ungünstigen Lage seiner Ansiedlung, sich erklärt. Es heisst

Hiob 14. 1: „Der Mensch, vom Weibe geboren, lebt kurze Zeit und ist voll Unruhe; geht auf wie eine Blume und fällt ab; fleucht wie ein Schatten und bleibt nicht."

22: „Weil er das Fleisch an sich trägt, muss er Schmerzen haben und so lange seine Seele noch bei ihm ist, muss er Leid tragen."

Psalm 39. 7: „Die Menschen gehen daher wie ein Schatten und machen sich viele vergebliche Unruhe."

103. 15: „Ein Mensch ist in seinem Leben wie Gras; er blüht wie eine Blume auf dem Felde; wenn der Wind darüber geht, so verschwindet sie und ihre Stätte wird unbekannt."

Pred. Sal. 1. 2: „Es ist alles ganz eitel; was hat der Mensch mehr von aller seiner Mühe, die er hat unter der Sonne? Ein Geschlecht vergeht, das andere kömmt."

2. 22: „Denn was kriegt der Mensch von aller seiner Arbeit und Mühe seines Herzens, die er hat, denn alle seine Lebtage Schmerzen mit grämen und Leid?"

4. 2: „Da lobte ich die Toten, die schon gestorben waren, mehr denn die lebendigen, die noch das Leben hatten; und der noch nicht ist, ist besser daran, denn alle beide."

Derselbe wehmüthige Grundzug ist in den Koran übergegangen:

Sure 29: „Warlich dies irdische leben ist nur ein Scherz, ein Spiel; nur die künftige Wohnung des Paradieses ist wahres leben."

40: „Dieses irdische leben ist nur vorübergehende Freude und nur das künftige leben ist eine Wohnung von fester Dauer."

47: „Dieses irdische leben ist Spiel und Scherz."

57: „Das irdische leben ist nur ein Vorrath von Täuschungen."

90: „Der Mensch ist zum Drangsal erschaffen."

Der Vergleich zwischen dem Erdenleben des Menschen und dem künftigen leben seiner Seele führte bei den Bekennern aller drei Religionen zu der gleichen Vorstellung, dass das Erdenleben ein Drangsal sei, von dem der Tod erlöse. Das Erdenleben ist, ihrer Überzeugung nach, die erste Stufe des daseins der Seele, die kurze Prüfungszeit, nach welcher ihr ferneres ewiges leben sich gestalten werde. Diese Gegenüberstellung des kurzen, gefesselten, niedrigen Erdenlebens zum ewigen, freien, höheren nachleben der entfesselten Seele, hat bei den Christen am schärfsten sich entwickelt; sie hat in vielerlei Formen sich geäussert als eine Geringschätzung, eine Verachtung des Erdenlebens, welches strengere Sekten, verdunkelten Blickes bezeichnen als ein „wandeln im irdischen Jammerthale," als eine zeitweilige Entfremdung aus der himmlischen Heimat, als einen Zustand der Erniedrigung, den man sich sehnen müsse, zu verlassen, um zur Herrlichkeit des ewigen Lebens einzugehen. Es hat unter den Christen, wie auch unter den Muhammadanern zahlreiche gläubige gegeben, die sich blindlings in den Kampf stürzten, wo sie den Tod erwarteten und aufsuchten, um desto eher in das selige Leben einzugehen; selbst zu Morden und Selbstmorden hat die Vorstellung geführt, konnte es auch folgerichtig, denn der beschleunigte Tod gab dem ermordeten den doppelten Vortheil einer Abkürzung seiner irdischen Leibeshaft und der Verfrühung seines Einganges zur himmlischen Seligkeit.

Die Dauer des fortlebens wird von den drei Religionen gleichmässig als eine ewige aufgefasst, jedoch in den Glaubensschriften unterbrochen durch eine Erneuerung der ganzen Welt, bei der die jetzigen Gestaltungen untergehen, um von einer neuen Welt gefolgt zu werden. Die Bilder des vorausbestimmten Weltunterganges und dessen Einflusses auf das fortleben der Seele, lassen zunächst auf persischen Ursprung schliessen, erscheinen auch bei den Israeliten erst nach der Rückkehr aus der Gefangenschaft und so fremdartig, dass sie nicht zur Abklärung, zur vollen Einverleibung in das semitische Wesen gelangen konnten, obgleich dieses durch die fortwährenden fremden Einflüsse und Völkermischungen bedeutend an Eigenthümlichkeit verloren hatte.

Die herrschenden Vorstellungen zeigen sich in den kurzen Aussprüchen Jesu, welche die Evangelisten mittheilen, in blühendster Form aber in der Offenbarung Johannis. Sie gehen dahin, dass die Seele nach dem verlassen des Leibes, in einer ausserirdischen Welt selig oder qualvoll fortleben werde bis zur Zeit des Weltgerichtes, dessen Eintritt unbekannt sei, bei dem jedoch das schliessliche Urtheil über das fernere leben der Seele für alle Ewigkeit festgesetzt werde. Auch darin zeigt sich die Übereinstimmung mit der persischen Lehre, dass ein Weltbrand das Ende sein werde, dass alsdann eine Auferstehung der Leiber stattfinden solle, die, in verjüngter Gestalt erstehend, von den bis dahin unabhängig gewesenen

Seelen belebt werden, um forthin vereint die Seligkeit oder Verdammung zu geniessen.

In den heiligen Schriften der Perser, lange vor Christi Geburt, heisst es: der Siegesheld, der Erlöser Sosiosch, werde am Ende der Tage kommen, um das Lichtreich wieder herzustellen, werde alle verstorbenen wiedererwecken, deren Leiber von den Seelen wieder erkannt und bezogen würden; Jeder werde ausrufen: „Siehe mein Vater, siehe meine Mutter, meine Brüder, Schwestern und Freunde!" und nachdem alle erstanden, beginne das Weltgericht, die Scheidung in böse und gute, von denen erstere in den Abgrund fallen zu dreitägiger Qual, letztere aber zum Himmel eingehen; dann werde die Welt in Flammen ausgeglüt und auch die bösen werden, nach der dreitägigen Läuterung in den Himmel aufgenommen.

Ähnliche Bilder liegen in Jesu Aussprüchen:

„Der Acker (im Gleichnisse vom Säemanne) ist die Welt, der gute Same sind die Kinder des Reiches, das Unkraut sind die Kinder der Bosheit; der Feind, der sie säet ist der Teufel; die Schnitter sind die Engel. Gleich wie man nun das Unkraut ausgätet und mit Feuer verbrennt, so wird es auch am Ende dieser Welt gehen: des Menschen Sohn wird seine Engel senden und sie werden sammeln aus seinem Reiche alle Ärgernisse und die da unrecht thun und werden sie in den Feuerofen werfen." (Matth. 13, 38.)

„In der Auferstehung werden sie weder freien, noch sich freien lassen, sondern sie sind gleich wie die Engel Gottes im Himmel." (Matth. 22, 30.)

„Welche aber würdig sein werden, jene Welt zu erlangen und die Auferstehung von den Toten, die werden weder freien noch sich freien lassen, denn sie können hinfort nicht sterben, sie sind den Engeln gleich und Gottes Kinder, dieweil sie Kinder sind der Auferstehung." (Luk. 20, 35.)

„Wenn aber des Menschen Sohn kommen wird in seiner Herrlichkeit und alle heiligen Engel mit ihm, dann wird er sitzen auf dem Stuhl seiner Herrlichkeit und werden vor ihm alle Völker versammelt werden und er wird sie von einander scheiden, wie ein Hirte die Schafe von den Böcken scheidet; er wird die Schafe zu seiner rechten stellen und die Böcke zur linken. Da wird der König sagen zu denen zu seiner rechten: Kommt her zu mir, ihr gesegneten meines Vaters, ererbet das Reich, das euch bereitet ist vom Anbeginn der Welt; dann wird er auch sagen zu denen zu seiner linken: Gehet hin von mir ihr verfluchten, in das ewige Feuer, das bereitet ist dem Teufel und seinen Engeln. Und sie werden in die ewige Pein gehen, aber die gerechten in das ewige Leben." (Matth. 25.)

„Denn wie der Vater hat das leben in sich selbst, also hat er dem Sohne gegeben das leben zu haben in ihm selbst und hat ihm Macht gegeben, auch das Gericht zu halten, darum dass er des Menschen Sohn ist. Verwundert euch dessen nicht, denn es kommt die Stunde in welcher alle, die in den Gräbern sind, werden seine Stimme hören und werden hervor gehen, die da gutes gethan haben, zur Auferstehung des lebens, die aber übles gethan haben zur Auferstehung des Gerichtes." (Joh. 5, 26.)

In ähnlichem Sinne sind die Aussprüche Muhammads:

„Zu Allah werdet ihr Alle zurückkehren." (Sure 5.)

„Ihr suchet nur die irdischen Güter, aber Allah setzet das künftige leben als Endzweck." (Sure 8.)

„Allah ist es, der euch aus Lehm erschaffen und euer Lebensziel bestimmt hat; er wird euch, wann das bestimmte Ziel erreicht ist, wieder auferwecken; ihm ist die Herrschaft an dem Tage an welchem die Posaune erschallt." (Sure 6.)

„Wann die letzte Stunde erscheint, weiss nur der Herr. Sie wird plötzlich über euch hereinbrechen." (Sure 7.)

„Am Auferstehungstage werden alle versammelt und einer wird den andern erkennen. Die welche gutes thun, werden Gefährten des Paradieses und sollen ewig darin bleiben; doch die welche böses thun, sollen zum Lohne böses empfangen, so viel sie verdient und sollen mit Schmach bedeckt werden." (Sure 10.)

„Wie wenn wir zu Staub geworden, können wir dann wohl wieder neue Wesen werden? So sprechen die, welche nicht glauben an ihren Herrn. Ihr Nacken soll mit Ketten belastet werden, der Hölle Gefährten sollen sie sein und ewig darin bleiben." (Sure 13.)

„An jenem Tage, an welchem Himmel und Erde sich verwandeln werden, sollen die Menschen aus ihren Gräbern kommen vor den einzigen und allmächtigen Herrn. Dann werden die Frevler in Ketten geschlagen, ihre Kleider von Pech sein und ihr Angesicht wird Feuersflamme bedecken." (Sure 14.)

„Eine jede Seele wird den Tod schmecken; dann kert ihr zu mir zurück." (Sure 29.)

„Und die Posaune wird wieder ertönen und siehe sie steigen aus ihren Gräbern und eilen zu ihrem Herrn hin." (Sure 36.)

„Der Lohn der Feinde Allahs ist das Höllenfeuer, zum ewigen Aufenthalte." (Sure 41.)

Aus vorbenannten Äusserungen Jesu wie Muhammads erhellen gleichartige Vorstellungen über den Zustand der Seelen im Weltgerichte, wie in der nachfolgenden Ewigkeit; dagegen fehlt es an ausreichendem Aufschlusse über das Leben der Seelen in der Zeit vor dem Weltgerichte. Es lässt sich nicht verkennen, dass Muhammad jene Vorstellungen meistens aus den Evangelien entlehnt hat und so findet sich auch, dass er Jesu Äusserung über das baldige Eintreffen des Weltgerichts wiederholt:

Jesus sagt (Matth. 24. 34) nach Beschreibung des dereinstigen Weltgerichtes: „Wahrlich ich sage euch, dies Geschlecht wird nicht vergehen, bis dass dies alles geschehe."

Muhammad (Sure 17): „Vielleicht sehr bald wird Allah euch aus den Gräbern hervorrufen und ihr werdet ihm lobpreisend gehorchen und glauben, nur eine kurze Zeit im Grabe verweilt zu haben."

Die Weissagungen beider vom baldigen eintreffen des Weltgerichtes sind aber nicht in Erfüllung gegangen und so ist augenscheinlich eine Lücke entstanden, welche beim baldigen eintreten des Weltgerichtes nicht fühlbar geworden wäre. Die Seelen verlassen den Leib im absterben, aber ihre Aburtheilung zur ewigen Seligkeit oder Pein erfolgt nicht sofort, sondern erst am Tage des Weltgerichtes. Es liegt also zwischen dem Tode und dem ewigen Leben eine Zwischenzeit von grosser Dauer, der die Ausfüllung fehlt und die Seelen leben in derselben irgendwo und irgendwie dem Menschen unbekannt, weil Himmel und Hölle ihnen erst am Tage des Weltgerichts erschlossen werden sollen. Allerdings sagte Jesus zum Schächer (Luc. 23. 43): „heute wirst du mit mir im Paradiese sein," allein dieses kann nur als Ausnahme Geltung haben, denn wenn die Scheidung der Seelen sofort nach dem Tode einträte, würde das dereinstige Weltgericht keinen Zweck haben. Eine andere Schwierigkeit entstand aus der Vorstellung einer Auferstehung der Leiber am Tage des Weltgerichtes, denn ein Leib und sei er auch feineren Stoffes und feinerer Art, wie die Geschlechtslosigkeit es andeutet (Matth. 22. 30) würde doch immer eine neue Fessel sein, eine Last, welche die Seele wiederum, nach einer Zwischenzeit der ungehemmten Freiheit tragen sollte. Diese Erniedrigung der Seele durch einen neuen Leib wäre eine Verbesserung nur unter der Voraussetzung der mohammadanischen Vergeltungsart, denn die mit einem Leibe behaftete Seele würde um so fähiger sein, die Freuden des Paradieses wie die Qualen der Hölle zu empfinden. Aber selbst in diesem Falle würde nur eine Steigerung der leiblichen Empfänglichkeit eintreten, keineswegs eine Erhöhung des Seelenlebens; vielmehr würde die Seele aufs neue an ein stoffliches Leben gefesselt, ähnlich demjenigen welches, nach der Grundauffassung, im Erdenleben die höhere Entwicklung hinderte und die Befreiung der Seele wünschenswerth machte.

Die angegebene Lücke ist nicht in den ursprünglich israelitischen Vorstellungen vorhanden, hätte auch in deren selbständiger Fortbildung nicht entstehen können. Die Israeliten nahmen an, die Seelen hielten sich auf in den Gräbern mit den Leibern, fürten ein Traumleben, ohne geschieden zu werden zu einer Vergeltung; man konnte also das Weltgericht irgend woher aufnehmen und damit die Vorstellungen ergänzen ohne eine Lücke zu lassen, denn die Seelen der gestorbenen fürten ihr Traumleben fort bis zum Weltgerichte und würden dann, nach ihrem Verdienste geschieden, dem Himmel oder der Hölle überliefert. Auch die Egypter und Inder liessen keine Lücke, denn die Aburtheilung fand sofort nach der Trennung vom Leibe statt: die guten gingen ein zu den seligen und die bösen begannen ihre Strafwanderung bis auch sie zu den seligen gelangten. Bei den Persern gab es eine Aburtheilung der Seelen sofort nach dem Tode: sie wurden je nachdem dem Himmel oder der Hölle übergeben und verblieben darin bis zum Tage des Weltgerichtes, an welchem die im Grabe schlummernden Leiber verjüngt auferstehen, mit ihren Seelen sich vereinen und dann geschieden werden, so dass die guten sofort zum Lichtreiche eingehen, die bösen aber zuvor einer Läuterung unterworfen werden, bevor auch sie zum Lichtreiche eingehen dürfen; das Weltgericht war die Versöhnung der bis dahin geschiedenen. Bei Christen und Mohammadanern hat aber das Weltgericht nicht diese Bedeutung, es soll nicht die bis dahin geschiedenen Schafe und Böcke sühnend vereinen, sondern soll erst ihre Scheidung vornehmen, um sie der ewigen Seligkeit oder Verdammung zu überliefern; damit fällt aber die Bedeutung der Zwischenzeit zum Zwecke des Lohnes oder der Strafe gänzlich hinweg. Von manchen ist die altsemitische Vorstellung zu

Hülfe genommen worden, dass nämlich die Seele im Grabe ruhe bis die Posaunen des Weltgerichtes ertönen und sie dann sich erhebe mit demselben oder einem verjüngten Leibe, um vor dem Weltenrichter zu erscheinen. Andere haben angenommen, die Seele werde zweimal dem Gerichte unterworfen, zum ersten nach dem verlassen des Leibes und zum zweiten am Tage des Weltgerichtes, das erste mal nach dem Erdenleben beurtheilt, das zweite mal nach dem verhalten in der Zwischenzeit im Himmel oder der Hölle; weil es gefallene Engel gebe, seien auch gefallene selige möglich und wie einerseits selige des Himmels unwürdig werden, könnten andrerseits auch verdammte durch Reue und Busse aus der Hölle sich erlösen. Aber beide Annahmen finden keine Stütze in den biblischen Aussprüchen, die in einfachster Weise ein unvereinbares geben und die Vermuthung nahe legen, dass die Israeliten zur Zeit Jesu von zweien Seiten fremde Vorstellungen über das Leben der Seele nach dem Tode empfingen, deren Vereinigung noch nicht sich vollzogen hatte; nämlich von den Egyptern das Totengericht über jeden einzelnen nach dem abscheiden und von den Persern das Weltgericht über alle Menschen am Ende des gegenwärtigen Weltalters. Von den Egyptern konnten oder wollten sie nicht die Seelenwanderung aufnehmen, um damit abzuschliessen in Ewigkeit und von den Persern nahmen sie das Weltgericht nicht als schliessliche Sühnung, sondern als strafende Scheidung, fügten also zusammen was nicht zusammengehörte und liessen zwischen beiden eine Lücke, die füllbar werden musste, als die Weissagung vom baldigen Eintreten des Weltgerichtes nicht in Erfüllung ging. Bei einem Volke, welches zwischen mehreren weiter vorgeschrittenen Bildungsvölkern wohnte, von ihnen bekriegt, unterjocht und in Sklaverei geführt ward, auch zwischen ihnen zerstreut angesiedelt, in steter Handelsverbindung mit ihnen befindlich, musste eine Zuführung und Durchkreuzung der verschiedenartigsten Vorstellungen eintreten. Die vorgeschrittenen des jüdischen Volkes nahmen sie auf, weil es dem Volke überhaupt an selbstgeschaffenen Vorstellungen über das Fortleben der Seele fehlte; sie suchten sie zu vereinen und konnten es nur, indem sie wie Jesus annahmen, das Weltgericht werde in nächster Zeit eintreten und alle lebenden Menschen sofort vor dem Weltenrichter erscheinen und geschieden werden, wogegen die vordem gestorbenen so lange in ihren Gräbern verweilt hätten bis die Posaune sie rufe. Möglich ist es allerdings, dass eine andere Ergänzung der Vorstellungen Jesu verloren gegangen sei, denn die Evangelien enthalten angenscheinlich nur dürftige Bruchstücke, den weitaus kleinsten Theil eines so hoch begabten Lebens.

In den christlichen Glaubensbekenntnissen, Kirchenliedern und Kunstwerken hat die Vorstellung von einer dereinstigen Auferstehung der verjüngten Leiber sehr lange sich erhalten; ihr dichterischer Gehalt hat zu erhabenen Darstellungen jeder Art geführt, Dichter wie Maler und Tondichter begeistert, die mit besonderer Vorliebe und grossem Erfolge Werke schufen, in denen die kühnen Zusammenstellungen, so wie die ganze Stufenleiter der menschlichen Gefühle zum Ausdrucke kamen, deren Darstellung von den dunkelsten Tiefen bis zur blendenden Höhe diese Vorstellung möglich macht.

Die Offenbarung Johannis (20) redet von zweien Auferstehungen, um 1000 Jahre auseinander: In der ersten erheben sich die Märtyrer und standhaften Christen, um an der Weltherrschaft Jesu Theil zu nehmen; die anderen toten werden aber erst nach Ablauf dieser Frist lebendig, und zugleich der warend dem gefangen gehaltene Satan losgelassen, der die heidnischen Völker (Gog und Magog) versammelt um die heiligen in ihrer geliebten Stadt (dem neuen Jerusalem) zu belagern; die Belagerer werden aber durch göttliches Feuer verzert und Satan mit seinen Genossen in den feurigen Pfuhl geworfen. Die in der zweiten Auferstehung erwachten, werden nach ihren Werken geschieden: die guten gehen ein zum Himmel, die bösen erdulden den zweiten Tod.

Das nicäische Glaubensbekenntniss (325 nach Chr. G.) gültig bei den Katholiken und Evangelischen, lehrt:

„Denn wie die vernünftige Seele und das Fleisch ein Mensch ist, so ist Gott und Mensch der eine Christus, welcher gelitten hat für unser Heil, hinabstieg in die Hölle, am dritten Tage von den toten auferstand, sich zum Himmel erhob und zur rechten Gottes sitzet, des allmächtigen Vaters, von wo er kommen wird zu richten die lebendigen und die toten; bei dessen Wiederkunft alle Menschen auferstehen werden mit ihren Leibern und Rechnung ablegen über ihre Thaten und die da gutes gethan haben, werden in das ewige Leben eingehen, die aber böses gethan haben, ins ewige Feuer. Dies ist der katholische Glaube und wer diesen nicht getreu und fest hält, wird nicht selig werden können."

Dante (1265—1321) lässt in der „göttlichen Komödie" (Paradies 14) einen seligen verkünden:

„So lang die Lust im himmlischen Gefilde,
So lange wärt auch unsre Lieb' und that
Sich kund uns in diesem Glanzgebilde.
Und seine Klarheit, sie entspricht der Glut.
Die Glut dem schau'n, und dies wird mehr uns frommen,
Je mehr auf uns die freie Gnade ruht.
Wenn wir den heilgen Leib neu angenommen,
Wird unser sein in höhern Gnaden stehn,
Je mehr es wieder ganz ist und vollkommen.
Drum wird sich das freiwill'ge Licht erhöhn,
Das wir vom höchsten Gut als Huld empfangen,
Licht, welches uns befähigt, Ihn zu sehn.
Und höher wird zum schau'n der Blick gelangen,
Höher die Glut sein, die dem schau'n entglüht,
Höher der Stral, der von ihm ausgegangen.
Doch wie die Kole, der die Flamm' entsprüht,
Sie an lebendgem Schimmer überwindet
Und wol sich zeigt, wie hell auch Jene glüt;
So wird der Glanz, der jetzt schon uns umwindet,
Dereinst besiegt von unsers Fleisches Schein,
Wenn Gott es seiner Grabeshaft entbindet.
Nicht wird uns dann so heller Glanz zur Pein,
Denn stark, um alle Wonnen zu geniessen,
Wird jedes Werkzeug unsers Körpers sein."

Die Ausgleichung des erläuterten Mangels hat erst nach langer Zeit im Christenthume sich vollzogen. Als Jesu Weissagung vom baldigen Eintritte des Weltgerichtes unerfüllt blieb und die gläubigen endlich sich genötigt sahen, ihre Hoffnung auf die Wiederkehr Jesu schwinden zu lassen, trat auch die Vorstellung von der dereinstigen Auferstehung der Leiber nur dann und wann hervor in den Gebilden der Künstler und einzelnen Schwärmer. Es verblieb nur die den Egyptern wie den Persern gemeinschaftliche Vorstellung der Abwägung und Abartheilung der Seelen nach dem verlassen des Körpers und damit ward die den Persern entstammende Sühnung der bösen mittelst Feuer verbunden, jedoch in der Art, dass diese, wie bei den Römern, sofort nach dem Tode des Leibes (im Fegfeuer) angewendet werde, bevor sie zur Seligkeit eingehen dürfen. Die bei den

Christen aller Genossenschaften herrschende Ansicht geht dahin, dass die Seelen, nachdem sie sich trennten von den Leibern, (mit oder ohne Anwendung des Fegefeuers) in den fernerhin unveränderlichen Zustand des ewigen Lebens eingehen, die guten zur himmlischen Seligkeit, die bösen zu den Qualen der Hölle, letztere jedoch mit der Hoffnung auf die Gnade Gottes. Die Vorstellung vom dereinstigen Weltgerichte ist noch vorhanden in den Glaubensbekenntnissen, sowie in den Kirchengesängen und Gemälden, sie hat ihres dichterischen Gehaltes wegen hohen Werth, aber sie lebt nicht im Bewusstseine der Völker.

§. 93.

Die drittgenannte Vorstellung war die der Endlichkeit der Seele, eines vergänglichen Lebens mit Anfang und Ende im Erdendasein. Diese Vorstellung erweist sich als die ursprüngliche der Kinder Israels. Die Seele war ihnen ein Dunst, ein Hauch, der den Menschen erfülle so lange er lebe, dann aber sich verflüchtige; erst nach späterer Annahme konnte sie als Gespenst unter der Erde fortleben. Von Lohn oder Strafe im Fortleben scheinen sie keine Vorstellungen entwickelt zu haben, denn in allen Verheissungen, welche Elohim den Erzvätern Abraham, Isaak und Jakob machte, ward ihnen nur irdisches verhiessen, wie Glück und Sieg, reiche Herden, schönes Land und zahlreiche Nachkommenschaft. Desgleichen stellt Jave bei seinen Verheissungen und Drohungen nur irdischen Lohn in Aussicht, Eroberung und reiche Beute oder irdische Strafen, Pest, Misswachs, Niederlage, Flucht, wilde Thiere u. s. w.; nirgends ist die Rede von einer Bezugnahme auf das Fortleben nach dem Tode, zum Zwecke himmlischen Lohnes oder höllischer Strafen. Die Zukunft, dem Israeliten aufmunternd oder erschreckend gezeigt, enthüllt ihm nur irdisches aufblühen oder verderben, nur die Rücksicht auf sich selbst und seine Nachkommen sollte Richtschnur seiner Handlungen sein. Selbst die Beschwörung der Seele Samuels durch die Hexe zu Endor beweist nur, dass ausserhalb des Javeglaubens, der das Leben der Seele mit dem des Leibes abschloss, noch ein verbotener Volksglaube bestand, vom Fortleben der Seelen unter der Erde und deren Befragung, welche Ketzerei von den Priestern verboten und verfolgt ward (5. Mose 18, 11). Dieser Abschluss des Einzellebens mit dem irdischen Tode blieb der Glaube der Saducäer, deren Stifter um

200 vor Chr. G. lebte und denen dieser Glaube so wenig zum Nachtheile angerechnet ward, dass sie zu den höchsten Priesterwürden, selbst zum Hohenpriester-Amte gelangten. Es gehörte also auch damals die Lehre vom Fortleben der Seele nicht zu den Grundlagen des jüdischen Glaubens; daran zu zweifeln war keine Ketzerei. Die Sadducäer erklärten die Seele für eine aus Gott erflossene, den Körper belebende Kraft, welche im Tode zu Gott zurückkehre, bekannten sich also zur Ewigkeit der Seele, dachten sich aber Strafe wie Lohn für die menschlichen Handlungen als lediglich im Erdenleben erfolgend. Dieser Glaube lebt noch fort in der jüdischen Sekte der Karaiten, während die übrigen jetzt lebenden Juden vorwaltend der Vorstellung einer ewigen Vergeltung anhängen, ohne jedoch den Glauben als ein Gebot gelten zu lassen.

Da diese Vorstellung keine ursprüngliche, einheimische war, so konnte grosse Verschiedenheit stattfinden, zumal bei der längst eingetretenen Zerstreuung des Volkes. Sie waren in den Jahrhunderten vor Christi Geburt nach fast allen Ländern der Bildung und Macht ausgewandert, befanden sich zahlreich in Babel wie am persischen Hofe; in Egypten zumal waren viele angesiedelt; die Städte Kleinasiens und Griechenlands enthielten ihre Gemeinden; auch in der Weltstadt Rom befanden sie sich in grosser Zal. Der römische Dichter Lucrez (95 bis 52 vor Chr. G.) deutet augenscheinlich auf sie, wenn er in seinem Lehrgedichte singt:

„Menschen finden sich zwar die sagen Krankheit und Schande
Seien zu fürchten noch mehr als des Todes finsteren Abgrund;
Und sie wüssten, der Seele Natur sei einzig im Blute,
Oder im lebenden Hauch; wenn allda man lieber sie aufsucht;
Und es brauchte dazu durchaus nicht unserer Lehre.
Merke aus folgendem dir, dass vielmehr um Ruhm zu erhaschen
Solches sie prahlen, denn dass aus Überzeugung sie sprächen.
Ausgestossen vom Vaterland, vom menschlichen Anblick,
Gänzlich verzagt, sind sie's, die mit jeder Schande gebrandmarkt,
Siech von Kummer und Schmach, doch immer noch wünschen zu leben;
Totenopfer begehn, wo immer ihr Elend sie hintreibt;
Schwarzes Opfervieh schlachten, den unteren Göttern
Weihungen bringen und so bei widrigen Dingen des Schicksals,
Strenger in ihrem Gemüt zum Aberglauben sich wenden."

Scheidet man aus der Beschreibung den Hass des unduldsamen Römers, so bleibt eine Beschreibung des verjagten, verfolgten, siechen und verachteten jüdischen Volkes, allerorts beim tiefsten Elende an das Leben sich klammernd und duldend, deren Hauptzüge selbst noch in der Jetztzeit auf die Juden Roms und anderer Städte passen würden; auch die Erklärung des Lebens der Seele im Blute oder im lebenden Hauche stimmt genau mit den Aussprüchen der Gesetzbücher. (3. Mose 17. 11—14; 1. Mose 2. 7.)

Bei den Griechen waren die Meinungen der Weltweisen über das fortleben der Seele mannigfaltig; nach den Ansichten der

Stoiker war die Menschenseele ein Ausfluss der Weltseele und wie diese ein feiner flüchtiger Stoff, gleich dem Feuer oder Hauche; er verbreite sich durch den Körper wie die Weltseele durch die Welt; dass sie stofflich sei, erweise sich aus ihrer Verbindung mit dem Leibe, denn stoffloses könne sich nicht mit stofflichem verbinden; sie sei vergänglich, überdauere zwar den Leib, kere aber in der Weltverbrennung, welche die Zeitdauer der gegenwärtigen Welt abschliessen werde, in das Urwesen zurück. Einige der Stoiker massen dieses fortleben im Urwesen allen Seelen zu; andere nur den Seelen der weisen.

Aristoteles (4. Jahrh. vor Ch. G.) sprach seine Ansicht dahin aus, dass die Seele das leben des Leibes sei, sich zum Leibe verhalte wie die Form zum Stoffe, dass beide getrennt von einander nicht dasein könnten, ebenso wenig wie ein gehen ohne Füsse oder ein sehen ohne Augen; beide entwickelten und verwirklichten sich mit einander. Die Seele sei in der Zeit entstanden, sie könne nicht ohne den Körper bestehen und löse sich mit ihm auf.

Epikuräer hegten die ähnliche Vorstellung, dass mit dem Tode des Leibes das leben der Seele aufhöre; mit dem Tode trete Empfindungslosigkeit ein, er könne also auch kein Übel sein.

Als das Christenthum herrschend ward, verboten und verfolgten seine Priester derartige Lehrsätze; selbst in der Gegenwart wäre ihr Bekenntniss und ihre Verbreitung an den meisten Orten der Christenheit mit so manchen Nachtheilen und Gefaren verbunden, dass sie nur ausnahmsweise an die Öffentlichkeit gelangen. Sie lassen sich aber vielfach aus Umschreibungen erkennen oder aus Unterlassungen folgern, die nicht minder deutlich das vorhandensein derartiger Vorstellungen erweisen. Wer z. B. an die Unsterblichkeit der Seele glaubte, jedoch in der Art, dass sie nach dem verlassen des Leibes kein einzelnleben fortfürt, keine Vergeltung findet für das

Erdenleben, dessen Vorstellungen gehören sich minder hieher, denn nach ihm endet das einzelnleben der Seele mit dem sterben des Leibes; sie beginnt ein anderes Leben ohne Verbindung mit dem vorherigen, irdischen, gleich wie die Stoffe des verwesenden Leibes zu anderen, fremden Körperverbindungen übergehen. Es gehören hieher viele der Denker der letzten Jahrhunderte: zuerst

Jaco von Verulam (1561—1626), dessen Lehre alle Thätigkeiten der Seele so eng mit dem Leibe verband, dass sie ohne denselben nicht denkbar waren.

Hobbes (1588—1679) der als das allein wirkliche den Leib bezeichnete und erläuterte, was wir Seele nennen, seien lediglich die Veränderungen im leiblichen Stoffe.

Spinoza (1632—1677) fasste seine Ansicht dahin: sämmtliche Wesen seien beseelt, in stufenweiser Vollkommenheit aufsteigend zum Menschen; der menschliche Geist sei die besondere Vorstellung, welche im unendlich denkenden sein (Gott) den menschlichen Leib zum Gegenstand habe. Sobald also der einzelne Leib aufhöre, sei auch die daran haftende, besondere Vorstellung (der Geist) zu Ende.

Andere Denker hielten es gerathen, über das fortleben der Seele zu schweigen, gaben aber mittelbaren Aufschluss, indem sie lehrten, dass alles was wir Seelenthätigkeit nennen, aus der sinnlichen Warnehmung stamme; woraus unmittelbar folgert, dass mit dem aufhören der sinnlichen Warnehmungen (dem Tode) auch die Seelenthätigkeiten (die Seele) aufhören.

Locke (1632—1674) als Stifter der neueren Erfarungslehre ging voran in der Ableitung aller Erkenntniss aus Erfarungen: ihm folgten Hartley, Price, Brown, Clarke u. a. vorsichtig vermeidend, die Schlussfolgerungen zu ziehen und hervor zu heben, welche aus ihren Vordersätzen sich ergeben mussten, in Bezug auf die Unsterblichkeit der Seele.

Hume (1711—1776), Reid (1710—1796) u. a. verfuren in gleicher Weise: sie nahmen keinen Bezug auf die Unsterblichkeit der Seele, leiteten aber alles ab aus den irdischen Erfarungen und leiblichen Fähigkeiten, fürten auch alles auf das irdische Leben zurück.

Leibnitz (1646—1716) lehrte, dass, um Seele zu sein, bedürfe die Seele eines mit ihr verbundenen Körpers, ohne dass sie aber darum für immer mit denselben Urtheilchen (Monaden) verbunden sei, von denen vielmehr immerfort neue eintreten und alte ausscheiden; es sei das leben eine stete Wandlung, die auch den Tod nicht kenne, der nur darin bestehe, dass mit dem Verluste eines Theiles der den Leib bildenden Urtheilchen, die Seele in einen Zustand zurückgehe dem ähnlich, in welchem sie vor der Geburt des Menschen sich befand.

Condillac (1715—1780), Bonnet (1726—1793), Helvetius (1715—1772) brachten alles Seelenleben in so enge Verbindung mit dem Leibe, dass die Möglichkeit eines geschiedenen daseins der Seele gänzlich ausgeschlossen ward.

Diderot (1713—1784) verwarf durchgehends den Unterschied zwischen körperlichem und unkörperlichem, also auch zwischen Leib und Seele: eine Trennung jetzt oder künftig erschien ihm nicht möglich.

Offray de la Mettrie (1709—1751) lehrte: Die Seele sei nur die Thätigkeit des denkfähigen Theiles unseres Körpers; die Seele vergehe also mit dem Körper, weil die Fähigkeit mit dem fähigen enden müsse; mit dem Tode sei alles aus.

Die vereinigten Freidenker Diderot, Holbach, Legrange, Mirabeau u. a., welche 1770 ein Werk „System der Natur" herausgaben, entwickelten darin die Ansicht, dass der Mensch nur in irrthümlicher Weise sein eigenes Wesen in Leib und Seele geschieden denke; er sei ein körperliches Wesen, welches denken und wollen besitze, deren Zusammenhang mit seinem Leibe der Mensch nicht begreife und deshalb als Ursache ein Wesen sich einbilde, welches er Seele nenne.

Edelmann (1698—1767) vertrat eine Ansicht, welche hieher gehört. Die Seele sei unsterblich, ohne Anfang und Ende, jedoch in der Art, dass sie nach verlassen des Leibes, in einem anderen ihr Leben fortsetze; eine Art der Seelenwanderung, bei der das einzelnleben jeder Menschenseele zwischen Geburt und Tod des Leibes liegt, geschieden von dem was vorherging oder nachfolgt. Diese Ansicht ähnelt dem indischen ausfliessen und zurückströmen der Weltseele, der Edelmann den Namen „Gott" ertheilte, aber nicht in der herrschenden Bedeutung, sondern als Inbegriff des Verstandes und Willens aller Wesen.

In den Auseinandersetzungen der deutschen Lehrer Kant, Fichte, Schelling und Hegel, so verschieden unter sich, ist doch gleichmässig die Seele aller Stofflichkeit und Unabhängigkeit vom Körper entkleidet, sie ist ihnen kein geformtes Wesen, welches als besondere Gestalt dasein könnte. Es hält schwer, aus den Lehren derselben die Vorstellungen über das Leben der Seele auszusondern und plastisch oder geschlossen hinzustellen. Was man Seele nennt erscheint in ihren Vorstellungen als ein mit dem Leben des Leibes verbundenes, als das sein des Menschen als Einzelwesen.

Nach der Lehre Kants war die absolute Idee, als Gesammtinhalt alles seins und wissens, in der Natur als zerstreutes nebeneinanderseyn vorhanden; für die denkende Betrachtung stelle sich ihr Entwicklungsgang in der Stufenfolge von Mechanismus, Physik und Organismus dar und dieser Entwicklungsgang habe keinen anderen Sinn, als dass die Idee, die Naturgestalten durchbrechend, als Geist hervortrete, der, als subjectiver Geist beginnend, zum objectiven Geiste sich erweitert, um im absoluten Geiste sich zu vollenden. Der subjective Geist beginne seine Entwicklung als Seele, in Verbindung mit und abhängig vom Leibe, im einzelleben sich erweiternd und vervollkommend, um einen Theil der Gesellschaft, des States, der Weltgeschichte zu bilden, in deren Zusammenhang der Weltgeist die grossen Stufen seiner Entwicklung durchlaufe. — Die Seele wäre demnach ein, der Entwicklung der absoluten Idee angehöriges und dazu mitwirkendes daseyn, welches im einzelleben des Leibes nicht enthalten könnte. Dennoch erklärte Kant den Glauben an die Unsterblichkeit der Seele für eine Notwendigkeit; der Mensch bedürfe desselben, auch wenn er sich nicht erweisen lasse.

Fichte's Ansichten liegen in dem Ausspruche: Ich bin unsterblich durch den Entschluss, dem Vernunftgesetze zu gehorchen; erzeuge nur in dir die pflichtmässige Gesinnung und du wirst Gott erkennen und während du uns anderen noch in der Sinnenwelt erscheinst, für dich selbst schon hienieden im ewigen Leben dich befinden. Was du Himmel nennst, liegt nicht jenseit des Grabes, es ist schon hier in unserer Natur verbreitet und sein Licht geht in jedem reinen Herzen auf.

Hegel sagte: Die Natur ist das lebendige, unmittelbare werden des Geistes; sie ist die Bewegung, welche als ihr Ziel und Resultat den Geist als Subject herstellt; die Geschichte als der an die Zeit entäusserte Geist, ist sein wissendes, sich vermittelndes werden. Dieses werden stellt eine träge Bewegung und Aufeinanderfolge von Geistern dar, von denen jeder, mit dem vollständigen Reichthume des Geistes ausgestattet, darum so träge sich bewegt, weil das Selbst diesen ganzen Reichthum seiner Substanz zu durchdringen und zu verdauen hat. Indem seine Vollendung darin besteht, das was er ist d. h. seine Substanz vollkommen zu wissen, so ist dieses wissen sein insichgehen, in welchem er seine bisherige Gestalt der Erinnerung übergiebt, um sein verschwundenes dasein in ihr aufzubewaren und in einer neuen Geistesgestalt und auf einer höheren Stufe von vorn anzufangen. Das Ziel aber ist der sich als Geist wissende Geist oder das absolute wissen.

Unter den Jüngern jener Meister haben tiefgehende Spaltungen stattgefunden, nicht allein in Fortbildung der Verschiedenheiten der Vorstellungen jener, sondern auch zwischen den Anhängern und Nachfolgern derselben Schule, so dass die verschiedensten Ansichten über das leben der Seele überhaupt, ihre Vertreter darunter finden. Am unabhängigsten stellte sich

Schopenhauer, welcher an die Stelle der absoluten Idee, lediglich den Willen setzte, aus dem Wirken des Willens alles erklärend, alles was da ist und geschieht als Gestaltung des Willens deutete, darunter auch unsern Leib und als Gestaltung unseres Leibes das Gehirn mit seinen Fähigkeiten, so dass das als Seele oder Geist benannte eine Fähigkeit wäre des, durch den Willen oder im Willen sich gestaltenden Leibes, demnach von dessen dasein abhängig.

§. 94.

Die ursprünglichen Beobachtungen und Voraussetzungen, aus denen die Vorstellungen vom vorhandensein und leben der Seele erwuchsen, sind im Laufe der Zeit durch andere ersetzt worden und hätten demgemäss die Vorstellungen über das Wesen der menschlichen Seele tiefergreifende Änderungen erleiden sollen. Die Forschung ist durch Zerlegung der Körper, zu den Grundbestandtheilen, den einfachen Stoffen, vorgedrungen, hat die festen Verhältnisse entdeckt, unter denen sie ihre Körpergestaltungen ändern, unter denen sie Mischungen mit einander eingehen oder aus denselben scheiden und hat dabei auch die Verschiedenartigkeiten ihres verhaltens in Form und Bewegung ermittelt, je nachdem die Mischverhältnisse sich ändern. Indem es gelang die an sich unsichtbaren Stoffe in feste Verbindungen über zu füren, ward manches der Vorzeit unbegreifliche den jetztlebenden fassbar gemacht und jetzt würden nicht länger als genügend gelten können die Beobachtungen der alten Israeliten, aus denen sie schlossen, das Leben des Menschen (die Seele) liege im Blute oder Athem, ebenso wenig die von anderen daraus gezogene Schlussfolgerung, dass die Seele (der Dunst) im sterben des Leibes zum Himmel sich erhebe. Dennoch hat die aus jenen Beobachtungen bei den verschiedensten Völkern entstandene oder gehegte Vorstellung einer nebelartigen oder schattenhaften Gestaltung der Seele sich erhalten können; auch ist bei vorgeschrittener Bildung, das emporheben von der Erde, das hinaufschwingen der Seele zum Himmel als Vorstellung haften geblieben, obwohl die Sternkunde längst erwiesen hat, dass oberhalb der Wolken nur die Lufthülle unserer Erde vorhanden sei und ausserhalb derselben der unermessliche Weltenraum, in welchem alle Sterne und auch unsere Erde sich fortbewegen, ohne jemals wieder an dieselbe Stelle zu gelangen. Die Vorstellung von der Seele als einem Wesens aus feinem Stoffe, welches im Tode den Leib verlasse und sich emporschwinge, ist auch in Jetztzeit herrschend bei der weitaus grössten Mehrzal der Menschen; nur eine Minderzal hat die stoffliche Beschaffenheit aus ihrer Vorstellung entfernt, denkt sich die Seele, den Geist, als ein gänzlich unsichtbares Wesen, welches, den Leib im sterben verlassend, schrankenlos in das Weltall übergehe und dort ewig fortlebe. Von allen wird aber gleichmässig angenommen, dass die Seele mit dem Leibe entstehe, kein Vorleben habe, wol unsterblich sei, aber nicht ewig; einen Anfang nehme, aber kein Ende.

Die Forschungen neuerer Zeiten führten zu der Entdeckung, dass die einfachen Stoffe des menschlichen Leibes mit denen der Thierleiber gleich seien, auch in denselben Mischungsverhältnissen: dass ferner bei den höheren Thieren die meisten Lebensäusserungen der Stoffaufnahme und Ausscheidung, des wachsens und auflösens, der Vermehrung, Athmung u. s. w. völlig gleich seien denen des Menschen; dass sie überdies vermögen, freiwillig und mit bewusstsein in menschenähnlichen Lebensäusserungen sich zu bethätigen, sich Vorstellungen zu machen, zu erinnern, zu träumen, messen, zälen, Listen zu ersinnen, Rache zu üben u. s. w. alles Thätigkeiten die man nicht länger, in der früher üblichen Weise, als Instinkt bezeichnen konnte, nicht als einmal eingepflanzte, unveränderlich bleibende, unbewusste Lebensäusserungen erklären durfte. In Folge dessen sah man sich genötigt, auch im Wesen der Thiere unsichtbare Seelen zu erkennen, welche in ähnlicher, wenn auch minder entwickelter Weise den Leib des Thieres lebend erhalten und beherrschen, auch allmälich die Art vervollkommen. Daraus musste die Frage erwachsen, ob die Thierseelen auch unsterblich seien, da sie ebenso wohl wie die Menschenseelen im leben unsichtbar wirken und nach dem Abscheiden des Thierleibes nicht mehr vorhanden sind. Da man diese Frage verneinte, so ward die neue Frage erhoben, ob man nun auch aus der Menschenseele das thierähnlich wirkende als ein sterbliches entfernen und fortdenken müsse, um den rein und ausschliesslich menschlichen Geist zu finden, dem die Unsterblichkeit zukomme, denn es lasse sonst sich nicht begreifen, wie im Menschen unsterblich sein könne, was im Thiere sterblich sei. Man ward genötigt festzustellen, welches der unsterbliche Theil des Menschen sei, indem man aus der menschlichen Seele alles dasjenige ausschied, was man auch der sterblichen Seele des Thieres zuerkennen musste; nur dadurch konnte man dazu gelangen, ihren unsterblichen Kern zu erkennen. Diesen Kern suchte man geschieden im Ausdrucke darzustellen und bezeichnete ihn, zur Unterscheidung von der Seele des Thieres, als Geist; wärend man früher sich begnügt hatte mit der Gleichung

Mensch — Leib — Menschenseele

fügte man jetzt die zweite hinzu

Menschenseele — Thierseele — Geist des Menschen

und beschränkte die früher der Menschenseele beigemessene Unsterblichkeit nunmehr auf ihren Kern, den Geist des Menschen.

Der vorherige Begriff der Seele war genau begrenzt, denn er umfasste alles was vom lebenden Menschen übrig blieb, wenn aus der Gesammtheit seines Erdenwesens fortgedacht ward, was davon in Ausdehnung und Schwere sinnlich warnehmbar sei oder was er im Absterben als Leiche zurücklasse und da beides, Mensch wie Leib, bestimmte Grössen sind: so musste auch das nach Abzug von einander übrig bleibende, die Seele, als bestimmte Grösse sich ergeben. Viel unsicherer war aber die Feststellung dessen, was Geist sei, denn wenn auch der Begriff „Menschenseele" als ein bestimmter gelten konnte, so war dagegen der neue Begriff „Thierseele" unbestimmt, um so mehr, je stärker neue Beobachtungen ihn erweiterten; je mehr die Bedeutung der Thierseele in der menschlichen Vorstellung wuchs, um so weniger blieb, nach Abzug ihrer Grösse, aus der Menschenseele als Geist übrig.

Man hat im Laufe der Zeit die Menschenseele, ihren verschiedenartigen Bethätigungen gemäss, als verschiedene Fähigkeiten sich gedacht, in Seelenkräfte eingetheilt, denen man wieder Unterabtheilungen gab. Als Hauptkräfte nahm man an, das Erkenntnissvermögen, Gefühl und Willen:

ersteres bezeichnend alle Fähigkeiten, durch welche der Mensch sinnliche
Warnehmungen empfängt, daraus Vorstellungen schafft und seinem Gedächtnisse einprägt zur Erinnerung; ferner die Fähigkeit des vergleichens,
den Verstand, dienend zur Unterscheidung wie Verbindung der verschiedenen
Vorstellungen, um ihre Vergleichswerthe zu ermitteln und Begriffe zu bilden
und als höchste Anwendung des Verstandes, die Vernunft, zur Erkenntniss
der Beziehungen der Menschen zu einander (Sittlichkeit) und zur höchsten
Macht (Religion), zum Weltall (Wissenschaft). Die zweite (das Gefül)
begreift die Fähigkeit, die Einwirkungen unserer Vorstellungen zu empfinden und in verschiedenartigen Erregungen unseres eigenen Wesens als Freude
oder Schmerz, Zuneigung oder Abneigung u. s. zu erkennen. Die dritte
(der Wille) bezeichnet die Fähigkeit, auf Grund der gewonnenen Erkenntniss, die menschlichen Kräfte zur Anwendung zu bringen, auf sich selbst
wie auf alles sonstige, der Einwirkung zugängliche. Daraus war ersichtlich
schon alles ausgeschieden, was den Menschen unbewusst lenkt; ein weit
grösserer Theil musste aber zurückgesetzt werden, als man das mit der
Thierseele gemeinschaftliche ausscheiden wollte. Es findet sich, dass auch
die Thiere Vorstellungen gewinnen und im Gedächtnisse aufbewaren, denn
sie erinnern sich derer, welche ihnen ehedem Freude oder Schmerz bereiteten, kennen Freund wie Feind; sie haben Angenom, wissen in Ihrem
Wirkungskreise die richtigen Verhältnisse abzuwägen, wie z. B. die Jagdhunde ihr Verfaren jedesmal nach der Gattung des Wildes einrichten und
erreichen sogar, in Erkenntniss des erlaubten und unerlaubten die ersten
Stufen der Sittlichkeit; ausserdem zeigt sich deutlich genug, dass sie Gefül
und Willen besitzen, wenn auch, gleich allen anderen in niederer Ausbildung als der Mensch. Was also der Mensch voraus hat, sein Ueberschuss,
besteht nicht in besonderen Fähigkeiten, sondern in der höheren Entwicklung derselben Fähigkeiten und überdies in einer ihm eigenthümlichen
Äusserung des Verstandes zur Schaffung von Begriffen.

Der menschliche Geist würde demnach als Besonderheit voraus haben
die höhere Entwickelung derselben Fähigkeiten, welche auch der Thierseele innewohnen und überdies die der Thierseele nicht innewohnende Äusserung des Verstandes als Vernunft.

Ersichtlich wird dadurch die frühere Vorstellung von der Beschaffenheit der fortlebenden Seele gänzlich umgestaltet: die Seele ist nicht länger
zu denken in der Gewalt des ehedem bewohnten Leibes, die ihr verliehen

ward in der Annahme, dass sie als flüchtige Bewohnerin in allen Theilen bis an die Hautdecke wirksam sei; es haften an der Vorstellung nicht länger die Menschenähnlichkeiten des sehens, redens u. s. w., welche aus den Traumerscheinungen gefolgert worden waren, denn die Sinne fallen hinweg, weil sie auch der sterblichen Thierseele zukommen, also nicht dem unsterblichen Menschengeiste als eigenthümlich angehören; der Geist hört auf sichtbar zu sein, da er nicht aus feinem Stoffe besteht, nicht in einer Gestalt erscheint, er kann selbständig auf keinen der Sinne wirken, also auch keine Vorstellungen in uns erregen. Mit dieser Abstreifung fallen die früheren Vorstellungen von den sinnlich fühlbaren Genüssen des Paradieses und Strafen der Hölle; dagegen erscheinen die fortlebenden Geister um so geeigneter zur beseligenden Gewinnung höherer Erkenntniss oder zum quälenden Bewusstsein der, durch das frühere Erdenleben gehinderten, höheren Entwicklung.

In diesen geläuterten Vorstellungen wird der Geist nicht verdünstigt, sondern bleibt wesenhaft; er ist nicht ein Theil der menschlichen Fähigkeiten, die wir uns vereinigt denken und mit dem Namen „Geist" belegen, sondern als Geist wird ein unsichtbares, ungestaltiges, aber doch geschlossenes Wesen gedacht, welches mit dem Leibe und den thierischen Fähigkeiten entstanden, zeitweilig im lebenden Menschen herrscht und nach der Trennung vom Leibe und den thierischen Fähigkeiten, ein unabhängiges leben ewig fortzuführen vermag. Wenn nun auch die Unsterblichkeit nur dem Geiste eigenthümlich angehört d. h. den gestalteten Fähigkeiten, um welche die Menschenseele der Thierseele überlegen ist: so folgert doch nicht ohne weiteres, dass hierauf die Unsterblichkeit beschränkt sein müsse; es wäre die Frage zulässig, ob nicht mit dem Geiste an der Unsterblichkeit theilnehmen könnten diejenigen Fähigkeiten, welche der Mensch gemeinschaftlich mit dem Thiere besitze. Zudem ist in der Menschenseele keine wesenhafte Scheidung, kein Riss zwischen Geist und Seele zu entdecken, denn wenn auch jeder in seinen Gedanken eine Scheidung vornehmen kann, je nachdem er die Fähigkeiten geeignet oder würdig erachtet der Unsterblichkeit, so vollzieht dieser Denkvorgang die Scheidung doch nur in seinen Vorstellungen, aber nicht im Wesen der fortlebenden Seele. Wollte man dagegen als unsterblich gelten lassen nur das als Geist ausgeschiedene, das überragende der Menschenseele über die Thierseele: so wird es unerklärlich, wie die Vernunft als solche fortbestehen und wirken könne, in

Ermangelung aller der übrigen Fähigkeiten, namentlich der Sinne, aus deren wirken nicht allein die Grundlagen der Erkenntniss erwuchsen, sondern auch jede Bereicherung derselben bis zur höchsten Entwickelung, der Vernunft, hervorging. Sie bedürfte auch fernerhin des Verstandes, um die zur höheren Erkenntniss, zur Seligkeit, nothwendigen Vorstellungen abwägen und verbinden zu können, denn die Vernunft ist nichts weiteres, als der Verstand auf ein besonderes Gebiet der Erkenntniss angewendet; sie bedürfte des Gedächtnisses, des Gefühles und Willens und da jedenfalls die mit dem Leibe verwesenden Sinneswerkzeuge und Nerven fehlen; so müsste ihr eine Ersatzausrüstung verliehen werden, um äussere Eindrücke aufnehmen zu können, ohne welche die höhere Entwickelung zur Seligkeit nicht möglich erscheint. Sobald wir von der Beschränkung auf den Kern zurückweichen und mit dem Geiste auch die übrigen Fähigkeiten der Menschenseele vereinen, gerathen aber die Gedanken immer tiefer in das Gebiet der Thierseele hinunter, wo es nicht möglich wird eine andere Grenze zwischen Mensch und Thier zu bezeichnen, als die menschliche Gestalt, so dass man den Unterschied machen müsste, die Seelen aller Zweihänder seien unsterblich, dagegen die Seelen aller Vierhänder, Vierfüssler u. a. sterblich; oder man müsste den Unterschied in der aufrechten Gangweise finden wollen, jedenfalls aber auf Unterscheidungsmerkmale gerathen, die zur Begründung des Vorrechtes der Unsterblichkeit wenig geeignet erscheinen. Es kommt namentlich in Betracht, dass die Grenze bis zu welcher die Thierseele sich entwickelt, nicht allein zusammenfällt mit derjenigen bis zu welcher die rückständigsten Stufen der menschlichen Entwickelung hinabreichen, sondern in mancher Beziehung höher stehen, dass z. B. ganze Völkerschaften nur bis 5 zälen können, wärend Thiere in unserer Mitte bis 9 zälen; dass andere Thiere grössere Überlegung in ihren selbstständigen Arbeiten erweisen als millionen Menschen und dass viele Menschen in ihrem lasterhaften Leben weit unter das Thier hinabsinken, in ihrem denken und handeln, also ihrem unsterblichen Theile, so dass, wenn man ihnen zur Abhülfe die Fähigkeit beimessen wollte, nach Abstreifung des Leibes sich wiederum zu erheben, kein Grund vorläge, um der ebenfalls bildsamen Thierseele dieselbe Fähigkeit abzusprechen, man also annehmen müsste, dass auch diese im Stande sein werde, nach Abstreifung des hemmenden Leibes in der Unsterblichkeit sich fortzubilden. Die Schwierigkeit, eine Grenze zu finden wo das Recht auf Unsterblichkeit anfauge, ist um so grösser, als wir nicht umhin können, der Rücksicht auf die erreichte Bildungsstufe der Seele ein grösseres Gewicht beizumessen als dem Vorzuge des Menschen als Zweihänder oder aufrechtgehendem, und in jenem Falle nicht umhin könnten, einige höhere Thierarten einzuschliessen, um nicht genötigt zu sein, die auf tiefster Stufe stehenden Menschen auszuschliessen.

Die vorstehenden Fragen sind jedoch noch keineswegs abgeschlossen; man hat vielmehr den Menschen, in Bezug auf Sterblichkeit zu betrachten als:

Leib, den Inbegriff des stofflichen, dessen Sterblichkeit und Auflösung ausser Zweifel steht in den Vorstellungen aller;

Thierseele, den Inbegriff desjenigen Theiles seines unsichtbaren Wesens, welchen er mit den Thieren gemeinschaftlich besitzt, und dessen Fortleben als zweifelhaft gilt;

Geist, den Inbegriff des überragenden, welches im unsichtbaren Wesen des Menschen im Vergleiche zur Thierseele liegt und dessen Fortleben als ausser Zweifel stehend betrachtet wird.

Hieran knüpft sich die weitere Frage, ob es zulässig sei, aus der Menschenseele einen Theil als untergeordnet auszusondern, da die unterschiedenen Fähigkeiten, die besondern Seelenkräfte, nichts weiter sind als Formen des menschlichen Gedankens und ebenso in dem Menschen wie im Thiere, die Fähigkeiten nicht abtheilungsweise neben einander liegen, sondern lediglich die verschiedenartigen Bethätigungen eines ganzen und untrennbaren sind, welches wir als Menschenseele uns denken und benennen. Die Unterschiede der einzelnen Eindrücke, welche die Thätigkeiten der Seelen anderer Menschen auf uns machen, benennen wir mit verschiedenen Namen und denken uns demgemäss verschiedene Fähigkeiten als Ursache derselben, wiewol wir weder in den Anlass gebenden Thätigkeiten noch in dem übrigen Verhalten der Seele eine Scheidung entdecken können. Was wir in dieser Beziehung erkennen und unterscheiden sind nur die empfangenen Eindrücke; in den Gedanken des Empfängers liegt die Eintheilung, nicht im Wesen des Gebers.

§. 95.

Die Erläuterungen durften genügen, um in der Entstehung und Entwicklung der Vorstellungen über die Menschenseele zu erweisen, wie die Fortbildung des Menschenwesens, auch in dieser Richtung auf den einfachsten, gemeinschaftlichen Grundlagen beruhe, ungeachtet der unerschöpflichen Mannigfaltigkeit, in welcher jene Vorstellungen aus den kleinsten Anfängen bei den zahlreichen Völkern des Alterthumes wie der Gegenwart sich entwickelt haben. Die gleichgestalteten Sinne und Nerven der Menschen fürten allenthalben zur gleichen Beobachtung der gleichen Vorgänge im absterben des Menschen; die entstehenden Vorstellungen mussten nahezu gleichgestaltig ausfallen und da zudem die Fortbildung der Menschen in gleichartiger Weise fortschreitet: so konnten auch, zu den verschiedensten Zeiten und unabhängig von einander, höhere Stufen derselben Vorstellung entwickelt werden, sobald das bezügliche Volk oder der einzelne Mensch die demgemässe Stufe der Fortbildung erreicht hatte. Die Völker haben aber nur auf den rückständigsten Stufen unabhängig von einander sich entwickelt: sobald sie an Zal und Gesittung zunahmen, traten die gegenseitigen Einwirkungen ein und von den vorgeschrittenen Völkern wanderten die höheren Vorstellungen zu den rückständigen. Aber auch in diesem Falle verblieb der Grundzug, den die Gleichartigkeit der menschlichen Fähigkeiten erzeugt und erhalten hatte und daraus erklärt sich, wie so lange und allgemein die Vorstellung gehegt werden konnte, der Mensch werde belebt von einem flüchtigen, aus feinem Stoffe bestehenden Wesen, welches im leben seinen Leib erfülle, lenke und thätig erhalte, bis es im absterben entfliege und den Leib als unbrauchbare, vergängliche Hülle zurücklasse. Diese Vorstellung, aus sichtbaren, allenthalben gleichen Vorgängen erwachsen, pflanzte sich fort durch alle Zeiten bis in die Gegenwart und liegt auch jetzt noch dem herrschenden Glauben der Christen, Juden und Muhammadaner, also sämmtlicher Europäer zum Grunde. Bei höherer Fortbildung fürte diese Vorstellung in das Gebiet der aussersinnlichen Welt, wo die Schlüsse auf Grund muthmaslicher Ursachverhältnisse gezogen werden mussten, denen wiederum die Gleichartigkeit des Menschenwesens enge Grenzen zog. Das begraben der Leiche fürte dazu, dem entflohenen Lebenswesen, der Seele den ferneren Aufenthalt unter der Erde anzuweisen, im Grabe oder in der Grabhöle; auf höherer Stufe dehnte man diesen Aufenthaltsort weiter hinab in die Tiefe und während man im Grabe ein ruhendes Schlummerleben in der Dunkelheit des engen Raumes sich gedacht hatte, gab man ihnen in der weiteren Unterwelt Raum zur Bewegung und durch Traumerscheinungen geleitet, denen der rückständige Mensch überhaupt gleiche Geltung mit den Erscheinungen des wachenden Lebens einräumt, gab man der entflohenen Menschenseele ein schatten- oder nebelartiges Wesen in derjenigen Bekleidung des ehemaligen Leibes, in welcher dieselbe am stärksten dem Gedächtnisse des Menschen sich eingeprägt hatte. Die Flüchtigkeit des im Tode entweichenden, vermeintlichen Lebenswesens, führte zu der höheren Vorstellung, aus dem emporfliegen des warmen Blutdunstes den Schluss zu ziehen, dass die Seele in den Luftraum sich erhebe, dort aber, wie die Verflüchtigung des zuerst sichtbaren Dunstes schliessen liess, ein unsichtbares Leben führe oder mindestens nur wenigen höherbegabten sichtbar werden könne im wachen, anderen dagegen nur im Traume oder in den Handlungen, welche man ihrer Bosheit oder Rachsucht zuschrieb. So lange der Mensch vorwaltend die ihm schädlichen oder bedrohlichen Weltvorgänge auffasste, mass er den Seelen nur schädliche Vorgänge zu und zwar solche, in denen er das besondere wirken eines Willens erkannte, wie er dem verstorbenen eigenthümlich gewesen war. Die Verschiedenheiten zeigen sich nur in den Örtlichkeiten, die man den Seelen zum Aufenthalte anwies, wie Wüsten, öde Schlachten, rauhe Felskuppen u. s. w., je nachdem bei den verschiedenen Völkern die schädlichen Vorgänge als Dürre, verheerende Gewässer, kalte Winde, Hagel- oder Schneestürme u. s. w. aus solchen Geisterorten herankamen. Bei anderen Völkern dachte man sie in Tigern oder Wölfen wohnend; am Meere oder Flusse versetzte man sie in raubende Wasserthiere, in allen Fällen nur schädliches von ihnen gewärtig. Weiter entwickelt versetzte man sie in die klugen, aber lauschenden und verrätherischen Vögel und entkleidete sie zuletzt jeder Form, um sie mit den Sternen in Verbindung zu setzen, deren blinkendes Gewölbe man als Grenze des Luftraumes sich dachte. Als der Mensch, auf höherer Stufe der Fortbildung angelangt, auch die freundlichen Weltvorgänge erkannte und in sein bewusstsein aufnahm, verpflanzte er beide Seiten der Welt in das nachleben der Seele, in das künftige leben und erhob sich zur Vorstellung der Vergeltung, indem er beiden Seiten die Seelen der verstorbenen zutheilte, je nachdem ihr Erdenleben, nach seiner Ansicht es verdient habe. Nach den örtlichen Auffassungen der höchsten Freuden und Qualen, ward die freudige wie die traurige Seite des Fortlebens durch die Einbildung der Menschen gestaltet: erstere als ein Leben im Paradiese oder Himmel mit allen Freuden der Erde, ohne die damit verbundenen Unannehmlichkeiten; letztere als ein Leben in der Unterwelt, der Hölle, mit Feuerqualen oder vergeblichen Anstrengungen oder anstatt des Lebens in der Unterwelt, des wanderns in der Oberwelt, Thiergestalten beseelend. Als die Fortbildung zu höheren Stufen gelangte, streiften die Vorstellungen allmälich das stoffliche ab, man nahm der fortlebenden Seele jede Form und Sichtbarkeit, liess auch alle sinnlich wirksamen Freuden und Qualen schwinden; einerseits dachte man sich das Fortleben der Seele als ein wonnevolles, in Folge der zunehmenden Erkenntniss, der unbehinderten Bewegung nach Befreiung von der Leibeslast und des eindringens in die Geheimnisse, welche dem irdischen Leben verhüllt blieben; andererseits als ein qualvolles durch das entbehren der höheren Erkenntniss und die quälende Rückerinnerung an das verfehlte Erdenleben. Auf höherer Stufe entstand die Frage, was die Seele des Menschen sei, ob sie als ein abgeschlossenes Wesen anzusehen oder als eine Anzal von Fähigkeiten, die dem Menschen im lebenden Zustande innewohnen. Je mehr man aber sich bemühete, in das Wesen des Menschen einzudringen, sein Seelenleben in allen Bezügen zu erkennen, das bewusste auszuscheiden vom unbewussten, desto schwieriger ward es die Grenze zu finden, welche den unsterblichen Theil des Menschen, die Seele, scheiden solle von dem sterblichen Leibe. Erschwert ward die Lösung dieser Frage noch dadurch, dass man sich genöthigt fand, auch den Thieren eine Seele beizumessen, da sich erwies, dass die frühere Annahme unrichtig sei, nach welcher sie von einem innewohnenden, unveränderlichen Triebe (Instinkte) geleitet würden, dass man ihnen vielmehr ähnliche Kräfte und Fortbildungsfähigkeit beilegen müsse, wie sie dem Menschen innewohneten. Es entstand daraus auf höherer Stufe die Vorstellung, dass der unsterbliche Theil des Menschen nicht in der ganzen Menschenseele liege, sondern auf das höhere der Menschenseele beschränkt sei, auf dasjenige, worin die Menschenseele die Thierseele überrage, auf den Geist, dessen Wesen man erkenne, sobald man von den Fähigkeiten des Menschen alle diejenigen ausscheide, welche er gemein habe mit dem höchstentwickelten der Thiere.

Bei aller Mannigfaltigkeit der Gebilde, vom Traumleben im Grabe bis zur Vorstellung von einem Kerne der Menschenseele, einem nur dem Menschen eigenthümlichen Geiste, verlassen aber die Vorstellungen nicht den engen Bereich der Menschenähnlichkeit: die Seele ist ihnen allen der flüchtig gewordene Mensch, welcher, aus seiner rohen Hülle befreiet, als freies, leichtes und bewegliches Wesen unabhängig fortlebt, immer noch denselben Lebensbedingungen unterworfen wie zuvor, abzüglich derer, welche dem zurückgelassenen Leibe anhafteten. Ausgehend von der anfänglichen Schlussfolgerung, dass der Mensch, abzüglich der Leiche, die Seele sei, musste er der fortlebenden Seele alles beimessen, was der Mensch als Leben äusserte, wie Bewegung, Sprache, bewusstsein, Gefül, Willen, Wonne und Pein, denn der Mensch hatte sie besessen, aber die Leiche keine davon behalten, folglich mussten sie mit der Seele entflohen sein, in derselben fortleben. Daraufhin konnte er auch das fortleben ähnlich dem Erdenleben gestalten, denn was hier Freude oder Schmerz bereitet hatte, vermogte auch dort auf dieselben Fähigkeiten die gleichen Wirkungen zu äussern. So grob sinnlich uns auch die Ausschmückungen des Paradieses mit reizenden Genüssen oder der Hölle mit Feuerqualen erscheinen, so ruhen sie doch auf derselben Grundlage mit den vorgeschrittensten Vorstellungen von den Freuden der höheren Erkenntniss und den Qualen des entbehrens derselben: es ist die gleiche Verpflanzung des im Erdenleben wirksamen in das nachirdische leben und die Möglichkeit der Einwirkung desselben gefolgert aus dem hinübernehmen der Fähigkeiten dieses lebens in das jenseitige.

Der Gleichartigkeit der Entstehung menschlicher Beobachtungen und Schlüsse muss es auch zugeschrieben werden, dass der Mensch auffälliger Weise so wenig Veranlassung nahm, Vorstellungen zu bilden über ein etwaiges früheres leben der Seele, vor dem bewohnen des Leibes: es fehlte ihm nämlich an sinnlichen Wahrnehmungen aus denen er hätte Vorstellungen schaffen können. Beim scheiden aus dem Erdenleben waren es zwei sichtbare Wesen, Mensch und Leiche, welche gegen einander abgewogen werden konnten, aus deren Vergleichung ein begrenzter Unterschied, die Vorstellung der Seele, zu ziehen war. Dagegen fehlte im entstehen des Menschen der sichtbare Übergang aus einem Zustande in den anderen: es war nur ein Wesen vorhanden, es gab keine zweite vorhergegangene Daseinsform, so dass kein Unterschied als dritte Grösse ausgezogen und hingestellt werden konnte. Man sah nicht vor der Geburt einen Leib ohne

Seele wie nach dem Absterben und deshalb ist auch die Vorstellung so allgemein geworden, dass die Seele mit dem Leibe entstehe, also nicht ewig sei, sondern unsterblich, dass ihr Leben nur einseitig in die Zukunft hinaus sich verlängere. Der Glaube der Inder u. a. erhob sich zu einer höheren, nach beiden Enden abgeschlossenen Vorstellung, indem er annahm, die Menschenseelen erflössen aus der Weltseele und kehrten, nach vollbrachtem Einzelleben in dieselbe zurück, vollzögen also einen Kreislauf, der zum Ausgangspunkte zurückführte.

§. 96.

Bei den europäischen Völkern ist der Glaube herrschend geworden, dass die Seele mit dem Leibe erstehe, aber im Tode sich trenne, um ein unabhängiges Leben zu führen. Es würde jedoch ein Irrthum sein, sie als alleinherrschend anzusehen, vielmehr ist eine Schichtenfolge der Vorstellungen über das Leben der Seele in den gleichzeitig lebenden zu erkennen, welche je nach der Verschiedenheit der Bildungsstufen der einzelnen Völker wie der einzelnen Mitglieder derselben, von den rückständigsten Vorstellungen bis zu den vorgeschrittensten hinauf reicht. Es lassen sich zwei Hauptschichten erkennen:

die untere, breiteste und mächtigste Schicht der Vorstellungen, nach denen die Seelen fortleben in Verbindung mit der Erde, als Gespenster umherirrend, in das menschliche Treiben sich mischend; sie zeigt sich in dem allenthalben herrschenden Gespensterglauben, nach welchem die Seelen entweder als flüchtige Gestalten sichtbar erscheinen und durch Sprache oder Geberden sich verständlich machen oder gestaltlos durch stampfende Tischbeine und unsichtbar geschriebenes ihren Willen verkündend; sie steigert sich zum glauben an das unsichtbare walten der Seelen, sei es als Rächer an ganzen Geschlechtern oder in liebender Fürsorge die hinterlassenen umschwebend;

die obere Schicht im Glauben an das Seelenfortleben, ausser Verbindung mit der Erde, an fernen Orten über oder unter der Erdoberfläche (Himmel oder Hölle) unter wonnigen oder qualvollen Lebenszuständen, die nach der Art des ehemaligen Erdenlebens abgemessen werden; sie steigert sich im Glauben an ein fortleben in höheren Welten, auf Sternen oder im ganzen Weltall, wo die Seelen frei von Erdenlast und jeder Körperlichkeit wie jedem irdischen Sinnengenusse, ihren Lohn empfängt im tieferen Verständnisse der Weltordnung, wie ihre Strafe in der Entbehrung dieses Genusses höchster Art.

In jeder dieser beiden Schichten findet sich bei den jetzigen Europäern die bunteste Mannigfaltigkeit der Gestaltungen, von den rückständigsten Vorstellungen, die wir gewohnt sind, als rohen Aberglauben zu bezeichnen, bis zu den höchsten dichterischen Schöpfungen, die aller Schranken des Raumes und der Zeit sich entziehen; das von den Völkern des Alterthumes herstammende, von den verschiedensten Seiten zugebrachte, lebt und wirkt neben dem hiergeschaffenen; die Vorstellungen der früheren Jahrtausende neben den Erzeugnissen und Ergebnissen der Wissenschaft unserer Zeit. Die Sagen und Märchen der Vorzeit, welche in den Sitten und Gebräuchen der Gegenwart ihre Anerkennung finden, erweisen das Fortleben der ältesten Gestaltungen, ebenso wie die klar ausgesprochenen Überzeugungen der mitlebenden, in der Fülle ihrer Verschiedenheiten, alle Zwischenstufen offenbaren, die von den ältesten Vorstellungen zu den neuesten leiten. Die Menge ähnelt einer Geröllbank, welche die Meereswellen aus den Trümmern aller Gesteinarten am Strande aufhäufen, in denen der Forscher fast alle Schichtungen der Erdrinde, alle Alter der Erdbildung vertreten findet, deren buntes Gemenge allerdings in Hauptgruppen geschieden werden kann, jedoch ohne dass es möglich wäre, für jeden einzelnen Stein anzugeben den Ursprungsort und den Weg am Meeresboden, den die Strömungen und Wellen ihn geführt haben. Ebenso sind die Seelenvorstellungen in Europa zusammengeschwemmt, in bunter Regellosigkeit durch einander: es findet sich der Wehrwolfglauben und Vampyrglauben, ersterer der Vorstellung angehörig, dass die Seelen in Thiere faren, letzterer dem, dass sie in oder bei dem Grabe schlummern und nur schädlich wirken. Beide gehören den rückständigsten Formen an, mit den Geisterbeschwörungen, die noch in der Gegenwart auftauchen. Die alte Vorstellung vom ausströmen und rückkehren der Seele zur Urquelle, lebt noch in der herrschenden Redensart, die verstorbenen seien zu Gott zurückgekert oder Gott habe sie zu sich genommen u. s. w. Die frühere Vorstellung vom leben der seligen über den Wolken und der verdammten in der Unterwelt, prägt sich noch immer in den Handbewegungen und Blicken aus, welche darauf bezugnehmende Reden begleiten und wie der betende Christ noch immer den Blick zum arischen Himmelsherrn empor richtet, so denkt er sich auch die

Seelen seiner lieben dort oben bei dem Himmelsherrn. Die Beschreibung der Feuerqualen in der Hölle, des lechzens der in Pech und Schwefel gesengten Seelen, ist noch jetzt eine beliebte Ausschmückung der Busspredigten; aus der alten Sterndeuterei hat die schöne Vorstellung sich erhalten, welche den Seelen die Sterne zum Aufenthalte anweist, dort die Stufen der weiteren Vervollkommnung sie vollbringen lässt; selbst ferner stehende Lehren, wie von der Auferstehung Jesu, dem Fegefeuer u. a. weisen viel weiter als Jesu Zeit auf die Vorstellungen der alten Perser zurück. Unser europäisches Leben erweist sich in dieser Beziehung, wie beim Gottesglauben, als eine Ansammlung der verschiedenartigsten Erbschaften aus allen Zeiten und Völkern, herangetragen aus der Heimat, vermehrt durch Zufuren von fremden Völkern, geläutert und vereinfacht, wie bereichert und vielgestaltiger umgeformt, je nachdem die Verhältnisse es bedingten oder die Bildungsstufen der Völker oder einzelnen geeignet dazu waren. Die allgemein menschliche Grundlage, die Grenzen der menschlichen Fähigkeiten, konnten aber nicht überschritten werden, ebenso wenig wie der Einfluss der Mängel des Menschenwesens vermieden werden konnte; in jeder Gestaltung der Vorstellungen von Geist und Unsterblichkeit zeigt sich beim zurückgehen auf ihre Urformen, dass sie auf allgemein menschlicher Grundlage beruhe und dass ihre Entwicklung bedingt ward vom Menschenwesen, dessen Fähigkeiten und Mängeln.

§. 97.

Auch auf diesem Gebiete zeigt sich, ähnlich wie im Gottesglauben, der Unterschied zwischen **Seelenvorstellungen** und **Seelenbegriffen**; am deutlichsten hervortretend in den Bekenntnissen der vorgeschrittenen älterer und neuerer Zeit.

In den bisherigen Erläuterungen waren die verschiedenartigen Vorstellungen der vorwaltende Gegenstand, weil zu deren Bekennern die Europäer in weitaus überwiegender Zal gehören, und wenn auch in mannigfaltigster Abstufung, in derselben Bildungsreihe sich befinden. Unter diesen Bekennern giebt es eine Minderzal, welche der Seele alles stoffliche, auch der feinsten Art absprechen und damit alle Vorstellungen abstreifen, welche im fortleben der Seele stoffliches voraussetzen, wie namentlich die Feuerqualen des Fegefeuers und der Hölle. Sie füren damit das Wesen der Seele innerhalb der Grenzen menschlicher Fassungsgabe, stellen aber nicht die Wesenheit der Seele in Frage, sondern die Seele oder der Geist ist ihnen, wie den übrigen Anhängern der Vorstellungen, ein begrenztes Eigenwesen, trennbar vom Leibe und fähig, im Tode den Leib verlassend, selbstständig sich fortzuentwickeln in alle Ewigkeit.

Ausserhalb dieses Reiches der Vorstellungen liegen die Geistes- oder Seelenbegriffe, wie sie zu verschiedenen Zeiten gehegt und gelehrt worden sind (§. 93). Was sie gemeinschaftlich von den Vorstellungen unterscheidet, besteht darin, dass sie die vom Leben der Menschen empfangenen Eindrücke nicht in das Bild eines für jeden Menschen besonderen Wesens fassen, sondern das gemeinsame derselben in einen Begriff vereinen, den sie aber mit demselben Namen belegen, wie jene. Die Anhänger des Seelenbegriffes nehmen ebensowohl das Vorhandensein derselben Fähigkeiten im Menschen an d. h. sie unterscheiden in derselben Weise durch Bezeichnungen die verschiedenartigen Eindrücke, welche das Menschenleben auf sie macht. Sie denken aber solche nicht als trennbar vom Menschenwesen, sondern scheiden sie lediglich in ihren eigenen Gedanken, um den Begriff bilden zu können; bei ihnen ist Menschenseele oder menschlicher Geist kein Wesen, sondern ein Begriff, der das gemeinsame der Lebensäusserungen des Menschen umfasst. In der sachlichen Erörterung des Menschenwesens vermögen beiderlei Anhänger zusammen zu gehen, sie können die Fähigkeiten, Kräfte oder Vermögen des Menschen gleichmässig eintheilen, auch in gleicher Weise auf sich wirken lassen, um das ähnliche oder zusammengehörige übereinstimmend zusammen zu fassen. Sobald sie aber das zusammengefasste hinstellen wollen, tritt eine tiefgehende Spaltung ein: der Anhänger

> des Begriffes behält das vereinte in sich als ein, in Gedanken vom Leibe geschiedenes und legt demselben, lediglich zur Unterscheidung von anderen Begriffen, den Namen Seele oder Geist bei;

> der Vorstellung dagegen, setzt das in Gedanken vereinte ausser sich zu einem besonderen Wesen und nennt dieses Seele oder Geist.

In der Vorstellung liegt die Annahme, dass der Mensch aus zweien Wesen, Leib und Seele, bestehe, wogegen zum Begriffe die Annahme gehört, dass der Mensch nur ein Wesen sei, wenngleich zweierlei Arten von Eindrücken in anderen erzeugend, die wir gewohnt sind Leib und Seele zu nennen. Diese Spaltung tritt am schärfsten hervor bei Erörterung des Fortlebens der Seele: in der Vorstellung, als getrenntes Wesen aufgefasst, wird ihr das unabhängige Fortleben beigelegt; im Begriffe dagegen ist sie als besonderes nur in den Gedanken der Menschen vorhanden, lediglich ein Denkvorgang, ein im Gehirne vorhandener Begriff, der ausserhalb des Menschen kein unabhängiges Dasein führen kann. Freilich grenzen beide in sofern wieder aneinander, als die Vorstellung einer stofflosen Seele (sofern man nicht gespensterglāubig ist) auch nur im Gehirne der Menschen erkannt und gehegt werden kann, indem ein stoffloses Wesen, in geschlossener Form mit hohen Fähigkeiten ausgerüstet, als solches niemals zur sinnlichen Erscheinung kommen kann, also ein Gedankenbild bleiben muss. Der gläubige Bekenner des Seelenwesens muss einräumen, dass er niemals die Seele als getrenntes Wesen wahrnehmen könne, dass überhaupt seine Vorstellung nur das Ergebniss seiner Denkthätigkeit sei und dass er auch in seine Vorstellung eines Seelenwesens dieselben Eigenschaften oder Lebensäusserungen einschliesse, welche der andere in den Begriff zusammenfasst. Sie trennen sich also nur dort, wo der Anhänger der Vorstellung sich veranlasst findet, das gemeinschaftlich erworbene Denkerzeugniss ausser sich zu setzen, um ein unabhängiges, wenngleich nicht sinnlich erkennbares Wesen daraus zu gestalten, dem er ein unsterbliches Dasein verleiht.

Diese beiderseitigen Gedankenvorgänge lassen augenscheinlich den Gegenstand ihrer Betrachtungen unverändert: die Fähigkeiten des Menschen bleiben dieselben, ob sie von anderen als ein Wesen oder ein Begriff aufgefasst werden. Nur für denjenigen, der die Betrachtungen anstellt, ergiebt sich ein merklicher Unterschied in den Rückwirkungen der Gedanken auf seine übrigen Vorstellungen, sein Fühlen und Handeln, denn mit der Vorstellung vom Seelenwesen kann er diejenigen der Unsterblichkeit und der Vergeltung für das Erdenleben verbinden, wogegen sie mit dem Seelen-Begriffe unvereinbar sind, welcher wol als Gedanke im Gedächtnisse der Menschen fortleben kann, aber nicht als selbstbewusstes, unabhängiges Einzelleben eine Vergeltung zu empfinden vermag. Die Vorstellung erfreut oder schreckt, tröstet oder ängstigt den davon erfüllten Menschen mit Bildern einer unbekannten, jenseitigen Welt; der Begriff dagegen bleibt in der Erdenwelt, verlässt nicht ihr Gebiet und entbehrt deshalb die Freuden und Qualen jener aussersinnlichen Welt.

Die Vorstellungen haben in ihrer Fortbildung um so mehr dem Begriffe sich genähert, jemehr das Wesen der vorgestellten Seele des stofflichen entkleidet ward; mit der sinnlichen Erscheinung verlor die Einbildung den Stoff, mit welchem verbunden, sie die erkannten Fähigkeiten des Menschen in einer begrenzten Gestalt ausser sich versetzen konnte und seitdem ist es dem gläubigen Menschen unmöglich geworden, ein Wesen als Vorstellung zu fassen, welches in keiner Weise als solches auf seine Sinne wirkt, welches also kein Bild in seinem Gehirne zu erzeugen vermag. Kann aber der Mensch seinen Denkvorgang nicht ausser sich setzen, ihm eine Gestalt verleihen, dann fühlt er sich gezwungen, den Gedanken in sich zu bewaren und wird dadurch ein Anhänger des Seelenbegriffes, fasst die Seele als die Gesammtheit der Eindrücke den das Leben des Menschen auf ihn macht. Seitdem und soweit aus den Seelenvorstellungen die stoffliche Art der Seelen geschwunden ist, nähern sie sich immer mehr dem Seelenbegriffe zum ineinander fliessen.

§. 98.

In der ganzen Folgenreihe der Entwicklung zeigen sich dieselben Gesetze wirksam, denen gemäs auch in anderen Richtungen die Fortbildung der Menschheit fortschreitet; es ergiebt sich, dass der Mensch

a) seine Vorstellungen und Begriffe aus den Eindrücken bildete, die er von Vorgängen der Aussenwelt empfing und daraus sein Glaube an ein hauchartiges Lebenswesen entstand;

b) seine Vorstellungen als Wesen ausser sich setzte, um den wirkenden Vorgang zu begreifen und so, das Lebenswesen mit der Gestalt des belebten Leibes ausrüstend, den Gespensterglauben schuf;

c) diesen Bildern und Vorstellungen nicht allein die allgemeinen Mängel des Menschenwesens einprägte, sondern auch die Wirkungen der stufenweisen Fortbildung der Menschheit, so dass der Aufenthalt der Seelen, für den anfänglich Thierkörper würdig genug erschienen, allmälich durch Grab, Unterwelt, Hölle und Wolkenhimmel zur Sternenwelt erhoben ward;

d) die Vorstellungen, von den rückständigsten zu den umfassendsten entwickelnd, niemals dauernd feststellen konnte und z. B. die ursprüngliche Vorstellung von der Bösartigkeit der Seelen, in das Gegentheil umwandeln musste;

e) seine Vorstellungen nur auf allgemein menschlichen Grundlagen fortbilden konnte, die auch bei jeder höheren Gestaltung dieselben blieben, so dass er den Seelen niemals Gestalten oder Fähigkeiten verleihen konnte, die nicht im Erdenleben vorhanden sind;

f) die Bilder anfänglich nach den örtlichen Verhältnissen verschieden gestaltete, späterhin aber bei fortgehender Völkermischung zu allgemeinen Formen vereinte, so dass die ehemals sinnlich wirkenden und sinnlich wahrnehmbaren Gestalten der Seelen allmälich zusammenflossen zur Vorstellung eines unsichtbaren stofflosen und doch begrenzten Seelenwesens;

g) diese Einzelvorstellung mit anderen in Verbindung setzte, ihnen anbequemte und zu Theilen eines Systemes machte, mit dem sie stehen oder fallen, wie z. B. die zusammengetragene, christliche Seelenvorstellung verbunden ist mit dem altegyptischen Systeme der Vergeltung im künftigen Leben;

h) selbst in der höchsten Entwicklung einer Zeit oder eines Volkes jederzeit den Einflüssen seiner Fähigkeiten und Mängel unterstand, so dass die Schaffung und Fortbildung seiner Vorstellungen und Begriffe, bei aller Verschiedenheit der Form, gleichartig verblieb und er das künftige Leben seiner Seelen, von der einfachsten bis zur höchsten Ausschmückung nur als ein gesteigertes Erdenleben auffassen konnte;

i) das ungleiche fortschreiten der menschlichen Bildung bethätigen musste in den sichtbaren Abstufungen der Vorstellungen, welche gleichzeitig neben einander fortbestehen, je nachdem die Bildungsstufen ihrer Träger sie bedingen, so dass in der Gegenwart die ganze Folgenreihe lebt, von dem rückständigsten Wehrwolf- und Vampyrglauben, durch den Gespenster- und Seelenstoffglauben, bis zu den vorgeschrittenen Geistesvorstellungen und Seelenbegriffen;

k) seine Vorstellungen, bei fortschreitender Bildung immer deutlicher als reine Gedankenvorgänge erkannte und indem er sie jeder Gestaltung entäusserte, ihren Inhalt den Begriffen näherte und die Gebilde seiner aussersinnlichen Welt, welche er vordem als Wesen ausser sich setzte, nunmehr in verschiedener Weise auf sich wirken lässt, indem er seine Seelenvorstellungen höchster Art mit dem nahestehenden Seelenbegriffe vereint.

Böse und gut.

§. 99.

Zu den ursprünglichsten Vorstellungen, die der Mensch gewann, als er in Beziehung zur übrigen Welt seine Bildung so weit entwickelt hatte, dass er Vorstellungen bilden konnte, gehörten diejenigen vom angenehmen und unangenehmen. Die Empfindungen waren ihm wie anderen organischen Wesen eingepflanzt, allein es bedurfte der Entwicklung seines Gedächtnisses, um stattgehabter Regungen unangenehmer oder angenehmer Art sich zu erinnern und des Verstandes, um durch Vergleichung der Vorstellungen und Verbindung der zusammen gehörigen, jene Unterscheidung durchgehends zu begründen. Die Fähigkeiten der Thiere haben sich auch in dieser Richtung entwickelt, sie geben dem Schmerze wie dem Behagen Ausdruck; empfundene Eindrücke haften stark genug in ihrem Gedächtnisse, um ihre kommende Wiederholung im voraus als unangenehm oder angenehm unterscheiden zu können. Wie der Hund oder Affe beim Anblicke der Narung sein Behagen zeigt, sich freut auf den Genuss des Zuckers, bevor er beginnt, weil er früherer Zuckergenüsse sich erinnert, ebenso verhält sich auch der Mensch in seiner Vorfreude. Gleich dem Thiere empfand der Mensch drückende Hitze wie schaudernde Kälte, auch machten Gewitter, Stürme und Regengüsse ihn ebenso erbeben; wie Pferd und Hund weiss auch der Mensch beim Anblicke der drohend geschwungenen Peitsche des Eindruckes sich zu erinnern, den sie früher auf ihn gemacht hat. Sein Vorzug besteht darin, dass er, im Streben nach Steigerung seiner Genüsse, einen ungleich grösseren Bereich durchforschte und in Folge dessen eine grössere Mannigfaltigkeit von angenehmen und unangenehmen Eindrücken empfing, also sein Gedächtniss mit umfassenderen Vorstellungen bereichern konnte.

Nachdem lernte er unterscheiden, was ihm schädlich oder nützlich sei. Die Hülflosigkeit seiner Kinder zwang ihn, alles geniessbar scheinende zu durchkosten; er hat die Wesen des Thierreiches wie des Pflanzenreiches, selbst Erdarten mit Zähnen und Magen versucht, hat aus der Erde, dem Wasser und der Luft seine Beute geholt und daran gelernt, die ihm nützlichen Narungsmittel von den angenehmen zu unterscheiden. Er fand nämlich angenehm schmeckende, welche hinterher unangenehme Empfindungen erregten, Übelkeiten zur Folge hatten, wie andererseits nicht angenehm schmeckende, die ihm im Notfalle das Leben fristeten und gelangte dadurch zu höheren Vorstellungen des nützlichen und schädlichen, lernte die Neigung für das angenehme oder die Abneigung wider das unangenehme überwinden, um seines Nutzens willen. Auch das Thier kennt seinen Nutzen und äussert Selbstüberwindung, bildet sich also auf demselben Gebiete fort, auf dem aber der alles erforschende Mensch weitaus voran schreitet.

Bei genannten Scheidungen und Gegenüberstellungen bewegte sich der Mensch anfänglich mit dem Thiere auf dem gemeinschaftlichen Gebiete der Unabhängigkeit von seinesgleichen; auch späterhin, als der Mensch sich veranlasst fand mit seinesgleichen Schutz- und Trutz-Bündnisse zu schliessen, hörte jene Gemeinsamkeit nicht auf, denn auch die Thiere bilden solche Vereine. Bis dahin hatte jeder sich damit begnügt, alles auf sich allein zu beziehen, als den einzigen Maasstab für seine Unterscheidungen die Einwirkungen zu betrachten, welche die Vorgänge unmittelbar auf ihn selbst machten; er hatte an sich gerafft, was ihm angenehm oder nützlich erschien, zerstört was ihm unangenehm oder schädlich war, ohne Rücksicht darauf, wie sein verhalten zum Nutzen oder Schaden anderer Menschen sich äussere; hatte aber auch als selbstverständlich gelten lassen, dass andere Menschen keine Rücksicht auf ihn nähmen. Als er dagegen mit seines gleichen sich vereinte, erkannte er bald, dass es ihm nicht länger zustehe, alleinig darüber zu entscheiden, wie er seine Handlungen gestalte, dass er nicht ohne weiteres thun dürfe, was seiner Annehmlichkeit oder seinem Nutzen entspreche, sondern sein verhalten einrichten solle nach dessen einwirken auf den Verein und dass hierüber die Entscheidung aller maasgebend sei: er musste lernen, die Annehmlichkeit und den Nutzen seines Eigenwesens der Gesammtheit, dem Verbande unter zu ordnen. Auch von diesem Gebiete ist das Thier nicht ausgeschlossen, denn die im Verbande, rudelweise lebenden Thiere ordnen gleichfalls das Einzelwesen der Gesammtheit unter: sie stellen auch die Rücksichten auf den Gemeinnutzen voran, ordnen die gemeinschaftlichen Arbeiten, wie es allen dient (Bienen, Ameisen u. a.), vertheidigen sich in geregelten Schlachtordnungen (Pferde, Rinder u. a.), bestrafen Vergehungen (Störche u. a.), halten gemeinschaftliche und geordnete Wanderzüge (Ameisen, Raupen, Zugvögel, Zugfische u. a.), geordnete Raubzüge (Wölfe, Hunde u. a.) und zeigen sich vielfach ganz befähigt, den Nutzen ihres Verbandes zu erkennen und diesem jedes Einzelwesen unter zu ordnen. Der Mensch erlangte auch auf diesem Gebiete einen grossen Vorsprung, indem er sein Leben reicher gestaltete als irgend eines der weitest vorgeschrittenen Thiere und damit auch seinem Leben im Verbande eine grössere Geltung erwirkte. Als er bei weiterer Fortbildung dahin gelangte, aus der Fülle der Vorstellungen durch zusammenfassen der vorwaltenden Ähnlichkeiten Begriffe zu bilden, vereinte er das dem Verbande, dem Gemeinwohle schädliche unter den Begriff „böse" und das förderliche in den Begriff „gut". Wie der einzelne Mensch vordem als Sonderwesen von den Vorstellungen des angenehmen und unangenehmen sich erhob zu denen des nützlichen und schädlichen, so lernte er nachher im Verbande mit seinesgleichen gut und böse unterscheiden, gelangte zu höheren Vorstellungen und Begriffen. Er drang damit auf ein sehr schwieriges Gebiet vor, wo nicht die eigenen, unmittelbar empfangenen Eindrücke den Maasstab der Beurtheilungen bildeten, sondern die Eindrücke und Vorstellungen anderer, das Wesen einer Gesammtheit, deren Willen häufig im geraden Widerspruche zu den Vorstellungen stand, die er aus den Eindrücken seines Eigenwesens gebildet hatte. Der Mensch hat von jeher viel zutreffender beurtheilen können, was ihm selbst angenehm oder nützlich sei, als was auf die Gesammtheit, den Verband, förderlich oder hemmend wirke, gut oder böse sei.

§. 100.

Indem der Mensch unterschied, was böse und gut sei, war er den Mängeln der Sinne, des Gedächtnisses und des Verstandes unterworfen und seine Denkerzeugnisse mussten unvollständig und schwankend bleiben, wie die unablässige und vielseitige Fortbildung seiner Fähigkeiten es bedingte: er ward oft irre geführt durch die Wandelbarkeit der Begriffe.

Die Unsicherheiten, welche schon in der Unterscheidung zwischen angenehm oder unangenehm, noch mehr zwischen nützlich oder schädlich stattfinden, wachsen im ungleich grösseren Mase bei Unterscheidung des guten und bösen und deshalb haben diese Begriffe weit mehr als jene, im Laufe der Jahrtausende mühsam und stetig schwankend sich entwickeln müssen. Indem sie wie alle anderen aus dem gemeinsamen der vorwaltenden Ähnlichkeiten einer Anzal von Vorstellungen geschaffen werden mussten, war

ihr Bereich bedingt durch die jezeitige Zal der einschlägichen Vorstellungen, die bei zunehmender Erkenntnis stetig anwuchs;

ihre gegenseitige Abgrenzung abhängig von den Wandlungen der Vorstellungen, welche bei fortschreitender Bildung und Änderung der Lebensverhältnisse der einzelnen Verbände zum öfteren eintrat.

So oft die Menschen neue Vorstellungen gewannen über Eindrücke, welche dem Verbande förderlich oder hinderlich waren, mussten sie solche dem einen oder anderen Begriffe einverleiben, also dessen Gebiet nach aussen erweitern; so oft sie aber ihre Vorstellungen über bereits bekannte Eindrücke änderten, mussten sie im inneren der Begriffe die Änderungen vornehmen, die bezügliche Vorstellung aus dem einen Gebiete in das andere hinüber tragen und demgemäs die gemeinschaftliche Grenze verändern, wenn nicht ein gegenseitiger Austausch eintrat der die entstehenden Lücken ausfüllte. Gewöhnlich fürten die Übertragungen dazu, die gegenseitige Stellung einer ganzen Reihe von Vorstellungen zu verschieben und Änderungen einzuleiten, die allmälich weitergreifend, umfassende Zerrüttungen und Neugestaltungen herbeifürten, so dass die Bezeichnungen gut und böse fortwärend andere Geltung erlangten, weil auf den zugehörigen Gebieten der Vorstellungen im ganzen und einzelnen unausgesetzt Umgestaltungen vor sich giengen.

Diese Wandlungen finden aber nur im Menschen statt, als Wechsel der Eindrücke den die Wesen und Vorgänge der Aussenwelt auf ihn machen: mit seiner fortschreitenden Erkenntnis änderten sich seine Vorstellungen, Begriffe und Grenzen zwischen gut und böse, wärend die Welt an sich dieselbe blieb. Die Welt ist weder unangenehm noch angenehm, auch nicht nützlich oder schädlich, ebenso wenig böse oder gut, also auch nicht demgemäs gespalten; nur der Mensch spaltet nach diesen Bezeichnungen seine Vorstellungen und Begriffe, vollzieht in seinen Gedanken eine Trennung, um die Wesen und Vorgänge der Welt in ihren Beziehungen zu sich selbst, einfacher zu verstehen, seine eigene Erkenntniss leichter zu ordnen. Von dieser Eintheilung seiner Bezüge zur übrigen Welt lässt er sich leiten in seinen Handlungen und so weit seine Kräfte reichen, wirkt er umgestaltend auf seine Aussenwelt, rottet z. B. ihm unangenehme oder schädliche Thiere und Pflanzen aus, hegt und vermehrt dagegen die ihm angenehmen und nützlichen, wirkt den ihm schädlichen Witterungszuständen, Fluten, Bränden u. s. entgegen und benutzt alles dienliche um sich Genüsse zu verschaffen, zwingt auch seinesgleichen, das böse zu meiden und das gute zu thun; allein die Welt selbst ist nicht demgemäs gespalten und verändert sich auch nicht ohne weiteres, wenn der Mensch die Grenzen der sich gegenüberstehenden Begriffe verändert, sondern bleibt dieselbe bis der Mensch mit seiner Übermacht eingreift und die Verhältnisse nach seiner gewonnenen Einsicht umgestaltet. Unter diesen unausgesetzt vorgehenden Veränderungen, haben im Laufe der Jahrtausende, die beiden Bereiche des bösen und guten nicht allein wesentliche Änderungen erfaren in Umfang und gegenseitiger Abgrenzung, sondern sie sind auch niemals scharf genug getrennt worden von den tieferstehenden Begriffen des schädlichen und nützlichen, des unangenehmen und angenehmen, so dass die Bezeichnungen gut und böse auch angewendet werden auf Eindrücke, ohne deren Beziehung zum Gemeinwohle zu bezeichnen. Man ist daran gewöhnt, von gutem Wetter, gutem Winde u. s. w. zu reden, obgleich nur angenehmes Wetter, nützlicher Wind bezeichnet werden soll; man fürt auf bösen Landwegen, fürchtet böse Fieber, benennt gute und böse Thiere und schaltet den Vorstellungsgebieten des guten und bösen nicht allein die dahin gehörigen Eindrücke ein, das auf das Gemeinwohl bezügliche, sondern auch irriger Weise sehr viele Eindrücke aus dem Einzelnleben, den besonderen Gebieten angehörig, welche in Bezug auf Nützlichkeit oder Annehmlichkeit abgetheilt werden. Diese Vermengung geht so weit, dass dem Verständnisse der meisten Menschen viel näher läge, für sämmtliche Bezüge zur übrigen Welt, die Spaltung in gut und böse durchzuführen und darauf sich zu beschränken.

§. 101.

Die Gleichartigkeit der Fähigkeiten und Mängel des Menschenwesens erzeugte das gleichmässige Streben nach Unterscheidung aller Eindrücke in böse und gut; bei allen Völkern, die wir kennen, entstand diese Spaltung der Vorstellungen und Begriffe, sobald sie höhere Stufen der Fortbildung erreichten und begannen sie demgemäss die, nach Zeit und Ort verschiedenen, Beziehungen zu einander dem einen oder anderen Bereiche einzuordnen. Sie begnügten sich aber nicht damit, die Welt ihrer Vorstellungen zu spalten, sondern übertrugen die Spaltung in ihre Aussenwelt, schieden die Wesen und Vorgänge in gut und böse und dachten sich die Verschiedenheit der eigenen Eindrücke als verschiedene Grundzüge der Dinge, als Eigenschaften die ihnen innewohnten und gelangten dadurch zur Vorstellung von bösen und guten Übermächten. Dem Menschen steht zum vergleichen der Vorgänge mit einander, kein anderer Masstab zu Gebote als sein Eigenwesen (§. 7): seine Ausdehnung, seine Wärmezustände, seine Bezüge dienen ihm zur Beurtheilung aller Wesen und Vorgänge; er misst ihnen Eigenschaften bei, je nach ihren Verhältnissen zu seinem Wesen und benutzt ebenso seine Willensäusserungen, seine Handlungen als Masstab für die Bewegungen der Welt. Weil er sich im Stande fühlt, Bewegungen und Veränderungen zu erzeugen und zu erhalten, je nachdem er seinen Willen wirken oder ruhen lasse, so denkt er sich auch alle erkannte Bewegungen der Welt als Wirkungen eines ähnlichen Willens. Er findet sich um so mehr dazu veranlasst, als nur ein Theil der Bewegungen innerhalb des Gebietes seiner Sinne vor sich geht, von ihm erkannt wird, er also kein endloses bewegen auffasst, sondern ein beständiges unterbrechen, welches er als Anfang und Ende getrennter Einzelbewegungen deutet, weil die vorhergegangene Form, wie die Fortsetzung derselben seiner aussersinnlichen Welt angehört, also von seinen Sinnen nicht erfasst wird. Für ihn waren die einzelnen Vorgänge geschiedene Erscheinungen, sie tauchten empor in seine Sinnenwelt, verweilten darin und tauchten wieder unter und da er durch seinen Willen ähnliche vorübergehende Bewegungen hervorrufen kann d. h. deren vorhergehendes oder nachfolgendes seine Sinne nicht erfassen: so dachte er sich, jenen Vorgängen der Aussenwelt läge ein ähnlicher Wille zum Grunde, dessen Stärke er wiederum abmas durch Vergleichung mit seiner eigenen und die Schlussfolgerung zog, sie müsse um so viel seiner Stärke überlegen sein, wie die erkannten Vorgänge die ähnlichen Bewegungen übertreffen, welche er hervorrufen könne. Das wirken dieses Willens dachte er sich dem eigenen ähnlich und da es ihm schien, als ob die einzelnen Bewegungen plötzlich entstanden: so nahm er an, der höhere Wille gehe jedesmal den Anstoss und lasse sich, gleich ihm, dazu bewegen durch einen besonderen Entschluss, der das Erzeugniss der Überlegung sei, vorgesetzter Absichten, die von menschenähnlichen Beweggründen geleitet würden. Diese Vorstellung bildete sich sehr leicht nach seiner vorgenommenen Spaltung der Weltvorgänge in gut und böse, denn er erkannte in denselben das Wirken eines guten und eines bösen Willens, beide jedoch dem menschlichen Willen so weit überlegen, dass er ihnen als ohnmächtiges Wesen gegenüber stehe, den bösen Willen fürchtend, den guten verehrend.

Einen menschenähnlichen Willen, mit menschenähnlichen Entschlüssen und Beweggründen, konnte er sich nicht anders denken als wesenhaft daseiend, in Wesen wohnend, die, ihm selbst oder anderen Wesen ähnlich, gestaltet sein müssten, je nach den übermächtigen Erscheinungen, in denen der höhere Wille sich bethätigte; aber auch ihm um so viel überlegen seien, wie die Wirkungen ihres Willens die Wirkungen seiner Kräfte überträfen. Hatte der Sturm grosse Bäume umgestürzt, so zeigte ihm der Vergleich mit kleinen Stämmen, die er zu brechen vermögte, um wie viel der böse Wille des Sturmes dem menschlichen Willen überlegen sei; hatte der angeschwollene Strom in einem Augenblicke seine Hütte fortgeschwemmt, deren Aufbau ihm Tage oder Wochen genommen hatte, so konnte er abschätzen, um wie viel die Übermacht dieses bösen Wesens seinem Willen überlegen sei und wenn der Waldbrand tausende von Riesenstämmen an einem Tage vernichtete, lag darin nach menschlichem Maasstabe ein unermesslich, übermächtiger Wille, unbegrenzt in seiner Bosheit, gehegt von einem allmächtigen bösen Wesen.

§. 102.

Auf den rückständigen Stufen der Heranbildung der Menschheit konnte nur das böse Wesen das ursprüngliche sein, denn es prägen sich dem Menschen am ehesten und festesten diejenigen Eindrücke ein, welche er als unangenehm, schädlich und böse bezeichnet. Die regelmässige Folge angenehmer und nützlicher Vorgänge erregte ihn nicht; dass er sich wohl fühle, unterm heiteren Himmel lebe, in herrlicher Luft sich bewege, nahm er als selbstverständlich hin, genoss es und beschäftigte seine Gedanken nicht weiter damit. Wenn aber eine Unterbrechung eintrat, ein Vorgang sein Leben bedrohte, reissende oder giftige Thiere auf ihn eindrangen, angeschwollene Ströme, Wüstenstürme, Wald- oder Steppenbrände, Meereswogen, Erdbeben ihn ängstigten, Fieber, Aussatz oder andere Seuchen ihn befielen oder Gewitter ihn schreckten, dann fühlte er sich tief ergriffen und in seinem Gedächtnisse lebten noch lange die fürchterlichen Eindrücke, welche er von solchen Unterbrechungen des gewohnten empfangen hatte. Die im leichten Behagen sorglos empfundenen Tage, Wochen und Monate hatte er gedankenlos vorübergehen lassen; aber die gewaltigen Unterbrechungen auf einzelne Stunden hatten ihn um so stärker aufgerüttelt, ihn gepackt und so sehr ergriffen, dass sie das bemerkenswerthe seines ganzen Lebens wurden, das einzige was sein Nachdenken beschäftigte; sein Bewusstsein erfüllte ausschliesslich diejenige Übermacht, deren Willen er das unangenehme, schädliche und böse zuschrieb.

Die Stufenfolge der Heranbildung, wie sie aus der Entwicklung der Fähigkeiten und Mängel des Menschenwesens gefolgert werden darf, wie sie ferner aus den Überlieferungen der Vorzeit sich erkennen lässt und noch deutlicher bei den rückständigen Völkern der Gegenwart sich zeigt, stellt es ausser Zweifel, dass die ersten Forschungen der Menschen auf das Gebiet des bösen gerichtet und beschränkt waren, dass sie nur dem vermeintlichen bösen Willen Gestalt zu geben suchten und da der Mensch an den grossartigen, übermächtigen Wirkungen jenes Willens ermessen konnte, wie gewaltig das böse Wesen ihm überlegen sei: so verzichtete er auf Kampf und Widerstand und bemühte sich nur durch hingebende Mittel auf den übermächtigen Willen einzuwirken. Es bezeichnet sich diese Bildungsstufe ganz treffend in den Äusserungen der reisenden und Glaubensboten, welche solche Völker besuchten, indem sie von deren glauben sagen: „sie verehren den Teufel und opfern ihm; von Gott und Gotteswerken haben sie keinen Begriff." Dieser Zustand ward gleichartig befunden und beurtheilt von Muhammadanern wie Christen, Evangelischen wie Katholiken, im Mittelalter wie in der Jetztzeit, in Asien, Afrika und Amerika; bei allen weit rückständigen Völkern ist das gleiche verhalten und zu allen Zeiten erfasst jeder rückständige vorwaltend diejenige Seite der Weltvorgänge, welche dem einzelnen Menschen wie dem Verbande ungünstig ist, denjenigen vermeintlichen Willen, dessen Gestaltung die Christen als Teufel kennen, die Muhammadaner als Scheitan (Satan). So zeigen sich auch in den Überlieferungen der alten Egypter, Semiten, Inder, Perser, Teutonen, Slaven u. a.

dentliche Anklänge aus den entlegensten Zeiten, welche erweisen, dass auch bei ihnen die ältesten Vorstellungen auf der bösen Seite erwuchsen. Bei den Egyptern, den dunkelfarbigen Urbewohnern der Nilmarschen war der Fluss das übermächtige böse Wesen, dessen Überschwemmungen ihr Leben bedrohete; die Anwohner des Oberlandes, der Wüste, erkannten den Amun als Gesammtbild der schreckenden und gefärlichen Wirkungen und des bösen Willens des Wüstenwindes. Bei den Semiten war der „Herr" ein schrecklicher, gewaltiger Verwüster, mogte er heissen El, Bel, Bal, Moloch oder Jave, die Bedeutung blieb die eines fürchterlichen Wesens, rachsüchtig und blind wüthend. Die wenigen Andeutungen, welche von den Kenitern (Fönikern, Ammonitern, Moabitern u. a.), Israeliten, Syrern, Babelonern und Arabern verblieben sind, lassen erkennen, dass dem ältesten „Herrn" der Semiten das Reich der bösen Weltvorgänge zum Grunde lag, denn der Schrecken ging ihm voran, fürchterliche Drohungen gaben Kunde von seiner Macht und seinem bösen Willen, grimmiges Verderben war sein wirken. Am ausfürlichsten sind die einschlägigen Überlieferungen der Israeliten, aus denen erhellt, dass sie denselben Bildungsgang haben durchleben müssen wie andere Völker, ohne dieselben an Güte zu übertreffen oder ihnen nachzustehen, sobald sie gleiche Stufe der Bildung erreicht hatten.

Wie tief die vorwaltende Auffassung der schrecklichen Seite der Weltvorgänge im Menschenwesen begründet liegt, zeigen selbst die Schöpfungen der jezeitig höhergebildeten, der voranschreitenden: die Ermahnungen der Priester, die Weissagungen der Profeten, wie die Berichte der Geschichtschreiber widmen sich viel weniger dem regelmässig, stetig fortschreitenden Verlaufe des Lebens, als den auffälligen Unterbrechungen desselben; der breite und tiefe Strom des unablässigen fortschreitens, der Aufbau der Menschheit und ihrer Bildung zur jetzigen Höhe nimmt den kleinsten Raum ein im Bewusstsein, wird nur gelegentlich und zwischendurch behandelt; wogegen als Hauptsache in den Vordergrund tritt, bei den Priestern die Aufzälung des Übels, welches den Menschen treffen kann, bei den Profeten das Unglück, welches eintreten soll und bei den Geschichtschreibern das böse, welches in der Welt geschehen ist. Wenn man die zu Tage getretenen Vorstellungen der höhergebildeten jener Art zusammenstellt, läge als Schlussfolgerung am nächsten, dass die Welt und ihre Geschichte vorwaltend eine Aufeinanderfolge des Elendes sei, als ob Kriege, Unterjochung,

Empörung, Landplagen, Seuchen, Verfolgung und Unheil jeder Art das hauptsächlichste für den Menschen seien, wärend doch eben das fortbestehen und die zunehmende Fortbildung der Menschen an Zal und Gesittung den überzeugendsten Beweis liefert, dass die gute Seite überwiegen müsse, weil sonst in fortgehender Abnahme die Menschheit zu Grunde gegangen wäre. Die böse Seite hat lediglich darin ein Übergewicht, dass sie den Menschen tiefer erschüttert, nachhaltigeren Eindruck auf ihn macht und der Mensch, diesen Eindruck ausser sich versetzend, ihr eine ungebürliche Geltung beimisst.

§. 103.

Wie übermächtig die Auffassung der bösen Weltseite den Menschen beherrschte, zeigt sich am stärksten in dem Mittel der Selbstaufopferung, welches die Völker anwendeten, um auf den bösen, übermächtigen Willen einzuwirken. Der Mensch überwand sein starkes streben der Selbsterhaltung, gab seinen Kampf um das dasein freiwillig auf und opferte sich, um den übermächtigen, bösen Willen zu lenken, überwand auch den schönsten Zug seines Gefüles, die Kinderliebe in ihrer höchsten Steigerung, durch Opferung seines erstgeborenen. Zallos sind die in Schriften, Sagen und Namen erhaltenen Spuren der Opferungen des eigenen Lebens und des Lebens der Kinder, um den bösen, schrecklichen zu versöhnen; die Beweise sind alt und weit verbreitet, die Opfer bestehen noch in der Gegenwart und die damit verwandten Vorstellungen sind noch in unserer Mitte wirksam vorhanden.

Bei den Indern ist es von den ältesten Zeiten bis zur Gegenwart gebräuchlich, dass gläubige sich selbst oder ihre Kinder dem Siwa (Schiwen) weihen und zum Opfer bringen: beim umherfaren seines Bildes an hohen Festtagen werfen sich gläubige unter die Räder, um sich töten zu lassen; unfruchtbare Mütter geloben ihm den erstgeborenen und wenn dieser erscheint, wird er als geheiligtes Wesen sorgsam erzogen, beim mündigwerden von seiner hohen Bestimmung unterrichtet, festlich geschmükt ausgerüstet, um nach dem Felsen des Siwa zu walfarten, von dem er, das Gelübde der Mutter erfüllend, in den Abgrund springt.

Bei den Altegyptern war es gebräuchlich, dem Nile jährlich eine Jungfrau zu opfern, beim durchstechen des Staudammes, der die Anschwellung über das Land verbreitete; die Jungfrau, stolz auf die sie getroffene Wahl, ward in den tosenden Strom gestürzt. Der Gebrauch hat sich sinnbildlich erhalten durch alle Wandlungen des Glaubens, denn man formt noch jetzt bei jener Gelegenheit einen Erdhaufen (Arusa == die Braut), den der Strom mit sich fortreisst als Opfer.

Von den Semiten sind in verschiedenen Geschichtbüchern deutliche Nachweisungen erhalten worden. Die Föniker (Sidoner) opferten ihre Kinder zu hunderten; reiche kinderlose Leute kauften Kinder der armen, um es nicht an Opfern fehlen zu lassen. Die Karthager opferten während einer gefardrohenden Belagerung ihrer Stadt 200 Knaben aus den vornehmsten Geschlechtern, um das Unheil (die Drohung des bösen Wesens) abzuwenden. Carthalo ward von seinem, Karthago belagernden Vater, im priesterlichen Gewande gekreuzigt, um durch ein so kostbares Opfer das böse Wesen sich geneigt zu machen, den Erfolg zu sichern. Mesa, König der Moabiter, in seiner Burg von den Israeliten belagert (2. Kön. 3. 27) opferte im Feuer seinen erstgeborenen, um die Gunst des höchsten, der bösen Übermacht zu gewinnen; auch die Israeliten dachten sich solches Opfer als wirksam und weil es unübertrefflich war, hoben sie die Belagerung auf.

Von den Israeliten berichtet die Bibel in zahlreichen Aussprüchen, dass sie, gleich ihren umwohnenden Stammverwandten, reichlich Menschenopfer darbrachten, dass sie zu Moses Zeiten, wie auch in allen folgenden Jahrhunderten ihre Söhne und Töchter durch das Feuer gehen liessen, d. h. sie lebendig verbrannten und dass dieser Opferdienst in ganz Kanaan der Stammglaube aller war. Eine Vergleichung der bezüglichen Erzälungen, fürt zu der Annahme, dass auch bei den Israeliten die Menschenopfer auf den ältesten Grundlagen ihres Glaubens beruheten, dass sie nicht aus der Fremde als gräulicher Missbrauch eingeführt wurden, sondern aus den semitischen Urvorstellungen erwuchsen, von anfang her tief in ihren Wesen begründet lagen und deshalb auch von den rückständigen des Volkes so hartnäckig festgehalten wurden. Als älteste Spur erscheint der Befehl des „Herrn", nach welchem Abraham seinen einzigen, ehelichen Sohn schlachten und verbrennen soll (1. Mose 22) dem Herrn zum Brandopfer. Liegt nicht darin der deutliche Beweis, dass Kinderopfer nicht unerhört waren, dass die Israeliten ihrem Herrn sehr wohl zutraueten, nach Menschenopfern zu gelüsten? Solche Opfer mussten von Alters her gebräuchlich und in Kraft verblieben sein, denn sonst würde man einen derartigen Befehl als unsinnig und unwürdig zurückgewiesen und Abrahams Gehorsam als ein empörendes beginnen verurtheilt haben, statt ihn als Glaubenshelden zu preisen. Das andere, ebenso deutliche Beispiel ist Jephtas Gelübde (Richter 11) und die Opferung seiner Tochter. Um eine Schlacht zu gewinnen, hatte er seine Tochter dem Jave zum Opfer geweiht, in den umschreibenden Worten: „Was zu meiner Hausthür heraus mir entgegen geht, wenn ich mit Frieden heimkere von den Kindern Ammons, das soll des Herrn sein und will es zum Brandopfer darbringen," worunter er nur seine Tochter verstehen konnte, da sie sein einziges Kind war. Das Opfer musste gelöst werden, selbst die Tochter fügte sich gelassen darin; man stiftete zu ihrem Andenken eine Festfeier und um die Grösse, die Vorzüglichkeit des Opfers in das schönste Licht zu stellen, wird besonders hervorgehoben, dass sie eine reine Jungfrau gewesen sei. Niemand empörte sich wider die Ausführung des Gelübdes oder hielt es des Herrn unwürdig, solche Opfer anzunehmen; man knüpfte vielmehr eine Festfeier an das Andenken, weil es die Tochter des hochgestellten war. Hätten wir die Geschichtbücher der Moabiter, so würde wahrscheinlich ähnliches von dem vorhin erwähnten Königssohne berichtet sein.

Solche Einzelnfälle beweisen, wie gemeingültig die Vorstellungen von der Wirksamkeit der Menschenopfer waren, denn wenn die hervorragenden des States solche Opfer bringen, ihres Verehrungswesens würdig erachten, wird die Menge des Volkes gewiss nicht lichtere Vorstellungen hegen, wahrscheinlich die Weltvorgänge noch schlimmer auffassen und demgemäss in der bösen Gestalt versinen. Abraham und Jephta blieben überdies im Andenken der Nachkommen geehrt, so dass auch diesen das Kinderopfer nicht als etwas widerwärtiges, abscheuliches erscheinen konnte, sondern als ein verdienstvolles, dessen Ausführung Ehre bringe. Man vergleiche ferner nachfolgende unzweideutige Vorschriften und Anführungen, um die Vorstellungen der Israeliten zu erkennen, aus denen als Wünsche und Gebote, ein Bild des bösen Wesens sich aufbaut, welches sie verehrten:

„Und der Herr redete mit Moses und sprach: Heilige mir alle Erstgeburt unter den Menschen und dem Vieh, denn sie sind mein." (2. Mose 13, 1 und 2.)

„Deine Fülle (handfüllen = opfern) und Thränen sollst du nicht verziehen. Deinen ersten Sohn sollst du mir geben. So sollst du auch thun mit deinen Rindern und Schafen." (2. Mose 22. 29 u. 30.)

„Denn die Erstgeburten sind mein: seit der Zeit, ich alle Erstgeburt schlug in Egypten, da heiligte ich mir alle Erstgeburt in Israel, vom Menschen an bis auf das Vieh, dass sie mein sein sollen; Ich der Herr."

An anderen Stellen findet sich eine spätere Milderung:

„Alle Erstgeburt unter deinen Kindern sollst du lösen."
allein dem widerspricht die klare Vorschrift:

„Man soll auch keinen verbannten (d. h. zum Opfer bestimmten) Menschen lösen, sondern er soll des Todes sterben." (3. Mose 27. 29.) Die Lösung mit Geld ist eine viel später eingeführte Milderung.

Es liegen auch in der Bibel Andeutungen und selbst Beweise vor, dass die Kinder Israels beim Auszuge aus Egypten und auch während der Wüstenreise ihre erstgeborenen verloren. Es heisst beim Auszuge:

„Und begruben eben (zu Raemses) die Erstgeburt, die der Herr unter ihnen geschlagen hatte." (4. Mose 33. 4.)

und noch deutlicher reden die Zalen, welche in der Volkszählung (4. Mose 1. 2. 3) aufgeführt sind. Zum Verständnisse muss vorausbemerkt werden, dass für Jave, der die Zälung anordnet, nur drei Abtheilungen aus dem Volke in Betracht kamen:

die Leviten, seine geweihten Priester;

die waffenfähigen, seine Kämpfer;

die erstgeborenen Knaben, seine Opfer;

alle übrigen, darunter das ganze weibliche Geschlecht, waren nichts für ihn und wurden deshalb auch nicht gezält. Die Volkszälung ergab:

22,000 Leviten, alle männlich über einen Monat alt;

603,650 waffenfähige, 20 bis 60 Jahre alt;

22,273 erstgeborene, einen Monat alt und darüber.

Vergleicht man nun letztere beiden Zalen mit einander und legt das, im allgemeinen herrschende Verhältniss der Geburten zum Grunde, so stellt sich heraus, dass bei jener Bevölkerung, welche 603,550 waffenfähige enthielt, jährlich mindestens 40,000 Ehen geschlossen wurden, also, wenn $^1/_4$ derselben unfruchtbar geblieben wäre, jährlich 30,000 Erstgeburten vorfallen mussten, deren männliche Hälfte bis zum 20. Jahre, nach Abzug der mittlerweile gestorbenen, über 170,000 hätte anwachsen müssen. Statt der 170,000 männlichen erstgeborenen einen Monat alt und darüber, welche das Lager der Israeliten hätte enthalten sollen, waren es nur 22,273, es fehlten also ungefär 150,000. Wo waren diese geblieben? Auch die 22,273 waren Jave geweiht, sie gehörten ihm, waren ihm aber entfremdet, vorenthalten worden; gnädiglich gestattete er, dass die 22,000 Leviten in Gegenrechnung gebracht wurden und der Rest durch Geld gelöst ward. Die verschwundenen 150,000 waren aber gewiss nicht mit Geld gelöst worden, denn sonst hätten sie in der Volkszählung nicht gefehlt; sie waren, wie das Gesetz es befahl, dem Jave innerhalb des ersten Monates dargebracht worden und nach seinem Verlangen „alle Erstgeburt ist mein," hatte man sie nicht lösen dürfen, sondern opfern müssen. Der Gedanke widerstrebt unseren Gefühlen, weil wir an solche Opferungen nicht gewöhnt sind, sondern nur an die noch schuesslicheren Schlachtfeldopfer; weil wir auch nicht von den zum Grunde liegenden Vorstellungen beherrscht werden, es nicht als Pflicht erkennen, einen Theil der Säuglinge dem Jave zu opfern, wohl aber die ausgewählte junge Mannschaft der Legitimität, dem europäischen Gleichgewichte oder dem Ruhme darzubringen; unsere Gesichtspunkte sind verschieden und nur deshalb erscheinen uns die Kinderopfer so gräulich, was sie keineswegs sind im Vergleiche zu den, unter uns gebräuchlichen Opfern der erwachsenen. Aber auch ohnedem wird die Möglichkeit der israelitischen Erstgeburtopfer einleuchten, wenn man aus einer Anzal von Bibelstellen, die darin niedergelegten Vorstellungen vergegenwärtigt, die Wünsche und Gebote, welche sie ihrem Herrn beimassen; man wird erkennen müssen, dass damit die schwersten Opfer im vollen Einklange standen. Ein Herr, dem sie solche Äusserungen zuschrieben, wie die Geschichtbücher sie berichten, dem sie solche Zerstörungswuth und unersättlichen Blutdurst beimassen, musste folgerichtig auch an blutigen Opfern Gefallen finden, um so mehr, je stärker der Gehorsam der opfernden darin sich bethätigte, je reiner das Opfer und je qualvoller es geopfert ward. Die Opferung des erstgeborenen war ein derartiges: ein unschuldiges Wesen, männlich, die erste und höchste Freude der Eltern, geopfert im beisein der Eltern, vielleicht mit der, bei den stammverwandten Föniken geltenden Steigerung, dass die zuschauende Mutter keine Thräne vergiessen, keine Trauer offenbaren dürfe, weil sonst das Opfer wirkungslos sei. Liess sich etwa ein grässlicheres und eben dadurch passenderes für das höchste, böse Wesen denken? Dennoch kannte man Steigerungen der Opfer, indem man Priester darbrachte, seine nächsten verwandten (2. Mose 32.27—29), die

Söhne der Ältesten, Häuptlinge, Thronerben, Könige und als höchste Stufe, die Selbstopferung der Hohenpriester und Profeten. Diese Grundvorstellung, dass das schrecklichste dem höchsten am angemessensten sei, zeigt sich in folgenden Stellen:

„Und der Herr sprach zu Mose: Ich sehe, dass es ein halsstarriges Volk ist und nun lasse mich, dass mein Zorn über sie ergrimme und sie auffresse." (2. Mose 32, 9.)

„So spricht Jave, der Herr Israels: Gürte ein jeder (Levit) sein Schwert auf seine Lenden und gehe von einem Thore zum anderen durch das Lager und erwürge ein jeder seinen Bruder, Freund und Nächsten. Die Kinder Levi thaten wie ihnen Moses gesagt hatte und fiel des Tags vom Volke drei tausend Mann." (2. Mose 32. 27.)

„Und der Herr sprach zu Mose: Sage den Kindern Israels: Ihr seid ein halsstarriges Volk, ich werde einmal plötzlich über dich kommen und dich vertilgen." (2. Mose 33. 5.)

„Der Herr liess die ganze Sippe Korah von der Erde verschlingen und 250 Männer, welche opferten, lebendig verbrennen und als das Volk murrend Moses und Aron beschuldigte: „Ihr habt das Volk des Herrn getötet", wollte der Herr das Volk plötzlich vertilgen und sandte eine Plage an der 14,700 starben, bevor durch Räucherungen das „Wüthen" versöhnt werden konnte." (4. Mose 16.)

Israel stritt wider die Kananiter und gelobte dem Herrn: „Wenn du dies Volk unter meine Hände giebst, so will ich ihre Städte verbannen." Der Herr erhörete die Stimme Israels, und die Kananiter wurden verbannt d. h. dem Herrn geopfert mit Feuer und Schwert. (4. Mose 21.)

„Und der Herr sprach zu Mose: Fürchte dich nicht vor ihm (König Og zu Basan) denn ich habe ihn in deine Hand gegeben mit Land und Leuten und sollst mit ihm thun, wie du mit Sihon, dem Könige der Amoniter gethan hast, der zu Hesbon wohnete. Und sie schlugen ihn und seine Söhne und all sein Volk, bis dass keiner übrig blieb und nahmen das Land ein." (4. Mose 21. 34.)

„Und Israel hängte sich an den Bal Peor. Da ergrimmete des Herrn Zorn über Israel und sprach zu Mose: Nimm alle obersten des Volkes und hänge sie dem Herrn an die Sonne, auf dass der grimmige Zorn des Herrn von Israel gewendet werde. Und Mose sprach zu den Richtern Israels: Er-

würge ein Jeglicher seine Leute, die sich an den Bal Peor gehängt haben."
(4. Mose 25. 3.)

„Und es wurden getötet in der Plage 24,000." (4. Mose 25. 9.)

Auf Befehl des Herrn sollen die Israeliten sich rächen an den Midianitern, ziehen aus und erwürgen alles was männlich war, nahmen Weiber und Kinder gefangen, zerstörten alle Städte und Burgen und kerten mit den Gefangenen und der geraubten Habe in das Lager zurück. Moses empfing sie zornig mit der Frage: „Warum habt ihr alle Weiber leben lassen? So erwürget nun alles was männlich ist unter den Kindern, auch alle Weiber, nur die Jungfrauen lasset leben für euch." (4. Mose 31.)

Moses verordnete, dass sie die Völker, welche sie in Palästina ansässig finden, nicht allein bekriegen, sondern auch verbannen (cherem — weihen) d. h. dem Herrn opfern, niedermetzeln sollen.

„Aber in den Städten dieser Völker, die Jave dein Herr dir zum Erbe geben wird, sollst du nicht leben lassen, was Odem hat, sondern selbst sie weihen." (5. Mose 20. 16.)

Achan hatte aus der geweihten (zum verbrennen bestimmten) Beute, einen Theil für sich bei Seite geschafft. Der Herr befahl, dass er dem Feuer geweihet werde: Josua fürt den Verbrecher mit der gestohlenen Beute „mit seinen Söhnen und Töchtern, seinen Ochsen, Eseln und Schafen, seiner Hütte und allem was er hatte, nach dem Thale Achor, wo das Volk ihn steinigt und alles mit Feuer verbrennt, wie der Herr es befohlen hatte." (Josua 7.)

Der Herr lässt dem Könige Saul durch Samuel befehlen: „So ziehe nun hin und schlage die Amalekiter und weihe sie mit allem, was sie haben; schone ihrer nicht, sondern töte beides, Mann und Weib, Kinder und Säuglinge, Ochsen und Schafe, Kamele und Esel." (1. Sam. 15.)

„Und da sie kamen zur Tenne Nachons, griff Usa zu und hielt die Lade des Herrn, denn die Rinder traten beiseit aus. Da ergrimmte des Herrn Zorn über Usa und schlug ihn um seines Frevels willen, dass er daselbst starb bei der Lade des Herrn." (2. Sam. 6. 6.)

Diese Stellen erweisen zur Genüge, welche Vorstellungen die Kinder Israels von ihrem Verehrungswesen hegten, welcher Gesinnungen sie ihn fähig, welche Handlungen sie seiner würdig hielten. Sie betrachteten ihren Herrn als ein grimmiges, rachsüchtiges und blutgieriges Wesen, das den wohlmeinenden Usa mit dem Tode bestrafte, weil er die Bundeslade verhinderte, vom Wagen zu fallen; das den Kämpfern befiehlt, blutsverwandte

Stämme zu vertilgen; im Wüstenlager tausende von unschuldigen durch die Leviten blindlings niedermetzeln lässt, weil andere Menschen ungehorsam gewesen sind gegen Moses. Dieses vorgestellte böse Wesen ist der „Herr" der in Egypten alle erstgeborenen der Egypter (der Israeliten) erwürgte, um Pharao zu bewegen, die Kinder Israels ziehen zu lassen; der sein eigenes, auserwähltes Volk wiederholt mit gänzlicher Ausrottung bedroht, seine Schützlinge im Grimme auffressen will, aber auf Moses Zureden sich wieder besänftigt, sogar bereut, dass er es gewollt habe. Ob jene Bibelstellen alle getreu berichten, kommt hier nicht in Betracht, denn sie sollen nicht dienen zum Erweise wie der „Herr" in Wirklichkeit sein mogte, sondern welche Vorstellungen die Israeliten mit ihrem Glauben an Jave verbanden. Sie erweisen klar genug, dass die Kinder Israels, gleich den übrigen Völkern jener Zeit und Gegend, vorwaltend das schreckliche, menschenfeindliche, böse der Weltvorgänge auffassten, dass ihre Vorstellungen daraus sich bildeten und indem sie den Willen, welchen sie darin erkannten, zu einem Herrn gestalteten, dieser Herr ein böses Wesen sein musste. Auf ihrer damaligen, rückständigen Stufe der Bildung konnte die gute Seite der Weltvorgänge, der regelmässige Verlauf nicht genügend auf sie einwirken, um den Eindruck der schädlichen Seite zurückzudrängen; wie ihre Geschichtschreibung vorwaltend die schädlichen Begebenheiten verzeichnet, so waren überhaupt die nachtheiligen Vorgänge besonders geeignet, sie zu ergreifen und das Bild eines übermächtigen Herrn zu gestalten, der an Blutvergiessen, Menschenausrotten, Verwüstung und Brand besonderes Gefallen finde.

Bei den anderen Völkern des Alterthumes findet sich dieselbe Entwicklungsfolge der Vorstellungen: je weiter rückständig, desto finsterer und schrecklicher. Das Volk der Hellenen, von verschiedenen Seiten, theils arisch, theils semitisch zusammen fliessend, hegte in den ältesten Mischgemeinden vorwaltend die böse Seite der Weltvorgänge. Die Götter verlangten schreckliche Opfer, wurden also als böse gedacht. Lykaon opfert bei Stiftung eines Zeus-Altares seinen eigenen Sohn und besprengt mit seinem Blute den Altar. Tantalus schlachtete seinen Sohn zu Ehren des höchsten. Menökaia lässt sich freudig dem Kriegsherrn (Ares) opfern, um seinen Kriegsgenossen den Sieg zu verschaffen. Die Stadt Athen sandte vor Theseus Zeiten jährlich 7 Knaben und 7 Mädchen nach Kreta, dem Minotaurus (Stiergötzen, Moloch, Nachtosier) zum Opfer. Bei den Urbewohnern, den Pelasgern waren Menschenopfer gebräuchlich gewesen: dem pelasgischen Zeus wurden sie, beim Beginne eines Krieges in ungewöhnlicher Zal geweiht. In Sparta waren, vor Lykurgs Zeiten, jährliche Knabenopfer zu Ehren der Artemis gebräuchlich. Wo dem Meeresherrn Poseidon Altäre errichtet wurden, fielen ihm Opfer, die von der Klippe hinab in das Meer gestürzt wurden oder freiwillig in seine Arme sprangen. Der fressendste war der, aus semitischen Ländern eingeführte Apollon (Bal. Bel) dem Opfer zu tausenden gebracht wurden; eine Anzal Sagen, welche Apollonfeste mit Menschentötungen verbinden, wie Odysseus Tötung der Freier u. s. verschleiern wahrscheinlich ursprüngliche Opferhandlungen, denn „Freier" oder „Bräute" waren gangbare, bildliche Bezeichnungen der geweihten Opfer, ähnlich wie noch jetzt die Nonnen „Bräute Jesu" oder „Bräute des Himmels" genannt werden. Dem Apollon war, gleich dem semitischen Herrn, der siebente Wochentag geweiht; er raubte den Müttern ihre Kinder, sendete die Pest in das Lager der Griechen und wen er liebte (Hyakinthos, Leukothon, Kyparissos, Leukates, Bolme und Daphne) dem brachte die Liebe den Tod; das vernichtende, menschenfeindliche ist der ursprüngliche Inhalt des fernhin treffenden Würgers. Der Dio- (Herr) Nysos war in seiner ältesten Form ein schreckliches Wesen: Die Weiber feierten seine Feste während der Nacht im Walde und in wahnsinniger, besinnungsloser Aufregung zerrissen sie Thiere und Menschen, wie es noch jetzt in Afrika nach lange entbehrtem Salzgenusse, so wie im Haschischrausche vorkommen soll; ihre eigenen Kinder zerrissen sie unwissentlich und verzehrten rohes Fleisch während der nächtlichen Feier. Der Kriegsherr Ares war nicht allein Menschentöter im Kriege, sondern auch im Frieden der Veranlasser heimtückischer Überfälle: er schützte seinen Sohn Kyknos, der vorübergehende Wanderer tötete, um aus ihren Schädeln dem Ares einen Tempel zu bauen. Er ward den Hellenen von Semiten zugeführt, denn sein Name schliesst sich an das semitische abz = furchtbar, mächtig, stark.

Bei den Römern waren die Menschenopfer von den ältesten Zeiten her gebräuchlich; sie brachten noch beim Beginne des zweiten punischen Krieges öffentlich Menschenopfer, um sich den Sieg zu sichern; erst 97 vor Ch. G. verbot der Senat die Menschenopfer in ganz Italien.

In Gallien dauerten die Menschenopfer bis zur Unterwerfung durch die Römer; die Gallen umschlossen ihre Opfer mit einem Weidengeflechte gleich dem Verehrungswesen gestaltet und liessen sie darinn verbrennen.

Die Sachsen opferten Menschen bis zum 9. Jahrhunderte, in Dänemark und Schweden dauerten sie bis in das 10. Jahrhundert nach Ch. G.

Der Perun, eines der höchsten Verehrungswesen slavischer Völker (auf Rügen) verlangte alle erstgeborenen seiner Bekenner und sämmtliche gefangenen zum Opfer; sie wurden ihm geweiht und geschlachtet.

Bei den Nord-Teutonen scheinen sich die Menschenopfer noch während des Christenthumes erhalten zu haben; in Nord-Deutschland finden sich Spuren, in örtlichen Sagen, dass noch vor mehreren Jahrhunderten gebräuchlich war, bei gefährlichen Deichbrüchen, deren Stopfung durch wiederkerende Anschwellungen oder Abrutschungen verhindert ward, äussersten Falles ein Kind zu opfern, es lebend in den Bruch zu werfen und über den Leib das neue Werk aufzuschütten; in Kopenhagen wollte man im Mittelalter einen Wall aufführen und als er wiederholt einsank, setzte man ein kleines Mädchen in den Grund und schüttete über sie hin. Solche Opfer hielt man um so wirksamer, wenn der eigene Vater dasselbe vollzog und so wurden vielfach Wälle, Burgen, Brücken, selbst christliche Kirchen auf Menschenopfer begründet; beim Abbruche mancher Schlösser des Mittelalters fanden sich in Mauernischen die Gerippe von Kindern oder Jungfrauen, deren Seelen als weisse Frauen oder Schutzgeister im Schlosse verblieben waren; in das Grundwerk des Strassburger Münsters liessen sich, wie die Sage erzält, zwei Bettler einmauern, um das Gelingen des heiligen Baues zu sichern.

Dieselben Vorstellungen herrschten auch bei den Indianern Amerikas, zur Zeit der Entdeckung (um 1500 nach Ch. G.). In Mexiko wurden jährlich 20,000 Kinder geopfert; bei der Einweihung des grossen Tempels waren über 60,000 Menschen geopfert worden und hatte man zu solchen Zwecken Pyramiden gebaut, auf deren stumpfer Oberfläche der Schlachtaltar stand, und der Opferplatz dadurch brauchbar blieb, dass das Blut die Stufen hinab rann und die Leichen hinab gestürzt wurden. Die Köpfe wurden auf Stangen gesteckt oder haufenweise aufgeschichtet und die Spanier fanden Pyramiden, deren Inhalt auf 136,000 Köpfe sich berechnete. Das höchste Wesen Vitzlipotzli hatte den Beinamen „der Schrecken" „der schreckliche, furchtbare Herr" und die Opfer waren freiwillig dargebrachte Kinder des Landes oder Jünglinge aus den angesehensten Familien, eigends fehlerlos ausgewählt und gemästet, was auf noch rückständigere Zeiten und Zustände hinweist, als die Opfer verspeist wurden.

Der König zu Dahome, an der Guinea-Küste Afrikas, folgt noch in der Gegenwart diesen Vorstellungen, indem er, zum Zeichen seiner Majestät und zur Freude seines getreuen Volkes, tanzende opfern lässt, seinen Pallast mit Mauern und Pyramiden von Menschenschädeln umgiebt, seinen Thron auf einen Unterbau aus Schädeln stellt und in neuester Zeit beschäftigt war, zum Opfer für seinen verstorbenen Vorgänger, ein ausgegrabenes Becken mit Blut zu füllen, wozu er 8000 Menschen verwenden musste, bevor er die Absicht erreichte.

§. 104.

Allenthalben zeigt sich in gleicher Weise, wie der rückständige Mensch zunächst und am stärksten die nachtheilige, böse Seite der Weltvorgänge auffasst, demgemäss sein Verehrungswesen gestaltet und sein Verhältniss zu denselben, durch schreckliche Opfer vermittelt. Erst bei fortschreitender Bildung wuchs seine Empfänglichkeit für die gute, freundliche Seite der Weltvorgänge, er liess sie auf sich wirken, sie erfüllten ihn mehr und mehr, bis er in seiner aussersinnlichen Welt, die Übergänge zu den guten Wesen auffand. Die Gegenwart wie die Vergangenheit zeigt uns alle Stufen der Entwicklung, örtlich und zeitlich zerstreut; aber in ihrer sachlichen Folge offenbaren alle Gestaltungen das Streben nach Auflösung der auf den Menschen wirkenden Weltvorgänge.

Bei den sogen. Kaffern Süd-Afrikas ist es gebräuchlich, jeden erstgeborenen in eine der Anstriften des umwallten Dorfes zu legen, um ihn dem „Herrn" darzubieten; wird er von der darüber getriebenen Rinderheerde zertreten, dann hat der Herr gnädig das Opfer angenommen, anderenfalles ist es verschmäht oder geheiligt, je nach Auslegung der Priester. Diese Völker haben manches mit den Alt-Israeliten gemein, wie die Beschneidung, ähnliche Speisegesetze, Priester, Orakel, Reinigungsgesetze, Opferungen derselben Art, selbst Eigennamen wie Moscheh u. a. so dass sie als südliche Abzweigungen des Urstammes gelten dürfen, aus dem die Semiten als Zweig nach Norden abgingen.

Auf den Fidschi-Inseln Australiens wurde noch vor 20 Jahren beim Baue eines neuen Hauses, unter jeden Ständer ein lebender begraben und das Deck eines jeden neuen Kahnes mit dem Blute von zehn Menschen eingeweiht.

Aus solchen rückständigen Verhältnissen zu den Verehrungswesen, erhob sich der Mensch nur allmälig zur Erkenntniss der freundlichen Seite der Weltvorgänge, wie es am augenscheinlichsten sich erweist an den stufenweisen Milderungen der Opferarten. Die erste Milderung scheint darin bestanden zu haben, dass man nicht länger die eigenen Kinder und Stammesgenossen opferte, sondern von anderen Stämmen erkaufte Kinder oder Kriegsgefangene dazu verwendete.

Die alten Esthen opferten in bedenklichen Zeiten, ihrem Kriegsherrn auf der Insel Ösel in der Ostsee, die an auswärtigen Küsten geraubten und wohl gemästeten Kinder, deren Leiber gebraten und verspeist wurden.

Bei slavischen Völkern gelangte, neben dem Perun, der alle erstgeborenen und alle Kriegsgefangenen zum Opfer forderte, der mildere Swantewit zur Geltung, welcher sich begnügte mit der jährlichen Opferung eines Kriegsgefangenen.

Dass die heidnischen Teutonen und Nordländer ihrem ältesten Verehrungswesen Ziu, Tiu oder Tyr nur Kriegsgefangene opferten, ist ziemlich sicher verbürgt.

Bei höherer Fortbildung treten Thieropfer an die Stelle der Menschenopfer, wie es bei den Egyptern und späterhin bei den Israeliten der Fall war; Thiere vertreten die Stelle der Menschen, des erstgeborenen (1. Mose 22. 13) oder diese wurden durch Geld gelöst. Die Menschen wurden aber nicht gänzlich entlassen, sondern ihrem Opfer nur der tödliche Ausgang genommen. Als das dem Tode zunächst stehende erscheint das Entmannungsopfer, wie es bei Völkern Kleinasiens, namentlich den Verehrern des Mondes (der Kybele) geltend war, bei den Israeliten aber viel früher vorkommt, weil bei ihnen (5. Mose 23. 1) verschnittene nicht geduldet werden sollten. Dieselbe Opferweise, jedoch gemildert, findet sich gegenwärtig noch beim ostafrikanischen Stamme der Ikdja, bei denen jeder Knabe halb verstümmelt wird. Als eine weitergehende Milderung darf die Beschneidung gelten, welche bei den Äthiopen, Egyptern, Kolchern, Israeliten, Fönikern und Arabern älterer Zeit gebräuchlich war, wie noch jetzt bei den Juden, Arabern und andern Muhammadnern, den Congonegern, Neuseeländern, den Karaiben Amerikas und bei den christlichen Abessyniern; ihre Bedeutung als blutiges Opfer stellt die Aufürung 2. Mose 4. 25 ausser

Zweifel. Das vollständige Opfer ist noch jetzt bei einer Sekte der griechisch-russischen Kirche in Geltung, welcher manche Juweliere in St. Petersburg angehören sollen, indem die Ehemänner dieser Sekte sich entmannen, nachdem sie eine vorgeschriebene Kinderzal erzeugten. Eine weitergehende Milderung der Opferungen sind die Enthaltsamkeitsgelübde, in verschiedener Art der Anwendung bei den Völkern des Alterthums und der Gegenwart. Die Priester und Priesterinnen der Mondverehrung bei den Babelonern, Kleinasiaten, Griechen und Römern waren zur Keuschheit verpflichtet, denn der küle Mond war unfruchtbar; auch die Priesterinnen und Weissagerinnen der alten Kelten, Galen, Deutschen und Slaven scheinen verpflichtet gewesen zu sein, unfruchtbar zu bleiben. Der noch jetzt bei den Abessyniern herrschende Gebrauch, die Enthaltsamkeit der heranwachsenden Mädchen bis zu ihrer Verheimathung zu erzwingen, mittelst einer Verwundung, die durch Verengung die Übertretung verhindert, lässt vermuthen, dass dieser Gebrauch des Urlandes egyptischer Bildung, in den ältesten Zeiten zur Sicherung der Keuschheit der Mondespriesterinnen angewendet worden sei, wie man denselben Zweck bei den Priestern der Kybele durch das Messer erreichte; die Beschränkung auf ein Gelübde für die ganze Lebenszeit ist die spätere Milderung der ursprünglichen vollständigen Sicherung. Das Gelübde der Keuschheit, die Enthaltsamkeit ohne körperliche Vorkerungen, findet sich bei den Priestern, Mönchen und Nonnen der Christen, Inder und Tibetaner (Buddhagläubigen). Eine noch schwächere Form, die nicht in der Gegenwart vorkommt, war das mosaische Nasiräerthum, das Gelübde der Enthaltsamkeit auf kurze Zeit, wie dasselbe 4. Mose 6 beschrieben wird.

Eine andere Art der Ermäsigung der Menschenopfer war die Opferung von Blut, welches den Menschen entzogen ward, ohne tödliche Wirkung. Die Karer zerfetzten bei hohen Festen ihre Stirnen blutig und dass dieser Gebrauch noch bei den Israeliten vorkam, erweisen die wiederholten Verbote (3. Mose 19. 28; 5. Mose 14. 1). Desgleichen fand sich bei den Indianern Perus der Gebrauch, den Kindern Blut abzuziehen, um es zu opfern, wie auch zur Bereitung der Opferbröte (Schaubröte) zu verwenden und die Thürpfosten mit dem Blutteige zu bezeichnen um Kunde zu geben vom Vollzuge des Opfers; was alles sehr stark an altisraelitisches erinnert, deren Schaubröte ebenfalls besonderer Art waren und die auch ihre Thürpfosten blutig bezeichneten (2. Mose 12. 7). Bei den Alt-Mexikanern wurden ebenfalls die Pfosten des Tempeleinganges mit Blut bestrichen und die Altäre mit Blut besprengt. Noch stärker gemildert ist das ursprüngliche Kindesopfer bei den Karaiben, den Menschenfressern Mittel-Amerikas: statt den erstgeborenen zu opfern, wird der Vater durch fasten, blutablassen und Verwundungen gepeinigt, dann blutig geschminkt auf einem rothen Stule sitzend, dem Verehrungswesen dargeboten, wobei man ihn als hülflosen Säugling behandelt und dem Tode möglichst nahe bringt; dabei muss der Vater wochenlang in der Hangmatte verbleiben und fasten, die Wochenbesuche empfangen und Krankenspeise geniessen. Diese mildeste Form soll auch bei den ältesten Bewohnern mehrerer Mittermeer-Länder, den Corsen, Iberern und Tibarenern im Gebrauche gewesen sein und selbst noch in Gebräuchen Süd-Frankreichs sich andeuten. Eine andere Milderungsart war die in Sparta eingeführte Auspeitschung der Jünglinge, welche zum Opfer erlesen und in älterer Zeit auch geopfert worden waren; sie wurden späterhin so heftig gepeitscht, dass einzelne daran starben. An anderen Orten fielen die zum Opfer geweihten Jünglinge dem Tempel zu als Sklaven, hatten also das Tempelland zu bearbeiten.

Bis zu den schwächsten und mildesten Ausläufen der Opferungen, den einfachen Gelübden, Kasteiungen, Fasten, Meidung einzelner Speisen und Getränke, der Enthaltsamkeit und Weihungen, Walfarten und Bussgängen, bleibt noch immer als Grundlage die rückständige Vorstellung, dass den Weltvorgängen ein böser Wille zum Grunde liege, dass ein böses Wesen in der Welt herrsche, dem durch Opfer, Peinigungen und Entsagungen gedient werden müsse; es ist noch immer das Walten der Auffassung der ungünstigen Weltseite, die in Folge der Mängel des Menschenwesens eindringlicher auf den rückständigen wirkt, als der regelmässige Verlauf der günstigen Vorgänge.

Die ursprüngliche Verehrung der bösen Weltseite, der Dienst des bösen Wesens durch Opferungen ist im Laufe der Jahrtausende gemildert worden, aber nicht verschwunden, wie die in der Gegenwart verbliebenen Gelübde und Entsagungen erweisen. Die Erkenntniss der günstigen Seite der Weltvorgänge konnte nur allmälich aufkeimen und sich entwickeln; anfänglich sehr bescheiden, späterhin zunehmend wurden mildere Züge den älteren Bildern eingefügt, das dunkle Bild gewann an Helle und Freundlichkeit, das schreckliche wurde gemildert. Während der Zeit, in welcher der Jüdische Jave noch in vollem Grimme herrschte, das Blut in Strömen fliessen ließ, Hungersnot und Pest seine gebräuchlichen Waffen waren, keimten schon Vorstellungen seiner Heiligkeit (3. Mose 11. 44 u. 45; seiner Allmacht (1. Mose 17. 1; 28. 3; 43. 14; 49. 25; 2. Mose 6. 3; Josua 24. 10), welche ihren milden Ausdruck erhält durch die vortheilhaften Wunder welche er vollbringt. Der Anfang ist allerdings geringe, denn seine Heiligkeit wird an jener Stelle nur mit Speiseverboten und der verbotenen Anbetung fremder Verehrungswesen in Verbindung gebracht; seine Allmacht wird überwiegend gedacht als eine unermessliche Fähigkeit böses zu thun und seine Güte beschränkt sich auf die Kinder Israels, ist auch völlig vereinbar mit dem hassen, verfolgen und ausrotten fremder Völker. In späteren Zeiten kamen hinzu die Vorstellungen der Gerechtigkeit, Allwissenheit, Allgegenwart, Unveränderlichkeit und Ewigkeit, dagegen trat die Vorstellung des fürchterlichen zurück, sowohl in den Handlungen wie auch in den Opfergebräuchen; der Herr ward freundlicher, denn seine Forderungen d. h. die Wünsche, welche das Volk ihm beimass, milderten sich. Die Menschen durften mit Geld gelöst werden und die Vorstellungen steigerten sich endlich so weit, dass die Profeten behaupteten (Amos 5. 22—26; Jes. 1. 11; Jer 6. 20; Micha 6. 7) die Brandopfer überhaupt seien nutzlos, seien dem „Herrn" zuwider, das Volk solle statt dessen gute Handlungen verrichten, gerecht sein und mässig; späterhin sind auch die blutigen Opfer gänzlich abgeschafft worden. Bei den Israeliten wie bei den anderen Völkern ging aber der Fortschritt nicht gleichmässig durch das ganze Volk, sondern die Mehrzahl blieb weitaus rückständig und die Kluft zwischen den voranschreitenden, erleuchteten und dem langsam nachschleppenden Volke erweiterte sich so sehr, dass die Schriften der Profeten von endlosen Klagen und Beschuldigungen widerhallen. Der Grund lag aber mehr auf Seiten der Profeten als auf der des Volkes, denn jene waren dem Volke so sehr vorausgeeilt, dass sie den alten Glauben, den das Volk beibehalten hatte, als Götzendienst verschrieen; das Volk war noch nicht hinaus gekommen über die, früherhin auch bei den voranschreitenden herrschend gewesene, Auffassung der schädlichen Weltvorgänge, wogegen die raschere Fortbildung der voranschreitenden die Profeten zur Erkenntniss der vortheilhaften, freundlichen Weltvorgänge gefördert hatte. Den Profeten ward das rückständige ihres Volkes widerwärtig, sie hatten, in jetzt gebräuchlichen Ausdrücken zu reden, den gütigen Gott erkannt und deshalb musste ihnen das althergebrachte böse Wesen, welches das Volk fortfor zu verehren, als falscher Götze, als Teufel vorkommen. Dieses Überragen der Profeten ward so gross, dass sie die urgeschichtliche 40jährige Wanderung unter Moses, geradezu als eine Zeit des Götzendienstes bezeichneten: der Profet Amos (5. 16—26) lässt den Herrn Zebaoth (Herrn des Sternenhimmels) also reden: „Habt ihr vom Hause Israel, mir in der Wüste die 40 Jahre hindurch Schlachtopfer und Speisopfer dargebracht? Ja wohl, ihr truget den Siebuth, euren König (Molech — Moloch) und den Kijun, euer Bild, den Stern eurer Götter, welchen ihr euch selbst gemacht hattet." Jeremias (19. 5) sagt ausdrücklich, dass zu seiner Zeit (620 vor Chr. G.) in der unmittelbaren Nähe Jerusalems, das Volk seine Kinder dem Bal verbrannt hätte; er lässt den Herrn sagen: „Sie haben dem Bal Höhen gebaut, ihre Kinder zu verbrennen dem Bal zum Brandopfer, welches ich ihnen weder geboten noch davon geredet habe, dazu in mein Herz nie gekommen ist"; allein in seiner nachfolgenden Drohung (9) dringt selbst im erleuchteten Jeremias die älteste Vorstellung des bösen Wesens wieder durch, denn er lässt den Herrn sagen: „Ich will sie (die Kinder Israels) lassen ihrer Söhne und Töchter Fleisch fressen und einer soll des anderen Fleisch fressen in der Noth und Angst." Der Profet Ezechiel (20. 30) spricht im Auftrage des Herrn: „Ihr verunreiniget euch in dem Wesen eurer Väter, treibet Unzucht mit ihren Gräueln, verunreiniget euch an euren Götzen, welchen Ihr eure Gaben opfert, eure Söhne und Töchter durch das Feuer verbrennet bis auf den heutigen Tag u. s. w. (590 vor Chr. G.). Jeremias (32. 30—37) beschuldigt im Namen des Herrn die Kinder Israels und Judas, dass sie von ihrer Jugend auf Übles gethan hätten, seit der Zeit, dass Jerusalem gebaut worden, hätten den Herrn „zornig und grimmig" gemacht, sie, ihre Könige, Fürsten, Priester und Profeten, die in Juda und Jerusalem wohnen, hätten Höhen dem Bal gebaut, ihre Söhne und Töchter dem Moloch verbrannt u. s. w. Der Profet geht aber noch weiter in der Verneinung des alten Glaubens, denn er lässt (7. 22) den Herrn Zebaoth sagen: „denn ich habe euren Vätern des Tages, da ich sie aus Egypten fürte, weder gesagt noch geboten von Brandopfern und anderen Opfern"; es war ihm schon unmöglich geworden, seinem Verehrungswesen die Anordnung von Opfern beizumessen. Ebenso erzälen die Geschichtbücher der Israeliten, dass Kinderopfer fortwärend in Gebrauche waren und blieben, dass Könige und Priester den Vorstellungen eines bösen Wesens anhingen: der König Ahas (2. Kön. 16. 3) liess seinen Sohn

(2. Chron. 28. 3 seine Söhne) durch das Feuer geben, d. h. opferte sie durch verbrennen; der König Manasse (2. Kön. 21. 6) verbrannte ebenfalls seinen Sohn zum Opfer. Ein Häuptling von Beth-El (der ältesten Opferstätte des Landes) bauete die Stadt Jericho wieder auf, die von Josua zerstört und verflucht worden war (Josua 6. 26) und zur Lösung des Fluches opferte er seine beiden Söhne (1. Kön. 16. 34): den erstgeborenen Abiram als er den Grund legte, den jüngsten Sohn Segub als er die Thüren setzte (die Stadtthore einhängte); der Fluch wie die Lösung erscheinen in den Erzählungen nicht als Gräuel sondern als Landesgebrauch.

Was in so vielen Jahrhunderten sich nicht ausrotten liess, wie die Kinderopferungen bei den Israeliten, was von Egypten her bis zur Abführung in die Gefangenschaft beständig sich erhalten konnte, selbst wenn zu Zeiten Könige, Priester und Profeten sich dawider setzten und dabei so sehr den menschlichen Gefülen, der Liebe der Eltern zu ihren Kindern widerstreitet, das musste tief im Wesen des Volkes begründet liegen. Es konnte nicht eingeschleppt werden, wie etwa der Dienst der Astboreth, der in sinnlichen Ausschweifungen den Neigungen entgegen kam, denn das Volk, wenn es mildere Sitten und freundlichere Vorstellungen, eine höhere Stufe der Bildung erlangt gehabt hätte, würde sich nicht von einem anderen Volke haben verleiten lassen, seine Söhne und Töchter lebendig zu verbrennen; es lässt sich wohl veranlassen, solche Gräuel abzuschaffen, aber schwerlich sie einzuführen. Selbst dann, wenn es fremden gelänge, bei einem Theile des Volkes den Kinderopfern Aufnahme zu verschaffen, wider die Denkweise der Gesammtheit, so würde die Menge diese Gräuel nicht geduldet haben, die Opferstätten hätten nicht in der Nähe Jerusalems sein dürfen, nur an verborgenen Stellen und heimlich hätten die wenigen Anhänger ihrem Feuerdienste frönen dürfen. Auch hätte den Königen oder Priestern die Ausrottung leicht werden müssen, wenn der Molochdienst dem Wesen des Volkes fremdartig gewesen wäre, denn Eltern verbrennen nicht leichtsinnig oder im Übermuthe ihre lachenden Kinder. Der Dienst des grimmigen, furchtbaren, blutdürstigen Verwüsters und Feuerherrn musste tief im Wesen des Volkes liegen; er musste der alte Volksglaube sein, denn nach der unausrottbaren Vorstellung des Volkes waren blutige Opfer, Darbringung der eigenen Kinder, der Königskinder, der Hohenpriester und Profeten (Moses, Aron, Elias) dem Herrn das liebste und angenehmste, verbrannte Menschen und Thiere waren „süsser Geruch für den Herrn." So lange das Volk die verderbliche Seite der Weltvorgänge auffasste (was bei seiner langsameren Fortbildung und der ungünstigeren Stellung der Menge viel länger dauern musste, als bei den voranschreitenden) so lange war der Wille, den sie in den Weltvorgängen erkannten, böser Art und das Wesen, dem sie den Willen zuschrieben, ein grimmiger Verderber, auf dessen Entschlüsse man am geeignetsten durch schreckliche Brandopfer einwirken könnte. Selbst den Königen und Priestern lag der Blutdurst, die Lust am töten (aus dem ehemaligen Hirtenleben stammend) tief im Wesen, so dass sie eigenhändig die Baalspriester herdenweise abschlachteten; sie überdauerte alle Fortschritte, selbst die babelonische Gefangenschaft und der „Herr" blieb im Bewusstseine des Volkes ein Wesen, dem grosse Menschenopfer den lieblichsten Genuss bereiteten: die priesterlichen Makkabäer, etwa 1200 Jahre nach Mose, wiederholten zu Ehren des Herrn, die Weihung der eroberten Städte und ihrer Bewohner d. h. sie opferten alle Männer mit dem Schwerte (1. Makk. 5. 28, 35, 44, 52).

Die Kinder Israels waren in dieser Beziehung nicht besser und nicht schlechter als die anderen Semiten auf gleicher Stufe der Bildung; sie handelten wie die Föniker oder Keniter, die von Saida (Sidon) und Zor (Tyrus) so wie die von Karthada (Karthago) und in den sikilischen Städten, Semiten von hoher Bildung, in den meisten Beziehungen den Kindern Israels überlegen, ihre Lehrmeister. Alle Semiten hatten die Weltvorgänge aufgefasst, wie die Umgebungen ihrer Urwohnsitze sie geboten hatten: die Übermacht des Waldbrandes und des Wüstensturmes war in ein Bild zusammengeflossen von grimmiger, unersättlicher Blutgier und Zerstörungslust, dem das hinwürgen des besten („Bruder, Freund und Nächsten" 2. Mose 32. 27) den höchsten Genuss bereite, dem das verbrennen der Städte und ihrer Bewohner zum „süssen Geruche" werde und diese Urvorstellung lag ihnen allen so tief im Wesen, dass sie selbst zur Zeit der Blüte jener Völker übermächtig herrschte. Wie tief die daran haftenden Vorstellungen, selbst die nebensächlichen, im Inneren des Volkes ruheten, erkennt man aus dem unscheinbaren Umstande, dass den Opfern „kein Bein gebrochen werden durfte" (2. Mose 12.46; 4. Mose 9. 12) eine Vorschrift herrührend aus der Urzeit, aus einer beim Waldbrande wie beim Wüstensturme gemachten Beobachtung, dass diese ihre überholten und niedergeworfenen Opfer töten und verzeren, aber die Gebeine unzerbrochen übrig lassen; ein Verfaren, welches der ihnen opfernde Mensch sich verpflichtet hielt, getreulich nachzuahmen. Aus derselben Beobachtung entstand auch die Vorstellung, dass die Knochen als verschmähtes Opfertheil etwas unwürdiges seien, so dass der König Josia, als er die Altäre der Hohenpriester verunreinigen wollte, Menschenknochen darauf verbrannte. Die Vorstellung vom ungebrochensein der Knochen, als Erforderniss eines gültigen Opfers, herrschte noch zu Jesu Zeiten, indem der Evangelist (Joh. 19. 31—36) eigends hervorhebt, dass dem Leibe Jesu die Gebeine nicht gebrochen worden seien und augenscheinlich damit erweisen wollte, dass Jesu Tod ein makelloses, gesetzliches Opfer gewesen sei.

Ob die Israeliten unter den Semiten die ersten gewesen, welche die Menschenopfer abschafften, lässt sich nicht ermitteln; den Bildungsfortschritten nach zu schliessen, werden wol die, im besser geschützten Tigris-Eufratthale wohnenden, rascher entwickelten Stammgenossen am frühesten auf diese höhere Stufe gelangt sein. Die Israeliten sind aber jedenfalls nicht die letzten gewesen, denn bei den stammverwandten Arabern waren Menschenopfer noch im sechsten Jahrhundert nach Ch. G. gebräuchlich. Muhammad sagt im Koran: „die Götzenbilder der Mekkaner haben sie verführt, ihre Kinder zu töten und ihren Glauben zum Deckmantel ihres Bubenstückes zu machen." Es wird ferner berichtet, dass Muhammads Grossvater gelobt hatte, wenn er den heiligen Brunnen Semsem entdecke, wolle er einen seiner Söhne opfern; nach dem gelingen habe er den vom Loose betroffenen Vater des Profeten durch ein Opfer von Kamelen gelöst. Die Thieropfer hielt selbst noch Muhammad fest, indem er vor dem Einzuge in Mekka die eigenhändige Opferung einer Herde von Kamelen vornahm. Bei den Kindern Israels scheinen blutige Opfer nach der Zerstörung Jerusalems (70 nach Ch. G.) ausser Gebrauch gekommen zu sein; in späteren Jahrhunderten ward allerdings wiederholt die Beschuldigung erhoben, dass sie zum Passahfeste Christenkinder geraubt und geschlachtet hätten; allein Hass und Raubsucht der Christen waren gross genug, um derartige Beschuldigungen erfinden zu können und selbst die Wiederholung in Damascus vor einigen Jahrzehnden liesse sich aus diesem Hasse erklären, wenngleich nicht ganz die Befürchtung ausgeschlossen ist, dass es hie und da eine verborgene, altestgläubige Sekte geben könne, welche der ursprünglichen Opferweise besondere Kräfte beimesse.

§. 103.

Im vorstehenden ist vorwaltend das Volk der Israeliten zur Beweisführung gewählt worden, nicht allein, weil sein Bildungsgang ausführlicher beschrieben ist und die Kunden, als Inhalt der Bibel, leichter zugänglich sind, sondern auch weil seine Vorstellungen von dem eingreifendsten Einflusse auf die europäischen Völker geworden sind, denen sie mit den christlichen Glaubensschriften zugebracht wurden, unter dem vorgeben, dass ihnen derselbe Offenbarungsursprung beizumessen sei und dass der, als Verehrungswesen der Kinder Israels, darin bezeichnete Herr (Elohim, El, Moloch, Javo, Asasel, Bal, Adonai, Bel-Zebaoth) der Gott der Christen sei. Indem dieses Semitenthum bei den Europäern eingeführt ward, gelangten die Vorstellungen eines Wüstenvolkes nach Gegenden und zu Völkern, bei denen die Anlass gebenden Verhältnisse, die Grundlagen jener Vorstellungen nicht vorhanden waren, diese also nicht hätten naturwüchsig entstehen können. Allein von Glaubenspredigern eingeführt, die zugleich höhere Bildung in anderen Zweigen der Erkenntniss (Künsten und Wissenschaften) herbrachten, fanden sie in der Gleichartigkeit des Menschenwesens, auch ohne örtliche Grundlagen, ausreichende Anknüpfungspunkte, um dem schrecklichen Jave die Aufnahme zu sichern und auf den beliebbahnten, milden, arischen Himmelsherrn den Grimm und die Rachsucht zu übertragen, welche dem schrecklichen semitischen Wüstenherrn des alten Testamentes inne wohneten. Die Wuth der Glaubenskriege, welche das christliche Europa schädigten, Jahrhunderte lang die Länder mit den Gräueln und der Öde der Wüste durchzogen, lassen sich zum grossen Theile dem eingeschleppten Javeglauben beimessen, denn fast jedesmal stützt sich die eine oder andere Seite der Kämpfer, oft sogar beide, auf die Ansprüche und Gebote des alten Testamentes. Die Waldenser vertrauten in ihren Gebirgsschluchten auf den Gott Israels, der sein auserwähltes Volk so wunderbar geführt habe; ihre rechtgläubigen Feinde wandten sich nicht minder zu demselben Gotte und rühmten sich, bei der blutigen Verfolgung jener harmlosen, ächt-alttestamentarisch: „Wir haben keines Geschlechtes, keines Alters, keines Ranges geschont, sondern jeden mit der Schärfe des Schwertes erschlagen." Die Kreuzfahrer, Jerusalem erobernd (1099) stürzten sich in alle Gassen zum niedermetzeln der ungläubigen und auf der Stelle des salomonischen Tempels töteten sie tausende von Sarazenen; sie verbrannten die Juden in ihren Tempeln und die heiligen Stätten der Christen besudelten sie mit dem Blute der unschuldigen, bevor sie beteten; sie vertilgten die Heiden wie Jave es befohlen hatte und als gläubige Befolger seiner Gebote hielten sie sich ebenso für sein auserwähltes Volk. Die Hugenotten, Calvinisten, Lutheraner, Wiedertäufer und Puritaner beriefen sich mit besonderer Vorliebe auf die Aussprüche des alten Testamentes, denn der finstere Jave sagte ihrer eigenen Strenge mehr zu als der mildere Eli, den Jesus gelehrt hatte. Die Puritaner bauten auf den „Herrn", welcher das Volk Israel zur Vertilgung anderer Völker antrieb und es gern sehen musse, wenn die Katholiken, als Götzendiener und Heiden, mit Weib und Kind zu hunderten in ihren Kirchen verbrannt würden, denn der „Herr" habe befohlen (5. Mose 13, 12—18) die Heiden auszurotten, damit der wahre Glaube rein erhalten bleibe. Die spanische Inquisition entnahm ihre Rechtfertigung aus denselben ursemitischen Vorschriften und kerte sich nicht an Jesu entgegen stehendes Gebot: „Liebet eure Feinde," denn die Ketzer waren Feinde des „Herrn" und deshalb mussten sie brennen. Die hohe Priesterschaft Spaniens forderte 1602 den König Philipp 3. auf, alle Mauren im Lande auszurotten, wie Saul mit den Amalekitern und David mit den Filistern gethan habe, denn die grosse Kriegsflotte (Armada), welche der König gegen England abgesandt hatte, sei nur deshalb zu Grunde gegangen, weil Gott den Krieg wider die englischen Ketzer nicht wolle gelingen lassen, so lange die einheimischen Ketzer ruhig wohnen blieben; man solle allen Mauren, getauften wie ungetauften den Hals abschneiden, damit das rechtgläubige Volk nicht verfürt werde. Die Hexenverfolgungen, welche Jahrhunderte lang in Europa wütheten, fanden ihre Stützen nicht im Christenthume, sondern im Semitenthume, in den Aussprüchen des alten Testamentes (5. Mose 13, 6; 2. Mose 22, 18), die den Willen des Herrn deutlich verkündeten, der ausgefürt werden müsse und wenn es auch millionen Menschenleben kostete.

Noch in der Gegenwart erfüllt der grimmige Javegebot, weit stärker als das Christenthum, viele millionen der Europäer und herrscht namentlich bei den Priestern der verschiedenen christlichen Bekenntnisse. In England gilt bei den meisten Sekten das alte Testament mehr als das neue und der Sonntag (Tag des heiteren Himmelsherrn) wird unter der öden Ruhe des altsemitischen Sabbath (Tag des grimmigen Seb) erstickt, weil das alte

Testament den schrecklichen Wüstenherrn, den Feind jeder Freude, als den höchsten Willen der Welt anstellt. Kein Katholik hängt stärker am Papstthume, als der „respectable" Engländer oder Schotte an der „heiligen Bibel", welche sein Papst ist und wenn er nicht zu vornehm sich dünkte, um Soldat zu sein, würde er mit Feuer und Schwert den, aus dem alten Testamente gedeuteten Druck üben, zu dessen Durchführung er jetzt der Parlamentsbeschlüsse sich bedient. Alles im Namen des „Herrn" mit altsemitischen Vorschriften belegt, ohne Rücksicht auf Jesu eigene, entgegenstehende Ansprüche (Matth. 12. 1—8), denn der harte Moloch-Jave der Ursemiten steht ihren Vorstellungen näher als der milde Eli des Galiläers Jesu. So treten auch bei den strenggläubigen Priestern der übrigen christlichen Völker vorzugsweise die Anforderungen und Drohungen hervor, welche nicht im Christenthume, sondern im Javethume wurzeln und den eifrigen Glaubenspredigern der Katholiken wie Evangelischen erscheint der christliche Eli viel zu langmüthig, hat sich zu sehr mit den alten Verehrungswesen der Europäer (Deus, Gott, Hog) befreundet, um ihnen genügen zu können; sie finden es fast unverantwortlich, dass der „Herr" nicht öfterer Pech und Schwefel regnen lasse, um sündhafte Städte, fröhliche Menschen zu vertilgen, dass er mit Pest und Hungersnot, Erdbeben und Kriegsjammer so sparsam verfahre, nicht oft genug die Völker heimsuche, damit sie zitternd erkennen mögten, dass der „Herr" noch lebe und züchtigen könne, damit sie auch seinen Leviten, welche sein Wort verbreiten, grössere Achtung und reichere Gaben widmen, die sichtbaren Zeichen wachsender Furcht vor dem Herrn. Der altsemitische Feuer- und Wüstenherr ist der Herr nach ihrem Sinne; seine Rachsucht, sein Grimm und Hass stehen im Einklange mit ihrer überwiegenden Hinneigung zum düsteren und dem Menschen schädlichen; sie füllen ihre Vorstellungen näher stehend denen, die aus der Betrachtung der bösen Seite der Weltvorgänge entstehen und im schrecklichen, altsemitischen Herrn am schärfsten ausgeprägt sind; der harte Jave ist ihr Herr, dem sie die milderen Eigenschaften des christlichen Eli und des arischen Himmelsherrn nur gelegentlich und beiläufig hinzufügen, weil sie den Einflüssen der vorgeschrittenen Erkenntniss nicht gänzlich sich entziehen können.

Die rückständigen Vorstellungen längst entschwundener Jahrtausende, aus weit entfernten und sehr veränderten Ländern Afrikas entstammend, finden sich in Europa als angetragenes Semitenthum, im Kreise der arischen

Völker einflussreich herrschend. Es knüpfen sich fernstehende Völker und Zeiten aneinander, weil in der Gleichartigkeit des Menschenwesens, seiner Fähigkeiten und Mängel, übereinstimmende Bezüge zur übrigen Welt liegen, welche nach der Bildungsstufe des einzelnen und seinen örtlichen Bezügen sich gestalten, aber in so gleichartiger Weise, dass, fern in Raum und Zeit, die aus örtlichen Vorgängen entstandenen Vorstellungen und Begriffe Anknüpfungspunkte finden, um Samenkörner streuen und fruchttragend wachsen zu können, sobald sie auf Menschen derselben rückständigen Stufe treffen. Jave herrscht noch jetzt in unserer Mitte bei denen, welche vorwaltend die schädliche und bedrohliche Seite der Weltvorgänge auffassen und wer mag bestimmen, wann dieses schreckliche Feuer- und Wüstenbild verschwinden werde?

§. 106.

Die wiederholte Wahrnehmung, dass die gewaltige, grimmige Übermacht auch dann Übel sende, wenn man glaubte ihren Willen erfüllt zu haben, führte zu der Vorstellung, dass dem schrecklichen noch eine andere Eigenschaft beiwohne, welche besonders geeignet ist, die schädlichen Verhältnisse zu bezeugen, in denen die damaligen Menschen zu den Weltvorgängen standen und die schreckhaften und peinigenden Eindrücke, welche der gläubige Mensch empfing: man dachte sich den höchsten Willen als Verführer, als Irreleiter. Am weitesten in die semitische Vorzeit zurück reicht diese Vorstellung bis zu der Sage von dem Befehle, den die Elohim dem Abraham ertheilen, seinen Sohn Isaak als Brandopfer zu schlachten und zu verbrennen, durch welchen Befehl er zum Ungehorsam verleitet werden sollte, dem alsdann eine schreckliche Strafe gefolgt wäre. Den König David verleitet der böse Wille („der Zorn des Herrn" 2. Sam. 24. 1) sein Volk zu zälen, ein beginnen, welches als unbedenklich gelten konnte, da Moses (4. Mose 1) auf ausdrücklichen Befehl Javes das Volk hatte zälen lassen; demungeachtet sendet der Herr dem Volke des gehorsamen David die Pest, an der 70,000 unschuldige Einwohner sterben mussten, weil der König sich hatte vom Herrn verleiten lassen. Dem Könige Ahab sendet der Herr (Bel-Zebaoth) einen bösen Engel, welcher durch den Mund eines falschen Profeten den König zu einem unglücklichen Feldzuge verleiten musste, in welchem viel Volk und auch der König getötet ward (2. Chron. 18).

Der „Herr", dessen Orakel die Losung in der Stiftshütte bildete, war es auch gewesen, der die Israeliten zweimal irre führte bei den Angriffen auf den Stamm Benjamin (Richter 20), so dass sie, obwohl in seinem unmittelbaren Auftrage handelnd, durch seine als böswillig gedeutete Irreleitung 40,000 Mann verloren. Derselbe Herr bekennt auch (Ezechiel 20, 25) durch Profetenmund, dass er selbst auf der Wüstenreise das Volk „verstört" habe, damit sie, auf falschen Wegen wandelnd, erkennen sollten, dass Er ihr Herr sei. Desgleichen dem Hiob gegenüber (Hiob 1. 12) handelt der Herr als Verleiter.

Zur Erklärung dieser rückständigen Vorstellung, welche es nicht unwürdig hält, dem höchsten Verehrungswesen Heimtücke und Schadenfreude beizumessen, muss beachtet werden, dass die Befehle des Herrn aus Träumen, Loswerfen und Weissagungen der Profeten gefolgert und entnommen worden, dass demgemäss der einzelne wie das ganze Volk verfur, in der festen Überzeugung, darin dem Auftrage des Herrn zu entsprechen. Glückte das Unternehmen, so ward der Glaube bethätigt und gestärkt; verunglückte es, so war nur zweierlei Deutung möglich: entweder habe der Herr sich geirrt oder er habe das Volk versuchen wollen und es sei in seine Fallstricke gefallen; ein Irren des Herrn erschien aber nicht denkbar, denn er hatte sich oft bewärt, es blieb also nur die Voraussetzung der Prüfung, der Versuchung, wozu er, nach menschlichen Verhältnissen beurtheilt, berechtigt erschien, da jeder Herr sich erlauben darf, seine untergebenen zu prüfen.

Diese Vorstellung, dass der Herr auch Versucher sei und die Menschen prüfe, erschien so einfach, so leicht verständlich zur Erklärung der Unfälle, die den Menschen auch dann trafen, wenn er den Willen des höchsten getreu erfüllt zu haben glaubte, sie haftete so stark im Bewusstseine der Menschen, dass sie selbst bei fortschreitender Bildung nicht verschwand. Allerdings giebt in Bezug auf Davids Verleitung, die spätere Fassung eine abgeänderte Erklärung, indem sie Satan als den Verführer aufstellt; allein in diesem Falle, wie auch beim Hiob, handelt er im Auftrage des Herrn, so dass bei diesem die böse Absicht verbleibt. Sie erscheint auch wieder als unmittelbare That des Herrn in dem Mustergebete Jesu (Matth. 6. 13) in welchem er Ell ansieht: „Füre uns nicht in Versuchung" deren er also sein höchstes Verehrungswesen fähig hielt und die Ausfürung nicht dem Satan beimass, obwohl er und seine Zeitgenossen ihn sonstig (Matth. 4. 1) als

Mittler des bösen Willens gelten liessen. Dieselbe Vorstellung herrscht auch jetzt noch in unserer Mitte: diejenigen Christen, vornehmlich unter den Priestern, welche vorwaltend die schädlichen und bedrohlichen Weltvorgänge auf sich wirken lassen und an dem Jave des alten Testamentes festhalten, denken ihn auch als Verführer, als Prüfer der seinen; das Unheil, welches Menschen trifft, die es nach ihrer Meinung besser verdient haben, denken sie als vom Herrn zur Prüfung verhängt, dem ebenso wie dem Jave die Allwissenheit mangelt, so dass er als Versucher ermitteln muss, ob sie ächte Bekenner seien oder durch Unheil verleitet werden können, ihr eigentliches, verheimlichtes Innere blos zu legen.

§. 107.

Die Verzichtleistung auf sichere Erkenntniss der Befehle des Herrn musste die Menschen zu ihrem Verehrungswesen stellen, wie den Sklaven seinem launenhaften, prüfenden und trügerischen Herrn gegenüber, dessen Anordnungen man unbedingt folgen muss, ohne dabei wissen zu können, ob dafür Belohnungen oder Misshandlungen erfolgen würden. Dieser blinde Glaube ist die Stellung, welche bei rückständigen Völkern die Diener ihrem Fürsten gegenüber einnehmen: sie haben blindlings zu gehorchen, ohne zu wissen oder prüfen zu dürfen, ob der Befehl im Ernste gemeint war oder nur einer übermüthigen Laune entsprang, um ihre Treue, ihren Gehorsam auf die Probe zu stellen; sie haben auf jede Selbstständigkeit zu verzichten, dem höheren Rathschlusse des Fürsten vertrauensvoll sich unter zu ordnen, selbst wenn ihnen nach ruhmvoller Ausführung des Befehles, statt des Dankes der Tod gegeben würde. Diese sklavische Ergebung dem Fürsten gegenüber, glaubten die Menschen um so sicherer auf das höchste Verehrungswesen übertragen zu dürfen, als diesem unfehlbare Weisheit inne wohne, welche die Fürsten nicht besassen, sondern oft genug mit Robeit und Unwissenheit handelten. Indem der Mensch diesen blinden Glauben, das unbedingte Vertrauen höher entwickelte, entstand eine Vorstellung besonders gefährlicher Art, der Glaube an die Gnadenwahl. Wenn es nämlich des höchsten Wesens würdig war, die Menschen zu verleiten, wenn seine eigenen Befehle nicht zuverlässig waren und den Menschen in Ungewissheit darüber liessen, ob man in Erfüllung derselben ihm wohlgefällig oder missfällig werde, so musste der Mensch gänzlich darauf verzichten, es zu ermessen, ob ihm Lohn oder Strafe werde, er musste die Entscheidung gänzlich der Wahl des höchsten anheim stellen, dessen Gnade nach unerforschlichem Rathschlusse verlange, den Frommen niederbeugend und den Bösewicht erhebend. Die Weiterführung der Vorstellung von der schädlichen Seite der Weltvorgänge musste den Menschen dahin bringen, gänzlich darauf zu verzichten, durch seine Handlungen das Wohlgefallen des höchsten zu erlangen, denn dasselbe werde nach unerklärlichem Ermessen verliehen: es blieb ihm nichts übrig als sich unbedingt der Gnade hinzugeben und durch Verehrung und Gebete sein unwandelbares Vertrauen zu bethätigen, zu versuchen durch unbedingten Glauben das Vertrauen zu stärken.

Im Verlaufe der israelitischen Geschichte findet sich immer als das höchste Verbrechen, dessen Jave sein bundespflichtiges Volk beschuldigt, der Abfall von ihm bezeichnet, der Mangel an Vertrauen, der sie verleitet, andere Übermächte zu suchen, wenn er seine Bundespflicht als Nothhelfer nach ihrer Meinung nicht erfüllte; er verlangte Vertrauen und unbedingte Unterwerfung, auch wenn er Unheil sendete, wann sie Glück und Wohlergehen erwartet hatten. Dieselbe Vorstellung von der überwiegenden Geltung des unbedingten Glaubens findet sich auch ausgesprochen in den christlichen Lehren:

es sagt Jesus: „Wer da glaubt und getauft wird, der wird selig werden; wer aber nicht glaubt, der wird verdammt." (Mark. 16. 16.)

„Also hat Gott die Welt geliebt, dass er seinen eingebornen Sohn gab, auf dass alle, die an ihn glauben, nicht verloren werden, sondern das ewige Leben haben: denn Gott hat seinen Sohn nicht gesandt in die Welt, dass er die Welt richte, sondern dass die Welt durch ihn selig werde. Wer an ihn glaubt, der wird nicht gerichtet, wer aber nicht glaubt, der ist schon gerichtet, denn er glaubt nicht an den eingebornen Sohn Gottes." (Joh. 3. 16.)

„Wer an den Sohn glaubt, der hat das ewige Leben. Wer dem Sohne nicht glaubt, der wird das Leben nicht sehen, sondern der Zorn Gottes bleibt über ihn." (Joh. 3. 36.)

„Jesus sprach zu ihr: Ich bin die Auferstehung und das Leben. Wer an mich glaubt, der wird leben, ob er gleich stürbe und wer da lebt und glaubt an mich, der wird nimmermehr sterben." (Joh. 11. 25.)

„Jesus sprach zu ihr: Ich bin der Weg und die Wahrheit und das Leben. Niemand kommt zum Vater denn durch mich." (Joh. 14. 6.)

Der glaubenseifrige Paulus, dem das Christenthum seine starke Verbreitung wesentlich verdankt, und dessen tiefgestaltende Wirksamkeit bestimmend ward in der christlichen Gemeinschaft, hob noch stärker hervor die in jenen Aussprüchen liegende Folgerung der gänzlichen Abhängigkeit von der Gnade Gottes und des Verdienstes durch den Glauben:

„Alle werden gerecht ohne Verdienst aus Gottes Gnade, durch die Erlösung so durch Jesum Christum geschehen ist." (Röm. 3. 24.)

„Denn wer den Namen des Herrn wird anrufen, soll selig werden."

„Denn aus Gnaden seid ihr selig geworden durch den Glauben und dasselbige nicht aus euch, Gottes Gabe ist es; nicht aus den Werken, auf dass sich nicht jemand rühme." (Ephes. 2. 8.)

Diese Richtung, durch den überwältigenden Einfluss des grossen Paulus scharf vorgezeichnet und eingeprägt, fand im 4. Jahrh. weitere Förderung durch den gelehrten und eifrigen Augustinus, der, wie es entschiedenen Männern eigen ist, nicht davor zurückscheute, die einmal eingeschlagene Richtung bis zur äussersten Spitze zu verfolgen. Bis dahin war die Seligkeit abhängig gewesen vom Glauben und damit in den menschlichen Willen gelegt, ob er selig werden wolle; aber auch diese Wahl entzog dem Menschen der eifrige

Augustinus (354—430 nach Ch. G.) indem er lehrte: „Nicht alle, sondern nur einige sind vorherbestimmt zum Glauben und zur Seligkeit und die Zal derjenigen, welche für das Reich Gottes bestimmt sind, ist so gewiss, dass zu derselben weder einer hinzu noch einer hinwegkommen kann; die da selig werden sollen, werden nur durch den Willen Gottes selig."

Es entstand darüber ein heftiger Streit, indem Pelagius, gleichzeitig lebend und durch seine Kenntnisse und Sitten ebenso achtungswerth, die entgegengesetzte Vorstellung lehrte, dass der Mensch durch seine eigene Kraft zur Seligkeit gelangen könne; ohne Sünden geboren, habe er es in seinem Willen, ob er dem Willen Gottes gehorchen wolle. Der übermächtige Augustinus setzte aber seine eigene Vorstellung durch, die im Christenthume herrschend ward als Glaube an die Vorherbestimmung (Prädestination) der im Laufe der Jahrhunderte sich abschwächte, aber beim ausscheiden der Evangelischen im 16. Jahrh. aufs neue ein heftiger Streitpunkt ward.

Luther (1483 — 1546) hatte als Augustinermönch die Lehre seines Ordensstifters tief erfasst: sein Eifer, seine Schärfe und Strenge fühlte sich im Einklange mit dem entschiedenen Augustinus, dessen Lehrsatz in den Briefen des grossen Paulus ihre Bestätigung fand und auf die Aussprüche Jesu sich stützte; er konnte nicht zweifeln an die göttliche Vorherbestimmung, die alleinige Rechtfertigung und Beseligung der Menschen durch den Glauben und die Gnade Gottes; er vertheidigte in heftigster Weise diese Überzeugung.

Calvin (1509 — 1564) ein ebenso kräftiger und noch schärferer Lehrer, verfolgte diese Richtung bis zur äussersten Spitze, lehrte, dass der Mensch als geborener Sünder der Feind Gottes sei und als solcher nicht durch seine Werke Gott versöhnen könne; die Sünden müssten deshalb dem Menschen vergeben sein, bevor Gott nur ein einziges Werk ansähe und könnte also die Sündenvergebung einzig und allein aus Gnade geschehen, ohne Rücksicht darauf, welcher Art die Handlungen der Menschen seien; verstehen könnten wir die unbegreifliche Weisheit und Gnade Gottes nicht, es sei auch nicht unsere Aufgabe, zu fassen und zu erfaren, welche durch den ewigen Rathschluss Gottes erwählt oder verworfen seien; wer damit nicht sich begnügen, sondern tiefer eindringen wolle, erwecke den Zorn Gottes gegen sich und wer in den Abgrund seiner Majestät eindringen wolle, müsse nothwendig durch seine Heiligkeit erdrückt werden; Gott habe nicht blos die Begebenheiten in seiner Gewalt, sondern auch die Herzen der Menschen und er leite alles so, dass die Menschen mögen machen was sie wollen, endlich doch nichts geschehen könne, als was er vorher bestimmt habe; die Rechtfertigung des Menschen gehe allein aus dem Glauben hervor, ohne äusseren, freien Willen, der Glaube hänge allerdings mit dem Willen zusammen, aber Gott ziehe unseren Willen nach seiner Gnadenwahl.

In dieser Weise hatte einer der Grundanhängel des Menschenwesens, welcher ursprünglich nur die schädliche Seite der Weltvorgänge auf den Menschen wirken liess, eine ganze Reihe von Vorstellungen erzeugt und bis zur Spitze getrieben, in der anfänglich der höchste Wille als Verführer gedeutet ward, als Verleiter zu strafwürdigen Handlungen oder verunglückten Unternehmungen; auf höherer Bildungsstufe zum Spender von Wohl und Wehe, ohne Rücksicht auf die Handlungen der Menschen, aus alleiniger Rücksichtnahme auf seinen Glauben; auf letzter Stufe zur Überzeugung, dass der höchste auch auf den Glauben keine Rücksicht nehme, sondern aus reiner Gnade eine bestimmte Anzal zur ewigen Seligkeit, die übrigen zur ewigen Verdammung vorausbestimmt habe und dass der Mensch ihm gegenüber stehe als blind geborenes, aus unerforschlichen Gründen und unabänderlich zur ewigen Seligkeit oder ewigen Verdammniss vorherbestimmtes Geschöpf. So entwickelte sich im Laufe der Jahrtausende eine der Richtungen, welche die Vorstellungen vom bösen, von den Eigenschaften des schädlichen höchsten Willens einschlugen, und zwar herstammend aus den heftigen Abwechslungen, welche die Schicksale des jüdischen Volkes durchstürmten, theils in Folge der Lage seiner Urheimat im Wüstengebiete und seiner Wanderrichtung von Süden nach Norden, theils in Folge seiner gefährdeten Ansiedlung auf einer Völkerbrücke. Die Eindrücke des hin und her geworfenen Volkes prägten sich aus zu den vorgestellten heftigen Schwankungen in den Entschlüssen des höchsten Willens des „Herrn"; der unglückliche, aus unerkannten Gründen gepeinigte Mensch verzichtete verzweiflungsvoll darauf, durch seine Handlungen sein Geschick zu lenken; dumpfbrütend suchte er in blinder Ergebung den stumpfsinnigen Trost und unterwarf sich dem unerforschlichen Rathschlusse in matter Erstarrung.

Diese aus örtlichen Verhältnissen erwachsene Gestaltung menschlicher Vorstellungen konnte bei den europäischen Völkern Eingang gewinnen und sich fortpflanzen, so oft gemeinschädliche Begebenheiten walteten, wie die grosse Völkerwanderung mit ihren Verwüstungen und Leiden und die blutigen Glaubenskriege des 16. Jahrhunderts, in denen der Mensch die verderblichen Mächte als die herrschenden erkannte; sie konnte auch hier sich erhalten, weil bei der verschieden abgestuften Bildung der gleichzeitig lebenden, jederzeit rückständige der bezüglichen Stufe vorhanden sein mussten und weil, bei der Gleichartigkeit des Menschenwesens, derselbe menschliche Mangel wirken konnte, in Folge dessen er, sein Eigenwesen zum Masstabe nehmend, die Welt in böse und gut eintheilte, in den ihm schädlichen Weltvorgängen einen bösen Willen erkannte und sein Verhältniss zu demselben feststellte nach den empfangenen Eindrücken.

§. 108.

Aller Wahrscheinlichkeit nach erschien dem Menschen zuerst das Feuer als Urquell des Bösen, dasjenige Wesen, welches in umfassender Gestaltung an vielen Orten als furchtbare, verderbliche böse Übermacht auf ihn wirkte, auch nur in reinigender und schaffender Weise sich geltend machte und alles andere, was örtlich schädlich auf ihn wirkte, an Furchtbarkeit weitaus übertraf. Es dürfte sich hieraus erklären, wie in den Glaubensgebilden so verschiedener Völker, die Grundzüge der älteren oder ältesten ihrer bekannten Verehrungswesen, dem Feuer entnommen sind, entweder dem Waldbrande, dem Blitze oder den Feuerbergen angehörend: die Übermacht erscheint in ihrer ursprünglichen Gestalt als eine fressende, ausschliesslich verderbliche.

Bei den Egyptern war es der Ptah, welcher die ersten 2500 Jahre hindurch ihr Land regiert haben sollte und in dem auch der Tiube (Verderber) seinen Ausdruck fand. In der ursprünglichen Bedeutung als verzerenden Waldbrand finden sich noch dessen Kennzeichen in dem, von den Egyptern entlehnten Typhon der Griechen, welchen die Sagen beschreiben wie folgt: „Das Ungeheuer ist von gewaltiger Kraft, an Händen und Füssen und in seinem Nacken ragen hundert Drachenköpfe, mit dunklen Zungen leckend, mit feuersprühenden Augen leuchtend, mit wunderbar gemischten Tönen zischend: bald hört man die gewöhnliche Göttersprache, bald das Gebrüll eines furchtbaren Stieres, bald das Geheul eines Löwen oder das Gebell von Hunden, dann wieder ein schrilles Gepfeife, dass das ganze Gebirge wiederhallt;" alles Bilder, die weit mehr den zahlosen Feuerzungen und Glutungen eines Waldbrandes und den dabei erschallenden Lauten gemäss sind, als den Ausbrüchen eines Feuerberges.

Bei den Altpersern erscheint dasselbe Bild als Ariman (Agramamain)n als Fürst des Bösen, jedoch, wie es auch späterhin in Egypten dem Tiube geschah, als Herr der Wüstendürre, welche der Entwaldung folgte: er führte einen beständigen Kampf wider Ormuds (Aburamasda) dem Herrn des guten.

Bei den älteren, nach Indien wandernden Ariern findet sich der Feuerherr deutlich gestaltet als Agni, nach manchen Anzeichen älter als der Himmelsherr Indra; in dem, aus der Mischung ihrer Vorstellungen mit denen der Urbewohner Indiens entstandenen späteren Glauben, der noch jetzt dort herrscht, ist Schiwen oder Siwa der Verderber, welcher die Menschen mit Flammen und Pest, Dürre und Hungersnoth verfolgt, dem auch nur mit Menschenopfern gedient werden darf.

Bei den Semiten haben wir den Feuerherrn als Moloch zu erkennen, dem alles rothe (rothe Kuh, rothe Wolle, Blutsprengen, Blutzeichen u. d.)

heilig war, dem durch Brandopfer gedient werden musste, dem das Verbrennen lebender Wesen zum süssen Geruche diente; das Feuer bleibt selbst dann noch Grundzug, wenn der „Herr" nur noch als Glutwind das Land durchweht, im israelitischen späteren Bal wie im egyptischen Tinhe. Letzterem opferten die Egypter rothharige Menschen und eben solche opferten auch die Sabier im rothangestrichenen Tempel, wobei sie riefen:

„O du böser, unbeständiger, scharfer, feuriger Herr!

Du liebst Aufruhr, Mord, Zerstörung, Brand, Blutvergiessen:

Wir bringen dir ein Opfer, das dir ähnlich ist!"

Auch die Farbe des Bal war roth; dem Jave zum Opfer wurden ganze Städte mit ihren Bewohnern, Vieh und aller Habe verbrannt, ihm geweiht zum blutigen Brandopfer und dem Moloch war der rothe Stern Mars geheiligt, weil er seiner Farbe nach, dem Reiche des bösen Feuerherrn angehörte.

Auch bei den Nordländern findet sich der aus der Urheimat mitgebrachte Feuerherr als Loki, ein Name der sich erhalten hat im deutschen Worte Lohe, als Bezeichnung des auflodernden Brandes und der Teufel trug zu allen Zeiten, als Höllenfürst, die Kennzeichen des Feuers an sich, gefürchtet als Urquell alles bösen.

§. 109.

Zu allen Zeiten und bei den verschiedensten Völkern hat sich der Mensch angelegentlichst bemüht, die Schwierigkeit des Einklanges der bösen und guten Weltvorgänge zu überwinden. Er erkannte darin einen bösen, ihm ungünstigen, wie auch einen guten, ihm günstigen Willen, also Gegensätze, die er vereinigen wollte, als sein Streben zum Eingottglauben ihn drängte, sie einem Verehrungswesen einzufügen.

So lange der Mensch überwiegend die ungünstigen Vorgänge auffasste, den übermächtigen Willen in einer oder mehreren Gestalten, als einen bösen, gewaltthätigen, grimmigen, rachsüchtigen und verderblichen sich vorstellte, waren die erkannten, einzelnen günstigen Vorgänge leicht zu erklären als freundliche Launen, die auch den ärgsten Wütherich zu Zeiten beschleichen oder sie wirkten nur dadurch günstig, dass der Grimm nach anderen Seiten, wider die Feinde des Volkes, sich gekert hatte. Der Grundzug des höchsten, die verderbliche Gewalt ward nicht dadurch gestört, die Vorstellung nicht geschmälert, wenn dann und wann der Zorn und die Rachsucht ruheten oder nach anderen Seiten sich wendete, denn jedes eintretende und erkennbare verderbliche Ereigniss hielt die ursprüngliche Vorstellung lebendig, so dass die milderen Zwischenzeiten nicht dahin wirken konnten, das Bild des bösen wesentlich zu mildern. Dieses Verhältniss spiegelt sich noch im Glauben einiger Völker West-Afrikas: sie glauben an ein gutes und ein böses Wesen, bemühen sich aber nicht im geringsten um Jenes, weil, wie sie sagen, das wenige gute von selbst komme; dem bösen dagegen widmen sie alle Sorgfalt, bringen ihm die schwersten Opfer, denn sein Wirken ergreift sie stark genug, um Ehrfurcht zu erzeugen.

Als bei fortschreitender Erkenntniss der Mensch erwarmte, sein Leben gesicherter und freundlicher ward, seine Weltstellung sich erhöhete durch Ausrottung wilder Thiere, Hegung und Mehrung nützlicher Thiere und Pflanzen, Bezwingung der Flüsse und Landdürren u. s. w., da erweiterten sich seine Vorstellungen von der Weltregierung: die Auffassung der günstigen Weltvorgänge erlangte grösseres Gewicht und die ungünstigen traten zurück: das gute ward mehr und das böse minder, bis beide gleich mächtig in seinem Bewusstseine wirkten. Sie neben einander bestehen zu lassen und anzuerkennen, konnte auf verschiedenen Wegen geschehen, von denen aber jeder seine besonderen Schwierigkeiten bot, die auch in der Gegenwart noch nicht gelöst sind.

Am entschiedensten hat dieser Entwickelungsgang bei den Altpersern sich ausgeprägt, welche aus dem Stammvolke der Arier westwärts sich wendend und von dem nach Indien südwärts wandernden sich trennend, die gemeinschaftlich gehegten Grundvorstellungen abweichend fortbildeten. Sie führten den arischen Himmelsherrn Indra und den Feuerherrn Agni zurück zur Einheit, zum Ahuramasda (Ormuzd) dem sie eine lichte (weisse) und eine dunkle (schwarze) Seite gaben, deren entgegengesetzten Ausflüsse, die günstigen und ungünstigen Weltvorgänge, sie als gutes und böses deuteten. Späterhin spalteten sie aber das einige Wesen: die dunkle Seite ward abgetrennt zu einem eigenen Wesen, dem Agramainjo, dem Erzfeinde (Feuer, Dürre, Finsterniss) den sie beim Vorrücken im Süden des Landes bei den älteren, dunklen Küstenvölkern herrschend fanden und dessen unabhängiges dasein sie anerkennen mussten, wie ihr Bruderzweig den Siwa in Indien. Die persische Zweitheilung gab die einfachste und deutlichste Erklärung, war die höchste Entfaltung des strebens, welches bei allen Bildungsvölkern des Alterthumes sich offenbart und dessen Spuren bis in die Gegenwart hinein sich verlaufen; alle übrigen Versuche auf derselben Bahn, wie sie bei den Egyptern, Indern, Semiten und christlichen Europäern als Glaubenssätze sich offenbaren, stehen weit zurück gegen jene Lösung der Altperser. Auch bei diesen musste das Verhältniss sich verändern, je nachdem bei zunehmender Erkenntniss, die Weltstellung des Menschen sich verbesserte: ursprünglich waren es zwei gleich berechtigte oder gleichmächtige Seiten desselben Wesens, späterhin wurden es zwei Wesen von örtlich verschiedener Geltung, das gute mächtiger im Norden, das böse im Süden; endlich aber ward das böse durchgehends schwächer als das gute, so dass man sich berechtigt glaubte anzunehmen, das böse werde, wie bis dahin allmälich abnehmend, endlich verschwinden, am Ende des Weltalters in das gute überfliessen und geläutert in den Himmel eingehen.

Bei den Israeliten lief der ursprüngliche Versuch zur Vereinigung der guten mit den bösen Weltvorgängen darauf hinaus, ihren Jave als Wohlthäter, aber auch als Versucher hinzustellen. Dieselbe Erklärung liegt auch dem hellenischen Ausspruche zum Grunde: „Wen die Götter verderben wollen, den strafen sie mit Blindheit" d. h. sie rauben ihm die Wahlkenntniss während sie ihm die Versuchung eröffnen, strafwürdig zu handeln. Die gleiche Vorstellung fand sich auch bei den Nordländern, denn die Eddalieder erzälen, wie Dag, als er den Schwager getötet hatte, der verwitweten, ihm fluchenden Schwester erwiederte: „Odin hat allein an dem Unheile Schuld, der zwischen verwandte Zwistrunen warf." In allen Fällen war also der höchste Wille (unter örtlich verschiedenen Namen) schädlich wirkend als Irreleiter, Verführer, Anstifter des Zwistes u. s. w.

Bei den Israeliten verlor sich das Grundwesen auch dann nicht, als der überwältigende Einfluss der höherentwickelten Stammgenossen ihnen den Sonnenherrn (Adonai) zugebracht hatte. Die vorherigen Verehrungswesen waren ihrem Ursprunge nach vorwaltend böse; aber dem freundlichen, prangenden, sich opfernden Adonai lagen nur günstige Vorgänge zum Grunde, ihm konnte das böse nicht verliehen werden. Dennoch liess das dasein des bösen sich nicht bestreiten, es zeigte sich in den schädlichen Verhältnissen des Landes und den Handlungen der Menschen; es war also sichtbarlich ein böser Wille wirksam ausser dem guten und nach Menschenart gestaltete man ihn als Satan, wie er noch jetzt als semitischer Scheitan bei allen Muhammadanern als Bild fortlebt. Auch in dieser Gestalt sind ihm die Merkmale des Feuers geblieben; bei allen Abweichungen im einzelnen ist er durchgehends Herr der brennenden Unterwelt, der Hölle und der Flammenpfuhl ist sein Lebensaufenthalt; er wohnt im dunkel und waltet im Feuer gleich dem ursprünglichen Jave. Der Satan ward jedoch bei den Israeliten nicht der Beherrscher eines abgesonderten Reiches, sie konnten dem höchsten seine Geltung als Versucher nicht abnehmen und auf den Satan übertragen; der Satan ward Diener, zur Ausführung der Versuchungen des höchsten und in dieser untergeordneten Stellung trat er dem David gegenüber (1 Chron. 22. 1), dem Hiob (Hiob 2. 7) und Jesus (Matth. 4. 1). Dem Satan konnte keine mächtige Stellung entstehen, weil dem freundlichen, rein guten Adonai die überwiegende Herrschaft fehlte, also das Bedürfniss eines weitreichenden Gegensatzes ausblieb; der schönen Zeit seiner kurzen Herrschaft folgten rasch die Schicksalsschläge der Königszeit.

Das Elend, welches die Kriege der damaligen Grossmächte über Juda und Israel verhängten, war nicht dazu geeignet, einen rein guten Willen in den Vorgängen zu erkennen und diesem einen ausschliesslich bösen gegenüber zu stellen; das böse herrschte übermächtig als blutvergiessen, Mord und Brand, Öde und Verwüstung und die alten bösen Herren Moloch, Jave und Bal erfüllten das bewusstsein der Priester und Könige wie die des Volkes. Hätten sie aber das böse diesen Herren abnehmen wollen, um es auf Satan zu übertragen, dann wäre von den älteren Herren im bewusstseine des Volkes nichts übrig geblieben; sie mussten also, da man die alten Volksgötter nicht schwinden lassen wollte, den Satan fallen lassen.

Im Christenthume zeigt sich das Verhältniss ursprünglich semitisch, späterhin arisch. In den Evangelien tritt Satan hervor als Versucher und auch als oberster der bösen Geister in den besessenen; beides semitische Vorstellungen. Als das semitische Christenthum zu den arischen Europäern gelangte, versuchten seine Verbreiter auch jenen Vorstellungen Eingang zu verschaffen und in gleicher Weise, wie sie das gute Verehrungswesen den vorherigen (Theos, Deus, Gott, Bog) anschlossen, hefteten sie auch dem Satan an ein heidnisches Glaubenswesen, wo sie solches fanden. Bei den Teutonen fand sich der arische Feuerherr Lokr oder Loki, der in der Tiefe (Teufe) wohnende und diesem Teufel legten sie nicht allein auf, was die Evangelien dem Satan beimassen, sondern auch das wirken der vorherigen heidnischen Verehrungswesen. Dem Teufel ward in dieser Weise eine weitreichende Machtstellung zugewiesen, eine trotzige Unabhängigkeit Gott gegenüber, dem er nicht als Diener untergeordnet war, sondern als Widerstreiter entgegen gestellt wurde. Es lässt sich nicht verkennen, dass dadurch die Gottesvorstellung geläutert und erhabener ward, indem sie der altpersischen Weltspaltung sich näherte, dass der in den Weltvorgängen erkannte gute Wille um so reiner und lichter sich gestaltete je mehr man das erkannte böse ihm abnahm und in die Vorstellung vom Teufel vereinte. Diese Entwicklung war ächt arisch, gleich der persischen, stand unendlich höher als die semitische, denn nun war nicht der gute Wille (Gott) der Versucher, sondern diese böse Eigenschaft ruhete lediglich im bösen Willen (Teufel), sie konnte nur von der bösen Seite an die Menschen herantreten und wider den Teufel stand ihm die gute Seite schützend und helfend bei. Der Mensch konnte sich weitaus günstiger gestellt denken, denn der bösen Macht, deren gefährliches vorhandensein und wirken er deutlich erkannte, stand die gute Macht gegenüber, die dem Menschen helfen konnte und helfen wollte. Dem Europäer war der Herr ein zuverlässiger Beistand wider die Versuchung; dem Semiten dagegen war der Herr selbst der Irreleiter, konnte also nicht Helfer sein wider sich selbst.

Das Christenthum barg bis zum Anfange des 18. Jahrh. diese Vorstellung der scharf geschiedenen Weltregierung: dem Teufel war ein so weiter Bereich der Wirksamkeit angewiesen, dass alles böse seine Erklärung finden konnte, ohne Gottes Wesen zu berühren. Der Mensch wusste, dass Versuchung und Verführung nur vom Teufel ausgehen könne und dass dagegen Gott und die heiligen Schutz und Hülfe gewärten; er fühlte sich gehoben als Verbündeter der guten Allmacht wider den tückischen bösen und wusste sich in einer klaren entschiedenen Stellung, einerseits den mächtigen Teufel mit allen Listen als Verführer, andererseits den allmächtigen Gott mit seinen heiligen als Helfer. Diese klare und leichtfassliche Vorstellung gelangte so sehr zur Geltung, dass ein Zweifel daran der Gotteslästerung gleich gerechnet wurde und dem Zweifler sehr gefärliche Verfolgungen zuzog; sie ward anfänglich bei den Evangelischen noch weit stärker hervorgehoben als bei den Katholiken, bis sie, namentlich wegen der darauf begründeten Hexenverfolgungen, der Rückbildung verfiel und dahin schwand.

In der Gegenwart herrscht sie noch bei einzelnen Glaubens-Abtheilungen von minderer Zal und geringem Einflusse; sie dient aber vielfältig bei der Ausbreitung des Christenthumes unter rückständigen Völkern, wozu sie in mancher Beziehung sehr geeignet erscheint, da sie die einfachste Erklärung für die, in Bezug auf das menschliche Eigenwesen, sich gegenüber stehenden Weltvorgänge bietet, jedenfalls dem rückständigen leichter fasslich wird, als wenn man sich bemüht, das scheinbar entgegengesetzte (böses und gutes) in ein gutes Wesen (Gott) zu vereinen, mit der Allgüte in Einklang zu setzen, was der Mensch als böses, als das Gegentheil des guten, zu erkennen glaubt. Allerdings trifft die Lehre bei vorgeschrittenen auf einen Widerspruch, den ein denkender Heide dem christlichen Prediger entgegen hielt mit den Worten: „Warum duldet dein allmächtiger Gott das böse, welches der Teufel anstiftet? Warum schlägt er nicht den Teufel tot, dann könnten ja alle Menschen nicht anders als gut sein? Dein Gott ist selbst schuld am bösen."

§. 110.

Die vorbenannte Scheidung aller Vorgänge in gut und böse war eine allgemeine und bezog sich auf diejenigen Eindrücke, bei denen der Mensch sich leidend verhielt, die er von Bewegungen ausser sich empfing, von Übermächten vor denen er sich beugen musste. Dieselbe Eintheilung hatte er auch durchzuführen bei seinen eigenen Bewegungen, sobald er in Verband mit anderen Menschen trat, er hatte zu unterscheiden zwischen guten und bösen Handlungen.

So lange der Mensch als Einzelwesen lebte, hatte er seine Handlungen lediglich nach eigenem ermessen gestaltet, durfte thun, was ihm gefiel; sein Leben war ein fortgehender Raub, den er an Pflanzen und Thieren beging, den letzteren gegenüber war er auch Mörder und wenn seinesgleichen ihm gegenüber trat, eröffnete er unbedenklich den Todeskampf, wobei Körperkraft oder List darüber entschieden, wer den anderen töten und verspeisen dürfe. Eine Unterscheidung zwischen guten und bösen Handlungen gab es noch nicht für ihn; Annehmlichkeit und augenblicklicher Nutzen waren die einzigen Triebfedern seiner Handlungen und dieselben fanden nicht allein auf fremde, sondern auch auf seine eigene Familie ihre Anwendung: Weib und Kindern gegenüber band ihn nichts, er erschlug und verspeiste sie, wann er wollte, sobald es ihm angenehm oder nützlich schien.

Die unbeschränkte Willkür des Mannes ward beschränkt als er in einen Verband mit seinesgleichen trat: er musste sie seinen Genossen gegenüber aufgeben, denn der Hauptzweck des Verbandes war die gegenseitige Sicherung des daseins, der Schutz nach innen und aussen: Raub und Mord an Genossen begangen ward eine böse Handlung; an fremden begangen aus Eigenwillen blieb sie unbeschränkte Willkür; dagegen zum Vortheil des Verbandes begangen ward der Raubmord eine gute Handlung. Diese anfänglichste Unterscheidung zwischen böse und gut findet sich noch bei den rückständigsten Völkern der Gegenwart: sie rauben und morden ausserhalb ihres Verbandes im bewusstseine des lobenswerthen, guten Betragens und das begegnen zweier Verbände (Stämme) hat gewöhnlich die Bekämpfung zur Folge. Der Raub gehörte zu jeder Zeit zu den lobenswerthen, guten Handlungen, sobald er zum Nutzen des Verbandes an ausserhalb stehenden verübt ward: die Bewohner dürftiger Gegenden, vor allem der Wüsten und Hochgebirge, betrieben von jeher die Beraubung der anbelegenden, fruchtbaren Länder als berechtigten Lebenserwerb und das wegtreiben der Heerden, fortschleppen der Früchte brachte denen Ruhm und Ehre, welche sie ohne Verlust auszuführen vermogten: wenn die fremden Besitzer ihr Eigenthum vertheidigten, ward auch ihre Ermordung als eine gemeinnützige, also gute Handlung ausgefürt. Die gleichen Handlungen, innerhalb des Verbandes ausgeübt, wurden als gemeinschädlich, also böse erkannt und jedem Genossen strenge untersagt. Bei wachsender Bildung ward das Verhältnis dahin beschränkt, dass es dem einzelnen Genossen nicht länger freigestellt blieb, die Genossen fremder Verbände zu ermorden oder zu berauben; er durfte solches nur im Auftrage oder in Gemeinschaft seiner Mitgenossen ausführen, so dass die mittlere Abtheilung ausfiel, welche bis dahin seiner Willkür verblieben war. Es gab seitdem für ihn nur noch die einfache Unterscheidung zwischen guten und bösen Handlungen, dem Verbande nützlichen und schädlichen. Dieselbe Unterscheidung hat sich durch alle Zeiten erhalten, auch als die Stämme zu Völkern, zu grossen Statsverbänden anwuchsen; die Anwendung ward gemildert, aber sie selbst ist geblieben. Der einzelne Statsbürger hat die im Urstande herrschende Willkür aufgeben müssen zu Gunsten des Verbandes, darf als einzelner weder seinen Genossen noch fremden gegenüber Mord und Raub begehen; allein der Verband hat fremden Völkern gegenüber die Willkür nicht aufgegeben, sondern rechnet Mord und Raub (den Krieg) zu den guten Handlungen und betreibt sie, ohne als bestimmend etwas anderes anzuerkennen als die eigene Willkür. Die Gesammtheit fühlt sich nicht verbunden zu dem, was sie von ihren Mitgliedern innerhalb des Verbandes verlangt, sie kennt nur ein Statsrecht, kein Menschenrecht; ihre Mitglieder, deren Vorfaren ursprünglich jeder für sich willkürlich handelten, den Unterschied zwischen gut und böse nicht kannten, haben sich vereinigt, um dieselbe Willkür in Gemeinschaft wider andere Verbände zu üben und stellen in tausenden oder millionen Einzelwesen den Urmenschen dar, welcher Raub und Mord begeht, sobald sie ihm dienen. Es ergiebt sich hieraus, dass die Erkenntniss des guten und bösen dem Menschen nicht angeboren sei, sondern erst im Verbande entstand und sich fortentwickelte; dass sie aber auch in der Gegenwart weit entfernt ist von allgemeiner Anerkennung und Durchführung, indem sie die gleichen Handlungen (Mord, Raub u. s.) in entgegen gesetzter Weise beurtheilt, je nachdem sie der einzelne begeht oder die Gesammtheit der Mitglieder des Verbandes.

Viel länger und ausgedehnter hat der einzelne seine Willkür der eigenen Familie gegenüber bewart. Lange nachdem der Verband den Raub und Mord im eigenen Kreise der Männer als böse verpönte, blieben sie der Willkür jedes einzelnen Mannes in seinem häuslichen Kreise unbeschränkt überlassen. Selbst auf höheren Stufen der Fortbildung verblieb der Familienvater unbeschränkter Herr über die seinen, durfte Mord und Raub begehen, ohne dass der Verband ihn beschränkte; die Kräfte seiner angehörigen, ihre Arbeit gehörte ihm, was ihm angenehm oder nützlich galt als höchstes Gesetz und er entschied über Leben und Tod. Der Indianer verkrüppelt oder erschlägt seine Frau, wenn sie ungehorsam ist und der Stamm lässt ihm seine Willkür unbeschränkt; er tötet seine neugeborenen, wenn sie verkrüppelt oder schwächlich erscheinen oder er seine Kinderlast nicht mehren will; selbst die Mütter töten häufig ihre neugeborenen Töchter, um sie dem elenden Leben des Weibes zu entziehen. Bei den alten Römern war anfänglich die Willkür so wenig beschränkt, dass der Familienvater über Leben und Tod seiner Kinder herrschte; sie gehörten ihm, er durfte sie strafen, als Sklaven verkaufen u. s. w. und das töten der Töchter nach eigenem ermessen scheint sehr lange in Gebrauch geblieben zu sein. Auch bei den Hellenen muss das verkaufen oder verpfänden der Kinder ursprünglich Gebrauch gewesen sein, denn in Athen brachte erst Solon im 6. Jahrhundert vor Chr. G. es dahin, diese Willkür aufzuheben. Ebenso wird bei den Israeliten anfänglich der Gebrauch geherrscht haben, die Kinder zu verkaufen, denn es finden sich (2. Mose 21) hebräische, gekaufte Sklaven, indem es heisst: „So du einen hebräischen Knecht kaufst" und: „Verkauft Jemand seine Tochter zur Magd," wobei der Werth dieser Sklaven (20. 21) in der Weise festgestellt wird, dass wenn der Herr sie schlage, so dass sie unter seinen Händen sterben, solle er bestraft werden, blieben sie aber noch einen oder zwei Tage leben, dann solle er unbestraft bleiben, „denn es ist sein Geld." Das verkaufen der Kinder ist bei rückständigen Völkern Afrikas noch jetzt gebräuchlich, sie bilden fast die einzige Tauschware, welche sie den Händlern anbieten können. In Ostindien, selbst bei vorgeschrittenen Völkern, ist das töten der Töchter gebräuchlich und in Europa ist es bei einzelnen Völkern dem Manne gestattet, sein Weib mässig zu misshandeln, ohne dass der Verband ihn weiter beschränkt, als dass er ihm schwere Verwundungen untersagt. An Gesetzen zum Schutze der Kinder, zur Sicherung ihrer Menschenrechte fehlt es noch sehr; der Verband räumt der Willkür des Vaters einen weit grösseren Bereich ein als er sich selbst vorbehält.

§. III.

Wie vorbenannte kurze Anführungen genugsam erweisen, haben wir auch auf dem Gebiete der guten und bösen Handlungen, durchgehends aber mannigfaltig gestaltet, das Menschenwesen als Grundlage zu erkennen, aus seinen Fähigkeiten und Mängeln das ganze wie das einzelne abzuleiten. Auf diesem Gebiete war die Entwicklung der Erkenntniss um so schwieriger, als der Schwerpunkt der Fragen nicht im Wesen der einzelnen liegt, sondern in der Gesammtheit des Verbandes, dem der einzelne angehört. Was angenehm oder unangenehm sei, konnte jeder unmittelbar an sich selbst erfaren, er blieb in den wichtigsten Fällen über die Verschiedenheit der Eindrücke dieser Art nicht lange in Zweifel; was nützlich oder schädlich für ihn sei, erkannte er in den anfänglichsten Beziehungen aus den Eindrücken, welche sein Gedächtniss ihm aufbewart hatte, der Mensch wusste den Unterschied aus eigenen Gefülen. Zeigten sich neue Sachen oder

Vorgänge, welche Eindrücke auf ihn machten, so konnte er in Bezug auf Annehmlichkeit oder Nutzen nicht lange in Zweifel bleiben über ihre Art, denn die eigene Empfindung ist ein angeborener Wegweiser, dem schon das Kind in seinen unbewussten Entscheidungen zu folgen weiss. Greift eine Menschenhand in Brennessel, so bedarf es weder Bildung noch Überlegung, um zu entscheiden, ob der Eindruck angenehm oder unangenehm sei; der Geschmack von Galle, Geruch von Leichen, das hören des Thiergeheules und das blicken in dunkle Abgründe lassen keine Zweifel über die Art des Eindruckes; die Vorstellung wie die demgemässe Handlung sind sofort entschieden. Die höhere Entwicklung der menschlichen Bildung brachte später, selbst in diesem rückständige Gebiet der menschlichen Beziehungen zur Aussenwelt, die Ungewissheit und den Zweifel, nicht allein indem sie neue Eindrücke schuf, von denen es zweifelhaft war, ob sie den angenehmen oder unangenehmen zugerechnet werden sollten, sondern auch solche, welche entschieden unangenehm sind (z. B. der Taback) und dennoch Eingang fanden. Diese Änderung ging noch im rückständigsten Gebiete vor sich, indem der Mensch lernte, nicht nach dem augenblicklichen ersten Eindrucke zu entscheiden, sondern nach dem folgenden bleibenden: der Tabackraucher räumt ein, dass anfänglich der Geschmack und der Geruch des Rauches entschieden unangenehm seien, bezeichnet aber den nachfolgenden Genuss als überwiegend angenehm, so dass er innerhalb des Gebietes der Annehmlichkeit den Zweifel löst und zwar in so gemein gültiger Weise, dass das Tabackrauchen Eingang findet bei allen Völkern und seine zahlreichen Verehrer hat bei den rückständigsten wie bei den vorgeschrittensten Menschen. Die Ungewissheit ist auch sehr stark in der Anwendung des schmeckens: der Kalmuck rechnet faule Eier zu den Leckerbissen, wie unsere Feinschmecker das angefaulte Wildpret oder den weithin stinkenden Käse; manche Eindrücke werden als angenehm empfunden, von denen man annehmen sollte, dass sie Jedermann unangenehm sein müssten. Noch grösser ist die Ungewissheit bei den höheren Kunstgenüssen, welche ebenfalls innerhalb des Gebietes der Annehmlichkeit liegen: Gemälde und Bildwerke, die den Kenner anwidern, bereiten anderen hohen Genuss, jenen stört die buntscheckige Farbengebung, diese fülen sich angenehm erregt; dieselben Tondichtungen empfindet der eine als eine Ohrenqual, wärend der andere freudig erregt sie als Kunstwerke bewundert, jener schilt und pfeift, dieser ist entzückt und klatscht. Je höher die Bildung steigt, desto grösser wird die Verschiedenheit in der Wahl zwischen dem angenehmen und unangenehmen.

Die Ungewissheiten sind weitaus grösser auf dem Gebiete des nützlichen und schädlichen und nehmen auch viel mehr zu bei steigender Bildung. Die Erkenntniss des Nutzens ist ein Gedankenvorgang, also nicht allein abhängig von den Sinnen, wie die Erkenntniss der Annehmlichkeit, sondern auch abhängig vom Gedächtnisse und dem Wirken des Verstandes; je öfter dem Mängeln des Menschenwesens Gelegenheit zum Einflusse geboten wird, desto wahrscheinlicher wird ihre Einwirkung. Schon in den rückständigsten Bezügen der Ernährung war der Mensch vielfach ungewiss; er musste gleich den Thieren Erfarungen sammeln zum eigenen Schaden, bevor er wissen konnte was ihm diente und musste diese Versuche über eine weit grössere Zal von Narungsmitteln erstrecken, weil die Bedürfnisse seines Geschlechtes es erheischten. Woher sollte er wissen, was ihm gedeihliche Narung sei oder Gift? Die meisten sind geschmacklos, ihre Eindrücke gaben seinem Urtheile keinen Anhalt in ihrer Annehmlichkeit; er prüfte also, indem er genoss, was er mit seinen Zähnen zermalmen konnte und nicht unangenehm schmeckte und nur aus den nachfolgenden Wirkungen, wenn sie auffällig genug waren, entnahm er die Entscheidung darüber, ob er den Versuch wiederholen wolle oder nicht. Man glaubt gewöhnlich, dass die Thiere hierin günstiger gestellt seien, indem ein angeborener, untrüglicher Instinkt sie leite; allein es giebt Beweise in Fülle, dass sie gleich dem Menschen ungewiss gestellt seien, dass auch sie durch Erfarung haben lernen müssen, und nur deshalb eher zur Entscheidung gelangten, weil jedes auf einen kleineren Narungskreis sich beschränkte und viel seltener Gefaren unterlag, weil es weniger Neigung hegt zu neuen Versuchen. Der Mensch dagegen ist Allesfresser, durchkostete das Thierreich wie das Pflanzenreich, in allen Theilen und in den verschiedensten Weisen: Wurzeln wie Stämme, Rinden, Blätter, Blüten, Früchte und Kerne kaut oder verschluckt er, saugt sie aus oder geniesst Aufgüsse davon, auch Kräuter, Schwämme, Moos und Flechten versucht er und was er nicht roh verzehren kann oder mag, sucht er durch kochen oder rösten geniessbar zu machen. Ebenso setzt er das ganze Thierreich auf seinen Speisezettel, von der rohen Auster und der gerösteten Heuschrecke bis zum gekochten Schwanze des Walces und dem Fleische des Elephanten; was zwischen den Erdpolen wächst und läuft, schwimmt oder fliegt, auf Berggipfeln wie im Flachlande oder in den Meerestiefen, das hat er versucht und Narung oder Gift daraus genossen, hat es den verschiedensten Bereitungsweisen unterzogen und was vordem ungeniessbar war, in nützliche Speise umgewandelt, wie anderes, was vordem gute Speise war, zum aufregenden Getränke bereitet. Auf einem so weiten Gebiete bedurfte es zalloser Erfarungen, bevor der Mensch in seinen Vorstellungen scheiden konnte, was ihm nützlich oder schädlich sei; längst nachdem das Thier wusste, was es in seinem beschränkten Kreise zu geniessen oder zu vermeiden habe, und zu verschmähen was er nicht kennt, prüfte der Mensch noch nach allen Seiten, ohne zum Abschlusse mit seinem Urtheile zu gelangen. Die Ernärungseinrichtungen des menschlichen Leibes scheinen so einfach und selbstwirkend, dass man glauben mögte, es sei nur geringe Verschiedenheit des Eindruckes möglich, jeder Mensch müsse leicht beobachten und entscheiden können, was ihm nützlich oder schädlich sei. Allein die tägliche Erfarung lehrt, dass diese Annahme irrig sei, dass nicht allein dieselbe Speise, dieselbe Arznei ganz verschieden wirke auf unterschiedliche Menschen wie auch auf demselben Menschen zu unterschiedlichen Zeiten, sondern auch dass den meisten Menschen zalreiche Vorstellungen bezüglich des nützlichen oder schädlichen ganz entgehen, weil entweder die Eindrücke nicht stark genug sind oder nicht rasch genug erfolgen, um von ihnen empfunden zu werden und zur Bildung von Vorstellungen zu füren. Die Wahl der Narung gehört zu den niedrigsten Bezügen im Bereiche des nützlichen; weit höher stehen die übrigen, auf die Familie, Gemeinde, den Stat, die eigene Fortbildung, den Glauben gerichteten und hierin sind um so zalreicher die Ungewissheiten, um so schwieriger die Erkenntniss und Entscheidung. Die Ernärung ist allerdings eine der wichtigsten Grundlagen des daseins und konnte auch, ihrer einfacheren Verhältnisse willen, in der Erörterung vorangehen; sobald aber die Betrachtung zu höheren Stufen übergeht, erheben sich ungleich wichtigere Fragen, deren Entscheidung schwankt und sich umkert, je nachdem die Menschen von rückständigen Stufen zu höheren sich fortbilden. Im Familienkreise hat der Mann wie die Frau nicht am eigenen befinden zu ermessen, was nützlich oder schädlich sei, nicht vom eigenen Behagen, dem eigrnen Schmerze sich leiten zu lassen, wie in der Speisewahl, sondern sie sollen den beiderseitigen Nutzen in Anschlag bringen und den Nutzen der Kinder, also von Wesen, die ihnen änlich, aber auch sehr verschieden sind. Dem Manne ähnelt seine Frau mehr als seine Kinder, er kann für

Jene nahezu dieselben Kennzeichen des nützlichen gelten lassen, wie für sich selbst, was seinem Leben, seiner Gesundheit, seinem Behagen nützlich oder schädlich sich erweist, wird auch auf seine Frau ähnlich wirken. Seine Kinder dagegen stehen weit genug entfernt, um den Vergleich unzutreffend zu machen, die Eltern kennen meistens nur wenig die Lebensbedingungen der Kinder, wissen das schädliche vom nützlichen nicht immer zu unterscheiden, wie das zu allen Zeiten und an allen Orten stattfindende übergrosse Kindersterben hinlänglich erweist. Aber auch das Verhältniss der Eltern zu einander wird nicht von sicheren Entscheidungen über das nützliche oder schädliche geleitet; keiner von beiden weiss zuverlässig in allen Fällen, was dem Verhältnisse diene oder nicht, wie die gangbare Verbindung des Eheglückes mit der Eheplage genugsam erweist. Auf höheren Stufen wird die Ungewissheit immer grösser: alle Glaubensgenossenschaften streiten über die Nützlichkeit oder Schädlichkeit der verschiedenen Vorstellungen und Begriffe und was eine oder mehrere als Grundlage des zeitigen und ewigen Wohles hinstellen und fest glauben, bezeichnen andere als die Quelle des grössten Verderbens; derselbe Glaube wird von einem Theile desselben Volkes beurtheilt als das nützlichste für jeden Menschen, während der andere ihn als das schädlichste betrachtet. Der Unterricht des Volkes wird von sehr vielen als dem Gedeihen schädlich angesehen, wogegen andere ihn bezeichnen als das nützlichste, die grösste Wohlthat, welche man dem Volke bieten könne. Zu den Feinden des Unterrichtes gehört ein grosser Theil der Priester aller Glaubensbekenntnisse, also derjenigen, in deren Berufe das unterrichten liegt und ferner ein grosser Theil der Verwalter des öffentlichen, von deren Entscheidungen der Umfang des Unterrichtes abhängig ist.

§. 112.

Die Ungewissheiten in den nächsten Bezügen des einzelnen mehren sich in allen Fällen, wenn die entscheidenden Merkmale der beiden Bereiche einander widerstreiten, wenn den angenehmen Eindrücken schädliche Wirkungen folgen oder nur mit unangenehmen Eindrücken nützliche Wirkungen zu erzielen sind. Ersterer Art sind bekanntlich die anfregenden Gifte (Opium, Haschisch u. a.) welche angenehme Erregungen zur Folge haben, aber den Menschen zerrütten; der zweiten Art sind die meisten Arzneien.

welche unangenehm aber heilsam wirken: in beiden Fällen wendet sich der Wille nur zu oft der unrichtigen Seite zu.

Ungleich grösser und zahlreicher sind die Schwankungen auf dem Gebiete des Gemeinwohles, wo die Rücksichten auf gut und böse vorwalten, wo der einzelne dem Verbande sich unterordnen soll, in der Anerkennung, dass das Gemeinwohl höchstes Gesetz sei. Es sind dabei nicht mehr seine eigenen Empfindungen leitend, sondern Vorschriften anderer, Forderungen des Gemeinwesens, die häufig genug den Rücksichten seines Eigenwesens entgegenstehen, seine Neigungen zum angenehmen oder ihm nützlichen bei Seite setzen; er hat etwas fremdes als höher stehend gelten zu lassen, selbst wenn es seinem Eigenwesen geradezu widerstreitet. Das anscheinend fern liegende, fast fremde Gemeinwohl wirkt allerdings nützlich ein auf sein Eigenwesen, er geniesst seinen Antheil aus den Erfolgen; allein das gute, welches aus dem Verbande für die einzelnen erwächst, wirkt im gleichmässigen, gewohnten leben, welches er als etwas selbstverständliches hinnimmt, weil ihm die Gelegenheit mangelt, es mit den Zuständen ausser Verband zu vergleichen. In Folge dessen empfindet er den Eindruck desselben viel geringer als die kurzen Unterbrechungen des Behagens oder den Abbruch an seinen Genüssen, welche das Gemeinwohl von ihm verlangt. Ausserdem wirkt auch das Gemeinwohl in den einzelnen Fällen selten so unmittelbar durch hervorragende Annehmlichkeit oder Nutzen, wie er sie sofort erlangen kann, wenn er, das Gemeinwohl bei Seite setzend, den Eingebungen seines Eigenwesens folgt. Die Verbandgenossen sind ihm allerdings ähnlich in ihrem Menschenwesen, über Annehmlichkeit und Nutzen sind die Vorstellungen der einzelnen nur wenig verschieden, aber das Gemeinbeste ist ein anderes und deshalb darf der einzelne nicht sein Eigenwesen als allein bestimmend für seine Entscheidungen und Ausführungen geltend machen, sondern soll dem Gemeinbesten sich unterordnen. Er soll sich beengt und beeinträchtigt durch fremde Entscheidungen, denn er soll aus den zahlreichen Erfahrungen, die er als einzelner über das ihm angenehme oder nützliche machte und nach denen er gewohnt war, seine Entscheidungen zu treffen, nunmehr einen grossen Theil ausscheiden oder gar, so weit es das Gemeinwohl anbetrifft, seine Schlussfolgerungen geradezu umkeren, soll angenehmes oder nützliches in das Gebiet des bösen versetzen und diese ungewohnte Geltung seinem Gedächtnisse einprägen um demgemäss seine Handlungen zu regeln. Erforderlichen Falles soll er nicht allein unterlassen, was ihm angenehm oder nützlich sein würde, sondern auch thun oder ertragen, was unangenehm oder schädlich auf ihn einwirkt. Das an ihn gestellte Verlangen mag noch so notwendig sein, auch auf jeden einzelnen in der Folge angenehm oder nützlich zurück wirken, so überlässt doch der Verband nicht dem einzelnen die Wahl, sondern zwingt jeden der gesammten Entscheidung sich unterzuordnen, welche allerdings auf ihn dauernd nur so weit wirken kann, wie sie zu seinem Bewusstsein gelangt und seinem Gedächtnisse so übermächtig sich einprägt, dass sie seine eigenen Entscheidungen, seine Willkür nieder zu halten vermöge.

Dieser Schwierigkeit und Ungewissheit des Urtheiles, in der Rückwirkung der Gemeinschaft auf das Einzelwesen, gesellt sich eine nicht geringere hinzu, in den Erkenntnissen (Gesetzen) über das gemeinnützige, welche jedes Mitglied des Verbandes für sich und die übrigen schaffen hilft. Die einzelnen, zu einer Gesammtheit vereint, sind keineswegs sicher in ihren Entscheidungen über das, was dem Verbande diene oder nicht, gut oder böse sei; ihre Entscheidungen und Entschlüsse schwanken fortwärend, sind so zalreich, undeutlich und widersprechend, dass weder der Verband in seinen Vertretern, noch der einzelne weiss oder wissen kann, wohin in jedem einzelnen Falle die Entscheidung fallen soll und werde. Von den ersten Anfängen des zusammenlebens her, haben die einzelnen Verbände sich bemüht, dasjenige zu erkennen und bei den Mitgliedern zur Geltung zu bringen, was für die Gesammtheit gut sei. Sie haben ihre Vorstellungen in Gesetze gefasst und deren Befolgung als recht, ihre Verletzung als unrecht dem bewusstseine der einzelnen einzuprägen gesucht; allein in allen Jahrtausenden ist dieses bemühen von ungewissem, schwankendem Erfolge gewesen. Zu allen Zeiten und bei allen Völkern herrscht der beständige Kampf des Verbandes wider den einzelnen, der entweder die Forderungen der Gesammtheit, die Gesetze, nicht kennt oder nicht anerkennen will oder auch durch seine eigenen Entscheidungen stärker beherrscht wird, als durch Rücksichten auf das Gemeinwohl. Der Kampf ist so allgemein, dass er alle Bezüge des menschlichen Lebens in seinen Bereich zieht, dass alles, was wir öffentliches Leben, Gemeinde- und Statsleben nennen, von diesem Kampfe erfüllt ist, den der Verband durch seine Vertreter wider das ungebürliche geltendmachen der einzelnen füren muss. Die Gesetze der einzelnen Staten in ihrer endlosen Fülle und Zal haben keinen weiteren Zweck als den einzelnen dem Gemeinwohle des Verbandes unter zu ordnen, ihm zu verhindern gemeinschädliches auszuführen, wenn es seiner Annehmlichkeit, seinem Nutzen dienen könnte oder ihn zu zwingen gemeinnützliches zu thun, auch wenn es ihm unangenehm oder schädlich wäre; sie sollen ihn lehren, wie er seine Entschlüsse zu fassen habe, sobald es sich handle um seine Beziehungen zur Gesammtheit.

Vor dem eingehen auf Verbände, nahm der einzelne Mensch seinen Aufenthalt wo es ihm beliebte, wanderte umher und hielt sich vorübergehend dort auf, wo es ihm gefiel: im Verbande dagegen ist sein Aufenthalt begrenzt, er soll sich eine Stätte durch Kauf, Schenkung, Erbschaft oder Miethung erwerben und will er sich nicht fügen, sondern als Einzelwesen in Wäldern und Feldern umher ziehen, dann verfolgt ihn die Gesammtheit als Landstreicher und Heimatlosen. Als einzelner nahm und genoss er die Früchte des Landes, wo es ihm beliebte: er war ihre Obermacht und genoss sie, weil er sie bezwingen konnte, seiner Willkür, dem Raube stand nichts weiter entgegen: im Verbande dagegen steht dessen Erkenntniss, das Gesetz, entgegen, er soll den Raub unterlassen, auch wenn ihn hungert und nahrhafte Früchte erreichbar sind, deren Genuss ihm angenehm und nützlich sein würde. Der Verband hat die Früchte einem anderen Mitgliede gesichert, nennt den Raub derselben böse und verlangt von dem unberechtigten, dass er den unmittelbaren und sofortigen Nutzen des Raubes opfere, um dagegen den mittelbaren, aber erst beim etwaigen Erwerbe eintretenden Nutzen der Sicherstellung seines Eigenthumes zu geniessen. Der Raub, den er als Einzelwesen ohne weitere Rücksicht als die auf seinen eigenen Nutzen vollführen durfte, den soll er im Verbande lebend als böse ansehen, demgemäss seine Vorstellungen umkehren und seine Handlungen bemessen, sonst verfolgt ihn der Verband durch seine Vertreter und straft ihn als Räuber oder Dieb. Ebenso hat er einzelnlebend jeden angegriffen, mit dem er in Zwist gerieth, hatte dabei nichts weiter zu berücksichtigen als das Verhältniss der Kräfte und wenn er dem anderen überlegen war, mogte er durch seine Tötung den Zwist beenden; im Verbande dagegen darf er einen Zwist nicht durch Angriff und Tötung erledigen, soll auf die sofortige, entschiedene Lösung verzichten, um dagegen einzutauschen den mittelbaren, fernliegenden Nutzen der Sicherstellung seines Lebens, in etwaigen Zwistfällen, bei denen der Gegner ihm an Kraft oder List überlegen wäre und ihn töten könnte.

In diesen hervorragenden Beziehungen des Raubes und Mordes, ist am auffälligsten zu verdeutlichen die Verschiedenheit der Vorstellungen und Handlungen des Menschen, im Einzelnleben oder als Mitglied eines Verbandes. In zahlreichen anderen Beziehungen herrscht derselbe Unterschied, minder auffällig, aber deutlich genug, um keinen Zweifel übrig zu lassen, dass der Mensch im Verbande vieles als böse betrachten soll, was ihm als Einzelwesen unmittelbar angenehm oder nützlich sein würde. Es bleiben aber jederzeit zahlreiche Beziehungen übrig, in denen der Verband selbst im Zweifel steht, ob er sie als gut oder böse zu betrachten habe und betreffs derer er mit seinen Entscheidungen und Bestimmungen wiederholt wechselte, ohne zu einer schliesslichen Feststellung gelangt zu sein. Die Grenze zwischen gut und böse ist niemals eine festbleibende; sie wechselt nach Zeit und Ort in der ganzen Menschheit, wie in jedem Verbande und in der Erkenntniss jedes einzelnen.

Als den umfassendsten Verband haben wir die gesammte Menschheit zu betrachten; allein im Bereiche desselben sind die Unterscheidungen zwischen gut und böse bis jetzt nicht zur vollen Anerkennung gelangt. Nur die zur Zeit hervorragenden Bildungsvölker haben begonnen, die ersten Anknüpfungen eines Verbandes zu schaffen, indem sie versuchten, ein Völkerrecht aufzustellen und in ihrem Kreise zur Anerkennung zu bringen, wobei jedoch jedes derselben zur übrigen, vom Verbande ausgeschlossenen Menschheit sich stellt als Einzelwesen d. h. keine Rücksichtnahme auf böse und gut gelten lässt, sondern nur diejenige auf den eigenen Nutzen, die eigene Annehmlichkeit. Aber auch im Kreise des sich knüpfenden Verbandes der Bildungsvölker stehen sich noch zur Zeit die Völker vorwaltend als Einzelwesen gegenüber und wärend jedes von seinen Mitgliedern verlangt, dass sie nicht als Einzelwesen sich geltend machen sollen, obgleich sie Einzelwesen sind, stellt es sich als Verband der übrigen Menschheit wie ein Einzelwesen gegenüber, obgleich es nur eine lockere Vereinigung von einzelnen bildet; was es in seinem Kreise als böse bezeichnet, rechnet es ausserhalb seines Kreises zum guten. So sehen wir die einzelnen Völker der übrigen Menschheit gegenüber, nach eigenem Belieben rauben, was ihnen unmittelbaren Nutzen schafft und jeden Zwist, in den sie unter einander gerathen oder den sie absichtlich hervor rufen, durch Angriff, Raub und Mord erledigen. Die Völker wollen nicht auf die Eigenschaften des Einzelwesens verzichten, machen sie vielmehr geltend, nicht allein in der ganzen Rohheit und Rückständigkeit, welche die ersten Schritte der Erhebung des Menschen über das Thier kennzeichnen, sondern wenden auch die, in der höheren Fortbildung erlangten Kenntnisse, mit besonderem Eifer an zur Erlangung einer Übermacht über andere Völker oder andere statliche Verbände und behandeln diese alsdann mit derselben Willkür welche der einzelnlebende auf jedes anwendet, welches seiner Übermacht unterliegt. Man nennt den Bereich dieser rückständigen Vorstellungen gewöhnlich das Naturrecht; es dürfte aber die Bezeichnung als Thierrecht passender sein, weil es kein Recht ausserhalb der Natur geben kann, selbst das vollkommenste innerhalb ihrer Grenzen liegend Naturrecht sein muss; Thierrecht bezeichnet unmittelbar die Übereinstimmung, in welcher der Mensch in seinem anfänglichen einzelnleben mit dem Thiere sich befand und folgt daraus, dass die Verbände zu dieser Gleichstellung sich erniedrigen, sobald sie wie das Einzelnwesen oder die Thiere, zu den rückständigsten Formen des Raubes und Mordes greifen.

§. 113.

Die Unterscheidungen zwischen gut und böse haben in den einzelnen Verbänden sich fortgebildet, in dem Maße wie die Vorstellungen und Begriffe der Mitglieder zu höheren Stufen sich entwickelten; sie sind von den ersten Anfängen an den Grenzen des Thierreiches, im Laufe der Jahrtausende schärfer und eingreifender geworden, bleiben aber noch immer schwankend und ohne durchgehende Anwendung. Nicht einmal der Mord, die Verneinung des daseins wird als unbedingt böse angesehen, wie die Kriege und Duelle genugsam beweisen; der einzelne Mord erregt Abscheu, der Mörder wird verachtet und verfolgt, aber der Krieg, welcher mit Anwendung der höchsten Kenntnisse geführt wird, um absichtlich tausenden das Leben zu rauben oder zu verkümmern, erregt keineswegs den Abscheu, sondern die heerdenweisen Mörder werden verherrlicht. Auch die Eltern geben willig ihre Söhne, die Stütze ihres Alters her, um sie Jahrelang in den Künsten des Menschenmordes unterrichten zu lassen, fülen noch sich hochgeehrt, wenn der Sohn, wegen seiner Geschicklichkeit im kunstgerechten morden und für die gelungene Tötung einer Anzal Mitmenschen, Belohnungen und Auszeichnungen empfängt. Dieses Verhältniss würde den richtigen Sinn haben, gut sein, wenn die Abrichtung zum Morde lediglich geschähe, um das Vaterland gegen Angriffe vertheidigen zu können, den Pflichten der Notwehr zu genügen und wenn die abgerichteten darüber zu entscheiden hätten, ob ein Fall vorliege, der es verdiene, der Lebensgefar sich auszusetzen. Allein, davon ist nirgends die Rede, es liegt vielmehr die Absicht vor, nicht nur Vertheidigungskriege zu füren, sondern auch Kriege, um dem muthwilligen Entschlusse einzelner Geltung zu verschaffen, sobald es diesen gelüstet, ihre Herrschaft auszudehnen oder Ruhm sich zu erwerben, auf Unkosten des lebens ihrer Mitgenossen im Verbande.

In ähnlicher Weise und noch umfassender hat, ausserhalb wie innerhalb der Verbände, die Vorstellung sich erhalten können, dass in vielen Beziehungen der Raub zum guten gehöre. Der einzelne hat allerdings auf den Nutzen verzichten müssen, den er durch gewaltsamen Raub oder Diebstal erlangen konnte; allein die Gesammtheit oder die jeweilig herrschenden halten sich hieran nicht gebunden, nehmen vorkommenden Falles was dem Verbande nicht gehört, durch List oder Gewalt und selbst der einzelne im Verbande hält sich berechtigt, seine Überlegenheit über andere zu benutzen, um zu ihrem Schaden seinen Besitz zu mehren. Jede Anwendung der Klugheit, nicht darauf gerichtet das Wohlsein aller zu mehren und dadurch zu gewinnen, sondern lediglich den Besitz anderer in den eigenen hinüber zu leiten, gehört mehr oder weniger zum Raube, denn sie missbraucht in den meisten Fällen ebenso die Schwäche der Erkenntniss anderer, wie der Strassenräuber die Schwäche der Muskelkraft der beraubten.

Die Umkerung der Werthe einer Vorstellung, das versetzen aus dem Gebiete des guten in das des bösen, ergiebt sich aus der geschichtlichen Entwicklung einzelner Vorstellungen, wie z. B. der Blutrache. Im anfänglichen Einzelnleben verstand es sich von selbst, dass der Vater oder Sohn eines ermordeten dem Mörder es zu vergelten suchte und dass aus einem Morde eine Reihe auf einander folgender und einander bedingenden Tötungen entstand, die nur durch Ausrottung der einen oder anderen Seite beendigt werden konnte, wenn nicht die schwächere Partei, durch die Flucht in unerreichbare Ferne, dem Verderben zeitig entging. Auch als die Menschen zu Verbänden zusammen getreten waren, verblieb dem einzelnen das Recht der Blutrache, selbst wider die Genossen; der nächste verwandte handelte gut, vollfürte eine heilige Pflicht, wenn er den Mörder tötete und der Verband sicherte ihm dieses Recht; die Mutter handelte gut, wenn sie den ältesten Sohn im Hasse wider den Mörder erzog und sobald er erwachsen, ihm half den Mörder seines Vaters zu erreichen und zu töten. Bei den alten Völkern, Semiten wie Ariern, findet sich die Blutrache als gutes Recht dem nächsten Nachkommen des ermordeten zustehend und selbst Könige waren vorkommenden Falles derselben unterworfen. Bei fortschreitender Bildung ward es den vorgeschritteuen einleuchtend, dass ein einzelner Mord die allmähliche Ausrottung des ganzen Verbandes zur Folge haben könnte, wenn den zahlreichen Genossen zweier Sippen gestattet blieb, in aufeinander folgenden Reihen sich gegenseitig zu töten; die Blutrache blieb gut, doch setzte man fest, dass sie enden solle, sobald sieben Männer auf beiden Seiten getötet worden seien; darüber hinausgeführt, solle die Blutrache zum bösen gezählt werden. Eine weitergehende Umänderung fand statt, als die Blutrache dem einzelnen Nachkommen entzogen und auf die ganze Sippe übertragen ward, wie noch jetzt bei den Atkendons in Ostafrika; sie fangen den Mörder, schlachten ihn und übernehmen, durch trinken seines Blutes, insgesammt die Rache, so dass kein einzelner den verwandten des Mörders gegenüber steht. Noch enger ward die Beschränkung, als der Verband selbst die Blutrache übernahm, den Mörder tötete und dadurch den Blutfaden abschnitt, welcher in unabsehbarer Folge die Sippen wider einander zum Kampfe reizen konnte. Die Blutrache der einzelnen war nunmehr völlig dem Gebiete des bösen zugerechnet, dagegen war die Rache des Verbandes noch immer dem guten zugetheilt. Auch diese Feststellung ward späterhin beschränkt durch die Anweisung von Freistätten, welche dem Mörder sein Leben sicherten, wenn er sie erreichen konnte, bevor der Bluträcher der Familie, der Sippe oder des Verbandes (Stammes oder States) ihn erfasste. Bei den Israeliten dienten dazu einige heilige Orte und es genügte, die Hörner der Altäre zu erfassen oder die im Lande zerstreuten Freistätten zu erreichen, um dem unabsichtlichen Töter das Leben zu retten und die verwandten zur Annahme eines Lösegeldes zu bewegen. Der absichtliche Mörder verfiel bei den Israeliten, wie noch jetzt bei den Semitenvölkern Arabiens der Blutrache, zu deren Ausübung aber jene Rächer besassen, die von der Gesammtheit dazu bestellt waren, denen sie verfielen, auch wenn sie in die Freistätten geflohen waren und denen selbst der unabsichtliche Töter verfiel, wenn er die Freistatt vorzeitig verliess. Bei den Hellenen war die Sühne an heiligen Orten auch dem Mörder möglich, selbst dem Elternmörder (Orest); es ward die Blutrache den Verehrungswesen (Apollon, Artemis u. a.) anheim gegeben, welche an ihren heiligen Stätten die Sühne geschehen liessen. Bei den Römern konnte jede Vestalin, die jungfräuliche Priesterin der Vesta, die Retterin eines Mörders sein und im Christenthume galten vielfach die Kirchen und Klöster als Freistätten. Die arischen Völker liessen von Alters her durch die Vorstellung sich leiten, dass der Mord eine Beschädigung der Sippe sei, des Nutzens, den die hinterbliebenen von dem ermordeten hätten ziehen können und die durch eine abzuschätzende Entschädigung zu sühnen sei. Der Todschläger ward zur Entschädigung verpflichtet, die vor. etwa 2000 Jahren in Vieh (Rindern und Schafen) geleistet ward; in späteren Zeiten trat Geld an die Stelle, für einen erschlagenen männlichen Geschlechtes, nach sächsischem Rechte, 18 Pfund jedes zu 20 Schillingen, für weibliche die Hälfte. Absichtliche Mörder verfielen im Alterthume der Blutrache der Sippe; späterhin übernahm sie der Verband, vertreten durch seinen Oberherrn, dem das Recht verliehen ward über Leben und Tod.

Das ursprüngliche Verhältniss findet sich noch bei den Semiten Arabiens und in Nord-Afrika, wie auch bei den Bewohnern der beiden italischen Inseln Corsika und Sardinien; auf letzterer fallen jährlich etwa 120 Menschen der Blutrache zum Opfer, bei der kein Unterschied gemacht wird, ob die ursprüngliche That ein Mord oder unabsichtliche Tötung war. Die erste Milderung tritt allenthalben ein, indem man zwischen Mord und Tötung unterscheidet, nur den Mörder der Blutrache des nächsten verwandten, der Sippe oder des Verbandes übergiebt, dem Töter aber Wege eröffnet, um sein Leben zu retten. Das Lösegeld findet sich gegenwärtig noch bei den Afghanen Vorderindiens, die den Todschlag in der gangbaren Landesmünze mit 12 Frauen sühnen lassen, welche die betrübten Verwandten unter sich vertheilen; den absichtlichen Mörder dagegen überliefern sie der Blutrache. Bei den Türken wird noch jetzt, wie ein neuerer Vorfall erweist, die ursprüngliche Blutrache als ältestes Recht anerkannt. Ein Mörder stand vor Gericht, des Todesurtheiles gewärtig, als die Kunde eintraf, die Wittwe habe einen Knaben geboren; der Mörder berief sich auf das Blutrecht des geborenen und ward der Haft übergeben bis der ungeborene dereinst als mündig gewordener darüber entscheide, ob er den Tod des Mörders verlangen oder ein Lösegeld annehmen wolle. Bei den vorgeschrittensten Völkern der Jetztzeit dagegen gelangt die Ueberzeugung zur Geltung, dass die Blutrache jeder Art dem bösen angehöre, also auch nicht dem Verbande zustehe, der die Todesstrafe nicht länger beibehalten dürfe. Es hegen also die Europäer gleichzeitig die rückständigsten Vorstellungen (auf Sardinien und Corsika) neben den vorgeschrittensten; es ist eine völlige Umkerung der Vergleichswerthe derselben Vorstellung eingetreten, denn dieselbe Handlung (Blutrache) welche ursprünglich als gemeinnützig erkannt und dem Bereiche des guten zugerechnet ward, hat diesen Werth bei fortschreitender Bildung verloren und ist zuletzt in den gegenüberstehenden Bereich des bösen versetzt worden.

§. 114.

In ähnlicher Weise ist es mit der elterlichen Verfügung über die Kinder ergangen. Auf den rückständigsten Stufen sind die Kindermorde gänzlich dem Willen der Eltern anheim gegeben, welche sie vor oder nach der Geburt vollziehen dürfen; die Morde werden von der Gesammtheit, vom Verbande dem guten zugerechnet, sobald die nächstbetheiligten Eltern den Entschluss fassen. Auf manchen der Koralleninseln Australiens ist die zulässige Zal der lebenden abhängig von der Zal der vorhandenen Kokosbäume, jedes überschüssige Kind wird getötet. Auf anderen Inseln ist keiner Mutter erlaubt, mehr als drei Kinder zu haben, jedes überschüssige muss sie selbst einscharren. Bei einzelnen amerikanischen Stämmen war es gebräuchlich, alle Töchter zu töten und bei gewissen Traumerscheinungen auch die Söhne; andere Stämme töteten sämmtliche Kinder und kauften ihre Weiber und Knaben von den umwohnenden. Auf mehreren Südseeinseln finden sich Glaubensverbände, deren Mitglieder verpflichtet sind, alle ihre Kinder zu töten; der Oheim der jüngstverstorbenen Königin Pomare hatte acht Kinder töten müssen, um seinen Rang zu behaupten. Als die Vorfaren der jetzigen Bildungsvölker auf der demgemäsen rückständigen Stufe sich befanden, haben sie ebenfalls die Vorstellung gehegt, dass Kindertötung nicht dem Verbande schade, also auch nicht zum bösen zu rechnen sei; sobald es ihnen an der Norung mangelte oder die Zunahme zu stark erschien, haben sie zur Minderung oder Verhütung der Geburten sich entschlossen. Vorzugsweise ward dieses durch Tötung der weiblichen Kinder erreicht, was dem Zwecke um so ausreichender diente, da die Mehrung der Menschenzal unmittelbar von der vergleichsweisen Zal der Weiber abhängt. Sie findet sich deshalb auch zu allen Zeiten und an weit entlegenen Orten: bei den umherstreifenden Indianern Amerikas, wie bei den Afghanen und wilden Völkern Indiens bei den Sinesen und soll ebenfalls in den morgenländischen Harems sehr gebräuchlich sein. Bei den Römern war es schon in den ältesten Zeiten gebräuchlich Töchter zu töten und scheint es auch in der glänzenden Zeit des Volkes geblieben zu sein, denn Tacitus rühmt die Teutonen deshalb: „die Zal der Kinder zu bestimmen oder einen seiner Nachkommen zu töten wird für das schändlichste gehalten; bei ihnen vermögen gute Sitten mehr als anderwärts gute Gesetze." So ist es auch bei den Arabern noch im 7. Jahrhundert nach Chr. G. gebräuchlich gewesen, nach elterlichem belieben die Töchter zu töten. Auch die vorgeschrittenen Völker der Gegenwart sind nicht frei davon: in manchen Gegenden Englands und Frankreichs will man beobachtet haben, dass die Verhältniszal der Zweikinderehen anwachse bei demjenigen Theile der Bevölkerung, welcher (ebenso wie die Afghanen in Indien) einen Vorzug darin sucht, seine Kinder glänzend auszustatten oder in seiner Genusssucht nicht durch eine Kinderlast beeinträchtigt werden will. Die Sachsen in Siebenbürgen beschuldigt man, dass bei ihnen gemein, zigeunerhaft gelte, viele Kinder zu haben und aus diesem Grunde ihre Zal so wenig wachse. In Nord-Amerika giebt es merkamt Anstalten zur Verhinderung lebender Geburten und in Europa stehen manche der Privat-Entbindungsanstalten im Verdachte. Die Entscheidung von Geschworenen in einschlägigen Fällen lassen schliessen, dass man auch in England den Eltern die Befugnis einräumt, das keimende Leben zu töten und auf dem Festlande duldet man stillschweigend an vielen Orten die Ärzte und Weiber, welche das Fruchttöten erwerbsmässig betreiben; äussersten Falles lässt man solche Ärzte, wenn Anzeigen entsteht, straflos entrinnen. Der Kindermord, welcher ursprünglich dem guten zugerechnet ward, hat im Laufe der Zeit diese Geltung verloren, bis er zuletzt dem bösen zugerechnet worden ist, so weit er das lungenathmende Kind betrifft; dagegen ist die Tötung des Vorlebens in der Vorstellung der Menschen noch nicht vollständig dem bösen zugewiesen worden.

§. 115.

Derartige Umwandlungen der Deutung haben in allen einzelnen Bezügen stattgefunden, besonders auf dem Glaubensgebiete: es ist z. B. in der Bedeutung des Feuers für das Gemeinwohl der Menschen, aus dem bösen, grimmigen, vernichtenden Urfeinde, dem Träger alles gemeinschädlichen, im Laufe der Zeit der gute, trauliche Wohlthäter geworden, der

Erzeuger und Träger menschlicher Gesittung. Nicht dadurch, dass etwa das Feuer seine Eigenschaften geändert hätte, sondern lediglich, weil in den Vorstellungen der Menschen eine Umwandlung stattgefunden hat, welche ihre Bezüge zum Feuer änderte, sie zu Beherrschern der vorherigen Übermacht erhob.

Den Urzustand des Menschen haben wir uns, aller Wahrscheinlichkeit nach, als ein affenartiges Waldleben zu denken, ganz abgesehen davon, ob er ein veredelter Affe sei oder eine besondere Thierart. Er wird zuerst in den Wäldern der wärmeren Erdstriche gelebt haben, wo die wild wachsenden Pflanzen und die Fülle an kleinen Thieren ihm leicht erlangbare Narung boten, auch die Luftwärme ausreichte, um ihn und seine nackten Kinder genügend zu erwärmen. Diesem Waldmenschen musste der Brand, das rothe Feuer mit glühenden Zungen, rauchumhüllt im dunklen daherfliegend, alles niederwerfend und verzerend, das fürchterlichste Wesen von allen sein, denn es zerstörte seinen Aufenthalt, seine Narung und häufig das Menschenleben. Das Schreckbild war so gewaltig, dass es den engen Bereich der menschlichen Vorstellungen ausfüllend, der Inbegriff alles bösen ward, dass es als Hintergrund aller höheren Vorstellungen alle Zeiten hindurch verblieb.

Als der Mensch im fortschreiten lernte, dem bösen die Flamme zu stelen, daran seine Speisen zu bereiten, sich zu erwärmen, einen Herd zu bauen und mit seiner Hütte zu umgeben, keimte neben dem Feuerbrande die Geselligkeit, das sesshafte Leben, die Gesittung: der Mensch schritt hinaus aus den Banden des Thierreiches und trat seine Herrschaft an über Pflanzen und Thiere. Vom Feuerbrande begleitet, durfte er die kälteren Länder bevölkern, denn Hütte und Herd schützten ihn gegen das erfrieren, das Feuer befähigte ihn, in Gegenden sesshaft zu werden, wo im Winter das Quecksilber gefriert und die Erdkruste einen Felsen von niemals thauendem Eise bedeckt. Das Feuer half ihm die Wälder zu vertilgen um Weiden und Äcker zu schaffen, Metalle zu schmelzen um Waffen und Geräte zu schaffen zur bezwingung übermächtiger Thiere und der Widerstände der übrigen Welt. Das Feuer setzte ihn in den Stand, durch umwandlung des Wassers in Dampf, eine Triebkraft zu schaffen, welche die Muskelkraft von millionen Menschen ersetzend, seine Fähigkeiten steigert, indem sie solche der niedrigsten Anwendungen überhebt. In dem Masse wie der Mensch seine Bildung steigerte und seine Vorstellungen änderte ward das Feuer aus dem Gebiete des bösen in das der guten versetzt; es tritt schon frühzeitig in dieser Gestalt hervor als Pta bei den Egyptern, Hestia und Hephästos bei den Hellenen, Vesta und Vulkan bei den Römern. In der Jetztzeit zweifelt niemand mehr daran, dass das Feuer dem Gemeinwohle nütze, also gut sei, ebensowohl wie die Handlungen der Menschen, wenn sie in überwiegendem Mase dem Verbande, dem Gedeihen aller Mitglieder günstig sind.

§. 116.

Die grossen Schwankungen in der Beurtheilung des bösen und guten entsprangen und werden auch fernerhin entspringen aus den Mängeln, mit denen die Fähigkeiten der Menschen behaftet sind und die in der Bildung aller Vorstellungen und Begriffe ihren Einfluss äussern. Indem der Mensch die verschiedenartigen Eindrücke, welche die Weltvorgänge auf ihn machen, in seinen Vorstellungen als böse und gut unterschied, vollzog er in sich eine Spaltung, deren Grenzen nirgends ausser ihm vorhanden waren, sondern nur in seinem Bewusstseine geschaffen und erhalten werden konnten. Je nachdem seine Vorstellungen sich änderten, verschob er die Grenze zwischen den beiden Gebieten; je mehr seine Erkenntniss zunahm, desto weiter rückten die Grenzen hinaus, desto verwickelter wurde die Scheidung und öfterer das Überführen aus einem Gebiete in das andere. Vergleiche zwischen den Gesetzbüchern der Vorzeit und der Gegenwart lassen erkennen, wie in demselben Volke die beiden Gebiete sich erweiterten und ihre Abgrenzung veränderten, wie sehr die Zal der Vorstellungen zugenommen hat, wie wichtige Theile aus dem Gebiete des guten in das des bösen verwiesen worden sind, aber auch wichtige Theile des bösen Gebietes abgestorben und verschwunden sind. Bei Durchsicht der Gesetze der Jetztzeit erblickt man gleichfalls eine Menge von Vorstellungen dem Gebiete des guten zugerechnet, wärend sie im Bewusstseine der vorgeschrittenen längst dem des bösen zugehören, und anderer Vorstellungen, bei denen das umgekerte Verhältniss stattfindet, so wie ganze Reihen, betreffs derer die Meinungen in der Umwandlung befindlich sind. Ausserdem erweisen die unablässigen Beschwerden und Mahnungen, welche bei fast allen europäischen Völkern auf zeitgemäse Änderung der Gesetze dringen, wie sehr die Vorstellungen der vorgeschrittenen sich verschieden füllen von den rückständigen Vorschriften der trägen Gesetzgeber und Gesetzpfleger.

Die unsichere und fortwärend schwankende Begrenzung der beiden Gebiete ist auch keineswegs bei allen Bildungsvölkern gleich; die gleichzeitigen Gesetze der Völker Europas bieten unter sich die grössten Verschiedenheiten dar. Es hängt dieses ab, nicht allein von der durchgehenden Bildungsstufe des Volkes, sondern noch stärker von den Vorstellungen der herrschenden Mitglieder des Verbandes, der Parteien, welche das Gemeinwohl zu pflegen beauftragt sind. Diese gestalten die Gesetzgebung nach ihrem Sondernutzen, nach den Rücksichten ihres Eigenwesens oder ihres engeren Verbandes und rechnen dem Gebiete des guten zu, was ihnen nützt, auch wenn es dem Gemeinwohle schadet oder dem Gebiete des bösen, was ihnen schadet, auch wenn es dem Gemeinwohle nützen würde. Es bieten sich tausendfache Anlässe zum Vergleiche: es darf z. B. im christlich-katholischen Frankreich jedermann die Bibel lesen und verbreiten, auch abweichende Vorstellungen lehren, was im ebenfalls christlich-katholischen Spanien mit Galeerenstrafe geahndet wird; in England dürfen öffentlich Versammlungen gehalten und Beschlüsse gefasst werden, welche in Russland ihre Theilnehmer nach Sibirien, in Frankreich nach Cayenne fördern würden. Wie sehr dagegen das Eigenwesen der Partei verschieden wirkt, zeigt sich in der Gesetzgebung Englands, welche in den Händen der Rechtsgelehrten ruht und deshalb veraltet, verworren und grundsatzlos erhalten wird, weil jene herrschenden fülen, dass einfache, deutliche und folgerichtige Gesetze die unmässigen Einnahmen und den weitreichenden Einfluss ihres Standes zerstören würden. Ähnliche Wirkung zeigte sich in England und Frankreich, so lange die Landbesitzer, Bergwerks- und Fabrikinhaber übermächtigen Einfluss auf die Gesetzgebung besassen und diesen in gemeinschädlicher Weise ausübten um das Volk, die Mitgenossen des Verbandes, durch Schutzzölle auszubeuten; die Beraubung derselben, welche als gemeinschädlich dem Gebiete des bösen angehört, versetzten sie in das Gebiet des guten, lediglich weil es ihrem Eigennutzen diente. Das gleiche findet in Deutschland, Russland, Spanien und Nord-Amerika statt, sobald die Hervorbringer von Verbrauchsgegenständen übermächtigen Einfluss auf die Gesetzgebung erlangen; der Raub wird dem guten zugerechnet, so weit er ihrem Sondervortheile dient.

§. 117.

Bei allen Schwankungen und Veränderungen in den Vorstellungen lässt sich die **gleichbleibende Grundlage der Abgrenzung** erkennen, darin, dass die gedeutete Beziehung der Wesen oder Handlungen zum Gemeinnutzen darüber entschied, ob sie dem bösen oder guten zurechnen seien; die Schwankungen und Veränderungen, wie auch die Verschiedenheiten lagen zu allen Zeiten in der Erkenntniss, in der Beurtheilung dessen was gemeinnützig sei oder nicht. Der Gemeinnutzen eines jeden Verbandes stellte andere Anforderungen, sobald die Lebensverhältnisse sich veränderten; seine Deutung wurde vielseitiger, je mehr die Bildung des Verbandes zunahm und die Zal der Mitglieder wuchs. Als der Mensch aus den ungebundenen Verhältnissen des einzelnlebens, aus dem Gebiete des Thierrechtes, in das Verbandleben überging, brauchte er nur wenige Beschränkungen sich aufzuerlegen, denn die Lebensart war gleich und einfach, die Zal gering und die Erkenntniss dessen was gemeinnützig sei, sehr rückständig; der Übergang aus dem ungebundenen in das gebundene Leben war fast unmerklich, schien nur Vortheile zu bieten. Allmählich entwickelte sich das Abhängigkeits-Verhältniss: aus dem kleinen Verbande, der Sippe, wurden Stämme, diese wuchsen zu Völkerschaften und in der Gegenwart giebt es Verbände, wie das chinesische Reich, welche hunderte von millionen Menschen einschliessen. Mit zunehmender Ausbreitung über verschiedenartig gestaltete Länder hörte die gleiche Lebensart auf und die Stammgenossen waren nicht länger ein Jägerverband oder ein Hirtenvolk, sondern die verschiedenartigsten Beschäftigungen fanden ihre Kreise in demselben Verbande: es gab Jäger und Hirten, Landbauer und Gewerker, Seefarer und Kaufleute, Krieger, Beamte, Lehrer und Priester; jeder Stand mehr oder weniger von seinen besonderen Vorstellungen beherrscht und, ausser den Rücksichten des einzelnen auch die des Standes, dem Gemeinwohle aller Genossen entgegenstellend. Mit zunehmender Bildung wurden die Verhältnisse verwickelter: die Anforderungen des einzelnen an das Leben wie an den Verband gestalteten sich vielfältig; die Bildungsunterschiede der Genossen wurden grösser, wärend diese immer enger sich verflechten und zusammendrängen mussten. Das Gemeinwohl griff stärker ein in die Lebensbezüge der einzelnen; es kam immer mehr zur Erkenntniss, dass der

Verband berechtigt und verpflichtet sei, um alles und jedes sich zu bekümmern und so erwuchs im Laufe der Jahrtausende ein Verhältniss des Verbandes zu seinen Mitgliedern, in dem das Eigenwesen auf das engste beschränkt ward und der Verband übermächtig verfügte über Leben und Eigenthum jedes einzelnen.

Im Alterthume entwickelten sich diese Verhältnisse zur reichen Mannigfaltigkeit und zur übermächtigen Gewalt des Verbandes, die in ihrer höchsten Entwicklung durch Fürsten geübt ward, denen gegenüber jeder einzelne Mitgenosse des Verbandes ein Sklave war, ohne Anrecht auf Leben oder Eigenthum. Die Abgrenzung zwischen gut und böse bestimmte der Fürst als Vertreter des Gemeinwohles; sie musste also allen Schwankungen unterliegen, die im Leben der einzelnen Menschen also auch der Fürsten eintreten, wie es auch noch in der Gegenwart bei vielen Völkern der Fall ist. Wärend aber das Alterthum die Grundlagen des Verbandlebens nur innerhalb des Verbandes zur Anerkennung brachte, dagegen fremden Völkern oder Verbänden gegenüber lediglich das Thierrecht gelten liess, hat die neuere Zeit danach gestrebt, diese Schranken allmählich nieder zu werfen, die Völker mit einander in Verbindung zu setzen als Mitglieder eines grossen Verbandes und auch in deren Beziehungen die Scheidungen zwischen böse und gut zur Anerkennung zu bringen, um statt des Thierrechtes, das Völkerrecht herrschend zu machen.

§. 118.

Auch diese Stufe der Entwicklung ist bereits in einzelnen Zügen überschritten: der Mensch hat über die Grenzen des Völkerrechtes hinaus begonnen, ein Menschenrecht zu bilden, die Beziehung des einzelnen zur gesammten Menschheit in gut und böse einzutheilen, so dass sich folgende vier Stufen erkennen lassen in der fortschreitenden Feststellung der Gebiete des guten und bösen: das

Thierrecht, beschränkt auf den einzelnen Menschen im einzelleben;
Verbandsrecht, beschränkt auf die Genossen eines Verbandes;
Völkerrecht, erweitert auf die gleichzeitigen Bildungsvölker;
Menschenrecht, erstreckt über die gesammte Menschheit.

In der Gegenwart wie in der Vergangenheit, zeigen sich alle vier Rechte neben einander, die Vorstellungen der Verbände wie der einzelnen beherrschend, je nach der Bildungsstufe, welche sie zur Zeit erreicht haben:

das Thierrecht herrschend in allen Beziehungen, die durch rohe Gewalt geregelt werden, Unterdrückung einerseits wie Empörung andererseits, Krieg, Raub, Mord u. d.;

das Verbandesrecht in allen Vereinigungen zu gemeinsamen Zwecken: in Standesverbänden (Adel, Priester, Kaufleute, Fabrikanten, Gewerker, Landbauer u. a.), in Wohnverbänden (Dorfschaften, Städten, Bezirken, Staten, Reichen), oder in Stammverbänden (Stämmen, Völkern);

das Völkerrecht in den Beziehungen der Bildungsvölker zu einander;

das Menschenrecht in den Beziehungen der einzelnen zur gesammten Menschheit, ausgeprägt in den Forderungen, welche von der Menschheit an den einzelnen und von diesem an die Menschheit gestellt werden; im Menschen zum Bewusstsein gelangend, regt es sein Bemühen an und wirkt in den zahlreichen Glaubensboten, welche zu allen Zeiten in die Fremde wanderten, um ihre Überzeugungen zum heilsamen Gemeingute aller Menschen zu machen; in den Entdeckern und Erfindern, welche für die ganze Menschheit neue Mittel und Wege des Gedeihens eröffneten; in den Forschern, welche ihre Ergebnisse zum Gemeingute aller machten.

Je nach dem Standpunkte, den der einzelne oder der Verband annimmt, erstreckt er die Grenzen der Gebiete des bösen und guten; um so enger je rückständiger seine Bildung, um so weiter und vielgestaltiger, je vorgeschrittener seine Entwicklung. Die grössten Verschiedenheiten und Abstände bestehen noch immer neben einander, von dem Raube und Morde, der Unterdrückung und Empörung wie sie im Thierrechte herrschen, durch alle Zwischenstufen bis zur höchsten, jetzigen Entwicklung des Menschenrechtes. Das Verhältniss zu einander hat sich jedoch im Laufe der Zeit allmählich verändert und gehoben: das Thierrecht der einzelnen ward zögernd, aber stetig zurück gedrängt durch die Verbände; das Thierrecht der Verbände ward gebändigt durch das Völkerrecht und das Völkerrecht verliert seine Roheiten durch das sich erweiternde Menschenrecht; das fortschreiten ist langsam, aber stetig vordringend.

§. 119.

Bei den herrschenden, europäischen Völkern lässt sich eine Gleichartigkeit der Unterscheidungen erkennen, herrührend aus ihrem gemeinsamen Ursprunge, der Ähnlichkeit ihrer Lebensverhältnisse und der starken, gegenseitigen Bildungseinflüsse; die Abgrenzung zwischen böse und gut ist im allgemeinen auf übereinstimmenden Rechtsgrundlagen durchgeführt.

Die maßgebenden Vorstellungen sind theils aus der gemeinsamen Urheimat mitgebracht, dort entstanden und auf der Wanderung fortgebildet und bereichert; theils sind sie von Süden her zugeführt worden, durch Römer und Griechen, welche sie von Semiten und Egyptern empfingen. Daraus ist ein Gemenge entstanden, dessen Abklärung seit Jahrhunderten vor sich geht, aber noch lange nicht beendigt ist; dasselbe hat zudem so innig sich gemischt, dass es nicht deutlich geschieden werden kann, weder nach den Ursprungsorten, noch nach der Zeit der Entstehung der einzelnen Vorstellungen, auch nicht, wie es oft versucht worden ist, in göttliches und weltliches Recht; es mangelt zu den verschiedenen Scheidungen an geschichtlichen Nachweisen und durchgreifenden Begründungen. Nur im allgemeinen lässt sich erkennen, dass die Grundlagen arisch sind und das egyptisch-semitische nur in soweit Eingang gefunden hat, wie es, auf der gemeinmenschlichen Grundlage, mit dem arischen überein stimmte oder demselben leicht angeschlossen werden konnte. Es findet sich, ziemlich gleichmässig bei allen europäischen Völkern, in der Vorstellung geltend, dass

der Mord dem einzelnen allenthalben verboten sei, mit Ausnahme der Notwehr; dagegen dem Verbande erlaubt wider die Glieder des eigenen und fremder Verbände;

der Raub dem einzelnen verboten sei, in den Formen die der Verband zur Zeit als Raub bezeichnet, aber erlaubt in allen Formen, die das Gesetz nicht verbietet oder der Verband nicht bestraft; dagegen dem Verbande im weitesten Umfange erlaubt wider die Glieder des eigenen und fremder Verbände;

Diebstal und Betrug dem einzelnen verboten seien, aber in manchen Beziehungen so nahe dem erlaubten Erwerbe stehen, dass es noch keiner Gesetzgebung gelang, eine durchgehende, scharfe Begrenzung zwischen böse und gut unzweideutig festzustellen und alle Versuche zur Festsetzung der Begrenzung, auf Abschätzung der robesten Arten des unerlaubten Erwerbes sich haben beschränken müssen;

Ehebruch wie auch Vielweiberei und Vielmännerei verboten seien, ihre Abgrenzungen aber der Art gestellt werden, dass sie überwiegend dem Weibe ungünstig sind und überdies Übertretungen mancher Art vom Verbande geschützt werden;

Lüge durchgehends dem einzelnen zum bösen angerechnet werde, dagegen dem gestatteten nichtsagen der Wahrheit so nahe stehe, dass die Grenze sehr unsicher erscheine; dagegen in Angelegenheiten des Verbandes anderen Verbänden gegenüber (in der Politik) zum erlaubten und verdienstvollen gehöre, also dem Gebiete des guten zugerechnet werde;

Selbstmord und die Abkürzung des eigenen Lebens dem bösen zugezählt werden, dagegen die Beeinträchtigung des Lebenszweckes durch Keuschheit, Ehelosigkeit, unmässige Entbehrungen in Folge von Gelübden zum Gebiete des guten gerechnet werden.

Das durchgängige, gemeinsame der europäischen Vorstellungen ist aber weder in jedem Volke, noch in jedem Verbande oder jedem einzelnen von gleicher Geltung, vielmehr werden die durchgehends vorhandenen Schwankungen noch gemehrt dadurch, dass jeder verschiedenen Bildungsstufe ein besonderer Umfang wie eine besondere Abgrenzung der beiden Gebiete eigen ist. In jedem Volke finden sich Mitglieder auf der rückständigsten Stufe, im Thierrechte, welches keine Rücksicht auf gut und böse nimmt, keine Gebiete und Unterscheidungen derselben kennt und nur das, dem Eigenwesen angenehme oder nützliche berücksichtigt; sie begehen Raub und Mord, so oft es ihnen nützlich und durchführbar erscheint. In weit grösserer Zal finden sich rückständige Mitglieder, denen Diebstal, Betrug und Lüge, Ehebruch, Vielweiberei und Vielmännerei als gut erscheinen, sobald sie nichts gemeinschädliches darin entdecken oder sicher sind, dass die Vertreter des Gemeinwohles sie nicht als verboten betrachten werden; ihnen sind Mord und Raub in den robesten Formen zuwider, sie setzen solche unbedingt in das Gebiet des bösen; allein vor milderen Formen des Raubes scheuen sie sich nicht, sondern rechnen sie zum guten. Die Gerichtshöfe und Gefängnisse aller Völker Europas werden von denen beschwert, welche nach rückständigen Vorstellungen die Abgrenzung zwischen böse und gut bemessen, zum guten rechnen, was ihre weiter vorgeschrittenen Zeitgenossen dem bösen zutheilen und viel zahlreicher sind noch diejenigen Fälle, in denen der Zwiespalt der Bildungsstufen sich offenbart in Handlungen, die den Gerichtshöfen und Gefängnissen entgehen. Wenn die Verschiedenheit der Bildungsstufen im Bereiche der einzelnen statlichen Verbände nicht vorhanden wäre, wenn alle mitlebenden Genossen in gleicher Weise die Abgrenzung zwischen böse und gut sich vorstelleten, so bedürfte es weder der Gerichtshöfe noch der Gefängnisse, denn es würde nichts böses geschehen d. h. nichts was die Zeitgenossen im Verbande dem bösen zurechneten. Die Nachkommen würden, gleichmäsig fortschreitend, die Grenzen abändern, manches zum Bösen zälen, was ihre Vorfaren zum guten rechneten, allein das Verhältniss der gleichzeitig lebenden zu einander bliebe dasselbe, weil sie insgesammt und gleichmäsig an der Wandlung Theil nähmen. Solch einfaches Verhältnis waltet aber nicht ob, vielmehr stehen die Genossen eines statlichen Verbandes jederzeit auf weit verschiedenen Bildungsstufen und was irgendwo dem Reiche des bösen zugetheilt wird, was die Gesetze als böse und strafwürdig bezeichnen, stimmt nur mit der Bildungsstufe des zur Zeit herrschenden Theiles der Verbandgenossen überein: unterhalb steht die überwiegende Menge, scheidet die beiden Bereiche in rückständiger Weise und geräth dadurch in Gesetzübertretungen; oberhalb steht ein kleiner Theil der vorgeschrittensten, zieht ihren höheren Vorstellungen gemäs die Grenze und fechtet deshalb das herrschende Gesetz an, so weit er es, im Vergleiche zu seiner höheren Bildung, als rückständig erkennt.

Jeder europäische Stat hat grosse und kostspielige Einrichtungen getroffen, um durch Polizei, Gerichte und Gefängnisse die Gesetzübertretungen zu entdecken und zu bestrafen, muss aber dabei solcher Mitglieder sich bedienen, die auf niedrigen, rückständigen Stufen sich befinden und in Folge dessen wird nur ein kleiner Theil der Vergehungen entdeckt und bestraft. Die Gesetzgebung, auch wenn sie in den Händen der vorgeschrittensten läge und von diesen gestaltet würde, könnte unter allen Umständen nur geringe Geltung erlangen, so lange die Handhabung der Gesetze, die Entdeckung der Übertretungen zumeist in den Händen von weit rückständigen sich befindet. Aber auch die Gesetzgebung liegt bei den meisten Völkern in der Macht von rückständigen Genossen, schreitet nicht der Bildung voran, sondern hinkt mühsam hinterher und lässt sich erst dann zur Fortbildung ihrer Gesetze herbei, wenn durch anhaltenden Widerstreit der vorgeschrittenen, das rückständige der bestehenden Gesetze überwältigend hervorgehoben worden ist. Statt jederzeit den Vorstellungen der vorgeschrittensten Ausdruck zu geben, steht die Gesetzgebung meistens tief unter ihnen, theils im geraden Widerspruche mit ihren Vorstellungen und statt, den Bedingungen des Gemeinwohles entsprechend, sämmtliche Genossen des Verbandes gleichmässig den Gesetzen unter zu ordnen, theilt sie, in Folge ihrer Rückständigkeit, die Mitgenossen in solche, die unter und andere die über dem Gesetze stehen. Daraus erwachsen den wohlhabenden, angesehenen und hochgestellten Genossen die Mittel, um für sich nach eigenem ermessen die Scheidegrenze zwischen böse und gut zu ziehen, die Gesetze zu verletzen ohne Strafe zu erleiden und diese Unterschiede steigern sich so sehr, dass vielerorts und für besondere Lebenskreise das offene verletzen und hohnsprechen der Gesetze, als sicherstes Kennzeichen einer hervorragenden Stellung gilt.

Diese unzählige Mannigfaltigkeit der Vorstellungen, die weit abweichenden Begrenzungen zwischen böse und gut konnten nur aus der grossen Verschiedenheit der Bildungsstufen erwachsen, auf denen die mitlebenden Genossen der einzelnen Verbände, die gleichzeitigen Mitglieder der Menschheit stehen. Die Grundlage war und ist allenthalben dieselbe, indem der Mensch die Eindrücke der Aussenwelt und die menschlichen Handlungen, je nach ihren Beziehungen zum Gemeinwohle, dem einen oder anderen Gebiete zutheilte; auch sind die Fähigkeiten und Mängel des Menschenwesens unter allen Umständen gleichartig. Es befindet sich aber unter den Mängeln der hierin entscheidende, dass die einzelnen Menschen nicht gleichmässig in der Bildung fortschreiten, sondern die gleichzeitig lebenden in der ganzen Reihenfolge der aufeinander folgenden Bildungsstufen stehen und indem sie demgemäss die Gebiete des bösen und guten begrenzen und scheiden, die mannigfaltigen Gestaltungen der Rechte und des Rechtbewusstseines erzeugen.

§. 120.

Im Laufe der Jahrtausende haben die Bedeutungen von böse und gut viele Wandlungen erleiden müssen. In der stärksten Entwicklung zog ihre Unterscheidung einen Riss durch die ganze Welt, schuf eine vollständige Weltspaltung, so dass den beiden Gebieten auch diejenigen Eindrücke untergeordnet wurden, welche nur auf die Anschaulichkeit oder den Nutzen der einzelnen sich bezogen. Diese umfassendste Scheidung war am deutlichsten entwickelt in den Vorstellungen der alten Perser, zeichnete sich aus durch Einfachheit, Entschiedenheit und grösste Fähigkeit zu jeder Bereicherung und Veränderung. Die ganze Welt schied sich danach in zwei auf den Menschen wirkende Reiche: zum guten gehörte was dem Menschen als Einzelwesen oder als Verbandgenossen angenehm oder dienlich sei, sowohl in eigenen Handlungen (Güte, Milde, Wohlthätigkeit, Gerechtigkeit u. a.) wie in äusseren Einwirkungen (Sonnenwärme, Licht, Fruchtbarkeit, Weiden, Äcker, Gesundheit, Friede, Sieg, dienliche Pflanzen und Thiere u. a.) und was allen dem Lichte und Gedeihen zuzurechnen war; zum bösen gehörte was dem einzelnen oder der Gesammtheit schade, wie Mord, Diebstal, Lüge, Hass, Treubruch, Ehebruch u. a. wie auch Kälte, Dürre, Unfruchtbarkeit, Wüsten, Seuchen, Unterjochung, verletzende oder giftige Pflanzen, reissende, raubende oder giftige Thiere u. s. w. und was alles der Finsterniss und dem Verderben zugerechnet werden musste.

Dem Menschen war durch diese vollständige und einfache Spaltung die Entscheidung sehr erleichtert, er stand mit klarer Übersehen am Scheidewege, sah die Bereiche vor sich zwischen denen er zu wählen habe und alles was für ihn Werth hatte, stand innerhalb derselben. Hierin prägte sich auch am schärfsten der Grundzug der Spaltung aus, das rein menschliche derselben: es zeigt sich unverkennbar wie der Mensch, dem Mangel seines Wesens unterliegend (§. 13) sich selbst zum Maasstabe nahm, sein Wohl und Wehe als Einzelwesen, Genossen eines Verbandes oder Mitglied der Menschheit aufstellte als entscheidend für die Bedeutung der ganzen Welt; wie er sich selbst mit seinen Bezügen als die Mittellinie der Welt betrachtete, welche sie in zwei Hälften schied und je nachdem er die einzelnen Eindrücke der Wesen und Vorgänge sich deutete, sie nach rechts oder links, in die Welthälfte des guten oder des bösen vertheilt.

Es ist aber augenscheinlich, dass nur unsere Gedankenwelt sich spaltet, die Welt unserer Vorstellungen und Begriffe, wogegen die Welt selbst zu allen Zeiten ein ganzes sei und verbleibe, mögen wir unsere Spaltungen erstrecken und ändern so viel wir wollen. Die Welt wird nur soweit verändert, wie der spaltende Gedankengang die Handlungen des Menschen beherrscht, ihn veranlasst umgestaltend auf die äussere Welt einzuwirken, so weit sein Einfluss reicht: der Mensch rottet Pflanzen und Thiere aus, selbst seine Mitmenschen, sobald er sich vorstellt, dass sie böse seien und strebt so in jeder Weise danach, das Reich des vorgestellten guten zu mehren, die Welt, welche ihn umgiebt und deren Theil er ist, nach seiner Weise zu verbessern. Sie ist nicht sein Werk, er ist auch nicht ihr Erhalter und dennoch nimmt er sich das Recht, ihr Umgestalter zu sein, nach seinen Vorstellungen, seinen Bedürfnissen ihre Wesen und Vorgänge abzumessen und nach seinem Willen sie zu lenken, zu fördern oder zu beseitigen. Es erhebt sich daraus die Frage nach der Berechtigung des Menschen, vermöge der er es wagen dürfe die Welt umzugestalten; sie kann jedoch erst im weiteren Verlaufe erörtert werden, nachdem die Stellung erläutert sein wird, welche die Menschheit im Weltganzen einnimmt und fortzubilden verpflichtet erscheint.

www.ingramcontent.com/pod-product-compliance
Lightning Source LLC
Chambersburg PA
CBHW051239300426
44114CB00011B/805